KOKES (Hrsg.)
Praxisanleitung Kindesschutzrecht (mit Mustern)

Praxisanleitung Kindesschutzrecht
(mit Mustern)

Herausgegeben von der KOKES

KONFERENZ FÜR KINDES- UND ERWACHSENENSCHUTZ
CONFÉRENCE EN MATIÈRE DE PROTECTION DES MINEURS ET DES ADULTES
CONFERENZA PER LA PROTEZIONE DEI MINORI E DEGLI ADULTI

Autorinnen und Autoren

Kurt Affolter
Yvo Biderbost
Sabine Brunner
Linus Cantieni
Urs Gloor
Andrea Hauri
Ursula Leuthold
Estelle de Luze

Michael Marugg
Philippe Meier
Yolanda Mutter
Beat Reichlin
Heidi Simoni
Urs Vogel
Diana Wider
Marco Zingaro

Zitiervorschlag:
KOKES-Praxisanleitung Kindesschutzrecht, Rz. x.xx

Bibliografische Information der Deutschen Nationalbibliothek
Die Deutsche Nationalbibliothek verzeichnet diese Publikation in der Deutschen Nationalbibliografie; detaillierte bibliografische Daten sind im Internet über http://dnb.dnb.de abrufbar.

Alle Rechte vorbehalten. Dieses Werk ist weltweit urheberrechtlich geschützt. Insbesondere das Recht, das Werk mittels irgendeines Mediums (grafisch, technisch, elektronisch und/oder digital, einschliesslich Fotokopie und downloading) teilweise oder ganz zu vervielfältigen, vorzutragen, zu verbreiten, zu bearbeiten, zu übersetzen, zu übertragen oder zu speichern, liegt ausschliesslich beim Verlag. Jede Verwertung in den genannten oder in anderen als den gesetzlich zugelassenen Fällen bedarf deshalb der vorherigen schriftlichen Einwilligung des Verlags.

© 2017 Dike Verlag AG, Zürich/St. Gallen
ISBN 978-3-03751-850-2

www.dike.ch

Vorwort

Das Kindesrecht von 1978 hat sich bewährt, die Anpassungen mit der Revision 2013 beschränkten sich auf punktuelle Neuerungen: Die interdisziplinären Fachbehörden wurden eingeführt, der Verfahrensvertretung wurde ein eigener Gesetzesartikel zugeteilt und die Vormundschaft wurde ins Kindesschutzsystem integriert. 2014 trat zudem die Revision der elterlichen Sorge und 2017 die Revision des Kindesunterhalts in Kraft. Diese Neuerungen sind in der vorliegenden Publikation berücksichtigt. Die Rechtsprechung und Literatur wurde mit *Stand 1. September 2016* berücksichtigt.

Als Folge der Professionalisierung des Kindesschutzes war eine blosse Erweiterung der 2005 in 4. Auflage herausgegebenen *«Mustersammlung zum Adoptions- und Kindesrecht»* nicht opportun. Vielmehr drängte sich eine vollständige Neubearbeitung in Anlehnung und als Ergänzung zur 2012 herausgegebenen *«Praxisanleitung Erwachsenenschutzrecht»* auf. Der bewährte Aufbau mit Grundlagentexten und Mustern wurde beibehalten. Mit Rücksicht auf die Professionalisierung wurden die Grundlagentexte ausgebaut und der Titel ergänzt: Aus der «Mustersammlung» ist eine «Praxisanleitung (mit Mustern)» geworden.

Das vorliegende Buch ist als praxisorientiertes Nachschlage-/Arbeitsbuch konzipiert und bietet theoretisch fundierte Arbeitshilfen für die Umsetzung des Rechts in die Praxis. Der Fokus der Inhalte liegt bei den für KESB, Abklärungsdienste und Mandatsträger/innen relevanten Fragestellungen (wie etwa «Welche rechtlichen und methodischen Fragen stellen sich? An welchen fachlichen Grundsätzen orientieren sich die Fachpersonen?»).

Inhaltlich wird in den einzelnen Kapiteln jeweils einleitend die relevante Literatur aufgeführt. Die Erörterung der gesetzlichen Grundlagen wird mit psychologischem und sozialarbeitsmethodischem Basiswissen verknüpft. Musterbeschlüsse und Übersichten werden direkt in die Texte integriert. Das Buch richtet sich an Fachpersonen, allen voran an Mitarbeiter/innen der KESB, aber auch Mitarbeiter/innen in Abklärungsdiensten und Berufsbeistandschaften sowie weitere Interessierte.

Neben den Grundlagentexten enthält die Praxisanleitung rund *85 Muster und Übersichten*, die auf formaler und inhaltlicher Ebene Hinweise für eine sachgerechte Umsetzung enthalten und die – als besondere administrative Dienstleistung – auf einer Download-Plattform als Word-Dokumente zur Verfügung stehen. Die Muster sollen helfen, die abstrakten Normen des Gesetzes durch konkrete Anwendungsbeispiele in die Rechtswirklichkeit zu übertragen.

Vorwort

Mit dem Ziel, *Standards* für eine schweizweit einheitliche Anwendung und Umsetzung der Rechtsgrundlagen zu schaffen, erscheint die Praxisanleitung auf *Deutsch* und *Französisch* (die Muster erscheinen zusätzlich auf *Italienisch*). Bei den Mustern wurde an die bestehende Praxis angeknüpft.

Das Buch ist in *vier Teile* gegliedert: Nach allgemeinen Ausführungen zum Kindesschutz (u.a. Begriff Kindeswohl, Leitprinzipien) folgen Erläuterungen zum Massnahmensystem, zur Abklärung und zur Mandatsführung. Der zweite Teil widmet sich dem Verfahren (u.a. Grundsätze, Zuständigkeit, Kindesanhörung). Der dritte Teil umfasst das Kindesrecht (u.a. Rechtsstellung des Kindes, elterliche Sorge, Unterhalt, persönlicher Verkehr). Am Schluss folgen Beiträge zu weiteren Themen (u.a. Orientierung am Kind, Platzierung und adressatengerechte Kommunikation).

Das *Autorenteam* setzt sich aus Jurist(inn)en, Sozialarbeiter/innen und Psycholog(inn)en zusammen, allesamt mit praktischem Bezug zur Arbeit im Kindesschutz. Die Autor(inn)en haben im Kollektiv zusammengearbeitet und sich bezüglich der einzelnen Beiträge an sechs Autorensitzungen sowie bilateral ausgetauscht und ihr Fachwissen verknüpft. Die Angaben im Autorenverzeichnis beziehen sich auf den Lead der einzelnen Beiträge. Folgende Autoren und Autorinnen haben mitgewirkt: Kurt Affolter, Yvo Biderbost, Sabine Brunner, Linus Cantieni, Urs Gloor, Andrea Hauri, Ursula Leuthold, Estelle de Luze, Michael Marugg, Philippe Meier, Yolanda Mutter, Beat Reichlin, Heidi Simoni, Urs Vogel, Diana Wider, Marco Zingaro.

Die Konferenz für Kindes- und Erwachsenenschutz KOKES dankt dem Autorenteam für die engagierte Arbeit, Bénon Eugster vom Dike Verlag für die angenehme Zusammenarbeit und Diana Wider für die umsichtige Projektleitung und Koordination der Beiträge. Ein besonderer Dank gebührt auch Sarah Gros und Philippe Meier, die für die Koordination der französischen Ausgabe verantwortlich waren.

Die KOKES freut sich, mit der vorliegenden Publikation nach der Praxisanleitung für den Erwachsenenschutz einen weiteren Meilenstein zur fachlichen Unterstützung und Verfahrensvereinheitlichung auch für den Kindesschutz zur Verfügung stellen zu können.

Rückmeldungen, Kritik und Muster für die zweite Auflage sind jederzeit gerne willkommen (per E-Mail an diana.wider@kokes.ch).

Luzern, im Januar 2017   Konferenz für Kindes-
und Erwachsenenschutz

Guido Marbet, Präsident
Diana Wider, Generalsekretärin

Lesehinweise

Die vorliegende Publikation setzt sich umfassend mit der Umsetzung der Rechtsgrundlagen im Kindes(schutz)recht auseinander. Zum Erwachsenenschutzrecht gibt es eine separate Publikation.

Der Herausgeberin ist es ein Anliegen, die Praxisanleitung so benutzerfreundlich wie möglich zu gestalten. Folgende Lesehinweise sollen eine rasche Orientierung ermöglichen und die Benützung erleichtern:

Literatur- und Quellenhinweise: Die verwendete Literatur wird jeweils zu Beginn der einzelnen Kapitel vollständig aufgeführt. Diese Literaturverzeichnisse dienen als Quellenhinweise und geben Hinweise auf Vertiefungsliteratur. Im Fliesstext wird aus Gründen der besseren Lesbarkeit auf das zusätzliche Belegen von einzelnen Stellen verzichtet.

Die Literaturverzeichnisse sind in vier Kategorien unterteilt:
- «Gesetzliche Grundlagen» (einschlägige ZGB-Bestimmungen),
- «Materialien» (Berichte und Botschaften des Bundesrats),
- «Allgemeine Literatur» (Kommentare und Lehrbücher) und
- «Spezifische Literatur» (weitere Bücher, Zeitschriftenartikel).

Schreibweise ZGB-Artikel: Die Praxisanleitung bildet die gesetzlichen Grundlagen per 1. Januar 2017 ab. Aufgehobene Gesetzesbestimmungen werden mit aZGB zitiert. Die geplanten Neuerungen im Adoptionsrecht werden mit nZGB zitiert.

In den *Verzeichnissen* (Stichwortverzeichnis, Inhaltsverzeichnis, Musterverzeichnis) können Sie sich über die Struktur und den Inhalt des Buches informieren. Bei der Inhaltsübersicht und beim Inhaltsverzeichnis beziehen sich die Verweise auf Seitenzahlen, beim Musterverzeichnis und beim Stichwortverzeichnis auf die Randziffern.

Die *Muster* sind gelb hinterlegt und auf der Download-Plattform als bearbeitbare Word-Dokumente zusätzlich elektronisch verfügbar. Sie können damit ohne weiteres im Arbeitsalltag eingesetzt und – auf die Besonderheiten des konkreten Falls abgestimmt und mit der nötigen Begründung versehen – direkt genutzt werden.

Die *Übersichten* sind ebenfalls gelb hinterlegt und auf der Download-Plattform als praktische PDF verfügbar – sie illustrieren Zusammenhänge und können bei Schulungen oder Besprechungen eingesetzt werden.

In grün hinterlegten *Beachte-Kästchen* werden zentrale Aussagen kurz und knapp zusammengefasst.

Im Vordergrund der Praxisanleitung steht die Darlegung und Erläuterung der Rechtsgrundlagen, verknüpft mit psychologischem und sozialarbeitsmethodischem Grundlagenwissen. Wo sinnvoll, sind Muster angebracht.

Bei den Mustern werden folgende Abkürzungen verwendet:
– NN = betroffenes Kind
– XY = Beistand/Beiständin resp. Vormund/in
– AB = Heim/Pflegefamilie/Klinik
– KESB = Kindes- und Erwachsenenschutzbehörde

Weitere Hinweise zu den Mustern:
– Die Muster sind auf die Vorschriften des Zivilgesetzbuches ausgerichtet. Auf kantonales Recht wird nur vereinzelt eingegangen. Es obliegt daher dem Benutzer und der Benutzerin, die Muster in Bezug auf die besonderen Vorschriften des kantonalen Rechts anzupassen (insb. Kostenregelung, Rechtsmittelbelehrung, Mitteilungsdispositiv und dergleichen). Ausserdem wird lediglich das Dispositiv abgebildet.
– Textstellen in den Mustern, die nicht wörtlich zu übernehmen, sondern als Varianten gedacht sind oder Hinweise an den Benutzer und die Benutzerin darstellen, sind *kursiv* gedruckt.

Einheitlich verwendete Abkürzungen:
– Für «Kindesschutzbehörde» oder «Kindes- und Erwachsenenschutzbehörde» wird im Text der besseren Lesbarkeit halber konsequent die Abkürzung «KESB» verwendet.
– Für «Mandatsträger» oder «Mandatsträgerin» wird im Text der besseren Lesbarkeit halber konsequent die Abkürzung «MT» verwendet.

Als Ergänzung zur Printversion ist eine **Download-Plattform** eingerichtet: (Pfad: www.kokes.ch > Login > Praxisanleitung Kindesschutzrecht > Anmeldung >

Benutzername: kindesschutz@kokes.ch
Passwort: Praxisanleitung

Auf der Download-Plattform finden Sie die Muster als bearbeitbare Word-Dokumente, die Übersichten als praktische PDF-Dokumente sowie weitere Hilfsmittel. Sie ist in drei Teile gegliedert:
– Muster/Übersichten/Hilfsmittel
– Berichte und Botschaften des Bundesrats
– Gesetzestexte

Inhaltsübersicht

Vorwort	V
Lesehinweise	VII
Inhaltsverzeichnis	X
Verzeichnis der Muster, Übersichten und Hilfsmittel	XVIII
Autorinnen und Autoren	XXIII

Teil I: Kindesschutz — 1

1.	Allgemeines zum Kindesschutz	2
2.	Kindesschutzmassnahmen	33
3.	Abklärung und Entscheid	79
4.	Mandatsführung	118

Teil II: Verfahren — 155

5.	Verfahrensgrundsätze	156
6.	Zuständigkeit	188
7.	Spezifische Verfahrensaspekte	209
8.	Sinngemässe Anwendung des Erwachsenenschutzrechts	237
9.	Rechte und Pflichten der Zusammenarbeit	244

Teil III: Kindesrecht — 251

10.	Rechtsstellung des Kindes	252
11.	Entstehung des Kindesverhältnisses	263
12.	Elterliche Sorge	290
13.	Vertretung des Kindes	319
14.	Unterhalt	324
15.	Persönlicher Verkehr	346
16.	Kindesvermögen	364

Teil IV: Weitere Themen — 378

17.	Ausserfamiliäre Platzierung	378
18.	Orientierung am Kind – Angewandte Entwicklungspsychologie	401
19.	Statistik	409
20.	Internationale Aspekte	415
21.	Adressatengerechte Kommunikation	421

Abkürzungsverzeichnis	441
Literaturverzeichnis	445
Stichwortverzeichnis	469
Gesetzestext	gelbe Seiten

Inhaltsverzeichnis

Vorwort	V
Lesehinweise	VII
Inhaltsübersicht	IX
Verzeichnis der Muster, Übersichten und Hilfsmittel	XVIII
Autorinnen und Autoren	XXIII

Teil I: Kindesschutz — 1

1. Allgemeines zum Kindesschutz — 2

1.1. Kindeswohl — 2
    1.1.1. Schutz des Kindeswohls im Völker- und Verfassungsrecht — 2
    1.1.2. Begriff des Kindeswohls — 4
    1.1.3. Konkretisierung im Einzelfall — 6
1.2. Das System des Kindesschutzes — 8
    1.2.1. Interventionsebenen — 8
    1.2.2. Aufgaben und Akteure — 12
    1.2.3. Kindesschutz und Kinderrechte — 14
1.3. Elternrechte und Grundsätze des Kindesschutzes — 16
    1.3.1. Erziehung: Recht und Pflicht der Eltern — 16
    1.3.2. Kindliche Bedürfnisse, Risiko- und Schutzfaktoren — 17
    1.3.3. Kindeswohl, Kindeswille und Kindesinteresse — 21
    1.3.4. Kindeswohl als Leitlinie — 23
1.4. Grundsätze, Ziele und Schranken der Massnahmen — 24
    1.4.1. Grundsätze des zivilrechtlichen Schutzes — 24
    1.4.2. Zweck und Grenzen — 29
1.5. Voraussetzungen der Kindesschutzmassnahmen — 30
    1.5.1. Anwendungsbereich und Dauer — 30
    1.5.2. Materielle Voraussetzungen — 31

2. Kindesschutzmassnahmen — 33

2.1. Allgemeine Hinweise — 33
2.2. Massnahmen nach Art. 307 ZGB — 38
    2.2.1. Ermahnung — 39
    2.2.2. Weisung — 40
    2.2.3. «Erziehungsaufsicht» — 43
    2.2.4. Weitere geeignete Massnahmen — 44
2.3. Beistandschaft (Art. 308 ZGB) — 45
    2.3.1. Allgemeines — 46
    2.3.2. Erziehungsbeistandschaft mit Rat und Tat — 47
    2.3.3. Beistandschaft mit besonderen Befugnissen — 48

	2.3.4. Beschränkung der elterlichen Sorge	57
	2.3.5. Massschneiderung	59
2.4.	Aufhebung des Aufenthaltsbestimmungsrechts (Art. 310/314b ZGB)	60
2.5.	Entziehung der elterlichen Sorge (Art. 311/312 ZGB)	65
2.6.	Vormundschaft (Art. 327a–c ZGB)	69
2.7.	Besondere Vertretungsbeistandschaften	72
	2.7.1. Beistandschaft nach Art. 306 Abs. 2 ZGB	72
	2.7.2. Beistandschaft nach Art. 544 Abs. 1bis ZGB	75
2.8.	Art. 17 und 18 BG HAÜ	77
3.	**Abklärung und Entscheid**	**79**
3.1.	Rollen der verschiedenen Akteure	80
	3.1.1. Organisatorische Modelle	80
	3.1.2. Abgrenzung von Verfahrensinstruktion und Abklärung	82
	3.1.3. Rolle der KESB	84
3.2.	Inhalt und Umfang des Abklärungsverfahrens	85
	3.2.1. Wichtige Grundsätze	85
	3.2.2. Inhalt und Umfang der Abklärung	88
	3.2.3. Sicht des Kindes	92
	3.2.4. Kooperationsbereitschaft von Eltern und Kind	93
3.3.	Verfahren der Abklärung	94
3.4.	Vorgehen bei der Verfahrensinstruktion und der Abklärung	95
	3.4.1. Einstiegsphase	98
	3.4.2. Abklärungsphase	99
	3.4.3. Auswertungsphase	113
	3.4.4. Entscheidfindungsphase	116
4.	**Mandatsführung**	**118**
4.1.	Rollen der verschiedenen Akteure	119
	4.1.1. Rolle der KESB	119
	4.1.2. Rolle der Mandatsträger/in	120
	4.1.3. Rolle von Dritten	121
4.2.	Umsetzung der Massnahme	123
	4.2.1. Zusammenwirken der Akteure	123
	4.2.2. Einstiegsphase	125
	4.2.3. Durchführung (5-Phasen-Modell)	128
	4.2.4. Überprüfung und periodische Anpassung	134
4.3.	Mitwirkung und Controlling der KESB	135
	4.3.1. Grundlagen	135
	4.3.2. Zustimmungsbedürftige Geschäfte	136
	4.3.3. Periodische Berichterstattung	139
	4.3.4. Periodische Rechnungslegung	141
	4.3.5. Mandatsentschädigung und Spesen	144
	4.3.6. Beschwerde gegen die Mandatsführung	145

4.4.	Ende des Amtes	147
	4.4.1. Von Gesetzes wegen	147
	4.4.2. Entlassung aus dem Amt	149
	4.4.3. Weiterführungspflicht	150
4.5.	Ende der Massnahme	151
	4.5.1. Von Gesetzes wegen	151
	4.5.2. Aufhebung	152

Teil II: Verfahren 155

5. Verfahrensgrundsätze 156

5.1.	Anwendbares Recht	157
5.2.	Verfahrensgrundsätze	157
5.3.	Verfahrensbeteiligte	159
5.4.	Verfahrensleitung	161
5.5.	Schriftliche und mündliche Verfahrensschritte	162
5.6.	Vorsorgliche Massnahmen	163
5.7.	Beweismittel	164
5.8.	Ausstand	165
5.9.	Rechtliches Gehör und Partizipation	166
5.10.	Verfahrenskosten und Gebühren	168
5.11.	Unentgeltliche Rechtspflege	169
5.12.	Rechtsmittel	171
	5.12.1. Beschwerde gegen MT und behördlich beauftragte Dritte	172
	5.12.2. Beschwerden gegen fürsorgerische Unterbringung	174
	5.12.3. Beschwerde gegen Entscheide der KESB	179
5.13.	Eröffnung	182
5.14.	Vollstreckung	184

6. Zuständigkeit 188

6.1.	Örtliche Zuständigkeit der KESB	188
	6.1.1. Zuständigkeit am zivilrechtlichen Wohnsitz	189
	6.1.2. Zuständigkeit am Aufenthaltsort	191
	6.1.3. Wechsel des Wohnsitzes und Übertragung	193
	6.1.4. Internationaler Sachverhalt	195
6.2.	Sachliche Zuständigkeit der KESB	196
	6.2.1. Allgemeines	197
	6.2.2. Abgrenzung KESB/Gericht	197
	6.2.3. Kantonale Lösungen und ihre Folgen	203
	6.2.4 Übersicht zur sachlichen Zuständigkeit	204
6.3.	Exkurs: Finanzielle Zuständigkeit	206
	6.3.1. Finanzierung der Massnahmen	206
	6.3.2. Unterstützungswohnsitz	207

7.	Spezifische Verfahrensaspekte	209
7.1.	Anhörung	209
	7.1.1. Allgemeines	209
	7.1.2. Sinn und Zweck	210
	7.1.3. Anhörungspflicht und Ausnahmen	211
	7.1.4. Anhörende Person	213
	7.1.5. Rahmen	214
	7.1.6. Inhalt	217
	7.1.7. Protokollierung	219
	7.1.8. Auswertung	221
	7.1.9. Mitteilung des Entscheids und Beschwerderecht	221
7.2.	Verfahrensbeistandschaft	222
	7.2.1. Voraussetzungen	223
	7.2.2. Anforderungsprofil	225
	7.2.3. Aufgaben	226
	7.2.4. Abgrenzung zur Beistandschaft nach Art. 308 ZGB	229
	7.2.5. Prozessuales	230
	7.2.6. Kosten	230
7.3.	Mediationsversuch	231
7.4.	Gutachten	233
8.	**Sinngemässe Anwendung des Erwachsenenschutzrechts**	**237**
8.1.	Verfahren	237
8.2.	Ernennung Mandatsträger/in	238
8.3.	Unterbringung	240
8.4.	Urteilsunfähige in Einrichtungen	242
9.	**Rechte und Pflichten der Zusammenarbeit**	**244**
9.1.	Schweigepflicht	244
9.2.	Melderechte/-pflichten an KESB	246
9.3.	Amts- und Rechtshilfe	248
9.4.	Mitteilungspflichten von KESB und MT	249
9.5.	Zusammenarbeitspflicht	250

Teil III: Kindesrecht	**251**

10.	**Rechtsstellung des Kindes**	**252**
10.1.	Grundbegriffe	252
	10.1.1. Rechtsfähigkeit	252
	10.1.2. Handlungsfähigkeit	253
	10.1.3. Urteilsfähigkeit	254
10.2.	Rechtsstellung urteilsfähiger Minderjähriger	257
	10.2.1. Handeln mit Zustimmung	257

	10.2.2. Unentgeltliche Vorteile erlangen	258
	10.2.3. Besorgung von geringfügigen Angelegenheiten	259
10.3.	Höchstpersönliche Rechte	259
10.4.	Rechtsstellung urteilsunfähiger Minderjähriger	261
11.	**Entstehung des Kindesverhältnisses**	**263**
11.1.	Zwischen Mutter und Kind	264
	11.1.1. Allgemeines	264
	11.1.2. Mitteilungspflicht vom Zivilstandsamt an die KESB	265
11.2.	Zwischen Vater und Kind	266
	11.2.1. Durch Ehelichkeitsvermutung	266
	11.2.2. Durch Anerkennung	268
	11.2.3. Durch Urteil	272
	11.2.4. Mitteilungspflicht vom Zivilstandsamt an die KESB	274
11.3.	Adoption	275
	11.3.1. Formen der Adoption	275
	11.3.2. Voraussetzungen beim Kind	276
	11.3.3. Voraussetzungen bei den leiblichen Eltern	278
	11.3.4. Voraussetzungen bei den Adoptiveltern	280
	11.3.5. Adoptionsgeheimnis und Auskunft	282
	11.3.6. Ablauf eines Adoptionsverfahrens	283
	11.3.7. Anfechtung der Adoption	285
	11.3.8. Internationale Adoption	285
11.4.	Alternative Familienformen	287
	11.4.1. Im Ausland begründete Kindesverhältnisse	288
	11.4.2. In der Schweiz begründete Kindesverhältnisse	289
12.	**Elterliche Sorge**	**290**
12.1.	Allgemeines	291
	12.1.1. Wesen und Inhalt der elterlichen Sorge	291
	12.1.2. Begriff der Obhut	293
	12.1.3. Entstehung und Träger der elterlichen Sorge	294
	12.1.4. Entscheidungskompetenzen	295
12.2.	Verheiratete/geschiedene Eltern	300
	12.2.1. Während der Ehe	300
	12.2.2. Nach der Scheidung	301
	12.2.3. Veränderte Verhältnisse	303
12.3.	Nicht miteinander verheiratete Eltern	303
	12.3.1. Gemeinsame Erklärung	303
	12.3.2. Einseitiger Antrag eines Elternteils	306
	12.3.3. Beratung der Eltern	308
	12.3.4. Veränderte Verhältnisse	308
12.4.	Vaterschaftsklage	309
12.5.	Bestimmung des Aufenthaltsortes	310

12.6.	AHV-Erziehungsgutschriften	312
12.7.	Elternvereinbarung	314

13. Vertretung des Kindes 319

13.1.	Allgemeines Vertretungsrecht der Eltern	319
13.2.	Verhinderung oder Interessenkollision der Eltern	320
13.3.	Eigenes Handeln des Kindes	321
13.4.	Aufgaben KESB und Beistand	322

14. Unterhalt 324

14.1.	Allgemeines	325
	14.1.1. Elterliche vor staatlicher Unterhaltspflicht	325
	14.1.2. Revision des Unterhaltsrechts	325
	14.1.3. Umfang des Unterhalts	326
	14.1.4. Unterhaltspflichtige Personen	326
	14.1.5. Unterhaltsberechtigte Person	329
	14.1.6. Zuständigkeit der KESB	329
14.2.	Bemessung	330
	14.2.1. Methodenvielfalt	331
	14.2.2. Bedürfnisse des Kindes beim Barunterhalt	331
	14.2.3. Lebensstellung und Leistungsfähigkeit der Eltern	331
	14.2.4. Betreuungsbedarf und Betreuungskosten	332
	14.2.5. Einkünfte und Vermögen des Kindes	334
	14.2.6. Für den Unterhalt des Kindes bestimmte Sozialleistungen	334
	14.2.7. Vollstreckung des Unterhaltsbeitrags	335
14.3.	Unterhaltsvertrag	335
14.4.	Unterhaltsklage	339
14.5.	Veränderte Verhältnisse	342
14.6.	Aufgaben KESB und Beistand	344

15. Persönlicher Verkehr 346

15.1.	Allgemeines	347
	15.1.1. Begriff	347
	15.1.2. Hochstrittige Eltern	348
15.2.	Regelung des persönlichen Verkehrs	351
	15.2.1. Regelung durch die Eltern	352
	15.2.2. Regelung durch die KESB	355
15.3.	Besuchsrechtsbeistandschaft	359
15.4.	Aufgaben KESB und Beistand	362
15.5.	Information und Auskunft	362

16. Kindesvermögen 364

16.1.	Allgemeines	364
16.2.	Inventar bei Tod eines Elternteils	368

16.3. Massnahmen nach Art. 318 Abs. 3 ZGB 370
    16.3.1. Inventar 370
    16.3.2. Periodische Rechnung / Berichterstattung 371
16.4. Anzehrung des Kindesvermögens 371
16.5. Geeignete Massnahmen 373
    16.5.1. Weisung 374
    16.5.2. Hinterlegung oder Sicherheitsleistung 374
    16.5.3. Andere geeignete Massnahmen 375
16.6. Beistandschaft zur Verwaltung des Kindesvermögens 375
16.7. Ende der Verwaltung des Kindesvermögens und Verantwortlichkeit 376

Teil IV: Weitere Themen 378

17. Ausserfamiliäre Platzierung 378
17.1. Allgemeines 378
17.2. Bewilligungspflicht 380
17.3. Familienpflege – Tagespflege – Heimpflege 382
    17.3.1. Zuständigkeiten und Verfahrensrechte 382
    17.3.2. Indikation für ambulante, teilstationäre, stationäre Hilfen 383
17.4. Zusammenarbeit mit Familienplatzierungs-Organisationen 386
17.5. Pflegevertrag 387
17.6. Rollen und Aufgaben 389
    17.6.1. KESB 389
    17.6.2. Beistand/Beiständin resp. Vormundin/Vormund 391
    17.6.3. Eltern 392
    17.6.4. Pflegeeltern/Heim 393
    17.6.5. Platzierungsorganisation 393
    17.6.6. Aufsicht/Bewilligungsorgan 394
    17.6.7. Vertrauensperson 395
17.7. Beendigung der Platzierung und Anschlusslösungen 395
17.8. Fallstricke 396
17.9. Begleitung des Kindes 397
    17.9.1. Beim Übergang von der Herkunftsfamilie ins Heim 398
    17.9.2. Während der Platzierung 398
    17.9.3. Bei Platzierungsabbrüchen 399

18. Orientierung am Kind – Angewandte Entwicklungspsychologie 401
18.1. Kindeswohl – Wohl des einzelnen Kindes 401
18.2. Verbindlichkeit, Entwicklung und Kontinuität 402
18.3. Die Perspektive des Kindes einnehmen und verstehen 403
18.4. Innere Konflikte und Bewältigung im Kontext von Beziehungen 406

19. Statistik 409
19.1. Erhebung 409

19.2.	Ziele	411
19.3.	Zahlen	412
20.	**Internationale Aspekte**	**415**
20.1.	Allgemeines	415
20.2.	Besonderheiten im Asylbereich	418
21.	**Adressatengerechte Kommunikation**	**421**
21.1.	Allgemeines	421
21.2.	KESB-Entscheid	423
	21.2.1. Formale Anforderungen (Struktur)	423
	21.2.2. Verständlichkeit	425
	21.2.3. Mündliche Gespräche als Ergänzung	427
21.3.	Die Leichte Sprache	429
	21.3.1. Regeln der Leichten Sprache	429
	21.3.2. «Merkblatt zum Kindesschutz» in Leichter Sprache	431

Abkürzungsverzeichnis	441
Literaturverzeichnis	445
Stichwortverzeichnis	469
Gesetzestext	gelbe Seiten

Verzeichnis der Muster, Übersichten und Hilfsmittel

Die MUSTER und ÜBERSICHTEN sind – als Ergänzung zum Buch – in elektronischer Form auf der Download-Plattform verfügbar (Pfad: www.kokes.ch > Login > Praxisanleitung Kindesschutzrecht > Anmeldung [Benutzername: kindesschutz@kokes.ch; Passwort: Praxisanleitung]).
Die HILFSMITTEL (*) sind auschliesslich auf der Download-Plattform verfügbar.

Teil I: Kindesschutz

Rz.

1. Zum Kindesschutz allgemein

Zusammenstellung der kantonalen Behördenorganisation .... *
ÜBERSICHT Gebäude der Kinderrechte 1.53
SODK-Empfehlungen zur Kinder- und Jugendpolitik .... *
ÜBERSICHT Bedürfnisse des Kindes 1.62
ÜBERSICHT Schutz- und Risikofaktoren 1.69, 1.70

2. Kindesschutzmassnahmen

ÜBERSICHT Zivilrechtlicher Kindesschutz 2.20
MUSTER Ermahnung (Art. 307 Abs. 3 ZGB) 2.25
MUSTER Weisung allgemein (Art. 307 Abs. 3 ZGB) 2.31
MUSTER Weisung Pflichtmediation (Art. 307 Abs. 3 ZGB) 2.33
MUSTER Erziehungsaufsicht (Art. 307 Abs. 3 ZGB) 2.38
MUSTER Erziehungsbeistandschaft (Art. 308 Abs. 1 ZGB) 2.52
MUSTER Beistandschaft nach Art. 308 Abs. 1 und 2 ZGB 2.55
MUSTER Erklärung der Mutter 2.64
MUSTER Beistandschaft Vaterschaftsfeststellung (Art. 308 Abs. 2 ZGB) 2.62
MUSTER Beistandschaft Unterhalt (Art. 308 Abs. 2 ZGB) 2.67
MUSTER Beistandschaft persönlicher Verkehr (Art. 308 Abs. 2 ZGB) 2.72
MUSTER Beistandschaft weitere Aufgaben (Art. 308 Abs. 2 ZGB) 2.75
MUSTER Beistandschaft Beschränkung elterliche Sorge (308 Abs. 3 ZGB) 2.78
MUSTER Aufhebung Aufenthaltsbestimmungsrecht (Art. 310 Abs. 1 ZGB) 2.88
MUSTER Umplatzierung (Art. 310 Abs. 1 ZGB) 2.89
MUSTER Rücknahmeverbot (Art. 310 Abs. 3 ZGB) 2.97
MUSTER Entziehung elterliche Sorge/Vormundschaft (Art. 311/327a ZGB) 2.111
MUSTER Entziehung elterliche Sorge/Übertragung Elternteil (311/298d ZGB) .. 2.112
MUSTER Beistandschaft Verhinderung (Art. 306 Abs. 2 ZGB) 2.126
MUSTER Beistandschaft Interessenkollision Erbteilung (306 Abs. 2 ZGB) 2.128

MUSTER Beistandschaft Interessenkollision Strafprozess (306 Abs. 2 ZGB). 2.129
MUSTER Beistandschaft Nasciturus (Art. 544 Abs. 1bis ZGB) 2.135
MUSTER Beistandschaft Adoption international (Art. 17 BG-HAÜ) 2.138
MUSTER Vormundschaft Adoption international (Art. 18 BG-HAÜ) 2.140

3. Abklärung und Entscheid

ÜBERSICHT Einschätzungsaufgaben Abklärungsverfahren 3.32
ÜBERSICHT Verfahrensablauf (Vier-Phasen Modell) 3.48
ÜBERSICHT Vorgehen bei Abklärung durch beauftragte Fachstelle 3.71
MUSTER Struktur Sozialbericht 3.73

4. Mandatsführung

ÜBERSICHT Fragen der Einstiegsphase 4.17
ÜBERSICHT Fünf Phasen der Begleitung durch Mandatsträger/in 4.31
MUSTER Leitfragen Rechenschaftsbericht 4.48

Teil II: Verfahren

5. Verfahrensgrundsätze

MUSTER Vollstreckungsentscheid (persönlicher Verkehr) 5.97

6. Zuständigkeit

KOKES-Empfehlungen zur Übernahme einer Massnahme (ZKE 2016, 167 ff.) ..*
ÜBERSICHT Übertragungsverfahren 6.20
MUSTER Übernahme Beistandschaft zur Weiterführung (442 Abs. 5 ZGB)...... 6.21
ÜBERSICHT Tabelle zur sachlichen Zuständigkeit 6.50
KOKES-Empfehlungen Einbezug von Sozialhilfebehörden (ZKE 2014, 263 ff.) ...*

7.1. Anhörung

MMI/UNICEF-Broschüren zur Kindesanhörung:
- Leitfaden für Fachpersonen .... *
- Broschüre für Eltern .... *
- Broschüre für Kinder ab 5 Jahren .... *
- Broschüre für Kinder ab 9 Jahren .... *
- Broschüre für Kinder ab 13 Jahren .... *

MUSTER Einladung zum Gespräch 7.23
ÜBERSICHT Ablauf der Anhörung 7.26
MUSTER Beispielfragen 7.30

7.2. Verfahrensbeistandschaft

Übersicht Prüfungspflicht Verfahrensbeistandschaft 7.50
Übersicht Dreidimensionales Handlungsmodell 7.60
Übersicht Aufgaben Verfahrensbeistand..7.63
Muster Verfahrensbeistandschaft (Art. 314a^{bis} ZGB) 7.67
Checkliste Einsetzung Rechtsvertretung..*

7.3. Mediationsversuch

Muster Mediationsversuch (Art. 314 Abs. 2 ZGB)...7.74

7.4. Gutachten

Muster Fragen zum Gutachten / getrennten Eltern..7.82
Muster Fragen zum Gutachten / platziertes Kind 7.83

8. Sinngemässe Anwendung Erwachsenenschutzrecht

(keine Muster/Übersichten zu diesem Kapitel)

9. Rechte und Pflichten der Zusammenarbeit

Muster Meldung an KESB 9.12

Teil III: Kindesrecht

10. Rechtsstellung des Kindes

Übersicht Höchstpersönliche Rechte 10.29, 10.30, 10.31

11. Entstehung des Kindesverhältnisses

Ablauf Adoptionsverfahren, Aufgaben KESB ....*
Ablauf Adoptionsverfahren, Aufgaben Beiständin/Vormundin ....*
Ablauf Adoptionsverfahren, Aufgaben Begleitperson ....*
Muster Brief an Mutter eines Kindes ohne rechtlichen Vater 11.47

12. Elterliche Sorge

Übersicht Entscheidungskompetenzen Eltern (allein oder gemeinsam) 12.22
Muster Erklärung gemeinsame elterliche Sorge 12.45
Muster Erklärung gemeinsame elterliche Sorge (englisch)...*
Muster Abänderung Scheidungsurteil 12.63
Muster Vereinbarung über Anrechnung AHV-Erziehungsgutschriften 12.81
BSV Merkblatt AHV-Erziehungsgutschriften..*

Muster Elternvereinbarung 12.85
KOKES-Empfehlungen gemeinsame elterliche Sorge als Regelfall .... *
Merkblatt für Eltern .... *

13. Vertretung des Kindes

Muster Eigenes Handeln KESB (Art. 306 Abs. 2 ZGB) 13.12

14. Unterhalt

Muster Unterhaltsvertrag 14.46
Muster Unterhaltsklage 14.52
Muster Beistandschaft Unterhalt (Art. 308 Abs. 2 ZGB) 14.64
Berechnungsmodelle Betreuungsunterhalt:
– Objektiviertes Existenzminimum (Modell Kt. Zürich) .... *
– Berechnungsmodell Daniel Bähler und Annette Spycher (Modell Kt. Bern) .. *
UBS-Broschüre, Preise und Löhne weltweit (Kaufkraftvergleich) .... *

15. Persönlicher Verkehr

Übersicht Zwei Rollenverständnisse 15.14
Muster Elternvereinbarung 15.20
Muster Weisung Mediation (Art. 273 Abs. 2 ZGB) 15.22
Übersicht Behördliche Massnahmen 15.27
Muster Behördliche Regelung (Art. 273 ZGB) 15.30
Muster Beistandschaft persönlicher Verkehr (308 ZGB) 15.55, 15.57, 15.58

16. Kindesvermögen

Muster Inventar einfach .... *
Muster Inventar ausführlich .... *
Muster Abnahme Inventar / Verzicht auf Vermögenskontrolle 16.17
Muster Anordnung Kindesvermögenskontrolle 16.21
Muster Bewilligung Anzehrung Kindesvermögen 16.27
Muster Weisung 16.32
Muster Hinterlegung 16.34
Muster Sicherheitsleistung 16.35
Muster Entziehung der Verwaltung 16.42

Verzeichnis der Muster, Übersichten und Hilfsmittel

Teil IV: Weitere Themen

17. Ausserfamiliäre Platzierung

Quality4Children, Standards in der ausserfamiliären Betreuung in Europa.......... *
Quality4Children, Standards, Beipackzettel für Fachpersonen .... *
Quality4Children, Standards, illustrierte Version für Kinder................................. *
Muster Bewilligung Aufnahme Pflegekind (Art. 4/5 PAVO) 17.12
Übersicht Indikation ambulante, teilstationäre und stationäre Hilfen............. 17.22
Übersicht Indikation Wahl Platzierungsform 17.28
Muster Pflegevertrag 17.33
Muster Aufgaben Beistand bei Platzierung (Art. 308 Abs. 2 ZGB).... 17.40, 17.41

18. Orientierung am Kind – angewandte Entwicklungspsychologie

(keine Muster/Übersichten zu diesem Kapitel)

19. Statistik

Übersicht KOKES-Statistik 2015... 19.12

20. Internationale Aspekte

Übersicht internationale Abkommen und Bundesgesetze............ 20.3, 20.5, 20.6
Übersicht Örtliche Zuständigkeit bei internationalen Sachverhalten 20.7
SODK-Empfehlungen zu unbegleiteten minderjährigen Asylsuchenden............. *

21. Adressatengerechte Kommunikation

Muster KESB-Entscheid (neutrale Vorlage)... 21.10
Muster Merkblatt Kindesschutz in Leichter Sprache (Gütesiegel) 21.32
Merkblatt Kindesschutz (in Leichter Sprache, zum Bearbeiten)......................... *
Merkblatt Kindesschutz (in normaler Sprache)... *
Informationen zum Kindes- und Erwachsenenschutz (KESCHA-Flyer)............... *

Autorinnen und Autoren

Die Autorinnen und Autoren arbeiteten im Kollektiv zusammen und haben sich bezüglich der einzelnen Beiträge ausgetauscht.

AFFOLTER KURT
lic. iur., Fürsprecher und Notar, Ligerz.
Kurt Affolter hat folgende Kapitel geschrieben: 3. (zusammen mit Andrea Hauri, Ursula Leuthold und Heidi Simoni) und 5.

BIDERBOST YVO
Dr. iur., Leiter Rechtsdienst KESB Stadt Zürich, Lehrbeauftragter an den Universitäten Freiburg, Luzern und Zürich, Mitglied Arbeitsausschuss KOKES und Redaktionsrat ZKE.
Yvo Biderbost hat folgendes Kapitel geschrieben: 2. (zusammen mit Marco Zingaro).

BRUNNER SABINE
lic. phil., Psychologin, Psychotherapeutin KJF, Marie Meierhofer Institut für das Kind, Zürich, Praxis in Basel.
Sabine Brunner hat bei folgenden Kapiteln mitgeschrieben: 7.1. (zusammen mit Diana Wider und Heidi Simoni), 7.4. und 18. (zusammen mit Heidi Simoni).

CANTIENI LINUS
Dr. iur., Rechtsanwalt, Präsident KESB Kreis Bülach Süd, Glattbrugg, Lehrbeauftragter an der Universität Zürich, Redaktionsmitglied FamPra.ch.
Linus Cantieni hat folgende Kapitel geschrieben: 12. und 13.

GLOOR URS
Dr. iur., Rechtsanwalt und Mediator SDM/Familienmediator SVM, Gloor Junker Rechtsanwälte, Meilen, Bezirksrichter am Bezirksgericht Zürich.
Urs Gloor hat folgendes Kapitel geschrieben: 14. (zusammen mit Yolanda Mutter).

HAURI ANDREA
Prof. FH, Soziologin M.A., Sozialarbeiterin FH, Dozentin und Projektleiterin Berner Fachhochschule – Soziale Arbeit.
Andrea Hauri hat folgende Kapitel geschrieben: 1.3.2. (zusammen mit Heidi Simoni), 3.2. und 3.4. (zusammen mit Kurt Affolter), 4. (punktuell), 17. (zusammen mit Beat Reichlin und Ursula Leuthold), 21. (punktuell).

Leuthold Ursula
Sozialarbeiterin MSc FH, Dozentin und Projektleiterin Kompetenzzentrum Kindes- und Erwachsenenschutz der Hochschule Luzern – Soziale Arbeit.
Ursula Leuthold hat folgende Kapitel geschrieben: 3. (punktuell), 4.2. (zusammen mit Urs Vogel), 7.2. (zusammen mit Beat Reichlin) und 17. (zusammen mit Beat Reichlin und Andrea Hauri).

de Luze Estelle
Dr. iur., Rechtsanwältin, Assistenzprofessorin an der Rechtswissenschaftlichen Fakultät der Universität Lausanne, französischsprachige Redaktorin ZKE.
Estelle de Luze hat folgende Kapitel geschrieben: 8. und 11.

Marugg Michael
Dr. iur., Leiter Rechtsdienst KESB Bezirke Winterthur und Andelfingen.
Michael Marugg hat folgende Kapitel geschrieben: 9. und 20.

Meier Philippe
Prof. Dr. iur., Rechtsanwalt, ordentlicher Professor und Vize-Dekan an der Rechtswissenschaftlichen Fakultät der Universität Lausanne, Mitglied Arbeitsausschuss KOKES und Präsident Redaktionsrat ZKE.
Philippe Meier hat folgende Kapitel geschrieben: 1. (zusammen mit Heidi Simoni und Andrea Hauri) und 6.2.

Mutter Yolanda
Dr. iur., Leiterin Regionaler Rechtsdienst, Bildungsdirektion Kanton Zürich, Amt für Jugend und Berufsberatung, Geschäftsstelle der Bezirke Affoltern, Dietikon, Horgen.
Yolanda Mutter hat folgendes Kapitel geschrieben: 14. (zusammen mit Urs Gloor).

Reichlin Beat
lic. iur., Rechtsanwalt, Dozent und Projektleiter Kompetenzzentrum Kindes- und Erwachsenenschutz Hochschule Luzern – Soziale Arbeit, nebenamtlicher Ersatzrichter Bezirksgericht Zürich, stv. Generalsekretär KOKES.
Beat Reichlin hat folgende Kapitel geschrieben: 7.2. (zusammen mit Ursula Leuthold) und 17. (zusammen mit Andrea Hauri und Ursula Leuthold).

Simoni Heidi
Dr. phil., Fachpsychologin für Psychotherapie FSP, Leiterin Marie Meierhofer Institut für das Kind, Zürich.
Heidi Simoni hat folgende Kapitel geschrieben: 1. (punktuell), 3. (punktuell), 4. (punktuell), 7.1. (zusammen mit Diana Wider), 7.4. und 18. (zusammen mit Sabine Brunner).

Vogel Urs
lic. iur., dipl. Sozialarbeiter FH, Master of Public Administration MPA idheap, Mitglied Arbeitsausschuss KOKES und Redaktionsrat ZKE, Rechts- und Unternehmensberatung, Kulmerau.
Urs Vogel hat folgende Kapitel geschrieben: 4. (zusammen mit Ursula Leuthold), 6.1. und 6.3.

Wider Diana
Prof. FH, lic. iur., dipl. Sozialarbeiterin FH, Dozentin und Projektleiterin Kompetenzzentrum Kindes- und Erwachsenenschutz der Hochschule Luzern – Soziale Arbeit, Generalsekretärin KOKES.
Diana Wider hat folgende Kapitel geschrieben: 7.1. (zusammen mit Heidi Simoni und Sabine Brunner), 7.4. (punktuell), 15., 19. und 21. Ihr oblag überdies die Projektleitung und Koordination der vorliegenden Publikation.

Zingaro Marco
Prof. FH, Fürsprecher, Dozent und Projektleiter Berner Fachhochschule – Soziale Arbeit, deutschsprachiger Redaktor ZKE und Mitglied Arbeitsausschuss KOKES.
Marco Zingaro hat folgende Kapitel geschrieben: 2. (zusammen mit Yvo Biderbost), 7.3., 10. und 16.

Übersetzung

Marugg Michael
Dr. iur., Leiter Rechtsdienst KESB Bezirke Winterthur und Andelfingen.
Michael Marugg hat die Kapitel 1., 6.2., 8. und 11. auf Deutsch übersetzt.

Meier Philippe
Prof. Dr. iur., Rechtsanwalt, ordentlicher Professor und Vize-Dekan an der Rechtswissenschaftlichen Fakultät der Universität Lausanne, Mitglied Arbeitsausschuss KOKES und Präsident Redaktionsrat ZKE.
Philippe Meier hat die Kapitel 2., 3., 4., 5., 6.1. und 6.3., 7., 9., 10., 12., 13., 14., 15., 16., 17., 18., 19., 20. und 21. auf Französisch übersetzt.

Gros Sarah
MLaw, Doktorandin an der Rechtswissenschaftlichen Fakultät der Universität Lausanne.
Sarah Gros war verantwortlich für die Übersetzung der Register auf Französisch sowie die Koordination der französischen Ausgabe.

Teil I: Kindesschutz

Literatur

Gesetzliche Grundlagen: Art. 3/12 KRK; Art. 8 EMRK; Art. 11/13 BV; Art. 301–303, 307–315b, 318, 324/325, 327a–327c ZGB.

Materialien: Botschaft Kindesrecht; Botschaft Meldepflichten.

Allgemeine Literatur: BSK ZGB I-Breitschmid, Art. 307–315; CHK ZGB-Biderbost, Art. 307–315b; FamKomm ESR-Cottier, Art. 314–314b; CR CC I-Meier, Intro Art. 307–315b, Art. 307–315b; FamKomm Scheidung-Schreiner, Anhang Psychologische Aspekte; OFK ZGB-Guler, Art. 307–315b; Büchler/Vetterli, S. 249 ff.; Handbuch KES: Fountoulakis/Rosch Rz. 13–24, Rosch Rz. 117–159, Heck Rz. 160–191, Rosch/Hauri Rz. 989–1031; Häfeli, Rz. 40.01–40.06; Hausheer/Geiser/Aebi-Müller, Rz. 17.151–17.176; Hegnauer, Rz. 27.01–27.82; Hegnauer/Meier, Rz. 27.01–27.82; Meier/Stettler, Rz. 1247–1405; Tuor/Schnyder/Jungo, § 44.

Spezifische Literatur: Ausschuss für die Rechte des Kindes, Allgemeine Bemerkung Nr. 14 (2013), Das Recht des Kindes, dass das Wohl des Kindes vorrangig zu berücksichtigen ist, und Allgemeine Bemerkung Nr. 12 (2009), Das Recht des Kindes, gehört zu werden [Download: www.humanrights.ch > UNO: Menschenrechts-Organe > Kinderrechts-Ausschuss > General Comments]; Bacilieri-Schmid Corina, Kinder bei Trennung und Scheidung – Psychologisches Basiswissen für Juristinnen und Juristen, in: ZVW 2005, 199 ff.; Bundesrat, Kindesmisshandlung in der Schweiz, Bericht und Stellungnahme, in: BBl 1995, 1 ff.; Cottier Michelle, Subjekt oder Objekt? Die Partizipation von Kindern in jugendstraf- und zivilrechtlichen Kindesschutzverfahren, Bern 2006; Cottier Michelle/Häfeli Christoph, Das Kind als Rechtssubjekt im zivilrechtlichen Kindesschutz, in: 4. Familienrecht§Tage, Bern 2008, 109 ff.; Europarat, Leitlinien des Ministerkomitees des Europarates für eine kindgerechte Justiz vom 17. November 2010 [Download: www.kinderanwaltschaft.ch > Behörden & Gerichte > Child-friendly Justice]; Fercsik Schnyder Orsolya/Clausen Sandro, Menschenwürde und Selbstbestimmung im zivilrechtlichen Kindesschutzrecht, unter besonderer Berücksichtigung der Entziehung der elterlichen Sorge, in: Roberto Andorno/Markus Thier, Menschenwürde und Selbstbestimmung, Zürich 2014, 181 ff.; Gerber Regula/Hausammann Christina (Hrsg.), Kinderrechte – Kinderschutz, Rechtsstellung und Gewaltbetroffenheit von Kindern und Jugendlichen, Basel 2002; Glose Bernard et al. (Hrsg.), Le développement affectif et cognitif de l'enfant, 5. Aufl., Paris 2015; Henkel Helmut, Die Anordnung von Kindesschutzmassnahmen gemäss Art. 307 rev. ZGB, Zürich 1977; Inversini Martin, Kindesschutz interdisziplinär – Beiträge von Pädagogik und Psychologie, in: ZVW 2011, 47 ff.; Jaquiery Virginie, La protection de l'enfant en cas de maltraitance, in: Christine Chappuis et al. (éd.), L'harmonisation internationale du droit, Zürich 2007, 147 ff.; Kilde Gisela, Der Persönliche Verkehr: Eltern – Kind – Dritte, Zivilrechtliche und interdisziplinäre Lösungsansätze, Zürich 2015; Ludewig Revital et al., Richterliche und behördliche Entscheidungsfindung zwischen Kindeswohl und Elternwohl: Erziehungsfähigkeit bei Familien mit einem psychisch kranken Elternteil, in: FamPra 2015, 562 ff.; Reich Johannes, «Schutz der Kinder und Jugendlichen» als rechtsnormatives und expressives Verfassungsrecht, in: ZSR 2012, 363 ff.; Reusser Ruth/Lüscher Kurt, Art. 11, in: Bernhard Ehrenzeller et al., Die schweizerische Bundesverfassung, 3. Aufl., Zürich 2014, 309 ff.; Seifert Brigitte et al., Leitfaden zur Erstellung psychologisch-psychiatrischer Gutachten, in: FamPra 2015, 118 ff.; Wopmann Markus, Kindsmisshandlung: Zahlen schweizweit: Melderecht- oder Meldepflicht für Ärzte, in: Christian Schwarzenegger/Rolf Nägeli (Hrsg.), 7. Zürcher Präventionsforum, Zürich 2015, 227 ff.; Wyttenbach Judith, Grund- und Menschenrechtskonflikte zwischen Eltern, Kind und Staat. Schutzpflichten des Staates gegenüber Kindern und Jugendlichen aus dem internationalen Menschenrechtsschutz und der Bundesverfassung (Art. 11 BV), Basel/Genf/München, 2006; Zermatten Jean, Grandir en 2010: entre protection et participation. Regards croisés sur la Convention des droits de l'enfant, in: RJJ 2010, 93 ff.

1. Allgemeines zum Kindesschutz

1.1. Kindeswohl

Literatur

DETTENBORN HARRY, Kindeswohl und Kindeswille, Psychologische und rechtliche Aspekte, 4. Aufl., München 2014; MAYWALD JÖRG, Zum Begriff des Kindeswohls, Impulse aus der UN-Kinderrechtskonvention, in: IzKK-Nachrichten 1-2009, S. 16 ff.; KAUFMANN CLAUDIA/ZIEGLER FRANZ (Hrsg.), Kindeswohl. Eine interdisziplinäre Sicht, Zürich 2003; LÄTSCH DAVID et al., Ein Instrument zur Abklärung des Kindeswohls – spezifisch für die deutschsprachige Schweiz, in: ZKE 2015, 1 ff.; DE LUZE ESTELLE, Le bien de l'enfant, in: Eleanor Cashin-Ritaine/Elodie Maître Arnaud E. (Hrsg.), Notions-cadre, concepts indéterminés et standards juridiques en droits interne, international et comparé, Zürich 2008, 579 ff.; NAVAS NAVARRO SUSANA, Le bien-être de l'enfant, in: FamPra 2004, 265 f.; PFAFFINGER MONIKA, Polyvalentes Kindeswohl – methodische Reflexionen über das Wohl des (adoptierten) Kindes, in: ZVW 2011, 417 ff.; STREULI JÜRG, Normative Implikationen des Kindeswohlbegriffs, Medizinische Sichtweise, Expertenbericht der Nationalen Ethikkommission NEK, 2011 (unveröffentlicht).

1.1.1. Schutz des Kindeswohls im Völker- und Verfassungsrecht

1.1 Die Kindheit (und im Zusammenhang auch die Adoleszenz) ist mehr als jede andere Lebensphase von stetiger physischer, psychischer, emotionaler, moralischer, sozialer, intellektueller und geistiger Entwicklung geprägt. Daraus ergibt sich eine Vulnerabilität, die besondere Schutzbedürfnisse nach sich zieht.

1.2 Der Schutz des Kindes wird primär von der Familie (insb. von den Eltern des Kindes) gewährleistet und verantwortet (vgl. insb. Art. 3 Abs. 2 und 5 Übereinkommen über die Rechte des Kindes [KRK; SR 0.107], Art. 24 Ziff. 1 Internationaler Pakt über die bürgerlichen und politischen Rechte vom 16. Dezember 1966 [SR 0.103.0], Art. 8 EMRK und Art. 13 Abs. 1 BV). Für diese Aufgabe steht indessen auch die ganze Gesellschaft in der Pflicht (deren humanistische Werte verpflichten, die Schwachen ihrer Gemeinschaft zu schützen).

1.3 Entsprechend auferlegt Art. 3 KRK den Staaten gewisse (auch in anderen internationalen Übereinkommen festgehaltene) Pflichten. Insb. müssen sie bei allen Massnahmen das Wohl des Kindes als vorrangigen Gesichtspunkt berücksichtigen und sich verpflichten, *«dem Kind unter Berücksichtigung der Rechte und Pflichten seiner Eltern, seines Vormunds oder anderer für das Kind gesetzlich verantwortlicher Personen den Schutz und die Fürsorge zu gewährleisten, die zu seinem Wohlergehen notwendig sind».*

1.1. Kindeswohl

Auf nationaler Ebene hält Art. 11 Abs. 2 BV den Grundsatz *«Kinder und Jugendliche haben Anspruch auf besonderen Schutz ihrer Unversehrtheit und auf Förderung ihrer Entwicklung»* fest. Für das Zivilrecht hatte der Gesetzgeber indessen nicht die seit 1. Januar 2000 geltende Verfassungsbestimmung abgewartet. Bereits 1907 wurden mit Art. 283 ff. aZGB und anlässlich der Kindesrechtsrevision von 1978 mit Art. 307 ff. ZGB Bestimmungen aufgenommen, die diesen Schutz verwirklichen.

1.4

Die die Phase der Kindheit und Adoleszenz prägende Entwicklung bedeutet auch, dass die heranwachsende Persönlichkeit laufend an Fähigkeiten und Urteilskraft gewinnt. Deshalb muss ihr im Gleichschritt mit dieser Entwicklung wachsende persönliche, soziale und juristische Autonomie eingeräumt werden. Das Kind ist nicht mehr ein Objekt des Kindesschutzes, sondern ein eigentliches Subjekt ... und das Subjekt manifestiert sich mit dem Heranwachsen stärker. Art. 5 KRK anerkennt so den Vorrang der elterlichen Verantwortung, wobei den sich entwickelnden Fähigkeiten des Kindes Rechnung zu tragen ist. Art. 12 KRK gewährleistet dem urteilsfähigen Kind die Rechte, seine Meinung in allen es berührenden Angelegenheiten frei äussern zu können sowie dass seine Meinung angemessen und Alter und Reife entsprechend berücksichtigt werden. Weiter hält Art. 11 Abs. 2 BV fest, dass Kinder und Jugendliche ihre Rechte im Rahmen ihrer Urteilsfähigkeit selber ausüben.

1.5

Beachte

1.6

- Der Schutz vulnerabler Kinder ist eine grundlegende Pflicht des Staates, die Teil seiner völkerrechtlichen Verpflichtungen ist und zu seinen verfassungsrechtlichen Aufgaben gehört.
- Bei allen Eingriffen müssen staatliche Organe die der Familie grundsätzlich zuerkannte Autonomie achten, wobei die Rechte des Kindes und dessen eigene Autonomie seiner Entwicklung entsprechend zu berücksichtigen sind.
- Auch im Kindesschutzverfahren muss das Kind als eigenständige Person geachtet und darf nicht als Objekt des materiellen Kindesschutzrechts behandelt werden.

1.1.2. Begriff des Kindeswohls

Literatur

BRAUCHLI ANDREAS, Das Kindeswohl als Maxime des Rechts, Zürich 1982; COESTER MICHAEL, Das Kindeswohl als Rechtsbegriff, Frankfurt 1983; DETTENBORN HARRY, Kindeswohl und Kindeswille, psychologische und rechtliche Aspekte, 4. Aufl., München 2014.

1.7 Jeder Eingriff muss dem *Kindeswohl* dienen, gleichgültig ob er von der Familie oder vom Staat ausgeht. Die Terminologie ist uneinheitlich und der Begriff juristisch nicht definiert.

Terminologie

1.8 Der französische Wortlaut von Art. 3 Abs. 1 KRK spricht vom *«intérêt supérieur de l'enfant»*, was dem Begriff *«best interests of the child»* der englischen Fassung entspricht. Die (nicht offizielle) deutsche Übersetzung verwendet den Ausdruck *«Wohl des Kindes»*, der näher beim Begriff *«Kindeswohl»* (*«bien de l'enfant»*) liegt, während sich auch die italienische Übersetzung auf *«l'interesse superiore del fanciullo»* bezieht. Die Lehre hat versucht, diese Begriffe zu unterscheiden, allerdings durchaus künstlich und nicht überzeugend.

1.9 Dazu genügt der Hinweis, dass das Zivilgesetzbuch als Grundlage des (von Abklärungsdiensten, von Diensten der Kinder- und Jugendhilfe, von der KESB und von MT umgesetzten) Kindesschutzes den Ausdruck *«Interesse»* des Kindes (*«intérêt de l'enfant»*) nur in Art. 288 Abs. 1 ZGB und im Übrigen die Begriffe *«Kindeswohl»* oder *«Wohl des Kindes»* (Art. 133 Abs. 2, 134 Abs. 1, 264, 269 Abs. 1, 296 Abs. 1 und 3, 297 Abs. 2, 298 Abs. 1 und 2ter, 298b Abs. 2, 3ter und 4, 298c, 298d Abs. 1, 301 Abs. 1 und 301a Abs. 5 ZGB) verwendet. Im französischen Wortlaut dieser Bestimmungen wird durchgängig der Ausdruck *«bien de l'enfant»* benutzt.

1.10 Art. 307 Abs. 1 ZGB verwendet als zentrale Bestimmung des zivilrechtlichen Kindesschutzes explizit den Ausdruck *«Wohl des Kindes»*, während der französische Wortlaut von *«développement»* spricht. Der deutsche Wortlaut von Art. 274 Abs. 2 und 274a Abs. 2 ZGB spricht das *«Kindeswohl»* an, während die französische Fassung auf die Entwicklung des Kindes oder dessen Interesse verweist. Der italienische Wortlaut zeigt mehr Konstanz: Ausser bei Art. 288 Abs. 1 (*«interesse del figlio»*) ist in allen anderen Bestimmungen von *«bene del figlio»* die Rede.

1.1. Kindeswohl

Definition(en)

Das schweizerische Recht definiert das Kindeswohl nicht. Es handelt sich um einen *unbestimmten Rechtsbegriff*, der *relativ*, *mehrdimensional* und *inter- resp. transdisziplinär* zu verstehen ist.

1.11

Juristen und Kinderpsychiater/-psychologen haben schon viele Definitionen vorgeschlagen. Vereinfacht lässt sich feststellen, dass sie entweder von den Bedürfnissen des Kindes, der Gefährdung seiner Interessen oder dessen Rechten ausgehen.

1.12

Erwägungen zum Kindeswohl sollten folgende vier *Dimensionen* berücksichtigen:

1.13

- Orientierung an den *Grundrechten* aller Kinder als normative, (beinahe) universell anerkannte Bezugspunkte;
- Orientierung an den *Grundbedürfnissen* von Kindern als empirische Beschreibungen dessen, was für eine normale kindliche Entwicklung im Sinne anerkannter Standards unabdingbar ist;
- Gebot der *Abwägung* als Ausdruck der Erkenntnis, dass Kinder betreffende Entscheidungen prinzipiell mit Risiken behaftet sind;
- *Prozessorientierung*, weil Kinder betreffende Entscheidungen kontext- und entwicklungsabhängig sind und einer laufenden Überprüfung und ggf. Revision bedürfen.

Darauf basiert die folgende Arbeitsdefinition: «*Ein am Wohl des Kindes ausgerichtetes Handeln ist dasjenige, welches die an den Grundrechten und Grundbedürfnissen von Kindern orientierte, für das Kind jeweils günstigste Handlungsalternative wählt.*»

1.14

Je nach Kontext sind verschiedene *Anspruchsniveaus* bezüglich der Wahrung des Kindeswohls möglich:

1.15

1. Kindeswohl als Ideal, als *Maximal*-Variante, als Best-Variante, im Blick ist, was dem «Wohl des Kindes am besten entspricht».
2. Kindeswohl als «*(Gut-)Genug*»-Variante, wonach es ausreicht, wenn eine bestimmte Aktivität dem Wohl des Kindes dient bzw. ihm nicht widerspricht.
3. *Minimal*-Variante, Kindeswohl als Schwellenwert zur Gefährdung, als Minimalstandard zum Schutz des Kindes.

Der Kindesschutz i.e.S. muss selbstredend dem Anspruchsniveau 3 genügen. Da jedoch nicht einzig die blosse Existenzsicherung, sondern immer auch die Gewährleistung von Entwicklungsmöglichkeiten bedeutsam ist, ist Anspruchsniveau 2 zentral.

1.16

1.17 Für Erwägungen zum Kindeswohl sind verschiedene *Bezugssysteme* möglich:

- *Experten-orientiertes* Kindeswohl
  (umfassende, systemische Sicht von Fachpersonen)
- *Eltern-orientiertes* Kindeswohl
  (stellvertretende Wahrung des Kindeswohls, innerhalb des Referenzsystems der Inhaber der elterlichen Sorge)
- *antizipierte Interessen des/der künftigen Erwachsenen*
  (Zukunftsaussichten, Entwicklungsverlauf)
- *Kind-orientiertes* Kindeswohl
  (Orientierung an Bedürfnissen und Rechten des Kindes)

1.18 Die letzte Orientierung umfasst und erweitert die drei ersten. Sie stellt das Kind am konsequentesten in den Vordergrund und richtet sich an ihm aus. Damit können sich potentielle Interessenskonflikte zwischen ihm und den Erwachsenen akzentuieren bzw. überhaupt erst deutlich werden. Dies kann für Erwägungen zum Kindeswohl ausgesprochen wertvoll sein.

1.1.3. Konkretisierung im Einzelfall

1.19 Das «Kindeswohl» lässt sich unabhängig von einer allenfalls verwendeten Definition (vgl. 1.1.2.) nie abstrakt beurteilen. Sein Inhalt muss jeweils situationsbedingt bestimmt werden, entsprechend den Gesamtumständen des konkreten Einzelfalles (Art. 4 BV; vgl. auch Art. 133 Abs. 2 ZGB) und im Licht der Rechtsordnung in ihrer Gesamtheit (d.h. auch der Menschenrechte und des Verfassungsrechts). Der konkrete Inhalt richtet sich nach dem betroffenen Kind und seinen persönlichen, gesundheitlichen, familiären, schulischen und sozialen Verhältnissen, sowie nach dem anstehenden Entscheid. Die massgebenden Kriterien können anders sein, wenn Abklärungen oder Entscheide der KESB, von MT oder anderer Stellen die Adoption eines Kindes, den persönlichen Verkehr, die Zuteilung des Sorgerechts an einen Elternteil allein statt an beide, den Entzug des Aufenthaltsbestimmungsrechts oder die Erteilung einer ausländerrechtlichen Aufenthaltsbewilligung an einen Elternteil zum Gegenstand haben, oder wenn über die Eingriffshärte bei der Vollstreckung angeordneter Massnahmen zu entscheiden ist. Anders als etwa das Recht einzelner angelsächsischer Staaten, kennt das schweizerische Recht keine Aufzählung von (exemplarischen) Kriterien, die zu berücksichtigen sind.

1.20 Bei der Konkretisierung müssen rechtsanwendende Stellen zwingend die Erkenntnisse anderer mit dem Kindeswohl befasster Fachdisziplinen berücksichtigen, insb. der Psychologie, der Medizin, der Sozial- und Erziehungswissenschaften.

Eine interdisziplinäre Herausforderung besteht bei der Konkretisierung im Einzelfall darin, dass der rechtliche Kontext nach gesicherten Aussagen verlangt, während selbst empirisch gut abgesicherte Aussagen in den Sozialwissenschaften Wahrscheinlichkeitscharakter haben.

1.21

Stets gilt es sowohl die aktuelle Situation, wie die Entwicklungsperspektive des Kindes im Blick zu haben. Das Wohl des Kindes kann unmittelbar oder mittel- und langfristig durch chronische, kumulativ wirkende Misshandlungserfahrungen und vernachlässigende Umstände gefährdet sein.

1.22

Kindesschutz bewegt sich im konkreten Fall in verschiedenen *Spannungsfeldern:*

1.23

- Das Kind ist auf Fürsorge angewiesen. Zugleich hat es ab Geburt resp. u.U. bereits vorgeburtlich einen Subjektstatus und eine wachsende Kompetenz, autonom von seinen Bezugspersonen zu handeln.
- Der Staat hat über das Kindeswohl zu wachen und es subsidiär zu den Inhabern der elterlichen Sorge zu gewährleisten. Er kann jedoch diese Aufgabe – ausser in extremen Fällen von Kindsmisshandlung – nur mit deren Kooperation erfüllen.

Juristen oder Kinderpsychiater/-psychologen unterscheiden gewöhnlich mehrere Kategorien von positiven und negativen Faktoren (die dem Kindeswohl förderlich sind oder es im Gegenteil gefährden; für Einzelheiten vgl. Kap. 1.3.2.).

1.24

- *Positive Faktoren:* Förderung seiner körperlichen, geistigen und sittlichen Entwicklung; Kontinuität und Stabilität seines Umfeldes; Möglichkeit, Gefühlsbeziehungen aufzubauen; Achtung seines Willens und seiner Selbstbestimmung; Erhalt der Bindung zu beiden Eltern, wenn sich diese trennen;
- *Negative Faktoren:* Vernachlässigung; ungenügende Unterstützung seiner Entwicklung; Misshandlung; Verschärfung seiner Loyalitätskonflikte, wenn es von den Eltern getrennt wird.

Das Kindeswohl ist über seine Natur als *materielles Entscheidkriterium* hinaus ein grundlegendes *Prinzip für die Interpretation* aller gesetzlichen Bestimmungen (des Zivilrechts und der schweizerischen Rechtsordnung insgesamt) sowie ein *verfahrensrechtlicher Grundsatz*, wonach die KESB, MT oder Abklärungsdienste dem Kind Gelegenheit geben müssen, seine Meinung zu allen Belangen zu äussern, die es berühren (vgl. Art. 298 ZPO und Art. 314a ZGB).

1.25

1. Allgemeines zum Kindesschutz

1.26

> **Beachte**
>
> - Das Kindeswohl ist ein Grundbegriff des internationalen und des nationalen Rechts. Es ist nicht nur das wesentliche materielle Kriterium aller Entscheide und Handlungen, die ein Kind betreffen, sondern auch ein Grundsatz für die Interpretation der gesamten Rechtsordnung und eine verfahrensrechtliche Garantie.
> - Der Begriff ist nicht definiert und muss in jedem Einzelfall nach Massgabe der Gesamtumstände konkretisiert werden.
> - Der Begriff ist relativ (abhängig vom Kind, vom anstehenden Entscheid und von den Gesamtumständen – familial, sozial, medizinisch etc.), mehrdimensional (er muss den sozialen, kulturellen, erzieherischen, religiösen etc. Gegebenheiten der Familie Rechnung tragen) und inter- resp. transdisziplinär (in den Rechtsbegriff müssen Erkenntnisse der Psychologie, der Medizin, der Erziehungs- und der Sozialwissenschaft einfliessen).

1.2. Das System des Kindesschutzes

1.2.1. Interventionsebenen

Literatur

BILDUNGSDIREKTION/KESB-PRÄSIDIENVEREINIGUNG KANTON ZÜRICH, Grundlagendokument zur Zusammenarbeit Mandatszentren AJB und KESB – Standards und Abläufe, August 2016 [Download: www.kesb-zh.ch > Service > Merkblätter]; FASSBIND PATRICK, Systematik der elterlichen Personensorge in der Schweiz, Basel 2006; HOCHHEUSER CHRISTIN, Grundrechtsaspekte der zivilrechtlichen Kindesschutzmassnahmen und der kommenden jugendstrafrechtlichen Sanktionen, St. Gallen 1997; MEYER LÖHRER BEDA, Massnahmen nach Jugendstrafgesetz und Massnahmen der KESB – Wechselbeziehungen und Einzelfragen, in: AJP 2014, 11 ff.; SODK, Empfehlungen für die Weiterentwicklung der Kinder- und Jugendpolitik in den Kantonen, 2016 [Download: www.sodk.ch > Aktuell > Empfehlungen]; VOLL PETER et al. (Hrsg.), Zivilrechtlicher Kindesschutz: Akteure, Prozesse, Strukturen – eine empirische Studie mit Kommentaren aus der Praxis, Luzern 2008.

1.27 Die Verantwortung für die Sorge um das Kind tragen vorab dessen Eltern. Auch andere Familienangehörige, Betreuungs- und Bildungseinrichtungen (Krippen, Schulen), Freizeitorganisationen sowie Ärzte (Kinderärzte) können daran mehr oder weniger wichtigen Anteil haben.

1.28 Wird die Sorge nicht oder ungenügend wahrgenommen, muss das Kind geschützt werden. Dieser Schutz kann *drei Interventionsebenen* annehmen:

- «Freiwilliger» Schutz,
- «Behördlicher» zivilrechtlicher Schutz,
- Strafrechtlicher Schutz.

1.2. System des Kindesschutzes

Darüber hinaus bestehen besondere Schutzformen, bspw. im Bereich des *Asylrechts* (Art. 17 Abs. 2, 2bis, 3 und 3bis AsylG, Art. 7 AsylV 1, SODK Empfehlung vom 20. Mai 2016 zu unbegleiteten minderjährigen Kindern und Jugendlichen aus dem Asylbereich).

1.29

«Freiwilliger» Schutz

«Freiwilliger» Schutz wird von Diensten der Kinder- und Jugendhilfe, öffentlichen oder privaten Familien- und Erziehungsberatungsstellen, schulischen Fachdiensten (Schulpsychologie, schulische Gesundheitsdienste, Sozialarbeitende etc.) oder von vielen privaten Vereinigungen und Stiftungen (Caritas, Pro Juventute etc.) angeboten. Die Eltern oder die Kinder können Leistungen solcher Stellen von sich aus in Anspruch nehmen oder dazu einwilligen. Die verfügbaren Leistungen sind je nach Alter des Kindes und seinen besonderen Schwierigkeiten entsprechend unterschiedlich, hängen aber auch von der Angebotsstruktur an seinem Lebensort ab. Die SODK hat Empfehlungen für die Kantone über die Weiterentwicklung der Kinder- und Jugendpolitik erarbeitet (zu finden auf www.sodk.ch oder Download-Plattform).

1.30

Art. 302 Abs. 3 ZGB verpflichtet die Eltern, in geeigneter Weise mit der Schule und, wo es die Umstände erfordern, mit der öffentlichen und gemeinnützigen Jugendhilfe zusammenzuarbeiten. Das System des Kindesschutzes geht im Einklang mit internationalen Übereinkommen und der Bundesverfassung (die den Vorrang der Familie für die Sorge um das Kind anerkennen) vom *Vorrang des freiwilligen Schutzes* aus. Zivil- und strafrechtlicher Schutz kommen *subsidiär* dann in Betracht, wenn freiwilliger Schutz nicht genügt, um einem Schutzbedürfnis nachzukommen (sei es weil die Eltern von sich aus keine Hilfe beanspruchen, vorgeschlagene Massnahmen ablehnen, diese im vornherein als unzureichend erscheinen oder wenn die Umstände so ernsthaft sind, dass sie sich auch strafrechtlich relevant erweisen).

1.31

«Behördlicher» zivilrechtlicher Schutz

Zivilrechtlicher Kindesschutz umfasst *Schutz i.e.S.* und *Schutz i.w.S.* Zu Letzterem zählen familienrechtliche Bestimmungen, die neben den Artikeln über den Kindesschutz i.e.S. indirekt oder direkt dem Schutz der Person des Kindes und/oder seines Vermögens dienen. Sie gelten für besondere Situationen oder regeln Sonderfragen (z.B. Regeln über die Zuteilung der elterlichen Sorge oder Obhut, Art. 133/134, 176, 298–298c ZGB; Probezeit und verfahrensrechtliche Sicherungen als Voraussetzungen, eine Adoption auszusprechen oder anzuerkennen, Art. 264 und 268a ZGB, BG

1.32

1. Allgemeines zum Kindesschutz

HAÜ, AdoV; Regeln über die Verwaltung des Kindesvermögens, mit einschränkender Wirkung auf die Befugnisse der Eltern, Art. 319–323 ZGB; Bestimmungen über die internationale Kindesentführung, HKÜ und BG KKE).

1.33 Der zivilrechtliche Kindesschutz *i.e.S.* umfasst den *Schutz der Person des Kindes* gemäss den materiell-rechtlichen Bestimmungen von Art. 307–313 ZGB und den *Vermögensschutz* gemäss Art. 318 Abs. 3, 324 und 325 ZGB. Die beiden Schutzarten können kumulativ angeordnet werden. Ergänzend ist auf die Art. 327a bis 327c ZGB zur *Vormundschaft über Minderjährige* hinzuweisen. Die Bestimmungen sind formell Teil des Zivilgesetzbuches, gelten aber auch als sozialrechtliche «Eingriffsnormen» (für Einzelheiten vgl. Kap. 2.).

1.34 Der zivilrechtliche Kindesschutz wird primär durch die *KESB* gewährleistet. Die Zuständigkeit und das Verfahren sind in Art. 314–314b ZGB geregelt. Vorbehalten bleiben jedoch die sachlichen Zuständigkeiten der *Gerichte in Ehesachen*, *in Vaterschaftssachen* und *in Unterhaltssachen*. Gerichtliche Verfahren können anderen verfahrensrechtlichen Bestimmungen unterliegen als Verfahren vor der KESB (Kap. 6.2.). In einzelnen Kantonen (insb. der Romandie mangels Pikettdienst der KESB, vgl. z.B. Art. 33 Abs. 2 LPVAE/VD, RSV 211.255 und Art. 28 LProMin/VD, RSV 840.4; Art. 12 LOJeun/GE, RSG J 6 05; Art. 34 LAPEA/NE, RS 213.32) können *kantonale oder kommunale Kinder- und Jugendhilfestellen* nicht nur im freiwilligen Rahmen oder im Auftrag der Behörde tätig werden, sondern bei Gefahr in Verzug auch zwingende Anordnungen von Amtes wegen treffen (Notfallklauseln, die erlauben, ein Kind sofort aus der Familie zu nehmen). Solche Stellen und Berufsbeistandschaften resp. Mandatsführungszentren führen zudem die meisten von einer KESB oder einem Gericht angeordneten Massnahmen.

Strafrechtlicher Schutz

1.35 Strafrechtlicher Schutz kann auf *zwei Wegen* wirksam werden:

- Das Strafrecht stellt verschiedene Vergehen und Verbrechen mit *Kindern als Opfer* unter Strafe (Art. 127 StGB – Aussetzung, Art. 136 StGB – Verabreichen gesundheitsgefährdender Stoffe, Art. 181–184 StGB – Nötigung, Menschenhandel, Freiheitsberaubung und Entführung, Art. 187–188 StGB – sexuelle Handlungen, Art. 195 lit. a StGB – Förderung der Prostitution Minderjähriger, Art. 197 Ziff. 1 StGB – Zugänglich machen von Pornografie an Personen unter 16 Jahren und Ziff. 4 – Pornografie, die sexuelle Handlungen mit Minderjährigen zum Gegenstand hat, Art. 213 StGB – Inzest, Art. 219 StGB – Verletzung der Fürsorge- oder Erziehungspflicht, Art. 220 StGB – Entziehen von Minderjährigen). Sodann können die Voraussetzungen der Strafverfolgung (Offizial- statt Antragsdelikt) und/oder die Strafandrohungen gewisser allgemeiner Straftatbestände anders sein, wenn ein Kind das Opfer ist (Art. 123 Ziff. 2 StGB – einfache Körperverletzung, Art. 126 StGB – Tätlichkeiten). Im Strafverfahren informieren die Strafverfolgungsbehörden gemäss Art. 75 Abs. 2 und 3 StPO die Sozialbehörden und die KESB über eingeleitete Strafverfahren und Strafentscheide, wenn dies zum Schutz einer beschuldigten oder geschädigten Person oder ihrer Angehöriger erforderlich ist oder wenn die Strafverfolgungsbehörde bei der Verfolgung von Straftaten, an denen Minderjährige beteiligt sind, feststellt, dass weitere Massnahmen nötig sind.

Wird das Kind in seiner körperlichen, sexuellen oder psychischen Integrität beeinträchtigt, kann es im Rahmen des Opferhilferechts (Art. 2 OHG) Hilfe beanspruchen (Beratung, Verfahrensrechte und Zivilansprüche, Entschädigung und Genugtuung). Die zivilrechtlichen Kindesschutzmassnahmen geniessen keinen Vorrang vor den Massnahmen nach OHG; bieten zivilrechtliche Massnahmen dem Kind indessen hinreichenden Schutz, kann es nicht gleichzeitig Leistungen nach OHG geltend machen. Im Rahmen eines Strafverfahrens muss die KESB allenfalls aufgrund widersprechender Interessen der Eltern einen Vertretungsbeistand ernennen (Art. 306 Abs. 2 ZGB; vorbehalten bleibt die notwendige Verteidigung nach Art. 24 lit. c JStPO).

- Das Jugendstrafrecht (JStG) regelt die Massnahmen, wenn *Straftaten eines Jugendlichen* strafgerichtlich zu beurteilen sind. Die Regelung lehnt sich eng an die zivilrechtlichen Schutzmassnahmen an. Sie räumt der urteilenden Behörde die Befugnis ein, Schutzmassnahmen anzuordnen, *wenn der Jugendliche eine mit Strafe bedrohte Tat begangen hat und die Abklärung ergibt, dass er einer besonderen erzieherischen Betreuung oder therapeutischen Behandlung bedarf,* und dies unabhängig davon, ob er schuldhaft gehandelt hat (Art. 10 Abs. 1 JStG). Die Massnahmen können zusätzlich zur ausgesprochenen Strafe angeordnet werden. Sie umfassen die Aufsicht (Art. 12 Abs. 1 JStG, vgl. Art. 307 Abs. 3 ZGB), d.h. ein Recht auf Einblick und Auskunft, allenfalls mit Weisungen ergänzt, persönliche Betreuung (Art. 13 JStG, vgl. Art. 308 ZGB), ambulante Behandlung (allein oder mit einer anderen Massnahme, Art. 14 JStG) oder die Unterbringung bei Privatpersonen oder in einer Erziehungs- oder Behandlungseinrichtung, wenn die notwendige Erziehung oder Behandlung des Jugendlichen nicht anders sichergestellt werden kann (Art. 15 Abs. 1 JStG, vgl. Art. 310 ZGB). Bei einer schwerwiegenden Gefährdung des Jugendlichen oder Dritter kann die Behörde die Unterbringung in einer geschlossenen Einrichtung anordnen (Art. 15 Abs. 2 JStG, vgl. Art. 314a ZGB). Art. 20 JStG regelt die Zusammenarbeit zwischen den Behörden des Zivil- und des Jugendstrafrechts und konkretisiert damit die Regelung von Art. 317 ZGB. Auch die Jugendstrafprozessordnung enthält Bestimmungen, die dem Schutz beschuldigter Jugendlicher dienen sollen (Art. 13 JStPO sieht ein Recht des Jugendlichen vor, in allen Verfahrensstadien eine Vertrauensperson beizuziehen, sofern die Interessen der Untersuchung oder überwiegende private Interessen dem nicht entgegenstehen).

1.36 Im Rahmen der Melderechte/-pflichten (s. Kap. 9.2.) können Personen oder Institutionen, die an der Betreuung des Kindes beteiligt sind oder von einer ernsthaften Gefährdung seiner Entwicklung erfahren, ein zivilrechtliches Kindesschutzverfahren auslösen; die Behörde wird auch von Amtes wegen tätig, wenn dies nötig erscheint. Im Strafrecht werden Verfahren (mit einem Kind als Opfer oder Täter) je nach den Umständen von Amtes wegen oder auf Antrag eröffnet.

1.2.2. Aufgaben und Akteure

1.37 Kindesschutzmassnahmen i.e.S. (Kap. 1.2.1.) sind in Art. 307 ff. ZGB (Schutz der Person des Kindes, vgl. Kap. 2.) und 318 ff. ZGB (Schutz des Kindesvermögens, vgl. Kap. 16.) geregelt.

1.38 Die primären «Akteure» eines Kindesschutzverfahrens sind das Kind und seine Eltern (oder Dritte, z.B. Art. 307 Abs. 2 und Art. 310 Abs. 3 ZGB) als hauptbetroffene Personen.

1.39 Im Übrigen sind unter den Akteuren abklärende, entscheidende und die Massnahmen überwachende Behörden, Vollzugsstellen, Beschwerdeinstanzen und Aufsichtsbehörden zu unterscheiden. Zu berücksichtigen gilt es auch die Rolle von Dritten, insb. im Zusammenhang mit dem Meldewesen.

KESB

1.40 Ausserhalb eines eherechtlichen Verfahrens werden Kindesschutzmassnahmen von der KESB abgeklärt (allenfalls unter Beizug Dritter, namentlich einer Kinder- und Jugendhilfestelle). Sie ordnet die Massnahmen auch an, vollzieht sie, ändert sie ab oder hebt sie wenn nötig wieder auf.

1.41 Ist beim Gericht ein eherechtliches Verfahren hängig, ordnet grundsätzlich das Gericht die Massnahmen an und beauftragt die KESB mit dem Vollzug (Art. 315a Abs. 1 in fine ZGB). Die Regelung der sachlichen Zuständigkeit ist komplex (vgl. Kap. 6.2.).

Mandatsträger/innen

In manchen Fällen reicht die Massnahme für sich allein aus (z.B. Weisung nach Art. 307 Abs. 3 ZGB). Meistens beauftragt die KESB (bei eigenen Anordnungen oder im Vollzugsauftrag eines Ehegerichts) jedoch Dritte mit der Umsetzung und Überwachung der Massnahme (zur Aufsicht und Auskunft berechtigte Person oder Stelle, Art. 307 Abs. 3 ZGB; Beistand, Art. 308, Art. 324/325 ZGB; Familie, Heim, Klinik, Art. 310/314b ZGB; Vormund, Art. 311/312, Art. 327a ff. ZGB). Die Mandate werden meistens von kantonalen oder kommunalen Kinder- und Jugendhilfestellen oder von Berufsbeistandschaften resp. Mandatsführungszentren übernommen. Die *Mandatsperson* untersteht der Aufsicht der KESB, muss aber über den zur Ausführung ihrer Aufgabe nötigen Handlungsspielraum verfügen.

1.42

Beispiel:

1.43

- Das Scheidungsgericht regelt den persönlichen Verkehr und ordnet eine Besuchsrechtsbeistandschaft an;
- Die KESB wird mit dem Vollzug dieser Massnahme beauftragt;
- Sie ernennt die MT (grundsätzlich Mitarbeitende einer Berufsbeistandschaft oder einer Kinder- und Jugendhilfestelle);
- Die MT ist an die rechtlichen Vorgaben des Entscheids gebunden, bleibt jedoch bei der Wahl von Methoden frei, die zur Umsetzung der Massnahme am geeignetsten erscheinen.

Beschwerdeinstanzen

Entscheide über die Anordnung von Schutzmassnahmen können Gegenstand einer Beschwerde auf kantonaler Ebene (Berufung nach Art. 308 ff. ZPO oder Beschwerde nach Art. 450 ff. ZGB je nach Vorinstanz; vgl. Liste der für Beschwerden gegen Entscheide der KESB zuständigen Rechtsmittelinstanzen, zugänglich unter www.kokes.ch > Organisation > Organisation Kantone sowie auf der Download-Plattform), danach ans Bundesgericht sein (Art. 72 Abs. 1 und Abs. 2 lit. b Ziff. 6 BGG).

1.44

Aufsichtsbehörde

Seit 1. Januar 2013 fehlt der *Aufsichtsbehörde* (Art. 441 ZGB) die sachliche Zuständigkeit zur Anordnung von Schutzmassnahmen. Sie gewährleistet hingegen die Aufsicht über die KESB. In dieser Funktion kann und muss sie der KESB bei Bedarf allgemeine Weisungen erteilen, die Tätigkeit der KESB und indirekt auch die mit dem Massnahmenvollzug beauftragten MT überwachen. Sie kann zur Harmonisierung der Praxis (und damit einer besseren Voraussehbarkeit für die Rechtsunterworfenen) beitragen,

1.45

1. Allgemeines zum Kindesschutz

indem sie Vorgehensmodelle und Musterentscheide erarbeitet oder den regelmässigen Austausch unter den Kindes- und Erwachsenenschutzbehörden fördert.

Mitwirkungspflicht

1.46 Die Behörden des Zivilrechts müssen mit den Behörden des Jugendstrafrechts zusammenarbeiten (vgl. Art. 20 JStG), aber auch mit den Kinder- und Jugendhilfediensten (Art. 317 ZGB) und anderen Stellen (Heime, Pflegefamilien, Schule, Sport- und Freizeitvereine etc.), die an der Betreuung und Pflege des Kindes beteiligt sind (vgl. Kap. 9.5.).

Meldungen

1.47 Die Gesellschaft insgesamt trägt Verantwortung für den Schutz vulnerabler Personen (vgl. Kap. 1.1.). Dieser Grundsatz schlägt sich in Melderechten oder gar Meldepflichten nieder, die neben den an der Betreuung des Kindes beteiligten Personen und Institutionen auch jedem zukommen, der sich Sorgen um das Kind macht. Diese Rechte und Pflichten gehen aus dem Zivilgesetzbuch, aus Bestimmungen des Strafgesetzbuches und des kantonalen Rechts hervor (vgl. Kap. 9.2.).

1.2.3. Kindesschutz und Kinderrechte

1.48 Die Kinderrechtskonvention hält mehrere Ansprüche des Kindes auf denjenigen Schutz fest, dessen es bedarf (*«Schutzrechte»*). Diese Rechte gelten generell oder in besonderen Lebensumständen des Kindes (gewaltbetroffene Kinder, von seinen Eltern getrennt lebende Kinder, Flüchtlingskinder etc.; vgl. z.B. Art. 2, 8, 9, 16, 17, 19, 22, 30, 32–38 KRK).

1.49 Wie erwähnt wird dieser Schutz innerstaatlich insb. durch den «freiwilligen», den zivilrechtlichen (i.e.S. und i.w.S.) und den strafrechtlichen Schutz gewährleistet (Kap. 1.2.1.).

1.50 Daraus folgt nicht, dass sich die Aufgabe der Gesellschaft im Recht *auf Schutz* erschöpft. Tatsächlich kann das Kind mehr beanspruchen als das Recht, geschützt zu werden:

- Es hat ein Recht *auf Förderung seines Wohls* und Unterstützung, z.B. im Gesundheits- oder Erziehungsbereich und generell wenn es besonders vulnerabel ist, wie bspw. Kinder mit Behinderungen (vgl. z.B. Art. 6, 10, 15, 17, 18, 23, 27–28, 30–31, 39 KRK).

- Es hat ein Recht auf *Partizipation* (Meinungsäusserungsfreiheit; Recht, welches garantiert, dass seine Meinung zu Belangen eingeholt wird, die es betreffen) (vgl. z.B. Art. 12, 13 und 17 KRK; zu Einzelheiten vgl. Kap. 18.).

1.2. System des Kindesschutzes

Unter Umständen können alle drei Arten von Rechten relevant werden: So darf das Kind nur von seinen Eltern getrennt werden, wenn es seine überwiegenden Interessen gebieten (Art. 9 KRK), die Eltern dürfen vom Staat die zur Erfüllung ihrer Aufgabe nötige Hilfe beanspruchen (Art. 18 KRK) und das Kind muss in Gerichts- oder Verwaltungsverfahren angehört werden, die in eine Trennung von den Eltern münden können (Art. 12 KRK).

Diese Rechte stehen zudem unter dem Schirm des Grundsatzes von Art. 3 Abs. 1 KRK, wonach das Wohl des Kindes der Gesichtspunkt ist, der vorrangig zu berücksichtigen ist (Kap. 1.1.1.).

Das Kinderrechtsgebäude ruht also auf drei inhaltlichen Pfeilern, nämlich den *Schutz-, Förder- und Beteiligungsrechten* des Kindes. Die Wahrung der Kinderrechte – explizit auch die Information darüber und die Ermöglichung der Ausübung – obliegt den Eltern bzw. den Inhabern der elterlichen Sorge und dem Staat. Das Kindeswohl ist in allen Angelegenheiten, die das Kind betreffen, prioritär zu berücksichtigen. Dem Kind wird ein Subjektstatus zuerkannt. Beteiligungsrechte sind Persönlichkeitsrechte.

Das Gebäude der Kinderrechte

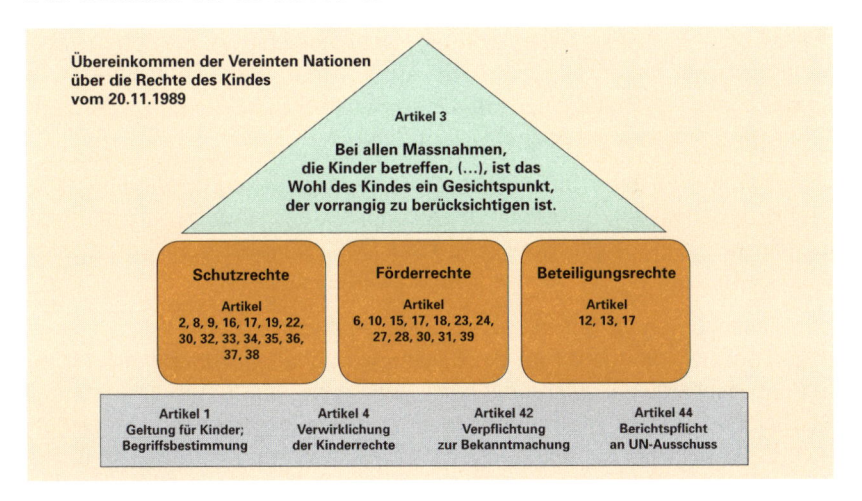

Schutz- und Förderrechte von Kindern werden im Grundsatz kaum kontrovers diskutiert. Hingegen werden Beteiligungsrechte innerhalb und ausserhalb rechtlicher Verfahren erst nach und nach umgesetzt. Diskutiert werden insb. der Stellenwert des kindlichen Willens und sein Verhältnis zum Kindeswohl (vgl. Kap. 1.3.3. sowie Kap. 18.).

1.3. Elternrechte und Grundsätze des Kindesschutzes

1.3.1. Erziehung: Recht und Pflicht der Eltern

1.55 Die Verantwortung für die Pflege und *Erziehung* des Kindes obliegt primär den Eltern als Inhaber des Sorgerechts (Art. 296 Abs. 2, Art. 301–303 ZGB). Gemäss Art. 296 Abs. 1 ZGB muss die elterliche Sorge als «Pflichtrecht» oder «droit-fonction» ausdrücklich dem Wohl des Kindes dienen. Die Eltern geniessen grosse Freiheit, wie sie die Erziehung leiten: Das Gesetz verpflichtet, unter Vorbehalt der Verhältnisse der Eltern («leurs facultés et leurs moyens»; Art. 302 Abs. 1 ZGB) sowie die dem Kind entsprechend seiner Reife und Entwicklung zukommenden Rechte und Pflichten (Art. 301 Abs. 1 und 2, Art. 302 Abs. 2 ZGB), die körperliche, geistige und sittliche Entfaltung des Kindes zu fördern und zu schützen. Für Einzelheiten vgl. Kap. 12.1. Ein bestimmtes Erziehungsmodell (locker, autoritär, «gemischt») wird weder ausdrücklich noch implizit genannt.

1.56 Die Eltern sind somit «primär» für das Kindeswohl verantwortlich: Sie *«leiten im Blick auf das Wohl des Kindes seine Pflege und Erziehung und treffen unter Vorbehalt seiner eigenen Handlungsfähigkeit die nötigen Entscheidungen»* (Art. 301 Abs. 1 ZGB). Art. 272 ZGB verpflichtet Eltern und Kinder zudem gegenseitig zu Beistand, Rücksicht und Achtung, die zum Wohl der Familiengemeinschaft geboten ist.

1.57 Wenn jedoch die Eltern ihren Pflichten vorübergehend oder dauerhaft nicht nachkommen wollen oder können und dadurch das Kindeswohl gefährdet ist, hat der Staat die Pflicht einzugreifen. Das Zivilgesetzbuch verpflichtet ihn dazu und stattet ihn mit den nötigen Mitteln aus.

1.58 Die Massnahmen dürfen zu keinem anderen Zweck als dem Kindesschutz angeordnet werden (z.B. um ein Erziehungsmodell aufzudrängen, das einer gesellschaftlichen Mehrheitsnorm entspricht, oder um im Dienste der Migrationspolitik die Elternrechte so einzuschränken, dass sich der betroffene Elternteil nicht auf das Recht auf Familiennachzug berufen kann).

1.3.2. Kindliche Bedürfnisse, Risiko- und Schutzfaktoren

Literatur

Biesel Kay/Schnurr Stefan, Abklärungen im Kindesschutz: Chancen und Risiken in der Anwendung von Verfahren und Instrumenten zur Erfassung von Kindeswohlgefährdung, in: ZKE 2014, 63 ff.; Brazelton T. Berry/Greenspan Stanley, Die sieben Grundbedürfnisse von Kindern. Was jedes Kind braucht, um gesund aufzuwachsen, gut zu lernen und glücklich zu sein, Weinheim 2008; Brunner Sabine, Früherkennung von Gewalt an kleinen Kindern, Leitfaden für Fachpersonen, die im Frühbereich begleitend, beratend und therapeutisch tätig sind, Bern, 2013; Dettenborn Harry, Kindeswohl und Kindeswille, Psychologische und rechtliche Aspekte, 4. Aufl., München 2014; Hegnauer Cyril, Grundriss des Kindesrechts und des übrigen Verwandtschaftsrechts, Bern, 5. Aufl., 1999; Hauri Andrea et al., Das Berner und Luzerner Abklärungsinstrument zum Kindesschutz, in: Handbuch KES, Anhang I; Hauri Andrea et al., Ankerbeispiele zum Berner und Luzerner Abklärungsinstrument zum Kindesschutz, Bern und Luzern, 2015 (unveröffentlicht); Hauri Andrea/Zingaro Marco, Leitfaden Kindesschutz – Kindeswohlgefährdung erkennen in der sozialarbeiterischen Praxis, Bern, 2013; Jud Andreas, Überlegungen zur Definition und Erfassung von Gefährdungssituationen im Kindesschutz, in: Daniel Rosch/Diana Wider (Hrsg.), Zwischen Schutz und Selbstbestimmung, Festschrift für Christoph Häfeli, Bern 2013, 49 ff.; Kindler Heinz et al. (Hrsg.), Handbuch Kindeswohlgefährdung nach § 1666 BGB und Allgemeiner Sozialer Dienst (ASD), http://db.dji.de/asd/ASD_Inhalt.htm.; Lätsch David et al., Ein Instrument zur Abklärung des Kindeswohls – spezifisch für die deutschsprachige Schweiz, in: ZKE 2015, 1 ff.

Wie im Kapitel 1.1.2. festgehalten, ist «Kindeswohl» ein unbestimmter, relativer Rechtsbegriff, welcher für jedes Kind *individuell* anhand verschiedener Dimensionen und aus einer transdisziplinären Sicht ausgelegt werden muss. Im vorliegenden Kapitel wird in rudimentärer Form dargelegt, was ein Kind braucht, um sich gesund entwickeln zu können, und was Risiko- und Schutzfaktoren für eine Kindeswohlgefährdung sind. 1.59

Die Beschreibung der kindlichen Bedürfnisse stellt ein Ideal dar, welches in der Realität kaum anzutreffen ist. Im zivilrechtlichen Kindesschutz geht es eher um die Bestimmung einer *Genug-Variante* (vgl. Kap. 1.1.2.), d.h., es wird geprüft, ob das Kindeswohl bei einem spezifischen Kind genügend gewährleistet ist. Um diese Genug-Variante zu bestimmen, gilt es, die tatsächlichen Lebensumstände eines Kindes dem Ideal gegenüberzustellen und zu prüfen, ob die Voraussetzungen genügend gegeben sind, damit sich das Kind gesund entwickeln kann (vgl. Kap. 1.5. und Kap. 3.). 1.60

Kindliche Bedürfnisse

Eng mit dem Wohl des Kindes verknüpft ist die *Befriedigung basaler Bedürfnisse*, die allen Kindern eigen sind. Der damit zusammenhängende Bedarf an Unterstützung ist abhängig vom Entwicklungsstand, von der Gesundheit, der Persönlichkeit und bisheriger Erfahrungen des individuellen Kindes. 1.61

1. Allgemeines zum Kindesschutz

1.62

Bedürfnisse des Kindes

- Kinder brauchen konstante, liebevolle *Beziehungen* und sind auf das Vorhandensein mindestens einer verlässlichen und verfügbaren Bezugsperson angewiesen.
- Kinder brauchen *körperliche Unversehrtheit* und *Sicherheit*. Sie sind angewiesen auf angemessene Ernährung und auf den Schutz vor Gefahren (→ Unfallgefahren bei Säuglingen und Kleinkindern) sowie auf Unterstützung bei der Regulation (z.B. Hunger und Sättigung; Schlaf-Wachrhythmus; Emotionen → Schreien bei Säuglingen).
- Kinder brauchen *Erfahrungen*, die ihrer individuellen *Persönlichkeit* entsprechen, die ihrem jeweiligen *Entwicklungsstand* angemessen sind und die ihre subjektiven Bedürfnisse/ihren Willen berücksichtigen. Wichtig ist, dass Kinder die Erfahrung machen, dass ihre Anliegen aufgenommen werden und dass sie ihren Alltag mitgestalten können.
- Kinder brauchen *Grenzen und Strukturen*. Dazu gehören bspw. ein minimal geregelter Tagesablauf und der Aufenthalt an wiederkehrenden Orten, um innerhalb eines sich erweiternden Rahmens eigenständig Handeln lernen zu können.
- Kinder brauchen *Zugehörigkeit* zu einer *unterstützenden Gemeinschaft*. Jedes Kind ist darauf angewiesen, dass ihm allgemein anerkannte Regeln des Zusammenlebens und gesetzlich geregelten Normen vermittelt werden und es das Einhalten dieser Regeln und Normen schrittweise und altersgerecht üben kann.
- Kinder brauchen eine *sichere Zukunft*. Dies beinhaltet eine ausreichende materielle Sicherheit, ein funktionierendes staatliches System, Schutz vor Umweltschäden und Naturkatastrophen sowie Schutz vor bewaffneten Konflikten.
- Kinder brauchen die *Gewährleistung ihrer Rechte* (z.B. Herstellung des Kindesverhältnisses zum Vater, Kenntnis der Identität der Eltern, Kenntnis und Umsetzung von Beteiligungsrechten).

1.63 Diese allgemeine Beschreibung kindlicher Bedürfnisse muss in der Praxis alters- und entwicklungsgerecht ausdifferenziert werden (vgl. Kap. 18.).

Risiko- und Schutzfaktoren – Schützende und schädigende Prozesse

1.64 Kein Kind wächst ohne äussere und innere Belastungen, also etwa Krankheiten, zwischenmenschliche Konflikte oder persönliche Krisen, auf. Erst starke und anhaltende Belastungen stellen ein Risiko für die gesunde Entwicklung eines Kindes dar. Dies gilt unabhängig davon, ob die Belastungen bei der Bezugsperson, beim Kind, im Familiengefüge oder im sozialen und materiellen Umfeld bestehen.

Gehäufte und chronische Belastungen führen bei Eltern oder anderen Betreuungspersonen zu Überforderung, herabgesetzter Stresstoleranz, Kontrollverlust und zu einer allgemeinen Schwierigkeit, kindliche Bedürfnisse zu erfassen und/oder zu befriedigen. Mehrere Belastungsfaktoren verstärken sich gegenseitig in ihrer Wirkung. Deshalb steigt etwa bei finanzieller Armut, der Unvertrautheit mit der Umgebungskultur und sozialer Isolation die Gefahr, dass Kinder Gewalt oder Vernachlässigung ausgesetzt werden, obwohl die genannten Faktoren alle primär nichts mit den elterlichen Kompetenzen zu tun haben.

1.65

Die gesunde Entwicklung eines jeden Kindes wird unterstützt durch dessen persönliche *Ressourcen und Stärken* sowie durch die Ressourcen der Familie und des sozialen Umfeldes. Wichtig sind auch materielle Ressourcen, die einen gewissen Lebensstandard ermöglichen. Angesichts von Risiken, d.h. widrigen Lebensbedingungen und Belastungen, haben Ressourcen zusätzlich eine schützende (protektive) Wirkung. Man kann sich diese als Puffer zwischen den Risiken und deren Auswirkungen auf das Kind vorstellen.

1.66

Es gibt zwei zeitliche Dimensionen von Kindeswohlgefährdungen: Eine Kindeswohlgefährdung kann sowohl vorliegen, wenn ein Kind bereits erheblich beeinträchtigt ist, als auch, wenn eine solche Beeinträchtigung mit hoher Wahrscheinlichkeit in Zukunft droht. Die Einschätzung des Kindeswohls beinhaltet deshalb immer auch eine *Prognose* der zukünftigen Entwicklung.

1.67

Eine solche Prognose stützt sich auf Risiko- und Schutzfaktoren. *Risikofaktoren* sind mit einer erhöhten statistischen Wahrscheinlichkeit verbunden, dass eine Kindeswohlgefährdung zukünftig eintreten wird. *Schutzfaktoren* hingegen haben schützende Effekte auf die Entwicklung einer Kindeswohlgefährdung. Sie mildern die Wirkung der Risikofaktoren ab. Sowohl Risiko- als auch Schutzfaktoren beruhen auf *statistischen Wahrscheinlichkeiten*, die nie mit Sicherheit eine Entwicklung voraussagen können. Ein *sorgfältiger Umgang* mit Risiko- und Schutzfaktoren ist deshalb angezeigt, besonders auch um Familien mit Risikofaktoren nicht zu stigmatisieren. Zudem muss beim Vorhandensein eines Schutz- oder Risikofaktors jeweils geprüft werden, inwiefern dieser sich tatsächlich auf das Kind auswirkt. So kann sich bspw. die Depression einer Mutter (Risikofaktor psychische Störung eines Elternteils) je nach Erfolg der Behandlung und Therapie und abhängig vom Vorhandensein weiterer relevanter Bezugspersonen sehr unterschiedlich auf das Kindeswohl auswirken.

1.68

1. Allgemeines zum Kindesschutz

1.69 Schutzfaktoren

beim Kind:

- Sichere Bindung zu mindestens einer Betreuungsperson
- Fröhliches Temperament
- Selbstwirksamkeitserfahrungen und daraus entstehende hohe Selbstwirksamkeitserwartung
- Vorhandensein enger Freundschaften
- Altersentsprechende Kompetenzen haben und nutzen können und mit zunehmendem Alter ausgeprägte Impuls- und Bedürfniskontrolle
- Prosoziale Kontakte

bei den Eltern und anderen Betreuungspersonen:

- Hohe Konstanz der Betreuungssituation
- Feinfühliges (emotional unterstützendes) Erziehungsverhalten
- Ausgeprägte soziale Unterstützung

1.70 Risikofaktoren

beim Kind:

- Psychische Störung
- Verhaltensauffälligkeit
- Intelligenzminderung
- Dauerhafte körperliche Erkrankung oder Behinderung

bei den Eltern und anderen Betreuungspersonen:

- Frühere Gefährdungsmeldung oder früheres Gefährdungsereignis für ein Kind der Familie
- Ausgeprägt wechselhafte Betreuungssituation
- Substanzabhängigkeit
- Psychische Störung
- Eigene Erfahrung von Vernachlässigung/Misshandlung
- Stark verringerter Selbstwert
- Geringer sozioökonomischer Status / geringes Bildungsniveau
- Materielle Not
- Geringe soziale Unterstützung / mangelnde Integration

Ganz besonders in der frühen Kindheit kann ein Kind durch physiologische und psychische Notlagen akut gefährdet sein und/oder durch chronische Überforderung (oder auch Unterforderung) in seiner Entwicklung nachhaltig ungünstig beeinflusst werden.

1.71

Physiologische Not entsteht durch:

1.72

- Durst und Hunger, Kälte/Hitze, mangelnde Körperpflege
- Schlafmangel, Anregungsmangel, misslingende Regulierung

Psychische Not entsteht durch:

1.73

- Verlust von Kompetenzerfahrung, Fehlen von Selbstwirksamkeitserfahrungen,
- Verlust von wichtigen Bezugspersonen, Trennung / Tod / Bezugspersonenwechsel
- zu wenig geteilte, positive Emotionalität (z.B. ärgerliches bis feindseliges oder flaches bis ausdrucksloses Verhalten der Bezugsperson)

Bei der Abklärung von Misshandlung und Vernachlässigung erfordern die folgenden Aspekte eine spezielle Beachtung:

1.74

- *häusliche Gewalt:* gewalttätig ausgetragene Konflikte und gewalttätig durchgesetzte Machtansprüche zwischen den Eltern bzw. im häuslichen Umfeld des Kindes. Kinder werden sowohl als direkte Opfer als auch als indirekte Opfer und Zeugen von häuslicher Gewalt in ihrem Wohl beeinträchtigt und gefährdet.
- *chronische, feindselige Auseinandersetzungen* im Umfeld des Kindes (z.B. anhaltender Streit der Eltern um die Regelung der Kinderbelange im Falle ihrer Trennung)
- *Einschränkungen der Autonomieentwicklung* des Kindes

1.3.3. Kindeswohl, Kindeswille und Kindesinteresse

Der Begriff des Kindeswohls ist im jeweils konkreten Abklärungs-, Entscheid- und Umsetzungsprozess auszufüllen: Er wird von den zum Entscheid berufenen Personen (Eltern), Behörden (KESB, Ehegerichte) oder MT definiert. Eine Abgrenzung zum Begriff der *«Kindesinteressen»* («intérêt de l'enfant») hat, wie dargelegt, mehr semantische als relevante praktische Bedeutung. Der Begriff an sich bleibt aber unbestimmt und relativ.

1.75

Das objektive Wohl des Kindes deckt sich nicht zwingend mit seinem *subjektiven Willen* («Kindeswohl» vs. «Kindeswille»). Der Kindeswille ist zentral und seine Bedeutung ist im Zivilrecht schon lange anerkannt (Art. 19 ff.

1.76

1. Allgemeines zum Kindesschutz

ZGB, Art. 301/302 ZGB). Er wird entscheidender, je mehr das Kind an Reife und Urteilsfähigkeit gewinnt und sich der Volljährigkeit nähert. Art. 12 KRK hat ihm die gebührende Bedeutung verliehen, die inzwischen im Anspruch des Kindes konkretisiert ist, bei anstehenden Entscheiden über seine Belange angehört zu werden und sich dabei von einer Drittperson vertreten lassen zu können (z.B. Art. 298, 299/300 ZPO, Art. 314a/314b ZGB).

1.77   Der von einem Kind in einer bestimmten Angelegenheit geäusserte Wille kann der auf verschiedenen Quellen und Überlegungen basierenden Einschätzung des Kindeswohls durch die Erwachsenen widersprechen. *Die Eruierung des Kindeswillens ist jedoch zur Wahrung des Kindeswohls unabdingbar* und dessen angemessene Berücksichtigung unverzichtbar.

1.78   Wie sich ein Kind s(eine) Meinung bildet und diese äussern kann, ist zum einen von verschiedenen Faktoren seines *Entwicklungsstands* und zum andern vom *Gegenstand* und vom *Kontext* abhängig. Hilfreich ist die Unterscheidung zwischen «rechtlichem» und «natürlichem» Willen».

1.79   Kinder haben und äussern ab Geburt ihren Willen, was psychologisch stets bedeutsam ist. Typischerweise haben *Willensäusserungen jüngerer Kinder* eine stärker emotionale und weniger rationale Grundlage als diejenige von Jugendlichen oder Erwachsenen. Aufgrund seines erst rudimentären Zeitverständnisses und seiner begrenzten Planungsfähigkeit ist gerade ein junges Kind darauf angewiesen, dass seine unmittelbare emotionale Befindlichkeit und Bedürftigkeit wahrgenommen und beantwortet werden und in Erwägungen zu seinem Schutz einfliessen. Aufgrund entwicklungspsychologischer Überlegungen wird Kindern – je nach zu beurteilender Angelegenheit – *ab etwa 12 Jahren oder bereits früher* eine rechtlich bindende Urteilsfähigkeit attestiert. Bei der Gewichtung des kindlichen Willens ist stets zu bedenken, dass auch die Meinungsbildung von Erwachsenen nur bedingt rational und autonom erfolgt und stets emotionalen Einflüssen und sozialen Abhängigkeiten unterliegt. Dies gilt ganz besonders im Kontext von Beziehungen.

1.80   Die Vulnerabilität und noch unvollendete kognitive und emotionale Entwicklung des Kindes erlauben nicht, allein auf seinen subjektiven Willen abzustellen. Das Kind kann von Angehörigen aus seinem Umfeld beeinflusst oder gar *instrumentalisiert* werden; die noch unausgebildete intellektuelle und emotionale Reife können es am Erkennen seiner wirklichen Interessen hindern. Je mehr aber das Kind mit zunehmendem Alter an Urteilskraft gewinnt, desto mehr muss seiner Meinung auch Rechnung getragen werden, soweit es sich um den Ausdruck eines stabilen und freien Willens handelt (d.h., dass es nicht von einem Elternteil oder anderen Nahestehenden instrumentalisiert wird, vgl. z.B. BGer 5A_745/2015 E. 3.2.2):

1.3. Elternrechte und Grundsätze des Kindesschutzes

Massgebende Kriterien für die Würdigung des Kindeswillens sind gemäss Rechtsprechung das Alter des Kindes, seine Fähigkeit zur autonomen Willensbildung (was in der Regel um das 12. Altersjahr anzunehmen ist, aber stark von der Art des anstehenden Entscheids und seiner individuellen Reife abhängt) sowie die Stabilität seines Willens.

Zwei Beispiele: 1.81

- Ein unmittelbar oder mittelbar von häuslicher Gewalt betroffenes Kind kann aus Loyalität zum gewalttätigen Elternteil eine Trennung und Unterbringung in einer Pflegefamilie oder einem Heim ablehnen.
- Das Kind erlebt eine hochstreitige Trennung seiner Eltern, macht mit einem Elternteil gemeinsame Sache und verweigert entschieden jeden Kontakt zum anderen Elternteil, obschon die Pflege von Beziehungen zu beiden Eltern grundsätzlich der Entwicklung seiner Identität förderlich ist (z.B. BGer 5A_404/2015 E. 5.2.5, 5A_745/2015 und 5A_755/2015 E. 3.2.2, 5A_367/2015 E. 5.1, 5A_459/2015 E. 6.2.2, 5A_719/2013 E. 4.4).

1.82

Beachte

- Das internationale und nationale Recht haben bemerkenswerte Fortschritte bei der Vertretung des Kindes und seiner Interessen ermöglicht, indem ihm das grundlegende Recht eingeräumt wurde, sich zu äussern und seine Meinung vor Entscheiden kundzutun, die es betreffen.
- Die in Gesetzgebung und Praxis entwickelten verfahrensrechtlichen Grundsätze zur Umsetzung müssen die Leitlinien des Europarates über eine kindgerechte Justiz achten: Das Verfahren soll altersgerecht zugänglich, speditiv, den Bedürfnissen der Kinder angepasst und auf sie ausgerichtet, fair, partizipativ und für das Kind nachvollziehbar sein sowie dessen Recht auf Schutz der Privatsphäre und des Familienlebens sowie den Anspruch auf persönliche Integrität und Würde achten.
- Das bedeutet nicht, dass die Behörde (oder die Eltern oder betroffenen Stellen) die Verantwortung für den Entscheid dem Kind übertragen dürfen.
- Inwieweit die Meinung frei gebildet, gefestigt und relevant ist, muss seinem Alter und seiner Entwicklung entsprechend und unter Berücksichtigung seiner objektiven Interessen gewürdigt werden.

1.3.4. Kindeswohl als Leitlinie

Die elterliche Sorge muss dem Kindeswohl dienen (Art. 296 Abs. 1 ZGB). Ist dies nicht mehr gewährleistet und die Entwicklung des Kindes gefährdet, muss die Behörde schützend eingreifen (Art. 307 ZGB).

1.83

1. Allgemeines zum Kindesschutz

1.84   Wie dargestellt (Kap. 1.1.) muss der Begriff des Kindeswohls im Einzelfall konkretisiert werden:

- je nach anstehendem Entscheid (Zuteilung der elterlichen Sorge, Besuchsrechtsbeistandschaft, Vermögensverwaltungsbeistandschaft etc.);
- je nach den besonderen Verhältnissen des Kindes (Alter, Reife, Bedürfnisse und situative Risiko- und Schutzfaktoren, vgl. Kap. 1.3.2.);
- je nach den persönlichen, familiären, wirtschaftlichen, sozialen, kulturellen und religiösen Verhältnissen, unter denen das Kind aufwächst, wobei die Freiheit der Eltern bei der Wahl des Erziehungsmodells zu achten ist (vgl. Kap. 1.3.1.).

1.4. Grundsätze, Ziele und Schranken der Massnahmen

1.4.1. Grundsätze des zivilrechtlichen Schutzes i.e.S.

Grundprinzipien

1.85   Zivilrechtliche Schutzmassnahmen kommen nur in Betracht, *wenn das Kindeswohl gefährdet ist* (Kap. 1.5.2.). *Dabei sind drei grundlegende Prinzipien zu beachten*:

- Verhältnismässigkeit
- Subsidiarität
- Komplementarität

1.86   Für den Bereich des Erwachsenenschutzes sieht Art. 389 Abs. 2 ZGB vor, dass eine Schutzmassnahme nur angeordnet wird, wenn sie erforderlich und geeignet ist. Art. 389 Abs. 1 ZGB hält das Subsidiaritätsprinzip fest (kann die nötige Unterstützung aus dem Umfeld der betroffenen Person geleistet werden, ist ein behördlicher Eingriff grundsätzlich unnötig). *Das Subsidiaritäts-, das Komplementaritäts-* und *das Verhältnismässigkeitsprinzip* fliessen schon unmittelbar aus Art. 36 Abs. 3 BV und gelten für jedes staatliche Handeln, das Grundrechte einschränkt.

1.87   Diese Grundsätze sind unter den Bestimmungen zum zivilrechtlichen Kindesschutz nicht explizit aufgeführt, sie gelten aber auch in diesem Bereich vollumfänglich. Die gesetzlichen Massnahmen ziehen Eingriffe in Elternrechte, folglich in das grundrechtlich geschützte Familienleben und somit in das Grundrecht der persönlichen Freiheit nach sich. Ein Eingriff in das Familienleben (namentlich in Elternrechte) ist nur dann «notwendig» und

1.4. Grundsätze, Ziele und Schranken der Massnahmen

i.S.v. Art. 8 Abs. 2 EMRK legitim, wenn diese Prinzipien beachtet werden. Sie sind ein *Eckpfeiler des zivilrechtlichen Kindesschutzes* (z.B. BGer 5A_615/2011 E. 4.1, 5A_875/2013 E. 3.1 und 5A_678/2015 E. 6.1).

Damit eine Massnahme den verfassungsrechtlichen Grundsätzen entsprechend verhältnismässig ist, muss sie hinsichtlich des verfolgten Zwecks geeignet und notwendig und zudem zumutbar sein (vernünftiges Verhältnis zwischen verfolgtem Zweck und eingesetzten Mitteln).

1.88

Das Verhältnismässigkeitsprinzip kann bezogen auf den Schutz vulnerabler (minder- oder volljähriger) Personen in drei Hinsichten konkretisiert werden: *Erforderlichkeit in grundsätzlicher Hinsicht* (muss eine Massnahme angeordnet oder kann davon ganz oder teilweise abgesehen werden? – diesbezüglich wird auch von Subsidiarität und Komplementarität gesprochen), die *Erforderlichkeit in sachlicher Hinsicht* (die vorgesehene Massnahme muss hinreichend stark sein, um das Kindeswohl zu gewährleisten, ohne die Elternrechte übertrieben einzuschränken) und die *Erforderlichkeit in zeitlicher Hinsicht* (die – grundsätzlich für unbestimmte Dauer angeordneten – Massnahmen müssen geänderten Verhältnissen angepasst werden, wenn sie nicht mehr nötig oder geeignet sind; sie müssen insb. aufgehoben oder durch eine mildere Massnahme ersetzt werden, wenn es die Entwicklung der Verhältnisse erlaubt; s. auch Art. 313 Abs. 1 ZGB und BGE 120 II 384 E. 4d).

1.89

Behördliches Handeln der KESB oder der MT erübrigt sich, wenn die Eltern von sich aus einer Gefährdung des Kindeswohls abhelfen (Art. 307 Abs. 1 ZGB, vgl. Kap. 1.2.1.). Eigenverantwortung und die Freiheit bei der Gestaltung des Privat- und Familienlebens sind die Grundlagen der Pflege und Erziehung des Kindes durch die Eltern (vgl. Kap. 1.1.1. und 1.3.1.). Bei einer Gefährdung des Kindeswohls, ohne dass die Eltern (oder ein Elternteil, wenn der andere seine Elternrechte aufgrund persönlicher oder gesundheitlicher Probleme nicht ausüben kann) selber für Abhilfe sorgen, hat die Behörde jedoch *das Recht und die Pflicht* zu handeln. Handelt sie nicht oder unzureichend, begründet sie eine rechtliche Verantwortlichkeit des Staates (Art. 454 f. ZGB), von moralischer Verantwortung ganz zu schweigen.

1.90

Weiter treten unter staatlichem Zwang nach Art. 307 ff. ZGB angeordnete Massnahmen hinter unterstützende Leistungen zurück, die von (privaten oder öffentlichen) Stellen der Kinder- und Jugendhilfe angeboten werden (Art. 302 Abs. 3 ZGB) (Kap. 1.2.1.). Lässt sich der angestrebte Schutz auf diese Weise verwirklichen, müssen die Behörde und/oder MT von zivilrechtlichen Massnahmen absehen (Art. 302 Abs. 2 ZGB; Subsidiaritätsprinzip). Ein behördlicher Eingriff wäre nicht nur unnötig, sondern kontraproduktiv, da er bei den Eltern als staatliche Einmischung schlecht

1.91

aufgenommen würde. Beanspruchen die Eltern freiwillig externe Hilfe, die einer Gefährdung des Kindeswohls nur unvollständig begegnet, müssen sich die Behörde und/oder MT auf die ergänzend nötige Hilfe beschränken (Komplementaritätsprinzip).

1.92 Wollen oder können sich die Eltern nicht freiwillig auf nötige Unterstützungsleistungen einlassen, muss die KESB eingreifen. Die nun im Zwangskontext erfolgte Anordnung darf keinem anderen Zweck als der Gewährleistung des Kindeswohls dienen und somit nicht als Sanktion einer verweigerten Zusammenarbeit verstanden werden.

1.93 Kommen für den angestrebten Schutzzweck mehrere Massnahmen in Betracht, muss die KESB diejenige als mildeste wählen, die am wenigsten in die persönliche Freiheit, das Familienleben und die Elternrechte der Adressaten eingreift *(Prinzipien der Verhältnismässigkeit, der Subsidiarität oder der Abstufung der Massnahmen)*. Dieser Vorgabe darf indessen nur mit gebührender Vorsicht gefolgt werden. Wegleitend ist der konkrete Schutzzweck und es darf nicht in abstrakter und systematischer Weise der mildesten Massnahme den Vorrang gewährt werden. Die Massnahme muss für den angestrebten Zweck auch hinreichend einschneidend sein, sonst wäre sie nicht mehr verhältnismässig. Im Übrigen müssen nicht alle denkbaren milderen Massnahmen gescheitert sein, bevor eine härtere angeordnet werden darf. Vielmehr ist zukunftsgerichtet zu prüfen, wie sich bei einer (aufgrund der Umstände plausiblen) Verschlechterung der Verhältnisse eine ungenügende Massnahme auswirken würde.

1.94 Die gesetzliche Abstufung reicht von milden Massnahmen (geeignete Massnahmen gem. Art. 307 ZGB) über Beistandschaften (Art. 308 ZGB) und die Aufhebung des Aufenthaltsbestimmungsrechts (Art. 310 ZGB) bis zu schweren Eingriffen (Entziehung der elterlichen Sorge, Art. 311/312 ZGB als ultima ratio), welche ggf. mit einer Unterbringung des Kindes in einer geschlossenen Einrichtung oder einer psychiatrischen Klinik verbunden werden kann (Art. 314b ZGB, als Modalität der Umsetzung der Aufhebung des Aufenthaltsbestimmungsrechts). Die Vormundschaft über Minderjährige (Art. 327a ff. ZGB) ist die rechtliche Folge des Fehlens oder einer Entziehung der elterlichen Sorge. Im Bereich des Vermögensschutzes reichen die Massnahmen von der Pflicht zur Erstellung des Inventars sowie der Rechnungsstellung- und Berichterstattungspflicht (Art. 318 Abs. 3 ZGB) über Weisungen nach Art. 324 ZGB bis zur Entziehung der Vermögensverwaltungsbefugnis und der Ernennung eines Beistandes (Art. 325 ZGB).

1.4. Grundsätze, Ziele und Schranken der Massnahmen

Andere Grundsätze

Der Schutz des Kindeswohls ist gleichzeitig Zweck und Auslöser von zivilrechtlichen Massnahmen. Diese verfolgen einen *Schutz- und keinen repressiven Sanktionszweck*. Die Anordnung setzt kein Verschulden der Eltern (oder des Kindes) voraus. Der Gefährdung des Kindes können objektive Umstände (gesundheitliche Probleme des Kindes oder der Eltern; schulische, soziale oder kulturelle Hintergründe; wirtschaftliche Schwierigkeiten) oder ein Fehlverhalten der Eltern (Aussetzung, Vernachlässigung, Misshandlung) zugrunde liegen. Die Ursachen des schädigenden Verhaltens sind unabhängig von einem Verschulden für den Kindesschutz im Grundsatz belanglos, allenfalls können sie Einfluss auf die anzuordnenden Massnahmen haben. Vorbehalten bleiben Erwachsenenschutzmassnahmen für die Eltern (z.B. fürsorgerische Unterbringung eines Elternteils, Art. 426 ff. ZGB).

1.95

In der Praxis nehmen Eltern die Anordnung von Kindesschutzmassnahmen oft sehr schlecht auf, da sie ihre Elternrolle in Frage gestellt sehen und darin zu Unrecht eine strafende Sanktion erkennen. Die Orientierungs- und *Erklärungspflichten* der KESB und der mit dem Massnahmenvollzug betrauten MT sind daher grundlegend (vor dem Entscheid, im Zeitpunkt der Eröffnung und während des Vollzugs; es handelt sich um Dauerpflichten).

1.96

Die Schutzmassnahmen zeichnen sich einerseits durch ihren *numerus clausus* und andererseits durch eine hohe *Flexibilität* bei der Umsetzung aus.

1.97

Das Gesetz bestimmt einen Katalog möglicher zivilrechtlicher Schutzmassnahmen und unterwirft sie strengeren Voraussetzungen, je stärker sie die Elternrechte einschränken. Die abschliessende Liste und begrenzte Anzahl der Massnahmen schränkt die Berücksichtigungsmöglichkeit des Einzelfalls ein. Es wirkt sich des weiteren auch in einem gewissen *Schutz vor Willkür* und übereilten und/oder zu starken staatlichen Eingriffen in die Sphäre der Eltern aus.

1.98

Soweit eine Massnahme die elterliche Sorge nicht unmittelbar einschränkt, zeigt sich das Gesetz flexibel und überlässt es der KESB ohne weitere Präzisierung «*die geeigneten Massnahmen zum Schutz des Kindes*» zu treffen (Art. 307 Abs. 1 ZGB). Auch die inhaltlich offene Definition einzelner Massnahmen (Art. 307 Abs. 3 ZGB: Die Behörde «*kann insb. ...*» oder Art. 308 Abs. 2 ZGB: «*Sie kann dem Beistand besondere Aufgaben übertragen*») ermöglicht innerhalb einer Massnahmenart eine den Bedürfnissen des Kindes angepasste *Individualisierung des Schutzes*. Damit verfügt die Behörde über ein durchaus grosses Ermessen (Art. 4 ZGB).

1.99

1. Allgemeines zum Kindesschutz

1.100 Zudem können die Massnahmen untereinander kombiniert werden. Klassisch ist die Kombination einer Aufhebung des Aufenthaltsbestimmungsrechts (Art. 310 ZGB) mit einer Erziehungsbeistandschaft (Art. 308 Abs. 1 ZGB). Die Kombination von verschiedenen Massnahmen (insb. Art. 307, 308 und 310 ZGB) darf die elterliche Sorge jedoch nicht ihres Inhalts entleeren. In einem solchen Fall sollte die elterliche Sorge besser entzogen werden (Art. 311 ZGB).

1.101 Von grundlegender Bedeutung ist weiter der *präventive Aspekt* des zivilrechtlichen Schutzes. Sind die Voraussetzungen behördlichen Handelns gegeben, werden besser frühzeitig milde Massnahmen angeordnet statt in ein Schreckensszenario zu steuern und «grobes Geschütz» aufzufahren, wenn das Kindeswohl bereits erheblich gelitten hat. Da es keine bewährten «Rezepte» gibt, ist das Verhältnismässigkeitsprinzip im Übrigen nicht verletzt, wenn Nutzen und Wirksamkeit der Massnahme nicht im Voraus zweifelsfrei nachgewiesen sind. Eine wichtige Rolle kommt der vorausschauenden *Prognose* über die künftige Entwicklung der massgebenden Umstände zu (BGE 120 II 384 E. 4d; BGer 5A_615/2011 E. 4.1). Die Prognose berücksichtigt das frühere Verhalten der betroffenen Personen und wird davon geprägt, wie die KESB den Handlungsbedarf bei psychologisch, sozial und wirtschaftlich komplexen Problemlagen einschätzt. Der Entscheid über die geeignete Massnahme hängt somit von allen konkreten (vergangenen, aktuellen und vernünftigerweise voraussehbaren) Umständen des Einzelfalles ab *(Ermessen,* Art. 4 ZGB). Dies nicht nur aus juristischer Sicht, sondern auch unter Berücksichtigung der sozialen, medizinischen und erzieherischen Verhältnisse des Familiensystems.

1.102 Hinzuweisen ist auf folgende Aspekte des zivilrechtlichen Kindesschutzes:

- Kindesschutzverfahren sind unabhängig davon, ob sie vor einer KESB (Art. 446 ZGB aufgrund der Verweisung von Art. 314 Abs. 1 ZGB) oder einem Gericht (Art. 296 ZPO) geführt werden, wichtigen *Prozessmaximen* unterworfen, nämlich der *Offizialmaxime* (die Behörde ist nicht an Anträge gebunden) und dem *Untersuchungsgrundsatz* (die Behörde klärt den Sachverhalt von Amtes wegen ab).

- Die *Kosten der Kindesschutzmassnahmen* zählen zum Unterhalt des Kindes, für den die Eltern aufkommen müssen (Art. 276 Abs. 2 ZGB; BGE 141 III 401 E. 4), allenfalls mit einem besonderen Beitrag i.S.v. Art. 286 Abs. 3 ZGB. Ist das Kind untergebracht (Art. 310 ZGB), geht das Aufenthaltsbestimmungsrecht auf die KESB über. Damit ist die KESB formell Vertragspartnerin (und Schuldnerin) der Pflegeeltern oder des Pflegeheims. Kommt das Gemeinwesen für den Unterhalt des Kindes auf, kann es gemäss Art. 289 Abs. 2 ZGB auf die Eltern zurückgreifen.

Die Finanzierung einzelner Massnahmen kann spezialgesetzlich geregelt sein (z.B. schulische Begleitmassnahmen oder medizinische Massnahmen, mit denen sich Sozialversicherungen wie Krankenkassen oder die Invalidenversicherung befassen müssen).
- Die KESB darf nicht auf eine Massnahme verzichten, weil die Eltern nicht dafür aufkommen können. In diesem Fall muss die Sozialhilfe Unterstützung leisten. Gemäss der Rechtsprechung dürfen die Sozialhilfebehörden von der KESB angeordnete Massnahmen nicht in Frage stellen. Sie sind auch nicht legitimiert, den Entscheid anzufechten, selbst wenn sie am Verfahren beteiligt waren, indem sie bspw. vor dem Entscheid angehört wurden (BGer 5A_979/2013 E. 4.3, bestätigt von BGer 5A_765/2015 E. 2.2.3 und von BGE 141 III 353 E. 4.2).
- Bei *internationalen Sachverhalten* richtet sich die Zuständigkeit, das anwendbare Recht und die Anerkennung ausländischer Entscheide nach verschiedenen bereichsspezifischen Abkommen (vgl. Kap. 6.1.4. und 20): Haager Übereinkommen vom 19. Oktober 1996 über die Zuständigkeit, das anzuwendende Recht, die Anerkennung, Vollstreckung und Zusammenarbeit auf dem Gebiet der elterlichen Verantwortung und der Massnahmen zum Schutz von Kindern (SR 0.211.231.011), welches das Haager Übereinkommen vom 5. Oktober 1961 über die Zuständigkeit der Behörden und das anzuwendende Recht auf dem Gebiet des Schutzes von Minderjährigen (RS 0.211.231.01) abgelöst hat; Europäisches Übereinkommen über die Anerkennung und Vollstreckung von Entscheidungen über das Sorgerecht für Kinder und die Wiederherstellung des Sorgerechts vom 20. Mai 1980 (SR 0.211.230.01); Haager Übereinkommen über die zivilrechtlichen Aspekte internationaler Kindesentführung vom 25. Oktober 1980 (HKÜ, SR 0.211.230.02). Das BG-KKE konkretisiert Einzelheiten bei der Umsetzung dieser Abkommen.

1.4.2. Zweck und Grenzen

Der zivilrechtliche Schutz soll die Entwicklung des Kindes sichern, wenn es in seinem Lebensumfeld (insb. der Familie) gefährdet ist. Gleichzeitig will er den Eltern als natürliche Garanten des Kindeswohls ermöglichen, gebührend für ihr Kind zu sorgen. Dies mit Unterstützung des Gemeinwesens (z.B. mit einer Erziehungsbeistandschaft, Art. 308 Abs. 1 ZGB) oder nachdem es zu seinem Schutz vorübergehend aus einem gefährdeten Umfeld herausgenommen werden musste (Art. 310 ZGB).

1.103

Die Massnahmen sollen die harmonische Entwicklung des Kindes fördern und ihm helfen, deren Hintergründe (oft soziale oder erzieherische Schwächen der Eltern) zu verstehen und anzunehmen, indem seine Fähigkeiten

1.104

1. Allgemeines zum Kindesschutz

zur Konstruktion der eigenen Persönlichkeit und seine Resilienz gefördert werden. Selbstverständlich sollen sie auch bewirken, dass die Eltern sich ihrer Schwächen bewusst werden und für Abhilfe sorgen.

1.105 Der zivilrechtliche Kindesschutz begründet *Handlungspflichten*. Die KESB, MT oder Dritte können nicht den Erfolg der Massnahme verbürgen. Selbst ein scheinbar kurzfristiger Erfolg kann sich im Leben des Kindes später (vielleicht wenn es erwachsen ist) als Fehlschlag erweisen.

1.106 Die Beteiligten müssen all ihre professionelle und menschliche Kompetenz mobilisieren und so gut wie nur möglich im Interesse des Kindes handeln, wohlwissend, dass sich diese Interessen selten wissenschaftlich genau bestimmen lassen, sondern dabei Prognosen und Ermessen einen wichtigen Anteil haben (Kap. 1.4.1.).

1.107 Von diesen inhärenten Grenzen des Kindesschutzes abgesehen, hängen Erfolg oder Scheitern einer Massnahme wesentlich von der Kompetenz der beteiligten Fachpersonen, von der Kooperationsbereitschaft der Eltern und des Kindes, von objektiven Umständen (psychische Störungen des Kindes und/oder der Eltern, ungünstige soziale oder berufliche Verhältnisse, kulturelle Barrieren etc.) und vom verfügbaren Betreuungs- und Helfernetz ab.

1.5. Voraussetzungen der Kindesschutzmassnahmen

1.5.1. Anwendungsbereich und Dauer

1.108 Kindesschutzmassnahmen i.S.v. Art. 307 ff. ZGB sind nur auf Kinder unter elterlicher Sorge anwendbar, unabhängig davon, ob diese von beiden Eltern oder einem Elternteil allein ausgeübt wird.

1.109 Der Schutz von Kindern unter Vormundschaft (Art. 327a ff. ZGB) richtet sich nach den Bestimmungen des Erwachsenenschutzes (gemäss Verweis von Art. 327c Abs. 2 ZGB). Die KESB muss von Amtes wegen oder auf Meldung Dritter bei Bedarf handeln und den MT Aufträge erteilen, sie vorübergehend suspendieren oder ihres Amtes entheben oder bei Verhinderung oder Interessenskollisionen auch selber handeln (Art. 403 ZGB).

1.110 Ausnahmsweise können Kindesschutzmassnahmen präventiv schon *vor der Geburt des Kindes* angeordnet werden, wenn die nötigen Abklärungen während der Schwangerschaft erfolgen konnten und/oder für andere Kinder der gleichen Eltern bereits Schutzmassnahmen gelten. Zudem sieht

Art. 311 Abs. 3 ZGB eine automatische Wirkung für später geborene Kinder vor.

Kindesschutzmassnahmen fallen von Gesetzes wegen dahin, wenn das Kind volljährig wird. Der Schutz junger Erwachsener muss bei Bedarf mit einer Beistandschaft (Art. 393 ff. ZGB) oder einer Massnahme nach Art. 392 ZGB gewährleistet werden. 1.111

Kindesschutzmassnahmen sind von Amtes wegen oder auf Antrag anzupassen, wenn sich die Verhältnisse verändern. Sie können verschärft, gemildert oder aufgehoben werden (vgl. Kap. 1.4.1. und Art. 313 ZGB). 1.112

1.5.2. Materielle Voraussetzungen

Kindesschutzmassnahmen können oder müssen angeordnet werden, wenn: 1.113

- die Entwicklung des Kindes gefährdet ist (innerhalb der Familie oder ausserhalb davon, wenn es untergebracht ist);
- die Gefährdung eine gewisse Ernsthaftigkeit aufweist;
- die Eltern mit oder ohne Unterstützung der Kinder- und Jugendhilfe nicht von sich aus für Abhilfe sorgen (weil sie nicht wollen oder dazu ausserstande sind);
- der Staat eine «geeignete» Massnahme bereitstellen kann, die zweck- und verhältnismässig ist, um der Gefährdung zu begegnen (vgl. zum Begriff der «geeigneten» Einrichtung die materiellen Voraussetzungen der fürsorgerischen Unterbringung, Art. 426 Abs. 1 ZGB).

Eine Gefährdung liegt vor, sobald nach den Umständen die ernstliche Möglichkeit einer Beeinträchtigung des körperlichen, psychischen, sittlichen und/oder geistigen Wohls des Kindes vorauszusehen ist. Es wird nicht vorausgesetzt, dass bereits eine Schädigung eingetreten ist. Dieser Gefährdung der Entwicklung (oder des Wohls) des Kindes können körperliche und/oder psychische Misshandlung oder Vernachlässigung zugrunde liegen; die Ursachen sind kaum von Bedeutung (vgl. Kap. 1.4.1.). Es kann sich um eine unmittelbare oder direkte Gefährdung handeln, aber auch um mittel- oder langfristige Auswirkungen wiederholter Übergriffe unterschiedlicher Art und Intensität. 1.114

Zu denken ist insb. an folgende Gefährdungssituationen: 1.115

- *Körperliche Gewalt;*
- *Psychische Gewalt* (direkt oder indirekt, wenn das Kind ein Zeuge, aber nicht Opfer häuslicher Gewalt ist);

1. Allgemeines zum Kindesschutz

- *Sexuelle Gewalt oder Ausbeutung;*
- *Vernachlässigung* elementarer Grundbedürfnisse des Kindes (Ernährung, Gesundheit, Wohnung, aber auch übermässige oder ausbleibende Anreize emotionaler, kognitiver oder sozialer Art);
- *Chronifizierte Konflikte und Streitigkeiten unter den Eltern* über die Kinderbelange im Rahmen einer Trennung oder Scheidung.

1.116 Die Massnahmen müssen unter Achtung der Verhältnismässigkeit, der Subsidiarität und der Komplementarität gewählt, angeordnet und vollzogen werden (Kap. 1.4.1.).

1.117
> **Beachte**
> - Zivilrechtliche Kindesschutzmassnahmen dienen bei einer Gefährdung des Kindeswohls dessen Schutz und nicht der Bestrafung der Eltern oder einem bestimmten Erziehungs- oder Betreuungsmodell.
> - Eine Gefährdung des Kindeswohls rechtfertigt zivilrechtliche Kindesschutzmassnahmen, wenn aufgrund der Gesamtumstände die ernsthafte Möglichkeit besteht, dass eine Beeinträchtigung des körperlichen, psychischen, sittlichen und/oder geistigen Wohls des Kindes absehbar ist, ohne dass sich diese Gefahr bereits realisiert haben muss.
> - Die Gefährdung der Entwicklung (oder des Wohls) des Kindes kann die Folge von körperlichen und/oder psychischen Misshandlungen oder von Vernachlässigung sein.
> - Die KESB und MT müssen bei jedem Eingriff den Grundsatz der Erforderlichkeit (Erforderlichkeit in grundsätzlicher, sachlicher und zeitlicher Hinsicht), der Subsidiarität und der Komplementarität achten. Diese Grundsätze sind Teil des Verhältnismässigkeitsprinzips im weitesten Sinn und Eckpfeiler ihrer Handlungen und Eingriffe.
> - Behörden müssen die den Eltern von Gesetzes wegen zustehende Wahlfreiheit hinsichtlich der Erziehungsgrundsätze, -methoden und -mittel achten, solange das Kindeswohl nicht gefährdet ist. Sobald eine Gefährdung vorliegt, sind die Behörden zum Handeln verpflichtet, bei drohender Staatshaftung im Unterlassungsfall.
> - Handlungen und Eingriffe der KESB und MT beruhen auch auf Ermessen und Prognose. Unzutreffende Situationsbeurteilungen lassen sich nicht ausschliessen. Dies vermag keine Staatshaftung zu begründen, wenn mit der gebotenen Sorgfalt, Ernsthaftigkeit und Professionalität vorgegangen wurde.
> - Der Wille des Kindes muss im Entscheid und im Rahmen seiner Verfahrensrechte berücksichtigt werden (dem Alter, der Entwicklung und Urteilskraft des Kindes entsprechend). Widerspricht er dem «objektiven» Wohl des Kindes, muss dessen Wille grundsätzlich dahinter zurücktreten. Der Wille des Kindes erhält mehr Gewicht, je mehr es sich mit dem Heranwachsen der Volljährigkeit nähert.

2. Kindesschutzmassnahmen

2.1. Allgemeine Hinweise

Eltern haben grundsätzlich die Pflicht, aber auch das Recht, sich im Rahmen ihrer elterlichen Sorge um die Erziehung der Kinder zu kümmern und umfassend für deren Wohl zu sorgen. Auch wenn sie dabei über weitreichende Autonomie in der Ausgestaltung der ihnen zustehenden Entscheidungsbefugnisse (Art. 301 Abs. 1 ZGB) und Vertretungskompetenzen (Art. 304 Abs. 1 ZGB) verfügen, ist von ihnen verlangt, dass sie das Kind «ihren Verhältnissen entsprechend erziehen und seine körperliche, geistige und sittliche Entfaltung fördern und schützen» (Art. 302 Abs. 1 ZGB). Dazu gehört, dass sie dem Kind – dieses untersteht einer prinzipiellen Gehorsamspflicht – «die seiner Reife entsprechende Freiheit der Lebensgestaltung gewähren und in wichtigen Angelegenheiten, soweit tunlich, auf seine Meinung Rücksicht nehmen» (Art. 301 Abs. 2 ZGB). Als Leitschnur gilt ausdrücklich, dass die elterliche Sorge dem *Wohl des Kindes* zu dienen hat (Art. 296 Abs. 1 ZGB). Die Gemeinschaft der Eltern und Kinder soll zudem von gegenseitiger Beistandspflicht sowie von Achtung und Rücksicht geprägt sein (Art. 272 ZGB). Zur Konzeption der elterlichen Sorge als «Pflichtrecht» sowie zu deren Inhalt vgl. Kap. 1.3.1. und 12.1.1.

2.1

Nicht immer sind Eltern gewillt oder in der Lage, ihren umfassenden Auftrag so zu erfüllen, wie es von ihnen erwartet werden kann. Soweit in diesen Fällen von einer Gefährdung des Kindeswohls auszugehen ist, muss die KESB mit geeigneten Massnahmen eingreifen. Der entsprechende Grundauftrag ergibt sich aus Art. 307 Abs. 1 ZGB und steht im Einklang mit Art. 19 und 27 Abs. 2 KRK, Art. 8 EMRK sowie Art. 11 Abs. 1 BV.

2.2

Von einer *Gefährdung des Kindeswohls* ist auszugehen, «sobald nach den Umständen die ernstliche Möglichkeit einer Beeinträchtigung des körperlichen, sittlichen, geistigen oder psychischen Wohls des Kindes vorauszusehen ist». Damit ist klargestellt, dass der zivilrechtliche Kindesschutz als staatliche Aufgabe nicht erst dann zum Tragen kommt, wenn bereits von einer *Verletzung* des Kindeswohls gesprochen werden muss (vgl. zum Begriff «Kindeswohl» Kap. 1.1.). Vergleichbar mit der Schutz-/Hilfsbedürftigkeit im Erwachsenenschutzrecht bildet das Vorliegen einer Kindeswohlgefährdung eine zentrale Grundvoraussetzung für ein mögliches behördliches Einschreiten (vgl. auch Kap. 1.5.).

2.3

Der zivilrechtliche Kindesschutz bildet eine zentrale Säule im System des institutionalisierten Kindesschutzes (zur Systematik vgl. Kap. 1.2.). Er dient dem Schutz von Minderjährigen, die unter elterlicher Sorge stehen, und

2.4

2. Kindesschutzmassnahmen

erfasst explizit auch alle Kinder, die bei Pflegeeltern oder sonst ausserhalb der häuslichen Gemeinschaft der Eltern leben (Art. 307 Abs. 2 ZGB). Dagegen ist er formell nicht auf Minderjährige anwendbar, die als Folge fehlender elterlicher Sorge unter Vormundschaft (Art. 327a–c ZGB) stehen (vgl. Kap. 2.6.). Für diese gilt, dass die KESB wo nötig im Rahmen ihrer Kontroll- und Aufsichtsfunktion über die Mandatsführung *von Amtes* wegen oder aufgrund einer Meldung Dritter (denkbar ist auch eine Meldung bzw. Beschwerde des betroffenen Kindes selbst) den Schutzbedarf zu untersuchen und allenfalls die angezeigten Vorkehrungen zu treffen hat.

2.5 Zur Frage, ob zivilrechtliche Kindesschutzmassnahmen bei Bedarf auch schon vorgeburtlich ergriffen werden können, vgl. Kap 1.5.1.

2.6 Der in Art. 307 Abs. 1 ZGB umschriebene Grundauftrag ist in Anbetracht anspruchsvoller rechtlicher und psychosozialer Problemstellungen als staatliche Aufgabe einzustufen, deren Erfüllung in enger Zusammenarbeit zwischen der zuständigen KESB, professionalisierten Sozialen Diensten sowie weiteren Fachstellen wahrgenommen werden muss. Als übergeordnetes Ziel gilt die *Abwendung einer Gefährdung des Kindeswohls*.

2.7 Behördliche Kindesschutzmassnahmen sind bei der Verfolgung dieses Ziels nur dann zulässig, wenn die Eltern nicht von sich aus Abhilfe schaffen oder dazu ausserstande sind *(Subsidiaritätsprinzip)*. Den Betroffenen steht m.a.W. das Recht zu, Schwierigkeiten oder Probleme nach Möglichkeit durch die Inanspruchnahme von Hilfs-, Beratungs- und weiteren geeigneten Angeboten der freiwilligen Jugendhilfe zu überwinden. Der Vorbehalt untermauert, wie schon einleitend dargelegt, dass von einer primären Verantwortung der erziehungsberechtigten Eltern auszugehen ist.

2.8 Der zivilrechtliche Kindesschutz ist zudem vom *Grundsatz der Verschuldensunabhängigkeit* geprägt: Es ist unerheblich, wer allenfalls welche Ursachen für eine Kindeswohlgefährdung setzt, ob die Eltern, das Kind oder Dritte. Häufig wird sich die Gefährdung ohnehin nicht auf eindeutig identifizierbare Ursachen zurückführen lassen. Kindesschutz soll und will *nicht bestrafen*.

2.9 Bei der Anordnung behördlicher Massnahmen ist darauf zu achten, dass diese die elterlichen Kompetenzen und Fähigkeiten nicht verdrängen, sondern – so weit als eben nötig – ergänzen *(Prinzip der Komplementarität)*, was im Einzelfall eine fundierte Abklärung der elterlichen Erziehungskompetenzen voraussetzen kann. Eltern sollen durch staatliche Interventionen nicht aus ihrer Verantwortung entlassen, sondern nach Möglichkeit in deren Wahrnehmung unterstützt werden. Aus pädagogischer Sicht kann man Komplementarität auch als Methode sehen, die Eltern im Rahmen ihrer Möglichkeiten zu Eigenverantwortung anzuhalten und zu befähigen.

2.1. Allgemeine Hinweise

Behördliche Massnahmen müssen *notwendig* und zur Abwendung der Gefährdung *tauglich* sein. Sie sollen zudem dem Grad der festgestellten Gefährdung angepasst sein. Damit das *Verhältnismässigkeitsprinzip* gewahrt bleibt, dürfen sie nicht stärker sein als erforderlich (gleichzeitig aber auch nicht schwächer als erforderlich), um die angestrebte Wirkung erzielen zu können. Oder anders ausgedrückt: Es ist immer die mildeste der Massnahmen anzuordnen, welche im Einzelfall als geeignet eingestuft werden können, die Gefährdung des Kindes zu beseitigen oder zu reduzieren.

2.10

Gleichermassen hat sich die *Dauer* einer Massnahme nach dem Grundsatz der Verhältnismässigkeit zu richten. Auch wenn sie normalerweise zeitlich nicht befristet sind, müssen Kindesschutzmassnahmen regelmässig auf ihre Notwendigkeit und Zwecktauglichkeit hin überprüft und ggf. an veränderte Verhältnisse angepasst werden (Art. 313 Abs. 1 ZGB). Zu den Leitprinzipien und Zielen von Kindesschutzmassnahmen vgl. Kap. 1.4.

2.11

Ergänzend hervorgehoben sei an dieser Stelle die Bedeutung, welcher in der Kindesschutzarbeit der konsequenten Ausrichtung der Interventionen auf das Kind selbst zukommt, was sich auch mit dem Stichwort *«Kinderorientierung»* umreissen lässt (vgl. dazu Kap. 18.).

2.12

Das Instrumentarium an materiellen zivilrechtlichen Kindesschutzmassnahmen wird primär in den Art. 307–312 ZGB abgehandelt. Es wurde bei der Revision des Erwachsenenschutzrechts per 2013 unverändert übernommen. Mit der am 1. Juli 2014 in Kraft getretenen Sorgerechtsrevision wurde Art. 309 ZGB als eigenständige Massnahme zur Regelung der Vaterschaft aufgehoben. Gleichzeitig wurden Art. 308 Abs. 2 ZGB sowie Art. 311 Abs. 1 Ziff. 1 ZGB inhaltlich ergänzt und der Randtitel von Art. 310 ZGB terminologisch angepasst.

2.13

Die Massnahmen nach Art. 307 ff. ZGB bilden zusammen mit den Bestimmungen über die Vormundschaft (Art. 327a–c ZGB) sowie den Schutz des Kindesvermögens (Art. 324 ff. ZGB) den *Kindesschutz i.e.S.* (vgl. zu den begrifflichen und inhaltlichen Abgrenzungen Kap. 1.2.). Sie werden in vier Kategorien eingeteilt:

2.14

- Geeignete Massnahmen
- Beistandschaft
- Aufhebung des Aufenthaltsbestimmungsrechts
- Entziehung der elterlichen Sorge

Es ist Aufgabe der KESB, innerhalb der genannten Kategorie(n) jene Detailmassnahme(n) zu definieren, mit welcher der Gefährdungslage im Einzelfall mutmasslich – also auch prognostisch – am besten zu begegnen ist. Wie der neu konzipierte Erwachsenenschutz, ist auch der Kindesschutz

2.15

2. Kindesschutzmassnahmen

vom *Prinzip der Massschneiderung* geleitet. Es gilt, das Instrumentarium detailliert zu kennen und differenziert anzuwenden.

2.16 Die einzelnen Massnahmen greifen unterschiedlich stark in die elterlichen Kompetenzen ein und werden in der Lehre häufig als *Stufenfolge* dargestellt. Dieses Bild muss insofern relativiert werden, als zwischen Art. 308 und 310 ZGB, also beim Übergang von den ambulanten zu den stationären Massnahmen, die Eingriffsintensität *sprunghaft* zunimmt. Zudem sind einzelne Massnahmen untereinander kombinierbar, weshalb auch mehrere Stufen gleichzeitig «aktiv» sein können.

2.17 *Kombinationsmöglichkeiten* eröffnen sich zwischen Art. 307, 308 und 310 ZGB. Sie sind mit Blick auf die im Einzelfall anzustrebende Individualisierung wichtig und deshalb bei Bedarf zu nutzen. Wird allerdings gestützt auf Art. 311 oder 312 ZGB die elterliche Sorge als Ganzes entzogen, ist als Konsequenz eine Vormundschaft nach Art. 327a ff. ZGB zu errichten (vgl. Kap. 2.6.); eine Kombination mit andern Kindesschutzmassnahmen ist in solchen Fällen nicht möglich.

2.18 Ebenfalls dem materiellen Kindesschutzrecht zuzurechnen sind die in Art. 544 Abs. 1bis ZGB geregelte Beistandschaft zur Wahrung erbrechtlicher Interessen des Kindes vor der Geburt, sodann die Beistandschaft nach Art. 306 Abs. 2 ZGB, welche zum Tragen kommt, wenn Eltern an der Ausübung ihrer elterlichen Sorge verhindert sind oder in einer Angelegenheit Interessen haben, die denen des Kindes widersprechen, sowie die Beistandschaft oder Vormundschaft, welche gestützt auf Art. 17 bzw. 18 BG-HAÜ bei entsprechenden Konstellationen zu errichten sind.

2.19 Schliesslich sind auch jene Massnahmen oder Entscheide dem zivilrechtlichen Kindesschutz zuzuordnen, die bei spezifischen Sachverhalten im Zusammenhang mit den folgenden Themen zu treffen sind:

- Persönlicher Verkehr
- Kindesvermögensschutz
- Elterliche Sorge

2.19a Einen *Gesamtüberblick* vermittelt das nachstehende Schema. Die im vorliegenden Kap. 2. erläuterten Massnahmen werden darin zur besseren Orientierung fett hervorgehoben dargestellt. Für die übrigen Massnahmen wird auf die Ausführungen in Kap. 12. (Elterliche Sorge), Kap. 15. (Persönlicher Verkehr) und Kap. 16. (Kindesvermögen) verwiesen. Weitere Erläuterungen finden sich zudem in Kap. 7. (Verfahrensvertretung und Mediationsversuch).

2.1. Allgemeine Hinweise

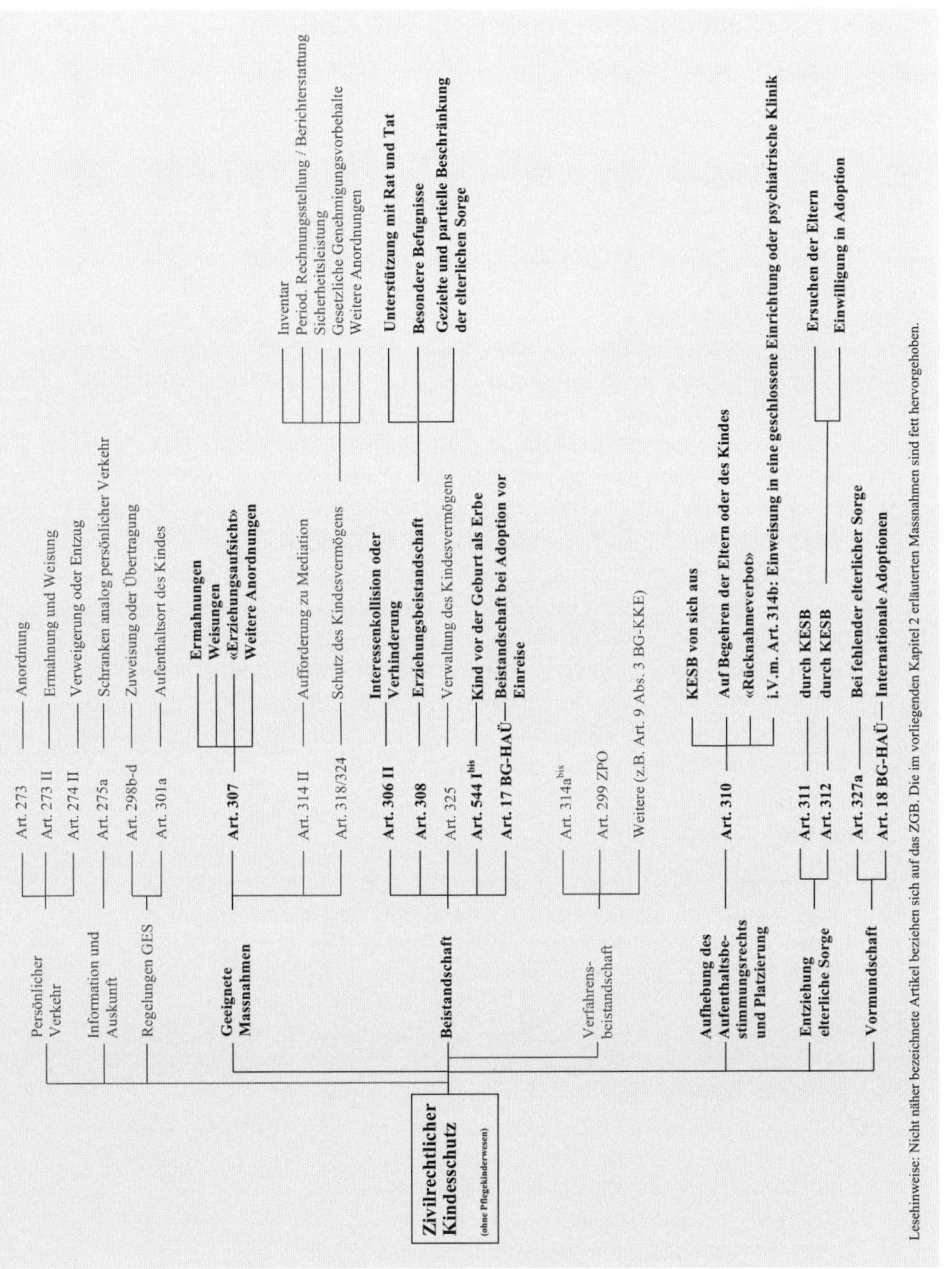

2.20

Zivilrechtlicher Kindesschutz (ohne Pflegekinderwesen)

- **Persönlicher Verkehr**
  - Art. 273 — Anordnung
  - Art. 273 II — Ermahnung und Weisung
  - Art. 274 II — Verweigerung oder Entzug
  - Art. 275a — Schranken analog persönlicher Verkehr
- **Information und Auskunft**
  - Art. 298b-d — Zuweisung oder Übertragung
- **Regelungen GES**
  - Art. 301a — Aufenthaltsort des Kindes
- **Geeignete Massnahmen**
  - Art. 307 — **Ermahnungen / Weisungen / «Erziehungsaufsicht» / Weitere Anordnungen**
  - Art. 314 II — Aufforderung zu Mediation
  - Art. 318/324 — Schutz des Kindesvermögens
- **Beistandschaft**
  - Art. 306 II — **Interessenkollision oder Verhinderung**
  - Art. 308 — **Erziehungsbeistandschaft**
    - Unterstützung mit Rat und Tat
    - Besondere Befugnisse
    - Gezielte und partielle Beschränkung der elterlichen Sorge
  - Art. 325 — Verwaltung des Kindesvermögens
  - Art. 544 I^{bis} — **Kind vor der Geburt als Erbe**
  - Art. 17 BG-HAÜ — **Beistandschaft bei Adoption vor Einreise**
    - Inventar
    - Period. Rechnungsstellung / Berichterstattung
    - Sicherheitsleistung
    - Gesetzliche Genehmigungsvorbehalte
    - Weitere Anordnungen
- **Verfahrens-beistandschaft**
  - Art. 314a^{bis}
  - Art. 299 ZPO
  - Weitere (z.B. Art. 9 Abs. 3 BG-KKE)
- **Aufhebung des Aufenthaltsbe-stimmungsrechts und Platzierung**
  - Art. 310 — **KESB von sich aus / Auf Begehren der Eltern oder des Kindes / «Rücknahmeverbot»**
  - i.V.m. Art. 314b: Einweisung in eine geschlossene Einrichtung oder psychiatrische Klinik
- **Entziehung elterliche Sorge**
  - Art. 311 — **durch KESB**
  - Art. 312 — **durch KESB**
    - Ersuchen der Eltern
    - Einwilligung in Adoption
- **Vormundschaft**
  - Art. 327a — Bei fehlender elterlicher Sorge
  - Art. 18 BG-HAÜ — Internationale Adoptionen

Lesehinweise: Nicht näher bezeichnete Artikel beziehen sich auf das ZGB. Die im vorliegenden Kapitel 2 erläuterten Massnahmen sind fett hervorgehoben.

2.2. Massnahmen nach Art. 307 ZGB

Literatur

Gesetzliche Grundlagen: Art. 307 ZGB.

Allgemeine Literatur: BSK ZGB I-Breitschmid, Art. 307; CHK ZGB-Biderbost, Art. 307; CR CC I-Meier, Art. 307; Hegnauer, Rz. 27.14–27.17; Meier/Stettler, Rz. 1252–1261; Handbuch KES-Rosch/Hauri, Rz. 1032–1042.

Spezifische Literatur: Banholzer Karin et al., Angeordnete Beratung – ein neues Instrument zur Beilegung von strittigen Kinderbelangen vor Gericht, in: FamPra 2012, 111 ff.

2.21 Als «geeignete Massnahmen» werden in Art. 307 Abs. 3 ZGB explizit die «Ermahnung», die «Weisung» und die «Bestimmung einer geeigneten Person oder Stelle, der Auskunft zu geben ist» (in der Praxis besser bekannt als «Erziehungsaufsicht»), genannt. Alle drei Formen sind als niederschwellige behördliche Interventionen zu qualifizieren, welche grundsätzlich nur in Frage kommen, solange die Gefährdung als eher gering eingestuft werden kann (ggf. sind allerdings auch Anwendungen in Kombination mit Massnahmen für schwerwiegendere Gefährdungslagen denkbar). Ihre (rechtliche) Eingriffsintensität ist insgesamt tief und ihre Wirksamkeit hängt stark davon ab, wie gut es der KESB gelingt, die Adressaten durch Einflussnahme bzw. Kontrolle für Verbesserungs- und/oder Veränderungsprozesse zu gewinnen, damit sich einschneidendere Massnahmen nach Möglichkeit erübrigen. Die KESB hat deshalb die Wirksamkeit der angeordneten Ermahnungen, Weisungen und Erziehungsaufsichten zu überwachen bzw. überwachen zu lassen.

2.22
> **Beachte**
> - «Geeignete Massnahmen» i.S.v. Art. 307 ZGB sind als formelle behördliche Kindesschutzmassnahmen von Bemühungen mit vergleichbarer Stossrichtung zu unterscheiden, wie sie etwa im Rahmen der freiwilligen Beratung und Angebote der Kinder-, Jugend- und Familienhilfe vorkommen.
> - Sie setzen zwingend das Vorliegen einer Kindeswohlgefährdung voraus und unterliegen den Prinzipien des zivilrechtlichen Kindesschutzes (Subsidiarität, Komplementarität, Verhältnismässigkeit).
> - Bei zeitgerechter und differenzierter Anwendung können geeignete Massnahmen im Einzelfall eine taugliche Alternative zur amtsgebundenen Massnahme der Beistandschaft darstellen.
> - Die KESB hat zu überwachen oder überwachen zu lassen, ob die geeigneten Massnahmen den angestrebten Zweck erfüllen.

2.2. Massnahmen nach Art. 307 ZGB

2.2.1. Ermahnung (Art. 307 Abs. 3 ZGB)

2.23 Bei der Ermahnung handelt es sich um die mildeste aller Kindesschutzmassnahmen. Sie kann bei Vorliegen von nicht besonders schwerwiegenden Gefährdungen erwogen werden und soll den Eltern sowie weiteren mit Erziehungsaufgaben betrauten Personen (z.B. im Rahmen der Tagespflege oder bei Stiefelternkonstellation) aufzeigen, inwieweit sich ihr Verhalten oder einzelne Aspekte davon nachteilig auf das Wohl und die Entwicklung des Kindes auswirken bzw. auswirken könnten. Adressat kann überdies das Kind selbst sein. Inhaltlich können grundsätzlich *alle Aspekte der Erziehung, Vertretung und Förderung* Thema einer Ermahnung sein. Es gilt einzig zu beachten, dass das Gesetz für den Bereich «Persönlicher Verkehr» in Art. 273 Abs. 2 ZGB eine eigenständige Ermahnungsmöglichkeit vorsieht, welche der allgemeinen Ermahnung nach Art. 307 Abs. 3 ZGB vorgeht.

2.24 Mit einer Ermahnung sollen den Adressaten mögliche Risiken vor Augen geführt werden mit dem Ziel, sie für eine Verhaltensänderung zu gewinnen. Dazu müssen sie für eine Ermahnung grundsätzlich zugänglich sein. Zudem muss man den Adressaten den Willen sowie die Fähigkeit attestieren können, ihr Verhalten auch tatsächlich zu ändern. Nicht massgebend sind demgegenüber die konkreten Erfolgsaussichten. Dank ihrer Niederschwelligkeit und ihrem primär empfehlenden Charakter bietet sich der Ermahnung im Vergleich zu andern Kindesschutzmassnahmen die Chance, von den Betroffenen besser (bzw. überhaupt) akzeptiert zu werden. Sie kann deshalb im Einzelfall auch ohne garantierte Wirksamkeit (soweit sich diese überhaupt verlässlich prognostizieren lässt) ausgesprochen werden. Unabhängig von der Ausgangslage liegt es in der Verantwortung der KESB, den angestrebten Erfolg in geeigneter Weise zu überwachen. Dieser dürfte – je nach Autoritätsgläubigkeit – auch davon abhängen, ob es im Empfinden der Adressaten einen Unterschied ausmacht, wenn die Ermahnung *behördlich verfügt* und nicht lediglich im Kontext eines (unverbindlicheren) Beratungsgesprächs ausgesprochen wird.

2.25
Ermahnung nach Art. 307 Abs. 3 ZGB

1. *(Personalien der Eltern, Pflegeeltern, anderer Drittpersonen mit Erziehungsaufgaben, des Kindes)* werden/wird gestützt auf Art. 307 Abs. 3 ZGB ermahnt *(genaue Umschreibung einzelner oder mehrerer Ermahnungen)*
   Beispiele:
   - mit den Organen der Schule und namentlich der Schulsozialarbeit zusammenzuarbeiten, insb. abgemachte Termine wahrzunehmen;

2. Kindesschutzmassnahmen

> - dafür besorgt zu sein, dass NN täglich das erforderliche Schulmaterial sowie ein Znüni mitnimmt;
> - wertverachtende Bemerkungen über die Kultur des andern Elternteils zu unterlassen;
> - die Termine bei *(Bezeichnung des Kinderarztes)* zur Nachkontrolle von NN zuverlässig wahrzunehmen;
> - die Termine bei *(Bezeichnung des Gutachters)* einzuhalten und beim Gutachten zu kooperieren.
> - (...)

2.2.2. Weisung (Art. 307 Abs. 3 ZGB)

2.26 Wie die Ermahnung, kommt auch die Weisung als niederschwellige Intervention vor allem in nicht besonders schwerwiegenden Fällen oder *in Kombination* mit *andern Massnahmen* in Frage. Sie zeichnet sich aber im Vergleich zur Ermahnung durch eine *verbindlichere Formulierung* aus und wird entweder ausgesprochen, nachdem die KESB ohne Erfolg versucht hat, die Situation mit einer Ermahnung zu verbessern, oder wenn von vornherein klar ist, dass eine solche zur Behebung der Gefährdung nicht genügen wird. Keine Unterschiede ergeben sich dagegen hinsichtlich Adressatenkreis: Mit einer Weisung können Eltern oder weitere mit Erziehungsaufgaben betraute Personen (z.B. im Rahmen der Tagespflege oder bei Stiefelternkonstellation) sowie das Kind selbst erfasst werden. Dieses kann bspw. angewiesen werden, den Kontakt zu bestimmten Drittpersonen zu unterlassen.

2.27 Mit einer Weisung verlangt die KESB ein *konkretes Tun, Unterlassen oder Dulden*. Sie muss deshalb davon ausgehen können, dass die einzelne Adressatin oder der einzelne Adressat die verfügten Vorgaben subjektiv und objektiv *zu befolgen in der Lage* ist. Thematisch bestehen im Grundsatz keine Einschränkungen. So lassen sich gegenüber den Eltern – i.S.v. Beispielen – Weisungen hinsichtlich der medizinischen Abklärung und/oder Behandlung des Kindes, dessen Pflege, schulischen Förderung oder dessen Unterstützung für die Absolvierung einer beruflichen Ausbildung denken. Weiter können bei entsprechenden Defiziten auch Anordnungen zu Fragen der Tagesbetreuung, Ernährung, Bekleidung oder Freizeitbeschäftigung getroffen werden.

2.28 *Unzulässig* sind Weisungen, welche die *Unterbringung* des Kindes zum Gegenstand haben, weil in das elterliche Aufenthaltsbestimmungsrecht nur im Rahmen der eigenständigen Kindesschutzmassnahme nach Art. 310 ZGB eingegriffen werden kann. Zudem sind für die Bereiche «Persönlicher Verkehr» sowie «Schutz des Kindesvermögens» in Art. 273 Abs. 2 bzw.

2.2. Massnahmen nach Art. 307 ZGB

324 Abs. 2 ZGB je eigene Grundlagen für die Erteilung von Weisungen vorgesehen, welche dem allgemeinen Weisungsrecht nach Art. 307 Abs. 3 ZGB vorgehen.

Die Wirksamkeit von Weisungen hängt in der Praxis nicht zuletzt davon ab, wie deren Befolgung überwacht bzw. durchgesetzt wird. Diesem Aspekt hat die KESB deshalb immer die nötige Beachtung zu schenken. Soweit sie die Kontrolle nicht direkt ausüben will, kann sie dafür eine Stelle oder Person bezeichnen (vgl. Kap. 2.2.3.) oder eine Beistandschaft (Art. 308 ZGB) mit entsprechendem Auftrag errichten (vgl. Kap. 2.3.3.).

2.29

Ob es im Kontext einer Kindesschutzintervention zudem sinnvoll ist, mit dem Erlass einer Weisung zusätzlich gestützt auf Art. 292 StGB eine *Bestrafung wegen allfälligen Ungehorsams gegen amtliche Verfügungen* anzudrohen, muss die KESB im Einzelfall und primär nach methodischen Kriterien beurteilen. Die Option einer Strafverfolgung erlaubt es der KESB, ihrer Weisung mehr Nachdruck zu verleihen, wenn sie damit rechnen muss, dass diese nicht befolgt wird. Die Androhung muss aber ausdrücklich in das Entscheiddispositiv aufgenommen werden, damit der Straftatbestand von Art. 292 StGB zur Anwendung gelangen kann.

2.30

2.31

Weisung nach Art. 307 Abs. 3 ZGB (allgemein)

1. *(Personalien der Eltern, Pflegeeltern, anderer Drittpersonen mit Erziehungsaufgaben, des Kindes)* werden/wird gestützt auf Art. 307 Abs. 3 ZGB angewiesen *(genaue Umschreibung einzelner oder mehrerer Weisungen)*

   Beispiele:
   - sich regelmässig durch Fachpersonen *(bspw. durch die Mütter-/Väterberatung)* beraten zu lassen;
   - eine Untersuchung von NN durch Sachverständige zu veranlassen;
   - die Durchführung einer Behandlung von NN zu dulden;
   - bestimmte persönliche Effekten von NN herauszugeben;
   - NN im Umfang von *(Anzahl Tage/Stunden pro Woche)* in einer Tagesstätte/Krippe betreuen zu lassen;
   - in Begleitung von NN keine Wirtshäuser aufzusuchen;
   - eine sozialpädagogische Familienbegleitung zuzulassen, dabei mitzuwirken und mit den involvierten Personen zusammenzuarbeiten;
   - (...)

   und bis am *(Angabe Zeitpunkt)* über die Ausführung/Umsetzung/Einhaltung der Weisung(en) zu berichten *(falls keine Aufsicht oder Beistandschaft zur Überwachung der Weisung angeordnet wird).*

2. Kindesschutzmassnahmen

> 2. *(Bei Strafandrohung) (Personalien der angewiesenen Person)* wird für den Fall der Nichtbefolgung dieser Weisung die Erhebung einer Strafklage wegen Ungehorsams gegen amtliche Verfügung nach Art. 292 StGB angedroht: Wer der von einer zuständigen Behörde oder einem zuständigen Beamten unter Hinweis auf die Strafdrohung dieses Artikels an ihn erlassenen Verfügung nicht Folge leistet, wird mit Busse bis Fr. 10'000.– bestraft.

2.32 Gesondert zu erwähnen ist die Pflichtmediation, für deren Anordnung gemäss Bundesgericht Art. 307 ZGB als ausreichende gesetzliche Grundlage betrachtet werden kann (BGer 5A_852/2011). Im Gegensatz zum Mediationsversuch (Art. 314 Abs. 2 ZGB) ist die angeordnete Mediation als materielle Kindesschutzmassnahme einzustufen (vgl. zur Abgrenzung Kap. 7.3.). Von den Adressaten wird hier in verbindlicher Form verlangt, mit Unterstützung einer Fachperson (Mediatorin oder Mediator) eine einvernehmliche Lösung ihres Konfliktes anzustreben. Die KESB muss daher in ihrem Entscheid begründet darlegen, welche Ziele mit der Mediation zu verfolgen bzw. welche Themen zu bearbeiten sind.

2.33
> **Weisung für eine angeordnete Mediation nach Art. 307 Abs. 3 ZGB**
>
> 1. Gestützt auf Art. 307 Abs. 3 ZGB wird eine Mediation angeordnet.
> 2. Die Eltern *(allenfalls weitere Personen)* werden angewiesen, im Umfang von vorerst *(Anzahl)* Sitzungen an einer Mediation bei *(Name Adresse Mediationsperson/en)* teilzunehmen. Diese Sitzungen sind bis spätestens *(Zeitpunkt)* durchzuführen.
> 3. *(Bei Strafandrohung) (Personalien der angewiesenen Person)* wird für den Fall der Nichtbefolgung dieser Weisung die Erhebung einer Strafklage wegen Ungehorsams gegen amtliche Verfügung nach Art. 292 StGB angedroht: Wer der von einer zuständigen Behörde oder einem zuständigen Beamten unter Hinweis auf die Strafdrohung dieses Artikels an ihn erlassenen Verfügung nicht Folge leistet, wird mit Busse bis Fr. 10'000.– bestraft.
> 4. Mit der Durchführung der Mediation wird/werden *(Name[n] und Adresse[n] der Mediationsperson[en])* betraut.
> 5. Ziel der Mediation bildet:
>   *(Beispiele)*
>   - Die Neuregelung der Kinderbelange;
>   - Die Wiederherstellung des gegenseitigen Vertrauens;
>   - Die Verbesserung der Kommunikation;
>   - (…)
> 6. Für die Dauer der Mediation wird
>   - Das Verfahren betreffend *(Grund)* sistiert;

> - *(bei bestehender Beistandschaft)* die Beiständin/der Beistand von den das vorliegende Verfahren betreffenden Aufgaben entbunden *(alternativ: evtl. Aufgaben an die konkrete Situation anpassen)*.
> 7. *(Allenfalls Anordnung vorsorglicher Massnahmen)*
> 8. Die mit der Mediation beauftragten Fachpersonen *(vgl. Ziff. 4)* werden beauftragt,
>   - umgehend mit den Eltern *(allenfalls mit weiteren Personen)* Kontakt aufzunehmen und verbindliche Termine festzusetzen
>
> und eingeladen,
>   - die KESB unverzüglich über einen allfälligen Nichtantritt oder Abbruch der Mediation zu orientieren;
>   - ihr unter gleichzeitiger Angabe der Gründe eine allfällig angezeigte Fortsetzung der Mediation zu beantragen;
>   - nach Abschluss der Mediation der KESB Bericht über den Verlauf und das inhaltliche Resultat der Mediation zu erstatten.
> 9. Die KESB erteilt Kostengutsprache in der Höhe von Fr. *(Betrag exkl. MwSt)* für vorerst maximal fünf Mediationssitzungen à 90 Minuten. Allfällige weitere Sitzungen bedürfen einer erneuten förmlichen Anordnung.
> 10. Über die Gebühren und Kosten (inkl. Mediationskosten) sowie über deren Auferlegung wird spätestens mit Abschluss des Verfahrens befunden.

Ein Muster zur angeordneten Mediation «Persönlicher Verkehr» gemäss Art. 273 Abs. 2 ZGB findet sich in Rz. 15.22, ein Muster zur Aufforderung zum Mediationsversuch gemäss Art. 314 Abs. 2 ZGB in Rz. 7.74.

2.34

2.2.3. «Erziehungsaufsicht» (Art. 307 Abs. 3 ZGB)

Mit der «Bezeichnung einer geeigneten Person oder Stelle, der Einblick und Auskunft zu geben ist», steht der KESB eine Möglichkeit zur Verfügung, die elterliche Pflege und Erziehung einer kontinuierlichen Begleitung und Überwachung zu unterstellen, falls grössere Bereiche von Defiziten betroffen sind, ohne dass die Kindeswohlgefährdung als schwerwiegend eingestuft werden muss. Die Massnahme wird in der Praxis verbreitet als «Erziehungsaufsicht» bezeichnet und kann auch bspw. zur Kontrolle der Einhaltung behördlicher Weisungen (vgl. Kap. 2.2.2.) nutzbar gemacht werden. Der Auftragsbereich kann allgemein oder sehr spezifisch definiert sein.

2.35

Sofern es zwischen der bezeichneten (natürlichen) Person oder Stelle (bspw. einem Jugendsekretariat oder einer Mütter- und Väterberatungsstelle) und den Eltern zu einem Vertrauensverhältnis kommt, kann die

2.36

2. Kindesschutzmassnahmen

Erziehungsaufsicht eine Alternative zur Errichtung einer Beistandschaft (Art. 308 ZGB) sein, auch wenn die jeweils Aufsichtsberechtigten im Rahmen von Art. 307 Abs. 3 ZGB im Vergleich zu einer Beiständin oder einem Beistand formell über weniger Kompetenzen verfügen. Diese beschränken sich letztlich auf die Aspekte *Aufsicht sowie Kontrolle* und ergeben insgesamt eine Art *Beobachtungsauftrag*. Die eingesetzten Personen oder Stellen können aber immerhin in die familiären Verhältnisse Einblick nehmen und, soweit im Rahmen ihres Auftrages erforderlich, bei den Eltern und bei Drittpersonen Auskünfte einholen. Sie haben der KESB ihre Beobachtungen zu melden und diese zu informieren, sollten weitergehende Kindesschutzmassnahmen angezeigt sein.

2.37 Die bezeichnete Person oder Stelle führt im Gegensatz zur Beiständin oder zum Beistand kein amtsgebundenes Mandat. Den Eltern steht deshalb im Vorfeld der Einsetzung kein Vorschlagsrecht i.S.v. Art. 401 ZGB zu. Im Hinblick auf eine gute Kooperation und ein gutes Gelingen wird man sie aber in geeigneter Weise einbeziehen, auch wenn es in der formellen Verantwortung der KESB liegt, Personen oder Stellen einzusetzen, welche über berufliche und persönliche Erfahrungen sowie allenfalls fachspezifische Kenntnisse verfügen, welche auf die konkrete Gefährdungslage abgestimmt sind und nutzbar gemacht werden können.

2.38
> **«Erziehungsaufsicht» nach Art. 307 Abs. 3 ZGB**
>
> 1. Für NN wird eine Erziehungsaufsicht nach Art. 307 Abs. 3 ZGB angeordnet, mit der Aufgabe, die weitere Pflege, Erziehung und Ausbildung von NN zu überwachen.
> 2. Als Aufsichtsperson/-stelle wird (Personalien der eingesetzten Person resp. Bezeichnung der Stelle) bestimmt, mit der Einladung,
>   - Antrag zu stellen, falls sich weitergehende Massnahmen als notwendig erweisen sollten;
>   - erstmals ordentlicherweise auf den (Zeitpunkt) zu informieren.

2.2.4. Weitere geeignete Massnahmen (Art. 307 Abs. 1 ZGB)

2.39 Die in Art. 307 Abs. 3 ZGB genannten Einzelmassnahmen (vgl. Kap. 2.2.1.–2.2.3.) sind als drei vom Gesetzgeber definierte «geeignete Massnahmen» (i.S. der Terminologie von Art. 307 Abs. 1 ZGB) zu verstehen. Mit dem Wort «insb.» wird zum Ausdruck gebracht, dass es sich dabei um Beispiele für Einzelanordnungen und nicht um eine abschliessende Aufzählung handelt.

Es liegt somit in der Kompetenz und Pflicht der KESB, im Einzelfall andere massgeschneiderte Massnahmen zu definieren. Sie verfügt dabei über einen grossen Gestaltungsspielraum und kann grundsätzlich alles anordnen, was für das Kindeswohl dienlich und in der Sache verhältnismässig ist. Ihre Anordnungen müssen allerdings einen *Bezug zur elterlichen Sorge* aufweisen, somit die elterliche Erziehungsarbeit betreffen. Aus dieser Relativierung ergibt sich, dass bspw. keine Weisung an die Eltern erteilt werden kann, sich selbst ärztlich behandeln zu lassen. Dagegen sind gemäss Bundesgericht Weisungen, mit welchen ein Elternteil verpflichtet wird, z.B. bei einer sozialpädagogischen Familientherapie oder einem speziellen Programm, etwa im Zusammenhang mit häuslicher Gewalt, mitzumachen, im Rahmen von Art. 307 ZGB zulässig (BGer 5A_140/2010). Weiter ist denkbar, dass die KESB bei gemeinsamer elterlicher Sorge einen Elternteil auffordert bzw. diesem die Kompetenz erteilt, eine offene Frage alleine zu entscheiden, wenn sich die Eltern in der Sache unüberbrückbar uneinig sind und die strittige Angelegenheit zur Wahrung der Kindesinteressen entschieden werden muss. Unbestritten ist mittlerweile auch, dass Art. 307 ZGB als ausreichende Grundlage zur Anordnung einer Pflichtmediation betrachtet werden kann (vgl. Kap. 2.2.2.). Zur Abgrenzung einer solchen materiellen Kindesschutzmassnahme im Verhältnis zur neu geschaffenen Möglichkeit, Eltern verfahrensrechtlich zu einem Mediationsversuch aufzufordern (Art. 314 Abs. 2 ZGB) vgl. Kap. 7.3.

2.40

Im Erwachsenenschutzrecht bietet sich nach Art. 392 ZGB die Möglichkeit, «das Erforderliche» vorzukehren und beispielhaft werden einzelne Anordnungsmöglichkeiten erwähnt. Art. 307 ZGB findet darin ein Pendant und ist in der gleichen Offenheit zu verstehen; insb. kann die *KESB* bei entsprechender Fallliquidität auch *in eigener Kompetenz* handeln statt eine Beistandschaft zu errichten, wenn Letzteres offensichtlich unverhältnismässig wäre.

2.41

2.3. Beistandschaft (Art. 308 ZGB)

Literatur

Gesetzliche Grundlagen: Art. 308 und 314 Abs. 3 ZGB.

Allgemeine Literatur: BSK ZGB I-Breitschmid, Art. 308; CHK ZGB-Biderbost, Art. 308; CR CC I-Meier, Art. 308; Hegnauer, Rz. 27.46 ff.; Meier/Stettler, Rz. 1304 ff.; Häfeli, Rz. 40.13 ff.; Tuor/Schnyder/Jungo, § 44 N 15 ff.; Hausheer/Geiser/Aebi-Müller, Rz. 17.155 ff.; Handbuch KES-Rosch/Hauri, Rz. 1043 ff.; KOKES Praxisanleitung ESR, Rz. 5.21.

Spezifische Literatur: Affolter Kurt, Die Besuchsrechtsbeistandschaft oder der Glaube an eine dea ex machina, in: ZKE 2015, 181 ff.; Biderbost Yvo, Die Erziehungsbeistandschaft (Art. 308 ZGB), Diss Freiburg 1996; Leuthold Ursula/Schweighauser Jonas, Beistandschaft und Kindervertretung im Kindesschutz, in: ZKE 2016, 463 ff.

2. Kindesschutzmassnahmen

2.3.1. Allgemeines

2.42 Die Beistandschaft nach Art. 308 ZGB ist eine sog. *ambulante Kindesschutzmassnahme*; das Kind wird also in der eigenen Familie belassen. Als an ein Amt gebundene Massnahme sind mit ihr eigenständige, einzelfallmässig zu definierende Rechte und Pflichten verbunden. Die Massnahme *erfüllt in sehr hohem Mass die Postulate von Massschneiderung und Komplementarität*, weil so viele Kompetenzen wie möglich und auch die Familieneinheit belassen werden, trotzdem aber mit der richtigen Ausgestaltung die nötige Griffigkeit erreicht werden kann (siehe auch Rz. 2.80 ff.).

2.43 Wohl nicht zuletzt wegen der *praxistauglichen Form- und Dosierbarkeit* ist die Massnahme sehr flexibel und vielgestaltig verwendbar. Sie ist die *häufigste zivilrechtliche Kindesschutzmassnahme*.

2.44 Das Gesetz spricht von Beistandschaft. Es handelt sich damit – im Gegensatz etwa zur Erziehungsaufsicht gemäss Art. 307 ZGB (vgl. Kap. 2.2.3.) – um ein selbständiges und selbstverantwortliches Amt, auf welches die *Bestimmungen des gleichnamigen erwachsenenschutzrechtlichen Instituts sinngemässe Anwendung* finden.

2.45 Der Beistand wird *dem Kind ernannt*, nicht den Eltern, obschon sich bestimmte Aufgabenstellungen explizit an diese richten können. Der Beistand ist damit, soweit Vertretung im Spiel steht, nicht Vertreter des Vertreters, sondern *direkt Vertreter des Kindes* und hat dessen Interessen zu wahren – u.U. gegen den Willen der Eltern, bei welchen jedoch der grundsätzliche *Erziehungsprimat* verbleibt.

2.46 Das Gesetz spricht schlicht von Beistandschaft. Die Massnahme wird üblicherweise *Erziehungsbeistandschaft* genannt. Die Bezeichnung passt ohne weiteres für Vorkehrungen nach Art. 308 Abs. 1 ZGB. Bei isolierter Anwendung von Art. 308 Abs. 2 ZGB passt der Begriff inhaltlich häufig nicht mehr uneingeschränkt, hat sich aber dennoch eingebürgert.

2.47
> **Beachte**
> - Für den Aufbau eines Entscheiddispositivs drängt sich eine Parallelität zwischen der Methodik im Erwachsenenschutz und derjenigen im Kindesschutz auf resp. kann hierorts auf erstere (siehe KOKES-Praxisanleitung Erwachsenenschutzrecht, Rz. 5.21) verwiesen werden, zumal dies im Kindesschutz schon vor Inkrafttreten des Erwachsenenschutzrechts grosso modo so gehandhabt worden ist. Es ist somit zunächst die Massnahmeart (Abs. 1 oder Abs. 2 oder eine Kombination von Abs. 1 und 2) aufzuführen. Der Massnahmeart sind die zugehörigen Aufgabenbereiche zuzuordnen.

2.3. Beistandschaft (Art. 308 ZGB)

- Sodann ist der Beistand resp. die Beiständin zu ernennen und diesem oder dieser die administrativen Vorgaben wie Berichterstattungstermin und dergleichen aufzuerlegen. Dabei hat sich mancherorts eingebürgert, auch zu erwähnen, dass der Beistand auf Anpassungsbedarf in der Massnahme jederzeit – also auch unabhängig von der periodischen Berichterstattung – aufmerksam zu machen hat.
- Eine allfällige Beschränkung der elterlichen Sorge (Abs. 3) ist separat und ausdrücklich und mit dem klaren (Teil-)Aufgabenbezug anzuordnen.

2.3.2. Erziehungsbeistandschaft mit Rat und Tat

In der mildesten Form der Beistandschaft legt Art. 308 Abs. 1 ZGB als Aufgabe die *Unterstützung der Eltern mit Rat und Tat* fest. Die Tätigkeit des Beistands besteht damit in einer sehr *allgemeinen Unterstützung*. Grundsätzlich sind gemäss Art. 314 Abs. 3 ZGB bei der Anordnung einer Beistandschaft im Entscheiddispositiv die beiständlichen Aufgaben im Einzelnen festzuhalten; indessen sind – ähnlich der Begleitbeistandschaft im Erwachsenenschutz – auch Pauschallösungen denkbar, so dass die gesetzliche Aufgabenumschreibung ausreichend sein kann, was in der Praxis aufgrund des sehr milden Eingriffs der Massnahme auch häufig so zur Anwendung gelangt. Wo indessen genaue Massschneiderung der Aufgabenstellung möglich und sinnvoll ist, wäre hier wie sonst die pauschalisierte Aufgabenstellung zielüberschiessend; wo also Rat und Tat nur bspw. bezüglich schulischer Fragen erforderlich sind und gleichzeitig Rat und Tat (ohne Vertreterstellung nach Abs. 2) ausreichen, ist entsprechend massgeschneidert vorzugehen.

2.48

Dem mit einer behördlichen Massnahme betrauten Beistand ist *aktive Unterstützung* auferlegt. Die Massnahmeadressaten haben sich diese gefallen zu lassen und die zur Erfüllung der Aufgabe notwendigen Informationsrechte zu dulden. Der Beistand hat mit seinem Rat und mit seiner Tat für nötige Impulse zu sorgen. Dabei geht es auch darum, mit proaktiver Hilfe und Einflussnahme die Eltern zu befähigen, weitestmöglich selber tätig zu bleiben. Dazu kann Vermittlung, Motivierung, Organisationshilfe, Umsetzungsunterstützung und vieles mehr gehören, alles in allem also neben konkreter Ratgebung und unterstützenden Handreichungen immer auch Stärkung vorhandener Ressourcen der Eltern oder weiterer Adressaten der Massnahme und mithin zu einem grossen Teil *Hilfe zur Selbsthilfe*. In der aktiven Unterstützung und Betreuung unterscheidet sich die Massnahme von der als verlängerter Behördenarm konzipierten Erziehungsaufsicht nach Art. 307 Abs. 3 ZGB (vgl. Kap. 2.2.3.).

2.49

2. Kindesschutzmassnahmen

2.50 Die Aufgabenstellung des Beistands erschöpft sich entgegen dem Wortlaut nicht in der Hilfestellung an die Eltern; der Beistand ist *auch Stütze und Anlaufstelle für das Kind*. Und ggf. *für weitere in die Erziehung und Betreuung involvierte Personen*.

2.51 Konzeptionell handelt es sich bei der Beistandschaft nach Art. 308 Abs. 1 ZGB um *vertretungslose Unterstützung und Betreuung*. Der Beistand ist nicht gesetzlicher Vertreter des Kindes und hat auch keine autoritativen Kompetenzen. Es kann aber im Einzelfall eine diesbezügliche Ermächtigung der Eltern vorliegen oder es kann sich der Beistand bei Gefahr im Verzug zu nötigen Vertretungshandlungen veranlasst sehen, was allerdings nachträglich zu autorisieren wäre, sei es durch die Eltern, sei es ggf. durch die KESB.

2.52
> **Beistandschaft nach Art. 308 Abs. 1 ZGB**
>
> 1. Für NN wird eine Beistandschaft nach Art. 308 Abs. 1 ZGB angeordnet, mit der Aufgabe, die Eltern in ihrer Sorge um das Kind mit Rat und Tat zu unterstützen.
> *(Variante massgeschneidert)* die Eltern bezüglich schulischer Belange in ihrer Sorge um das Kind mit Rat und Tat zu unterstützen.
> 2. XY wird zum Beistand ernannt, mit der Einladung,
>   a) sich innert nützlicher Frist *(evtl. konkret, z.B.: innert zwei Wochen nach unbenütztem Ablauf der Rechtsmittelfrist)* die zur Erfüllung der Aufgaben nötigen Kenntnisse zu verschaffen und mit den Betroffenen persönlich Kontakt aufzunehmen.
>   *(Variante bei Entzug der aufschiebenden Wirkung einer Beschwerde)*
>   a) sich umgehend die zur Erfüllung …
>   b) nötigenfalls Antrag auf Anpassung der behördlichen Massnahmen an veränderte Verhältnisse zu stellen,
>   c) erstmals ordentlicherweise per … *(Datum)* Bericht zu erstatten.

2.3.3. Beistandschaft mit besonderen Befugnissen

2.53 Einem Beistand können gemäss Art. 308 Abs. 2 ZGB *«besondere Befugnisse»* übertragen werden. Im Gegensatz zum offenen Auftrag nach Art. 308 Abs. 1 ZGB geht es um *punktuelle Vertretungstätigkeit und Interessenwahrnehmung* in bestimmten Kinderbelangen, die behördlich entsprechend einer vorliegenden Gefährdungslage festzulegen sind.

2.54 Der Auftrag an den Beistand ist von der Anordnungsinstanz – also KESB oder Gericht in Ehesachen – präzise festzulegen (Art. 314 Abs. 3 ZGB). Im

2.3. Beistandschaft (Art. 308 ZGB)

Umfang der überantworteten Aufgabenstellung ist der Beistand so weit es um entsprechende Handlungen geht – anders als nach Art. 308 Abs. 1 ZGB – *Vertreter des Kindes*. Allerdings bleiben die Inhaber elterlicher Sorge *parallel* ebenfalls zuständig für die Kindesvertretung, solange keine anderen Anordnungen nach Abs. 3 der Bestimmung getroffen werden. Eine gewisse *Kooperations- oder Duldungsbereitschaft* ist damit für das Gelingen der Massnahme unabdingbar, obschon die Massnahme grundsätzlich auch ohne oder gegen den Willen der Beteiligten angeordnet werden kann.

2.54a
Einem Beistand können je nach Sachlage mehrere zusammenhängende oder gesonderte Befugnisse oder auch nur eine einzelne Aufgabe zukommen. Die Beistandschaft nach Abs. 2 kann mit einer Beistandschaft nach Abs. 1 kombiniert werden; möglich ist aber auch eine *isolierte Anwendung von Art. 308 Abs. 2 ZGB*, was nicht zwangsläufig jede allgemeine Begleitungstätigkeit des Beistandes ausschliesst.

2.55

Beistandschaft mit Erziehungsberatung und besonderen Befugnissen nach Art. 308 Abs. 1 und 2 ZGB

1. Für NN wird eine Beistandschaft nach Art. 308 Abs. 1 und 2 ZGB angeordnet,

   mit der allgemeinen Aufgabe gemäss Art. 308 Abs. 1 ZGB,
   a) die Eltern *(Variante: und weitere Bezugspersonen)* in ihrer Sorge um das Kind mit Rat und Tat zu unterstützen,
   b) *(weitere Aufgabe gemäss Art. 308 Abs. 1 ZGB)*,

   und den besonderen Befugnissen gemäss Art. 308 Abs. 2 ZGB,
   c) *(Aufgabe gemäss Art. 308 Abs. 2 ZGB)*
   d) *(weitere Aufgabe gemäss Art. 308 Abs. 2 ZGB)*
   e) *(…)*

2. Zum Beistand/Zur Beiständin wird XY ernannt, mit der Einladung,
   a) sich innert nützlicher Frist *(evtl. konkret, z.B.: innert zwei Wochen nach unbenütztem Ablauf der Rechtsmittelfrist)* die zur Erfüllung der Aufgaben nötigen Kenntnisse zu verschaffen und mit den Betroffenen persönlich Kontakt aufzunehmen,
   (Variante, falls einer allfälligen Beschwerde die aufschiebende Wirkung entzogen wird) sich umgehend die zur Erfüllung der Aufgaben nötigen Kenntnisse zu verschaffen und mit den Betroffenen persönlich Kontakt aufzunehmen,
   b) nötigenfalls Antrag auf Anpassung der behördlichen Massnahmen an veränderte Verhältnisse zu stellen,
   c) erstmals ordentlicherweise per … (Datum) Bericht zu erstatten.

2. Kindesschutzmassnahmen

2.56 Als «besondere Befugnis» *kommt alles in Frage, was zur Abwendung einer Kindeswohlgefährdung an einen Beistand oder eine Beiständin delegierbar ist.* Nicht delegierbar ist etwa, was einen gesonderten Entscheid der KESB braucht, also bspw. strittige Einschränkungen des Besuchsrechts. In Art. 308 Abs. 2 ZGB werden einzelne Aufgabenstellungen beispielhaft aufgezählt: «... namentlich die Vertretung des Kindes bei der Feststellung der Vaterschaft, bei der Wahrung seines Unterhaltsanspruches und anderer Rechte und die Überwachung des persönlichen Verkehrs».

a) Feststellung der Vaterschaft

2.57 Der Passus über die Vertretung bei der Feststellung der Vaterschaft fand Eingang ins Gesetz mit der Aufhebung von aArt. 309 ZGB im Rahmen der Sorgerechtsrevision per 1. Juli 2014; im bundesrätlichen Entwurf (BBl 2011, S. 9108 f.) war die ersatzlose Streichung der sog. *Paternitätsbeistandschaft* vorgesehen; die parlamentarischen Beratungen führten dann zur nunmehrigen Ergänzung in Art. 308 Abs. 2 ZGB. Aus der Entstehungsgeschichte lässt sich lesen, dass die fehlende Vaterschaft grundsätzlich weiterhin als Gefährdung des Kindeswohls zu werten ist (siehe auch BGE 142 III 545). Von einer Beistandschaft ist indessen abzusehen, wenn eine Vaterschaftsregelung – etwa bei anonymer Samenspende oder aus andern klaren Gründen – unmöglich bleibt, wobei auch dann dafür zu sorgen ist, dass das Kind wenigstens zu den allenfalls möglichen (nicht identifizierenden; vgl. Art. 27 FMedG) Informationen kommt. Mit der Errichtung der Beistandschaft kann im Allgemeinen eine zeitlang zugewartet und bspw. die allenfalls notwendige Überzeugungsarbeit zur Nennung des Vaters auch ohne Beistandschaft anhandgenommen werden; ggf. im Auge zu behalten ist die für rückwirkende Unterhaltsleistungen geltende Frist von Art. 279 ZGB.

2.58 Bezüglich der Aufgabenstellung hat sich im Hauptauftrag *(Vertretung bezüglich Feststellung des Kindesverhältnisses)* weder im Wortlaut noch im Inhalt Wesentliches gegenüber der altrechtlichen Paternitätsbeistandschaft geändert. Weggefallen gegenüber der früheren Regelung ist aber die damals explizite Aufgabe der Beratung und Betreuung der Mutter, was nach neuer Rechtslage gestützt auf Art. 308 Abs. 1 ZGB erforderlichenfalls ausdrücklich anzuordnen wäre; immerhin können *akzeptierte Beratung* und auch etwa Überzeugungsarbeit im Hinblick auf die Ne*nnung des Vaters* und dergleichen als im Vertretungsauftrag nach Abs. 2 inbegriffen betrachtet werden.

2.59 Die Mutter ist grundsätzlich zur Mitwirkung verpflichtet und hat die ihr bekannten Angaben und Anhaltspunkte zum mutmasslichen Vater zu machen. Der Beistand hat aber auch unabhängig vom Willen und der Kooperation der Mutter alle Umstände umfassend abzuklären. Das Kind hat einen Anspruch auf Kenntnis der Abstammung einerseits und auf Erstellung der Rechtsbeziehung zum Vater anderseits. Der Beistand darf daher grundsätzlich nicht davon absehen, das *rechtliche Kindesverhältnis festzustellen*. Immerhin kann sich eine Vaterschaftsklage ausnahmsweise erübrigen, wenn etwa von einer Adoption des Kindes auszugehen und der mutmasslich Beklagte darüber orientiert und damit einverstanden ist. Einer Notstandshilfe gleichkommende Extremfälle sind ebenfalls denkbar, etwa wenn bei Bekanntwerden der Vaterschaft um Leib und Leben von Beteiligten zu fürchten wäre. Blosse Interessen der Mutter auf ein rechtlich vaterloses Kind können das Absehen von der Vaterschaftsfeststellung aber nicht rechtfertigen. Der Beistand ist allein den Kindesinteressen verpflichtet; das Kind hat grundsätzlich aus eigener persönlichkeitsrechtlicher Stellung die Berechtigung, den Vater zu kennen und die ihm gegenüber bestehenden Ansprüche wahrzunehmen, was auch aus der KRK gefolgert werden kann.

Umstritten, in der Praxis im Ausnahmefall (siehe auch etwa die restriktive Haltung in BGE 142 III 545) aber denkbar sind Lösungen, welche (über die soeben erwähnten Absehenssachverhalte hinaus) von einer Feststellung der rechtlichen Vaterschaft resp. von einer Beistandschaft mit dem entsprechenden Auftrag absehen, wenn und weil die Mutter eine Bekanntgabe des Vaters gegenüber der zuständigen Behörde konsequent und auch nach entsprechender *kinderorientierter Informationsarbeit* verweigert. Ins Auge gefasst werden kann das aber nur, wenn klar ist, dass ohne die Kooperation der Mutter die Vaterschaft nicht erstellbar und die Mutter vom gegenteiligen Kinderanspruch und -bedürfnis nicht zu überzeugen ist, und ausserdem zum einen das Recht auf Kenntnis der Abstammung, z.B. durch notarielle Hinterlegung oder dergleichen, sichergestellt ist, und zum andern die (insb. unterhalts-, erb- und sozialversicherungsrechtlichen) Ansprüche des Kindes anderweitig materiell gewährleistet sind.

2.60

In der Praxis ist die Kindesverhältnisbeistandschaft regelmässig mit weiteren Aufgaben zur Vertretung bei der Wahrung von Unterhaltsansprüchen oder allenfalls bei der Regelung anderer Kinderbelange zu kombinieren. Der Beistand soll die Kindesinteressen möglichst in einem Schritt umfassend wahren können.

2.61

2. Kindesschutzmassnahmen

2.62

> **Beistandschaft nach Art. 308 Abs. 2 ZGB mit Aufgabenstellung Vaterschaftsfeststellung**
>
> 1. Für NN wird eine Beistandschaft nach Art. 308 Abs. 2 ZGB angeordnet, mit den Aufgaben,
>   a) NN bei der Wahrung seiner Interessen gegenüber dem Vater zu vertreten, nötigenfalls die Klage auf Feststellung des Kindesverhältnisses und auf Unterhaltsleistungen einzuleiten, wofür entsprechende Vollmacht i.S.v. Art. 416 Abs.1 Ziff. 9 ZGB erteilt wird,
>   b) im Falle der prozessualen Feststellung der Vaterschaft NN im Prozess bei der Wahrung seiner Interessen in Bezug auf die elterliche Sorge und allfälliger Nebenpunkte, soweit nötig, zu vertreten und ggf. entsprechende Anträge zu stellen (etwa auf Abklärungen durch eine Fachstelle),
>   c) für den Fall, dass von der prozessualen Feststellung der Vaterschaft abgesehen werden soll, darüber rechtzeitig Bericht und Antrag einzureichen.
> 2. Zum Beistand/Zur Beiständin wird XY ernannt, mit der Einladung, bis spätestens ... *(Datum)* Bericht zu erstatten.

2.63 Die Beistandschaft ist *aufzuheben*, wenn das Kindesverhältnis hergestellt ist (und, sofern Teil der Aufgabenstellung, über die weiteren Kinderbelange entschieden ist). Die Massnahme ist ausserdem aufzuheben, wenn der Auftrag nicht mehr erfüllbar ist; dafür muss grundsätzlich feststehen, dass trotz sorgfältiger Abklärungen keine Anhaltspunkte mehr zu finden sind, welche eine Aufklärung über die Vaterschaft noch als möglich erscheinen lassen. Die Mutter ist diesfalls ausdrücklich auf die Nachteile rechtlicher Vaterlosigkeit aufmerksam zu machen: neben materiellen Gründen ist insb. auch auf die möglichen psychischen Folgen (Wurzelsuche) hinzuweisen. Zu empfehlen ist eine ausdrückliche entsprechende Verzichtserklärung durch die Mutter.

2.64

> **Erklärung der Mutter**
>
> *(Personalien Kind)*
>
> *(Personalien Mutter)*
>
> Mit meiner Unterschrift bestätige ich, dass mich *(Name Informant/in)* über folgende rechtliche Sachverhalte informiert hat:
>
> 1. Jedes Kind besitzt einen eigenen Anspruch auf ein verwandtschaftliches Verhältnis zu seinem leiblichen Vater. Dieser Anspruch hat den absoluten Vorrang vor den Interessen der beiden Eltern. Insbesondere beinhaltet Art. 272 ZGB, wonach die Eltern den Kindern «allen Beistand, alle Rück-

2.3. Beistandschaft (Art. 308 ZGB)

sicht und alle Achtung schuldig sind, die das Wohl der Gemeinschaft erfordert», die Pflicht der Mutter, ihrem Kind zur familienrechtlichen Beziehung zu seinem Vater zu verhelfen und dessen Namen bekanntzugeben. Diese rechtliche Pflicht lässt sich ausserdem aus weiteren Bestimmungen, insbesondere auch aus Bestimmungen der UN-Kinderrechtskonvention, herauslesen.

Gestützt auf diese rechtliche Situation muss alles Mögliche unternommen werden, um die Vaterschaft und den Unterhaltsanspruch des Kindes zu regeln.

2. Gelingt dies nicht, trägt die Mutter die alleinige Verantwortung dafür, dass dem Kind durch die Unterlassung der Feststellung der Vaterschaft rechtliche und persönliche Nachteile erwachsen, welche sich auch psychisch und gesellschaftlich nachteilig auswirken können.

3. Eine nicht geregelte Vaterschaft hat für das Kind insbesondere die folgenden, direkten Rechtsnachteile:
   - Kein Anspruch auf Unterhaltsleistungen und Kinderzulagen gegenüber dem Vater
   - Keine Sozial-, Pensionskassen- und Versicherungsleistungen (z.B. Halbwaisen- oder Kinderzusatzrente) gegenüber dem Vater
   - Keinerlei erbrechtliche Ansprüche gegenüber dem Vater und seiner gesamten Verwandtschaft
   - Kein Anspruch auf Alimentenbevorschussung

4. Die Anerkennung der Vaterschaft durch den Vater und die Vaterschaftsklage durch das Kind sind weiterhin möglich, letzteres jedoch nur bis zum Ablauf eines Jahres seit seiner Volljährigkeit.

   Nach oder zusammen mit einer Vaterschaftsklage oder nach einer späteren Anerkennung durch den Vater (welche unabhängig vom Willen der Mutter möglich ist) kann auch jederzeit eine Unterhaltsklage erhoben werden. Dabei kann ein Unterhaltsbeitrag jedoch nur bis maximal ein Jahr rückwirkend ab Datum der Klageerhebung verlangt werden.

5. Die Herstellung der Vaterschaft und das Erlangen einer Unterhaltsvereinbarung bedeutet im Normalfall nicht, dass die Kindesschutzbehörden und -organe gegen den Willen der Mutter die Alimente beim Schuldner eintreiben. Dies kann nur bei Kindesschutzmassnahmen, Alimentenbevorschussung oder bei finanzieller Fürsorgebedürftigkeit der Mutter und des Kindes der Fall werden.

6. Neben dem Anspruch auf Herstellung des rechtlichen Kindesverhältnisses hat das Kind ein Recht auf Kenntnis seiner Abstammung. Die Unmöglichkeit, seine Wurzeln zu suchen und zu erfahren, kann psychische Folgen haben. Ausserdem können genetische, gesundheitliche und andere Aspekte trotz allfälligem Bedarf unabklärbar bleiben.

> Im Wissen um die genannten Umstände kann ich trotzdem keine Informationen über den leiblichen Vater meines Kindes bekannt geben, und zwar aus folgenden Gründen:
>
> *(individuelle Situation darlegen)*
>
> Ich entlaste die KESB von jeder Verantwortung für Nachteile, die dem Kind aus der Unterlassung der rechtzeitigen Regelung der Unterhaltspflicht in Bezug auf diese, allfällige Ersatzansprüche, die Alimentenbevorschussung oder in anderer Hinsicht entstehen könnten.
>
> Ich nehme zur Kenntnis, dass die Vaterschaftsklage namens des Kindes bis zum Ablauf eines Jahres seit seiner Volljährigkeit erhoben werden kann und dass ich jederzeit auf diese Erklärung zurückkommen, und mich auch in Zukunft bezüglich Vaterschaft meines Kindes an die KESB meines aktuellen Wohnsitzes wenden und um die Errichtung einer Beistandschaft nachsuchen kann.
>
> Ich bestätige, ein Doppel dieser Erklärung erhalten zu haben.
>
> Ort, Datum   Unterschrift Mutter

2.65 Eine aufgehobene Massnahme kann jederzeit *erneut angeordnet* werden, wenn neue Anhaltspunkte zum Vorschein kommen.

b) Wahrung des Unterhaltsanspruchs

2.66 Hauptaufgabe des zur Vertretung bei der Wahrung des kindlichen Unterhaltsanspruchs ernannten Beistands ist die *Festlegung eines Unterhaltsbeitrags*, wobei aber im blossen Fehlen einer ausdrücklichen Unterhaltsregelung bei weitem nicht immer eine rechtsgenügende Gefährdungslage zu sehen ist. Der Beistand hat also eine *Unterhaltsvereinbarung auszuhandeln* und, wo das scheitert, einen entsprechenden *Gerichtsprozess* anzustrengen. Je nach Sachlage kann es auch um die Abänderung oder Durchsetzung einer Unterhaltsangelegenheit gehen (zum Unterhaltsrecht: vgl. Kap. 14.). Daneben kann in der Aufgabenstellung auch das Stellen eines Strafantrags nach Art. 217 StGB (Vernachlässigung von Unterhaltspflichten) enthalten sein.

2.3. Beistandschaft (Art. 308 ZGB)

> **Beistandschaft nach Art. 308 Abs. 2 ZGB mit Aufgabenstellung Unterhalt**
>
> 1. Für NN wird eine Beistandschaft nach Art. 308 Abs. 2 ZGB angeordnet, mit der Aufgabe, das Kind bei der Wahrung seines Unterhaltsanspruches gegenüber dem Vater (oder: der Mutter) zu vertreten, nötigenfalls die Klage auf Unterhaltsleistungen einzuleiten, wofür entsprechende Vollmacht i.S.v. Art. 416 Abs.1 Ziff. 9 ZGB erteilt wird.
> 2. Zum Beistand/Zur Beiständin wird XY ernannt, mit der Einladung, bis spätestens *(Datum)* Bericht zu erstatten.

2.67

c) Überwachung des persönlichen Verkehrs

Eines der *Hauptanwendungsfelder* von Art. 308 Abs. 2 ZGB besteht in der Wahrnehmung von Aufgaben im Zusammenhang mit dem persönlichen Verkehr zwischen Eltern und Kind, oft als *Besuchsrechtsbeistandschaft* bezeichnet.

2.68

Die Aufgabenstellungen in diesem Zusammenhang können sehr unterschiedlich lauten, weil die Problematiken bei der Wahrnehmung von persönlichem Verkehr *sehr divergent und fallindividuell* sind. Im Allgemeinen geht es aber oftmals um *Vermittlungstätigkeit;* Beistände sollen Spannungen auffangen und Relaisfunktionen übernehmen. Zum Auftrag kann auch die konkrete *Mithilfe bei der Durchführung* oder das *Organisieren entsprechender Hilfestellungen* gehören, bei jüngeren Kindern etwa das Übernehmen der Kinderübergabe. Falls ein Besuchsrecht nur unter Aufsicht möglich ist und das entsprechend angeordnet ist, obliegt dem Beistand oder der Beiständin die entsprechende *Begleitung* resp. die entsprechende Organisation einer Begleitung. Soweit mit Kosten verbundene Massnahmen notwendig sind, liegt es üblicherweise am Beistand, für eine *Finanzierungsregelung* besorgt zu sein.

2.69

Wo kein persönlicher Verkehr festgelegt ist, kann eine Beistandschaft dennoch sinnvoll sein (a.M.: BGE 126 III 219). Es kann dann etwa um *Kontaktanbahnung* oder je nachdem Kontaktwiederaufbau gehen. Vorerst können Formen von *Informationsaustausch* sinnvoll sein. Dafür kann eine Beistandschaft ebenfalls unterstützend wirken.

2.70

Mit dem Auftrag an den Beistand darf *keine das Besuchsrecht mehr als der Behördenentscheid einschränkende Funktion* einhergehen; entsprechende Anordnungen bedürften behördlicher Eröffnung. Auch eine obrigkeitliche Festlegung des Umfangs des persönlichen Verkehrs kann daher nicht an den Beistand delegiert werden. Eine gewisse Flexibilität liegt allerdings

2.71

im Interesse der Sache; nicht jede Modifikation ist denn auch schon eine Umfangsabänderung. Ausserdem kann der Beistand oder die Beiständin *im einverständlichen Rahmen* mit den Beteiligten Besuchspläne ausarbeiten etc. Sofern im zugrunde liegenden Behörden- oder Gerichtsentscheid so festgelegt, kann der Beistand über die *Modalitäten des Besuchsrechts* verbindlich entscheiden, also bspw. über den Übergabeort oder die genauen Übergabezeiten bestimmen, Nachholbedingungen festlegen etc. Auch können mit einer Beistandschaft im Einzelfall bestimmte *Abklärungen* und entsprechende Entscheidungsbefugnisse verbunden sein, wenn Besuche von Bedingungen abhängig gemacht wurden, etwa vom Gesundheitszustand bei schubweise auftretenden Krankheiten oder ähnlichem. Zum persönlichen Verkehr: vgl. auch Kap. 15.

2.72

Beistandschaft nach Art. 308 Abs. 2 ZGB mit Aufgabenstellung persönlicher Verkehr

1. Für NN wird eine Beistandschaft nach Art. 308 Abs. 2 ZGB angeordnet, mit der Aufgabe,

   (Beispiele)

   - den persönlichen Kontakt zwischen NN und seinen Eltern/seinem Vater/seiner Mutter zu fördern,
   - den Eltern und NN mit Bezug auf das Besuchsrecht beratend beizustehen,
   - die Eltern in ihren gemeinsamen Bemühungen so zu unterstützen, dass sie später eine selbstständige Besuchsrechtsregelung treffen können,
   - mit den Eltern/dem Vater/der Mutter eine einvernehmliche Besuchsregelung auszuarbeiten oder, falls das scheitert, der KESB entsprechend Antrag zu stellen,
   - mit den Beteiligten soweit möglich eine einvernehmliche Kontaktregelung zu treffen,
   - die Besuche persönlich zu begleiten oder für die Begleitung durch eine Drittperson besorgt zu sein,
   - nötigenfalls die Modalitäten, welche erforderlich sind für eine kindergerechte Durchführung des Besuchsrechts (wie z.B. Festlegung von Übergabeort/-zeit, von Ferienwochen etc.) für die Eltern verbindlich festzulegen,
   - das Nachholen von Besuchstagen für die Eltern verbindlich festzulegen,
   - das Besuchsrecht in geeigneter Form zu überwachen, insbesondere sicherzustellen, dass es im Beisein einer Drittperson ausgeübt wird,
   - NN auf die Wiederaufnahme der zunächst begleiteten Besuchskontakte angemessen vorzubereiten

Eine Besuchsrechtsbeistandschaft ist *kein Vollstreckungsorgan*. In der Sache soll und wird ein Beistand durch seine Tätigkeit aber einem Vollzug dienlich sein, regelmässig wohl sogar zweckmässiger als die reine Vollstreckung, zumal eine solche manchmal nicht denkbar und zuweilen dem Sinn der Sache sogar abträglich wäre.

d) Weitere Aufgabenstellungen

Die Aufzählung möglicher Aufgaben in Art. 308 Abs. 2 ZGB ist *ausdrücklich nicht abschliessend*. Wo das Kindeswohl gefährdet ist und eine Beistandschaft das plausible Gegenmittel darstellt, soll Abhilfe geschaffen werden können. Bedeutsam ist die Massnahme etwa zur *Vollziehung oder Ersatzvornahme von nicht befolgten Weisungen* nach Art. 307 Abs. 3 ZGB (dazu Kap. 2.2.2.). Nicht selten kommt eine auf Art. 308 Abs. 2 ZGB gestützte Massnahme zum Zug als *Flankierung zu einer Fremdplatzierung* des Kindes (Art. 310 ZGB). Zu vertreten sein kann ein Kind auch bei Prozesshandlungen oder bei Vertragsabschlüssen (z.B. in Ausbildungsfragen). Unter Umständen sind elterliche Zustimmungen oder Mitwirkungshandlungen zu ersetzen (z.B. in medizinischen Belangen). Usw.

> **Beispiele für weitere Aufgaben des Beistands nach Art. 308 Abs. 2 ZGB**
>
> - NN in schulischen Belangen sowie der bevorstehenden beruflichen Ausbildung beratend zur Seite zu stehen und allfällige Lehr- oder Ausbildungsverträge abzuschliessen,
> - den derzeitigen Aufenthalt von NN zu begleiten, zu überwachen und der KESB Antrag zu stellen, sobald eine Veränderung der Lebenssituation von NN angezeigt erscheint,
> - NN im Zusammenhang mit gesundheitlichen Fragen gegenüber Ärzten, Krankenkasse, Spitälern etc. zu vertreten.

2.3.4. Beschränkung der elterlichen Sorge

Eine auf Art. 308 Abs. 2 ZGB gestützte Beistandschaft räumt dem Beistand im aufgetragenen Aufgabenfeld wie erwähnt Vertretungskompetenzen ein, allerdings nur parallel zur bestehen bleibenden elterlichen Vertretungsmacht. Besteht dadurch die ernsthafte Gefahr von sich zum Nachteil des Kindes widersprechenden Doppelhandlungen oder Paralysierungen, indem Eltern etwa in kindeswohlgefährdender Weise die Handlungen des Beistands zu untergraben oder zu durchkreuzen drohen, räumt Art. 308 Abs. 3 ZGB diesfalls die Möglichkeit *punktueller Beschränkung* der elter-

2. Kindesschutzmassnahmen

lichen Sorge ein. Den Inhabern elterlicher Sorge kann so falladäquat die grundsätzliche Stellung als gesetzliche Vertretung belassen, bezogen auf eine Sonderfrage aber die *Entscheidungszuständigkeit entzogen* werden. Die Beschränkung elterlicher Sorge muss gemäss Gesetzeswortlaut *«entsprechend»* sein, also mit einem Auftrag des Beistandes korrespondieren. Dem Beistand kommt dann im entsprechenden Segment *Alleinvertretungsmacht* zu.

2.77 Eine Kombination mit der allgemeinen Erziehungsbeistandschaft nach Art. 308 Abs. 1 ZGB ist ausgeschlossen, weil damit gar keine Vertreterstellung des Beistandes verbunden ist und weil der Auftrag in der Regel zu generell und unpräzise für einen Eingriff nach Abs. 3 ist. Die Beschränkung kann sich auf die *gesamte nach Abs. 2 einer Beistandschaft zugedachte Aufgabestellung* beziehen oder *nur einzelne (Teil-)Aufgaben* betreffen. Die Aufgabenstellung nach Art. 308 Abs. 2 ZGB und die Beschränkung nach Art. 308 Abs. 3 ZGB müssen im Umfang mithin nicht kongruent sein. Die Einschränkung kann weniger weit gehen als die Aufgabenstellung, nicht aber umgekehrt; vorbehalten werden kann der Fall, dass die elterliche Sorge *nur eines Elternteils* beschränkt wird und der Beistandschaft dennoch keine entsprechende Aufgabe zukommen muss, weil die fragliche Angelegenheit im Sinne des Komplementärprinzips durch den andern Inhaber elterlicher Sorge aufgefangen wird.

2.78
> **Beistandschaft mit Beschränkung der elterlichen Sorge nach Art. 308 Abs. 3 ZGB**
>
> [Ziffern 1 und 2 gemäss Muster in Rz. 2.55]
>
> 3. Gestützt auf Art. 308 Abs. 3 ZGB wird die elterliche Sorge von *(Inhaber der elterlichen Sorge)* hinsichtlich der unter Ziff. 1 lit. *(Buchstabe)* aufgeführten Befugnisse des Beistandes beschränkt.
> *(Variante: genaue Umschreibung eines Teilbereichs einer beiständlichen Aufgabe)*

2.79 Ist eine Beschränkung der elterlichen Sorge in einer *Sondervorschrift* geregelt, findet Art. 308 Abs. 3 ZGB keine Anwendung; so etwa für die Aufhebung des Aufenthaltsbestimmungsrechts (Art. 310 ZGB) sowie für den Entzug der Verwaltung des Kindesvermögens (Art. 325 ZGB). Von Gesetzes wegen ergibt sich eine Beschränkung bei Interessenkollisionen (Art. 306 Abs. 3 ZGB).

2.3.5. Massschneiderung

Mit Einführung des revidierten Erwachsenenschutzrechts im Jahre 2013 fand der Begriff der Massschneiderung Eingang ins System. Obschon das Gesetz den Ausdruck nirgends verwendet, ist er in aller Munde. Gemeint ist die *bedarfsgerechte und falladäquate Ausgestaltung* von zu ergreifenden Massnahmen. Das hat viel mit dem Grundsatz der Verhältnismässigkeit zu tun. Das neue Massnahmesystem im Erwachsenenschutz bietet gegenüber dem vorrevidierten Recht viel bessere Möglichkeiten, die nötigen behördlichen Vorkehrungen individuell masszuschneidern. Dem System im Erwachsenenschutz stand das Kindesschutzsystem Pate, das seit eh und je und vor allem aber seit der Revision 1976/1978 mit der Einführung der Beistandschaft nach Art. 308 ZGB ein *fein abstufbares System* zur Verfügung hält.

2.80

Am System des Kindesschutzes ist denn auch mit der genannten Erwachsenenschutzrevision in materieller Hinsicht wenig geändert worden. Immerhin wurde in *Art. 314 Abs. 3 ZGB* der Hinweis aufgenommen, dass bei Errichtung einer Beistandschaft die Aufgaben des Beistandes sowie allfällige Beschränkungen der elterlichen Sorge im Entscheiddispositiv festzuhalten sind. Damit ist ausdrücklich darauf hingewiesen, dass die Massnahme im Hinblick auf die Aufgabenbereiche vom Gericht oder von der KESB zu spezifizieren ist, was sich allerdings auch ohne diese Bestimmung bereits aus Art. 308 ZGB selber ergibt, wobei wie erwähnt (siehe Rz. 2.48) im Rahmen einer Erziehungsbeistandschaft nach Art. 308 Abs. 1 ZGB eine pauschale Auftragserteilung ausreichend sein kann.

2.81

Masszuschneidern ist aber nicht nur mit Bezug auf den Auftragsumfang, sondern auch hinsichtlich der Eingriffsstufe. Dabei ist zum einen an die sich aus Art. 307 ff. ZGB ergebende, sich im Eingriff und der Auswirkung steigernde Stufenfolge der einzelnen Kindesschutzmassnahmen zu denken; zum andern ist gerade Art. 308 ZGB in sich mit *Massnahmemöglichkeiten innerhalb der Massnahme* ausgestaltet. Die Beistandschaft nach Art. 308 ZGB gibt es als rein unterstützende Erziehungsbeistandschaft (Abs. 1), als je nachdem sehr punktuelle oder ggf. breit gefächerte Vertretungsbeistandschaft (Abs. 2), nötigenfalls mit aufgabenbezogener Beschränkung der elterlichen Sorge und mithin diesbezüglicher beiständlicher Alleinzuständigkeit (Abs. 3).

2.82

2.83

> **Beachte**
>
> Kindesschutz im Allgemeinen und die Beistandschaft nach Art. 308 ZGB im Speziellen ist massgeschneidert auszugestalten:
> - Massschneiderung bedeutet Individualisierung und Falladäquanz im Sinne des Verhältnismässigkeitsprinzips.
> - Innerhalb der gesetzlichen Stufenfolge ist die passende Eingriffsintensität zu wählen; dabei sind auch Kombinationen von Massnahmen möglich. Die Eingriffsintensität ist auch innerhalb der Beistandschaft nach Art. 308 ZGB abstufbar.
> - Die Beistandschaft ist bedarfsgemäss mit Aufgaben zu bestücken (und diese ausdrücklich zu benennen: Art. 314 Abs. 3 ZGB); dabei kann die Beistandschaft im Sinne des Komplementaritätsprinzips sehr punktuell oder breit gefächert ausfallen.
> - Nötigenfalls kann die grundsätzlich intakt bleibende elterliche Sorge punktuell eingeschränkt werden (Art. 308 Abs. 3 ZGB).

2.4. Aufhebung des Aufenthaltsbestimmungsrechts (Art. 310/314b ZGB)

Literatur

Gesetzliche Grundlagen: Art. 310/314b ZGB.

Allgemeine Literatur: BSK ZGB I-BREITSCHMID, Art. 310/314b; CHK ZGB-BIDERBOST, Art. 310/314b; HEGNAUER, Rz. 27.46–27.49; MEIER/STETTLER, Rz. 1304–1315; FamKomm ESR-COTTIER, Art. 314b; Handbuch KES-ROSCH/HAURI, Rz. 1073 ff.; TUOR/SCHNYDER/JUNGO, § 44 N 25 ff.; HÄFELI, Rz. 40.32 ff.; HAUSHEER/GEISER/AEBI-MÜLLER, Rz. 17.159 ff.

Spezifische Literatur: BIRCHLER URSULA, Die fürsorgerische Unterbringung Minderjähriger, in: ZKE 2013, 141 ff.; ROSCH DANIEL, Verbleib oder Rückkehr des Pflegekindes? – Rechtliche und sozialarbeiterische Würdigung von Rückplatzierungsbegehren, in: FamPra 2014, 26 ff.

2.84

Sind ambulante, das zu schützende Kind in der Familie belassende Vorkehrungen nicht ausreichend, muss das Kind *ausserhalb der eigenen Familie untergebracht* werden. An die Voraussetzungen sind entsprechend der *Steigerung des Eingriffs* hohe Anforderungen zu stellen: Die Tragweite des Entscheids birgt auch Risiken in sich; es darf daher der Gefährdung des Kindeswohls nicht mit weniger einschneidenden Mitteln, allenfalls Kombinationen von weniger eingreifenden Massnahmen, beizukommen sein. Für das Empfinden der Betroffenen ist regelmässig gerade in der Fremdplatzierung des Kindes die grosse Zäsur in der Stufenfolge der Kindesschutzmassnahmen zu sehen; das gilt nicht nur für die Eltern, welche das Kind nicht mehr in ihrer Hausgemeinschaft aufziehen können, sondern

2.4. Aufhebung Aufenthaltsbestimmungsrecht (Art. 310/314b ZGB)

auch für das betroffene Kind, für welches die Platzierung einschneidende Veränderungen mit sich bringt.

Das Aufenthaltsbestimmungsrecht ist *gesetzlicher Bestandteil der elterlichen Sorge* (Art. 301a Abs. 1 ZGB; vgl. auch Art. 301 Abs. 3 ZGB). Bei gemeinsamer elterlicher Sorge steht es beiden Elternteilen zu. Ggf. kann es gestützt auf Art. 310 ZGB *beiden oder ausnahmsweise auch nur einem Elternteil entzogen* werden. Bei gemeinsamem Haushalt ist der Entzug regelmässig gegenüber beiden Elternteilen angezeigt; soweit bei gemeinsamer elterlicher Sorge und getrenntem Haushalt eine Obhutsregelung unter den Eltern ausreichend ist, kann das Aufenthaltsbestimmungsrecht belassen werden. Wo es der Aussprechung nur gegenüber einem Elternteil bedarf, verbleibt die Aufenthaltsbestimmung grundsätzlich beim andern.

2.85

Für Praxisbeispiele zur eher seltenen Ausnahme, nur einem Elternteil das Aufenthaltsbestimmungsrecht zu entziehen und es dem andern zu belassen, kann an Fälle gedacht werden, bei welchen die gemeinsame elterliche Sorge grundsätzlich klappt oder jedenfalls kein genügender Grund zur Verweigerung der nunmehr als Regelfall konzipierten gemeinsamen elterlichen Sorge vorliegt, aber im Einzelbereich Aufenthaltsbestimmung nicht – bzw. nur durch Einzelzuweisung resp. -entzug – überwindbare Differenzen bestehen und nur ein Elternteil eine kindeswohltaugliche Aufenthaltsbestimmung im Auge hat, sei es, dass bspw. die Mutter zusammen mit dem Kind in eine Mutter/Kind-Institution eintreten will und auch bereits eine geeignete Anschlusslösung im Auge hat, der Vater aber das Kind ohne Wenn und Aber bei sich aufwachsen lassen will, obwohl alles andere als geeignete Verhältnisse vorliegen, oder sei es, dass etwa ein Elternteil eines Jugendlichen dessen notwendigen Aufenthalt in einer psychiatrischen Klinik und die entsprechende Anschlusslösung stützt oder sogar selber initiiert, während der andere die entsprechende kindeswohlerforderte Lösung torpediert.

2.86

Die Massnahme ist grundsätzlich *zweiteilig*. Zum einen wird den Sorgerechtsinhabern das Aufenthaltsbestimmungsrecht entzogen; zum andern ist das Kind angemessen unterzubringen (Art. 310 Abs. 1 ZGB). Die beiden Entscheidungen bilden im Anordnungszeitpunkt eine notwendige Einheit, weshalb die Eignung des Unterbringungsortes auch als Tatbestandselement bezeichnet wird. Wird das Kind allerdings lediglich umplatziert, bleibt der Entzug des Aufenthaltsbestimmungsrechts ohne erneute Anordnung aufrechterhalten (womit aber auch die entsprechenden Voraussetzungen weiterhin vorliegen müssen).

2.87

2. Kindesschutzmassnahmen

2.88

Aufhebung des Aufenthaltsbestimmungsrechts und Unterbringung nach Art. 310 Abs. 1 ZGB (ggf. i.V.m. Art. 314b ZGB)

1. Gestützt auf Art. 310 Abs. 1 ZGB *(bei Unterbringung in eine geschlossene Einrichtung oder psychiatrische Klinik: in Verbindung mit Art. 314b ZGB)* wird NN unter Aufhebung des Aufenthaltsbestimmungsrechts *der Eltern/ der Mutter/des Vaters* in/bei *(Unterbringungsort [Pflegefamilie/Institution])* untergebracht, von wo er/sie ohne Zustimmung der KESB weder weggehen noch weggenommen werden noch selbst austreten darf.

2. Der Beistand/Die Beiständin *(und evtl. andere Bezugspersonen und/oder die Institution)* wird/werden eingeladen, der KESB Antrag zu stellen, falls eine Rückkehr von NN in den elterlichen Haushalt verantwortet werden kann oder eine Umplatzierung anzuordnen ist.

2.89

Umplatzierung nach Aufhebung des Aufenthaltsbestimmungsrechts gemäss Art. 310 Abs. 1 ZGB

1. In der Kindesschutzmassnahme nach Art. 310 ZGB für NN wird dessen Aufenthaltswechsel nach/in ... *(neuer Unterbringungsort)* angeordnet, von wo er/sie ohne vorgängige Zustimmung der KESB weder weggehen noch weggenommen werden noch selbst austreten darf.

2. *(zusätzlich bei Wechsel aus einer geschlossenen/psychiatrischen Einrichtung in eine Pflegefamilie oder offene Institution):* Mit dem Aufenthaltswechsel nach *(neuer Unterbringungsort)* fällt die fürsorgerische Unterbringung i.S.v. Art. 314b ZGB weg.

2.90 Muss den Eltern die Aufenthaltsbestimmung entzogen werden, können sie zum einen rechtlich *nicht mehr* über die Unterkunft *und den Verbleib ihres Kindes bestimmen;* zum andern werden sie durch die Trennung von ihrem Kind *von der Alltagsbetreuung ausgeschlossen* (vorbehältlich der verbleibenden, allenfalls zu regelnden Kontaktrechte).

2.91 Gestützt auf Art. 310 ZGB wird den Eltern die *elterliche Sorge zwar um das Aufenthaltsbestimmungsrecht reduziert, jedoch sonst belassen.* Es wird in diesem Zusammenhang auch von «elterlicher Restsorge» gesprochen (BGE 136 III 353). Den Eltern bleiben also grundsätzlich alle vom Aufenthaltsbestimmungsrecht unabhängigen elterlichen Entscheidungs- und Verantwortungsbefugnisse erhalten, soweit nicht durch weitergehende Massnahmekombinationen (z.B. Art. 308 Abs. 3, 325 ZGB) auch andere Teile betroffen sind. Namentlich bleibt etwa die Befugnis zur Entscheidung in Ausbildungs-, Religions- oder Gesundheitsfragen etc. sowie auch die Verwaltungskompetenz des Kindesvermögens intakt. Personen mit Pflegeelternstellung kommen gleichzeitig diesbezügliche Stellvertretungsbe-

2.4. Aufhebung Aufenthaltsbestimmungsrecht (Art. 310/314b ZGB)

fugnisse zu (Art. 300 ZGB). Wie bereits angesprochen haben die Eltern auch weiterhin Kontakt- und Informationsansprüche. Unberührt bleibt auch die Unterhaltspflicht, welche allerdings fortan vermehrt durch Geldzahlung zu erfüllen ist (zu Finanzierungsaspekten siehe Kap. 6.3. und Rz. 17.36 ff.).

Die *Befugnis, über den Aufenthalt des Kindes zu bestimmen, geht auf die KESB* über. Nicht etwa auf die Pflegeltern oder die Trägerschaft sonstiger Platzierung (BGE 128 III 9). Infolgedessen bestimmt die KESB über weitere Platzierungen oder Anschlusslösungen. Bezüglich Ferienaufenthalte oder andere vorübergehende Verbringungen, auch kurze Timeouts und dergleichen, können – soweit das im Unterbringungskonzept bereits enthalten ist – hingegen Pflegeeltern und Platzierungsträgerschaften unter Berücksichtigung der verbleibenden Elternrechte entscheiden. Zu beachten sind überdies die Rechte eines Elternteils, wenn ausnahmsweise nur dem andern Elternteil die Aufenthaltsbestimmungsbefugnis entzogen wird.

2.92

Wie bereits erwähnt besteht die Kindesschutzmassnahme nicht allein im Entzug des Aufenthaltsbestimmungsrechts, sondern braucht es zur Lösung ebenso die ausserfamiliale *Platzierung des Kindes*. Die Unterbringung muss gemäss Gesetzeswortlaut *«in angemessener Weise»* geschehen. Darüber ist von der entscheidenden Behörde zusammen mit dem Entscheid über die Aufhebung des elterlichen Aufenthaltsbestimmungsrechts zu befinden. Zu achten ist namentlich auf den bisherigen Wohn- und Schulort, die Notwendigkeit von Kontinuität oder im Gegenteil Abstand davon, kulturelle und weltanschauliche Gegebenheiten, besondere pädagogische und andere Anforderungserfordernisse etc. Für eine Unterbringung stehen mannigfaltige Möglichkeiten zur Verfügung: verwandte, bekannte oder fremde, allenfalls professionalisierte Pflegefamilien, betreute Wohngemeinschaften oder auch unterschiedliche Heimformen; denkbar ist bei Jugendlichen nahe dem Volljährigkeitsalter ggf. auch die Erlaubnis zum selbständigen Wohnen.

2.93

Wird die Unterbringung in einer Institution vollzogen, gelangen die Bestimmungen über die *fürsorgerische Unterbringung (Art. 426 ff. ZGB) sinngemäss zur Anwendung*, wenn es sich um eine geschlossene Einrichtung oder eine psychiatrische Klinik handelt (Art. 314b ZGB). Letzteres ist dem Wortlaut entsprechend ein psychiatrisch ausgerichtetes Krankenhaus. Der Begriff der geschlossenen Einrichtung wird nicht einheitlich definiert. Ausschlaggebend ist das Konzept der Einrichtung. Ggf. reicht es für die Anwendbarkeit von Art. 314b ZGB aus, dass die Institution eine geschlossene Abteilung führt, in welche das Kind ohne erneuten behördlichen Entscheid nach Institutionskonzept aufgenommen werden kann, auch wenn die Platzierung nicht direkt ins geschlossene Setting erfolgt. Die materiellen Vor-

2.94

63

2. Kindesschutzmassnahmen

aussetzungen der Unterbringung richten sich auch bei dieser Konstellation grundsätzlich nach Art. 310 ZGB; Art. 426 ZGB kann nur sehr ausnahmsweise, insb. bei ärztlicher Einweisung, materielle Grundlage bilden. Siehe zum Ganzen auch Kap. 8.3.

2.95 Art. 310 Abs. 2 ZGB weist ausdrücklich darauf hin, dass die Entziehung des Aufenthaltsbestimmungsrechts und die damit verbundene Platzierung auch *auf Begehren der Eltern oder des Kindes* angeordnet werden kann, wenn das Verhältnis so gestört ist, dass das Verbleiben des Kindes im gemeinsamen Haushalt unzumutbar wäre. Hauptanwendungsfall ist die Zuflucht von Jugendlichen in Schlupfhäuser oder ähnliche Institutionen.

2.96 Haben die Eltern ihr Kind ohne behördlichen Kindesschutzeingriff bei Dritten untergebracht, können sie es grundsätzlich jederzeit wieder zu sich in den Haushalt zurücknehmen oder weiterplatzieren. Eine länger dauernde Unterbringung kann allerdings dazu führen, dass das Kind am Drittplatz verwurzelt ist und eine Herausnahme als Beziehungsabbruch seinem Wohl schaden würde. Bei ernstlicher Gefährdung kann daher die KESB gestützt auf Art. 310 Abs. 3 ZGB die *Rücknahme untersagen*, was evtl. auch nur vorübergehend notwendig ist, wenn bloss die Abruptheit einer Rücknahme das Kindeswohl verletzen würde; regelmässig sind diesfalls wohl flankierende (oder ggf. auch eine Rücknahme vorbereitende) Massnahmen angezeigt. Für diese *Sonderform der Entziehung des Aufenthaltsbestimmungsrechts* ist allem voran das konkrete Interesse des Kindes auf kontinuierliche, stabile Beziehungen gegen den Anspruch der Beteiligten auf persönliche Betreuung des Kindes durch seine Eltern abzuwägen. Zur ausserfamiliären Platzierung allgemein vgl. Kap. 17.

2.97
> **Aufhebung des Aufenthaltsbestimmungsrechts und Rücknahmeverbot nach Art. 310 Abs. 3 ZGB**
>
> 1. Den *Eltern/der Mutter/dem Vater* wird gestützt auf Art. 310 Abs. 3 ZGB unter Entziehung des Aufenthaltsbestimmungsrechts untersagt, NN vom Pflegeplatz bei *(Name Pflegeeltern)* wegzunehmen.
> 2. Der Beistand/Die Beiständin *(evtl. andere Bezugspersonen)* wird eingeladen, der KESB Antrag zu stellen, falls eine Rückkehr von NN in den elterlichen Haushalt verantwortet werden kann oder eine Umplatzierung anzuordnen ist.

2.5. Entziehung der elterlichen Sorge (Art. 311/312 ZGB)

Literatur

Gesetzliche Grundlagen: Art. 311/312 ZGB.

Allgemeine Literatur: BSK ZGB I-Breitschmid Art. 311/312; CHK ZGB-Biderbost, Art. 311/312; CR CC I-Meier, Art. 311/312; Hegnauer, Rz. 27.46–27.49; Meier/Stettler, Rz. 1304–1315; Handbuch KES-Rosch/Hauri, Rz. 1104 ff.

Spezifische Literatur: Hegnauer Cyril, Die Entziehung der elterlichen Gewalt gegenüber später geborenen Kindern (Art. 311 Abs. 3 ZGB), in: ZVW 1978, 137 ff.; Hegnauer Cyril, Entziehung der elterlichen Gewalt gegenüber später geborenen ausserehelichen Kindern einer geschiedenen Mutter – Art. 311 Abs. 3 ZGB, in: ZVW 1992, 21 ff.

2.98 In der Stufenfolge aller Kindesschutzmassnahmen stellt die Entziehung der elterlichen Sorge den schwersten Eingriff in die Elternrechte dar. Massnahmen nach Art. 311/312 ZGB greifen tief in Rechtspositionen ein, welche durch die EMRK in Art. 8 (Recht auf Familienleben) sowie durch die BV in Art. 13. Abs. 1 (Anspruch auf Achtung des Familienlebens) fundamental geschützt sind. Die KESB hat grundsätzlich einen *sehr strengen Massstab* anzusetzen (BGer 5C.207/2004 E. 3.2.1: ultima ratio). So lange sich einer Gefährdung unter Wahrung der Verhältnismässigkeit mit weniger weit gehenden Eingriffen wirksam entgegentreten lässt, dürfen Eltern nicht gänzlich von der elterlichen Sorge ausgeschlossen werden.

2.99 Wichtig ist die *sorgfältige Prüfung von Alternativen*, namentlich von rechtlich und methodisch sinnvollen Kombinationen in Frage kommender milderer Massnahmen. So können bei schwerwiegenderen Kindeswohlgefährdungen bspw. die Aufhebung des Aufenthaltsbestimmungsrechts und die Unterbringung des Kindes (Art. 310 ZGB) mit der Errichtung einer Beistandschaft kombiniert werden, in welcher der Beiständin oder dem Beistand bei paralleler Beschränkung der elterlichen Sorge (Art. 308 Abs. 3 ZGB) gestützt auf Art. 308 Abs. 2 ZGB konkretisierte Aufgaben und Kompetenzen zugewiesen werden, die sehr weitreichend sein können. Bei der Prüfung von Alternativen ist aber immer auch darauf zu achten, dass die Kombination von Kindesschutzmassnahmen im Ergebnis keine *faktische* Entziehung der elterlichen Sorge darstellt. Es ist unzulässig, die elterliche Sorge durch eine extensive Kombination der Massnahmen nach Art. 307 – 310 ZGB «auszuhöhlen» (BGer 5C.207/2004 E. 3.1.2). Oder anders ausgedrückt: Die behördliche Intervention darf nicht zur Folge haben, dass die elterliche Sorge am Ende nur noch auf dem Papier besteht.

2.100 Die *Entziehung der elterlichen Sorge von Amtes wegen* kommt grundsätzlich nur in Frage, wenn andere Kindesschutzmassnahmen erfolglos geblie-

2. Kindesschutzmassnahmen

ben sind oder von vornherein als ungenügend erscheinen; so wird es in Art. 311 Abs. 1 ZGB ausdrücklich verlangt. *Gleichzeitig* muss entweder

- der Nachweis erbracht sein, dass die Eltern «wegen Unerfahrenheit, Krankheit, Gebrechen, Abwesenheit, Gewalttätigkeit oder ähnlichen Gründen ausserstande sind, die elterliche Sorge pflichtgemäss auszuüben» (Art. 311 Abs. 1 Ziff. 1 ZGB)
- oder eine Konstellation vorliegt, bei der sich die Eltern nicht ernstlich um das Kind gekümmert oder ihre Pflichten diesem gegenüber gröblich verletzt haben (Art. 311 Abs. 1 Ziff. 2 ZGB).

2.101   Das elterliche Unvermögen, welches sich in beiden Fallkategorien manifestiert, braucht nicht *schuldhaft* zu sein. Entscheidend ist, dass die Eltern *objektiv* nicht (mehr) in der Lage sind, die Gesamtverantwortung pflichtgemäss wahrzunehmen, welche ihnen im Rahmen von Art. 301–306 ZGB übertragen ist. Ihr «Ausserstandesein» muss dabei *umfassend* sein, denn bloss punktuelle Ausfälle lassen sich i.d.R. mit einer Beistandschaft nach Art. 308 ZGB regeln. Die Defizite müssen sodann *dauerhaft* sein (BGE 119 II 9), denn temporäre Defizite können regelmässig über eine Beistandschaft nach Art. 306 Abs. 2 ZGB aufgefangen werden.

2.102   Die Wortwahl in Art. 311 Abs. 1 Ziff. 2 (es muss sich um eine *«gröbliche»* Verletzung der elterlichen Pflicht bzw. um ein «ernstliches» Sich-Nicht-Kümmern handeln) unterstreicht, dass die Hürde für eine Entziehung der elterlichen Sorge hoch liegt. Die Pflichtversäumnisse der Eltern müssen als gravierend eingestuft werden können. Zudem gilt für beide Fallkategorien, dass das elterliche Verhalten nie für sich allein für eine Anwendung von Art. 311 ZGB massgebend sein kann. Relevant ist immer auch die Frage, welche Kindeswohlgefährdung sich aus dem Verhalten ergibt und welchen Schweregrad diese aufweist. Die KESB muss im Einzelfall darlegen können, dass die Entziehung der elterlichen Sorge als Massnahme *notwendig* und *geeignet* ist, denn sonst besteht für die Anwendung von Art. 311 ZGB kein Raum.

2.103   Die *Entziehung mit Einverständnis der Eltern* ist gesetzlich für Situationen vorgesehen, in denen

- die Eltern *aus wichtigen Gründen* darum ersuchen (Art. 312 Ziff. 1 ZGB)
- oder wenn sie in eine *künftige Adoption durch ungenannte Dritte* eingewilligt haben (Art. 312 Ziff. 2 ZGB).

2.104   Beim Kriterium der wichtigen Gründe geht es im Prinzip um die gleichen Tatbestände wie unter Art. 311 ZGB, auch wenn sie im Einzelfall nicht ganz so ausgeprägt wie bei einem Entzug von Amtes wegen sein mögen. Die Eltern werden von sich aus aktiv, indem sie der KESB ein mündliches oder

2.5. Entziehung elterliche Sorge (Art. 311/312 ZGB)

schriftliches Gesuch auf Entziehung unterbreiten. Dieser Zugang darf nicht darüber hinwegtäuschen, dass grundsätzlich schwerwiegende Defizite gegeben sein müssen, damit dem Gesuch entsprochen werden kann. Es liegt nicht im Belieben der Eltern, sich der elterlichen Sorge zu entledigen, denn diese ist im Grundsatz unverzichtbar.

Bei der Freigabe zur Adoption liegt der Grund für die Entziehung in der faktischen Unmöglichkeit, die elterliche Sorge weiterhin auszuüben, wenn das Kind zum Zwecke späterer Adoption in einer Pflegefamilie untergebracht wird und es dadurch zu einem Kontaktabbruch zwischen ihm und seinen leiblichen Eltern kommt. 2.105

Soweit es die KESB nicht ausdrücklich anders anordnet, ist die Entziehung der elterlichen Sorge gegenüber allen, auch gegenüber den *später geborenen Kindern,* wirksam (Art. 311 Abs. 3 ZGB). Dieser Grundsatz kommt gemäss herrschender Lehre in seiner absoluten Form allerdings nur dann zum Tragen, wenn die später hinzukommenden Kinder *in der gleichen Familienkonstellation* geboren werden. 2.106

Im Zusammenhang mit der Vorschrift, Kindesschutzmassnahmen bei Bedarf an veränderte Verhältnisse anzupassen, ist zu beachten, dass die elterliche Sorge in keinem Fall vor *Ablauf eines Jahres* nach ihrer Entziehung wiederhergestellt werden darf (Art. 313 Abs. 2 ZGB). 2.107

Bei einer Entziehung der elterlichen Sorge verlieren die Eltern sämtliche Entscheidungsbefugnisse und Vertretungsrechte. Als Folge davon muss ihr Kind *unter Vormundschaft* (vgl. Kap. 2.6.) gestellt werden, soweit die Entziehung bei gemeinsamer elterlicher Sorge nicht nur gegenüber einem Elternteil verfügt wird (was nur in Ausnahmesituationen der Fall sein dürfte) oder soweit keine Übertragung der elterlichen Sorge an den andern Elternteil in Frage kommt, wenn das Kind vor der Massnahme unter der Alleinsorge des einen Elternteils gestanden hatte. Kommt es zur Bevormundung des Kindes, verschiebt sich dessen zivilrechtlicher Wohnsitz an den Sitz der KESB, und nicht etwa an den Wohnsitz der Vormundsperson (Art. 25 Abs. 2 ZGB). 2.108

Die Entziehung der elterlichen Sorge hat keinerlei Auswirkungen auf das Verwandtschaftsverhältnis zwischen dem Kind und seinen Eltern. Rechte und Pflichten, welche sich direkt aus diesem Grundverhältnis ergeben, bleiben m.a.W. von der Massnahme unberührt. So bleiben die Eltern für ihr Kind *unterhaltspflichtig.* Demzufolge müssen sie grundsätzlich auch für die Kosten der Kindesschutzmassnahme aufkommen (Art. 276 Abs. 2 ZGB). Soweit sie diese Kosten nicht oder nicht integral aus eigenen Mitteln zu finanzieren vermögen, ist ihr Anteil durch Unterhaltsvertrag (Art. 287 ZGB) oder Unterhaltsurteil (Art. 279 ZGB) zu regeln. Dabei gilt es zu beachten, 2.109

2. Kindesschutzmassnahmen

dass die Ansprüche des Kindes gegenüber seinen Eltern durch Legalzession auf das Gemeinwesen übergehen, wenn sein Unterhalt durch Mittel der öffentlichen Sozialhilfe sichergestellt werden muss (Art. 289 Abs. 2 ZGB). Diesem Umstand gilt es bei der formellen Unterhaltsregelung Rechnung zu tragen, weil formell auch die Aktiv- und Passivlegitimation von der Legalzession erfasst werden. Zur Finanzierung vgl. Kap. 6.3.

2.110 Zudem besteht nach Entziehung der elterlichen Sorge zwischen dem Kind und dessen Eltern im Grundsatz weiterhin ein gegenseitiger Anspruch auf persönlichen Verkehr (Art. 273 ff. ZGB). Die KESB hat ein allfälliges Kontaktrecht und dessen Modalitäten *von Amtes wegen* zu regeln.

2.111

Entziehung der elterlichen Sorge nach Art. 311 ZGB und Errichtung einer Vormundschaft nach Art. 327a ZGB

1. *(Den Eltern/der Mutter/dem Vater)* wird gestützt auf Art. 311 Abs. 1 ZGB die elterliche Sorge über NN entzogen.
2. Für NN wird eine Vormundschaft nach Art. 327a ZGB angeordnet.
3. Als Vormund/Vormundin wird XY ernannt mit den gesetzlichen Rechten und Pflichten sowie *(evtl.)* der/den Aufgabe(n):
   a. ....
   b. ...
   c. Erstmals ordentlicherweise per *(Datum)* Bericht zu erstatten.

2.112

Entziehung der elterlichen Sorge nach Art. 311 ZGB und Übertragung der elterlichen Sorge an den anderen Elternteil nach Art. 298d ZGB

1. *(Der Mutter/dem Vater)* wird gestützt auf Art. 311 Abs. 1 ZGB die elterliche Sorge über NN entzogen.
2. Die elterliche Sorge über NN wird gemäss Art. 298d ZGB an *(den Vater/die Mutter)* übertragen.

2.6. Vormundschaft (Art. 327a–c ZGB)

Literatur

Gesetzliche Grundlagen: Art. 327a–c ZGB.
Materialien: Botschaft Erwachsenenschutz, S. 7023.
Allgemeine Literatur: BSK ZGB I-Lienhard/Affolter, Art. 327a–c; CHK ZGB-Biderbost, Art. 327a–c; FamKomm ESR-Zingaro, Art. 327a–c; Meier/Stettler, Rz. 592–614.

Solange Kinder minderjährig, also noch nicht 18 Jahre alt sind, stehen sie grundsätzlich unter elterlicher Sorge ihrer Eltern oder eines Elternteils (Art. 296 Abs. 2 ZGB). Steht für ein Kind *keine elterliche Sorge* (mehr) zur Verfügung, «so ernennt ihm die Kindesschutzbehörde einen Vormund» (Art. 327a ZGB; vgl. Musterbeschluss in Rz. 2.111). Im Gegensatz zum Erwachsenenschutzrecht wurden die stigmatisierenden Begriffe «Vormundschaft» und «Vormund» im Kindesrecht unverändert aus dem alten Recht übernommen, wenn auch mit wenig überzeugender Begründung. 2.113

Elterliche Sorge und Vormundschaft schliessen sich gegenseitig aus. Gleichzeitig *muss* das eine oder das andere gegeben sein, weil das minderjährige Kind als *handlungsunfähige Person* (vgl. Kap. 10.1.) für die Sicherstellung seiner Rechtsvertretung zwangsläufig eines der beiden Modelle benötigt. Verliert es die Rechtsvertretung durch die elterliche Sorge *vollumfänglich* (Konstellationen, bei denen die elterliche Sorge gemäss Art. 308 Abs. 3 ZGB nur beschränkt wird, stehen im Kontext von Art. 327a ZGB nicht zur Diskussion), ist seine Bevormundung somit *zwingend*. Massgebendes Kriterium ist einzig seine Minderjährigkeit, weshalb die Vormundschaft unabhängig von der konkreten Schutzbedürftigkeit des betroffenen Kindes zu errichten ist. 2.114

Folgende Fallkonstellationen sind unter Berücksichtigung der Grundsätze zur elterlichen Sorge und namentlich von Art. 296 Abs. 3 ZGB für eine Vormundschaft denkbar: 2.115

- Beide Eltern, die die elterliche Sorge innehatten, sind verstorben, wurden als verschollen erklärt oder werden unter umfassende Beistandschaft gestellt;
- Die elterliche Sorge wird beiden Eltern entzogen;
- Der allein sorgeberechtigte Elternteil ist verstorben oder wird unter umfassende Beistandschaft gestellt und eine Übertragung der elterlichen Sorge auf den andern Elternteil ist unmöglich oder nicht angezeigt;
- Die elterliche Sorge wird der/m alleinigen Träger/in entzogen und eine Übertragung an den andern Elternteil ist unmöglich oder nicht angezeigt;

2. Kindesschutzmassnahmen

- Die unverheiratete Mutter ist minderjährig oder steht unter umfassender Beistandschaft und eine Übertragung der elterlichen Sorge an den Vater ist unmöglich oder nicht angezeigt;
- Weitere Konstellationen sind bei Wegfall oder erfolgreicher Anfechtung des Kindesverhältnisses denkbar.

2.116 Ein Abweichen vom Grundprinzip der Bevormundung als Folge fehlender elterlicher Sorge kann nur erwogen werden, wenn die Bevormundung im Ergebnis als *völlig unverhältnismässig* eingestuft werden muss, bspw. weil die minderjährige Mutter *sehr kurz* vor der Volljährigkeit steht; oder wenn ein minderjähriges Kind, dessen sorgeberechtigter Elternteil verstorben ist, *in Kürze* volljährig wird. In diesen Fällen kann auf eine strikte Anwendung von Art. 327a ZGB verzichtet werden, sofern sich die kurzfristig fehlende gesetzliche Vertretung im Rahmen einer sinngemässen Anwendung von Art. 306 Abs. 2 ZGB durch *direktes Handeln der KESB* auffangen lässt.

2.117 Die Vormundschaft entfällt in jedem Fall zwingend und automatisch, sobald das betroffene Kind volljährig wird. Sie endigt zudem, wenn die elterliche Sorge (wieder) auflebt, so insb., wenn eine minderjährige Mutter volljährig wird oder wenn eine Sorgerechtsentziehung aufgehoben werden kann.

2.118 An der *Rechtsstellung des Kindes* ändert sich mit der Bevormundung nichts; sie ist gleich wie bei einem Kind, das unter elterlicher Sorge steht (Art. 327b ZGB). Wie allen Minderjährigen fehlt auch den bevormundeten Minderjährigen die Handlungsfähigkeit. Sie werden deshalb durch ihren Vormund oder ihre Vormundin vertreten, können aber mit dessen bzw. deren Zustimmung – Urteilsfähigkeit vorausgesetzt – auch selber Verpflichtungen eingehen oder Rechte aufgeben (Art. 19 Abs. 1 ZGB). Zudem können sie gemäss Art. 19 Abs. 2 ZGB *ohne Zustimmung* ihres Vormunds bzw. ihrer Vormundin *unentgeltliche Vorteile* erlangen und *geringfügige Angelegenheiten des täglichen Lebens* besorgen. Zu beachten ist schliesslich, dass auch bevormundete urteilsfähige Minderjährige ihre höchstpersönlichen Rechte (Art. 19c Abs. 1 ZGB) grundsätzlich selbständig ausüben (vgl. Kap. 10.3.).

2.119 Dem Vormund oder der Vormundin stehen im Prinzip die gleichen Kompetenzen zu, wie den Eltern im Rahmen der elterlichen Sorge (Art. 327c Abs. 1 ZGB). Wie die Sorgeberechtigten müssen der Vormund oder die Vormundin alle notwendigen Entscheidungen und Massnahmen für das Kind treffen, welche dieses nicht selber treffen kann. Auch für sie gilt das Kindeswohl als grundsätzliche Leitschnur. Der gesetzliche Verweis auf die Elternrechte bezieht sich auf die Bereiche *Personensorge, Vermögenssorge und Rechtsvertretung,* somit auf alle klassischen Aspekte der Betreuung, soweit dafür nicht besondere Nähe oder verwandtschaftliche

2.6. Vormundschaft (Art. 327a–c ZGB)

Bindung vorausgesetzt ist. Vormund oder Vormundin bestimmen auch den Aufenthaltsort des/r Minderjährigen und entscheiden damit, ob diese/r in einer Pflegefamilie bzw. Institution untergebracht wird oder selbständig wohnen kann. Steht allerdings die *Unterbringung in einer geschlossenen Einrichtung oder einer psychiatrischen Klinik* zur Debatte, ist diese zwingend von der KESB anzuordnen, weil Art. 327c ZGB für solche Fälle die analoge Anwendung der Vorschriften zur fürsorgerischen Unterbringung (Art. 426 ff. ZGB) verlangt.

Im generellen Verweis auf die Bestimmungen des Erwachsenenschutzrechts (diese sind «sinngemäss» anzuwenden) werden in Art. 327c Abs. 2 ZGB lediglich die Themen «Ernennung des Beistands» (Art. 400–402 ZGB), «Führung der Beistandschaft» (Art. 405–414 ZGB) sowie «Mitwirkung» (Art. 415–418 ZGB) explizit erwähnt. Analog anzuwenden sind aber auch die Bestimmungen zur Beendigung der Beistandschaft (Art. 421–425 ZGB) sowie Art. 419 ZGB (Anrufung der KESB wegen Handlungen oder Unterlassungen des MT) und Art. 404 ZGB (Entschädigung und Spesen). Vgl. zum Ganzen Kap. 8.

2.120

Hinsichtlich des in Art. 404 Abs. 1 ZGB verankerten Prinzips zur Kostentragung («aus dem Vermögen der betroffenen Person») ist zu präzisieren, dass dieses offensichtlich für den Erwachsenenschutz konzipiert ist, weil erwachsene verbeiständete Personen ja grundsätzlich selbst für ihren Unterhalt und die Kosten ihrer Lebensführung aufzukommen haben. Dieses Prinzip trifft für minderjährige Personen nicht zu, weil deren Unterhalt gestützt auf Art. 276 ff. ZGB primär *von den Eltern* bestritten werden muss. Aus diesem Grund sind hier immer die Grundsätze des Unterhaltsrechts (Kap. 14.) sowie die Regeln für die Anzehrung des Kindesvermögens (Kap. 16.4.) zu respektieren. Wenn die KESB gestützt auf Art. 404 ZGB dem Vormund oder der Vormundin eine Mandatsentschädigung zuspricht, so kann sie diese dem Kindesvermögen nur dann belasten, wenn sie in der Unterhaltsregelung mit den Eltern eingeschlossen ist. Trifft dies nicht zu, so müssen die Voraussetzungen von Art. 319 oder Art. 320 ZGB gegeben sein, um eine Belastung des Kindesvermögens zu rechtfertigen.

2.121

Schliesslich bleibt anzumerken, dass die Grundsätze zur Verschwiegenheits- und Zusammenarbeitspflicht (vgl. Kap. 9.) sowie zur Verantwortlichkeit (Art. 454 ZGB) auf den gesamten Zuständigkeitsbereich der KESB inklusive Kindesschutz (Art. 440 Abs. 3 ZGB) anwendbar sind und daher auch im Kontext einer Minderjährigenvormundschaft gelten.

2.122

2.7. Besondere Vertretungsbeistandschaften

2.123 Im Kindesschutzrecht gelangen neben der oben abgehandelten Erziehungsbeistandschaft (siehe Kap. 2.3.) weitere Beistandschaftsformen zur Anwendung. Im Folgenden sind insb. die Interessenkollisions- sowie Abwesenheitsbeistandschaft (Art. 306 Abs. 2 ZGB) und die Beistandschaft für das ungeborene Kind in erbrechtlichen Belangen (Art. 544 Abs. 1bis ZGB) zu erwähnen; in einem anschliessenden eigenen Abschnitt ist sodann zusammen mit der entsprechenden Vormundschaft von der Beistandschaft zur Adoptionsbegleitung die Rede. Für die Beistandschaft zum Schutz des Kindesvermögens (Art. 325 ZGB) ist auf Kap. 16.6. zu verweisen. Die terminologisch ebenfalls als Beistandschaft bezeichnete Verfahrensvertretung (namentlich gemäss Art. 314a^{bis} ZGB) werden in Kap. 7.2. behandelt.

2.7.1. Beistandschaft nach Art. 306 Abs. 2 ZGB

Literatur

Gesetzliche Grundlagen: Art. 306 ZGB.

Allgemeine Literatur: BSK ZGB I-Schwenzer/Cottier, Art. 306; CHK ZGB-Breitschmid, Art. 306; Hegnauer, Rz. 26.30 f.; Meier/Stettler, Rz. 889 ff.; 939 ff.; Häfeli, Rz. 40.64 ff.; Tuor/Schnyder/Jungo, § 43 N 50; Hausheer/Geiser/Aebi-Müller, Rz. 17.122 ff.; Handbuch KES-Vogel, Rz. 1116 ff.; FamKomm ESR-Zingaro, Art. 306 Abs. 2 und 3.

Spezifische Literatur: Vogel Urs, Die Vertretung des Kindes bei Verhinderung der Eltern oder aufgrund einer Interessenkollision, in: Rosch/Wider (Hrsg.), Zwischen Schutz und Selbstbestimmung, Festschrift für Christoph Häfeli, Bern 2013, S. 177 ff.

2.124 Ein Kind unter elterlicher Sorge wird im Rechtsverkehr durch die Eltern oder den allein sorgeberechtigten Elternteil vertreten. Während seiner Minderjährigkeit ist das Kind nicht selber handlungsfähig. Unter Vorbehalt seiner eigenen Handlungskompetenzen im Rahmen der sog. beschränkten Handlungsunfähigkeit (insb. Art. 19 Abs. 2, 19c, 301, 305 und 323 ZGB; siehe Kap. 10.2. und 10.3.) treffen die *Eltern in gesetzlicher Stellvertretung* die nötigen Entscheidungen.

2.125 Sind die *Eltern am Handeln verhindert*, hat die KESB für Ersatz zu sorgen und – soweit nicht in behördlicher Eigenkompetenz regelbar – einen Beistand zu ernennen. Die Verhinderung kann die gesamte elterliche Sorge betreffen oder nur für eine bestimmte, allenfalls dringliche Angelegenheit vorliegen. Ersteres ist dann der Fall, wenn die Eltern für längere oder unbestimmte Zeit unerreichbar oder unauffindbar sind, etwa bei unbegleiteten minderjährigen Asylbewerbern (siehe dazu Kap. 20.2.). Die Aufgabenstellung an den Beistand kann entsprechend umfassend oder sehr punktuell lauten. Ggf. sind weitergehende Kindesschutzmassnahmen (Art. 307 ff. ZGB) zu überlegen, wenn es sich abzeichnet, dass die Verhinderung mehr als bloss überbrückend anzugehen ist und etwa die «Abwesenheit» sowie die weiteren Tatbestandselemente inklusiv der notwendigen Verhältnismässigkeitsüberlegungen von Art. 311 ZGB erfüllt sind.

2.126

Beistandschaft nach Art. 306 Abs. 2 ZGB bei Verhinderung der Sorgerechtsinhaber

1. Für NN wird eine Beistandschaft nach Art. 306 Abs. 2 ZGB angeordnet, mit den Aufgaben, das Kind während der Verhinderung der Eltern zu vertreten und dessen Interessen allseits zu wahren.
   (Variante mit spezifischer Aufgabe): das Kind in Bezug auf den Abschluss des anstehenden Lehrverhältnisses zu vertreten und dessen Interessen zu wahren.

2. Zum Beistand/Zur Beiständin wird XY ernannt, mit der Einladung,
   a) sich innert nützlicher Frist *(evtl.: zwei Wochen nach unbenütztem Ablauf der Rechtsmittelfrist)* die zur Erfüllung der Aufgaben nötigen Kenntnisse zu verschaffen und mit den Betroffenen persönlich Kontakt aufzunehmen,
   Variante (falls einer allfälligen Beschwerde die aufschiebende Wirkung entzogen wird): sich umgehend die zur Erfüllung der Aufgaben nötigen Kenntnisse zu verschaffen und mit den Betroffenen persönlich Kontakt aufzunehmen,
   b) evtl.: in Zusammenarbeit mit der KESB unverzüglich nach Eintritt der Rechtskraft ein Inventar per *(Datum)* über die zu verwaltenden Vermögenswerte aufzunehmen,
   c) per *(Datum)* ordentlicherweise Bericht *(evtl.: und Rechnung mit Belegen)* einzureichen.

Einer Beistandschaft bedarf es sodann bei sich widersprechenden Interessen zwischen Eltern resp. Elternteil und Kind – ebenfalls unter dem Vorbehalt behördlicher Eigenhandlungskompetenz im Einzelfall. Für eine sog. *Interessenkollision* genügt gemäss langjähriger Lehre und Rechtsprechung das *abstrakte* Vorliegen einer solchen, also die blosse Möglichkeit gegenteiliger Interessen unabhängig davon, ob die Eltern in tatsächlicher Hinsicht um objektive Interessenwahrung bemüht sind. Dabei können direkte Formen (z.B. Selbstkontrahieren, Doppelvertretung) und indirekte Formen (z.B. zufolge naher persönlicher Beziehungen zu kontrahierenden Drittpersonen) vorkommen. Die Massnahme hat damit ein weites Anwendungsfeld. Eine in der Praxis häufige Anwendung liegt darin, dass Eltern resp. Elternteil und Kind am gleichen Nachlass beteiligt sind oder dass ein

2.127

2. Kindesschutzmassnahmen

Vertrag mit einer nahe verwandten Person abgeschlossen werden soll; sodann etwa bei Vertretung der Kindesinteressen in einem Strafverfahren gegen einen Elternteil, der gegenüber dem Kind eine strafbare Handlung begangen hat. Bei Interessenkollision entfallen die entsprechenden Befugnisse der elterlichen Sorgerechtsinhaber von Gesetzes wegen (Art. 306 Abs. 3 ZGB). Die beiständliche Vertretung wegen Interessenkollision ist grundsätzlich auf aktuelle Einzelgeschäfte oder allenfalls mehrere zusammenhängende Geschäfte ausgelegt.

2.128

Beistandschaft nach Art. 306 Abs. 2 ZGB bei Interessenkollision (Beispiel Erbteilung)

1. Für NN wird eine Beistandschaft nach Art. 306 Abs. 2 ZGB angeordnet, mit der Aufgabe *(evtl. den Aufgaben)*, die Interessen von NN im Nachlass von *(Name Erblasser)* zu wahren und NN dabei zu vertreten,
   (evtl. weitere Aufgaben).
2. Zum Beistand/Zur Beiständin wird XY ernannt, mit der Einladung,
   a) der KESB bis spätestens *(Datum)* den Erbteilungsvertrag zur Zustimmung zu unterbreiten,
   b) der KESB nach Erledigung der Angelegenheit, spätestens jedoch per *(Datum)* Bericht zu erstatten.

2.129

Beistandschaft nach Art. 306 Abs. 2 ZGB bei Interessenkollision (Beispiel Strafprozess gegen Eltern[-teil])

1. Für NN wird eine Beistandschaft nach Art. 306 Abs. 2 ZGB angeordnet, mit den Aufgaben,
   a) NN im Strafverfahren gegen dessen *Vater/Stiefvater/Mutter/Eltern etc.* sowie in einem allfälligen Opferhilfeverfahren zu vertreten, wozu Vollmacht mit Substitutionsrecht erteilt wird,
   b) insbesondere zu prüfen, ob sich NN als Privatkläger/in i.S.v. Art. 118 ff. StPO beteiligen soll,
   c) weiter darüber zu entscheiden, ob NN vom Aussageverweigerungsrecht Gebrauch machen soll oder nicht,
   d) NN bei einer allfälligen Einvernahme zu begleiten und seine Rechte und Interessen zu vertreten.
2. Zum Beistand/Zur Beiständin wird XY ernannt, mit der Einladung,
   a) Antrag zu stellen, falls weitergehende Anordnungen zu treffen sind,
   b) rechtzeitig Leistungen gemäss Opferhilfegesetz bzw. die unentgeltliche Rechtspflege zu beantragen,

> c) die KESB über den Abschluss des Verfahrens unmittelbar nach Eintritt der Rechtskraft zu informieren,
> d) nach rechtskräftigem Abschluss des Verfahrens, spätestens jedoch per *(Datum)* Bericht zu erstatten.

Auf die Beistandschaft nach Art. 306 Abs. 2 ZGB finden die Regelungen gemäss Art. 400 ff. ZGB grundsätzlich sinngemässe Anwendung. Allerdings ist etwa das Vorschlagsrecht der Eltern zur Person des Beistandes mit besonderer Vorsicht anzugehen, da je nachdem eine Interessenkollision über die Person des Beistandes aufrechterhalten bliebe.

2.130

Anstelle der Errichtung einer Beistandschaft kann die KESB – wie bereits angesprochen – sowohl im Verhinderungs- als auch im Interessenkollisionsfall *die Angelegenheit selber in Eigenkompetenz regeln*. Dazu ist im Allgemeinen vorausgesetzt, dass es um eine liquide, also eindeutige und gut überblickbare Angelegenheit ohne grösseren Abklärungsbedarf geht, so dass die Errichtung einer amtsgebundenen Massnahme unverhältnismässig und bloss unnötige Formalität wäre. Siehe auch Kap. 2.2.4.

2.131

Die Regelung entspricht derjenigen des *Ersatzbeistandes nach Art. 403 ZGB im Erwachsenenschutz*. Letztere Bestimmung gelangt denn auch für Minderjährige analog zur Anwendung, wenn nicht die Eltern an der Vertretungswahrnehmung verhindert sind oder eine Interessenkollision aufweisen, sondern ein kindesschutzrechtlicher (Vertretungs-)Beistand oder ein Vormund.

2.132

2.7.2. Beistandschaft nach Art. 544 Abs. 1bis ZGB

Literatur

Gesetzliche Grundlagen: Art. 544 Abs. 1bis ZGB.

Materialien: Botschaft Erwachsenenschutzrecht, S. 7106 ff.

Allgemeine Literatur: BSK ZGB II-Schwander, Art. 544; CHK ZGB-Wildisen, Art. 544; Tuor/Schnyder/Jungo, § 74 N 5; FamKomm ESR-Eitel/Zeiter, Art. 544; CR CC II-Chaix, Art. 544.

Spezifische Literatur: Bessenich Balthasar, Der noch nicht gezeugte Nacherbe bei Anfechtung der Nacherbeneinsetzung durch den Vorerben – BGE 140 III 145, in: successio 2015, 238 ff.; Zeiter Alexandra, Neues Erwachsenenschutzrecht – Die neuen Bestimmungen im Erbrecht, successio 2011, 254 ff.

Art. 544 ZGB regelt die *erbrechtliche Stellung eines Kindes vor der Geburt*. Ein ungeborenes Kind (sog. nasciturus) ist – unabhängig davon, ob in gesetzlicher oder eingesetzter Erbfolge – unter dem Vorbehalt erbfähig, dass es lebendig geboren wird (Art. 544 Abs. 1 ZGB; vgl. auch Art. 31 Abs. 2 ZGB). Prinzipiell ist die Erbteilung bis zum Geburtszeitpunkt aufzuschieben

2.133

(Art. 605 Abs. 1 ZGB). Freilich werden die Interessen des Kindes auch vor der Geburt grundsätzlich vom Inhaber resp. den Inhabern der elterlichen Sorge gewahrt. Nichtsdestotrotz können es die Verhältnisse erfordern, dass bereits vor der Geburt Interessen des Kindes behördlich zu wahren sind und dem ungeborenen Kind dafür ein *Beistand* zu bestellen ist; Art. 544 Abs. 1bis ZGB sieht diese Möglichkeit ausdrücklich vor.

2.134   In Art. 544 ZGB ist ausdrücklich vom «Kind vor der Geburt» (Marginalie) resp. vom Kind ab dem «Zeitpunkt der Empfängnis» (Abs. 1) die Rede, also von einem im Zeitpunkt des Todes des Erblassers gezeugten, aber noch nicht geborenen Kind. Ein *im Zeitpunkt des Todes des Erblassers noch nicht gezeugtes Kind* (sog. nondum conceptus) kann grundsätzlich nur in Form einer Nacherbeneinsetzung (Art. 545 Abs. 1 ZGB) oder eines Vermächtnisses (Art. 484 ff. ZGB) bedacht werden. Allerdings hat das Bundesgericht – eigentlich systemwidrig, weil nicht existierende Personen nicht verbeiständet werden können – eine Beistandschaft für einen solchen Fall bei Anfechtung der Nacherbschaft durch den Vorerben bejaht (BGE 140 III 145).

2.135
Beistandschaft nach Art. 544 Abs. 1bis ZGB

1. Für das ungeborene Kind von *(Name der Eltern/Mutter)* wird eine Beistandschaft nach Art. 544 Abs. 1bis ZGB angeordnet, mit der Aufgabe, seine Interessen im Nachlass von *(Name Erblasser)* zu wahren und es dabei zu vertreten,
   (evtl. als Hinweis spezifische Aufgabe, z.B.: insbesondere eine Ausschlagung zu prüfen, oder: insbesondere die Beantragung eines öffentlichen Inventars zu prüfen).
2. Zum Beistand/Zur Beiständin wird XY ernannt, mit der Einladung,
   a) der KESB ggf. den Erbteilungsvertrag zur Zustimmung zu unterbreiten,
   b) der KESB für allfällige Geschäfte nach Art. 416 ZGB begründeten Antrag auf Genehmigung zu stellen,
   c) der KESB nach Erledigung der Aufgaben, spätestens jedoch per *(Datum)* Bericht zu erstatten.

2.8. Art. 17 und 18 BG HAÜ im Besonderen

Literatur
Gesetzliche Grundlagen: Art. 17/18 BG HAÜ.
Materialien: Botschaft HAÜ, S. 5832 ff.
Allgemeine Literatur: BSK ZGB I-Breitschmid, vor Art. 264–269c N 8 ff.; CHK ZGB-Biderbost, Art. 264 N 3 ff.; Meier/Stettler, Rz. 366 und 1266.
Spezifische Literatur: Schwenzer Ingeborg (Hrsg.), Internationale Adoption, Bern 2009; Urwyler David, Das Verfahren bei internationalen Adoptionen nach dem HAÜ, in: ZVW 2003, 6 ff.

2.136 Die Schweiz ist in Bezug auf *internationale Adoptionen*, also länderübergreifende Adoptionen von einem Herkunfts- in einen Aufnahmestaat, ein typisches Aufnahmeland. Als solches hat sie das Haager Adoptionsabkommen (HAÜ) ratifiziert und zur Umsetzung ein entsprechendes Bundesgesetz (BG-HAÜ) erlassen; beides trat am 1. Januar 2003 in Kraft. Für Adoptionen aus Nichtvertragsstaaten gelten weiterhin Art. 75 ff. IPRG, wobei die einschlägigen Bestimmungen des BG-HAÜ auch diesbetreffend anwendbar sind.

2.137 Wird eine *Adoption im Herkunftsland ausgesprochen* und kann sie in der Schweiz *anerkannt* werden, sind die Adoptiveltern von Anfang an rechtlich die Eltern des Kindes und damit auch Inhaber der elterlichen Sorge, ohne dass ihre Betreuung und Erziehung erprobt ist; die Begleitung eines der Adoption vorgelagerten Pflegeverhältnisses (vgl. Art. 264 ZGB) entfällt. Nach Art. 17 BG-HAÜ ist daher in der Schweiz unverzüglich eine *temporäre Beistandschaft* zu errichten, wenn von einer Anerkennung der ausländischen Adoption ausgegangen werden muss. Der Beistand hat das neue Kindesverhältnis zu begleiten und die Beteiligten mit Rat und Tat zu unterstützen. Er hat der KESB spätestens ein Jahr nach seiner Ernennung Bericht über die Entwicklung des Adoptivverhältnisses zu erstatten. Spätestens 18 Monate nach Mitteilung der Einreise des Kindes oder nach Ernennung des Beistandes fällt die Massnahme von Gesetzes wegen dahin, falls sie nicht ohnehin schon vorher aufgrund des beiständlichen Berichts aufgehoben werden konnte. Ggf. sind anderweitige Kindesschutzmassnahmen (Art. 307 ff. ZGB) in Erwägung zu ziehen.

2. Kindesschutzmassnahmen

2.138

> **Beistandschaft nach Art. 17 BG-HAÜ**
>
> 1. Für NN wird eine Beistandschaft nach Art. 17 BG-HAÜ angeordnet.
> 2. XY wird als Beistand/Beiständin ernannt mit den Aufgaben, die Adoptiveltern in ihrer Sorge um das Kind mit Rat und Tat zu unterstützen, und der Einladung, sobald ernsthafte Schwierigkeiten auftreten, jedoch bis spätestens *(Datum)* über die Entwicklung des Adoptionsverhältnisses Bericht zu erstatten.

2.139 Wird bei einer internationalen Adoption die Adoption nicht bereits im Herkunftsland ausgesprochen, das Kind also erst *nach der Einreise in der Schweiz adoptiert,* oder kann *eine im Ausland ausgesprochene Adoption in der Schweiz nicht anerkannt* werden, so ist dem Kind gestützt auf Art. 18 BG-HAÜ durch die KESB am Wohnsitz der Pflegeeltern für die Dauer des Pflegeverhältnisses bis zur Adoption ein *Vormund* zu bestellen; ein besonderes Verfahren zur allfällig nötigen Entziehung der elterlichen Sorge ist nicht vorgesehen.

2.140

> **Vormundschaft nach Art. 18 BG-HAÜ**
>
> 1. Für NN wird eine Vormundschaft nach Art. 18 BG-HAÜ angeordnet.
> 2. XY wird als Vormund/in ernannt mit den Aufgaben, die Interessen des Kindes allseits zu vertreten, das Pflegeverhältnis zu begleiten und bei der Adoption mitzuwirken, und der Einladung, per *(Datum)* Bericht zu erstatten.

2.141 Die *Einreise des Kindes* haben die Adoptiveltern unverzüglich der zentralen Behörde des Kantons zu *melden* (Art. 11 BG-HAÜ). Diese benachrichtigt die KESB, die Zentrale Behörde des Bundes und ggf. die Fremdenpolizei.

3. Abklärung und Entscheid

Literatur

Gesetzliche Grundlagen: Art. 314–315b i.V.m. Art. 440–453 ZGB.

Materialien: Botschaft Kindesrecht 1974 BBl 1974 II 1 ff.; Botschaft FFE BBl 1977 III 1 ff.; Botschaft Eherecht 1979 BBl 1979 II 1191 ff., 1404 ff.; Botschaft IPRG 1983 BBl 1983 I 263 ff.; Botschaft Mündigkeit 1993 BBl 1993 I 1169 ff.; Botschaft KRK 1994 BBl 1994 V 1 ff.; Botschaft Scheidung 1995 BBl 1996 I 1 ff.; Botschaft BV 1996 BBl 1997 I 1 ff.; Botschaft StGB 1999 II 1979 ff.; Botschaft HAÜ 1999 BBl 1999 5795 ff.; Botschaft ESR BBl 2006, 7062, 7078 f., 7081, 7088, 7108; Botschaft ZPO BBl 2006 7221 ff.; Botschaft BK-KKE BBl 2007 2595 ff.

Allgemeine Literatur: TUOR/SCHNYDER/JUNGO, § 44 Rz. 42 ff., § 59 Rz. 1 ff.; HAUSHEER/GEISER/AEBI-MÜLLER, Rz. 17.172 ff.; MEIER/STETTLER, Rz. 1316 ff.; BSK ZGB I-AUER/MARTI, Art. 446; FamKomm ESR-STECK, Art. 446; CHK ZGB-STECK, Art. 446; KOKES-Praxisanleitung ESR, Rz. 1.131 ff.

Spezifische Literatur: AEBI THOMAS et al., Psychologische Begutachtung von Kindern und Jugendlichen. Ein Handbuch für die Praxis, Bern 2007; AFFOLTER KURT, Die Besuchsrechtsbeistandschaft oder der Glaube an eine dea ex machina, in: ZKE 2015, 181 ff.; AFFOLTER KURT, Mit der Totalrevision des Vormundschaftsrechts zu einer neuen Qualität des Erwachsenenschutzes?, in: ZVW 2003, 393 ff.; AUER CHRISTOPH, Zwischen Zivilrecht und öffentlichem Recht, in: ZBl 2013, 1 ff.; BIESEL KAY/SCHNURR STEFAN, Abklärungen im Kindesschutz: Chancen und Risiken in der Anwendung von Verfahren und Instrumenten zur Erfassung von Kindeswohlgefährdung, in: ZKE 2014, 63 ff.; BRACK RUTH/GEISER KASPAR, Aktenführung in der Sozialarbeit, 4. Aufl., Bern/Stuttgart/Wien 2009; DETTENBORN HARRY, Kindeswohl und Kindeswille. Psychologische und rechtliche Aspekte, 4. Aufl., München 2014; DÖRFLINGER PETER, «Der Berg wird steiler, wenn du näher kommst», in: ZKE 2011, 447 ff.; DÖRFLINGER PETER, Interdisziplinarität gestalten, in: ZKE 2010, 177 ff., 181 f.; FELLMANN LUKAS/MÜLLER BRIGITTE/SCHNURR STEFAN, Kindesschutz auf Augenhöhe. Praxis und Wissenschaft entwickeln gemeinsam ein Prozessmanual zur Kindeswohlabklärung, in: Netz 3/2015, 9 ff.; HAURI ANDREA et al., Das Berner und Luzerner Abklärungsinstrument zum Kindesschutz, in: Handbuch KES, Anhang I; HEGNAUER CYRIL, Das Wohl des Mündels als Maxime der Vormundschaft, in: ZVW 1984, 81 ff.; HECK CHRISTOPH, Wirkungsvolle Zusammenarbeit – der Beitrag der Sozialarbeit in der Fachbehörde, in: ZKE 2011, 17 ff.; LÄTSCH DAVID et al., Ein Instrument zur Abklärung des Kindeswohls – spezifisch für die deutschsprachige Schweiz, in: ZKE 2015, 1 ff.; MEIER PHILIPPE, La position des personnes concernées dans les procédures de protection des mineurs et des adultes. Quelques enseignements de la jurisprudence fédérale récente, in: ZVW 2008, 399 ff.; ROSCH DANIEL, Neue Aufgaben, Rollen, Disziplinen, Schnitt- und Nahtstellen: Herausforderungen des neuen Kindes- und Erwachsenenschutzrechts, in: ZKE 2011, 31 ff.; SCHWANDER IVO, Kindes- und Erwachsenenschutz im internationalen Verhältnis, in: AJP 2014, 1351 ff.; SCHWANDER IVO, Das Haager Kindesschutzübereinkommen von 1996 (KHsÜ), in: ZVW 2009, 1 ff.; SIMONI HEIDI, Kinder anhören und hören, in: ZVW 2009, 333 ff.; STECK DANIEL, Die Regelung des Verfahrens im neuen Kindes- und Erwachsenenschutzrecht, in: ZBl 2013, 26 ff.; ZOBRIST PATRICK, Zehn Basisstrategien zur Förderung der Veränderungsmotivation und zum Umgang mit Widerstand im Kindes- und Erwachsenenschutz, in: ZVW 2010, 431 ff.; ZOBRIST PATRICK, Die psychosoziale Dimension der vormundschaftlichen Arbeit im Zwangskontext, in: ZVW 2008, 465 ff., 468.

3. Abklärung und Entscheid

3.1. Rollen der verschiedenen Akteure

3.1.1. Organisatorische Modelle

3.1 Wenn die KESB Kenntnis erhält von der mutmasslichen Gefährdung eines Kindes, so obliegt es ihr von Gesetzes wegen, die erforderlichen Abklärungen vorzunehmen und die allenfalls zum Schutz des Kindes geeigneten Massnahmen anzuordnen. Ihr Vorgehen richtet sich sinngemäss nach den Bestimmungen des Verfahrens im Erwachsenenschutz (vgl. Kap. 8.1.). Die entsprechende Verweisungsnorm in Art. 314 ZGB bezieht sich auf alle Verfahren, welche im Zuständigkeitsbereich der KESB liegen. Damit bildet Art. 446 ZGB die Grundlage, welche das behördliche Vorgehen bestimmt.

3.2 Die KESB *erforscht den Sachverhalt von Amtes wegen*, zieht die erforderlichen Erkundigungen ein und erhebt die notwendigen Beweise (Untersuchungsgrundsatz). Dabei kann sie geeignete Personen oder Stellen mit Abklärungen beauftragen und nötigenfalls das Gutachten einer sachverständigen Person anordnen. Dies gilt gleichermassen, wenn es sich bei der KESB um ein Gericht handelt, das im Rahmen eines eherechtlichen, eines Vaterschafts- oder Unterhaltsverfahrens Kindesschutzmassnahmen zu prüfen oder Kinderbelange zu regeln hat (Art. 153, 229 Abs. 3, 272, 296 ZPO; Art. 298, 298b Abs. 3, 298c ZGB).

3.3 Wie dieser Untersuchungsgrundsatz im Konkreten umgesetzt wird, hängt allerdings aufgrund der schweizerischen Verfahrenslösung *von der kantonalen Ausgestaltung* ab. Beim Kindesschutzverfahren handelt es sich wie bereits im alten Vormundschaftswesen (BGer 5A_620/2012 E. 1.1) und im Erwachsenenschutzrecht (BGer 5A_386/2016) um «ein merkwürdiges Zwischengebilde zwischen privatem und öffentlichem Rechte». Obwohl Kindes- wie Erwachsenenschutz formell im Familienrecht des Zivilgesetzbuches geregelt sind, beschlagen sie eine Materie, die rechtstheoretisch als Eingriffssozialrecht dem öffentlichen Recht in engem Zusammenhang mit dem Zivilrecht zugeordnet werden kann (Art. 72 Abs. 2 lit. b Ziff. 6 BGG). Aus diesem Grund hat sich die Bundesgesetzgeberin darauf beschränkt, das Verfahren nur so weit zu regeln, als dies die Verwirklichung des materiellen Zivilrechts dringend erfordert (Art. 440–453 ZGB), im Übrigen aber kantonaler Regelung überlassen und, so weit eine solche fehlt, die ZPO als sinngemäss anwendbar erklärt (Art. 314 i.V.m. 450f ZGB). Wie immer das Verfahren kantonal ausgestaltet ist, hat es sich demnach zumindest an bundesgesetzlichen Minimalstandards zu orientieren (vgl. dazu nachfolgend Kap. 3.2. und Kap. 5.).

3.1. Rollen der verschiedenen Akteure

Die strukturelle Ausgestaltung des Abklärungsverfahrens ist kantonal nicht nur unterschiedlich gesetzlich geregelt, es stehen *aufgrund der Organisationshoheit der kantonalen politischen Entscheidungsträger auch sehr unterschiedliche organisatorische und personelle Lösungen zur Verfügung.* Sie reichen von der praktisch alleinigen Abklärung des Sachverhalts durch ein allein juristisch geschultes Behördenmitglied bis hin zur umfassenden Delegation der Informationsbeschaffung an kommunale oder überkommunale Fachdienste (Jugendämter, Sozialdienste, Mandatszentren, Berufsbeistandschaften etc.). Dementsprechend vielfältig und unterschiedlich erleben Betroffene auch die Interventionen der Kindesschutzorgane.

3.4

Nicht nur methodische Überlegungen, sondern zuweilen auch bloss strukturelle Vorgaben sind dafür entscheidend, ob die Betroffenen von einer Gerichtsperson oder einem juristisch orientierten Behördenmitglied vor die Schranken der staatlichen Autorität zitiert werden, oder ob sie von psychologisch erfahrenen und geschulten Spezialkräften zuhause besucht und dort mit ihnen die konkrete Lebenssituation besprochen wird.

3.5

Die Themen behördlicher Verfahren können alles beinhalten, was das Leben mit sich bringt: von der vermögensrechtlichen Interessenwahrung eines nondum conceptus (BGE 140 III 145) über den Schutz Neugeborener, statusrechtliche Paternitätsverfahren bis hin zur geeigneten Unterstützung eines Kindes hochstrittiger Eltern oder eines psychisch belasteten Jugendlichen oder Erwachsenen hin zum Schutz von Menschen im hohen Alter; von der persönlichen Betreuung und Interessenwahrung über die Einkommenssicherung und Vermögensverwaltungen bis zur Erbteilung, Liegenschaftsgeschäften und anderem mehr. Daher können auch nicht alle Verfahren nach einem linearen und für alle Fälle fest vorgegebenen Ablaufprozess bewältigt werden. Die medizinischen, psychologischen, sozialen und rechtlichen Implikationen takten ein Verfahren mit, weshalb diese Verfahren auch *von allem Anfang an interdisziplinär abgestimmt sein müssen,* wenn sie effizient und qualitativ ausgewogen bewältigt werden sollen.

3.6

Als geläufige organisatorische Modelle gelten

3.7

- KESB mit hauptamtlichen Behördenmitgliedern aus unterschiedlichen Disziplinen und eigenem, interdisziplinär zusammengesetztem sozialjuristischem Abklärungsdienst oder Fachsekretariat (z.B. Bern, Basel-Stadt, Nidwalden, Luzern, Zug, Schwyz, Schaffhausen, teilweise Zürich),
- KESB ohne eigenes interdisziplinäres Fachsekretariat, aber mit hauptamtlichen Behördenmitgliedern aus unterschiedlichen Disziplinen, die Abklärungen z.T. selbst vornehmen (z.B. Solothurn),

3. Abklärung und Entscheid

- KESB mit hauptamtlichen Behördenmitgliedern aus unterschiedlichen Disziplinen und juristischem Fachsekretariat (z.B. Stadt Zürich, teilweise Wallis),
- KESB ohne eigenes interdisziplinäres Fachsekretariat und mit nebenamtlichen Behördenmitgliedern aus unterschiedlichen Disziplinen, die nur an der Entscheidfindung partizipieren (z.B. Genf, Neuenburg).

3.8 In einzelnen Kantonen teilen sich die KESB, deren Abklärungsdienste und kommunale Sozialdienste in der Abklärung der Situation auf. In einzelnen Kantonen werden die Abklärungen ausschliesslich von der KESB und deren Fachsekretariat/Abklärungsdienst vorgenommen, während in einzelnen Kantonen die Hauptlast der Abklärung bei den Sozialdiensten liegt, die organisatorisch unabhängig von der KESB sind und in der Regel in eine kommunale Verwaltungsorganisation integriert sind oder einem kommunalen Zweckverband angehören. Zuweilen findet man auch die Lösung, dass kindesschutzrechtliche Abklärungen durch Fachdienste und erwachsenenschutzrechtliche vornehmlich durch die KESB selbst vorgenommen werden.

3.9
> **Beachte**
>
> Das Vorgehen bei der Abklärung von Meldungen, Gesuchen oder Anträgen ist abhängig von der jeweiligen kantonalen Gesetzgebung und Behördenorganisation. Deshalb kann das Vorgehen der KESB unterschiedlich sein und von den Betroffenen auch unterschiedlich erlebt werden.

3.1.2. Abgrenzung von Verfahrensinstruktion und Abklärung

3.10 Aufgrund der *Offizial- und Untersuchungsmaxime* (Art. 307, 446 ZGB; BGE 142 III 153 E. 5.1.2) liegt die Verantwortung zur notwendigen und hinreichenden Informationsbeschaffung bei der KESB. Sie kann zwar Abklärungen bei geeigneten Personen und Stellen in Auftrag geben und je nach kantonaler Gesetzgebung sind die beauftragten Stellen auch verpflichtet, diese Abklärungen vorzunehmen (Art. 22 Abs. 2 lit. a KESG BE; § 143 EG ZGB SO). Die sog. Instruktionsverantwortung liegt aber immer bei der KESB und kann von dieser nicht delegiert werden. Das ist nicht nur verfahrensrechtlich, sondern auch methodisch entscheidend, weil für die Verfahrensbetroffenen klar sein muss, wer das Verfahren autoritativ steuert und wer mit der Abklärung beauftragte Fachstelle ist. Innerhalb der verfassungsmässigen Schranken und des erhaltenen Auftrages gestaltet und verantwortet die Fachstelle ihr eigenes Vorgehen autonom.

Abklärende, von der KESB *organisatorisch unabhängige Sozialdienste* haben die Rolle von Fachdiensten und Spezialisten, sie müssen sich gegenüber jenen Verfahrensbetroffenen, bei und mit welchen sie die Situation abklären müssen, nicht autoritativ durchsetzen. Die KESB kann sich daher ihrer Instruktionsverantwortung nicht dadurch entziehen, dass sie eine eingehende Meldung einfach zur Erledigung an einen Dienst weiterleitet. Für sie gilt das Prinzip *«aufgleisen und nicht abschieben»*. Durch ihr steuerndes Handeln muss für alle Verfahrensbetroffenen und -beteiligten von allem Anfang an unmissverständlich erkennbar werden, was warum durch wen auf welche Weise abzuklären sei. Transparenz ist oberstes Gebot, bei zivilrechtlichen Untersuchungen besteht kein Raum für verdeckte Ermittlungen, weil das Ziel jeder behördlichen Intervention das Wohl der Betroffenen ist und eine respekt- und vertrauensvolle Beziehung nicht erst von einem allenfalls zu ernennenden Beistand oder Vormund (Art. 308 Abs. 2 oder Art. 327a i.V.m. Art. 388 und 406 ZGB), sondern bereits von der KESB anzustreben ist.

3.11

Wenn die von der KESB beauftragten abklärenden Dienste *nicht zu den erforderlichen Informationen gelangen*, sei es, weil die Betroffenen auf Einladungen nicht reagieren, sei es, dass sie keinen Zugang zu ihrer Wohnung gewähren oder die nötigen Informationen nicht preisgeben, hat das entsprechende Rückmeldungen der Abklärungsstelle an die KESB zur Folge.

3.12

Beachte

Unkooperatives Verhalten hat auch einen Aussagewert, auch wenn dieser nicht immer in dieselbe Richtung weist. Es kann mit Kommunikationsproblemen (sprachliche Schwierigkeiten, intransparente, mangelhafte Informationen seitens Behörden und Diensten), mit schlechten Erfahrungen, Vorurteilen, mit einem ausgeprägten Hang zu Autonomie, aber auch mit mangelndem Verständnis (intelligenz- oder wertebedingtes Unvermögen zur Einsicht), Nachlässigkeit, Desinteresse oder gar Böswilligkeit zu tun haben. Zuweilen ist unkooperatives Verhalten auch ein Hinweis auf einen bestimmten physischen oder psychischen Gesundheitszustand, weshalb es *nicht unbesehen negativ konnotiert* werden darf, sondern nach den Ursachen zu fragen und geeignet darauf zu reagieren ist.

3.13

Weil die abklärenden Stellen keine autoritativen Befugnisse haben, muss ggf. die KESB die nötigen *Durchsetzungsmöglichkeiten* prüfen und anordnen (Art. 450g ZGB). Das kann z.B. die autoritative Aufforderung zur Kooperation mit der abklärenden oder begutachtenden Stelle und im äussersten Fall die polizeiliche Zuführung oder ein Augenschein vor Ort sein. Dabei ist aber jenes Vorgehen zu wählen, das auf längere Sicht die besseren

3.14

Möglichkeiten offenhält, *Vertrauen zu generieren* und Hilfe, Unterstützung sowie Schutz sicherzustellen. Andersherum gesagt kann bei einem Abklärungsverfahren viel Kredit verspielt («viel Geschirr zerschlagen») werden, was den Aufbau der notwendigen Vertrauensbeziehung illusorisch werden lassen kann.

3.15 Die Qualität einer interdisziplinären KESB zeigt sich deshalb bereits beim Einstieg in eine Abklärung. Die Festlegung der zu beschaffenden Informationen und das Vorgehen sind ein *erster Meilenstein* in einem erfolgversprechenden interdisziplinären Abklärungsverfahren (vgl. Kap. 3.4.1.).

3.16
> **Beachte**
>
> Die Verfahrensinstruktion liegt immer bei der KESB. Diese Verantwortlichkeit muss gegenüber den Verfahrensbetroffenen von allem Anfang an transparent kommuniziert werden. Es darf nicht der Eindruck entstehen, eine mit der Abklärung beauftragte Fachstelle repräsentiere die behördliche Autorität. Gelangt die abklärende Stelle wegen mangelnder Kooperation der Betroffenen nicht zu den nötigen Informationen, liegt es an der KESB, die Beweiserhebungen durchzusetzen.

3.1.3. Rolle der KESB im Verhältnis zu externen Abklärungsstellen, Gutachtern, Verfahrensbeistand, Erziehungsbeistand etc.

3.17 Falls *während einer laufenden Massnahme* ein zusätzliches Verfahren angehoben wird, besteht die Gefahr dysfunktionaler paralleler Interventionen. Wenn bspw. ein eingesetzter Besuchsrechtsbeistand zwischen den Eltern und dem Kind bei der Durchführung des persönlichen Verkehrs Vermittlungsdienste und Beratung leistet oder ggf. sogar die Modalitäten des Besuchsrechts festlegen muss, und gleichzeitig von einem der Beteiligten bei der KESB eine Abänderung der bestehenden Regelungen beantragt wird, muss umgehend geklärt werden, ob und wenn ja inwiefern der Beistand während des neuen Verfahrens seine Dienste noch einbringen kann und inwiefern diese sistiert werden, bis die KESB ihre Abklärungen abgeschlossen und ihren Entscheid gefällt hat. Das gilt erst recht, wenn noch Anwälte im Spiel sind und damit deren Prozesstaktik mit hineinspielen kann. Noch akzentuierter ist der Bedarf nach Klärung der beistandschaftlichen Funktion, wenn eine Mediation (Art. 314 Abs. 2 ZGB), ein Gutachten (Art. 314 Abs. 1 i.V.m. Art. 446 Abs. 2 ZGB, Art. 168 Abs. 1 lit. d, 183 ff. ZPO) oder eine Verfahrensbeistandschaft (im Sprachgebrauch auch als Verfahrensvertretung, Kinderanwalt oder Kindesbeistand bezeichnet,

Art. 314a^{bis} ZGB) angeordnet wird. Ohne klare schriftliche Regelung der jeweiligen Rollen und Aufgaben (verfahrensleitende Verfügung, möglichst mündliche Erläuterung) besteht die Gefahr, dass innerhalb des Helfersystems mit sich überschneidenden und teilweise auch überlagernden Zuständigkeiten oder bei den Verfahrensbeteiligten Konfusionen entstehen. Das drückt sich darin aus, dass sich Bemühungen von Erziehungsbeistand, Verfahrensbeistand, Mediator oder Gutachter durchkreuzen und sich gegensätzliche Hilfen installieren, die den Betroffenen und vor allem dem Kind mehr schaden als nützen. Behördlicher Kindesschutz kann so zur Risikofalle werden.

Die *Verfahrensinstruktion der KESB* besteht in solchen Fällen nicht nur in der transparenten Festlegung des Vorgehens und der Abklärungsaufträge, sondern ggf. auch in der Klärung der Rollen bereits installierter Helfersysteme (namentlich Beistand, Therapeuten, sozialpädagogische Familienbegleitung). Es versteht sich von selbst, dass angesichts des autoritativ gesteuerten Abklärungsverfahrens (Art. 314 i.V.m. Art. 446 ZGB) auch diese Rollenklärungen autoritativ festgelegt werden müssen. Das können verfahrensleitende Verfügungen, ggf. aber auch vorsorgliche Massnahmen sein.

3.18

3.2. Inhalt und Umfang des Abklärungsverfahrens

3.2.1. Wichtige Grundsätze

Ausgangslage jeder Abklärung ist das mutmassliche oder offensichtliche Vorliegen einer *Kindeswohlgefährdung* (Kap. 1.5.). Um behördliches, vom Gesetz gefordertes oder ermöglichtes Handeln rechtsstaatlich zu legitimieren, muss sich die angerufene KESB in den Stand versetzen, ihren Entscheid auf einer hinreichenden *Informationsgrundlage* treffen zu können. Dabei ist sie zuweilen auf reine Sachinformationen (Personenstatus, Vermögensstand), meist aber auch auf Informationen aus dem engeren Bereich der Persönlichkeit (Art. 28 ZGB) angewiesen. Diesbezüglich wird in der Literatur und Rechtsprechung von einer Dreiteilung des gesamten Lebensbereichs eines Menschen in den Geheim-, den Privat- und den Gemeinbereich ausgegangen («Drei-Sphären-Theorie»; BGE 118 IV 41 E. 4):

3.19

- Der *Geheimbereich* umfasst diejenigen Lebensvorgänge, die eine Person der Wahrnehmung und dem Wissen aller Mitmenschen entziehen bzw. nur mit ganz bestimmten andern Menschen teilen will.
- Der *Privatbereich* umfasst diejenigen Lebensäusserungen, die der Einzelne gemeinhin mit nahe verbundenen Personen, aber nur mit diesen, teilen will, z.B. das Wohnen, das Arbeiten, das gemeinschaftliche Be-

sprechen von Tagesereignissen, wobei der Kreis der nahe Verbundenen je nach der Art der Lebensbetätigung wechseln kann.
- Eine dritte Gruppe von Lebensbetätigungen liegt im *Gemeinbereich*. Durch sie ist der Mensch Lebens- und Zeitgenosse von jedermann; diesem Bereich gehören die Lebensbetätigungen an, durch die sich der Mensch wie jedermann in der Öffentlichkeit benimmt, durch unpersönliches Auftreten an allgemein zugänglichen Orten und Veranstaltungen oder durch sein öffentliches Auftreten als Künstler oder Redner.

3.20 Der in Art. 446 ZGB der KESB übertragene Auftrag, den *Sachverhalt von Amtes wegen zu erforschen* (Untersuchungsmaxime), stellt damit oft eine heikle Mission im Spannungsfeld von gewissenhafter Informationsbeschaffung und Persönlichkeitsschutz dar. Auch wenn letztlich jede Kindesschutzmassnahme dem Schutz der Person des Kindes und dessen Würde dient und die KESB der Verschwiegenheitspflicht untersteht (Art. 451 ZGB), bedeutet dies keinen Freipass für die Beschaffung jedwelcher Informationen.

3.21
> **Beachte**
>
> Wie die ggf. anzuordnenden Massnahmen selbst, unterliegt auch das Abklärungsverfahren den in Art. 5 und 36 BV sowie Art. 307 ZGB enthaltenen Grundsätzen der *Verhältnismässigkeit*, *Subsidiarität*, *Komplementarität* und *Legalität*, d.h., dass die Abklärungsschritte
> - dem *Wohl des Kindes* dienen müssen,
> - *geeignet und notwendig* sind, um die erforderlichen Informationen über den Hilfs- und Schutzbedarf des Kindes zu beschaffen,
> - für die Betroffenen *nicht mehr Belastungen auslösen*, als aus ihnen Nutzen resultiert,
> - *zurückliegende Abklärungen* (insbesondere auch anderer Behörden) ohne Vorliegen veränderter Verhältnisse nicht repetitiv wiederholen, sondern diese *miteinbeziehen und auswerten* (Aktenevaluation),
> - *Dritte* nur so weit in die Abklärungen einbeziehen, als sich die Situation mit der betroffenen Person selbst oder anhand greifbarer Daten und Akten nicht hinreichend abklären lässt,
> - auf *jene Lebensbereiche beschränkt* bleiben, welche Gegenstand behördlicher Intervention sind,

3.2. Inhalt und Umfang des Abklärungsverfahrens

> - nur mit *Abklärungsmethoden* erfolgen, welche gesetzlich zulässig sind, wobei nach der bundesgerichtlichen Praxis in Verfahren, die der uneingeschränkten Offizial- und Untersuchungsmaxime unterliegen, der *Freibeweis* gilt und nach eigenem Ermessen und auch auf unübliche Art («de façon inhabituelle») Beweise erhoben und Berichte eingeholt werden können (BGE 122 I 53 E. 4.a; BGer 5A_150/2011 E. 3.5.2).

Die KESB hat die Möglichkeit, als *Gremium* (z.B. mittels kollektiver Anhörung), über ihre *einzelnen Mitglieder*, über Hilfspersonen in ihrem Fachsekretariat (sozialjuristischer Abklärungsdienst) sowie über geeignete *Drittpersonen* oder *Fachstellen* diese Abklärungen vorzunehmen (Kap. 3.1.). Nötigenfalls ordnet sie das *Gutachten* einer sachverständigen Person an (Art. 314 Abs. 1 i.V.m. Art. 446 Abs. 2 ZGB, Art. 168 Abs. 1 lit. d, 183 ff. ZPO).

3.22

Wenn die KESB aussenstehende Personen oder Stellen (z.B. Sozialdienste) mit der Abklärung eines Sachverhalts beauftragt, muss sie sich zuvor vergewissern, ob deren erforderliche *Eignung* vorliegt. Die Abklärungsaufträge an Drittstellen müssen mit dem Kompetenzprofil dieser Stellen kompatibel sein. Sozialdienste sind besonders geeignet, Sozialberichte zu erstellen, d.h., die soziale Situation eines Kindes und dessen Familie abzuklären, wenn sie über entsprechend ausgebildetes und erfahrenes Personal verfügen. Sie dürften in der Regel weniger geeignet sein, sich zu psychischen Störungsdiagnosen oder zu rechtlichen Problemstellungen (Kind in Erb- oder heiklen Paternitätsstreitigkeiten, finanzielle Ansprüche des Kindes als Unfall- oder Verbrechensopfer) zu äussern. Deshalb ist es auch nicht zulässig, bei der KESB eingehende Meldungen standardmässig und unbesehen einem Sozialdienst «zur Abklärung und Antragstellung» zu überweisen. Fehlen in einem Sozialdienst die nötigen Spezialkompetenzen, besteht aber aufgrund des kantonalen Rechts eine Leistungspflicht dieses Dienstes, so muss die KESB aufgrund der Untersuchungsmaxime auf Kosten dieses Dienstes eine geeignete andere Fachstelle oder geeignete Drittperson mit den nötigen Abklärungen beauftragen.

3.23

Das Ausformulieren *klarer Aufträge mit konkreten Fragestellungen* sichert zudem, dass die Abklärungen der beauftragten Stellen nicht an den Erwartungen der KESB und den rechtlich erforderlichen Informationen und nötigen fachlichen Einschätzungen vorbeizielen. Konkrete Fragestellungen bilden darüber hinaus auch einen Filter, um sich zu vergegenwärtigen, ob die beauftragte Stelle zur Abklärung der gestellten Fragen auch geeignet sei und die Verhältnismässigkeit der Informationsbeschaffung gewährleistet ist (z.B. psychiatrische Diagnosen können nicht von einem Sozialdienst erstellt werden). Ausserdem schaffen sie gegenüber den Verfahrensbetroffenen die erforderliche Transparenz.

3.24

3.2.2. Inhalt und Umfang der Abklärung

3.25 Inhalt und Umfang der Abklärungen werden durch den *Interventionsgrund* bestimmt. Der Inhalt einer Meldung, eines Gesuchs oder Antrages und die daraus zu entnehmende mutmassliche Schutzbedürftigkeit bedingen je unterschiedliche Informationen aus unterschiedlichen Sach-, Sozial- und Persönlichkeitsbereichen. Der Bedarf, aber auch die Grenzen der Informationsbeschaffung und Beweisführung richten sich nach der *Begründungspflicht* für den späteren Sachentscheid. Allerdings liegt u.U. eine völlig andere Problemstellung vor, als sich dies aufgrund eines ersten Eindrucks annehmen lässt. Deshalb ist es entscheidend, vorurteilslos und ohne falsche Bilder eine Abklärung anhandzunehmen. Voreilig als bestätigt erachtete Hypothesen und Mutmassungen sind denn auch regelmässige Erfolgskiller sorgfältiger Abklärungsverfahren, weshalb zunächst möglichst objektiv die erforderlichen Informationen beschafft werden müssen. In der Bewältigung des Dilemmas zwischen einer möglichst zurückhaltenden und gleichzeitig hinreichenden Beweiserhebung liegt die interdisziplinäre Herausforderung einer erfolgversprechenden Abklärungsarbeit.

3.26 Die Verfahrensbestimmungen des ZGB enthalten *keine abschliessende Aufzählung von Beweismassnahmen*. Art. 314 ZGB verweist für das Kindesschutzverfahren sinngemäss auf die Bestimmungen über das Verfahren vor der Erwachsenenschutzbehörde (Art. 443–449b, 450f, 450g, 453 ZGB). «Die KESB erforscht den Sachverhalt von Amtes wegen, zieht die erforderlichen Erkundigungen ein und erhebt die notwendigen Beweise» (Art. 446 ZGB). Ausser der Möglichkeit, ein *Gutachten* anzuordnen (Art. 446 Abs. 2 ZGB, vgl. Kap. 7.4.) und die betroffenen Personen *persönlich anzuhören* (Art. 447 ZGB, vgl. Kap. 7.1.), kann sie «die zur Wahrung schutzwürdiger Interessen erforderlichen Anordnungen treffen und nötigenfalls deren zwangsweise Durchsetzung anordnen» (Art. 448 Abs. 1 ZGB). Die Verfahrensbestimmungen zum Kindesschutz sehen ausserdem die Möglichkeit vor, die Eltern zu einem *Mediationsversuch* aufzufordern (Art. 314 Abs. 2 ZGB, vgl. Kap. 7.3.). Das Kind ist durch die KESB oder eine beauftragte Drittperson in geeigneter Weise persönlich anzuhören, soweit nicht sein Alter oder andere wichtige Gründe dagegen sprechen (Art. 314a Abs. 1 ZGB; vgl. Kap. 7.1.3.). Diese *Anhörungspflicht* beschränkt sich nicht auf das urteilsfähige Kind, sondern bezieht sich *auf alle* äusserungsfähigen *Kinder*, was in der Regel ab 6. Altersjahr angenommen wird (BGE 131 III 553). Spezifisch enthält das Kindesschutzrecht überdies die Möglichkeit, dass die KESB «wenn nötig» dem Kind einen *Verfahrensvertreter* (auch Verfahrensbeistand, Verfahrensvertretungsbeistand, Kinderanwalt oder Kindesvertreter genannt) zur Seite stellen kann (Art. 314a[bis] ZGB). Das ist namentlich dann zu prüfen, wenn die Unterbringung des Kindes

3.2. Inhalt und Umfang des Abklärungsverfahrens

Gegenstand des Verfahrens bildet oder die Beteiligten bzgl. der Regelung der elterlichen Sorge oder bezgl. wichtiger Fragen des persönlichen Verkehrs unterschiedliche Anträge stellen. Und schliesslich gelten für das Kind, das in einer geschlossenen Einrichtung oder einer psychiatrischen Klinik untergebracht wird, die Bestimmungen des Erwachsenenschutzes über die fürsorgerische Unterbringung sinngemäss (Art. 314b Abs. 1 ZGB). *Das urteilsfähige Kind kann selber oder mittels eines von ihm bestellten Vertreters das Gericht anrufen* (Art. 314b Abs. 2 ZGB), wodurch sich eine Vereinheitlichung der Prozessfähigkeit des urteilsfähigen Kindes in höchstpersönlichen Belangen ergibt (Art. 19c ZGB; BGE 134 II 235 E. 4.1; 120 Ia 369; BGer 5A_615/2011 E. 1).

3.27

> **Beachte**
>
> Das Zivilgesetzbuch (ZGB) enthält nur wenig Bestimmungen zum Abklärungsverfahren. Im Übrigen liegt es an den Kantonen, das Verfahren abschliessend zu regeln. Wenn das kantonale Recht Lücken enthält, gilt die Schweizerische Zivilprozessordnung (ZPO) als ergänzendes kantonales Recht, soweit die Bestimmungen der ZPO mit den übergeordneten Prinzipien des Kindesschutzes vereinbar sind (d.h. nur sinngemässe Geltung, vgl. Art. 450f ZGB). Nicht damit vereinbar ist z.B. bei Massnahmenentscheiden die Bestimmung von Art. 239 Abs. 2 ZPO, wonach eine schriftliche Begründung nur dann nachzuliefern sei, wenn eine Partei dies innert zehn Tagen seit der Eröffnung des Entscheides verlange und bei dessen Ausbleiben angenommen werde, es werde auf die innert 30 Tagen mögliche Beschwerde verzichtet. Kindesschutzmassnahmen sind mit deren Anordnung immer schriftlich zu begründen (BGer 5A_732/2014 E. 3.1; 8D_4/2013 E. 3.2).

Ein *systematisches, dem Fall angepasstes methodisches* Vorgehen bei der Abklärung kann sich als Schlüssel für eine erfolgreiche Kindesschutzmassnahme erweisen. Eine unsorgfältig geplante und durchgeführte Abklärung hingegen kann die Situation eskalieren lassen, viel Kredit verspielen («einen Scherbenhaufen hinterlassen») und den Vertrauensaufbau erschweren.

3.28

Einschätzungsaufgaben

Im Abklärungsverfahren lassen sich verschiedene inhaltliche Einschätzungsaufgaben unterscheiden (vgl. Abbildung in Rz. 3.32). In der Einstiegsphase des Verfahrens (vgl. Abbildung in Rz. 3.48) ist durch die KESB eine *Dringlichkeitseinschätzung* vorzunehmen. Die Dringlichkeitseinschätzung beantwortet die Frage, wie dringlich, d.h. innerhalb welcher Frist mit der betroffenen Familie oder allenfalls dem Kind allein Kontakt aufgenommen werden muss. Dieser Kontakt kann je nach Situation innerhalb weniger

3.29

3. Abklärung und Entscheid

Stunden nach Eingang der Meldung, innerhalb 24 Stunden oder innerhalb weniger Arbeitstage angezeigt sein. Auch prüft die zuständige Person der KESB, ob – evtl. umgehend – vorsorgliche oder gar superprovisorische Massnahmen zur Sicherstellung des Kindeswohls nötig sind.

3.30 Während allen Phasen des Kindesschutzverfahrens, aber insb. während der Phase 2, der Abklärung, ist bei Anzeichen zu prüfen, ob *sofortiger Handlungsbedarf* besteht, um das Kindeswohl sicherzustellen. Falls sofort etwas zum Schutz des Kindes getan werden muss, ist immer die Verfahrensleitung der KESB zu kontaktieren, um *vorsorgliche Massnahmen* zu prüfen.

3.31 Die Einschätzung des Kindeswohls im Rahmen der Abklärung i.e.S. beruht in der Regel auf einer Erfassung von *Risiko- und Schutzfaktoren und deren Zusammenwirken* und *Anhaltspunkten* für eine bestehende Misshandlung oder Vernachlässigung. Die Sichtweise und der *Wille des Kindes* (vgl. Kap. 3.2.3. und 1.3.3. sowie 18.) und *derjenige seiner Eltern sind dabei wenn möglich zu erheben und zu berücksichtigen*. Falls die Einschätzung auf eine Gefährdung des Kindeswohls hinweist, gilt es zu prüfen, mit welchen Hilfen das Kindeswohl sichergestellt werden kann. Anschliessend ist zu klären, ob dafür auch behördliche Massnahmen erforderlich sind.

3.2. Inhalt und Umfang des Abklärungsverfahrens

3.32

Inhaltliche Einschätzungsaufgaben des Abklärungsverfahrens	
Einschätzungsaufgabe	**Inhalt**
Dringlichkeitseinschätzung in der Einstiegsphase des Verfahrens	Prüfung durch KESB nach Eingang der Meldung: innerhalb welcher Frist muss wer mit den Sorgeberechtigten/mit dem Kind Kontakt aufnehmen? Bei entsprechenden Hinweisen: Überprüfung des sofortigen Handlungsbedarfs
Überprüfung des sofortigen Handlungsbedarfs während allen Phasen des Verfahrens	Muss aufgrund der bereits vorliegenden Informationen sofort etwas zur Sicherstellung des Kindeswohls unternommen werden? Einschätzung während der Abklärung i.e.S. und auch während den anderen Phasen des Verfahrens wiederholen.
Einschätzung des Kindeswohls	Folgende Informationen sind relevant: • Anhaltspunkte für bestehende Misshandlung oder Vernachlässigung des Kindes • Risiko- und Schutzfaktoren und deren Zusammenwirken • Sichtweise des Kindes • Sichtweise der Eltern
Einschätzung des Bedarfs nach Hilfen zur Gewährleistung des Kindeswohls	• Einschätzung, durch welche Hilfen das Kindeswohl gewährleistet werden kann. • Einschätzung der Kooperationsbereitschaft und Veränderungsfähigkeit der Familienmitglieder
Einschätzung des Bedarfs nach behördlichen Massnahmen und nach verfahrensrechtlichen Anordnungen zur Sicherstellung des Kindeswohls	• Anordnungen durch Strafbehörden? • Anordnungen durch KESB? • Involvierte Zivilgerichte (Eheschutz, Ehetrennung, Ehescheidung, Eheungültigkeit, Vaterschaftsprozess, Unterhaltsprozess)?

Für die inhaltliche Auseinandersetzung mit den Themen Kindeswohl, Kindeswohlgefährdung, Risiko- und Schutzfaktoren, Bedarf des Kindes und Kindeswille wird auf die Kap. 1. und 18. verwiesen.

3.33

3. Abklärung und Entscheid

3.2.3. Sicht des Kindes

3.34 In Kindesschutzverfahren droht zuweilen ob der Fokussierung auf das Verhalten und die Äusserungen der involvierten Erwachsenen der Blick auf die betroffenen Kinder aus dem Blickfeld zu geraten. Entscheidend ist letztlich immer, *wie sich das Verhalten von Erwachsenen auf das Kindeswohl auswirkt*. Es gibt Eltern mit unüblichen Lebensentwürfen und unkonventionellen Familienformen, ohne dass deswegen die Kinder Schaden nehmen. Für die Kindesschutzorgane ist die Interventionsschwelle immer das Wohlbefinden und absehbare Wohlergehen des Kindes und nicht Auffälligkeiten oder Eigenarten der Erwachsenen. Es ist der Blick auf die Situation des Kindes, der das Verfahren im konkreten Fall taktet. Um diese Optik zu stärken, hat die Gesetzgeberin die persönliche Anhörung des Kindes schon mit der Scheidungsrechtsrevision im Jahre 2000 gesetzlich vorgeschrieben und 2013 mit der Totalrevision des Erwachsenenschutzrechts zusätzlich Art. 314a^{bis} ins ZGB aufgenommen, was der KESB die Möglichkeit bietet, im Rahmen eines Kindesschutzverfahrens «wenn nötig» die Vertretung des Kindes anzuordnen und einen Verfahrensbeistand mit der Interessenwahrung des Kindes zu beauftragen (Kap. 3.2.2., 3.4.1., 7.2.).

3.35 Bei der *Anhörung des Kindes* (vgl. Kap. 7.1.) stehen zwei Anliegen im Vordergrund: Erstens ein *Informationsteil*, in welchem das Kind von der anhörenden Person darüber in Kenntnis gesetzt wird, worum es geht, damit sich das Kind auch substanziell zur Sache äussern kann. Zum Anderen soll *das Kind mit seinen eigenen Worten* seine Lebenssituation, allenfalls seine Not, seine Beziehungen, seine Erwartungen, Wünsche und Hoffnungen beschreiben können. Dabei ist die Anhörung nicht auf problemzentrierte Themen zu reduzieren, sondern es sollen die Interessen und der Lebensalltag des Kindes ins Licht gerückt werden. Die Anhörung dient nicht der Wahrheitsforschung, sondern der Erkenntnis über die Wirklichkeit und Dilemmata des Kindes und die Vorstellungen des Kindes, welche Veränderungen seine Lebensbedingungen verbessern würden und was die Eltern oder allenfalls behördliche Hilfe dazu beitragen können.

3.36 Wurde dem Kind ein *Verfahrensbeistand* bestellt (vgl. Kap. 7.2.), erfolgt selbstverständlich die *Anhörung des Kindes unter dessen Einbezug*. Damit das Kind nicht unnötig wiederholten Anhörungen ausgesetzt wird, müssen sich abklärende Stellen und Verfahrensvertreter, welche beide im Dienste des Kindeswohls stehen, abstimmen.

3.37 Ob die *Eltern das Kindesinteresse vertreten* können (Art. 304 ZGB), ob das Kind selbst oder mittels eines von ihm beauftragten Anwalts seine Interessen hinreichend einbringen kann (Art. 305 Abs. 1 ZGB; BGer 5A_615/2011 E. 1) oder ob ein Verfahrensbeistand (Art. 314a^{bis} ZGB) diese Vertretung sicherstellt, darf für das Kind keinen Unterschied machen: In allen Fällen ist seine *Interessenlage* so ins Licht zu rücken, dass für es die bestmögliche, dem Kindeswohl unter den gegebenen Umständen am ehesten entsprechende Lösung resultiert. Nicht nur die Eltern müssen das *Kindeswohl bestmöglich sicherstellen* (Art. 301, 302 und 304 ZGB), das gilt auch für jede andere Art gesetzlicher Vertretung, sei es ein Beistand nach Art. 306 Abs. 2 oder Art. 308 Abs. 2 ZGB, ein Vormund nach Art. 327a ZGB oder ein Verfahrensbeistand nach Art. 314a^{bis} ZGB (BGer 5A_894/2015 E. 4.4.; BGE 142 III 153 E. 5.2.1, 5.2.2, 5.2.3.3).

3.2.4. Kooperationsbereitschaft von Eltern und Kind

Der Erfolg eines Grossteils der Kindesschutzmassnahmen ist abhängig vom Zustandekommen einer *fruchtbaren Kooperation zwischen den Eltern, dem Kind, den Kindesschutzorganen und ggf. weiteren involvierten Fachdiensten und -personen*.

3.38

> **Beachte**
>
> Wenn diese erforderlich ist und zu Beginn eines Verfahrens nicht vorliegt, ist nach den Ursachen zu fragen (vgl. Kap. 3.1.2.):
> - Liegt es an Kommunikationsproblemen (sprachliche Schwierigkeiten; intransparente, mangelhafte Information seitens Behörden und Diensten)?
> - Ist sie bedingt durch schlechte Erfahrungen oder Vorurteile gegenüber den KESB?
> - Zeigen die Betroffenen einen ausgeprägten Hang zu Autonomie (Probleme selber bewältigen, nicht dreinreden lassen wollen, kein Vertrauen in [professionelle] Unterstützung)?
> - Hängt die fehlende Kooperation zusammen mit mangelndem Verständnis, z.B. weil die Betroffenen aufgrund einer geistigen Behinderung oder aufgrund ihrer Persönlichkeit/einer Persönlichkeitsstörung oder aufgrund eines devianten Wertesystems keine Problemeinsicht haben?
> - Liegt der Grund in Nachlässigkeit, Desinteresse oder gar Böswilligkeit?
> - Sind die Betroffenen gesundheitlich beeinträchtigt (z.B. fehlende physische oder psychische Belastbarkeit; psychiatrische Krisen)?

3.39

Je nach Ursache der fehlenden Kooperation sind auch die entsprechenden *vertrauensbildenden Schritte* zu planen.

3.40

Die *Kooperationsbereitschaft und die Veränderungsfähigkeit der Betroffenen sind manchmal nicht einfach einzuschätzen*. Wichtig ist zwischen der grundsätzlichen Bereitschaft zu kooperieren und der Fähigkeit, tatsächliche Veränderungen im Verhalten (z.B. Erziehungsalltag) oder in den Be-

3.41

gebenheiten (z.B. Wohnsituation) herbeizuführen, zu unterscheiden. Die nachfolgenden Fragen können helfen, diese Einschätzung vorzunehmen:

- Wie ist die bisherige Bereitschaft, Hilfe anzunehmen? Weshalb? Sind Veränderungen möglich?
- Wie konnten bislang Empfehlungen umgesetzt werden?
- Wie reagieren die Betroffenen auf Kontaktaufnahmen? Was sind mögliche Gründe (Sprache, Lesefähigkeit etc.)?
- Inwiefern übernehmen die Sorgeberechtigten die Verantwortung für das Wohlergehen des Kindes? Weshalb?
- Wie weit sind die involvierten Erwachsenen bereit und fähig, sich in das Erleben und die Situation des Kindes zu versetzen?
- Inwiefern beteiligen sich die Betroffenen an der Lösungsfindung?
- Inwiefern halten die Betroffenen Abmachungen ein? Weshalb?

3.42 Eigenschaften wie Kooperationsbereitschaft und Veränderungsfähigkeit von Eltern, Kindern oder Jugendlichen stehen in Zusammenhang mit dem vorhandenen *Unterstützungsangebot*. Hier haben abklärende Personen und/oder Stellen durch ihre Kenntnisse der lokalen Gegebenheiten die Funktion, in Abstimmung mit der KESB, Brücken zu den passenden Angeboten zu schlagen. Der Abklärungsprozess und die darin verhandelten Problemsichten der Betroffenen und weiterer Fachpersonen liefern Aufschluss darüber, welche Ressourcen die Betroffenen schätzen und was angepasste oder unangepasste Bewältigungsstrategien sind.

3.43
> **Beachte**
>
> Eine für die Betroffenen in ihrem individuellen Lebenskontext und ihrer Kultur bedeutsame Unterstützung erhöht die Kooperationsfähigkeit und Veränderungsbereitschaft.

3.3. Verfahren der Abklärung

3.44 Das Abklärungsverfahren richtet sich einerseits nach den im Zivilgesetzbuch (ZGB) enthaltenen Minimalstandards, andererseits nach kantonalem Recht, und soweit dieses keine Bestimmungen enthält, sinngemäss nach der schweizerischen Zivilprozessordnung (ZPO, vgl. Kap. 3.2.1.). Im Übrigen wird auf die ausführliche Darstellung des Verfahrens in Kap. 5. verwiesen.

3.4. Vorgehen bei der Verfahrensinstruktion und der Abklärung (4-Phasen-Modell)

Ausgelöst durch *Handeln von Amtes wegen* (Art. 307 ZGB), durch eine nicht offensichtlich unbegründete *Meldung* (z.B. Art. 443 ZGB), welche auf die Hilfs- und Schutzbedürftigkeit eines Kindes hinweisen, durch einen *Antrag, eine Anrufung oder ein Gesuch* (die unterschiedlichen Benennungen haben rechtstechnisch keine Bedeutung) einer nach dem materiellen Recht legitimierten Person (z.B. Regelung des persönlichen Verkehrs gem. Art. 273 Abs. 1 i.V.m. Art. 275 Abs. 1 ZGB, Zuteilung oder Abänderung gemeinsamer elterlicher Sorge gem. Art. 298b Abs. 1 bzw. Art. 298d ZGB, Aufhebung des Aufenthaltsbestimmungsrechts gem. Art. 310 Abs. 2 ZGB; Zustimmung zum Wechsel des Aufenthaltsortes oder dessen Verweigerung gem. Art. 301a Abs. 2 und 5 ZGB) wird bei der KESB ein Verfahren i.S.v. Art. 443 ff. ZGB rechtshängig. Für den Eintritt der *Rechtshängigkeit* genügt bspw., dass ein Angehöriger, welcher fürsorgerische Interessen einer schutzbedürftigen Person oder eigene rechtlich geschützte Interessen wahrnimmt, bei der KESB vorspricht (BGer 1P.670/2004 E. 2.2.1). Das Einreichen bei einer falschen Stelle schadet nicht, weil die unzuständige Stelle die Meldung, das Gesuch oder den Antrag der richtigen Stelle zuweisen muss (Art. 444 Abs. 2 ZGB; BGE 118 Ia 243 f.; Art. 8 VwVG; Art. 4 VRPG BE).

3.45

Mit dem Eintritt der Rechtshängigkeit entsteht ein sog. *Verfahrens- bzw. Prozessrechtsverhältnis* zwischen der angerufenen oder tätig werdenden KESB und den Beteiligten. Damit beginnt die Pflicht zur Beachtung der *Verfahrensgrundsätze* und zur *beförderlichen Erledigung* der Angelegenheit, welche Gegenstand des Verfahrens bildet (Art. 29 BV; Kap. 5.). In dieser Zeit darf grundsätzlich die gleiche Angelegenheit nicht von einer andern Behörde beurteilt werden, auch wenn sich die Verhältnisse – zum Beispiel durch Begründung eines neuen Wohnsitzes der Beteiligten – nachträglich verändern (Prinzip der perpetuatio fori, BGer 5A_703/2009 E. 1; BGE 101 II 11, s. Rz. 6.18 ff., 20.7). Von diesem Zuständigkeitsprinzip kann bei Gefahr im Verzug abgewichen werden (vgl. Art. 442 Abs. 2 ZGB, Art. 315a Abs. 3 Ziff. 2 ZGB).

3.46

Abklärungsverfahren verlaufen von Beginn der Rechtshängigkeit bis zu deren Abschluss nicht immer linear und schematisch, bedingen aber immer ein geplantes und systematisches Vorgehen, das bei Bedarf rollend angepasst wird. Bedingt durch die das Verfahren beherrschende Offizial- und Untersuchungsmaxime (Kap. 3.1.2.) hat die KESB den Ablauf weitgehend in der Hand und ist im Gegensatz zum klassischen Zivilprozess nicht von den Rechtsbegehren und Beweisanträgen der Verfahrensbeteiligten ab-

3.46a

3. Abklärung und Entscheid

hängig. Auch wenn ein Verfahren von der Natur der Sache her immer seine eigene Geschichte schreiben kann, lässt es sich aus verfahrensrechtlicher Sicht grundsätzlich in vier Abschnitte oder Phasen unterteilen (vgl. Grafik auf der nächsten Seite):

- Die *Einstiegsphase*, welche der Klärung aller Vorfragen dient und sicherstellen soll, dass ein Verfahren nicht am unzuständigen Ort oder durch eine unzuständige Instanz in Gang gesetzt wird und die verfassungsmässig garantierte Verfahrensstellung der Betroffenen respektiert wird sowie allenfalls bei akuter hoher Kindeswohlgefährdung sofort die notwendigen Massnahmen ergriffen werden.
- Die *Abklärungsphase*, welche der Informationsbeschaffung und Beweisführung dient.
- Die *Auswertungsphase*, welche eine «mise en place» der Sachverhaltsermittlung ermöglicht, allfällige Informationslücken aufdecken und schliessen lassen hilft und der Erarbeitung von Lösungsoptionen dient.
- Die *Entscheidfindungsphase*, welche den eigentlichen Schlussakt der Abklärungsarbeit darstellt und der gesetzeskonformen Entscheidfällung und Entscheideröffnung dient.

3.47

Beachte

Bei den vier Phasen handelt es sich nicht um immer streng voneinander abgrenzbare Abschnitte. Sie können sich teils überschneiden oder überlappen, sie können zuweilen auch zirkulär verlaufen. Bei Bedarf müssen während der Auswertungsphase auch noch ergänzende Abklärungen vorgenommen werden, oder es sind bereits während der Einstiegsphase im summarischen Verfahren Abklärungen und Auswertungen vorzunehmen sowie (vorsorgliche oder gar superprovisorische Massnahmen [Art. 445 Abs. 1 und 2 ZGB]), also (Vor-)Entscheide zu treffen. Die einzelnen Teilschritte in den jeweiligen Phasen werden nachfolgend beschrieben.

Neben den verfahrensrechtlichen Aspekten ist es entscheidend, im richtigen Moment auch eine *interdisziplinäre Verknüpfung* herzustellen, was im nachfolgenden Beschrieb mit sieben Meilensteinen identifiziert wird:
- Erster interdisziplinärer Meilenstein: Zuweisung der Instruktion an das fachlich geeignetste Behördenmitglied.
- Zweiter interdisziplinärer Meilenstein: Entscheid darüber, welche Informationen warum auf welche Art und wo erhoben werden.
- Dritter interdisziplinärer Meilenstein: Problemerklärung aufgrund der beschafften Informationen und Daten.
- Vierter interdisziplinärer Meilenstein: Entwurf von Lösungsoptionen mit und ohne behördliche Massnahmen.

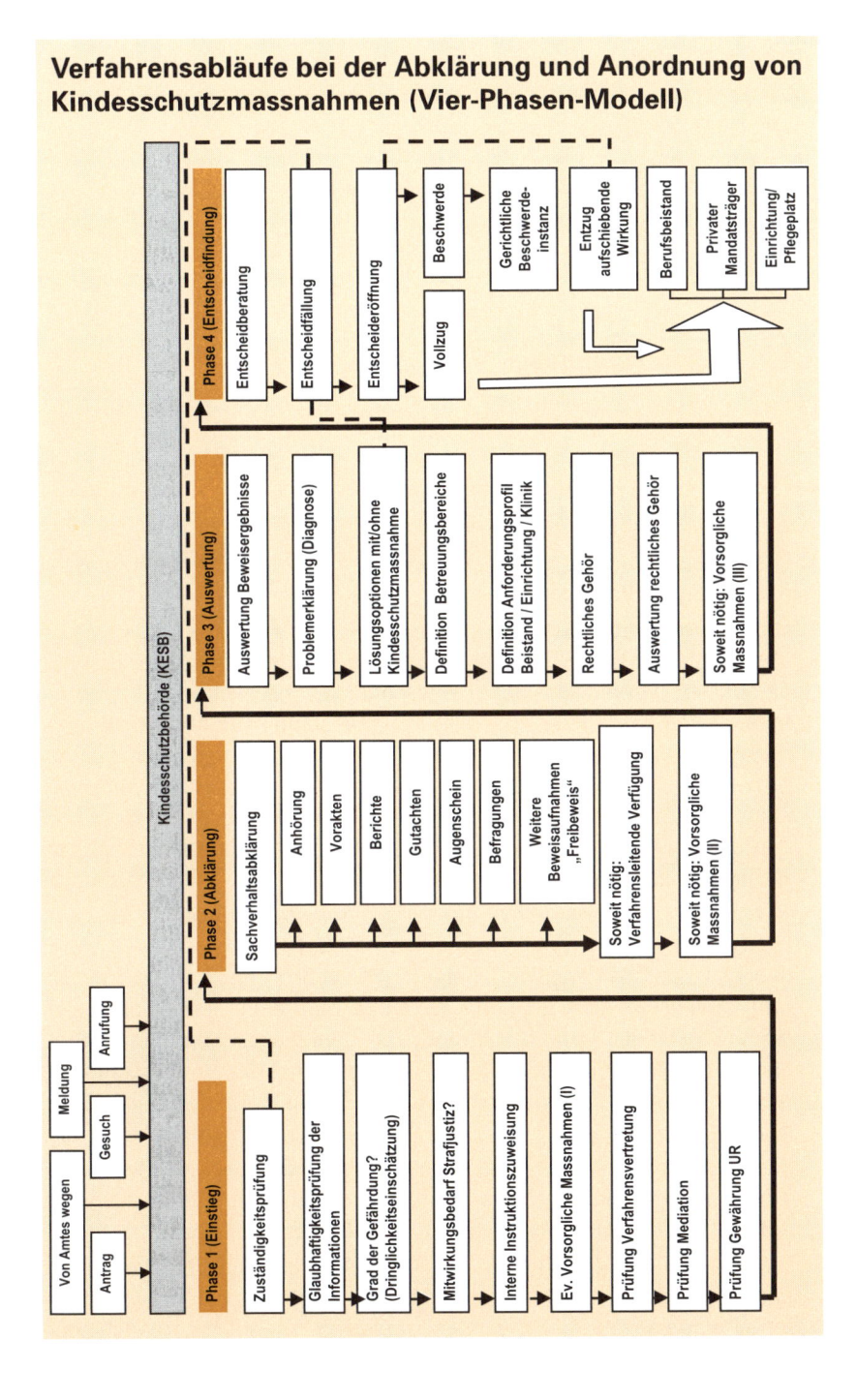

3.4. Vorgehen bei der Verfahrensinstruktion und der Abklärung

Verfahrensabläufe bei der Abklärung und Anordnung von Kindesschutzmassnahmen (Vier-Phasen-Modell)

3.48

Kindesschutzbehörde (KESB)

Phase 1 (Einstieg):
- Von Amtes wegen / Antrag
- Meldung / Gesuch
- Anrufung
- Zuständigkeitsprüfung
- Glaubhaftigkeitsprüfung der Informationen
- Grad der Gefährdung? (Dringlichkeitseinschätzung)
- Mitwirkungsbedarf Strafjustiz?
- Interne Instruktionszuweisung
- Ev. Vorsorgliche Massnahmen (I)
- Prüfung Verfahrensvertretung
- Prüfung Mediation
- Prüfung Gewährung UR

Phase 2 (Abklärung):
- Sachverhaltsabklärung
- Anhörung
- Vorakten
- Berichte
- Gutachten
- Augenschein
- Befragungen
- Weitere Beweisaufnahmen „Freibeweis"
- Soweit nötig: Verfahrensleitende Verfügung
- Soweit nötig: Vorsorgliche Massnahmen (II)

Phase 3 (Auswertung):
- Auswertung Beweisergebnisse
- Problemerklärung (Diagnose)
- Lösungsoptionen mit/ohne Kindesschutzmassnahme
- Definition Betreuungsbereiche
- Definition Anforderungsprofil Beistand / Einrichtung / Klinik
- Rechtliches Gehör
- Auswertung rechtliches Gehör
- Soweit nötig: Vorsorgliche Massnahmen (III)

Phase 4 (Entscheidfindung):
- Entscheidberatung
- Entscheidfällung
- Entscheideröffnung
- Vollzug
- Beschwerde
- Gerichtliche Beschwerdeinstanz
- Entzug aufschiebende Wirkung
- Berufsbeistand
- Privater Mandatsträger
- Einrichtung/Pflegeplatz

97

3. Abklärung und Entscheid

> - Fünfter interdisziplinärer Meilenstein: Sachliche Begründung der als am tauglichsten erachteten, verhältnismässigen Lösung und des getroffenen Entscheides.
> - Sechster interdisziplinärer Meilenstein: Art und Weise der Eröffnung des Entscheides bzw. der Vermittlung der angeordneten Massnahme.
> - Siebter interdisziplinärer Meilenstein: Art und Weise einer allenfalls notwendigen Vollstreckung der Massnahme.

3.4.1. Einstiegsphase

3.49 Mit der Rechtshängigkeit des Verfahrens hat die KESB folgende Obliegenheiten zu beachten:

- Örtliche, sachliche und funktionelle *Zuständigkeitsprüfung* (Kap. 6.).
- Die Prüfung der *Glaubhaftigkeit* der erhaltenen Informationen.
- Die Einschätzung des *Grads der Gefährdung*, welche für die Interventionsstrategie entscheidend ist.
- Klärung des Mitwirkungsbedarfs der *Strafjustiz*: Wenn einer Gefährdungssituation (auch) strafbare Handlungen zugrunde liegen wie z.B. persönliche Vernachlässigung, Misshandlung, häusliche Gewalt usw., muss vermieden werden, dass durch unbedachte zivile Abklärungen der KESB mögliche Beweise, welche für die Strafuntersuchung massgeblich sind, gefährdet oder beseitigt werden (Kollusions- bzw. Verdunkelungsgefahr). Deshalb ist in solchen Situationen das Vorgehen der KESB immer mit den zuständigen Strafuntersuchungsbehörden (Staatsanwaltschaft) abzusprechen.
- Nach einer prima-vista-Sichtung wird die *Instruktion* des Verfahrens KESB-intern einem Mitglied oder dem Präsidium zugewiesen. Massgeblich ist der Bedarf nach der spezifischen Fachlichkeit *(Interdisziplinarität Meilenstein 1)*. Auch wenn die KESB über einen sozialjuristischen Abklärungsdienst oder ein interdisziplinäres Fachsekretariat verfügt, obliegt die Verantwortung für die Verfahrensinstruktion von Gesetzes wegen einem KESB-Mitglied (Art. 446 ZGB, Kap. 5.4.).
- Besteht besonders *dringlicher Handlungsbedarf* («Gefahr im Verzug»), so hat das instruierende Mitglied gestützt auf die jeweilige Geschäftsordnung der KESB und das kantonale Verfahrensrecht *vorsorgliche Massnahmen* anzuordnen (Art. 307 ff., 445 ZGB).
- Gemäss Art. 314a[bis] ZGB hat die KESB «wenn nötig» die *Vertretung des Kindes* durch eine in fürsorgerischen und rechtlichen Fragen erfahrene Person anzuordnen (*Verfahrensbeistand*, im Sprachgebrauch auch

als *Verfahrensvertretung*, *Kindesvertretung* oder *Kinderanwalt* bezeichnet, s. im Übrigen Kap. 7.2.). Über die Bestellung einer Verfahrensbeistandschaft ist in einem frühest möglichen Stadium des Verfahrens zu befinden, damit sie bereits bei der Sachverhaltsermittlung mitwirken, ggf. weitere Beweismassnahmen beantragen und die Interessen des betroffenen Kindes während des gesamten Verfahrens ins richtige Licht rücken kann.

- Die KESB kann gestützt auf Art. 314 Abs. 2 ZGB in geeigneten Fällen die Eltern zu einem Mediationsversuch auffordern (s. dazu Kap. 7.3.). Diese Anordnung ist in einem möglichst frühen Verfahrensstadium und deshalb bereits in der Einstiegsphase zu prüfen.
- Wird dem betroffenen Kind nicht von Amtes wegen ein Verfahrensbeistand bestellt (Art. 314a^bis ZGB), und stellt das urteilsfähige Kind nicht selbst einen Antrag um eine Beistandsbestellung, sondern beauftragt es einen Anwalt mit der Wahrung seiner Interessen (BGer 5A_615/2011 E. 1), so hat die KESB auf entsprechenden Antrag des Kindes hin darüber zu befinden, ob ihm die unentgeltliche Rechtspflege bewilligt werden kann (Kap. 5.10.).

3.4.2. Abklärungsphase

Die Verfahrensbestimmungen des ZGB äussern sich nicht abschliessend darüber, auf welche Weise der Sachverhalt abzuklären sei. Entsprechend dem in Art. 446 Abs. 1 ZGB verankerten *Untersuchungsgrundsatz* «erforscht» sie den rechtserheblichen Sachverhalt *von Amtes wegen*, was ihr ermöglicht, nach eigenem Ermessen auf unübliche Art («de façon inhabituelle») Beweise zu erheben und Berichte einzuholen (*Freibeweis*, BGE 122 I 53 E. 4.a; BGer 5A_150/2011 E. 3.5.2). Welche Informationen warum auf welche Art wo erhoben werden müssen, muss interdisziplinär abgestimmt werden *(Interdisziplinarität Meilenstein 2)*. Konkret erwähnt das ZGB:

3.50

- Einziehen von Erkundigung (Art. 446 Abs. 2),
- Auftrag an geeignete Personen/Stellen mit Abklärungen (Art. 446 Abs. 2),
- Anordnen des Gutachtens einer sachverständigen Person (Art. 446 Abs. 2),
- Anhörung des Kindes (Art. 314a) sowie der betroffenen Personen (namentlich Eltern, Art. 447; vgl. Kap. 7.1.), wobei im Falle der fürsorgerischen Unterbringung des Kindes dieses in der Regel nicht von der Kollegialbehörde (Art. 447), sondern einem Einzelmitglied oder einer beauf-

tragten Drittperson anzuhören ist, sofern keine ärztliche Unterbringung erfolgt (Art. 314b i.V.m. Art. 429 f. ZGB),
- Auskunftserteilung durch Dritte, wobei bezgl. gewisser Berufskategorien Ausnahme bestehen (Art. 448 Abs. 2 und 3, vgl. Kap. 9.1.),
- Einholen von Vorakten und Berichten bei Verwaltungs-, Schulbehörden und Gerichten (Art. 448 Abs. 4, vgl. Kap. 9.1.3.),
- im Falle einer psychiatrischen Begutachtung die Möglichkeit einer ambulanten oder stationären Begutachtung in einer geeigneten Einrichtung (Art. 314b i.V.m 449),
- wenn das Einverständnis der Betroffenen vorliegt, Einholen von Berichten und/oder Zeugnissen von Dritten, die dem Berufsgeheimnis unterliegen (Kinderärzte, Hebammen, Kliniken, psychologische Fachstellen etc., Art. 448 Abs. 2 ZGB).

3.51   Ergänzend zu den im ZGB erwähnten Beweismitteln gelten die Bestimmungen des *kantonalen Verfahrensrechts*. Wo solche fehlen oder wo der Kanton ausdrücklich darauf verweist, gelten ergänzend die Bestimmungen der Art. 168–193 ZPO. Zu erwähnen sind namentlich:

- das *Zeugnis* als qualifizierte Beweisaussage über eigene Wahrnehmungen einer Person, die selbst nicht Partei ist (Art. 169–176 ZPO). Es ist ein im Kindesschutzverfahren selten verwendetes Beweismittel, weil es kaum dienlicher ist als Befragungen, um die Klärung einer persönlichen Schutzbedürftigkeit abzuklären. Von grösserem Nutzen kann das Zeugnis bei der Abklärung von relevanten Vorgängen bez. des Kindesvermögens sein.
- *Urkunden*, d.h. Dokumente wie Schriftstücke, Zeichnungen, Pläne, Fotos, Filme, Tonaufzeichnungen, elektronische Dateien und dergleichen, die geeignet sind, rechtserhebliche Tatsachen zu beweisen (Art. 177–180 ZPO). Wurden die Beweismittel rechtswidrig beschafft (z.B. private Tonaufzeichnungen ohne Zustimmung des Betroffenen), so sind sie nur verwertbar, wenn das Interesse an der Wahrheitsfindung überwiegt (Art. 152 Abs. 2 ZPO).

3.52   Als Ausfluss der Untersuchungsmaxime und nach dem Prinzip des *Freibeweises* fallen darüber hinaus Fachberichte von Abklärungsstellen in Betracht, welche weder bezgl. Ausstand noch Mitwirkung an der Fragestellung dem Verfahren zur Anordnung eines Gutachtens unterliegen. In Kindesschutzverfahren kann sich zuweilen auch eine Einschränkung der Parteiöffentlichkeit rechtfertigen (BGE 122 I 53 E. 4.a; vgl. auch Art. 298 Abs. 2 ZPO und Art. 314a Abs. 2 ZGB). Weitere dem Freibeweis zuzuordnende Informationsbeschaffungen sind die formlose Befragung von Personen ohne besondere Protokollierungspflichten, Telefonbefragung mit Aktennotiz, Durchführung eines Augenscheins zu irgendeinem Zeitpunkt und allenfalls auch ohne Ankündigung. Zu all diesen Erhebungen im Rahmen des Freibeweises besteht – im Unterschied zum Zivilprozess (Art. 160 ZPO) – ebenfalls eine Mitwirkungspflicht Dritter (Art. 448 ZGB).

Wenn die Beweiserhebung nicht auf formlose Weise vorgenommen werden kann, oder wenn es sich im Interesse eines für alle Beteiligten transparenten Verfahrens als dienlich erweist, erlässt die KESB bzw. das instruierende Mitglied eine *verfahrensleitende Verfügung* (Beweisverfügung, Art. 154 ZPO). Verfahrensleitende Verfügungen können sich auf die Beweiserhebung (Art. 446 ZGB), auf vorsorgliche Massnahmen (Art. 445 ZGB), aber auch auf Zwischenentscheide bezgl. Zuständigkeit (Art. 442, 444 ZGB), Ausstand (Art. 47–51 ZPO), Erteilung der unentgeltlichen Prozessführung (Art. 29 BV, Art. 117–123 ZPO), die Aufforderung zur Mediation (Art. 314 Abs. 2 ZGB) oder Anordnung einer Verfahrensvertretung (Art. 314a[bis] ZGB) beziehen.

3.53

Erweist sich erst in diesem Verfahrensstadium, dass besondere Dringlichkeit besteht, so hat das instruierende Mitglied gestützt auf die jeweilige Geschäftsordnung der KESB und das kantonale Verfahrensrecht *vorsorgliche Massnahmen* anzuordnen (Art. 307 ff. i.V.m. Art. 445 ZGB).

3.54

3.4.2.1 Vorgehen während der Abklärung i.e.S.

Im Folgenden wird das Vorgehen während der Abklärung i.e.S. beschrieben. Wie eingangs des Kapitels 3.4. festgehalten gilt auch hier, dass *das Vorgehen in der Praxis unterschiedlich aussehen* kann und die einzelnen Schritte sich überschneiden können. Die KESB kann selbst abklären, kann dies einem internen Abklärungsdienst übertragen oder damit einen externen Fachdienst beauftragen.

3.55

Die Abklärung i.e.S. wird häufig durch eine Sozialarbeiterin/einen Sozialarbeiter oder eine Psychologin/einen Psychologen vorgenommen. Die Aufgabe und Haltung der abklärenden Fachkraft ist primär, *Informationen über den Sachverhalt einzuholen* und eine *Einschätzung des Kindeswohls* vorzunehmen und nicht zu beraten. Das bedeutet, die Abklärung wird im Rahmen der durch die KESB erteilten Instruktion durch die abklärende Person gesteuert, bestimmte Informationen werden eingeholt und eingeschätzt. Dennoch sollte die Abklärungsperson eine *gemeinsame Problemsicht mit den Betroffenen anstreben* und sich bewusst machen, dass die Abklärung einen Prozess bei der Familie in Gang bringen kann. Das jeweilige Kind ist Ausgangspunkt und das Kindeswohl Richtschnur für die gesamte Abklärung. Da das Kindesschutzverfahren häufig komplex ist und die

3.56

betroffenen Personen dem Verfahren oft mit Skepsis, Angst und Widerstand begegnen, sind alle Betroffenen *transparent über den Auftrag, die Rolle und das geplante Vorgehen in der Abklärung zu informieren*. Dabei ist insb. zu erklären, inwiefern sich die Aufgaben und Kompetenzen der Abklärungsperson von derjenigen der Verfahrensleitung der KESB unterscheiden. Während der Abklärung ist es ein schwieriger Balanceakt, einerseits offen für die Perspektive der betroffenen Familienmitglieder zu sein, sich in die Beweggründe und Situation dieser Personen einzudenken und einzufühlen und gleichzeitig eine kritische Distanz einzunehmen, um den Sachverhalt möglichst objektiv einschätzen zu können. Dabei ist es wichtig, sich vor Augen zu führen, dass die Familienmitglieder zur Zusammenarbeit gezwungen sind und die Konfrontation mit der Frage, ob die eigene Lebensführung und Erziehungskompetenz das Kindeswohl genügend sicherzustellen vermögen, äusserst schmerzhaft und bedrohlich sein kann. Es kann eine Bewältigungsstrategie sein, wenn die Betroffenen Widerstand gegenüber der Abklärungsperson zeigen, Probleme verneinen und die Verantwortung für bestehende Probleme Dritten, wie bspw. der Schule oder der KESB zuschreiben.

Auftrag prüfen

3.57   Nach Erhalt des Abklärungsauftrags durch die Verfahrensleitung gilt es den *Auftrag der KESB zu prüfen*, d.h., die schriftlichen Unterlagen (Meldung, Gesuch, Antrag, Akten etc.) zu lesen und sich den Auftrag der KESB zu vergegenwärtigen. Zudem ist zu prüfen, ob die Fragen durch die Abklärungsperson beantwortet werden können und ob allenfalls Rückfragen nötig sind. Sollten im Laufe der Abklärung zusätzliche Themen und Fragen auftauchen, ist eine Absprache mit der Verfahrensleitung angezeigt.

Abklärung planen

3.58   In einem nächsten Schritt gilt es die Abklärung zu *planen*. Es hat sich in der Praxis bewährt, die Abklärung *zu zweit* vorzunehmen. Je nachdem macht es Sinn, dass zwei Personen mit unterschiedlichem Geschlecht und unterschiedlichen Qualifikationen (z.B. eine Person mit spezifischen Kompetenzen für die frühe Kindheit, wie bspw. eine Mütter-/ und Väterberaterin oder eine spezialisierte Fachperson für Kinder mit Behinderungen) aus unterschiedlichen Disziplinen (z.B. ein Psychologe und eine Sozialarbeiterin) die Abklärung machen. Bei der Abklärung zu zweit übernimmt jemand die Hauptverantwortung und die zweite Person ist bei Hausbesuchen und bei bestimmten Gesprächen anwesend. Dies hat den Vorteil, dass zwei Personen einen persönlichen Eindruck der Situation haben und die Gespräche laufend zu zweit ausgewertet werden können. Dadurch wird die Abklärung objektiviert. Um die Abklärung konkret zu planen, stellt sich die Frage, welche Frist für die Abklärung und Berichterstattung gesetzt wurde. Diese Frist kann je nach Bedarfslage kurz sein, aber auch mehrere Monate betragen. Oft besteht die Möglichkeit, die Abklärungsphase in begründeten Fällen zu verlängern, wenn das Kindeswohl dadurch nicht zusätzlich in Mitleidenschaft gezogen wird. Nachdem der Abklärungsauftrag geklärt ist, gilt es, die Abklärung inhaltlich zu fokussieren, und darauf abgestimmt ist die konkrete Durchführung der Abklärung zu planen und zeitlich zu terminieren. Eine Orientierung an einem strukturierten Erhebungsbogen (z.B. einem Abklärungsinstrument) ist zu empfehlen. Zur inhaltlichen Fokussierung gehört, dass festgelegt wird, welches die wichtigsten Themenbereiche für die Abklärung sind, bei welchen Themen der grösste Bedarf an Informationen besteht und dass ein Gesprächsleitfaden mit spezifischen Fragen zu den einzelnen Themen für die Gespräche mit den Eltern, mit dem Kind und allenfalls mit Dritten erstellt wird.

Gespräche mit den Eltern

Die Abklärung beginnt oft mit *Gesprächen mit den Eltern* zusammen oder je nach Fragestellung und Situation einzeln. Die Eltern sind über die Rolle als Abklärende und über das geplante Vorgehen während der Abklärung zu informieren. Zudem sind die Eltern darüber zu informieren, was mit den eingeholten Informationen geschieht, inwiefern sie dokumentiert werden und wer bspw. im Rahmen von Akteneinsichtnahme Zugang zu diesen Informationen hat. Zentral ist auch, die Eltern über die Art des Einbezugs des Kindes zu informieren und mit den Eltern darüber zu sprechen, wie sie das Kind über das bevorstehende Gespräch informieren können. Die Abklärungsperson hat die Gespräche inhaltlich gut zu planen und zu leiten (vgl. auch Kap. 1.3.2., 1.3.3. und 1.5.). Obwohl die Abklärung eine fachspezifische Einschätzung beinhaltet, und die Abklärungsperson eine möglichst objektive Einschätzung des Kindeswohls vorzunehmen hat, sollte eine gemeinsame Problemsicht mit den Eltern angestrebt werden. Bei weiteren Gesprächen mit den Eltern können die Umstände und das Verhalten, welche eine Kindeswohlgefährdung darstellen können, mit den Eltern gemeinsam thematisiert und mögliche *Ressourcen und professionelle Hilfen* zur Sicherung des Kindeswohls besprochen werden (vgl. weiter unten).

3.59

Gespräche mit dem Kind

Während der Abklärung sollte – je nach Auftrag – mindestens ein *Gespräch mit dem Kind* alleine durchgeführt werden. Oft sind aber mehrere Gespräche nötig, damit das Kind so weit Vertrauen fasst, dass es sich über seine Situation, seine persönliche Befindlichkeit, seine Not, seine Wünsche,

3.60

3. Abklärung und Entscheid

Hoffnungen und seinen Willen äussert (vgl. Kap. 1.3.3., 3.2.3. und 7.1., 7.2. sowie 18.). Die Gespräche dienen ausserdem der Deckung des nötigen Informationsbedarfs, der Faktensammlung, wichtigen Ereignissen im Leben des Kindes und seiner Entwicklung. Die Gespräche mit dem Kind im Rahmen der Abklärung i.e.S. ersetzen nicht die Anhörung durch die KESB im Rahmen des rechtlichen Gehörs (Kap. 7.1.). Das Gespräch mit dem Kind kann im Büro der Abklärungsperson stattfinden. Ab dem Alter von drei Jahren entwickelt das Kind Ansätze eines, in diesem Alter noch primär emotional fundierten, später zunehmend rational begründeten Willens. Gespräche mit sehr jungen Kindern sollten durch eine erfahrene und spezifisch geschulte Fachperson durchgeführt werden. *Zu Beginn des Gesprächs* wird dem Kind die Rolle der Abklärungsperson, das Vorgehen und der Ablauf des Gesprächs erklärt. Falls ein Verfahrensbeistand nach Art. 314a[bis] ZGB für das Kind eingesetzt ist, sollten mit der KESB und mit dieser Person das Vorgehen und die unterschiedlichen Rollen abgesprochen werden. Dem Kind sollen diese unterschiedlichen Rollen sorgfältig erklärt werden. Auch sollte das Kind über sein Recht informiert werden, dass seine Sichtweise in der Abklärung berücksichtigt wird. Gleichzeitig ist dem Kind zu erklären, dass nicht das Kind entscheidet, sondern die abklärende Person die nötigen Informationen zusammenträgt, diese auswertet und eine Einschätzung sowie Empfehlung zuhanden KESB abgibt und am Ende die KESB entscheidet.

3.61 *Am Ende des Gesprächs* sollte mit dem Kind geklärt werden, ob bestimmte Inhalte nicht in den Akten/Berichten dokumentiert werden sollen. Falls das Kind Hinweise auf eine erhebliche Gefährdung nicht dokumentiert haben möchte, ist es darüber zu informieren, dass dieser Wille aufgrund der Gefährdung je nachdem nicht berücksichtigt werden kann. Im Falle einer Gefährdung mit sofortigem Handlungsbedarf, z.B. einer starken Suizidalität des Kindes, ist der Schutz des Kindes auch ohne dessen Zustimmung in Absprache mit der KESB in die Wege zu leiten.

Hausbesuch

3.62 Im Rahmen der Abklärung ist – je nach Auftrag – mindestens ein *Hausbesuch* vorzunehmen, um sich ein persönliches Bild der Wohnsituation des Kindes machen zu können. Häufig ist der Hausbesuch auch eine Gelegenheit, die *Interaktionen zwischen dem Kind und den Eltern* zu beobachten. Diese können Hinweise auf die Beziehungsqualität und die elterlichen Erziehungskompetenzen geben. Das Beobachtete und dessen Wirkung auf die Abklärungsperson sind sorgfältig in den Akten zu beschreiben. Vor voreiligen Interpretationen über die Interaktionsqualität und vor einer Bindungsdiagnostik ist aber abzusehen. Einerseits benötigt es für eine solche

3.4. Vorgehen bei der Verfahrensinstruktion und der Abklärung

Aussage in der Regel mehr Zeit und verschiedene Interaktionsbeobachtungen, andererseits sollten solche Einschätzungen nur durch dafür spezialisierte Fachpersonen vorgenommen werden.

Einbezug Dritter in Abklärung

In der Abklärung sind bei Bedarf auch *Informationen von Dritten* wie Lehrpersonen, Kitamitarbeitenden, Psychotherapeutinnen/Psychotherapeuten, Kinderärztinnen/Kinderärzten, Verwandten und weiteren Bezugspersonen etc. einzuholen. Bei der Auswahl sind die Vorgaben der Verfahrensleitung und allenfalls auch die Vorschläge der Eltern und des Kindes zu berücksichtigen. Dritte sind zur Information verpflichtet, sofern sie nicht dem Berufsgeheimnis unterstehen (Art. 448 Abs. 1 bis 3 ZGB).

3.63

Zusammenstellung der Fakten und Analyse

Nachdem die Gespräche mit den Betroffenen durchgeführt worden sind und die übrigen Beweiserhebungen abgeschlossen sind, gilt es, die erhobenen Informationen zusammenzutragen, thematisch zu bündeln und zu analysieren. Dabei ist zu prüfen, ob bestimmte Informationen fehlen oder zusätzliche Fragen geklärt werden müssen. Hier werden primär die Fakten zusammengetragen, ohne diese zu interpretieren. Je nachdem erfolgt die Zusammenstellung der Fakten anhand eines strukturierten Rasters (meist chronologisch geordnet).

3.64

Gesamteinschätzung vornehmen

Die gesammelten Informationen dienen der Beantwortung der Fragen und letztlich der *Gesamteinschätzung des Kindeswohls*. Orientierungsrahmen ist das Kindeswohl und als Richtschnur dient die Frage, ob das Kindeswohl «gut genug» gewährleistet ist (vgl. Kap. 1.1.2.). Durch eine Auslegeordnung der Informationen, insb. der Risiko- und Schutzfaktoren (vgl. Kap. 1.3.2.) und deren Zusammenwirken, versucht sich die abklärende Person einen Überblick über die Situation des Kindes zu verschaffen. Die Informationen werden sorgfältig gewichtet, d.h., es wird geprüft, welche Aspekte einen grossen und welche einen geringen Einfluss auf das Kindeswohl haben. Auch sind Wechselwirkungen zu eruieren, d.h., es wird gefragt, wie einzelne Gefährdungsaspekte das Kindeswohl insgesamt beeinflussen. Eine Kindeswohlgefährdung entsteht häufig erst durch die gegenseitigen Wirkungen verschiedener Gefährdungselemente und durch das Fehlen kompensierender Ressourcen. Wichtig ist, alle Risiko- und Schutzfaktoren angemessen zu berücksichtigen. Auch ist die zeitliche Dimension zu bedenken, d.h., die Frage wird berücksichtigt, was in der Familie zeit-

3.65

lich mittel- bis längerfristig vermutlich gleich bleiben wird (bspw. Persönlichkeitseigenschaften, bestimmte chronische Krankheiten) und was sich rasch verändern kann (z.B. Wohnsituation, bestimmte Krankheitsverläufe). Wichtig ist zu erfassen, was sich in der Familie bisher bewährt hat und inwiefern die Betroffenen die Fähigkeit und Bereitschaft zur Veränderung haben und Lösungen entwickeln können. Bei der Einschätzung des Kindeswohls soll eine Gesamtargumentation entwickelt werden, in welcher die oben genannten Aspekte berücksichtigt werden. Da das Kindeswohl, wie in Kap. 1.3.2. erläutert, sowohl den Gegenwarts- als auch den Zukunftsaspekt beinhaltet, sollte eine Diagnose erstellt werden, inwiefern das Kindeswohl im Moment gesichert ist. Weiter gehört zur Gefährdungseinschätzung die Prognose, d.h. die Einschätzung, wie sich das Kindeswohl vermutlich in Zukunft entwickeln wird, wenn keine Hilfestellung und/oder keine behördliche Massnahme erfolgen. Bei der Einschätzung soll berücksichtigt werden, dass nicht jedes Defizit einen Interventionsgrund darstellt, sondern dass bestimmte Risiken und Defizite durch Schutzfaktoren oder anderweitige Ressourcen kompensiert werden können.

3.66 Wenn mehrere Kinder in einer Familie abzuklären sind, ist für jedes Kind eine eigene Gefährdungseinschätzung vorzunehmen, auch wenn gewisse Informationen identisch sind. Die Persönlichkeit, Veranlagungen, persönliche Eigenschaften, das Alter, der Entwicklungsstand, die Elternschaft, aber auch die persönliche Lebensumwelt können bei Geschwistern individuell verschieden sein und auch die Fragestellung der KESB kann anders lauten.

Ressourcen und Hilfen mit der Familie zusammen suchen

3.67 Nachdem eingeschätzt ist, ob und inwiefern das Kindeswohl gesichert ist, können mit der Familie zusammen *Ressourcen und Hilfen* gesucht werden, die geeignet sind, das Kindeswohl sicherzustellen. Damit dieser Prozess der Lösungssuche gelingt und Eltern und das Kind tatsächlich ihre Problemlösungsideen einbringen können, werden die einzelnen kindeswohlbeeinträchtigenden Elemente definiert. Das kann bspw. eine zeitweise fehlende Betreuung eines Kleinkindes sein. Zudem definiert die abklärende Person, wie ein minimaler Zustand aussehen würde, damit das Kindeswohl in Bezug auf dieses Gefährdungselement gut genug sichergestellt wird. Solche Formulierungen sollten einen Endzustand beschreiben, anstatt bereits konkrete Lösungen zu beinhalten. Sie sollten zudem möglichst präzise und in einer einfach verständlichen Alltagssprache formuliert sein. Bei diesem Prozess ist abzuwägen, inwiefern das Vorgehen mit der Verfahrensleitung abgesprochen wird. Zu vermeiden ist der Eindruck der Familienmitglieder, die abklärende Person habe eine Entscheidungsbefug-

3.4. Vorgehen bei der Verfahrensinstruktion und der Abklärung

nis. Mit der Familie zusammen werden nun Lösungsideen entwickelt, die geeignet sind, die Gefährdung zu beheben. Bei interventionsorientierten Abklärungen findet hier möglicherweise ein etwas längerer Prozess statt, in welchem bereits erste Hilfen mit der Familie vereinbart werden. Nach einer zu definierenden Frist wird die Umsetzung geprüft und anschliessend werden Empfehlungen abgegeben. Dazu gehört die Prüfung des Bedarfs an behördlichen Massnahmen (vgl. Kap. 3.4.3. und *vierter interdisziplinärer Meilenstein*).

Bericht schreiben

Nach der Gesamteinschätzung inkl. der Einschätzung des Bedarfs an Hilfen und/oder behördlichen Massnahmen verfasst die abklärende Fachperson den *Abklärungsbericht* (siehe Kap. 3.4.2.2.).

3.68

Information der Eltern und des Kindes über Abklärungsergebnisse und Empfehlungen an KESB

Ein transparentes Vorgehen schliesst ein abschliessendes Gespräch mit den Eltern und – je nach dessen Alter – mit dem Kind ein, in welchem über die Abklärungsergebnisse und die *Empfehlung zuhanden der KESB informiert* wird. Diese Information stellt nicht die Gewährung des rechtlichen Gehörs durch die KESB dar und ersetzt dieses auch nicht. In einem solchen Gespräch werden die Betroffenen primär informiert, es findet auch nicht eine Diskussion zu den Einschätzungen oder Überzeugungsarbeit bezgl. allfälliger Empfehlungen statt. Sind Anzeichen eines Schutzbedarfs für ein solches Gespräch erkennbar, sind entsprechende Vorkehrungen zu treffen. Falls es Hinweise gibt, dass das Kind nach der Information über die Empfehlung zuhanden der KESB erheblich gefährdet werden könnte, ist das Vorgehen vorgängig mit der Verfahrensleitung abzusprechen, um allfällige Sicherheitsvorkehrungen zu treffen und evtl. superprovisorische Massnahmen vorzubereiten. Falls Eltern infolge eines solchen Gesprächs eine psychische Krise erleiden könnten, kann eine Begleitung durch eine Vertrauensperson oder eine Absprache über das Vorgehen (z.B. Hausarzt/Hausärztin, Psychiater/in etc.) geprüft werden, damit bei Bedarf rasch eine Unterstützung der Eltern erfolgen kann. Bei Hinweisen auf eine Bedrohung der Abklärenden selbst sollte immer eine zweite Person präsent sein oder das Gespräch kann in Anwesenheit einer Arbeitskollegin/eines Arbeitskollegen erfolgen. Bei hohem Gewaltrisiko kann eine Vorabsprache mit der Polizei angezeigt sein. Der Grundsatz der Transparenz ist dem Schutz des Kindeswohls unterzuordnen. Deshalb kann von einem solchen Gespräch abgesehen werden, wenn dadurch das Kindeswohl gefährdet würde. In

3.69

3. Abklärung und Entscheid

diesem Fall informiert erst die Verfahrensleitung über die Empfehlungen der Abklärungsstelle.

3.70 Grundsätzlich sollten abklärende Fachpersonen regelmässig ihre fachlichen Einschätzungen und persönlichen, biografisch geprägten Anteile in einer Supervision, Intervision oder Psychotherapie reflektieren.

3.71

Vorgehen bei der Abklärung durch beauftragte Fachstelle

1. Auftrag KESB prüfen:
- Meldung/Gesuch/Antrag etc. und Akten lesen
- Welchen Auftrag hat die Verfahrensleitung formuliert?
- Welche Fragen hat sie zur Beantwortung festgelegt? Kann ich diese beantworten? Rückfragen?

2. Abklärung planen
- Frist der Verfahrensleitung für die Abklärung und Berichterstattung?
- Mache ich die Abklärung alleine oder arbeiten wir zu zweit? Wie teilen wir die Rollen?
- Abklärung grob planen und terminieren
- Fragenkatalog (Gesprächsleitfaden) für Gespräch mit Kind, Eltern und allenfalls Dritten erstellen

3. Gespräche mit den Eltern
- Evtl. Elternteile alleine sprechen
- Über Rolle, Vorgehen, Verwendung der Informationen, Einbezug des Kindes und allfällige Schritte informieren
- Sichtweise der Eltern erfassen
- Ressourcen und Hilfen zur Sicherstellung des Kindeswohls besprechen

4. Gespräche mit dem Kind (vgl. auch Kap. 3.2.3.)
- Kind alleine sprechen
- Über Rolle, Vorgehen, Verwendung der Informationen und allfällige Schritte informieren
- Bei eingesetzter Verfahrensbeistandschaft für das Kind nach Art. 314a[bis] ZGB mit der KESB und dem Verfahrensbeistand/der Verfahrensbeiständin die Rollen und das Vorgehen absprechen
- Kindeswille/subjektive Sicht des Kindes eruieren (was ist seine Not, was sind seine Wünsche und Erwartungen? Was läuft positiv?)
- Mit dem Kind besprechen, ob und falls ja welche Informationen nicht zu Eltern gelangen sollen/nicht in Akten oder in Bericht stehen sollen

5. Hausbesuch (Augenschein vor Ort)
- Interaktionen zwischen dem Kind und den Eltern beobachten

- Beobachtungen beschreiben, nicht interpretieren – Bindungsdiagnostik und medizinisch/psychiatrische Diagnosen obliegen dafür spezialisierten Fachpersonen

6. Einbezug Dritter in Abklärung
- Kontakte mit Lehrpersonen, Kindergarten, Psychotherapeut/in, Partner/in eines Elternteils, evtl. Verwandte, Freunde etc.
- Vorschläge der Eltern und des Kindes berücksichtigen

7. Zusammenstellung der Fakten unter Einschluss von Vorakten, Gerichtsakten und der biografischen Daten sowie eine die gesammelten Informationen auswertende Analyse

8. Gesamteinschätzung vornehmen
- Gesamtargumentation entwickeln und Fragen beantworten
- Bedarf des Kindes/Kindeswohls als Orientierungsrahmen
- Relevante Risiko- und Schutzfaktoren sowie Anhaltspunkte für bestehende Vernachlässigung oder Gewalt angemessen berücksichtigen
- Gewichtung vornehmen
- Wechselwirkungen und zeitliche Dimension beachten
- Was hat sich in der Realität bei dieser Familie bewährt?
- Soziale Diagnose zur Situation des Kindes erstellen: Ist-Zustand und Prognose erstellen. Einschätzung, wie sich die Wahrung/Gefährdung des Kindeswohls in Zukunft vermutlich weiterentwickeln wird

9. Ressourcen und Hilfen mit der Familie zusammen suchen
- Einzelne Gefährdungselemente definieren
- Mit der Familie zusammen Lösungsideen entwickeln, die geeignet sind, die Gefährdung des Kindeswohls zu beheben
- Veränderungsbereitschaft und Veränderungsfähigkeit der betroffenen Personen einschätzen

10. Bericht schreiben *(vgl. nachfolgend Kap. 3.4.2.2.)*

11. Information der Eltern und des Kindes über Abklärungsergebnisse und Empfehlung an KESB
- Persönliche Information der Eltern und des Kindes
- allfällige notwendige Schutzmassnahmen für das Kind, für die Eltern und für die abklärende Person bedenken

3.4.2.2 Abklärungsbericht verfassen

Wird geeigneten Personen oder Stellen (z.B. Sozialdienst) ein Abklärungsbericht in Auftrag gegeben, empfiehlt es sich, dass die KESB dazu *gewisse Standards vorgibt*. Allerdings können wie bereits erwähnt die Abklärungs-

3.72

3. Abklärung und Entscheid

gründe derart unterschiedlich sein, dass sich insb. nach den Grundsätzen der Verhältnismässigkeit, der Subsidiarität und der Komplementarität Abweichungen von einem Grundraster aufdrängen. Für *Sozialberichte* gelten üblicherweise folgende Leitlinien:

- Grundlage jeder persönlichkeitsbezogenen Abklärung ist die korrekte Erfassung und Verifizierung sämtlicher *Stammdaten* der betroffenen Person(en): Name und Vorname, Geburtsdatum, Zivilstand, Name des allfälligen Ehegatten oder Partners, Bürgerort, Beruf, Wohnsitz, Aufenthalt (Heim, Klinik). Bei Kindern: Geburtsdaten Eltern und Kinder, Familienbeziehungen, Sorgerechts-, Betreuungs- und Obhutssituation, Stiefeltern- oder Pflegeverhältnisse, Beruf/Schule, Wohnadressen, allfälliger Aufenthalt, Bürgerort, Vorliegen internationalprivatrechtlicher Verhältnisse,
- Bezugnahme auf den *Auftrag* und die *Fragestellungen* (Datum, Auftraggeber, Inhalt),
- *Abklärungsgrundlagen* (Vorakten, Gerichtsakten, Gesuche, andere schriftliche Eingaben, zusätzlich von der Abklärungsstelle eingeholte Berichte, Gesprächsnotizen und Protokolle, Augenschein etc.),
- Schilderung des gewähltes *Abklärungsvorgehens* und der Art des Einbezugs Betroffener,
- Darstellung der *persönlichen/familiären Situation*, der rechtlichen und sozialen Beziehungen, berufliche und finanzielle Verhältnisse, soweit von Belang, Wohnsituation, Familienstatus, Gesundheit sowie bereits involvierte Fachpersonen und/oder Institutionen (Ärzte, Therapeuten, Beratungsstellen, öffentliche Sozialhilfe und Sozialdienste),
- *Faktensammlung* (chronologischer Sachverhalt), wenn Vorgänge zu untersuchen waren,
- *Problemwahrnehmung* der Betroffenen,
- *Fachliche Erklärung des Problembefunds* (soziale Diagnose zum Kind, Hinweise auf mögliche psychische Krankheitsbilder und stark ausgeprägte, auffällige Charaktereigenschaften bei Kind und Eltern, Unerfahrenheit und Überforderung der Eltern, Verwahrlosungs- und Suchtphänomene etc.). Keine Wertungen. Fakten müssen von Mutmassungen und Interpretationen klar getrennt werden,
- Begründung eines allfälligen *Bedarfs nach fachspezifischen Zusatzabklärungen* (z.B. Empfehlung eines psychiatrischen oder kinderpsychologischen Gutachtens), wenn die Abklärungsstelle diese nicht selbst vornehmen konnte, weil ihr dazu die Legitimation, die fachliche Kompetenz oder die Mittel fehlten,
- Einschätzung der *Gefährdungssituation* (Dringlichkeit und Gefährdungsgrad),

3.4. Vorgehen bei der Verfahrensinstruktion und der Abklärung

- Einschätzung der *eigenen Ressourcen* der betroffenen Person(en) und/oder des Systems (Eignungen, Neigungen, Fähigkeiten, Fertigkeiten, Motivation, Zusammenhalt und Stabilität des sozialen Systems)
- Einschätzung des *Unterstützungs- und Förderungsbedarfs,*
- *Lösungsoptionen* (privatautonome Lösungen oder behördliche Massnahmen),
- *Fazit* (Gesamtbeurteilung),
- *Beantwortung der Fragen und Empfehlung.*

3.73

Struktur eines Sozialberichts

I	Analyse	
1	**Angaben zur Person von Kind und Eltern**	• Name und Vorname sowie Geburtsdatum von Kind und Eltern, Zivilstand der Eltern, deren allfällige Ehegatten oder eingetragenen Partner/innen (Stiefeltern), Bürgerort, Beruf, Wohnsitz, Aufenthalt (Heim, Klinik), Familienbeziehungen, Sorgerechts- und Obhutssituation, Pflegeverhältnisse, Beruf/Schule, Wohnadressen, allfälliger Aufenthaltsort, Bürgerort, Vorliegen internationalprivatrechtlicher Verhältnisse
2	**Auftrag**	• Auftraggeberin • Datum des Auftrags • Auftragsformulierung und konkrete Fragestellungen
3	**Abklärungsgrundlagen**	• Vorakten, Gerichtsakten, Gesuche, andere schriftliche Eingaben • zusätzlich von der Abklärungsstelle eingeholte Berichte, Befragungen, Gesprächsnotizen und Protokolle, Augenschein etc.
4	**Abklärungsvorgehen**	• Methodisches Vorgehen und Einbezug des Kindes, der Eltern und weiterer Bezugspersonen

111

3. Abklärung und Entscheid

5	Faktensammlung/ Sachverhalt	• Sachverhaltsschilderung, chronologischer Sachverhalt, wenn Vorgänge zu untersuchen waren • persönliche/familiäre Situation, rechtliche und soziale Beziehungen, berufliche und finanzielle Verhältnisse, soweit von Belang, Wohnsituation, Familienstatus, Gesundheit sowie bereits involvierte Fachpersonen und/oder Institutionen wie Ärzte, Therapeuten, Beratungsstellen, öffentliche Sozialhilfe und Sozialdienste etc.) • Problemwahrnehmung des Kindes und der Eltern (Ergebnisse der Anhörung und des beobachteten Verhaltens) • Darlegung von Fakten, die hier nicht interpretiert werden
II	**Einschätzung, Problemerklärung und Empfehlung**	
6	Einschätzung der Gefährdungssituation und fachliche Erklärung des Problembefunds	• soziale Diagnose, Hinweise auf mögliches näher zu analysierendes psychisches Krankheitsbild, stark ausgeprägte, auffällige Charaktereigenschaften, Unerfahrenheit, Überforderung, Verwahrlosung, Sucht etc.) • Einschätzung von Dringlichkeit und Gefährdungsgrad • Fakten von Mutmassungen und Interpretationen klar trennen
7	Bedarf nach fachspezifischen Zusatzabklärungen	• Begründung, weshalb allfällige Zusatzabklärungen, z.B. psychiatrisches Gutachten, nötig sind, welche die Abklärungsstelle nicht selbst vornehmen konnte, weil ihr dazu die Legitimation oder die Mittel fehlten

8	**Einschätzung der eigenen Ressourcen des Kindes/des Systems**	• Eignungen, Neigungen, Fähigkeiten, Fertigkeiten, Motivation; Zusammenhalt und Stabilität des sozialen Systems
9	**Einschätzung des Unterstützungs- und Förderungsbedarfs**	• Lösungsoptionen mit und ohne behördliche Massnahmen
10	**Fazit**	• Gesamtbeurteilung
11	**Empfehlung**	• Anordnung von Unterstützungs- und/oder Betreuungsmassnahmen, Bezug auf gesetzliches Massnahmensystem, oder Verzicht auf Massnahmen und privatautonome Lösungen

3.4.3. Auswertungsphase

Analyse

Zu Beginn der Auswertungsphase sind seitens der Verfahrensleitung die eingeholten Informationen zusammenzutragen und in übersichtlicher Weise darzustellen. *Oft ergeben sich diese aus einem einverlangten Sozialbericht*, es können aber auch weitere Beweismittel (Amtsberichte etc.) beschafft worden sein. Diese *«mise en place»* der Faktenlage erlaubt eine Beurteilung, ob alle nötigen Informationen eingeholt worden sind oder ob Lücken bestehen und deshalb die Abklärungen einen *Ergänzungsbedarf* aufweisen, um ein repräsentatives Bild über den *rechtserheblichen Sachverhalt* zu ermöglichen.

3.74

Problemerklärung (Diagnose)

Aufgrund des erhobenen Sachverhalts erfolgt eine *interdisziplinäre Problemerklärung (Interdisziplinarität Meilenstein 3)*: Bestätigt sich die zu Beginn des Verfahrens angenommene mögliche Kindeswohlgefährdung und liegt ein Schutzbedarf vor, welcher behördlicher Intervention bedarf, weil die Erziehungsverantwortlichen nicht von sich aus für Abhilfe sorgen oder dazu ausserstande sind? Oder liegt zwar allenfalls eine Gefährdungssituation vor, doch die Erziehungsverantwortlichen oder gar das (urteilsfähige) Kind selbst organisieren sich die nötige Unterstützung (z.B. Beizug geeigneter innerfamiliärer Unterstützung oder von Fachstellen)? Handelt es sich

3.75

3. Abklärung und Entscheid

zwar um eine auffällige Situation, ist dieser aber nicht durch Massnahmen des zivilrechtlichen Kindesschutzes beizukommen und würden solche nur falsche Erwartungen oder Hoffnungen wecken? Wichtige Entscheidungshilfe bieten dabei allfällige, im Rahmen der Abklärung seitens einer beauftragten Fachstelle oder des Gutachtens einer sachverständigen Stelle vorgenommene Problemerklärungen. Einschätzungen und Beurteilungen von Sachverständigen ersetzen zwar nicht die freie Beweiswürdigung der interdisziplinären Fachbehörde (Art. 157 ZPO), von ihnen wird in der Regel aber nicht ohne Not abgewichen, wenn sie fachlich begründet werden.

Lösungsoptionen

3.76   Nach der Problemerklärung hat die KESB *Lösungsoptionen* zu entwerfen, welche mit oder ohne Massnahmen des Kindesschutzrechts das Kindeswohl sicherstellen *(Interdisziplinarität Meilenstein 4).* Gelingt es, über von den Eltern selbst organisierbare Hilfe den Interessen des betroffenen Kindes gerecht zu werden, kann das Verfahren förmlich abgeschlossen und mit einem *Einstellungsentscheid* der KESB beendet werden. Bei Unsicherheit, ob die installierten privatautonomen Lösungen greifen, kann bspw. aufgrund von Art. 307 Abs. 3 ZGB die getroffene Lösung als Auflage oder Weisung ausgestaltet werden und ggf. eine Stelle oder Person (Jugendamt, Berufsbeistandschaft, polyvalenter Sozialdienst) mit der Aufsicht betraut werden. Ausnahmsweise kann das Verfahren auf eine begrenzte Zeit sistiert werden. Allerdings darf damit der gemäss Art. 29 Abs. 1 BV gewährleistete Schutz auf Erledigung innert angemessener Frist nicht unterlaufen und dürfen insb. nicht langdauernde «Überwachungsdossiers» ohne angeordnete Aufsicht (Art. 307 Abs. 3 ZGB) geführt werden. Fällt eine privatautonome Lösung ausser Betracht, muss die KESB eine geeignete Massnahme anordnen (Regelung von Kinderbelangen im Rahmen der gemeinsamen elterlichen Sorge nach Art. 298b, 298d, 301a Abs. 2 und Abs. 5, Ermahnung, Weisung, Aufsicht nach Art. 307 Abs. 3 ZGB, Beistandschaft nach Art. 306 Abs. 2 oder 308 Abs. 1 und 2 ZGB, Entzug des Aufenthaltsbestimmungsrechts mit Platzierung nach Art. 310/314b ZGB, Entzug der elterlichen Sorge mit Errichtung einer Vormundschaft nach Art. 311/312 i.V.m. Art. 327a ZGB, Kindesvermögensschutzmassnahmen nach Art. 318, 324, 325 ZGB). Wird eine Beistandschaft nach Art. 306 Abs. 2 oder 308 ZGB errichtet, dann muss die KESB auch die Aufgaben des Beistandes umschreiben und allfällige Einschränkungen der elterlichen Sorge i.S.v. Art. 308 Abs. 3 ZGB festhalten (Art. 314 Abs. 3 ZGB).

3.4. Vorgehen bei der Verfahrensinstruktion und der Abklärung

Geeignete Beistandsperson/Geeigneter Platzierungsort

Die Beistandsperson muss für das Amt geeignet sein (Art. 400 Abs. 1 ZGB), weshalb sich aus deren Aufgabenkatalog auch das entsprechende *Anforderungsprofil* ergibt. Im Falle einer Fremdplatzierung des Kindes ergibt sich das Anforderungsprofil des Pflegeplatzes (Pflegeeltern, Heim, Klinik) aus dem Betreuungsbedarf für das Kind. Allein dadurch, dass erziehungsunfähigen oder erziehungsunwilligen Eltern das Kind weggenommen wird, ist noch nichts gewonnen, wenn der Pflegeplatz keine besseren Lebensbedingungen für das betroffene Kind bietet. Daher ist der Eignung des Pflegeplatzes und dem konkreten Auftrag an ihn («Passung», s. Kap. 17.) höchste Aufmerksamkeit zu schenken. Mit einer ungeeigneten Platzierung wird die Kindesschutzmassnahme für das Kind zu einem zusätzlichen Risikofaktor, was unter allen Umständen zu vermeiden ist. Auch die Fähigkeiten und Fertigkeiten eines Beistandes oder Vormundes und dessen Vertrauensbeziehung zur betreuten Person oder die Betreuungsangebote eines Pflegeplatzes sind entscheidende Erfolgsfaktoren für die behördliche Intervention.

3.77

Rechtliches Gehör

Der «gesammelte Prozessstoff» und die Lösungsvorschläge der KESB sind den betroffenen Eltern und – soweit es in seinen höchstpersönlichen Rechten betroffen ist – dem urteilsfähigen Kind zum *rechtlichen Gehör* zu unterbreiten. Dieses dient einerseits der Sachaufklärung – in diesem Stadium insb. der Vollständigkeit und Richtigkeit der Abklärungsergebnisse –, andererseits stellt es ein persönlichkeitsbezogenes Mitwirkungsrecht beim Erlass eines Entscheids, welcher in die Rechtsstellung des Einzelnen eingreift, dar (Art. 29 BV, Art. 314a und 447 ZGB, BGE 131 III 553 E. 1.1). Das rechtliche Gehör kann, wenn zu Beginn oder im Verlaufe des Verfahrens eine persönliche Anhörung stattgefunden hat, in dieser Phase bei komplizierten und umfangreichen Auswertungen durch Zustellung eines Entscheidentwurfs an die betroffenen Personen oder an ihre Vertretung erfolgen mit der Einladung, sich innert einer angemessenen, aber fest terminierten Frist schriftlich oder mündlich dazu zu äussern. Dabei ist darauf hinzuweisen, dass es sich um einen Antrag zuhanden der KESB handelt und der Entscheid der KESB diesbezüglich noch offen ist. Der Vorteil dieses Vorgehens liegt darin, dass sich die Betroffenen die Sachlage in aller Ruhe durch den Kopf gehen lassen können und nicht dem Gefühl ausgesetzt werden, überrumpelt zu werden. Noch zielführender ist in hochstrittigen und kritischen Fällen (z.B. fehlende Kooperationsbereitschaft) ein direktes Gespräch zwischen der Verfahrensleitung, dem vorgesehenen Beistand, allenfalls den Pflegeplatzverantwortlichen (Pflegeeltern oder Heimleitung)

3.78

115

und den betroffenen Eltern sowie dem Kind und einer allfälligen Vertrauens- oder Vertretungsperson, an welchem die Gefährdungslage erläutert und die vorgesehenen Betreuungsleistungen festgelegt werden können. Damit wird verhindert, dass unter den Akteuren inkongruente Vorstellungen über Ziel und Zweck der Massnahme entstehen.

3.79 Rechtliches Gehör bedeutet, dass die Stellungnahmen der betroffenen Personen in den Entscheid und dessen Begründung eingearbeitet werden müssen (Kap. 5.9.). Es versteht sich von selbst, dass die Ergebnisse eines Abklärungsberichts nur dann verwertbar bleiben, wenn sie zu einem raschen Entscheid führen und nicht durch ungebührenden Zeitablauf ihre Aktualität verlieren.

Prüfung vorsorglicher Massnahmen

3.80 Erweist sich erst in diesem Verfahrensstadium, dass besondere Dringlichkeit besteht, so hat die Verfahrensleitung gestützt auf die jeweilige Geschäftsordnung der KESB und das kantonale Verfahrensrecht *vorsorgliche Massnahmen* anzuordnen (Art. 445 i.V.m. Art. 307 Abs. 1 ZGB). Das ist insb. dann der Fall, wenn das Kind an seinem bisherigen Betreuungsort unmittelbar gefährdet ist oder bis zur Mandatsaufnahme eines Beistandes oder Vormundes mit wachsendem Schaden zu rechnen ist.

3.4.4. Entscheidfindungsphase

Interdisziplinäre Auswertung und Entscheidfällung

3.81 Wenn die Entscheidung nicht in der *Einzelkompetenz* eines Behördenmitgliedes liegt (Art. 440 Abs. 2 ZGB), fällt die nach kantonalem Recht bestellte KESB ihre *Entscheide mindestens mit drei Mitgliedern*. Interdisziplinarität erfordert, dass wenn immer möglich bereits bei der Beweisaufnahme, spätestens aber bei der Entscheidfindung eine entsprechende gemeinsame Problemanalyse und Lösungsfindung erfolgt. In der sachlichen Begründung des Entscheides manifestiert sich die interdisziplinäre Leistung der KESB *(Interdisziplinarität Meilenstein 5)*. Für die Betroffenen muss nicht nur formaljuristisch, sondern auch inhaltlich nachvollziehbar sein, wo das Problem liegt und weshalb aus Sicht der KESB mit der angeordneten Massnahme das Problem einer Lösung zugeführt werden könne.

3.82 Zu den verfahrensmässigen Möglichkeiten der *Entscheidfällung* vgl. Rz. 5.14 ff.

Eröffnung

Der Entscheidfällung folgt die *Entscheideröffnung* an die Verfahrensbeteiligten und allfällige Drittadressaten (vgl. Rz. 5.14, 5.85 und 21.20 f.). Ist vom Gesetz her auch meist bloss eine schriftliche Eröffnung gefordert, so erweist es sich im Interesse einer kindeswohlorientierten Umsetzung als unumgänglich, dass den Betroffenen der gefällte Entscheid in geeigneter Art vermittelt wird: Bedarf es einer mündlichen Erläuterung und allenfalls einer sprachlichen Vereinfachung des Entscheides (vgl. Kap. 21.3.)? Braucht es dazu eines Dolmetschers oder gar eines interkulturellen Vermittlers? Müssen die Folgen des Entscheides vertiefend besprochen werden (z.B. entzogene, eingeschränkte und verbleibende Elternrechte)? Muss der Entscheid mittels eines Psychiaters vermittelt werden? Bedarf es Sicherheitsfachleute oder gar der Polizei? *(Interdisziplinarität Meilenstein 6).*

3.83

Entziehung der aufschiebenden Wirkung einer Beschwerde?

Ist Gefahr im Verzug oder liegen andere wichtige Gründe vor, so kann einer allfälligen Beschwerde durch die KESB selbst oder durch die gerichtliche Beschwerdeinstanz die *aufschiebende Wirkung entzogen* werden (Art. 450c ZGB). Diese Anordnung stellt eine vorsorgliche Massnahme dar und unterliegt einer 10-tägigen Beschwerdefrist (BGer 5A_120/2015 E. 1.1). Anwendung findet diese Anordnung bspw. bei unmittelbarer Gefährdung des Kindes in physischer oder psychischer Hinsicht und einer so begründeten Fremdplatzierung, bei drohender Verjährung von Unterhaltsforderungen, von sozial- oder privatversicherungsrechtlichen Ansprüchen, welche ein Beistand des Kindes geltend zu machen hat, oder der akute Missbrauch anvertrauten Kindesvermögens durch Eltern oder eine bevollmächtigte Drittperson.

3.84

Vollstreckung

Entscheide können nur dann Veränderungen herbeiführen, wenn sie umsetzbar und allenfalls vollstreckbar sind. Die Art und Weise, wie ein Entscheid vollstreckt werden soll, stellt im Kindesschutz eine weitere interdisziplinäre Herausforderung dar *(Interdisziplinarität Meilenstein 7).* Daher fällt auch dieser letzte Schritt unter die Erfolgsfaktoren einer interdisziplinär abgestimmten Fachbehördenarbeit (zur Vollstreckung vgl. Kap. 5.14.).

3.85

4. Mandatsführung

Literatur

Gesetzliche Grundlagen: Art. 313; 388–392; 399; 405–412, 415–419; 421–425 ZGB.

Allgemeine Literatur: BSK ZGB I [BREITSCHMID, Art. 313 N 1 und 4; AFFOLTER, Art. 410, 411; AFFOLTER/VOGEL, Art. 425; SCHMID, Art. 419; VOGEL, Art. 415, 416/417, 421–424]; CHK ZGB [BIDERBOST, Art. 313; AFFOLTER, Art. 410, 411; VOGEL, Art. 415, 416/417, 420, 421–424, 425]; CR CC I-MEIER, Art. 313; FamKomm-ESR [HÄFELI, Art. 410, 411, 419; BIDERBOST, Art. 415–417; ROSCH, 421–425]; OFK [GULER, Art. 313; FASSBIND, Art. 410–411, 415–417, 419, 421–425]; Handbuch KES-ESTERMANN/HAURI/VOGEL, Rz. 386–536; HEGNAUER, Rz. 27.50; MEIER/STETTLER, Rz. 1250; STEINAUER/FOUNTOULAKIS, Rz. 1261–1277.

Spezifische Literatur: ABT DANIEL, Vormundschaftliche Liquidationspflichten versus erbrechtliche Grundprinzipien – Banken zwischen Scylla und Charybdis, in: successio 2008, 257 ff., AFFOLTER KURT, Das Ende der Beistandschaft und die Vermögenssorge, in: ZKE 2013, 379 ff.; AFFOLTER KURT, Doppelunterstellung von professionellen vormundschaftlichen Mandatsträger(inne)n in öffentlichen Verwaltungen am Beispiel der Stadt Luzern, in: ZVW 2006, S. 232 ff.; BREITSCHMID PETER/KAMP ANNASOFIA, Vermögensverwaltung im Bereich des Kindes- und Erwachsenenschutzes, in: Wider/Rosch (Hrsg.), Zwischen Schutz und Selbstbestimmung, Festschrift für Professor Christoph Häfeli zum 70. Geburtstag, Bern 2013, 155 ff.; EBERHARD CHRISTOPH, Die Zustimmung des Vormundes zu Rechtsgeschäften des urteilsfähigen Mündels, Diss. Bern 1990; GEISER THOMAS, Die Aufsicht im Vormundschaftswesen, in: ZVW 1993, 201 ff.; GOOD MARTIN, Das Ende des Amtes des Vormundes, Diss. Freiburg i.Ü. 1992; HÄFELI CHRISTOPH, Wohnsitzwechsel der betreuten Person und Zuständigkeit der KESB, in: AJP 2016, 335 ff.; KOKES, Übernahme der Kosten für Entschädigung und Spesen der Führung der Beistandschaft durch das Gemeinwesen (Art. 404 Abs. 3 ZGB), in: ZKE 2016, 152 ff.; KOKES, Empfehlungen des SBVg und der KOKES zur Vermögensverwaltung, Juni 2013 [Download: www.kokes.ch > Dokumentation > Empfehlungen]; VBK (heute: KOKES), Das Ende des vormundschaftlichen Amtes bei Auflösung des privat- oder öffentlich-rechtlichen Anstellungsverhältnisses von professionellen Mandatsträgerinnen und Mandatsträgern, in: ZVW 2006, 224 ff.; MEIER PHILIPPE, La gestion du patrimoine des personnes sous curatelle, in: ZKE 2014, 394 ff.; MEIER PHILIPPE, Le consentement des autorités de tutelle aux actes du tuteur, Diss. Freiburg i.Üe. 1994; MOTTIEZ PAUL, Die Rechtspflichten von vormundschaftlichen Mandatsträger(inn)en nach dem Tod der betreuten Person, in: ZVW 2006, 267 ff.; ROSCH DANIEL, Neue Aufgaben, Rollen, Disziplinen, Schnitt- und Nahtstellen: Herausforderungen des neuen Kindes- und Erwachsenenschutzrechts, in: ZKE 2011, 31 ff.; ROSCH DANIEL, Auflösung der organisationsrechtlichen Grundlagen und Ende des vormundschaftlichen Mandates, in: ZVW 2009, 357 ff.; ROSCH DANIEL/GARIBALDI MANUELO/PREISCH STEPHAN, Kindes- und Erwachsenenschutzbehörde – Hoffnungsträgerin oder Hemmschuh?, in: ZKE 2012, 416 ff.; SCHNYDER BERNHARD, Zur Vormundschaftsbeschwerde nach Art. 420 ZGB, in: ZVW 2002, 75 ff.; SCHNYDER BERNHARD, «… jedermann, der ein Interesse hat», in: FS Hegnauer, Bern 1986, 453 ff.; SCHMID HERMANN, Ende der Beistandschaft und Ende des Amtes des Beistandes (Art. 385 und 410–415 VE), in: ZSR 2003 I, 331 ff.; SCHWARZ ANDREAS, Die Vormundschaftsbeschwerde nach Art. 420 ZGB, Zürich 1968; SCHWARZLOOS CHRISTIAN, Familienrat – um im erweiterten Kreis familiäre Entscheidungen zu treffen, in: Früchtel Frank et al. (Hrsg.), Relationale Sozialarbeit: versammelnde, vernetzende und kooperative Hilfeformen, Weinheim 2016, 142 ff.; VOGEL URS, Verhältnis der Schweigepflicht nach Art. 413 ZGB und 451 ZGB zum Amtsgeheimnis nach Art. 320 StGB, in: ZKE 2014, 250 ff.

4.1. Rollen der verschiedenen Akteure

4.1.1. Rolle der KESB

Die KESB ist einerseits für die Errichtung, allfällige Anpassung und Aufhebung der Massnahme (Abklärung, Evaluation, Entscheidung) und andererseits für die Mitwirkung (Instruktion, Inventarisation, zustimmungsbedürftige Geschäfte) und Aufsicht (Berichts- und Rechnungsprüfung, Controlling) während der Mandatsführung zuständig. Sie steht gegenüber der/dem MT als Auftraggeberin da.

4.1

Bezogen auf die Führung der Massnahme sind bundesrechtlich somit folgende Aufgaben durch die KESB wahrzunehmen:

4.2

- *Erteilung massgeschneiderter Aufträge:* Mittels genauer Bezeichnung der Aufträge sind die Aufgaben und damit der Handlungsspielraum der MT zu definieren (Art. 314 Abs. 3 ZGB). Zur Massschneiderung: vgl. Kap. 2.3.5.
- *Instruktion, Beratung und Unterstützung* (Art. 400 Abs. 3 ZGB): Die Instruktion und Beratung/Begleitung als Dienstleistung richtet sich vor allem an private MT. Insb. bei Amtsantritt sind die notwendigen Instruktionen zur Mandatsführung (materielle und formelle Anforderungen) zu erteilen und während der Mandatsführung sind Beratungsmöglichkeiten zur Bewältigung schwieriger Situationen zur Verfügung zu stellen. Die KESB kann diese Aufgabe auch an Fachstellen delegieren. In der Regel werden aber Kindesschutzmassnahmen durch professionelle MT geführt, sodass dieser Aufgabe bezogen auf den Kindesschutz eher geringe Bedeutung zukommt.
- *Steuerung als Auftraggeberin:* Grundsätzlich ist der/die MT im Rahmen der gesetzlichen Schranken frei in der Gestaltung der Umsetzung des erteilten Auftrages. Die KESB hat sich auf eine Intervention im Falle einer Sorgfaltspflichtverletzung oder einer qualifizierten Ermessensüber- oder -unterschreitung zu beschränken, nach dem Prinzip der «Nicht-ohne-Not-Intervention». Die KESB sind gut beraten, sich nicht durch zu detaillierte Anweisungen in die operative Umsetzung einzumischen. Vorbehalten bleiben generelle Vorgaben zur Mandatsführung (Handlungspläne, Form der Eingaben, Rechenschaftsberichte etc.), die im Gesetz vorgesehenen, formalisierten Mitwirkungsformen der KESB (z.B. Zustimmung zum Abschluss eines Pflegevertrages durch den Vormund Art. 416 Abs. 1 Ziff. 2 ZGB) oder die Intervention im Rahmen der aufsichtsrechtlichen Tätigkeit.

- *Kontrolle und* Überprüfung *bei laufenden Massnahmen*: Die zentrale Funktion der KESB während der Führung der Massnahme liegt in der periodischen Kontrolle der Mandatsführung und der Überprüfung auf Anpassung oder Aufhebung der Massnahme. Kindesschutzmassnahmen sollen die bestehende Kindeswohlgefährdung beseitigen und die Eltern und das Kind zur Selbsthilfe und Übernahme der Eigenverantwortung befähigen. Eine Aufhebung der Massnahme gehört geradezu zum Konzept von Kindesschutzmassnahmen.
- *Beschwerdeinstanz:* Neben ihrer Aufsichtsfunktion, welche die KESB von Amtes wegen wahrzunehmen hat, amtet sie gestützt auf Art. 419 ZGB auch als formelle Beschwerdeinstanz in Bezug auf Handlungen oder Unterlassungen der MT, wenn sie vom betroffenen Kind oder nahestehenden Personen (insb. Eltern) angerufen wird (ausführlich vgl. Kap. 4.3.6.).

4.1.2. Rolle der Mandatsträger/in

4.3 Der/die MT ist im Gegenzug für die Umsetzung des formell verfügten Auftrages zuständig und hat diesen Auftrag im Interesse und unter Wahrung der grösstmöglichen Selbstbestimmung der betroffenen Person auszuführen (Art. 406 ZGB). Bei den Mandaten im Kindesschutz manifestiert sich diese Beachtung der Selbstbestimmung einerseits im grösstmöglichen Einbezug der Eltern in die Mandatsführung und andererseits im Einbezug des urteilsfähigen Kindes (Art. 301 Abs. 2 ZGB). Das Mitspracherecht des minderjährigen Kindes bezieht sich dabei auf sämtliche Lebensbereiche.

4.4 Den MT kommen unterschiedliche Rollen zu. Der *Vormund* (Art. 327c ZGB, vgl. Kap. 2.6.) ist anstelle der Eltern verantwortlich für die *persönliche Fürsorge* für das Kind, welche *Pflege* (insb. auch Gesundheitsfragen), *Betreuung, Erziehung* (insb. auch Bildungsfragen) *und Sicherstellung des finanziellen Unterhalts* des Kindes umfasst. Er hat das *Kindesvermögen* sorgfältig zu verwalten, die nötigen Entscheidungen zu treffen und das Kind gegen aussen zu vertreten. Umfang und Intensität des Schutzes und der Fürsorge für das Kind orientieren sich an seiner *Reife* und seinem *Entwicklungsstand* und sind auf seine *gedeihliche Entwicklung* ausgerichtet. Die Aufgaben ergeben sich somit aus dem Gesetz und sind umfassend.

4.5 Anders bei der *Beistandschaft* (Art. 308 ZGB, vgl. Kap. 2.3.). Die Aufgaben, Kompetenzen und die Stellung gegenüber den Eltern und dem Kind definieren sich aus dem massgeschneiderten Auftrag (Art. 314 Abs. 3 ZGB). Im Rahmen der Mandatsführung hat der Beistand je nach konkreter Fallkonstellation *ganz unterschiedliche Rollen* im Helfersystem wahrzunehmen, wie Berater, Betreuer, Erzieher, Begleiter, Vermittler, Vertreter, Ressourcenbeschaffer oder Case Manager. Er übt i.d.R. seinen Auftrag in Parallelkompetenz zu den Eltern aus. Bei einer teilweisen Einschränkung der elterlichen Sorge (Art. 308 Abs. 3 ZGB), welche praxisgemäss selten ausgesprochen wird, steht in den konkret eingeschränkten Aufgabenbereichen dem Beistand die Alleinkompetenz analog einem Vormund zu.

Die MT stehen in der Pflicht, die übertragenen Aufgaben *persönlich wahrzunehmen* (Art. 400 Abs. 1 ZGB). Die Entscheidung, wie das Mandat konkret geführt wird, welche *fachlichen Methoden* zur Auftragserfüllung angewendet werden und wie im Einzelfall die *offenen Ermessensspielräume* ausgefüllt werden, ist grundsätzlich Sache der/des MT. Berufsbeiständinnen und Berufsbeistände sind zudem in eine Arbeitsorganisation eingebunden (Berufsbeistandschaft, Verein, Amtsstelle etc.), welcher bezgl. der konkreten Arbeitserfüllung, der Verwendung von Arbeitsinstrumenten (z.B. elektronische Aktenführung), der zu beachtenden methodischen Qualitätsanforderungen (z.B. Erstellung von Handlungsplänen) oder der Organisation von Arbeitsabläufen Weisungsbefugnis zukommt.

4.6

Erachtet der MT seinen Auftrag als unerfüllbar, weil er z.B. keinen Zugang zum Familiensystem findet oder die Eltern zu keinem Gesprächstermin erscheinen oder das Kind jeglichen Kontakt verweigert oder sich die Kindeswohlgefährdung trotz Intervention nicht entschärfen lässt, so kann das Mandat nicht einfach «zurückgegeben» werden. Die KESB hat auf Antrag oder im Rahmen der Berichtsprüfung von Amtes wegen die Weiterführung, Anpassung oder Aufhebung der Massnahme sorgfältig zu prüfen und genau zu klären, ob *die Verhältnismässigkeit einer Weiterführung (insb. die konkrete Eignung der angeordneten Massnahme)* noch gegeben ist. Es ist zu vermeiden, dass nicht durchführbare Kindesschutzmandate pro forma weiter aufrechterhalten werden.

4.7

4.1.3. Rolle von Dritten

Im Rahmen von Kindesschutzmassnahmen sind neben der KESB und den MT je nach Situation weitere Akteure involviert. Ihnen kommen dabei unterschiedliche Rollen zu.

4.8

- *Erziehungsaufsicht* gestützt auf Art. 307 Abs. 3 ZGB (vgl. Kap. 2.2.3.): Bei dieser Massnahme erschöpft sich die Rolle der beauftragten Drittperson oder Stelle (z.B. Mütter-/Väterberatungsstelle) auf die Überwachung im Auftrag der KESB. Sie ist dabei als Hilfsorgan der verlängerte Arm der Behörde und kann ihre Aufgabe, im Unterschied zur MT, nur

4. Mandatsführung

beschränkt selbstständig gestalten. Diese Rolle kann je nach Situation auch von der KESB selber ausgeübt werden.

- *Beauftragte im Rahmen von Massnahmen gestützt auf Art. 307 Abs. 1 oder 3 ZGB*: Zu unterscheiden ist bei dieser Massnahme, ob der Auftrag zur Drittperson direkt durch die Behörde zustande kommt (z.B. direkte Beauftragung einer Sozialpädagogischen Familienbegleitung durch die KESB, vgl. Kap. 2.2.4.) oder die Eltern die Anweisung erhalten, allenfalls mit Unterstützung der Beiständin mit der Drittperson einen Vertrag einzugehen (z.B. Verpflichtung, sich in eine Mediation zu begeben, vgl. Kap. 2.2.2.).
- *Vertragspartner bei Platzierungen*: Bei einer behördlichen Platzierung in Anwendung von Art. 310 ZGB ist immer die KESB Vertragspartner gegenüber den Pflegeeltern oder der Einrichtung. Die Aushandlung und Definition des Inhalts des konkreten Betreuungsauftrages sind Sache der KESB. Dem/der eingesetzten MT kommt dabei eine unterstützende Funktion zu, wenn er/sie mit der Ausarbeitung der Einzelheiten des Inhalts des Pflegevertrags beauftragt wird.
- Auftragnehmer aufgrund von *Substitution:* Dritte können von der/dem MT auch aufgrund der Einräumung eines Substitutionsrechts durch die KESB mit der Vertretung des Kindes beauftragt werden (z.B. Rechtsanwalt, der im Namen des Kindes einen Vaterschaftsprozess führt). Der Vertrag entsteht zwischen der/dem MT und dem Substituten.
- Der *Verfahrensbeistand* (Art. 314a^{bis} ZGB) nimmt im gesamten System eine besondere Rolle ein (vgl. Kap. 7.2.).
- Gemäss Art. 1a Abs. 2 PAVO hat die KESB dem fremdplatzierten Kind eine *Vertrauensperson* zuzuweisen (vgl. Kap. 17.6.7.).
- *Koordinator/in im Familienrat:* Im Rahmen eines Familienrates (Familiengruppenkonferenz) koordiniert eine aussenstehende, neutrale Fachperson den Prozess der Lösungsfindung.

4.9

Beachte

- Gegenüber der/dem MT amtet die KESB immer als Auftraggeberin. Im Rahmen der Führung der Massnahme hat sie sich auf die Kontrolle und Überprüfung der Massnahme zu fokussieren, eine direkte Intervention in die Mandatsführung soll nicht ohne Not erfolgen.
- Die MT sind grundsätzlich in der Gestaltung der Mandatsführung im Rahmen des erteilten Auftrages frei, haben sich aber an die generellen fachlichen Standards der Mandatsführung im Kindesschutz zu halten. Sind sie in eine Arbeitsorganisation eingebunden (z.B. Berufsbeistandschaft), sind, falls vorhanden, zusätzliche interne Qualitätsstandards zu beachten.

- Die Rolle Dritter gegenüber der KESB und der/dem MT richtet sich nach den vertraglichen Abmachungen im Einzelfall.
- Der Verfahrensbeistand und die Vertrauensperson nach PAVO haben eine besondere Stellung.

4.2. Umsetzung der Massnahme

Literatur

Allgemeine Literatur: Handbuch KES-ESTERMANN/HAURI/VOGEL, Rz. 386–444 und 518–536.

Spezifische Literatur: CONEN MARIE LUISE/CECCHIN GIANFRANCO, Wie kann ich Ihnen helfen, mich wieder loszuwerden? Therapie und Beratung in Zwangskontexten, 2. Aufl., Heidelberg 2009; KÄHLER HARRO DIETRICH/ZOBRIST PATRICK, Soziale Arbeit in Zwangskontexten: Wie unerwünschte Hilfe erfolgreich sein kann, 2. Aufl., München 2013; MEY EVA, Die Zusammenarbeit im Dreieck Eltern – Behörden – Mandatsträger, in: Peter Voll et al. (Hrsg.), Zivilrechtlicher Kindesschutz: Akteure, Prozesse, Strukturen: eine empirische Studie mit Kommentaren aus der Praxis, S. 143–169, Luzern 2008; UNGAR MICHAEL, Working with children and youth with complex needs: 20 skills to build resilience, S. 46, 110–121, New York 2015 [5-Phasen-Modell]; VOLL PETER et al. (Hrsg.). Zivilrechtlicher Kindesschutz: Akteure, Prozesse, Strukturen: eine empirische Studie mit Kommentaren aus der Praxis, Luzern 2008; WIGGER ANNEGRET, Der Aufbau eines Arbeitsbündnisses in Zwangskontexten – professionstheoretische Überlegungen im Licht verschiedener Fallstudien, in: Roland Becker-Lenz et al. (Hrsg.), Professionalität in der Sozialen Arbeit: Standpunkte, Kontroversen, Perspektiven, Bd. 2, S. 149–165, Wiesbaden 2013.

4.2.1. Zusammenwirken der Akteure

Die Umsetzung der Kindesschutzmassnahme erfolgt aus methodischer Sicht in der vorgängig beschriebenen *rechtlichen Rahmung*. Diese prägt die Handlungsspielräume, bestimmt die am Geschehen beteiligten Akteure und legt gewisse Rollen und Aufgaben fest. In diesem Zusammenhang wird in einem beraterischen Verständnis von *Zwangskontext* gesprochen. Dieser zeichnet sich dadurch aus, dass Klientinnen und Klienten, hier also Eltern, Familien und Kinder, einer Verpflichtung zur Entgegennahme von Unterstützung ausgesetzt sind. Den Unterstützungsbedarf legt die KESB fest. Umgekehrt ist auch die/der MT durch den Auftrag der KESB zur Umsetzung der Massnahme verpflichtet.

4.10

In der Regel ist der/die MT in eine *Organisation* eingebunden, die ihrerseits Standards vorgibt und kontrolliert und die/den MT in personeller und fachlicher Hinsicht führt. Darüber hinaus waltet sie über die zur Verfügung gestellten zeitlichen, infrastrukturellen und weiteren spezifischen Ressourcen. Zwischen der KESB und der Organisation besteht idealerweise ein über den Einzelfall hinausgehender Konsens darüber, was unter guter Qualität in der Mandatsführung zu verstehen ist und welche Voraussetzungen

4.11

4. Mandatsführung

dafür gegeben sein müssen. Die Umsetzung der Massnahme findet also immer in einer rechtlichen und häufig in einer organisatorischen Rahmung statt. Das lässt sich wie folgt darstellen:

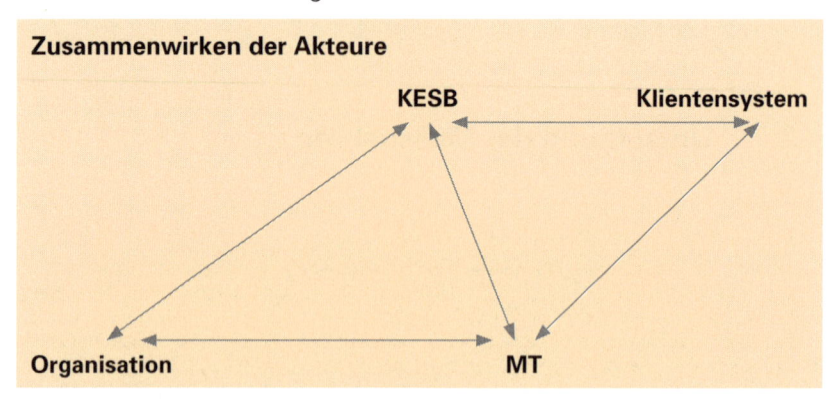

Zusammenwirken der Akteure

KESB — Klientensystem

Organisation — MT

4.12 **KESB <> Klientensystem:** Die KESB bestimmt den *Unterstützungsbedarf* und bezeichnet den Eingriffsbereich (z.B. Unterhalt, Schule/Ausbildung, Betreuung, Vertretung, persönlicher Verkehr, ausserfamiliäre Platzierung u.a.) und die *übergeordnete Zielsetzung* gegenüber Kindern, Eltern und Familien. Methodisch ist das insofern relevant, als die KESB damit nicht nur Zweck und Mittel der Intervention, sondern auch den Problemausschnitt (mit)festlegt. Diese Sicht korrespondiert nicht zwangsläufig mit der Problemsicht der betroffenen Kinder, Eltern und Familien. Sie orten die Probleme, die zur Massnahme geführt haben, möglicherweise in Zusammenhang mit gänzlich anderen Problemen. Dazu können Probleme mit der Schule, Probleme in der Wohnumgebung, Gesundheits- oder Arbeitsprobleme zählen. Es kann also durchaus so sein, dass keine geteilte Ansicht über das Problematische an der aktuellen Situation vorliegt. Methodisch muss die Massnahme nicht einzig als Minderung von Problemlagen, sondern auch als Durchsetzung einer Problemsicht verstanden werden.

4.13 **KESB <> MT <> Klientensystem:** Analog übernimmt die/der MT bei Mandatsübernahme die Aufgaben in den bezeichneten Bereichen und erhält damit die behördliche Problemsicht mit auf den Weg der Problembearbeitung. Für die Umsetzung der Massnahme kommt der/die MT nicht umhin, die Problemsicht des Klientensystems zu erfassen. Die Sichtweise und die Anliegen des Klientensystems liegen der Problemsicht der KESB möglicherweise diametral entgegen. Ohne ein gutes Verständnis der Problemsicht des Klientensystems ist eine Unterstützung kaum möglich. Einer Diskrepanz in der Problemdefinition ist methodisch mit der *Klärung von Rollen, Aufgaben, Verantwortlichkeiten und Entscheidungskompetenzen* zu begegnen. Gerade unrealistische Erwartungen an eine Kindesschutzmassnahme seitens der verschiedenen Akteure bergen ein hohes Potential, dass es in der Umsetzung der Massnahme zu Rückzug, Enttäuschungen und Konflikten zwischen Klientensystem und MT kommt.

> **Beachte**
>
> - Den (potentiell) unterschiedlichen Sichtweisen im Dreieck von Klientensystem, KESB und MT ist beim Zusammenwirken der verschiedenen Akteure Rechnung zu tragen.
> - Kindern, Eltern und Familien ist die Problemsicht der KESB bekannt, d.h., sie sind adressatengerecht über die für den Eingriffsentscheid und -bereich relevanten Fakten und ihre darauf aufbauende Gesamteinschätzung informiert.
> - Aufgaben, Zuständigkeiten und Entscheidungskompetenzen sind bezogen auf den konkreten Einzelfall ausgehandelt. Kinder, Eltern und Familien wissen, welche Erwartungen sie an den/die MT stellen können, dürfen und sollen. Umgekehrt ist gegenüber Eltern und Familien geklärt, welche Verantwortlichkeiten für das Kind weiterhin bei ihnen liegen und wer über welche Rolle und Entscheidungskompetenzen verfügt.

4.14

4.2.2. Einstiegsphase

In der Umsetzung der Massnahme ist die Einstiegsphase ein *Schlüsselmoment*. Natürlich gibt es im weiteren Verlauf der Zusammenarbeit zwischen Klientensystem und MT wiederholt Augenblicke, die über positive oder negative Wendungen entscheiden. Trotzdem ist die erste Begegnung besonders bedeutsam. Die im Erstgespräch gesetzten Eckpunkte der Umsetzung der Massnahme sind für den Aufbau einer Arbeitsbeziehung entscheidend. Demzufolge geht es in der Einstiegsphase darum, das Erstgespräch bestmöglich vorzubereiten, zu führen und nachzubereiten.

4.15

Es gehört zu den Aufgaben der KESB, sich im Einzelfall zu überlegen, welche Akten der/dem MT sinnvollerweise zugestellt werden sollen. Neben dem Errichtungsentscheid kommen weitere relevante Akten in Frage, bspw. der Abklärungsbericht, frühere Verfügungen, Gutachten, Anhörungsprotokolle, Einwohnerkontrolldaten u.a. Die Dokumente sind durch die MT gründlich zu studieren. Eine erste Einschätzung der Dringlichkeit der Kontaktaufnahme mit dem Klientensystem ist zu diesem Zeitpunkt notwendig. Dort, wo sich die Gefährdung als besonders akut oder hartnäckig erweist oder die Problemlage eine hohe Komplexität aufweist (z.B. bei stark dynamisierten Streitigkeiten der Eltern wegen dem Besuchsrecht oder bei hoher Anzahl bereits involvierter Stellen), kann eine kollegiale Fall-

4.16

4. Mandatsführung

beratung hilfreich sein. Die Rücksprache mit der KESB ist sinnvoll, wenn die Aufträge unklar sind oder unrealistische Erwartungen an die/den MT enthalten. Die/der MT darf erwarten, dass sie durch die KESB soweit instruiert, beraten und unterstützt wird, wie dies für den sorgfältigen Einstieg in die Mandatsarbeit notwendig erscheint (vgl. Kap. 4.1.1.). Zur Entscheideröffnung: Kap. 3.4.4.

4.17

> **In der Einstiegsphase zu klärende Fragen**
>
> - Was ist die aktuelle Situation des Kindes, d.h., mit wem lebt das Kind, wer sind Bezugs- und/oder Betreuungspersonen, was ist deren Situation und was führte zur Errichtung der Massnahme und den Aufträgen?
> - Was wurde bisher unternommen? Wie äussert(e) sich das Kind, die Eltern oder weitere wichtige Akteure zur aktuellen Lage? Welche Ressourcen scheinen für die Beteiligten bedeutsam für ihr aktuelles und künftiges Wohlergehen? Wird die Massnahme als Beitrag zur Problemlösung angesehen?
> - Mit welchen Erwartungen ist von Seiten der verschiedenen Akteure zu rechnen? Welche Ressourcen könnten durch die/den MT verfügbar und zugänglich gemacht werden? Welche Bedingungen haben zur Problematik geführt?
> - Welche Rolle und welche Aufgaben hat die/der MT in der Umsetzung der Massnahme? Was lässt sich als unterstützend und was als kontrollierend verstehen? Welche Handlungen können ohne Zustimmung der Beteiligten ausgeführt werden? In welchen Bereichen entscheiden das Kind, die Eltern und die Familie weiterhin eigenständig? Was passiert, wenn die Zusammenarbeit wichtiger Beteiligten verweigert wird?

4.18 Zur *Vorbereitung des Erstgesprächs* gehört zu bestimmen, wer eingeladen wird und welche praktischen Barrieren (sprachliche, infrastrukturelle u.a.) auftauchen könnten. Hilfreiche Hinweise ergeben sich aus dem Abklärungsbericht oder ggf. aus Dokumentationen des/der bisherigen MT. Beim Einbezug von Übersetzerinnen ist je nach Konstellation an das Geschlecht und an den Hinweis, dass die Personen der Schweigepflicht unterstehen, zu denken. Für Menschen in prekären Arbeitsverhältnissen kann das Wahrnehmen von Terminen während der Arbeitszeit unter Umständen mit negativen Konsequenzen verbunden sein. Umgekehrt ist ein Erstgespräch ausserhalb der Dienstöffnungszeiten nur dann ratsam, wenn bedrohliche Situationen oder die Notwendigkeit einer Krisenintervention ausgeschlossen werden können. In der Regel sind es die *Eltern*, die zum Erstgespräch eingeladen werden. Bei Eltern, deren Konflikt sich auf einer hohen Eskalationsstufe befindet, kann ein gemeinsames Gespräch eine Überforderung darstellen und erneute Grenzüberschreitungen zur Folge haben. Nur wenn die/der MT, unter etwaigem Einbezug der/des Vorgesetzten, einen sicheren Gesprächsrahmen gewährleisten kann, ist das gemeinsame Erstgespräch zweckmässig. Der Hinweis, eine nahestehende Person oder Familienangehörige zum Erstgespräch mitnehmen zu können, nützt dem Vertrauensaufbau zwischen Eltern und dem/der MT. Es wird signalisiert, dass eine Verstärkung der Sichtweise der Eltern und Familie erwünscht wird. Das kann u.U. dem Gefühl der Ohnmacht und des Kontrollverlusts entgegenwirken.

Da die errichtete Massnahme, sprich der Anlass der Kontaktaufnahme, immer ein Kind betrifft, ist das Gespräch mit dem *Kind* unerlässlich. Alter, Persönlichkeit und Beziehungsgefüge des Kindes spielen in der praktischen Ausgestaltung des Kontakts mit dem Kind eine Rolle. Wichtig ist, dass der/die MT sich dem Kind vorstellen und seine/ihre Rolle in einer für das Kind verständlichen Form erläutert.

4.19

Beachte

- Es ist zu entscheiden, ob das Kind zusammen mit den Eltern oder zu einem separaten Erstgespräch eingeladen werden soll. Das Vorgehen ist in jedem Fall den Eltern darzulegen. Dabei sollte vom Anspruch, mit dem Kind in Kontakt zu treten, nicht abgewichen werden.
- Das Erstgespräch mit dem Kind ist in der Regel in den Räumen der/des MT zu führen.
- Der direkte Kontakt ist auch zu Kindern im Vorschulalter und mit Handicaps oder anderen besonderen Bedingungen herzustellen. Für die Begleitung zu den Treffen sind die Personen, bei denen das Kind lebt, verantwortlich.

4.20

Beim *Erstgespräch selbst* liegt der Fokus auf der Klärung des Auftrags und der Rolle des/der MT und was dies für den Alltag der Betroffenen konkret bedeutet. Es kann hilfreich sein, wenn der Errichtungsentscheid gemeinsam, Punkt für Punkt, besprochen wird. Auf diese Weise wird die Problemsicht der KESB und die Sichtweise der Betroffenen thematisiert und in Verbindung mit den Aufträgen gebracht. In der Gesprächsführung braucht es einen Mix aus offenen, erkundenden Fragen und stärker strukturierten, tendenziell direktiven Elementen. Wenn es darum geht, die bisherige Problembewältigung, die Sichtweise der Eltern, Kinder und Familie sowie die für sie bedeutsamen Ressourcen zu entdecken, ist Offenheit und Neugier für die Einzigartigkeit jeder Familie gefragt. Geht es um die kontrollierenden Aspekte der Massnahme (z.B. Informationen einzuholen und zu verwenden), die Entscheidungskompetenzen der/des MT oder den grundsätzlichen Unterstützungsbedarf, braucht es im Gespräch Bestimmtheit und

4.21

4. Mandatsführung

Klarheit. Das gilt insb. für die Klärung von Erwartungen seitens der Eltern und Familie an die/den MT und umgekehrt. Hier kann es hilfreich sein, den Betroffenen die Organisation, die Rahmenbedingungen und Abläufe zu erläutern. Zum Beispiel, wie Eltern und Kinder die/den MT am besten erreichen, oder wer die zuständige Sachbearbeiterin, der zuständige Sachbearbeiter ist, wie Briefpost verarbeitet wird und in welchem Zeitraum mit einer Antwort auf eine Frage per E-Mail zu rechnen ist. Besonders gegenüber Kindern bietet es sich an, ihnen diesen speziellen Begegnungsort, die Räumlichkeiten und die Abläufe zu erläutern. Auch im Erstgespräch mit dem Kind ist eine Mischung von erkundenden Fragen, altersadäquater Information und Einholen des Standpunktes des Kindes wichtig. Da das Macht- und Kompetenzgefälle ausgeprägt ist, liegt die Verantwortung für die Strukturierung sowie die Gewährleistung einer sicheren und wohlwollenden Gesprächsatmosphäre bei dem/der MT.

4.22 Am *Ende des Erstgesprächs* sollten die wesentlichen Züge der Massnahme, die Problemlage und Besonderheit des Klientensystems klar sein. Im Weiteren braucht es eine konkrete Vereinbarung bezgl. dem nächsten Schritt, bspw. in welcher Zusammensetzung das zweite Gespräch geführt wird, welcher Themenbereich Priorität hat oder welche Informationen eingeholt werden sollen, ob, wann und wie ein Hausbesuch stattfinden wird. Idealerweise sind die Aufgaben bis zur nächsten Kontaktnahme gleichmässig zwischen dem Klientensystem und dem/der MT verteilt. Schliesslich verfasst der/die MT einen kurzen Akteneintrag über die wesentlichen Punkte des Erstgesprächs und die Vereinbarungen über die nächsten Schritte.

4.23
> **Beachte**
>
> - Im Erstgespräch geht es darum, durch Transparenz bezüglich Rolle, Auftrag und Erwartungen die Eckpfeiler der weiteren Arbeitsbeziehung zu setzen.
> - Die Gesprächsführung zeichnet sich durch eine Mischung zwischen erkundenden Fragen und klar strukturierten Elementen (Information, Position des/der MT) aus.

4.2.3. Durchführung (5-Phasen-Modell)

4.24 Die Durchführung der Massnahme knüpft an die Einstiegsphase an. Wobei die Klärung der Rollen, Aufgaben und Erwartungen während der gesamten Zusammenarbeit zwischen Klientensystem und MT wiederholt stattfindet, bspw. bei neuen Themen und Anliegen oder bei jeder weiteren involvierten Person. Da Kindesschutzmassnahmen häufig langandauernde Hilfeleistungen sind, sollte die in der Einstiegsphase relevante Klärung gegenüber dem Kind mit seinem Entwicklungsstand mithalten und ebenfalls von Zeit zu Zeit erneut erfolgen. Die Durchführung der Massnahme ist zudem durch eine fortlaufende Einschätzung des Kindeswohls gekennzeichnet, gerade weil sich das Kind entwickelt, sich anpasst oder Entwicklung und Anpassung von seiner sozialen Umwelt einfordert. Aus methodischer Sicht unterliegt die Durchführung der Massnahme einer stetigen Überprüfung und (Fein-)Justierung, um flexibel auf Veränderungen reagieren zu können. Dennoch lassen sich grundsätzlich einerseits spezifische Aufgaben je nach Massnahme (vgl. Kap. 15. und 17.) und andererseits verschiedene Rollenverständnisse unterscheiden (vgl. Kap. 4.1.2.).

Bei der Beratung, Begleitung und Vermittlung kann der Veränderungsprozess generell in fünf Phasen gegliedert werden, wobei diese zeitlich nicht hintereinander, sondern nebeneinander laufen.   4.25

Die **Phase 1** ist durch ein *gegenseitiges Sich-Einlassen* gekennzeichnet. Es geht darum, diese eher ungewöhnliche und in vielerlei Hinsicht paradoxe Arbeitsbeziehung zwischen Klientensystem und MT zu etablieren. Ungewöhnlich u.a. deshalb, weil sie meist nicht einseitig kündbar ist. Sieht man vom Erreichen der Volljährigkeit des Kindes ab, ist überdies die Dauer der Massnahme nicht präzise bestimmbar. Zudem ergeben sich aufgrund der doppelten Verortung der/des MT, in einer kontrollierenden und unterstützenden Weise zu fungieren, bestimmte Widersprüche. Auf der einen Seite soll Vertrauen geschaffen werden, damit die Kernthemen zur Sprache kommen und ein stetiger und erforderlicher Veränderungsprozess beginnt. Auf der anderen Seite werden die sensibel beschafften Informationen abhängig vom Verlauf unterschiedlich verwendet. Unter Umständen kann dies aus Sicht der Eltern, Familien und Kinder mit negativen Folgen verbunden sein. Diesem erschwerenden Umstand ist seitens der/dem MT mit *höchstmöglicher Transparenz* zu begegnen. Offenzulegen, was in Berichten und Akten über die Eltern, die Familie, das Kind gelesen wurde, wie der/die MT und/oder andere die Situation sehen, ist unerlässlich für den Aufbau von Vertrauen. Im Weiteren ist beim Sich-Einlassen zentral, die *kontextuellen und kulturellen Eigenheiten* des Klientensystems zu erkunden und die Hilfeleistung anzupassen. Sei dies bei der Wahl der Gesprächsführungsmethode, bei der Auswahl des Gesprächsorts und der Teilnehmerinnen und Teilnehmer oder bei der Art gegenseitiger Verständigung. Nicht ausser Acht zu lassen ist, dass sich das Sich-Einlassen von Seiten des Klientensystems mit einem Austesten der/des MT verbunden sein kann.   4.26

Die **Phase 2** zeichnet sich durch ein gemeinsames *Einschätzen der Bewältigungsstrategien* und Verhaltensmuster aus. Diese Einschätzungsphase   4.27

4. Mandatsführung

unterscheidet sich von der fortlaufenden Einschätzung des Kindswohls. Letzteres basiert auf dem Abwägen von Risiken und schützenden Faktoren für die kindliche Entwicklung sowie auf der Feststellung der minimalen Anforderung zur Gewährleistung des Wohls des Kindes. Dahingegen geht es in der Phase 2 darum, die Werthaltungen und Hoffnungen hinter dem Verhalten der Eltern, Familien und Kinder zu erfahren. Diese gilt es zusammen mit den Betroffenen einzuschätzen. Dienlich sind Visualisierungen wie sie Genogramme oder Ecomaps bieten, gerade weil sie zusammen mit Kindern, Eltern und Familien erstellt werden können. Erfahrungen der Marginalisierung, der Stigmatisierung und der Ohnmacht sind genauso zu berücksichtigen wie individuelles Problemverhalten. Es geht darum, zu verstehen, wie die Navigations- und Verhandlungsmuster der Betroffenen funktionieren, was für sie Bedeutung hat und wo sie auf Barrieren stossen. Für einen verwitweten Vater tamilischer Herkunft ist unter Umständen bedeutsam, dass er möglichst bald wieder heiratet und er so seine Kinder gut betreut weiss. Eine Barriere für die von ihm gewählte Bewältigungsstrategie stellt die Migrationsbehörde dar. Sie gewährt der durch die Familie im Heimatland ausgewählten Frau nur dann Aufenthalt, wenn die Einkommensverhältnisse des Mannes in der Schweiz ausreichend sind. Um dies zu erreichen, arbeitet der verwitwete Vater im Niedriglohnbereich lange Schichten. Das wiederum hat einen direkten Einfluss auf die Betreuung der Kinder, die deshalb in der Schule als verwahrlost wahrgenommen werden. Die vermittelte Unterstützung oder die Beratung und Begleitung durch den/die MT soll bei den Bewältigungsstrategien der Betroffenen anknüpfen. Dafür braucht es eine Einschätzung darüber, welche Strategien und Verhaltensmuster auf welchen Ressourcen beruhen, welche kulturelle oder kontextuelle Bedeutung sie haben und wie gut sie funktionieren. Nur so findet die Hilfeleistung Anschluss an das Klientensystem und bringt die erwünschte Wirkung auf die fachlich eingeschätzte Gefährdungslage.

4.28 In der **Phase 3** werden konkrete *Ziele vereinbart*, anhand derer Veränderungsprozesse sichtbar gemacht werden können. Wie bei allen Phasen ist auch diese nicht nach einmaligem Durchlauf abgeschlossen. Vielmehr sind Ziele bei jeder Vermittlung von Unterstützung, beim Auftauchen weiterer Aspekte oder bei der Erweiterung des Klientensystems erneut zu vereinbaren. Es muss Eltern, Familien und Kindern klar sein, welchen Zielzustand sie bspw. mit einer Familienbegleitung erreichen wollen und sollen. Manchmal beziehen sich Vereinbarungen explizit auf die Zusammenarbeit mit dem/der MT, bspw. dass sich die Mutter meldet, sobald die Schule zu einem ausserordentlichen Gespräch einlädt. Das dahinterliegende Ziel ist, das Vertrauensverhältnis zwischen der Mutter und dem/der MT zu etablieren. Es ist in der Regel nützlich, Ziele schriftlich festzuhalten. Zentral ist, dass die Ziele so weit heruntergebrochen sind, dass sie für Kinder, Eltern und Familien fassbar sind. Es sollten nicht mehr als 2–3 Ziele auf einmal vereinbart werden. Inhaltlich sollten sie möglichst überschaubar und nahe an der Erfahrungswelt der Betroffenen gehalten sein. Beispielsweise kann ein Ziel sein, bis zum nächsten Gespräch mit der Krankenkasse wegen einer Zusatzversicherung telefoniert zu haben, oder sich zwei Situationen zu merken, in denen das Kind etwas besonders gut gemacht hat. Die durch die KESB formulierten Ziele der Massnahme sind in Etappenziele umzuwandeln. Eine nicht ausgesprochene oder einseitig unterstellte Zielvereinbarung ist nicht brauchbar, um den Veränderungsprozess zu sehen, geschweige denn zu würdigen. Es gilt jedoch auch, dass je unmittelbarer und gravierender eine Gefährdung ist und je weniger Verständigung in der Einschätzung zwischen Klientensystem und MT besteht, desto formaler und konkreter muss die Zielvereinbarung sein. Das gilt auch, wenn keine Veränderung sichtbar wird oder sich die Gefährdung sogar verschärft. In diesen Situationen ist eine Verschriftlichung der Zielvereinbarung mit allen Betroffenen notwendig.

4.29 In der **Phase 4** steht nun die tatsächliche *Arbeit an den einzelnen Schritten*, die zur Veränderungen führen, im Fokus. Aus einem Rollenverständnis der/des beratenden, vermittelnden und/oder begleitenden MT heraus sind Fähigkeiten gefragt, die den Betroffenen beim Navigieren zu den und Aushandeln von bedeutsamen Ressourcen unterstützen. Es geht darum, die verfügbaren internen oder externen Ressourcen zu identifizieren oder sie zugänglich zu machen. Beispielsweise kann ein Charakterzug eines Kindes oder eines Elternteils als Ressource für Veränderung identifiziert werden. Eine externe Ressource wie ein guter Therapieplatz muss möglicherweise zuerst zugänglich gemacht werden. Weiter ist darauf zu achten, Alliierte im Umfeld und in der Familie zu finden. Diese unterstützen die Betroffenen darin, Zugänge zu für sie bedeutsamen Ressourcen zu finden. Eine engagierte Lehrperson oder eine Krippenleiterin kann bspw. positive Erlebnisse ermöglichen und für die Betroffenen konkret erfahrbar machen. Es geht unter anderem darum, mit dem Betroffenen auszuhandeln, wer für die Veränderung in den Bewältigungsmustern verantwortlich ist. Die Frage ist auch, wo die bedeutsamen Ressourcen zu finden sind, um neue Lösungen umzusetzen. In der Zusammenarbeit mit externen Stellen kann dies heissen, dass die/der MT sicherstellt, dass die Stimme der Betroffenen gehört wird. Eine alleinerziehende Mutter, die alles umsetzt, was ihr von den Lehrpersonen und anderen Stellen geraten wird und sich damit stets überfordert, muss zuerst Kraft finden, um sich aktiv gegen die Ratschläge zu stellen. Beim Standortgespräch in der Schule geht es dann darum, ihr Platz für den Widerspruch zu geben und diesen positiv zu bewerten.

4.30 Wie eingangs dargelegt, sind die fünf Phasen nicht als Abfolge, sondern als überlappend und ineinandergreifend zu verstehen. Der letzte Prozessschritt in einer linearen Vorstellung von Beratung ist üblicherweise der *Abschluss*. Idealerweise fällt der Grund für die Errichtung der behördlichen Massnahme weg und der Eingriff wird hinfällig. Im vorliegenden Modell ist die letzte **Phase 5** als Wechsel oder Übergang zu verstehen, der fortlaufend geschieht. Die Begleitung, Beratung und Vermittlung von Unterstützung einer/eines MT bleibt bei aller Wichtigkeit ein kleiner Hebel im Umfeld der Betroffenen. Dort müssen sich die neuen Bewältigungsstrategien bewähren oder von der sozialen Umwelt als positiv anerkannt werden. Mit Übergang kann gemeint sein, dass die problematisierten Verhaltensweisen von Eltern keine negativen Auswirkungen mehr auf das Kind haben, weil die kindlichen Bedürfnisse an einem anderen Ort befriedigt sind. In einem anderen Fall ermöglicht vielleicht erst die veränderte Umwelt, dass Fortschritte gemacht werden, bspw. wenn die Familie in eine grössere Wohnung zieht oder die alleinerziehende Mutter einen anderen Arbeitsort hat. So wechseln Aufgaben oder Verantwortungsbereiche von der/dem MT zurück in das soziale Umfeld des Kindes. Je nachdem kommt es so zur Anpassung der Aufgaben und Zielsetzungen, zu einem veränderten Rollenverständnis der/des MTs oder zum Abschluss der Massnahme. Falls das Mandat endet, fällt der/dem MT die Funktion einer Zeugin, eines Zeugen der Veränderungsschritte über den gesamten Zeitraum der Beratung und Begleitung zu.

4.31
> **5 Phasen der Beratung/Begleitung anhand eines Fallbeispiels**
>
> **Sich-Einlassen (Phase 1):** Die 23-jährige Mutter der 2½-jährigen Alessa kommt zum Erstgespräch, zu dem sie die neu ernannte Beiständin nach Art. 308 Abs. 1 und 2 ZGB eingeladen hat. Die Mutter leidet an einer Persönlichkeitsstörung. Der Vater des Kindes hat vor der Geburt Selbstmord begangen. Mutter und Kind leben in einer 1-Zimmer-Wohnung zusammen mit einem Hund. Es besteht der Verdacht, dass die Mutter Kokain konsumiert. Während der Abklärung konnte dieser Verdacht nicht bestätigt werden. Die Mutter verneint einen Drogenkonsum vehement. Aktuell ist sie nicht in psychologisch/psychiatrischer Behandlung und lebt von einer Rente.
>
> Überlegungen der/des MT zur Phase Sich-Einlassen:
> - Welche unterstützenden und kontrollierenden Aspekte hat das Mandat und was heisst das konkret für die Mutter? Wie lässt sich Auftrag und Rolle der Beiständin an konkreten Beispielen sichtbar machen?
> - Welche Informationen sind in Akten und Berichten vorhanden und wie werden diese gegenüber der Mutter transparent gemacht?

- Welche Hindernisse stehen einem Beziehungs- und Vertrauensaufbau im Wege (z.B. Angst der Mutter, dass ihr das Kind weggenommen wird) und wie wird das im Gespräch thematisiert?

Einschätzung (Phase 2): Während des Erstgespräches stellt die Beiständin Fragen, die zur gemeinsamen Einschätzung der Situation dienen, die gleichzeitig aber auch zur Phase des Sich-Einlassens gehören.

Beispielfragen zur Phase Einschätzung und Sich-Einlassen:

- Welche Probleme haben die Familie hierhergeführt? Was muss sich ändern, damit die Probleme verschwinden? Welche Strategien hat die Familie früher und heute verfolgt, um die Probleme zu lösen? Welche Problemlösung bevorzugen Mutter und/oder Kind?
- Welche Ressourcen waren bis heute verfügbar? Welche Barrieren (intern und extern) sind da, die die Familie am Zugang zu den benötigten Ressourcen hindern?
- Welche Bedeutung haben die Bewältigungsstrategien, die sie anwenden für Mutter und Kind? Welche Strategien sind am besten in der Kultur oder dem Kontext verankert?
- Wie wird die Situation resp. das Problem von anderen gesehen? Was an diesem Bild würde die Familie ändern wollen?

Alle diese Fragen werden nicht in einem einzigen Gespräch abgehandelt. Jeder Kontakt mit der Mutter, dem Kind und weiteren Beteiligen durchläuft die Phase des Sich-Einlassens und des Einschätzens. Über diese Kontakte hinweg lernt die Beiständin, wie Mutter und Kind zu den Ressourcen navigieren, die sie für ihr Wohlergehen benötigen. Die Grossmutter mütterlicherseits stellt beispielsweise eine solche Ressource dar. Dorthin wendet sich die Mutter, wenn sie überfordert ist und Ruhe braucht. Der Zusammenhalt innerhalb der Familie hat kulturell und im Kontext einer Migrationsgeschichte eine grosse Bedeutung. Gleichzeitig fühlt sich die Mutter durch die Familie eingeengt und in ihrer Identität als Sorgeberechtigte nicht wahrgenommen. Die Ressource Entlastung durch die Familie ist also verfügbar, aber der Zugang dazu muss ausgehandelt werden bzw. erst durch das Aushandeln wird der Zugang zu dieser Ressource auf eine für die Mutter bedeutsamen Art hergestellt. Das Aushandeln zwischen Mutter und Grossmutter von Alessa erweist sich als konflikthaft und führt zeitweilig zum Abbruch der Beziehung. Zur Einschätzungsphase gehört die Frage, welche Folgen die gewählten Strategien der Mutter für das Kind haben. Diese Einschätzung erfolgt entlang anerkannter Merkmale positiver Entwicklung und dem Schutz vor Schädigung.

Zielvereinbarung (Phase 3): Die Zielvereinbarung knüpft an die vorgängigen Phasen an. Wenn bspw. ein Auftrag der KESB lautet, eine Familienbegleitung zu installieren, ist das bei der Erläuterung der unterstützenden und kontrollierenden Aspekte des Mandats darzulegen. In der Einschätzungsphase geht es darum, herauszufinden, inwiefern eine Familienbegleitung von der Mutter als bedeutsame Ressource angesehen wird. Ist die Begleitung eine zusätzliche Belastung? Welche neuen Strategien könnten mit dieser Ressource umgesetzt werden? Werden hilfreiche oder hinderliche Verhaltensweisen für das Wohl von Mutter und Kind gefördert? Erst nach dieser Klärung können konkrete Zielvereinbarungen mit der Mutter, dem Kind und der Familienbegleitung gemacht werden. Eine andere Art der Vereinbarung ist nötig, wenn es um die unmittelbare Sicherheit der Betroffenen geht. Zum Beispiel, wenn die Mutter in der Überforderungssituation mit Selbstmordgedanken kämpft und sie vom familiären Netz zwischenzeitlich abgeschnitten ist. Hier braucht es eine schriftliche Vereinbarung (Notfallplan). Im Nachgang sind schriftliche Zielvereinbarungen darüber nötig, wie eine solche Notfallsituation früher erkannt und vorbereitend Ressourcen verfügbar und zugänglich gemacht werden könnten, beispielsweise in Form einer Entlastungsfamilie. Jedes Gespräch knüpft an diese Vereinbarungen an und wird in Arbeitsschritte zur Zielerreichung aufgeteilt.

Arbeitsschritte (Phase 4): Schritt für Schritt wird an der Vereinbarung gearbeitet. Durch das Wissen über das Unterstützungsangebot stellt die Beiständin Zugänge für Mutter und Kind her. Immer wieder wird überprüft, wer welche Verantwortung für die Veränderung von Bewältigungsmustern hat und wie die soziale Umwelt in die Veränderungsprozesse einbezogen werden können.

Nachdem durch die Hilfe der Kleinkindberaterin ein Krippenplatz in der unmittelbaren Nähe des Wohnorts der Mutter gefunden werden konnte, ändert die Aufgabe der Beiständin. In einvernehmlicher Absprache mit der Mutter und der Krippenleitung wird sie eingeschaltet, wenn es Kommunikationsprobleme oder Konflikte zwischen Mutter und Krippe gibt, oder wenn sie sich um das Kind sorgen. Damit ist das Mandat nicht abgeschlossen. Abgegrenzte Verantwortungsbereiche sind an das soziale Umfeld von Mutter und Kind übergegangen **(Phase 5)**.

4.2.4. Überprüfung und periodische Anpassung

4.32 Die Überprüfung und periodische Anpassung der Kindesschutzmassnahme ist in zweifacher Hinsicht relevant:

Aus *methodischer Sicht* findet eine stete Überprüfung des beraterischen Handelns, der Begleitung und Vermittlung von Unterstützung durch die/den MT während der laufenden Massnahme statt. Einerseits wird die Arbeitsbeziehung mit dem Klientensystem reflektiert, andererseits die Zielerreichung mittels der gewählten Mittel (Interventionen, Arbeitsschritte) evaluiert. Die betroffenen Kinder, Jugendlichen und Familien schätzen ihrerseits fortlaufend die Nützlichkeit der Begleitung und Beratung ein. Wenn

Widerstand auftritt und sich die Zusammenarbeit verschlechtert, ist die Frage zu stellen, ob die gegenseitigen Erwartungen geklärt sind und die Zielsetzungen geteilt werden. Eventuell sind aufgrund erneuter Klärungsgespräche Anpassungen vorzunehmen. Diese müssen sich jedoch im Rahmen der massgeschneiderten Aufgaben bewegen. Sind neue oder andere Aufgaben notwendig, um das Kind zu schützen oder in seiner Entwicklung zu fördern, braucht es eine Anpassung des Mandats durch die KESB.

Die Überprüfung und periodische Anpassung ist aus *rechtlicher Sicht* eine Rückkopplung zur Instruktion und damit zum Anlass der Kindesschutzmassnahme. Zu beachten ist, dass die verschiedenen Akteure unterschiedliche Anforderungen an die Berichterstattung stellen. Aus Sicht der KESB und der Organisation, die den/die MT personell und fachlich leitet, ist eine fristgerechte und nachvollziehbare Beschreibung der inhaltlichen Schwerpunkte der Mandatsführung wichtig. Es geht darum aufzuzeigen, was sich in Bezug zur ursprünglich festgestellten Kindeswohlgefährdung verändert hat und was unverändert blieb, welche Vereinbarungen getroffen wurden und welche Interventionen sich als hilfreich oder hinderlich herausstellten. Diese Überlegungen sind die Grundlage für eine etwaige Anpassung der Massnahme. Es ist wichtig, dass die Sichtweisen der Betroffenen und ihre Problemlösungsstrategien dargestellt sind, auch wenn sie sich nicht mit den Einschätzungen der/des MT decken. Gerade für Kinder und Jugendliche ist der Bericht ein Artefakt, das ihnen im Erwachsenenalter einen Einblick in ihre Lebensbewältigung und die ihrer Familie geben kann. Dies ist nur dann aufschlussreich, wenn die möglicherweise divergierenden Problemsichten dargestellt sind.

4.33

4.3. Mitwirkung und Controlling der KESB

4.3.1. Grundlagen

Basis für die Mitwirkung der KESB ist – abgesehen von der Vormundschaft mit einem umfassenden Auftrag – die Massschneiderung der Aufträge und Zuteilung von Kompetenzen bei der Errichtung der Beistandschaft. Damit steuert die KESB grundsätzlich den Arbeitsinhalt und die Bandbreite der Aufgaben, welche dem/der MT übertragen werden. Zudem übt die KESB von Amtes wegen die Aufsicht über die Mandatsführung aus, was sich bereits aus Art. 400 Abs. 3 ZGB ableiten lässt, welche die KESB zur Instruktion der MT verpflichtet. Neben der Mitwirkung bei bestimmten Geschäften (vgl. Kap. 4.3.2.) liegt der Hauptfokus bei der Überprüfung des Berichts (Kap. 4.3.3.) und der Rechnung (Kap. 4.3.4.).

4.34

4.3.2. Zustimmungsbedürftige Geschäfte

4.35 Im Rahmen der zugeteilten Kompetenzen handeln die MT grundsätzlich selbstständig. Die Mitwirkung der KESB ist in Art. 327c Abs. 2 ZGB für den Vormund explizit im Gesetz geregelt. Dieser generelle Hinweis auf die *sinngemässen Bestimmungen des Erwachsenenschutzes* gilt auch für die verschiedenen Beistandschaftsformen des Kindesschutzes. Für bestimmte wichtige Geschäfte sieht der Gesetzgeber zum Schutz des Kindes die Mitwirkung der KESB vor (Art. 416 ZGB).

4.36
> **Beachte**
>
> In der Praxis sind folgende zustimmungsbedürftige Geschäfte im Kindesschutz relevant:
> - Art. 416 Abs. 1 Ziff. 2 ZGB: Gestützt auf den Verweis in Art. 327c Abs. 2 ZGB unterliegen *Verträge zur Unterbringung von Minderjährigen* in Pflegefamilien oder Institutionen (vorbehältlich der Anwendung der Normen der fürsorgerischen Unterbringung bei geschlossenen Einrichtungen oder psychiatrischen Kliniken, s. Art. 327c Abs. 3 ZGB), welche durch den *Vormund* abgeschlossen werden, der Zustimmung der KESB. Auf den Beistand/die Beiständin kann diese Bestimmung nicht angewendet werden, da im Rahmen einer Beistandschaft keine Vertretungskompetenz zum Abschluss eines Unterbringungsvertrags erteilt werden kann.
> - Art. 416 Abs. 1 Ziff. 3 ZGB: Minderjährigen kann *Erbenstellung* zukommen. In der Praxis steht dabei die Vertretungsbeistandschaft in Folge Interessenkollision nach Art. 306 Abs. 2 ZGB (Eltern oder Elternteil befindet sich in der gleichen Erbengemeinschaft) im Vordergrund. Zu entscheiden gilt, ob die Erbschaft auszuschlagen ist, als Erbengemeinschaft weiterbestehen bleibt oder die Erbteilung vorgenommen wird. Bei der Ausschlagung und Erbteilung ist die Zustimmung der KESB notwendig.
> - Art. 416 Abs. 1 Ziff. 4 und 5 ZGB: Befinden sich *grössere Vermögenswerte* in der Verwaltung der MT, so ist für weitreichende Vermögensgeschäfte die Zustimmung der KESB notwendig. Überdies sind die Vermögensverwaltungsbestimmungen der VBVV, insb. die *Anlagevorschriften* von Art. 6 und 7 VBVV, zu beachten. Sind Grundstücke zu veräussern, hat die KESB im Einzelfall zu beurteilen, in welcher Form und mit welchen Vorgaben ein allfälliger Verkauf abzuwickeln ist. Teilweise sind auf kantonaler Ebene explizite Formvorschriften auf Gesetzes- oder Verordnungsstufe vorgesehen, so z.B. in Art. 35 EG ZGB VS und oder § 87 KESV TG, welche als Grundsatz die öffentliche Versteigerung sowie Anforderungen an die Schatzungen oder Anzahl der Ausschreibungen normieren.

4.3. Mitwirkung und Controlling der KESB

> - Art. 416 Abs. 1 Ziff. 9 ZGB: Das *Erteilen der Prozessführungsbefugnis*, allenfalls unter Einräumung eines Substitutionsrechts und der Kompetenz zum Abschluss eines Vergleichs, ist das in der Praxis häufigste Zustimmungsgeschäft der KESB. Die Prozessführungsbefugnis wird regelmässig bei der Vertretungsbeistandschaft nach Art. 308 Abs. 2 ZGB bezüglich Feststellung oder Anfechtung der Vaterschaft, der Anerkennung sowie zur Geltendmachung der Unterhaltsklage im Anordnungsentscheid erteilt (vgl. z.B. Muster in Rz. 14.64).

Gestützt auf *Art. 417 ZGB* kann die KESB weitere Geschäfte, welche nicht im gesetzlichen Katalog enthalten sind, einem Zustimmungsvorbehalt unterstellen. Die Anwendung dieses Zustimmungsvorbehaltes ist bezgl. des Vormundes und den verschiedenen Beistandschaftsformen zu differenzieren: 4.37

- Auf den Beistand gestützt auf Art. 306 Abs. 2 ZGB (Interessenkollisions- oder Abwesenheitsbeistandschaft) sind Art. 416/417 ZGB anwendbar, wenn im Rahmen der Vertretung aufgrund von *Interessenkollision oder Abwesenheit* Geschäfte zu vertreten sind, die sich im gesetzlichen Katalog befinden oder von der KESB im Anordnungsentscheid unter den Zustimmungsvorbehalt gestellt worden sind. Bei Interessenskollision entfällt die Vertretungskompetenz der Eltern von Gesetzes wegen, bei Abwesenheit kann sie nicht ausgeübt werden. Handelt die KESB gestützt auf Art. 306 Abs. 2 ZGB direkt, also ohne Errichtung einer Beistandschaft, so wird das Zustimmungserfordernis durch die direkte Vertretungshandlung der KESB kompensiert.
- Auf die Beiständin gestützt auf Art. 308 Abs. 2 ZGB (besondere Befugnisse) sind Art. 416/417 ZGB nur dann anwendbar, wenn sie über die entsprechende *Vertretungskompetenz zum entsprechenden Rechtsgeschäft* explizit verfügen. Zudem ist in analoger Anwendung von Art. 416 Abs. 2 ZGB eine Zustimmung durch die KESB nicht erforderlich, wenn der oder die Inhaber der elterlichen Sorge der Vertretungshandlung der MT zustimmt, es sei denn, ihnen sei aufgrund von Art. 308 Abs. 3 ZGB in diesem Bereich die elterliche Sorge entzogen.
- Bei der *Kindesvermögensverwaltungsbeistandschaft* nach Art. 325 Abs. 1 und/oder Abs. 3 ZGB sind Art. 416/417 ZGB sowie die speziellen Vermögensverwaltungsbestimmungen der VBVV auf die verwalteten Vermögenswerte anzuwenden, da den Eltern oder dem alleinsorgeberechtigten Elternteil von Gesetzes wegen die elterliche Sorge in diesem Umfang entzogen ist.
- Bei der *Vormundschaft* sind die Art. 416/417 ZGB vollumfänglich anzuwenden, da das Kind nicht unter elterlicher Sorge steht und die Bestim-

4. Mandatsführung

mungen des Erwachsenenschutzes bezgl. der Mitwirkung der KESB sinngemäss anwendbar sind (Art. 327c Abs. 2 ZGB).

4.38 Voraussetzung für die Mitwirkung ist das *Vorliegen des gültig abgeschlossenen Rechtsgeschäftes,* welches die MT im Rahmen ihres Auftrags namens des Kindes abgeschlossen haben. Die Rolle der KESB besteht lediglich in der Mitwirkung und kann das Handeln der MT nicht ersetzen. Die Zustimmung bedarf nicht der gleichen Form wie das zugrunde liegende Rechtsgeschäft. Sie kann auch stillschweigend erfolgen, wobei dies nur mit grösster Zurückhaltung anzunehmen ist. In der Regel erfolgt die Zustimmung in schriftlicher Form mittels einer beschwerdefähigen Verfügung.

4.39 Solange die Zustimmung der KESB nicht vorliegt, bleibt das *Rechtsgeschäft in der Schwebe* und bewirkt eine einseitige Verbindlichkeit. Erst mit der rechtsgültigen Zustimmung durch die KESB wird das Rechtsgeschäft für das Kind grundsätzlich rückwirkend verbindlich und erwächst in volle Rechtskraft. Der befürwortende Beschluss kann aber Mängel des Grundgeschäftes nicht heilen. Erfolgt die Zustimmung nicht oder hat der MT diese nicht eingeholt, wird das Rechtsgeschäft nach Art. 418 ZGB beurteilt, d.h., dass jeder Teil die vollzogenen Leistungen zurückfordern kann und u.U. ein allfälliger Schaden ausgeglichen werden muss (s. dazu im Detail Art. 19b ZGB).

4.40 Neben den in Art. 416/417 ZGB genannten Geschäften ist *beim bevormundeten Kind* in folgenden Situationen die Mitwirkung resp. Zustimmung der KESB notwendig:

- Muss das bevormundete Kind in eine *geschlossene Einrichtung oder eine psychiatrische Klinik* eingewiesen werden, ist der Vormund ebenfalls auf die Mitwirkung der KESB resp. einen Einweisungsentscheid durch die Behörde (oder allenfalls eines Arztes) angewiesen (Art. 327c Abs. 3 i.V.m. Art. 428 ff. ZGB).

- Die *Adoption eines bevormundeten Kindes* kann nur mit Zustimmung der KESB erfolgen (Art. 265 Abs. 3 ZGB).

- Die Zustimmung der KESB ist erforderlich, um eine dauernd urteilsunfähige, über 16-jährige minderjährige Person zu sterilisieren (Art. 3, Art. 7 i.V.m. Art. 8 Sterilisationsgesetz).

> **Beachte**
>
> - Die Anwendung der Mitwirkungsbestimmungen von Art. 416 ZGB beurteilt sich je nach Mandat unterschiedlich. Die Bestimmungen des Erwachsenenschutzes werden sinngemäss angewendet.
> - Erweiterte Mitwirkungsrechte der KESB sind bei der Führung der Vormundschaft zu beachten.

4.41

4.3.3. Periodische Berichterstattung

Die MT sind zur Berichterstattung verpflichtet (Art. 411 Abs. 1 ZGB). Die KESB setzt die jeweilige *Periode für die Berichterstattung* grundsätzlich fest, sie hat jedoch mindestens alle zwei Jahre zu erfolgen. Zwischenzeitliche Berichterstattung erfolgt so oft wie notwendig. In einzelnen wenigen Kantonen werden in den kantonalen Erlassen die Berichtsperioden jährlich und jeweils teilweise auf Ende Jahr festgelegt (z.B. Art. 14 Abs. 1 KESG FR; § 34 Abs. 1 VoKESG BS), die Mehrheit der Kantone regelt nichts Näheres und überlässt die Festlegung der Berichtsperiode der KESB. Das Bundesrecht regelt nicht, innerhalb welchem Zeitraum nach Ablauf der Berichtsperiode die Berichterstattung zu erfolgen hat. Verschiedene Kantone sehen in den Einführungsgesetzen oder -verordnungen klare Fristen vor, so z.B. § 86 Abs.1 KESV TG (2 Monate), § 74 Abs. 3 EG ZGB BL und § 9 Abs. 1 V KESR AG (3 Monate).

4.42

Die periodische Berichterstattung ermöglicht der KESB die Kontrolle und Aufsicht über die Beiständin oder den Vormund und dient als *Standortbestimmung* über die Zwecktauglichkeit und Notwendigkeit der Massnahme. Sie bildet die Grundlage für eine allfällige Anpassung der Massnahme (Art. 313 ZGB). Das ZGB selber regelt den Inhalt des *Berichts über die persönlichen Verhältnisse und die Betreuung* nur sehr allgemein. Es ist Sache der KESB, nötigenfalls entsprechende Richtlinien zu erlassen, soweit nicht detaillierte Vorgaben in der kantonalen Gesetzgebung vorgesehen sind (z.B. § 84 KESV TG; Art. 15 KESG i.V.m. Art. 15 KESV FR).

4.43

Der Bericht bezieht sich auf das massgeschneidert zugeteilte Mandat. Im Rahmen der konkreten Standortbestimmung sind sowohl die Eltern wie auch das Kind in geeigneter Form miteinzubeziehen (Art. 411 Abs. 2 ZGB). Die Auswertung ist in einem umfassenden Sinn vorzunehmen. Die *Entwicklung der konkreten Situation* des Kindes und des Familiensystems resp. des sozialen Umfeldes in Bezug auf die ursprünglich festgestellte Kindeswohlgefährdung ist zu evaluieren, die *Mandatsführung und Interventionen* in Bezug auf die gesetzten *Ziele* und den sich daraus ergeben-

4.44

4. Mandatsführung

den *Handlungsplan* zu beurteilen und ausgehend davon neue Ziele für die kommende Berichtsperiode zu formulieren. Aus der Sicht der Eltern, des Kindes und/oder der MT notwendige Anpassungen der Massnahmen sind zu thematisieren.

4.45 Bei *mehreren Kindern* sind verschiedene Berichte zu verfassen (oder zumindest individualisierte Ausführungen zu machen).

4.46 Bei der Abfassung des Berichts ist auf eine sorgfältige Formulierung zu achten, insb. sind *keine verletzenden, diskriminierenden oder etikettierenden Begriffe* zu verwenden. Zudem soll sich der Bericht nicht allein auf vorhandene Defizite fokussieren, sondern in einem umfassenden Sinn auch die *Stärken und Ressourcen* des Systems aufzeigen, ohne dabei die bestehenden Schwierigkeiten zu bagatellisieren oder Tatsachen zu vertuschen. Inhalt und Ausführlichkeit des Berichts hängen zudem ab von den konkret erteilten Aufträgen. Das *Persönlichkeitsrecht der Eltern und des Kindes* auf grösstmöglichen Schutz ihrer Privatsphäre ist bei der Berichterstattung zu beachten, sie haben Anspruch darauf, dass der Behörde nur diejenigen Inhalte zur Kenntnis gebracht werden, welche der Behörde für ihre Kontroll- und Aufsichtsfunktion dienen resp. dazu nötig sind. Diese Beschränkung dient auch der Stärkung des Vertrauensverhältnisses zwischen der/dem MT und dem Kind/der Eltern, wenn sie sich darauf verlassen können, dass nicht alle Details aus ihrem Leben der Behörde unterbreitet werden.

4.47 Mit der Berichterstattung haben die MT auch formell *Antrag auf Anpassung oder Aufhebung der Massnahme* zu stellen, ebenso eine allfällige Übertragung der Massnahme an eine andere KESB, wenn sich die Wohnsitzverhältnisse geändert haben, oder die Entlassung aus dem Mandat zu beantragen. Ein Antrag auf Weiterführung der Massnahme oder Bestätigung im Amt sind in der Regel nicht notwendig, da die Massnahme nicht befristet oder auf eine bestimmte Zeitspanne eingerichtet ist und der MT nicht für eine Amtsperiode eingesetzt wird.

4.48
> **Leitfragen für das Abfassen und die Prüfung des Rechenschaftsberichts**
>
> - Wird in den Ausführungen Bezug genommen zur Ausgangslage resp. der Ursache des behördlichen Auftrags (Schutzbedarf, Kindeswohlgefährdung)?
> - Gibt der Bericht eine Übersicht über die bio-psycho-soziale Situation und die Entwicklung der individuellen Lebensumstände des Kindes (soziale, geistige und körperliche Entwicklung, Gesundheitszustand, Schule, Ausbildung, Kontakt zu Eltern oder Umfeld) und des betroffenen Familiensystems?

- Gibt der Bericht Aufschluss über das Handeln der Mandatsperson (Interventionskonzept, Art und Häufigkeit der Kontakte) sowie die methodischen Überlegungen (Zielsetzungen, Handlungsplan, Betreuungsverlauf usw.)?
- Sind Schutz- und Risikofaktoren sowie Ressourcen und Defizite benannt? Werden die Beziehungen zu den Eltern und anderen Bezugspersonen beschrieben und analysiert?
- Sind die Betreuungs- und Beratungszielsetzungen ausgewertet und, soweit erforderlich, für die nächste Berichtsperiode neu ausgehandelt und festgelegt?
- Sind die fachlichen und methodischen Überlegungen dargestellt und das Vorgehen und die erfolgten Handlungen entsprechend den fachlichen Standards begründet?
- Ist der Bericht neutral abgefasst, die Aussagen sachlich formuliert? Sind die Inhalte auftragsbezogen dargestellt (kein Rapportstil!)? Wird beschrieben, erklärt und bewertet?
- Ist der Persönlichkeitsschutz des Kindes und des Familiensystems berücksichtigt?
- Sind Anträge zur Anpassung oder Aufhebung der Massnahme, soweit notwendig, gestellt und begründet? Ist die Meinung der betroffenen Personen (Eltern, urteilsfähiges Kind) dazu eingeholt?
- Ist eine Anpassung oder Aufhebung der Massnahme von Amtes wegen vorzunehmen?
- Sind die Formulierungen sprachlich korrekt? Sind Konjunktiv und Indikativ bewusst eingesetzt?
- Ist der Bericht mit den Eltern und soweit erforderlich mit dem urteilsfähigen Kind besprochen? Liegt ein entsprechender Nachweis vor?

4.3.4. Periodische Rechnungslegung

Die periodische Rechnungslegung ist im Kindesschutz in verschiedenen Konstellationen vorgesehen:

4.49

- Im Rahmen der Vormundschaft ist der Vormund zur *Rechnungsführung und Rechnungslegung verpflichtet* (Art. 327c Abs. 2 ZGB). Die entsprechenden Normen von Art. 405 (Inventar), 410 (Rechnung) und 415 ZGB (Prüfung) sind sinngemäss anwendbar.
- In Anwendung von Art. 325 Abs. 1 ZGB kann den Eltern oder dem allein sorgeberechtigten Elternteil die *Verwaltung des Kindesvermögens entzogen werden* und einem/einer MT übertragen werden. Die elterliche Sorge ist sodann von Gesetzes wegen in diesem Bereich beschränkt und der/die MT amtet als gesetzlicher Vertreter. Sie/er unterliegt damit

auch der periodischen Berichts- und Rechnungsablage. Eine vollständige Entbindung von der Pflicht zur Einreichung eines Inventars und der Rechnungsablage gestützt auf Art. 420 ZGB kommt aufgrund der speziellen Schutzbedürftigkeit im Rahmen des Kindesvermögensschutzes eher nicht in Frage, denkbar aber sind Erleichterungen und Vereinfachungen bezgl. Form und Umfang der Rechnungslegung.

- Mit dem Entzug der Verwaltungsbefugnisse haben die Eltern das Kindesvermögen (oder bei Teilentzug den entsprechenden Vermögensteil) in Anwendung von Art. 326 ZGB *an den/die MT aufgrund einer Abrechnung herauszugeben*. Der/die MT hat der KESB über die übernommenen und zu verwaltenden Vermögenswerte ein Inventar einzureichen (Art. 405 ZGB). Basis dazu ist die Abrechnung der Eltern, diese kann und muss aber sorgfältig auf ihre Richtigkeit und Vollständigkeit überprüft werden. Je nach Situation sind weitere Abklärungen zu treffen, wobei Dritte wie z.B. Banken oder Versicherungen zur Auskunft verpflichtet sind (Art. 405 Abs. 4 ZGB). Ist die Vermögenssituation unklar, so kann sich allenfalls auch die Anordnung eines öffentlichen Inventars durch die KESB rechtfertigen (Art. 405 Abs. 3 ZGB), was bei Kindesvermögen wohl kaum je in Frage kommt. Haben die Eltern das Kindesvermögen unsorgfältig verwaltet (Art. 327 Abs. 1 ZGB), so sind die *Forderungen daraus durch den/die MT gegenüber den Eltern* geltend zu machen, nötigenfalls auch klageweise (mit entsprechender Zustimmung der KESB gestützt auf Art. 416 Abs. 1 Ziff. 9 ZGB für die Prozessführung) oder auf dem Weg der Zwangsvollstreckung. Im Einzelfall zu prüfen ist dabei, ob diese Aufgabe bereits im Anordnungsentscheid bei der Beistandschaft enthalten war oder nachträglich noch als Kompetenz erteilt werden muss (Art. 313 Abs. 1 ZGB).

4.50 Ausserhalb eines formellen Kindesschutzmandats ist eine Rechnungslegung auf Anordnung der KESB möglich:

- Gegenüber den Eltern kann als präventive Kindesvermögensschutzmassnahme die periodische Rechnungsstellung und die Berichterstattung angeordnet werden (Art. 318 Abs. 3 ZGB).
- Gestützt auf Art. 321/322 ZGB kann Kindesvermögen auch *von Dritten verwaltet* werden. Der Drittverwalter hat das Kindesvermögen wie die Eltern sorgfältig zu verwalten. In seiner analogen Stellung wie die Eltern sind ihm gegenüber auch Massnahmen zum Schutz des Kindesvermögens möglich. Art. 322 Abs. 2 ZGB sieht explizit vor, dass die KESB den Drittverwalter zur periodischen Rechnungslegung und Berichterstattung anhalten kann. Wie detailliert die Rechnungslegung zu erfolgen hat, ist Sache der anordnenden Behörde. Es kann sich um einen reinen periodischen Nachweis des Vermögensstandes bis hin zu einer detaillier-

ten Abrechnung der gesamten Verwaltungstätigkeit handeln. Bei einer professionellen Vermögensverwaltung wird in der Regel der schlichte Vermögensnachweis als genügend erachtet, da diese den berufsspezifischen Standards der Verwaltungstätigkeit verpflichtet sind.

Die Anforderungen an Inhalt und Umfang der Rechnungslegung richten sich in sinngemässer Anwendung nach den bundesrechtlichen Normen für die Beistandschaft im Erwachsenenschutz (Art. 410 ZGB), wobei die Kantone frei sind, die Vorgaben detaillierter zu regeln. Die *Mindestanforderung* jedoch beinhaltet die *ordentliche, chronologische und vollständige Auflistung aller Einnahmen und Ausgaben des Kindesvermögens, alle Kapitalveränderungen und allenfalls separaten Bücher über die Abrechnung von eigenständigen Betrieben oder Liegenschaften, inkl. Vermietungen*. Der Rechnung sind die entsprechenden Originalbelege und Bankauszüge sowie soweit notwendig auch die entsprechende Korrespondenz beizulegen. In Bezug auf einzelne Positionen hat sich der Bericht, soweit Bedarf besteht, inhaltlich mit der Veränderung auseinanderzusetzen (z.B. Notwendigkeit der Veräusserung einer Liegenschaft oder Umwandlung von Wertpapieren etc.) und entsprechende Erklärungen zu liefern. Ebenso gehört zur Berichterstattung, soweit namhafte Erträgnisse anfallen oder das Kindesvermögen kontinuierlich für den Unterhalt verwendet werden darf, eine Budget- und Liquiditätsplanung, damit eine realistische Einschätzung der Entwicklung möglich ist. Die Berichterstattung und Rechnungslegung erstreckt sich in der Regel über das gesamte Kindesvermögen, ausgenommen diejenigen Vermögensbestandteile, welche sich unter der eigenen Verwaltung des Kindes oder Dritten befinden.

4.51

Die KESB hat die Rechnung auf ihre formelle Richtigkeit sowie die materielle Angemessenheit und auf die Beachtung der gesetzlichen Beschränkung der elterlichen, beistandschaftlichen oder vormundschaftlichen Verwaltung (z.B. Verwendung der Erträgnisse [Art. 319 ZGB], Anzehrung des Kindesvermögens [Art. 320 ZGB]) zu prüfen. Soweit nach Prüfung der KESB keine Unregelmässigkeiten oder Verstösse gegen entsprechende Gesetzesnormen zu verzeichnen sind, hat die KESB den Bericht und die Rechnung formell zu genehmigen. Mit der Genehmigung bringt die KESB lediglich zum Ausdruck, dass sie die Rechnungsführung und die Verwaltung durch die Eltern oder den/die MT für die entsprechende Periode als richtig befindet; eine *Décharge-Erteilung und somit Verantwortlichkeitsentlastung* (Art. 327 resp. Art. 454 ZGB) *erfolgt nicht*. Gegenüber Dritten entfaltet die Genehmigung des Berichts und der Rechnung keine Wirkung.

4.52

Der urteilsfähige Minderjährige ist zur Rechnungslegung, wie im Übrigen auch für wichtige Entscheidungen in der laufenden Vermögensverwaltung,

4.53

durch die Eltern und die/den MT miteinzubeziehen (Art. 301 Abs. 2; 410 Abs. 2 ZGB). Die Mitwirkung des urteilsfähigen Minderjährigen bedeutet jedoch keine Décharge an die Eltern oder die/den MT und hindert das Kind nicht, gestützt auf Art. 327 resp. Art. 454 ZGB bei Erreichen der Volljährigkeit die Verantwortlichkeit geltend zu machen.

4.3.5. Mandatsentschädigung und Spesen

4.54 Nach Art. 404 Abs. 1 ZGB haben die MT Anspruch auf eine angemessene Entschädigung und den Ersatz der notwendigen Spesen. Mandatsentschädigung und Spesen sind als Kosten von Kindesschutzmassnahmen zu qualifizieren (im Unterschied dazu die Verfahrenskosten, vgl. Kap. 5.10.). Diese Kosten sind gestützt auf Art. 276 Abs. 2 ZGB *als Unterhaltskosten grundsätzlich von den Eltern zu tragen*. Über die Höhe der Entschädigung entscheidet die KESB, die dabei den Umfang und die Komplexität der Mandatsführung in ihrem Ermessen zu berücksichtigen hat.

4.55 Die Kantone sind von Bundesrechts wegen verpflichtet, Ausführungsbestimmungen zu erlassen, die regeln, welches Gemeinwesen die Kosten der Mandatsführung bei Mittellosigkeit zu übernehmen hat (Art. 404 Abs. 3 ZGB). Zum einen sind Grundsätze über die *Höhe und den Umfang der Entschädigung und der Spesenansätze* zu erlassen, damit mindestens innerhalb des Kantons eine möglichst einheitliche Anwendungspraxis entstehen kann, andererseits ist festzulegen, welches Gemeinwesen konkret unter welchen Voraussetzungen die Kosten zu tragen hat, wenn diese nicht von den unterhaltspflichtigen Eltern getragen werden können. Die Kantone sind der Pflicht zur Regelung der *subsidiären Kostentragung durch die öffentliche Hand* in ihren Ausführungsgesetzen nachgekommen, wobei die Regelungen ganz unterschiedlich ausfallen. In 12 Kantonen werden die Kosten bei Mittellosigkeit vom Kanton übernommen, in 10 Kantonen übernimmt die Gemeinde am zivilrechtlichen Wohnsitz des Minderjährigen die Kosten, in 3 Kantonen die Gemeinde am unterstützungsrechtlichen Wohnsitz und in einem Kanton werden die Kosten von der Berufsbeistandschaft getragen. Zudem variieren die Vermögensgrenzen, welche den betroffenen Personen zugestanden werden, zwischen 0 bis 40'000 Fr., ebenso wird in einigen Kantonen auch die Höhe des Einkommens für die Beurteilung der Kostenpflicht berücksichtigt. Spezielle gesetzlich normierte *Vermögensgrenzen für die Beanspruchung des Kindesvermögens* (Art. 276 Abs. 3 ZGB) kennen nur gerade drei Kantone (SG: Art. 32 EG KESR i.V.m. Art. 5 Abs. 2 und 7 Abs. 1 V Entschädigung: Fr. 20'000 für das minderjährige Kind; ZG: § 47 Abs. 2 i.V.m. § 8 Abs. 3 VESBV: Vermögensfreibetrag

Kinder Fr. 30'000; ZH: §25 Abs. 1 EG KESR verweist auf das KJHG: nur erhebliches Kindesvermögen wird belastet).

Für die Berechnung der Entschädigung sind in der Praxis zwei unterschiedliche Modelle verbreitet. Einerseits wird mit *Pauschalen für eine bestimmte Zeitperiode* (meist ein- oder zweijährige Berichtsperioden) gerechnet, andererseits werden die *konkreten Aufwendungen nach einem Stundenansatz* von Fr. 40–160 (je nach Kanton) abgerechnet. Dies führt in der Praxis teilweise zu kontraproduktiven Situationen, in welchen Eltern oder Jugendliche sich verweigern mit dem Hinweis, dass ein Gespräch so hohe Kosten verursache, ohne einen positiven Effekt zu haben.

4.56

Sollen Kosten der Mandatsführung aus dem Kindesvermögen bezahlt werden, so hat die KESB die Kindesinteressen gegenüber den Interessen des subsidiär zahlungspflichtigen Gemeinwesens im Einzelfall abzuwägen. Eine *Abschöpfung des Kindesvermögens* kann nur dann in Frage kommen, wenn die Sicherung der Lebenshaltungskosten des Kindes unter Einschluss der zu erwartenden Ausbildungskosten auch nach Erreichen der Volljährigkeit gewährleistet ist (s. dazu KGer Luzern 3H 14 12, Urteil vom 14.4.2014 E. 4.6.1).

4.57

Gegen den Kostenentscheid ist die Beschwerde an die gerichtliche Beschwerdeinstanz (Art. 450 ZGB) zulässig. Der rechtskräftige Entscheid der KESB ist ein definitiver Rechtsöffnungstitel im Sinne von Art. 80 SchKG.

4.58

4.3.6. Beschwerde gegen die Mandatsführung

Gestützt auf Art. 419 ZGB besteht die Möglichkeit, die Handlungen der MT im Rahmen einer Beschwerde umfassend überprüfen zu lassen. Wie unter altem Recht soll diese Beschwerdemöglichkeit in erster Linie dazu dienen, die MT zu einem gesetzmässen Verhalten und zur Wahrung der Interessen desjenigen, für den er tätig wird, anzuhalten. Die Beschwerde ist zulässig gegen alle Handlungen oder Unterlassungen der MT.

4.59

Der Begriff der Handlung ist weit auszulegen. Er umfasst nicht nur *Rechtshandlungen*, sondern *jegliches Verhalten und Unterlassen der MT,* das im Zusammenhang mit seinem Mandat steht und eine Aufgabe betrifft, die das ZGB oder die KESB ihm zugewiesen hat. Gerügt werden können auch entsprechende Handlungen von Dritten oder Stellen, die gestützt auf Art. 307 Abs. 1 ZGB einen Auftrag erhalten haben oder gestützt auf Art. 307 Abs. 3 ZGB die Erziehungsaufsicht ausüben.

4.60

Die *Beschwerde ist nicht befristet*. Vorausgesetzt ist ein *aktuelles Interesse*, d.h., dass sie geeignet ist, Einfluss auf das Verhalten der MT nehmen

4.61

zu können; ist die Handlung vollzogen oder abgeschlossen und dauern die Wirkungen nicht mehr an, ist die Beschwerde sinnlos und somit auch nicht zulässig, es sei denn, es handle sich um eine *Grundsatzfrage*, deren Klärung im Interesse der Praxis der Mandatsführung liegt. Was eine Grundsatzfrage ist, wird vom Gesetzgeber nicht definiert. Nach der bundesgerichtlichen Rechtsprechung kann in Anlehnung an die Praxis des früheren Art. 420 aZGB vom aktuellen Interesse abgesehen werden, wenn sich die strittige Frage jederzeit unter ähnlichen Umständen wieder stellen könnte, die Frage von grundsätzlicher Bedeutung ist und bei einem Beharren auf das Erfordernis des aktuellen Interesses nie von der Beschwerdeinstanz geprüft werden könnte. Damit ist das sog. virtuelle Interesse massgebend (BGer 5A_186/2014 E. 3.2). Nicht zulässig ist eine Beschwerde gegen Anträge des MT an die KESB.

4.62 *Legitimiert* ist von Bundesrechts wegen die *urteilsfähige betroffene Person, also auch das urteilsfähige Kind,* dies als Ausfluss seines Persönlichkeitsrechts. An die Urteilsfähigkeit dürfen keine hohen Anforderungen gestellt werden; verständliches Ausdrücken des Nichteinverstandenseins oder der Unzufriedenheit ist ausreichend. Legitimiert sind ausserdem auch *nahestehende Personen,* sofern Letztere Interessen des Kindes wahrnehmen. Diese Bestimmung ist weit auszulegen. Es handelt sich dabei um Personen, welche das Kind gut kennen und aufgrund ihrer Beziehung zu ihm geeignet erscheinen, deren Interesse wahrzunehmen. Eine rechtliche Beziehung ist nicht erforderlich, sondern die faktische Verbundenheit ist entscheidend.

4.63 Das *Verfahren* der Beschwerde richtet sich grundsätzlich nach *kantonalem Recht,* soweit dies die Kantone vorsehen, ansonsten gelten die Bestimmungen der ZPO (Art. 450f ZGB). Obwohl es sich nicht um ein Rechtsmittelverfahren im technischen Sinn handelt, sind von Bundesrechts wegen die *verfahrensmässigen Minimalgarantien* des erstinstanzlichen Verfahrens vor der KESB zu beachten. Massgebend sind insb. der Untersuchungsgrundsatz und die Offizialmaxime. Das Bundesrecht schreibt für die Beschwerde keine Form vor. In der Regel muss die Beschwerde schriftlich eingereicht und begründet werden, doch dürfen dabei keine hohen formellen Anforderungen gestellt werden. Zweck der Beschwerde ist, innert kurzer Zeit einen materiell möglichst richtigen Entscheid zu fällen, weshalb ein einfaches Verfahren vorzusehen sowie der neuste Stand des Sachverhaltes zu berücksichtigen ist und demnach auch echte Noven massgebend sind (BGer 5P.41/2005 E. 4.2.4). Der Entscheid der KESB ist mit einer *Rechtsmittelbelehrung* zu versehen und bei der zuständigen Gerichtsinstanz anfechtbar.

Heikel ist die Frage der Abgrenzung zwischen einer *allgemeinen Unmutsäusserung* über die Mandatsführung und einer *formellen Beschwerde* nach Art. 419 ZGB. Je nach Situation muss es möglich sein, einen Konflikt zwischen dem betreuten Kind, den betroffenen Eltern und der/dem MT ohne formelles Verfahren zu bereinigen und abzuschliessen. Dies kann im Rahmen einer Vermittlung durch die KESB selber oder eines Mediationsversuches durch Dritte geschehen.

4.64

> **Beachte**
> - Gegen Handlungen, Verhalten oder Unterlassungen der MT kann jederzeit Beschwerde durch die betroffene Person (Eltern, urteilsfähiges Kind) oder andere nahestehende Personen geführt werden.
> - Im Verfahren sind die verfassungsmässigen Minimalgarantien zu beachten.
> - Nicht jede Unmutsäusserung ist als formelle Beschwerde zu taxieren. Ziel ist, bestehende Konflikte oder Unstimmigkeiten zwischen betroffenem Kind/Eltern und der Beiständin möglichst rasch zu lösen. Dies kann über unterschiedliche Formen wie Schlichtung, Mediation oder Vermittlung erfolgen.

4.65

4.4. Ende des Amtes

Die Regelungen des Erwachsenenschutzes für die Beendigung des Amtes der Beiständin oder der Vormundin sind im Kindesschutz sinngemäss anwendbar. Zu unterscheiden ist zwischen dem *Ende des Amtes von Gesetzes wegen* (Art. 421 ZGB) und einer *Entlassung aus dem Amt* (Art. 422–423 ZGB) mittels eines behördlichen Aktes.

4.66

4.4.1. Von Gesetzes wegen

Das Amt endet von Gesetzes wegen, wenn die *Amtsdauer* des/der MT abgelaufen ist und keine Bestätigung erfolgt (Art. 421 Ziff. 1 ZGB). Im Unterschied zum früheren Recht legt das Gesetz keine bestimmte Amtsdauer fest. Entsprechend dem Grundsatz der individuellen Massschneiderung liegt es im Ermessen der KESB, eine Amtsdauer festzulegen oder diese offenzulassen, was die Regel ist. Wird im Ernennungsbeschluss keine Amtsdauer festgelegt, so gilt der/die MT auf unbestimmte Zeit eingesetzt. Wurde eine Amtsdauer festgelegt, so ist für die Weiterführung nach deren Ablauf eine formelle Bestätigung durch die KESB mittels Verfügung notwendig, sonst endet das Amt. Mit Blick auf das automatische Erlöschen

4.67

des Amtes – und damit dem grundsätzlichen Verlust aller sich aus dem Mandat ergebenden Rechte und Pflichten – hat die KESB rechtzeitig über die Bestätigung zu entscheiden, andernfalls hat sie eine andere Person als MT zu bestellen. Im Rahmen der Verfügung über die Bestätigung kann eine neue Amtsdauer festgelegt werden oder die Person wird auf unbestimmte Zeit bestätigt.

4.68 Mit dem *Ende der Beistandschaft* endet auch das Amt (Art. 421 Ziff. 2 ZGB). Beendigungsgründe für die Beistandschaft oder Vormundschaft im Kindesschutz sind das Erreichen der Volljährigkeit oder die formelle Aufhebung der Beistandschaft oder Vormundschaft durch die KESB (Art. 313 i.V.m. 399 Abs. 2 ZGB analog).

4.69 Auch die Übertragung der Massnahme an eine andere KESB zur Weiterführung ist ein Beendigungsgrund (das Amt endet per Übernahmedatum). Zum Übertragungsverfahren vgl. Kap. 6.1.3., zur Entlassung des MT vgl. Kap. 4.4.2.2.

4.70 Das Amt der/des MT endet zudem auf den Zeitpunkt der *Beendigung des Arbeitsverhältnisses* des Berufsbeistands oder der Berufsbeiständin (Art. 421 Ziff. 3 ZGB). Das Arbeitsverhältnis kann zu einer öffentlichen Organisation oder zu privaten Arbeitgebern bestehen, welchen aufgrund eines Leistungsvertrages die Führung der Beistandschaften obliegt. Nicht geklärt ist die Frage, ob mit der Kündigung des organisationsrechtlichen Grundverhältnisses zu einer Organisation, welche durch ihre Mitarbeitenden berufsmässig Beistandschaften resp. Vormundschaften führen lässt, auch alle Mandatsverhältnisse der Mitarbeitenden gemäss Art. 421 Ziff. 3 ZGB von Gesetzes wegen enden (offengelassen in: BGer 5A_954/2013 E. 6).

4.71 Mit dem *Tod, der Verbeiständung oder der Urteilsunfähigkeit der/des MT* erlischt das Amt ebenfalls von Gesetzes wegen (Art. 421 Ziff. 4 ZGB). In der Praxis ergeben sich Auslegungsfragen bzgl. dem Ende des Amtes aufgrund von Urteilsunfähigkeit. Insb. ist zwischen vorübergehender Urteilsunfähigkeit, welche nach der hier vertretenen Ansicht nicht zum Amtsende führt, und der *dauernden Urteilsunfähigkeit,* zu unterscheiden. Der Eintrittszeitpunkt der dauernden Urteilsunfähigkeit ist oft umstritten, sodass ein behördlicher Akt zur Feststellung der Urteilsunfähigkeit des/der MT nötig sein wird, was einem Entlassungsentscheid nahekommt.

4.4.2. Entlassung aus dem Amt

a) Auf Begehren der Beiständin oder der Vormundin

Die Beiständin oder der Vormund kann nach *Ablauf von vier Amtsjahren* ohne Begründung die Weiterführung des Amtes ablehnen und hat einen Rechtsanspruch auf Entlassung aus dem Amt (Art. 422 Abs. 1 ZGB). Der *Anspruch auf Entlassung* nach vier Amtsjahren nach ZGB steht allen MT zu, also auch denjenigen, die das Amt als Berufsbeistand/-beiständin ausüben. In der Regel werden bei den Berufsbeiständen jedoch die Anstellungsbedingungen ein solches Rücktrittsrecht ausschliessen, sodass es lediglich gegenüber privaten MT eine Bedeutung erlangt. 4.72

Vor Ablauf der vier Jahre Amtspflicht kann der/die MT aus *wichtigen Gründen* jederzeit eine Entlassung beantragen und ist dafür nicht an einen bestimmten Zeitpunkt wie Bericht- oder Rechnungsablage gebunden. Die Beurteilung der wichtigen Gründe liegt im Ermessen der KESB. Als wichtige Gründe können insb. diejenigen Gründe vorgebracht werden, *welche eine Pflicht zur Übernahme eines Mandates ausschliessen* würden. *Amtsmüdigkeit oder Amtsverdruss* bei schwierigen Mandaten für sich allein kann laut Botschaft kein wichtiger Grund sein, um die Amtspflicht nicht auszuhöhlen. Diese Haltung ist kritisch zu beurteilen. Wie beim Zwang zur Übernahme eines Mandates ist differenziert abzuklären, ob die Führung oder Weiterführung des Amtes gegen den Willen des/der MT nicht dazu führt, dass die angestrebte bestmögliche Unterstützung des Kindes und der Eltern und damit die Zielerreichung der Massnahme nicht erreicht werden kann. 4.73

b) Übrige Fälle

Die KESB hat den/die MT *von Amtes wegen* oder gestützt auf einen *Antrag der betroffenen oder einer ihr nahestehenden Person zu entlassen*, wenn die Eignung für die Führung der Beistandschaft oder Vormundschaft nicht mehr besteht oder andere wichtige Gründe für eine Entlassung sprechen (Art. 423 Abs. 1 Ziff. 1 und 2 ZGB). Die KESB verfügt bei ihrer Entscheidung über ein grosses Ermessen, wobei sich die Beurteilung der Gründe, welche zu einer Amtsentlassung führen, ausschliesslich an den wohlverstandenen Interessen und den Bedürfnissen des Kindes auszurichten haben. Eine Gefährdung des Kindeswohls ist ausreichend. 4.74

Eine Person wird als MT eingesetzt, wenn er/sie fachlich und persönlich geeignet ist, das Amt zu übernehmen, und über genügend Zeit zur persönlichen Wahrnehmung der Aufgabe verfügt. Diese Voraussetzungen kön- 4.75

4. Mandatsführung

nen sich im Verlauf der Führung der Massnahme ändern. Im Rahmen der periodischen Berichtsprüfung hat die KESB *summarisch zu prüfen, ob die Eignung nach wie vor besteht oder nicht.*

4.76 Eine Entlassung kann auch gestützt auf Art. 423 Abs. 1 Ziff. 2 ZGB aus anderen wichtigen Gründen erfolgen. Unter wichtige Gründe sind Sachverhalte zu subsumieren, die das *Vertrauensverhältnis* zwischen MT, dem betroffenen Kind oder seinen Eltern oder der KESB betreffen. Dies kann durch unzulässige Vertretungshandlungen, Amtsanmassungen, Verletzungen der Persönlichkeit oder durch fortgesetzte leichtere Pflichtverletzungen in der Amtsführung geschehen. Wichtige Gründe können aber auch *Streitigkeiten sowie eine unüberwindbare gestörte Beziehung* zwischen dem Kind, dem Elternsystem und dem/der MT sein. Gerade bei letzteren Gründen ist jedoch Vorsicht bei der Beurteilung geboten, sind doch vielfach gestörte persönliche Beziehungen zum MT Teil des Problems der angeordneten Beziehung und nicht von der Person der amtsausführenden Person abhängig (z.B. bei massiven Elternkonflikten, strittigen Besuchsrechtssituationen, psychischen Störungen).

4.77 Die Übertragung einer Kindesschutzmassnahme an eine neu zuständige KESB führt in der Praxis in der Regel zu einem Wechsel in der Person des/der MT, obwohl dies der Gesetzgeber nicht explizit als Entlassungsgrund aufführt. Dieser Automatismus des Wechsels, der vielfach aus organisatorischen und finanziellen Gründen erfolgt, ist auf dem Hintergrund der Betreuungskontinuität kritisch zu hinterfragen. Je nach Konstellation ist im Einzelfall zu prüfen, ob eine Entlassung des bisherigen MT bei Übertragung der Massnahme notwendig und mit dem Kindeswohl vereinbar ist oder ob der/die bisherige MT von der neu zuständigen KESB eingesetzt werden soll.

4.4.3. Weiterführungspflicht

4.78 Mit der Entlassung des/der MT von Gesetzes wegen gestützt auf Art. 421 ZGB oder der rechtskräftigen Verfügung der Amtsentlassung in den Fällen von Art. 422 und 423 ZGB erlischt das konkrete Mandat des/der bisherigen MT. Art. 424 ZGB sieht eine Weiterführungspflicht für diejenigen Fälle vor, bei denen nicht gleichzeitig mit der Entlassung auch die Massnahme endet (Art. 421 Abs. 1 Ziff. 1 ZGB). Die Handlungen des/der MT haben sich auf das *Nichtaufschiebbare, also das absolut zwingend Notwendige, zu beschränken*. Mit dieser Formulierung wird der Ausnahmecharakter der Weiterführungspflicht zum Ausdruck gebracht. Entscheidungen von grosser Tragweite müssen, soweit aufschiebbar, dem Amtsnachfolger überlassen werden.

Die Weiterführungspflicht gilt, im Unterschied zum früheren Recht, *nicht für Berufsbeistände*. Gemeint sein kann aber nur, dass der Berufsbeistand, der die Arbeitsstelle verlässt, also ein Beendigungsgrund nach Art. 421 Ziff. 3 ZGB gegeben ist, keine Weiterführungspflicht trifft. Hingegen ist das Wegbedingen der Weiterführungspflicht bei Fortdauer des Arbeitsverhältnisses des Berufsbeistandes und der Beendigung des Amtes in Folge Beistandswechsel (z.B. bei der Übertragung an eine andere Berufsbeistandschaft) oder weil nach Ablauf der Amtsdauer die Bestätigung oder Nachfolge noch nicht entschieden ist, nicht sinnvoll. In diesen Situationen sind die Berufsbeistände gleich wie die anderen Beistände zur Weiterführung verpflichtet.

4.79

Beachte

- Die gesetzlichen Beendigungsgründe des Amtes des/der MT im Erwachsenenschutzrecht gelten sinngemäss auch für Mandate im Kindesschutz.
- Bei Übertragungen von Massnahmen an eine andere KESB ist zu prüfen, ob ein Wechsel des/der MT im Interesse des Kindes liegt.
- Die Weiterführungspflicht bei den MT fällt nur dann weg, wenn das Amt aufgrund des Wechsels der Arbeitsstelle endet.

4.80

4.5. Ende der Massnahme

4.5.1. Von Gesetzes wegen

Kindesschutzmassnahmen enden von Gesetzes wegen, wenn das Kind volljährig wird (Art. 14 i.V.m. 296 Abs. 2 ZGB), unabhängig davon, ob aufgrund eines Schwächezustandes (z.B. geistige Behinderung, qualifizierte Unerfahrenheit etc.) eine Schutzbedürftigkeit besteht. Ist eine weitergehende Vertretung und Begleitung der nunmehr volljährigen Person notwendig, sind rechtzeitig durch die betroffene Jugendliche selber, seine Eltern oder der/die MT bei der zuständigen KESB Erwachsenenschutzmassnahmen zu beantragen, wenn die Unterstützung nicht durch die Familie, andere nahestehende Personen oder private oder öffentliche Dienste ausreichend sichergestellt werden kann (Art. 389 Abs. 2 Ziff. 2 ZGB).

4.81

Die angeordnete Kindesschutzmassnahme endet zudem von Gesetzes wegen in analoger Anwendung von Art. 399 Abs. 1 ZGB mit dem Tod des Minderjährigen.

4.82

4. Mandatsführung

4.5.2. Aufhebung

4.83 Kindesschutzmassnahmen werden jeweils aufgrund eines zeitlich und sachlich konkret ermittelten Sachverhalts angeordnet. Weil sich Lebensvorgänge kaum mit Bestimmtheit voraussagen lassen, gründen die Massnahmen auf Prognosen und haben so lange zu dauern, als sie nötig sind. Sie sind daher anzupassen oder aufzuheben, wenn sich die Verhältnisse ändern (Art. 313 ZGB). Dieser Grundsatz ist unmittelbarer Ausfluss des Verhältnismässigkeitsprinzips.

4.84 Im Rahmen ihres Controllings, das die KESB bei mandatsgebundenen Massnahmen (Beistandschaft, Vormundschaft) einerseits durch die *gesetzliche Rechenschaftsablage* der eingesetzten MT, andererseits aber auch durch *fallbezogen verordnete Berichtsablagepflichten* ausübt (Art. 411 ZGB), gelangt die KESB nach Anordnung einer Massnahme im Abstand von max. zwei Jahren zu den nötigen Informationen, welche ihr die Beurteilung allenfalls veränderter Verhältnisse ermöglicht. Ausserdem müssen die MT eine *Aufhebung veranlassen*, sobald sie Kenntnis von Umständen haben, welche eine Aufhebung ermöglichen (Art. 414, Art. 327c ZGB).

4.85 Die betroffenen Personen, namentlich die *Eltern,* aber auch das *Kind,* das seine Meinung kundtun kann, können jederzeit bei der KESB veränderte Verhältnisse geltend machen und beantragen, dass die Massnahme angepasst oder aufgehoben wird. Die KESB oder das allenfalls zuständige Gericht (Art. 315a Abs. 2 ZGB) haben in Anwendung der Offizial- und Untersuchungsmaxime zudem *von Amtes wegen* Informationen nachzugehen, welche auf einen Anpassungs- oder Aufhebungstatbestand hinweisen.

4.86 Eine *Veränderung der Verhältnisse* und damit die Möglichkeit der Aufhebung der Massnahme kann z.B. bei folgenden Konstellationen gegeben sein:

- in der günstigen Persönlichkeitsentwicklung der Eltern,
- in günstigeren familiären, sozialen oder ökonomischen Lebensbedingungen,
- in einer erfolgreichen therapeutischen Unterstützung der Eltern oder des Kindes,
- in neuen gefestigten familiären Verhältnissen (z.B. neuer Lebenspartner) oder veränderten Verhältnissen der elterlichen Sorge (z.B. Einräumung der gemeinsamen Sorge),
- in einem weniger belastenden Betreuungsbedarf des Kindes,
- in einer Entspannung der persönlichen Spannungen der getrenntlebenden Eltern,

4.5. Ende der Massnahme

- der Altersentwicklung des Kindes (insb. bei Kindeswohlgefährdungen im Rahmen des persönlichen Verkehrs).

Die Veränderung muss *eine gewisse Stabilität* aufweisen, um nicht durch zu rasches Aufheben der Massnahme eine erneute Kindeswohlgefährdung zu provozieren.

4.87

4.88

Beachte

- Mit Erreichen der Volljährigkeit enden alle Kindesschutzmassnahmen von Gesetzes wegen. Eine formelle Aufhebung der Massnahme ist nicht notwendig, wohl aber die Abnahme des Schlussberichts und der Schlussrechnung.
- Unter Beachtung des Verhältnismässigkeitsprinzips sind Massnahmen jederzeit auf Antrag oder von Amtes wegen aufzuheben (oder anzupassen), wenn sich die Verhältnisse verändert haben und die Gefährdung des Kindeswohls nicht mehr besteht.
- Spezielle Aufmerksamkeit erfordert der Übergang in die Volljährigkeit. Ist aus Sicht der Beiständin eine weitergehende behördliche Massnahme notwendig, so ist diese Frage mit der KESB frühzeitig zu klären und allenfalls dafür zu sorgen, dass nach Beendigung der Kindesschutzmassnahme anderweitige Unterstützung oder Begleitung eingeleitet ist, falls keine Erwachsenenschutzmassnahme angeordnet wird.

Teil II: Verfahren

Vorbemerkung

In Kap. 3. wurde das handwerkliche Vorgehen bei der interdisziplinären Abklärung einer Gefährdungssituation bis hin zur Entscheidfindung dargestellt. Im nachfolgenden Kap. 5. werden die normativen Rahmenbedingungen vertieft, welche ein Verfahren prägen (vgl. dazu auch Kap. 8. und Kap. 20.). Sie leiten die rechtsanwendenden Behörden nicht nur durch das Verfahren, sie vermitteln vor allem den *Verfahrensbetroffenen* die Sicherheit, nach *rechtsstaatlichen Prinzipien* behandelt zu werden. Beides ist nicht Selbstzweck, sondern dient einer möglichst hohen Problemlösungsqualität, indem inhaltliche Richtigkeit und Gesetzmässigkeit der Massnahme einer gerichtlich überprüfbaren Entscheidung zugeführt werden.

Die Bewältigung eines Verfahrens ist als Projekt zu verstehen, welches sorgfältig geplant sein will, dessen Ergebnis immer der Mehrung des Wohls von betroffenen Kindern dient, und dessen Ziel (Massnahme? Wenn ja welche? Verzicht auf Massnahme?) nicht zu Beginn feststehen kann, sondern das Ergebnis aller erhobenen Informationen ist. Das bedingt Offenheit, Transparenz, Systematik und Flexibilität in der Informationsbeschaffung («Beweisführung») und die permanente Rückbesinnung darauf, dass es kein staatlich anzustrebendes Normverhalten gibt, sondern den betroffenen Menschen geholfen werden soll, unter den ihnen schicksalshaft zur Verfügung stehenden individuellen, familiären und sozialen Bedingungen in einem geschichtlich gegebenen Kontext sich bestmöglich entfalten zu können. Subjekt des Kindesschutzverfahrens sind Kinder aus den unterschiedlichsten sozialen Situationen mit unterschiedlichstem kulturellem Hintergrund. Nicht nur die Nationalität und Religionszugehörigkeit kann grosse Unterschiede ausmachen, wir finden auch unter den eigenen einheimischen Sozialstrukturen ein weites Feld ethischer und moralischer Wertmassstäbe und kulturelle Gegensätze von archaisch anmutenden Vorstellungen über Gut und Böse bis hin zu orientierungslosem Individualverhalten. All das muss vorurteilslos Platz in den Überlegungen der Behörden finden, wenn es gilt, möglichst tragfähige Lösungen für ein in seiner gedeihlichen Entwicklung gefährdetes Kind zu finden.

5. Verfahrensgrundsätze

Literatur
Gesetzliche Grundlagen: Art. 122 BV, Art. 314 und 440–450g ZGB.

Allgemeine Literatur: AUER CHRISTOPH/MÜLLER MARKUS/SCHINDLER BENJAMIN, Kommentar zum Bundesgesetz über das Verwaltungsverfahren (VwVG), Zürich 2008; BOHNET FRANÇOIS/HALDY JACQUES/JEANDIN NICOLAS/SCHWEIZER PHILIPPE/TAPPY DENIS, CPC-Code de procédure civile commenté, Basel 2011; BOVAY BENOÎT, Procédure administrative, 2. Aufl., Bern 2015; BRUNNER ALEXANDER/GASSER DOMINIK/SCHWANDER IVO, Kommentar zur Schweizerischen Zivilprozessordnung, Zürich/St. Gallen 2011; GYGI FRITZ, Verwaltungsrecht. Eine Einführung. Bern 1986; HÄFELIN ULRICH/MÜLLER GEORG/UHLMANN FELIX, Allgemeines Verwaltungsrecht, 6. Auflage, Zürich 2010; HALDY JACQUES, Procédure civile suisse, Basel 2014; HAUSHEER/GEISER/AEBI-MÜLLER, Rz. 1.79 ff.; JEANDIN NICOLAS/PEYROT AUDE, Précis de procédure civile, Zürich 2015; KÖLZ ALFRED/HÄNER ISABELLE, Verwaltungsverfahren und Verwaltungsrechtspflege des Bundes, Zürich 1998; KÖLZ ALFRED/BOSSHART JÜRG/RÖHL MARTIN, Kommentar zum Verwaltungsrechtspflegegesetz des Kantons Zürich, 2. Aufl., Zürich 1999; KOKES-Praxisanleitung Erwachsenenschutzrecht, Rz. 12.1 ff.; MÄCHLER AUGUST, Vertrag und Verwaltungsrechtspflege, Zürich 2005; MARTIN JÜRG, Leitfaden für den Erlass von Verfügungen, Zürich 1996; MEIER, Rz. 78 ff., 173 ff.; MERKLI THOMAS/AESCHLIMANN ARTHUR/HERZOG RUTH, Kommentar zum Gesetz über die Verwaltungsrechtspflege im Kanton Bern, Bern 1997; MOOR PIERRE/POLTIER ETIENNE, Droit administratif, vol. II: Les actes administratifs et leur contrôle, 3. Aufl., Bern 2011; RHINOW RENÉ/KOLLER HEINRICH/KISS CHRISTINA/THURNHERR DANIELA/BRÜHL-MOSER DENIS, Öffentliches Prozessrecht, 2. Aufl., Basel 2010.

Spezifische Literatur: AEBI-MÜLLER REGINA A./HERZIG CHRISTOPHE A., Kindesrecht und Elternkonflikt – Länderbericht Schweiz, in: Löhnig Martin et al. (Hrsg.), Kindesrecht und Elternkonflikt, Bielefeld 2013, 73 ff.; AFFOLTER KATHRIN, Anzeige- und Meldepflicht (Art. 443 Abs. 2 ZGB), in: ZKE 2013, 47 ff.; AFFOLTER KURT, Entschädigung der Kindesvertreterin (aArt. 146 f. ZGB; Art. 299 ZPO), in: dRSK 21. März 2016; AFFOLTER KURT, Kindesvertretung im behördlichen Kindesschutzverfahren, in: Rosch Daniel/Wider Diana (Hrsg.), Zwischen Schutz und Selbstbestimmung, Festschrift Christoph Häfeli, Bern 2013, 191 ff.; AFFOLTER KURT, Mit der Totalrevision des Vormundschaftsrechts zu einer neuen Qualität des Erwachsenenschutzes? in: ZVW 2003, 393 ff.; BERNHART CHRISTOF, Handbuch der fürsorgerischen Unterbringung, Basel 2011; DÖRFLINGER PETER, «Der Berg wird steiler, wenn du näher kommst», in: ZKE 2011, 447 ff.; DÖRFLINGER PETER, Interdisziplinarität gestalten, in: ZKE 2010, 177 ff.; FÜLLEMANN DANIEL, Das Haager Erwachsenenschutzübereinkommen von 2000 (HEsÜ), in: ZVW 2009, 30 ff.; HECK CHRISTOPH, Wirkungsvolle Zusammenarbeit – der Beitrag der Sozialarbeit in der Fachbehörde, in: ZKE 2011, 17 ff.; HEGNAUER CYRIL, Vormundschaftsbehörde und persönlicher Verkehr. Ein Überblick, in: ZVW 1998, 169 ff.; INVERSINI MARTIN, Kindesschutz interdisziplinär – Beiträge von Pädagogik und Psychologie, in: ZKE 2011, 47 ff.; KOLLER THOMAS, Das Bundesgericht und die Sieben-Tage-Regel zum Zweiten ..., in: Jusletter 17. Mai 2010; LEUENBERGER CHRISTOPH, Die Rechtsprechung des Bundesgerichts zum Zivilprozessrecht im Jahre 2006, in: ZBJV 2008, 185 ff.; MEIER PHILIPPE, La position des personnes concernées dans les procédures de protection des mineurs et des adultes. Quelques enseignements de la jurisprudence fédérale récente, in: ZVW 2008, 399 ff.; MEIER PHILIPPE, Compétences matérielles du juge matrimonial et des autorités de tutelle – Considérations théoriques et quelques cas partiques, in: ZVW 2007, 109 ff.; ROSCH DANIEL, Neue Aufgaben, Rollen, Disziplinen, Schnitt- und Nahtstellen: Herausforderungen des neuen Kindes- und Erwachsenenschutzrechts, in: ZKE, 2011, 31 ff.; RUMO JUNGO ALEXANDRA/BODENMANN GUY, Die Anhörung des Kindes aus rechtlicher und psychologischer Sicht, in: FamPra.ch 2003, 22 ff.; SCHWANDER IVO, Das Haager Kindesschutzübereinkommen von 1996 (HKsÜ), in: ZVW 2009, 1 ff.; SCHWEIGHAUSER JONAS, Das Kind und sein Anwalt: Grundlagen aus rechtlicher und entwicklungspsychologischer Sicht, in: Schriftenreihe Anwalt des Kindes No. 2, 2011, 12 ff.; SIMONI HEIDI, Kinder anhören und hören, in: ZVW 2009, 333 ff.; STAUB LISELOTTE, Interventionsorientierte Gutachten als Handlungsalter-

native bei hochkonfliktigen Trennungs-/Scheidungsfamilien, in: ZKE 2010, 34 ff.; Vogel Urs/
Wider Diana, Kindes- und Erwachsenenschutzbehörde als Fachbehörde – Personelle Ressourcen, Ausstattung und Trägerschaftsformen, in: ZKE 2010, 8; Zermatten Jean, Schutz versus Mitsprache des Kindes, in: ZVW 2009, 315 ff.; Zobrist Patrick, Zehn Basisstrategien zur Förderung der Veränderungsmotivation und zum Umgang mit Widerstand im Kindes- und Erwachsenenschutz, in: ZVW 2010, 431 ff.; Zobrist Patrick, Die psychosoziale Dimension der vormundschaftlichen Arbeit im Zwangskontext, in: ZVW 2008, 465 ff.

5.1. Anwendbares Recht

Für das erstinstanzliche Verfahren sind in erster Priorität die Bestimmungen des ZGB massgeblich (Art. 314–314b ZGB für den Kindesschutz, Art. 419, 430, 433, 434, 439, 443–450f, 450g, 453 ZGB für den Erwachsenenschutz und sinngemäss für den Kindesschutz). Art. 450f ZGB verankert darüber hinaus eine kaskadenhafte Ordnung: Was im ZGB nicht geregelt ist, kann von den Kantonen bestimmt werden. Soweit diese nichts anderes vorsehen, gelten die Vorschriften der ZPO «sinngemäss» als ergänzendes kantonales Recht. Auf ZPO-Bestimmungen kann nur so weit zurückgegriffen werden, als sich dadurch eine sachgerechte Lösung und Umsetzung des materiellen Rechts ergibt. So widersprechen z.B. die Bestimmungen über den Rechtsstillstand der ZPO (Art. 145 f. ZPO: «Gerichtsferien») den Umsetzungsbedürfnissen des Kindesschutzrechts, weshalb sie nicht anwendbar sind. Die Schwierigkeit besteht darin zu erkennen, wo das ZGB eine abschliessende Regelung bietet und wo es Lücken enthält, die durch ausdrückliches kantonales Recht oder ergänzend durch die ZPO zu füllen sind (z.B. die Bestimmung über den Fristenlauf gemäss Art. 142 Abs. 3 ZPO). Die Praxis wird diese offenen Fragen nach und nach zu klären haben. Vieles wird dadurch vereinfacht, dass aufgrund diverser Generalklauseln die KESB das Nötige zur Wahrung der Interessen der zu schützenden Person veranlassen kann (z.B. Art. 415 Abs. 3 und 425 Abs. 2 i.V.m. Art. 314 Abs. 1 ZGB; Art. 445 Abs. 1 und 2 sowie Art. 448 Abs. 1 i.V.m. Art. 314 Abs. 1 ZGB).

5.1

5.2. Verfahrensgrundsätze

Unter Verfahrensgrundsätzen oder auch Verfahrensmaximen werden übergeordnete Regeln verstanden, an denen sich eine Verfahrensordnung zu orientieren hat. Für das Verfahren vor der KESB gelten im Allgemeinen die *Offizial- und die Untersuchungsmaxime* (Art. 296 ZPO; Art. 307, 363, 390 Abs. 3, 415, 423, 426, 431, 446 ZGB; vgl. auch Kap. 3.1.2., 3.2.1., 3.4.2.) sowie das Prinzip der *Rechtsanwendung von Amtes wegen* («iura novit curia», Art. 446 Abs. 4 ZGB; Art. 57 ZPO). Zentral ist zudem der Anspruch

5.2

5. Verfahrensgrundsätze

auf *rechtliches Gehör* (Art. 29 BV, vgl. Kap. 5.9.). Ausserdem gibt der Gleichheitsgrundsatz («Waffengleichheit») Anspruch auf *ein faires Verfahren* («fair trial», Art. 29 Abs. 1 BV; Art. 6 Ziff. 1 EMRK; BGer 5A_422/2011 E. 2; BGE 133 I 100 E. 4.3–4.6) und insb. bei gewichtigen Eingriffen in die Persönlichkeitsrechte Anspruch auf eine Verfahrensvertretung (Art. 314a^{bis} und 449a ZGB; vgl. Kap. 7.2.) oder, bei Mittellosigkeit und nicht fehlender Erfolgsaussicht, auf kostenlose Prozessführung und einen unentgeltlichen Rechtsbeistand (Art. 29 Abs. 3 BV, BGer 5A_503/2010 E. 1.2; BGE 130 I 180; vgl. Kap. 5.11.).

5.3 Nach der *Offizialmaxime* (vgl. auch Kap. 3.1.2.) hat die KESB das Recht und die Pflicht, ein Verfahren einzuleiten, dessen Gegenstand zu bestimmen und es durch einen Entscheid zu beenden. Die Maxime gilt in der Regel für das Verfahren vor den KESB (BGE 142 III 153 E. 5.1.2). Sie bedeutet, dass die KESB an die Parteianträge oder deren Fehlen nicht gebunden ist (Art. 296 Abs. 3 ZPO; BGer 5A_898/2010 E. 6; 5A_652/2009). Wo die Offizialmaxime gilt, findet das Verbot der *reformatio in peius* keine Anwendung, d.h., ein Beschwerdeführer kann durch einen Beschwerdeentscheid auch schlechtergestellt werden (BGer 5A_898/2010 E. 6.1). Der Gegensatz zur Offizialmaxime ist die *Dispositionsmaxime*, welche den klassischen Zivilprozess prägt: Die Parteien bestimmen selbst die Einleitung sowie den Gegenstand des Verfahrens und können es durch Vergleich, Rückzug oder Anerkennung beenden. In Kindesschutzverfahren vor den KESB sind höchstens Gesuche um Regelung des persönlichen Verkehrs (Art. 273 i.V.m. Art. 275 ZGB), um Übertragung oder Abänderung der gemeinsamen elterlichen Sorge (Art. 298b und 298d ZGB), um Zustimmung zum Wechsel des Aufenthaltsortes (Art. 301a Abs. 2 und 5 ZGB) und um einvernehmliche Änderung eherechtlicher Urteile (Art. 134 Abs. 3 ZGB) der Dispositionsmaxime unterstellt.

5.4 Die *Untersuchungsmaxime* besagt, dass die instruierende Behörde den rechtserheblichen Sachverhalt von Amtes wegen, aus eigener Initiative und ohne Bindung an die Vorbringen oder Beweisanträge der Parteien vollständig und richtig abklären und feststellen muss (Art. 446 i.V.m. Art. 314 Abs. 1 ZGB) und dazu nach eigenem Ermessen auch auf unübliche Art Beweise erheben und Berichte einholen kann (BGE 142 III 153 E. 5.1.1). Sie prägt das Verfahren im Kindes- und Erwachsenenschutz (BGer 5A_745/2014 E. 2.3). Relativiert wird die Untersuchungsmaxime durch die in Art. 448 ZGB statuierte Mitwirkungspflicht der beteiligten Personen. Ihre deutlichste Ausprägung findet die Untersuchungsmaxime im Verfahren um die fürsorgerische Unterbringung (Art. 314b und 426 ff. ZGB), weil dort die übliche Mitwirkungspflicht (Art. 448 ZGB) stark eingeschränkt ist (BGE 130 III 734), was sich darin manifestiert, dass eine

Beschwerde nicht zu begründen ist (Art. 314b Abs. 2 i.V.m. Art. 450e ZGB). Der Untersuchungsgrundsatz schliesst die Beweislast im Sinne der Beweisführungslast begriffsnotwendig aus, da es Sache der verfügenden Behörde ist, für die Zusammentragung des Beweismaterials besorgt zu sein (BGE 115 V 113 E. 3d/bb bezüglich sozialversicherungsrechtlicher Verfahren). Wo die Untersuchungsmaxime gilt, tragen mithin die Parteien in der Regel eine Beweislast nur insofern, als im Falle der Beweislosigkeit der Entscheid zu Ungunsten jener Partei ausfällt, die aus dem unbewiesen gebliebenen Sachverhalt Rechte ableiten wollte (BGE 115 V 142 E. 8a). Diese Beweisregel greift allerdings erst Platz, wenn es sich als unmöglich erweist, im Rahmen des Untersuchungsgrundsatzes aufgrund einer Beweiswürdigung einen Sachverhalt zu ermitteln, der zumindest die Wahrscheinlichkeit für sich hat, der Wirklichkeit zu entsprechen (BGE 115 V 142 E. 8a mit Hinweis). Der Gegensatz zur Untersuchungsmaxime ist die *Verhandlungsmaxime*, welche die Verantwortung für die Beibringung der nötigen Entscheidungsgrundlagen und die rechtlichen Konsequenzen aus nicht bewiesenen Behauptungen den Parteien zuweist.

Wie die allenfalls anzuordnende Massnahme steht auch die Untersuchungsmaxime unter dem Vorbehalt des *Verhältnismässigkeitsprinzips*: Sie ist kein Freipass für die Beschaffung jedwelcher Informationen, sondern hat sich auf diejenigen Beweismassnahmen zu beschränken, welche zur Abklärung und Entscheidfindung im konkreten Einzelfall notwendig sind (vgl. Kap. 3.2.1.). 5.5

5.3. Verfahrensbeteiligte

Von wenigen Ausnahmen abgesehen (strittige Abänderung ehegerichtlicher Regelungen des persönlichen Verkehrs, Art. 134 Abs. 4 ZGB; Übertragung oder Abänderung der gemeinsamen elterlichen Sorge, Art. 298b und 298d ZGB; strittige Zustimmung zum Wechsel des Aufenthaltsortes, Art. 301a Abs. 2 und 5 ZGB) handelt es sich in den Verfahren vor der KESB um solche der sog. freiwilligen oder nichtstreitigen Gerichtsbarkeit. Es geht dabei um einen etwas missverständlichen Oberbegriff für eine Vielzahl von Verfahrens- und Organisationsregeln, welche gemeinsam haben, dass sie Zivilrecht betreffen und nicht notwendigerweise zwei sich bekämpfende Privatrechtssubjekte voraussetzen. 5.6

Daran beteiligt ist aufgrund der Offizialmaxime (zu den Ausnahmen, bei welchen die Dispositionsmaxime gilt, vgl. Kap. 5.2.) immer die KESB selbst, auch wenn sie nicht Partei im Sinne des Zivilprozesses ist. Als Verfahrensbeteiligte gelten zudem die Entscheidadressaten (Eltern, Kind) 5.7

5. Verfahrensgrundsätze

und allenfalls berührte Dritte (z.B. Pflegeeltern, beauftragte Mediatoren, sozialpädagogische Familienbegleitung). Aus dem Umstand, dass sich die Beschwerdelegitimation nicht nur auf die «Parteien» (Direktbetroffene) im Verfahren beschränkt, sondern gem. Art. 450 ZGB auf «die am Verfahren beteiligten Personen», «der betroffenen nahestehende Personen» und auf Personen erstreckt, «die ein rechtlich geschütztes Interesse an der Aufhebung oder Änderung des angefochtenen Entscheides haben», ist oft nicht zum Vorneherein feststellbar, wer Verfahrensbeteiligter ist. Sie stellen sich zuweilen erst im Rahmen des Beschwerdeverfahrens als solche heraus.

5.8 Für alle Verfahren des Kindesschutzes besteht ein Recht auf Bestellung einer Verfahrensvertretung (Art. 449a, 314a^{bis} ZGB), wenn die betroffene Person nicht in der Lage ist, ihre Interessen selbständig wahrzunehmen und wenn sie zudem ausserstande ist, selber eine Vertretung zu bestellen (vgl. auch Art. 69 ZPO). Das gilt sowohl für das Kind (Art. 314a^{bis} ZGB) als auch die betroffenen Eltern (Art. 449a ZGB, BGer 5A_368/2014 E. 5.2; vgl. auch Kap. 7.2.). Es soll den Betroffenen damit kein Nachteil erwachsen, wenn sie nicht selbst ein Gesuch um unentgeltliche Prozessführung stellen können oder wollen. Während der unentgeltliche Rechtsbeistand im Beschwerdeverfahren, nicht aber schon im erstinstanzlichen Verfahren, immer ein im Register eingetragener Anwalt sein muss (Obergericht des Kt. ZH, II. Zivilkammer, Urteil vom 29. April 2013, Geschäfts-Nr.: PQ130013-O/U; zum Bereich des ATSG vgl. BGE 132 V 200 E. 5.1.4), kann die Verfahrensvertretung nach dem klaren Wortlaut des Gesetzes eine in fürsorgerischen und rechtlichen Fragen erfahrene Person sein (namentlich ein erfahrener Berufsbeistand oder eine erfahrene Berufsbeiständin). Während die Verfahrensvertretung in eherechtlichen Verfahren (Art. 299 ZPO) in aller Regel fundierte Kenntnisse und Praxisübung des Prozessalltags voraussetzt und deshalb Rechtsanwältinnen und Rechtsanwälte im Vordergrund stehen, können sich im behördlichen Kindesschutzverfahren auch andere Berufsprofile eignen.

5.9 Die Verfahrensvertretung des Kindes hat namentlich die Aufgabe, an der Erhebung der massgeblichen Entscheidungsgrundlagen sowie an deren korrekten Auswertung mitzuwirken, die Interessen des betroffenen Kindes ins Licht zu rücken, dessen Willen möglichst authentisch zu vermitteln und sich für die Durchsetzung des objektivierten Kindeswohls einzusetzen (BGer 5A_894/2015 E. 4.4; zu den Kontroversen um die Rolle und die Aufgaben des Verfahrensvertreters vgl. Kap. 7.2.).

5.10 Eine Verfahrensvertretung für die Eltern ist notwendig, wenn – kumulativ – die folgenden zwei Bedingungen erfüllt sind: Erstens ist vorausgesetzt, dass die betroffene Person nicht in der Lage ist, ihre Interessen selbständig wahrzunehmen. Und zweitens muss diese Person ausserstande sein, selbst eine Vertretung zu bestellen (BGer 5A_368/2014 E. 5.2). Grund des Vertretungsbedarfs können auch sprachliche Kompetenzschwierigkeiten sein.

5.4. Verfahrensleitung

Die Verfahrensleitung (auch Verfahrensinstruktion) obliegt der KESB ab Rechtshängigkeit des Verfahrens bis zu dessen rechtskräftiger Erledigung. Sie beinhaltet

5.11

- die Erfassung des Verfahrens in der Geschäftskontrolle,
- die Prüfung der örtlichen, sachlichen und funktionellen Zuständigkeit,
- die Zuteilung an ein verfahrensleitendes Mitglied der KESB und
- den Ausstand bei Befangenheit,
- die Anhörung der betroffenen Person,
- die Organisation der Sachverhaltsabklärung nach der Untersuchungsmaxime (Art. 446–449 ZGB, d.h. die Sammlung des Prozessstoffes), insb.
  - den Entscheid über die einzuholenden Beweise,
  - allenfalls die Veranlassung eines Schriftenwechsels,
  - den Entscheid über die Anordnung einer Verfahrensvertretung (Art. 314a[bis], 449a ZGB) und
  - (auf Gesuch) über die Gewährung der unentgeltlichen Rechtspflege,
  - die Anordnung allfällig notwendiger vorsorglicher oder gar superprovisorischer Massnahmen (Art. 445 ZGB),
  - die Einladung oder Vorladung (z.B. Zeugen) zu Verhandlungen und Ortsterminen,
  - das Fällen von Zwischen- und Teilentscheiden,
  - die Gewährung des rechtlichen Gehörs (Stellung nehmen können zu den Erkenntnissen der KESB),
  - die Auswertung des Prozessstoffes (Analyse und Problemerklärung [Diagnose]),
  - die Beurteilung der Sache in eigener Kompetenz oder im Gremium,
  - die Eröffnung des begründeten Entscheides,
  - die «Beurkundung» des Verfahrens, d.h. die Aktenführung und Protokollierung bis zur Rechtskraft des Entscheides (vgl. Kap. 3.2.1.).

Die Verfahrensleitung selbst und die Sammlung des Prozessstoffes werden mit Vorteil *verschriftlicht*, damit die nötige Transparenz hergestellt werden kann und Beweise auch verwertbar sind. In der Praxis kann ein

5.12

Brief ohne weitere Förmlichkeiten genügen. Bei strittigen, konfliktbehafteten Verfahren empfiehlt sich, das geplante Vorgehen mittels *verfahrensleitender Verfügung* zu kommunizieren. Das gilt auch, sobald eine Abklärung eine gewisse Komplexität erreicht und daher überlegter Planung bedarf. Solche Verfügungen sind nur dann selbständig anfechtbar, wenn sie einen nicht wieder gutzumachenden Nachteil bewirken können oder einen relativ schweren Eingriff in die Persönlichkeit darstellen (BGer 5A_925/2014; 5A_85/2014 E. 2.2.2; BGE 122 II 204 E. 1; BGer 5A_203/2008 E. 1.2.; ZVW 1998, 111 ff. Nr. 5).

5.13   *Einladungen* erfolgen in der Regel brieflich, Vorladungen (welchen ggf. auch mit der Androhung der Ungehorsamsstrafe nach Art. 292 StGB Nachachtung verschafft werden kann) dagegen mittels nachweisbarer Zustellung (eingeschrieben mit Rückschein oder Überbringen gegen Empfangsbestätigung).

5.5. Schriftliche und mündliche Verfahrensschritte

5.14   Grundsätzlich gilt das Prinzip der Schriftlichkeit des Verfahrens. Verfahren des Kindes- und Erwachsenenschutzes sind allerdings regelmässig *eng mit der Person verbunden* und können – von wenigen, vor allem ausschliesslich vermögensbezogenen Ausnahmen abgesehen – nicht ohne mündliche Verfahrensabschnitte EMRK-konform gestaltet werden (Art. 6 EMRK, BGE 133 III 353; 131 III 412). Art. 314a und Art. 447 ZGB konkretisieren den Anspruch «des Kindes» bzw. der «betroffenen Person» auf persönliche Anhörung, soweit das Alter des Kindes oder andere wichtige Gründe nicht dagegen sprechen (bei Kindern) bzw. dies nicht als unverhältnismässig erscheint (bei Erwachsenen). Für die FU gilt bei Kindern und Erwachsenen nicht dasselbe: Während bei Erwachsenen Art. 447 Abs. 2 ZGB in der Regel eine Anhörung durch das Kollegium der KESB verlangt, können in Kinderbelangen (Art. 314b ZGB) je nach Eignung auch Dritte (namentlich spezialisierte Fachpersonen) damit beauftragt werden. Die Anhörung eines Kindes durch ein mehrköpfiges Gremium vermittelt dem Kind nicht eine erhöhte Sicherheit, sondern wirkt auf dieses in der Regel unnötig bedrohlich.

5.15   Ausser wegen den Anhörungsregeln des ZGB kann sich aus andern Gründen aufdrängen, mündliche Verfahrensschritte einzubauen. Das gilt vorab dann, wenn dadurch Eskalationen vermieden, Beweise erhoben oder unverständliche Anliegen geklärt werden können. In der Gestaltung des Verfahrens ist die KESB allerdings frei. Sie kann bereits zu Beginn eines Verfahrens die Verfahrensbeteiligten (z.B. Antragsteller und Betroffene) zu *einer ersten Aussprache* einladen, welche je nach Problemstellung mediative Ziele verfolgen kann mit dem Ergebnis einer Übereinkunft (z.B. Klärung umstrittener gesetzlicher Vertretungsrechte) oder der Festlegung von Beweismassnahmen (z.B. Anordnung eines Gutachtens). Es kann sich aber auch als notwendig erweisen, nach der Anhörung der betroffenen Person zunächst auf vornehmlich schriftlichem Weg den Sachverhalt zu ermitteln und erst nach Vorliegen der Beweisergebnisse eine weitere Verhandlung anzuberaumen. Eine solche kann sich aber aufgrund der Ergebnisse auch erübrigen, weshalb mit der *Gewährung des rechtlichen Gehörs zum Beweisergebnis* das Abklärungsverfahren geschlossen und zur Entscheidfällung geschritten werden kann. Mithin ist die KESB frei, wie sie mit schriftlichen und mündlichen Verfahrensschritten die Sache zur Entscheidungsreife hinführt, soweit sie den Anspruch auf mündliche Anhörung respektiert. Einen Anspruch auf mündliche Parteivorträge kennt dieses Verfahren nicht.

Werden Verhandlungen angesetzt, müssen mündliche Äusserungen nach ihrem wesentlichen Inhalt protokolliert werden, soweit sie entscheidrelevant sind (BGer 5A_230/2009 E. 4.2., BGE 124 V 389 E. 4). Ein Anspruch auf Tonband- oder Videoaufnahmen besteht nur, soweit das kantonale Recht dies vorsieht. Gemäss Art. 176 Abs. 2, 187 Abs. 2 und 193 ZPO *können* Zeugenaussagen, mündliche Gutachten, Parteibefragung und Beweisaussagen mit geeigneten technischen Hilfsmitteln aufgenommen werden, für den Augenschein vgl. Art. 182 ZPO. 5.16

Den Entscheid hat die KESB grundsätzlich schriftlich zu eröffnen und zu begründen (vgl. Kap. 3.4.4.; BGer 5A_732/2014 E. 3.1; 8D_4/2013 E. 3.2.). Zu Struktur und Inhalt des Entscheids: Vgl. Kap. 21.2. 5.17

5.6. Vorsorgliche Massnahmen

Gemäss Art. 445 ZGB trifft die KESB auf Antrag einer am Verfahren beteiligten Person oder von Amtes wegen alle für die Dauer des Verfahrens notwendigen *vorsorglichen* Massnahmen. Voraussetzung ist die Rechtshängigkeit des Verfahrens. Es kann sich dabei um *sichernde* (z.B. Sperren eines Bankkontos aus dem Kindesvermögen) oder um *gestaltende* (z.B. vorläufige Regelung des persönlichen Verkehrs) bis hin zur Anordnung vorsorglicher Massnahmen (z.B. vorsorgliche Entziehung des Aufenthaltsbestimmungsrechts mit Platzierung gem. Art. 310/314b ZGB; vorsorgliche Vertretungsbeistandschaft nach Art. 306 Abs. 2 oder Art. 308 Abs. 2 ZGB mit konkreten Aufträgen an den Beistand/die Beiständin) handeln. Vorsorgliche Massnahmen sind aber nur nötig, wenn die KESB nicht von sich aus 5.18

5. Verfahrensgrundsätze

direkt das Nötige veranlassen oder *Dritte damit beauftragen* kann (Art. 307 Abs. 1 ZGB).

5.19 Bei besonderer Dringlichkeit können gestützt auf Art. 445 Abs. 2 ZGB auch *superprovisorische Massnahmen* getroffen werden. Darunter werden Verfügungen verstanden, die ohne Anhörung der betroffenen Personen ergehen. Die Anhörung muss bei erster Gelegenheit (nach dem Gesetzeswortlaut «gleichzeitig») nachgeholt werden, worauf die KESB neu zu entscheiden hat (zum Verfahren: BGE 140 III 529). Der neue Entscheid kann sowohl eine vorsorgliche Massnahme sein als auch direkt ein Endentscheid, wenn die nötigen Entscheidgrundlagen vorliegen.

5.20 Von der Natur der Sache her beruhen vorsorgliche Massnahmen in aller Regel auf einer *bloss summarischen Prüfung des Sachverhalts und der Rechtslage*. Um sie zu rechtfertigen, müssen sie *notwendig* und *verhältnismässig* sein. Mithin müssen die unverzüglichen Anordnungen nötig sein, wenn die im Spiel stehenden überwiegenden privaten oder (seltener) öffentlichen Interessen nicht anders zu wahren sind, der Verzicht auf Massnahmen einen nicht leicht wiedergutzumachenden Nachteil bewirken kann und die zu erlassende Verfügung nicht präjudiziert wird.

5.21 Vorsorgliche Massnahmen unterliegen der Beschwerde an die gerichtliche Aufsichtsbehörde, allerdings mit einer verkürzten Rechtsmittelfrist von zehn Tagen (Art. 445 Abs. 3 ZGB). Die Beschwerde kann nur damit begründet werden, dass die Massnahme nicht nötig, nicht zulässig oder unverhältnismässig sei oder bei superprovisorischen Massnahmen keine besondere Dringlichkeit vorgelegen habe (zur fehlenden Beschwerdemöglichkeit gegen superprovisorische Massnahmen: BGE 140 III 289).

5.7. Beweismittel

5.22 Die KESB *erforscht den Sachverhalt von Amtes wegen* (Untersuchungsmaxime, Art. 446). Sie ist für ihre Entscheide *beweispflichtig* (vgl. Kap. 3.4.2.). Weil sie die materielle Wahrheit erforschen muss, darf sie sich auch nicht unbesehen auf die Behauptungen von Verfahrensbeteiligten (selbst wenn sie unbestritten sind) abstützen. *Offenkundige, notorische Tatsachen* sind dagegen nicht beweisbedürftig (BGE 108 Ib 106, 107 = Pra 1982 Nr. 247 E. 2; vgl. auch Art. 151 ZPO). Nach dem Verhältnismässigkeitsprinzip hat sie nur Tatsachen zu erforschen, welche für den rechterheblichen Sachverhalt nötig sind. Welche Beweismittel ihr dazu zur Verfügung stehen, erwähnt das ZGB nicht. Die kantonalen Verfahrensbestimmungen und die ZPO kennen als klassische Beweismittel: Urkunden, Amtsberichte, Auskünfte der Parteien oder Dritter, Zeugenaussage, Augenschein, Gutachten von Sachverständigen, teilweise auch technische Mittel mit Urkundencharakter (vgl. z.B. Art. 168 ff. ZPO; Art. 19 Abs. 1 lit. h VRPG BE; Art. 29 Abs. 5 LPA VD).

Ausserdem gilt in Kinderbelangen der sogenannte *Freibeweis* (BGE 122 I 53 E. 4.a), was der KESB ermöglicht, nach eigenem Ermessen und auf unübliche Art Beweise zu erheben (BGer 5A_150/2011 E. 3.5.2). So fallen zusätzlich in Betracht: Berichte von Abklärungsstellen, welche weder bezüglich Ausstand noch Mitwirkung an der Fragestellung dem Verfahren zur Anordnung eines Gutachtens unterliegen, Einschränkung der Parteiöffentlichkeit (BGE 122 I 53 E. 4.a; vgl. auch Art. 298 Abs. 2 ZPO und Art. 314a Abs. 2 ZGB), formlose Befragung von Personen ohne besondere Protokollierungspflichten, Telefonbefragung mit Aktennotiz, Durchführung eines Augenscheins zu irgendeinem Zeitpunkt und allenfalls auch ohne Ankündigung. Zu all diesen Erhebungen im Rahmen des Freibeweises besteht – im Unterschied zum Zivilprozess (Art. 160 ZPO) – ebenfalls eine Mitwirkungspflicht Dritter (Art. 448 ZGB). Die Grenzen des Zulässigen liegen darin, wo mit der Beweiserhebung zwingende Verfahrensgarantien missachtet werden. So kann bspw. der Stellungnahme oder der Einschätzung einer Fachstelle nicht der mit einem Gutachten vergleichbare Beweiswert zukommen, wenn die Betroffenen keine Möglichkeit hatten, ihre eigenen Anträge zur Fragestellung und zur Eignung der Fachstelle anzubringen. Zum Gutachten vgl. Kap. 7.4.

5.23

5.8. Ausstand

Nach der in Art. 30 Abs. 1 BV und Art. 6 Ziff. 1 EMRK enthaltenen Garantie des verfassungsmässigen Richters hat der Einzelne Anspruch darauf, dass seine Sache von einem unparteiischen, unvoreingenommenen und unbefangenen Gericht ohne Einwirken sachfremder Umstände entschieden wird. Diese Garantien sind zwar nicht unbesehen auf das administrativ geprägte Kindesschutzverfahren anwendbar, können aber namentlich im Lichte des Anspruchs auf gleiche und gerechte Behandlung (Art. 29 Abs. 1 BV) als Orientierungshilfe dienen (BGer 5A_462/2016; 1C_150/2009 E. 3.5). Liegen bei objektiver Betrachtungsweise Gegebenheiten vor, die den Anschein der Befangenheit und die Gefahr der Voreingenommenheit zu begründen vermögen, so ist die Garantie verletzt (BGE 140 III 221; 139 III 433; 137 I 227; 134 I 238; 131 I 24 E. 1.1; BGE 126 I 68 E. 3a, je mit Hinweisen). Dagegen erscheint eine Behörde oder ein einzelverfügendes Mitglied nicht schon deswegen als voreingenommen, weil in einem Zwi-

5.24

schenentscheid ein Gesuch um unentgeltliche Rechtspflege wegen Aussichtslosigkeit der Rechtsbegehren abgewiesen wurde. Vielmehr müssen zur Annahme von Befangenheit weitere Gründe hinzutreten (BGE 131 I 113 E. 3.7).

5.25 Das ZGB enthält keine Ausstandsregeln, weshalb sich diese nach kantonalem Recht oder allenfalls der ZPO richten (Art. 47 ZPO). Missachten die KESB die Ausstandspflicht, kann der mangelhaft zustande gekommene Entscheid nicht durch eine Neubeurteilung der gerichtlichen Beschwerdeinstanz geheilt werden (BGer 5A_357/2011 E. 3.3.).

5.9. Rechtliches Gehör und Partizipation

5.26 Das rechtliche Gehör dient einerseits der Sachaufklärung, andererseits stellt es ein persönlichkeitsbezogenes Mitwirkungsrecht beim Erlass eines Entscheids dar, welcher in die Rechtsstellung des Einzelnen eingreift. Dazu gehört insb. das Recht der Betroffenen, sich im Verfahren zur Sache zu äussern, erhebliche Beweise beizubringen, Einsicht in die Akten zu nehmen, mit erheblichen Beweisanträgen gehört zu werden (z.B. Fragestellungen zu Gutachten), an der Erhebung wesentlicher Beweise entweder mitzuwirken oder sich zumindest zum Beweisergebnis zu äussern, wenn dieses geeignet ist, den Entscheid zu beeinflussen und einen begründeten Entscheid zu erhalten («fair trial», Art. 29 Abs. 2 BV; BGer 5A_732/2014 E. 3.1).

5.27 Das rechtliche Gehör kann unter gewissen Umständen *eingeschränkt* werden, so insb. wenn den Begehren der Parteien voll entsprochen wird, die Sache besonders dringlich ist (Art. 445 Abs. 2 ZGB) oder überwiegende schutzwürdige Interessen des Staates oder Dritter gegenüber stehen. Ausserdem ist auf das rechtliche Gehör zu verzichten, wenn der Zweck der Verfügung dadurch vereitelt würde.

5.28 Wenn den Begehren der Betroffenen nicht entsprochen wurde, muss das rechtliche Gehör immer nachgeholt und eine superprovisorische Massnahme durch einen neuen Entscheid ersetzt werden.

5.29 Das Recht, angehört zu werden, ist *formeller Natur*. Seine Verletzung führt ungeachtet der Erfolgsaussichten der Beschwerde in der Sache selbst zur Aufhebung des angefochtenen Entscheides (BGE 132 V 387 E. 5.1; 127 V 431 E. 3d/aa). Nach der Rechtsprechung kann aber jedenfalls eine nicht besonders schwerwiegende Verletzung des rechtlichen Gehörs als geheilt gelten, wenn die betroffene Person die Möglichkeit erhält, sich vor einer Beschwerdeinstanz zu äussern, die sowohl den Sachverhalt wie die

Rechtslage frei überprüfen kann (BGer 5A_693/2009 E. 3.2). Sind diese Voraussetzungen erfüllt, darf die Rechtsmittelinstanz – unter dem Aspekt der alleinigen Rüge der Verletzung des rechtlichen Gehörs – von einer Rückweisung an die Erstinstanz absehen und in der Sache selbst entscheiden. Von einer Rückweisung der Sache ist selbst bei einer schwerwiegenden Verletzung des rechtlichen Gehörs dann abzusehen, wenn und soweit die Rückweisung zu einem *formalistischen Leerlauf* und damit zu unnötigen Verzögerungen führen würde, die mit dem (dem rechtlichen Gehör gleichgestellten) Interesse der betroffenen Partei an einer *beförderlichen Beurteilung der Sache* nicht zu vereinbaren wären (BGE 132 V 387 E. 5.1 S. 390; BGer 5A_805/2009 E. 3.3).

Wird eine Verfügung den Betroffenen nicht eröffnet, führt dies in der Regel zu deren Nichtigkeit (BGer 2C_657/2014 E. 2.4.1 m.w.H.). Diese Rechtsprechung ist allerdings nicht anwendbar, soweit es um Personen geht, die zwar nicht Adressaten der Verfügung sind, aber als betroffene *Dritte* dennoch Parteistellung haben können, weil sie zur Beschwerde berechtigt sind (vgl. Art. 450 Abs. 2 Ziff. 2 und 3 ZGB; Art. 6 VwVG): Der Kreis dieser Dritten steht häufig nicht ohne Weiteres fest, so dass für die Behörden im Voraus nicht ersichtlich ist, welchem Personenkreis das rechtliches Gehör zu gewähren und die Verfügung zu eröffnen ist. Es wäre der Rechtssicherheit übermässig abträglich, wenn immer dann Nichtigkeit angenommen würde, sobald sich im Nachhinein herausstellt, dass eine Drittperson (auch) Parteistellung gehabt hätte, aber beim Erlass der Verfügung nicht begrüsst worden ist. Vielmehr sind die Rechtsfolgen der Unterlassung in einer Weise zu regeln, dass die betroffene Person vor Nachteilen geschützt wird, die sie infolge des Mangels erleiden würde (BGE 134 V 306 E. 4). Dies kann insb. dadurch geschehen, dass den betroffenen Kreisen eine nachträgliche Anfechtung ermöglicht wird, sobald sie vom Inhalt der Verfügung Kenntnis erhalten haben. Aus dem Gebot des Verhaltens nach Treu und Glauben folgt denn auch, dass die Drittperson den Beginn des Fristenlaufs nicht beliebig hinauszögern darf. Es ist von ihr zu verlangen, dass sie reagiert, sobald sie von der sie berührenden Entscheidung erfahren hat (BGer 2C_657/2014 E. 2.4.2; BGE 134 V 306 E. 4.2 und 4.3; 129 II 193 E. 1).

5.30

Das rechtliche Gehör nach Art. 29 Abs. 2 BV verlangt, dass die Behörde die Vorbringen des vom Entscheid in seiner Rechtsstellung Betroffenen auch tatsächlich *hört, prüft und in der Entscheidfindung berücksichtigt* (BGer 5A_732/2014 E. 3.1; BGE 124 I 49 E. 3a, 241 E. 2, je m.w.H.).

5.31

Das rechtliche Gehör wird verletzt, wenn eine Frist zur Stellungnahme auf den Tag, an dem der Zeitpunkt zur Abholung der Mitteilung gemäss den AGB der Post endete, angesetzt wird (BGer 5D_69/2009 E. 2.3; BGE 104 Ia

5.32

465 E. 3). Als verletzt gilt es auch, wenn die Rechtsmittelinstanz (als dritte Instanz) zwar den Besuchsberechtigten, dem die Akteneinsicht verweigert wurde, anhört, ihr Urteil aber entscheidend auf Fachberichte und Expertisen abstellt, zu denen der Beschwerdeführer und Besuchsberechtigte nie beigezogen wurde und welche deshalb nicht als unabhängige Fachexpertisen gelten können. Das wäre nur zulässig für vorsorgliche Massnahmen bei dringender Gefahr, nicht aber zur Regelung des persönlichen Verkehrs nach einem zweijährigen Besuchsunterbruch (BGer 5A_805/2009 E. 3.4).

5.10. Verfahrenskosten und Gebühren

5.33   Zu den *Kosten* und *Gebühren* für Verfahren vor der KESB und der gerichtlichen Beschwerdeinstanz kennt das ZGB keine Bestimmungen, weshalb gestützt auf Art. 450f ZGB das jeweils kantonale Recht und subsidiär die ZPO massgeblich sind. Damit hat die Bundesgesetzgeberin bewusst in Kauf genommen, dass Verfahrensbetroffene je nach Landesgegend diesbezüglich unterschiedlich behandelt werden können.

5.34   Unter die *Verfahrenskosten* fallen einerseits die im Verfahren vor der KESB anfallenden Kosten (Entscheidpauschalen, Kosten der Beweisführung, der Übersetzung und der Verfahrensvertretung für Kind und Eltern), andererseits die *Parteientschädigung* (Art. 95 ZPO). Mit Ausnahme der wenigen strittigen Verfahren (vgl. Kap. 5.3.) werden im erstinstanzlichen Kindesschutzverfahren grundsätzlich (und von Ausnahmen abgesehen) keine Parteientschädigungen gesprochen (z.B. Art. 64 Abs. 1 KESG BE). Massgeblich ist auch hier das kantonale Verfahrensrecht.

5.35   Kindesschutzverfahren werden häufig von Amtes wegen oder auf Meldung Dritter ausgelöst und sind von wenigen Ausnahmen abgesehen (z.B. Vollwaisen, Findelkinder oder unbegleitete minderjährige Asylsuchende) mit Eingriffen in die elterliche Verantwortlichkeit und familiäre Freiheit verbunden. Das Ziel besteht darin, zum Wohl des betroffenen Kindes wenn immer möglich mit Unterstützung der Eltern *bessere Lebensumstände zu schaffen*. Wenn das Verfahren, in welchem für das Kind günstigere Lösungen gesucht werden, mit Kosten verbunden ist, kann das die Motivation der Betroffenen massgeblich beeinträchtigen. Daher wurde in der Geschichte des Kindesschutzes von jeher *primär die Problemlösung* und nicht die Kostenfrage ins Zentrum des Interesses gestellt. Genau aus diesem Grund sehen manche Kantone immer noch vor, dass im Regelfall (d.h. von begründeten Ausnahmen abgesehen) bei Kindesschutzmassnahmen *keine Verfahrenskosten* erhoben werden (z.B. Art. 63 Abs. 3 lit. d und Art. 70 Abs. 3 lit. d KESG BE). Manche Kantone ermöglichen zumindest, beim

Vorliegen besonderer Umstände auf die Erhebung von Gerichtsgebühren zu verzichten (§ 65b EG ZGB AG).

Weil Kindesschutzverfahren der Offizial- und Untersuchungsmaxime unterliegen (Art. 307, 446 ZGB), darf das Eintreten auf ein erstinstanzliches oder ein gerichtliches Beschwerdeverfahren nicht von der Leistung eines *Kostenvorschusses* (Art. 59 Abs. 2 lit. f, 98 ff. ZPO) abhängig gemacht werden (BGer 5A_337/2011 E. 2.2; § 60 Abs. 1 EG KESR ZH).

5.36

Die *Entschädigung des Verfahrensbeistandes* (Art. 314a^bis, 449a ZGB) ist bundesrechtlich – im Unterschied zur Entschädigung des Beistandes nach Art. 306 Abs. 2, 308, 325 und 393–398 ZGB – nicht geregelt (vgl. immerhin Art. 95 Abs. 2 lit. e ZPO). Die Bestimmung von Art. 404 ZGB lässt sich aus diesem Grund nicht unbesehen auf die Verfahrensbeistandschaft übertragen. Massgeblich sind die kantonalen Ausführungsbestimmungen, wobei das Bundesgericht mit BGE 142 III 153 E. 5 die entscheidenden *Entschädigungskriterien* festgelegt hat und nicht nur den Aufwand zur Ermittlung des Kinderwillens, sondern auch jenen Aufwand als entschädigungspflichtig erachtet, der notwendig ist, um die für das Kindeswohl massgeblichen Lebensumstände zu ermitteln.

5.37

Soweit Verfahrensbetroffene mittellos sind, haben sie Anspruch auf unentgeltliche Rechtspflege (vgl. dazu nachfolgend Kap. 5.11.).

5.38

5.11. Unentgeltliche Rechtspflege

Verfahrensbetroffene, denen die Mittel fehlen, um neben dem Lebensunterhalt für sich und ihre Familie die *Verfahrens- und Vertretungskosten* aufzubringen, wird auf Gesuch die unentgeltliche Rechtspflege bewilligt, sofern der eingenommene Rechtsstandpunkt nicht als aussichtslos erscheint (Art. 29 Abs. 3 BV). Sie beinhaltet einerseits die Unentgeltlichkeit des Verfahrens (Verfahrenskosten) und andererseits die Finanzierung der rechtlichen Vertretung (Anwaltskosten). Je nach Sachlage kann auch nur das eine oder beides zugesprochen werden. Massgebend ist, ob eine Partei, die über die nötigen Mittel verfügt, sich bei vernünftiger Überlegung zu einem Prozess entschliessen würde; eine Partei soll einen Prozess, den sie auf eigene Rechnung und Gefahr nicht führen würde, nicht deshalb anstrengen können, weil er sie nichts kostet (BGer 5A_188/2009 E. 2.1; 124 I 304 E. 2c m.w.H.). Im Bereich des Kindes- und Erwachsenenschutzes liegt die Sachlage gegenüber dem Zivilprozess insofern meistens anders, als das Verfahren von der Behörde oder Dritten angehoben wird (Ausnahmen: Gesuche um Regelung des persönlichen Verkehrs, um Übertragung oder

5.39

5. Verfahrensgrundsätze

Abänderung der gemeinsamen elterlichen Sorge, um Zustimmung zum Wechsel des Aufenthaltsortes und um einvernehmliche Änderung eherechtlicher Urteile [Art. 134 Abs. 3 ZGB]). Deshalb ist meist der Anspruch auf «Waffengleichheit» das ausschlaggebende Kriterium, ob unbemittelten Verfahrensbetroffenen die unentgeltliche Rechtspflege bewilligt wird (BGE 130 I 180).

5.40 Der Anspruch auf unentgeltliche Rechtspflege besteht unabhängig von der Rechtsnatur der Entscheidungsgrundlagen für jedes staatliche Verfahren, in welches ein Gesuchsteller/eine Gesuchstellerin einbezogen wird oder dessen er/sie zur Wahrung seiner/ihrer Rechte bedarf. Unter dem Gesichtspunkt von Art. 29 Abs. 3 BV ist das Armenrecht nicht von vornherein für bestimmte Verfahrensarten generell ausgeschlossen (BGE 130 I 180).

5.41 Der verfassungsmässige Anspruch auf *unentgeltliche anwaltliche Verbeiständung* besteht nicht voraussetzungslos. Verlangt ist in jedem Falle

- *Bedürftigkeit* des Rechtsuchenden und
- *Nichtaussichtslosigkeit* des verfolgten Verfahrensziels. Aussichtslos ist ein Verfahren, bei dem die Gewinnaussichten beträchtlich geringer sind als die Verlustgefahren. Entscheidend ist darüber hinaus
- die *sachliche Gebotenheit der unentgeltlichen Rechtsverbeiständung* im konkreten Fall (BGE 125 V 35 E. 4). Es sind
  o die Umstände des Einzelfalls,
  o die Eigenheiten der anwendbaren Verfahrensvorschriften sowie
  o die Besonderheiten des jeweiligen Verfahrens zu berücksichtigen. Dabei fallen neben der
    • Komplexität der Rechtsfragen und der
    • Unübersichtlichkeit des Sachverhalts auch
    • in der Person des Betroffenen liegende Gründe in Betracht, wie etwa seine Fähigkeit, sich im Verfahren zurechtzufinden.
  o Falls ein besonders starker Eingriff in die Rechtsstellung des Bedürftigen droht, ist die Verbeiständung grundsätzlich geboten, andernfalls bloss, wenn zur relativen Schwere des Falls besondere tatsächliche oder rechtliche Schwierigkeiten hinzukommen, denen der Gesuchsteller auf sich alleine gestellt nicht gewachsen ist.

5.42 Die *sachliche Notwendigkeit* wird nicht allein dadurch ausgeschlossen, dass das in Frage stehende Verfahren von der Offizialmaxime oder dem Untersuchungsgrundsatz beherrscht wird (BGer 5A_491/2007; BGE 130 I 183 f. E. 3.2 und 3.3 m.w.H.; 122 II 8; 125 V 32 E. 4b). Die Offizialmaxime rechtfertigt es jedoch, an die Voraussetzungen, unter denen eine Verbeiständung durch einen Rechtsanwalt sachlich geboten ist, einen strengen Massstab anzulegen (BGE 125 V 32 E. 4 b).

Für *vorprozessuale Bemühungen* besteht verfassungsmässig (Art. 29 Abs. 3 BV) grundsätzlich kein Anspruch auf unentgeltlichen Rechtsbeistand, die Zivilprozessordnung sieht ihn dagegen im Sinne einer Ausnahme ausdrücklich vor, wenn dies zur Vorbereitung des Verfahrens notwendig ist (Art. 118 Abs. 1 lit. c ZPO). Ist es z.B. Amtsstellen nicht möglich oder nicht gelungen, in strittigen Unterhaltsfragen für Kinder unter den Parteien eine Einigung herbeizuführen, und war auch der Aussöhnungsversuch erfolglos, so können die anwaltlichen Aufwendungen für eine vorprozessuale Einigung entschädigt werden, wenn dadurch ein aufwändiger Zivilprozess verhindert werden konnte (Entscheid eines bernischen Regierungsstatthalteramtes vom 28. Mai 2008 und Appellationsentscheid des Obergerichts des Kt. Bern vom 24. Juli 2008).

5.43

Zur Berechnung der *Prozessarmut* kennen die Kantone Praxisvorgaben. Sie hebt sich vom betreibungsrechtlichen Existenzminimum ab, indem ein angemessener Zuschlag je nach Situation der Betroffenen gewährt wird (z.B. Kreisschreiben Nr. 1 des Obergerichts des Kt. Bern vom 25.1.2011).

5.44

Zur Praxis vgl. bspw. BGer 5A_49/2015 E. 3.3; 5A_875/2014 E. 5; 5A_597/2010; 5A_692/2009.

5.45

5.12. Rechtsmittel

Im Gegensatz zur Organisation der administrativen Aufsicht sind die Kantone bei der Definition der Rechtsmittelinstanz in ihrer Autonomie eingeschränkt, denn das Bundesrecht schreibt ihnen zwingend vor, für die Beurteilung von Einzelfallbeschwerden eine *gerichtliche Instanz* zu bezeichnen. Beschwerden sind im Rechtsmittelverfahren also immer *direkt* von einem Gericht zu beurteilen, wobei den Kantonen unbenommen bleibt, *zwei* gerichtliche Instanzen vorzusehen (so die Kantone Zürich und St. Gallen und für FU-Angelegenheiten auch der Kt. Wallis). Zum Wesen eines Gerichts gehört, dass es die rechtserheblichen Tatsachen selber ermittelt, die einschlägigen Rechtsnormen auf diesen Sachverhalt anwendet und einen verbindlichen Entscheid fällt (BGer 5A_738/2016 E. 3.3). Nicht verlangt wird dagegen, dass das Gericht nur aus Berufsrichterinnen und Berufsrichtern besteht.

5.46

Die Kantone können der gerichtlichen Beschwerdeinstanz in Ergänzung der sachlichen Zuständigkeit, welche dieser nach Art. 450 Abs. 1 ZGB zukommt, *zusätzlich* die Kompetenz zur Beurteilung von Begehren zuweisen,

5.47

welche im Kontext der FU nach den speziellen Vorschriften von Art. 314b i.V.m. Art. 439 ZGB ihrerseits zwingend von einem Gericht beurteilt werden müssen. Naheliegend ist diese organisatorische Option für Kantone, in denen die KESB kein Gericht ist und deshalb für die Beurteilung der Fälle von Art. 439 ZGB von vornherein ausser Betracht fällt (zu den Anforderungen, damit die KESB als Gericht gilt, vgl. BGer 5A_738/2016 E. 3.3).

5.12.1. Beschwerde gegen MT und behördlich beauftragte Dritte

5.48 MT unterliegen in ihrer Mandatsführung einer generellen *Aufsicht* durch die KESB. Diese muss von Amtes wegen einschreiten, wenn sie feststellt oder erfährt, dass die Interessen des betroffenen Kindes durch die Tätigkeit des MT gefährdet sind (Art. 307 Abs. 1, 415 Abs. 3, 419 ZGB). An die Legitimation zur *Anzeige* («Beschwerde») an die KESB sind keine Anforderungen zu stellen, jeder Hinweis kann bereits gestützt auf Art. 443 ZGB Anlass zu einer Überprüfung sein, wenn er auf eine Kindeswohlgefährdung hindeutet.

5.49 Behördliches Einschreiten kann aber auch durch *Rügen* ausgelöst werden, welche der KESB bei laufender Massnahme gestützt auf Art. 419 ZGB unterbreitet werden. Sie gibt dem Kind, seinen Angehörigen sowie bestimmten weiteren Personen die umfassende Möglichkeit, sich gegen ungerechtfertigtes Handeln oder Unterlassen des MT zu wehren. Der Sinn einer solchen Intervention liegt in der Wahrung oder Wiederherstellung richtiger Massnahmenführung und damit in der Sicherung wohlverstandener Interessen des schutzbedürftigen Kindes und der Rechte der betroffenen Eltern.

5.50 Ausdrücklich erfasst werden in Art. 419 ZGB *Handlungen* oder *Unterlassungen* des Beistands oder der Beiständin (Art. 306 Abs. 2, 308, 325 ZGB) sowie des Vormundes oder der Vormundin (Art. 327a–327c ZGB). In einem umfassenden Sinn sind damit die gesamte amtliche Tätigkeit und – soweit im Zusammenhang mit dem Mandat stehend – das Verhalten des MT an und für sich gemeint.

5.51 Damit sie Gegenstand einer Rüge sein kann, muss eine Handlung vom MT beschlossen oder ausgeführt bzw. im massgeblichen Moment unterlassen worden sein. Gegen die *blosse Absicht*, eine Handlung vorzunehmen oder zu unterlassen, kann noch keine Beschwerde geführt werden, es sei denn, es drohe dadurch nicht wiedergutzumachender Schaden. Generell ausgeschlossen sind sodann Beschwerden gegen *Anträge* an die KESB, weil diese sich ohnehin mit der Sache befassen muss und die betroffene Person ihren Standpunkt in diesem Kontext einbringen kann (rechtliches Gehör).

Es können explizit auch Handlungen sowie Unterlassungen von *Drittpersonen* und *Stellen* gerügt werden, denen die KESB gestützt auf Art. 307 Abs. 1 ZGB einen Auftrag erteilt bzw. gestützt auf Art. 307 Abs. 3 ZGB einen Anspruch auf Einblick und Auskunft gewährt hat. Insofern stehen bspw. Pflegeplätze (Pflegeeltern, Heime) unter doppelter Aufsicht: einerseits der Pflegekinderaufsicht (Art. 1 PAVO), andererseits der Aufsicht der massnahmeverantwortlichen KESB (Art. 419 ZGB). Behördliche Massnahmen werden damit auch ausserhalb der Mandatsführung i.e.S. in einen rechtsstaatlichen Kontext gestellt und dem Kontrollmechanismus nach Art. 419 ZGB zugänglich gemacht.

5.52

Damit das grundlegende Ziel der Wahrung oder Wiederherstellung korrekter Mandatsführung möglichst umfassend erreicht werden kann, wird einem breiten Personenkreis das grundsätzliche Recht zugestanden, die KESB im Rahmen von Art. 419 ZGB anzurufen.

5.53

Das selber beschwerdeführende *verbeiständete oder bevormundete Kind* muss *urteilsfähig* sein, wobei die Anforderungen an dieses Kriterium tief zu halten sind. Urteilsfähigkeit ist im Kontext einer Anrufung bereits dann anzunehmen, wenn das Kind klar zum Ausdruck zu bringen vermag, dass es mit einer Handlung oder Unterlassung der mandatsführenden Person nicht einverstanden ist. Sowohl das urteilsunfähige als auch das urteilsfähige Kind kann auch durch seine gesetzliche Vertretung Beschwerde führen lassen.

5.54

Die Anrufung ist an keine Frist gebunden. Sobald das Rechtsmittel allerdings keinen Sinn mehr macht, weil die Handlung nicht mehr korrigiert oder die Unterlassung nicht mehr gutgemacht werden kann, entfällt auch die Möglichkeit, die Frage der Behörde vorzulegen, es sei denn, es stelle sich grundsätzlich die Frage der Eignung und Absetzung des MT. Vorbehalten bleiben auch Fälle, bei denen es um eine praxisrelevante Grundsatzfrage geht. Gleiches gilt für Fragen, die im konkreten Einzelfall für die weitere Massnahmeführung von Bedeutung sind.

5.55

Die Anrufung stellt kein Rechtsmittel im eigentlichen Sinne dar; sie wird nach den Vorschriften für das erstinstanzliche Verfahren (Art. 443 ff. ZGB) behandelt. Die Aufgabe besteht darin, gerügte Handlungen bzw. Unterlassungen in rechtlicher und tatsächlicher Hinsicht sowie bezüglich ihrer Angemessenheit umfassend zu überprüfen. *Innert kurzer Zeit* soll ein materiell möglichst richtiger Entscheid in einem *möglichst einfachen Verfahren* zustande kommen. Nötigenfalls kann und soll die KESB korrigierend auf die Führung der Massnahme Einfluss nehmen. Ihre Entscheide unterlie-

5.56

gen der Beschwerde an die gerichtliche Beschwerdeinstanz (Art. 450 ff. ZGB).

5.12.2. Beschwerden gegen fürsorgerische Unterbringung

5.57 Gegen Unterbringungsentscheide in eine geschlossene Einrichtung oder psychiatrische Klinik (Art. 314b ZGB), die von der KESB angeordnet werden und damit einen Eingriff in das Grundrecht der persönlichen Freiheit darstellen, kann nach der Grundsatzregel von Art. 450 ZGB und den Sondernormen von Art. 450e ZGB Beschwerde beim zuständigen Gericht erhoben werden. Eine gerichtliche Überprüfung kann im Kontext der FU zudem gegen bestimmte Anordnungen der Ärzteschaft sowie der involvierten Einrichtung verlangt werden. Die abschliessende Aufzählung in Art. 439 Abs. 1 ZGB nennt fünf solche

Anwendungsfälle

5.58 *Die ärztlich angeordnete Unterbringung (Ziff. 1)*

Eine autoritative Unterbringung, auch wenn sie ärztlich erfolgt, bedingt grundsätzlich immer zunächst den Entzug des Aufenthaltsbestimmungsrechts gem. Art. 310 ZGB. Einen solchen kann kein Arzt verfügen, weshalb eine nach kantonalem Recht zulässige ärztliche Einweisung in eine psychiatrische Klinik nur im Einverständnis der Eltern möglich ist, es sei denn, es liege ein rechtfertigender Notstand vor (Art. 17 StGB). Letzterenfalls muss die KESB umgehend einen Entscheid über den Entzug des Aufenthaltsbestimmungsrechts und die Unterbringung fällen. Das urteilsfähige Kind (Art. 314b Abs. 2 ZGB) kann das Gericht anrufen mit der Begründung, die getroffene Unterbringungslösung sei nicht EMRK-konform (unverhältnismässig oder ungeeignet).

5.59 *Die Zurückbehaltung durch die Einrichtung (Ziff. 2)*

Diese Beschwerdemöglichkeit bezieht sich auf Art. 427 Abs. 1 ZGB, welcher der ärztlichen Leitung einer Einrichtung die Kompetenz zuerkennt, einer freiwillig eingetretenen Person den Austritt aus der Einrichtung unter bestimmten Voraussetzungen für höchstens drei Tage zu untersagen. Auf Kinder bezogen würde dies bedeuten, dass das Kind im Einverständnis der Eltern oder das urteilsfähige Kind auf eigenen Wunsch eingetreten ist und nach einem Sinneswandel die Klinikleitung den Austritt verweigern kann. Die Umsetzung dieser Bestimmung im Kindesschutz ist noch nicht gefestigt und ist in der Praxis mittels vorsorglicher oder superprovisorischer Massnahmen der KESB sicherzustellen. Wenn innerhalb von drei Tagen nach dem Entscheid der ärztlichen Leitung kein vollstreckbarer behördlicher Entscheid vorliegt (Art. 428 ZGB), kann das Kind in jedem Fall die Klinik verlassen.

Die Abweisung eines Entlassungsgesuchs durch die Einrichtung (Ziff. 3)

5.60

Im Falle einer ärztlichen Einweisung entscheidet die Einrichtung von Gesetzes wegen über die Entlassung, sofern die KESB den Eintrittsentscheid nicht bestätigt hat (Art. 429 Abs. 3 ZGB). Diese Kompetenz kann der Einrichtung im Kindesschutz im Gegensatz zum Erwachsenenschutz im Einzelfall nur dann auch bei einer Einweisung durch die KESB zustehen (Art. 428 Abs. 2 ZGB), wenn die Folgeunterbringung des Kindes nach dem Klinikaufenthalt durch die Inhaber des Aufenthaltsbestimmungsrechts (Eltern oder KESB) vorgängig bestimmt wurde. Eine gerichtliche Beurteilung kann nur dann verlangt werden, wenn ein Entlassungsgesuch abgewiesen wird.

Die Behandlung einer psychischen Störung ohne Zustimmung (Ziff. 4)

5.61

Diese Beschwerdemöglichkeit bezieht sich einerseits auf die von der Chefärztin oder vom Chefarzt der Abteilung schriftlich angeordneten medizinischen Massnahmen gemäss Behandlungsplan (Art. 434 ZGB) ohne Zustimmung des urteilsfähigen Kindes oder im Falle dessen Urteilsunfähigkeit des gesetzlichen Vertreters. Wenn die Haltung der Inhaber der elterlichen Sorge oder des urteilsfähigen Kindes das Kindeswohl gefährden, muss die KESB ergänzende Kindesschutzmassnahmen anordnen. Andererseits kann die gerichtliche Beurteilung auch bei medizinischen Massnahmen verlangt werden, die im Rahmen der Spezialregelung für Notfallsituationen (Art. 435 ZGB) ergriffen werden, etwa mit dem Argument, es liege gar keine Notfallsituation vor oder das Veranlasste sei unverhältnismässig. Im Fall von Art. 434 ZGB wird zentrales Thema häufig die Forderung sein, die Behandlung zu unterlassen oder durch eine andere Behandlung abzulösen. Denkbar ist auch, dass sich das urteilsfähige Kind oder ihm nahestehende Personen gegen die Art und Weise der angeordneten Behandlung wehren, deren Verhältnismässigkeit bestreiten oder vorbringen, diese sei im Behandlungsplan gar nicht vorgesehen. Weitere Rügen können die fehlende Zuständigkeit der Ärztin oder des Arztes sowie die Voraussetzungen nach Art. 434 Abs. 1 Ziff. 1–3 ZGB betreffen.

Die Massnahmen zur Einschränkung der Bewegungsfreiheit (Ziff. 5)

5.62

Erfasst sind hier ausschliesslich Einschränkungen, die *im Rahmen einer FU* gestützt auf Art. 438 ZGB angeordnet werden. Umstritten ist, ob das auch für disziplinarisch motivierte oder aus Sicherheitsgründen getroffene Anordnungen gilt, welcher ein Minderjähriger, der in einer geschlossenen Einrichtung oder psychiatrischen Klinik untergebracht worden ist, unterzogen wird. Das wird jedenfalls immer dann zutreffen, wenn in der kantona-

5. Verfahrensgrundsätze

len Gesetzgebung kein Rechtsweg angeboten wird, der dem betroffenen Minderjährigen die Möglichkeit gibt, die ihn treffenden Anordnungen der Einrichtung oder Klinik durch eine gerichtliche Beschwerdeinstanz überprüfen zu lassen (bspw. Art. 20 FMJG des Kt. BE, BSG 341.13). Fraglich erscheint unter dem Aspekt der EMRK-Konformität, ob eine administrative Beschwerdeinstanz zureichend sei (im Falle des Kt. Bern die Polizei- und Militärdirektion) oder nicht als Beschwerdeinstanz die KESB oder das Gericht vorzuziehen wäre. Nach hier vertretener Auffassung kann eine Beschwerdeführung beim Gericht auch bei aufsichtsrechtlichen kantonalen Instrumenten nie ausgeschlossen sein.

5.63   Die KESB kommt für diese Aufgabe von vornherein *nicht in Frage*, wenn sie als *Verwaltungsbehörde* konzipiert ist und die Anforderungsmerkmale an ein Gericht im materiellen Sinn nicht erfüllt (zu den Anforderungen: BGer 5A_738/2016 E. 3.3).

Formerfordernisse

5.64   Die Eingabe an das zuständige Gericht hat *schriftlich* zu erfolgen. Es braucht im Minimum die unterzeichnete Erklärung, mit einer Anordnung *nicht einverstanden* zu sein. Vorausgesetzt wird sodann ein *aktuelles Rechtsschutzinteresse* (vgl. Art. 76 Abs. 1 lit. b BGG). Ist das Kind zwischenzeitlich aus der Einrichtung entlassen worden, liegt ein solches nicht mehr vor. *Ausnahmsweise* kann die Durchführung eines gerichtlichen Verfahrens ohne aktuelles Rechtsschutzinteresse in Frage kommen (z.B. wenn sich die aufgeworfene Frage jederzeit unter gleichen oder ähnlichen Umständen wieder stellen könnte, wenn an ihrer Beantwortung wegen der grundsätzlichen Bedeutung ein öffentliches Interesse besteht und wenn sie im Einzelfall kaum je rechtzeitig verfassungsrechtlich überprüft werden könnte).

5.65   Eine *Begründung* braucht die Eingabe im erstinstanzlichen Verfahren nicht zu enthalten. Damit regelt das Gesetz diese Frage in Art. 450e Abs. 1 ZGB für den Kontext der FU ausdrücklich abweichend vom Grundsatz der Begründungspflicht, wie er für das Verfahren vor der gerichtlichen Beschwerdeinstanz in Art. 450 Abs. 3 ZGB oder für das bundesgerichtliche Verfahren in Art. 42 Abs. 1 BGG (BGer 5A_231/2016) verankert ist. Wenn das kantonale Recht ein zweistufiges Beschwerdeverfahren vorsieht (Kt. St. Gallen, Zürich und Wallis), so kann das kantonale Recht für das zweitinstanzliche kantonale Verfahren auch in FU-Angelegenheiten eine Begründungspflicht vorsehen (BGer 5A_327/2013 E. 3.2; keine Begründung in beiden kantonalen Instanzen verlangt das Zürcher Recht, vgl. Obergericht des Kt. ZH, II. Zivilkammer, Beschluss und Urteil vom 15. Januar 2013, Geschäfts-Nr.:

NA130001-O/U). Im Zuge der generellen Verweisung (Art. 439 Abs. 3 ZGB) gilt es zudem, weitere *Spezialregelungen* zu beachten, die in Art. 450e ZGB zusammengefasst sind und nachstehende Aspekte betreffen:

Aufschiebende Wirkung

Beschwerden auf dem Gebiet der FU (inklusive solchen gegen die Abweisung der Entlassung nach Art. 428 Abs. 1 und 2 sowie Art. 429 Abs. 3 ZGB) kommt grundsätzlich *keine aufschiebende Wirkung* zu (Art. 450e Abs. 2 ZGB). Damit wird dem Umstand Rechnung getragen, dass Unterbringungen häufig in akuten Krisensituationen angeordnet werden und zum Schutz des Kindes *sofort vollstreckbar* sein müssen. Ist keine Dringlichkeit gegeben, ist einer Beschwerde durch die KESB bzw. durch die gerichtliche Beschwerdeinstanz aufschiebende Wirkung zu *erteilen*, und zwar im Rahmen der Offizialmaxime auch ohne entsprechendes Gesuch.

5.66

Gutachten einer sachverständigen Person

Im Verfahren vor der gerichtlichen Beschwerdeinstanz ist gemäss Art. 450e Abs. 3 ZGB *zwingend* ein *Sachverständigengutachten* einzuholen, wenn im Rahmen einer FU die Beurteilung einer *psychischen Störung* (worunter begrifflich auch Suchtkrankheiten wie Drogen-, Medikamenten- und Alkoholsucht fallen) zur Diskussion steht. Als Sachverständige kommen ausschliesslich *aussenstehende* Ärztinnen oder Ärzte in Frage. Diese dürfen *nicht Mitglied der Spruchbehörde* sein und müssen über Fachkenntnisse in Psychiatrie und Psychotherapie verfügen. Eine Qualifikation als Spezialärztin oder als Spezialarzt in den erwähnten Disziplinen ist dagegen nicht verlangt. Nicht anwendbar ist die Vorschrift von Art. 450e Abs. 3 ZGB – so jedenfalls bei wörtlicher Auslegung –, falls eine *geistige Behinderung* (Art. 426 Abs. 1 ZGB) die Grundlage der FU bildet. Unter Berücksichtigung der allgemeinen Verfahrensgrundsätze (Art. 446 ZGB) wird wohl aber auch in diesen Situationen die Anordnung eines Sachverständigengutachtens die Regel bilden. Auch bei *schwerer Verwahrlosung* (Art. 426 Abs. 1 ZGB) kann eine Begutachtung im Einzelfall angezeigt sein.

5.67

Anhörung und Vertretung

Die gerichtliche Beschwerdeinstanz muss die betroffene Person in der Regel als Kollegium anhören (Art. 450e Abs. 4 ZGB). Diese Vorschrift ist auf den Erwachsenenschutz ausgerichtet und kann nicht unbesehen auf den Kindesschutz übertragen werden. Die Anhörung eines Kindes durch ein mehrköpfiges Gremium vermittelt dem Kind nicht eine erhöhte Sicherheit, sondern wirkt auf dieses in der Regel unnötig bedrohlich. Aus diesem

5.68

5. Verfahrensgrundsätze

Grund erfolgt dessen Anhörung auch in FU-Angelegenheiten gestützt auf Art. 314a ZGB in kindesgerechter Form durch ein geeignetes KESB-Mitglied oder eine beauftragte aussenstehende Fachperson. Für den Verzicht auf die Anhörung des Kindes sind ausschliesslich die Kindesinteressen im konkreten Fall massgeblich.

5.69   Ob für das betroffene Kind gestützt auf Art. 450e Abs. 4 i.V.m. Art. 314a^{bis} ZGB eine rechtliche Vertretung anzuordnen ist, hat die gerichtliche Beschwerdeinstanz von Amtes wegen zu prüfen. Eine obligatorische Verbeiständung ist im Gesetz selbst dann nicht vorgesehen, wenn das Kind dies beantragt (im Gegensatz bspw. zur Vertretung in eherechtlichen Verfahren gem. Art. 299 Abs. 3 ZPO), zumal dem Kind gestützt auf Art. 432 ZGB die Möglichkeit zusteht, eine Person seines Vertrauens beizuziehen. Anzuordnen ist die Vertretung allerdings in der Regel immer dann, wenn eine der im Gesetz erwähnten Fallgruppen vorliegt (Art. 314a^{bis} Abs. 2 ZGB), namentlich wenn die Eltern infolge eines Interessenkonfliktes das Kind de iure und de facto gar nicht vertreten können und kein Grund für eine Ausnahme gegeben ist.

Beschleunigungsgebot

5.70   Art. 450e Abs. 5 ZGB verpflichtet die gerichtliche Beschwerdeinstanz, ihren Entscheid in der Regel *innert fünf Arbeitstagen* seit Eingang der Beschwerde zu fällen. Mit der Relativierung des Grundsatzes durch die Formulierung «in der Regel» wird allerdings berücksichtigt, dass sorgfältige Abklärungen im Einzelfall auch mehr als fünf Arbeitstage in Anspruch nehmen können, so bspw. dann, wenn die Beschwerde keine Begründung enthält und die gerichtliche Beschwerdeinstanz bei der Sachverhaltsfeststellung u.U. mehr Aufwand betreiben muss. Zu denken ist sodann an Konstellationen, bei denen gestützt auf Art. 450e Abs. 3 ZGB zwingend ein Sachverständigengutachten einzuholen ist.

5.71   Die *Beschwerdefrist von zehn Tagen* (Art. 439 Abs. 2 ZGB) läuft ausdrücklich *ab Mitteilung* des Entscheids, ist aber auf Massnahmen zur Einschränkung der Bewegungsfreiheit (Art. 438 ZGB) *nicht* anwendbar, weil hier eine Beschwerde jederzeit möglich sein muss. Bei *Nichteinhaltung* der Frist ist auf das Begehren nicht einzutreten; es ist aber als – jederzeit zulässiges – *Entlassungsgesuch* im Sinne von Art. 426 Abs. 4 ZGB zu behandeln. Ob die Rechtsmittelfrist auch für beschwerdeberechtigte «nahestehende Personen» bereits mit der *Eröffnung* des Entscheids *an die betroffene Person* (so unter Berufung auf Art. 439 Abs. 3 i.V.m. Art. 450b Abs. 1 Satz 2 ZGB) oder in Fortführung der Praxis zu Art. 397d Abs. 1 aZGB weiterhin erst bei

Kenntnisnahme des Entscheids zu laufen beginnt, wird sich in der Praxis noch weisen müssen.

Weiterleitungspflicht

Von der *Weiterleitungspflicht* (Art. 439 Abs. 4 ZGB) erfasst werden unzuständige Gerichte oder Verwaltungsbehörden, an die eine Eingabe fälschlicherweise adressiert wurde, aber auch der Beistand oder die Beiständin, der Vormund oder die Vormundin und die Vertrauensperson. Ausserdem trifft es das Personal der Einrichtung, den Arzt oder die Ärztin, falls sie das Begehren in Empfang nehmen.

5.72

5.12.3. Beschwerde gegen Entscheide der KESB

Das Bundesrecht sieht in der Rechtsmittelordnung von Art. 450 ff. ZGB als einziges einheitliches Rechtsmittel eine *Beschwerde* vor. Entsprechend dem Schutzzweck des Kindes- und Erwachsenenschutzrechts besteht die Möglichkeit, die getroffenen Massnahmen jederzeit aufzuheben oder abzuändern, ohne dass sich der Sachverhalt geändert haben muss. Dem Begriff der materiellen Rechtskraft kommt im Kindes- wie im Erwachsenenschutz daher – anders als im Zivilprozessrecht – keine entscheidende Bedeutung zu.

5.73

Die Beschwerde im Sinne von Art. 450 ZGB gibt Anspruch auf *direkten* Zugang zu *gerichtlicher* Überprüfung. Zu den Spezialregelungen im Rahmen einer FU vgl. Kap. 5.12.2.

5.74

Gemäss Art. 450b Abs. 1 ZGB beträgt die *Frist* zur Einreichung einer Beschwerde gegen Entscheide der KESB *dreissig Tage* seit Mitteilung des Entscheids. Beschwerden gegen vorsorgliche Massnahmen oder von der KESB angeordnete fürsorgerische Unterbringungen müssen hingegen innert *zehn* Tagen seit Mitteilung erfolgen (Art. 445 Abs. 3 ZGB resp. Art. 450b Abs. 2 ZGB). Wegen Rechtsverweigerung und Rechtsverzögerung kann jederzeit Beschwerde geführt werden (Art. 450b Abs. 3 ZGB).

5.75

Beschwerden gegen Entscheide der KESB kommt grundsätzlich *aufschiebende Wirkung* zu, sofern sie von der KESB oder der gerichtlichen Beschwerdeinstanz nicht explizit entzogen wurde. Gegenteilig verhält es sich bei Beschwerden gegen fürsorgerische Unterbringung (Art. 450a Abs. 2 i.V.m. Art. 314b Abs. 1 ZGB).

5.76

Das Rechtsmittel ist *devolutiv*: Mit der Anfechtung wird die Behandlung der Angelegenheit auf die *Rechtsmittelinstanz* übertragen. Diese übernimmt die Akten und hat den Auftrag, den Entscheid der KESB in *rechtli-*

5.77

5. Verfahrensgrundsätze

cher sowie *tatsächlicher* Hinsicht umfassend zu überprüfen, einschliesslich seiner *Angemessenheit* (Art. 450a ZGB). Sie tut dies im Rahmen der *Untersuchungs- und Offizialmaxime*, denn diese Prinzipien des erstinstanzlichen Verfahrens gelten grundsätzlich auch für das Verfahren vor der gerichtlichen Beschwerdeinstanz. Mit dem Übergang der Streitsache an das Gericht wird dieses auch für den allfälligen Entzug der *aufschiebenden Wirkung* (Art. 450c ZGB) und – als Folge der sinngemässen Anwendbarkeit von Art. 445 ZGB – zum Erlass allfälliger *vorsorglicher Massnahmen* zuständig. Mit dem Übergang der Zuständigkeit (Devolution) verliert die KESB die Befugnis, sich mit der Sache weiter zu befassen, wobei präzisiert werden muss, dass sie ihren angefochtenen Entscheid bis zur Einreichung der Vernehmlassung in Wiedererwägung ziehen kann (Art. 450d Abs. 2 ZGB).

5.78 Mit Beschwerde anfechtbar sind alle Endentscheide der KESB (Art. 450 Abs. 1 i.V.m. Art. 314 Abs. 1 ZGB) sowie gestützt auf Art. 445 Abs. 3 ZGB Entscheide über vorsorgliche Massnahmen. Zur Anfechtbarkeit von Zwischenentscheiden finden sich im Gesetz keine Regelungen. Die Kantone sind hier frei, ergänzende eigene Verfahrensvorschriften zu erlassen. Machen sie von dieser Kompetenz nicht Gebrauch, sind nach Art. 450f ZGB von Bundesrechts wegen die Bestimmungen der Zivilprozessordnung sinngemäss als ergänzendes kantonales Verfahrensrecht anwendbar.

5.79 Die Beschwerdebefugnis wird in Art. 450 Abs. 2 ZGB abschliessend geregelt:

5.80 Zur Beschwerde legitimiert sind zunächst *die am Verfahren beteiligten Personen* selbst (Ziff. 1). Für handlungsunfähige Personen handelt grundsätzlich deren gesetzliche Vertretung. Sofern diese Personen allerdings urteilsfähig sind, können sie selbständig Rechte ausüben, welche ihnen um ihrer Persönlichkeit willen zustehen und vorläufig selbst das Nötige vorkehren, wenn Gefahr im Verzug ist (vgl. Art. 67 Abs. 3 ZPO).

5.81 Beschwerdelegitimiert sind sodann *nahestehende Personen* (Ziff. 2). Dieser Begriff ist weit auszulegen und umfasst nach Lehre und Rechtsprechung Personen, welche die betroffene Person gut kennen und kraft ihrer Eigenschaften und kraft ihrer Beziehungen zu dieser als geeignet erscheinen, deren Interessen zu wahren. Eine Rechtsbeziehung ist dabei nicht erforderlich; massgebend ist vielmehr die *faktische Verbundenheit*. Die *nahestehende Person* ist – abgesehen von den Fällen, in denen sie ein eigenes rechtlich geschütztes Interesse geltend machen kann – nur legitimiert, gestützt auf Art. 450 ZGB gegen den Entscheid der KESB Beschwerde an die gerichtliche Beschwerdeinstanz zu führen, wenn sie mit ihrer Eingabe *Interessen des Kindes wahrnehmen will* (BGE 137 III 67 zur

Vormundschaftsbeschwerde nach altem Recht). Es ist denkbar, dass sich mehrere nahestehende Personen unabhängig voneinander am Verfahren beteiligen. Gestützt auf Ziff. 3 sind schliesslich *Dritte* zur Beschwerde legitimiert. Diese verfügen nicht über die Qualifikation der nahestehenden Person und müssen – entsprechend der Regelung in Art. 419 ZGB – ein durch das Kindesschutzrecht *rechtlich geschütztes Interesse* haben. Sie müssen m.a.W. die Verletzung eigener Rechte geltend machen können. Ein bloss faktisches Interesse genügt nicht.

Die Beschwerdeführung im kantonalen Verfahren ist von jener *vor Bundesgericht* zu unterscheiden (Art. 76 Abs. 1 lit. b BGG). Eine nahestehende Person im Sinn von Art. 439 Abs. 1 und Art. 450 Abs. 2 Ziff. 2 ZGB erfüllt die Voraussetzung zur bundesgerichtlichen Beschwerdeführung nicht per se und ist daher im Verfahren vor Bundesgericht weder zur Vertretung einer Partei berechtigt noch kann sie in deren Interessen selbst Beschwerde führen (BGer 5A_399/2015 E. 2). Gleiches gilt für die Vertrauensperson im Sinn von Art. 432 ZGB. Namentlich gelten Patientenvereine als juristische Person nicht zur Parteivertretung vor Bundesgericht als legitimiert (BGer 5A_948/2013 E. 2.1).

5.82

Vorbehältlich Art. 450e Abs. 1 ZGB (Entbindung von der Begründungspflicht bei Beschwerden gegen Entscheide auf dem Gebiet der FU) ist im Rahmen des Rügeprinzips auf eine Beschwerde materiell einzutreten, wenn eine nach Art. 450 Abs. 2 ZGB legitimierte Person mit schriftlicher Eingabe *begründete* Anträge stellt. An diese Formerfordernisse (Art. 450 Abs. 3 ZGB) dürfen aber keine hohen Anforderungen gestellt werden. Ein von einer betroffenen urteilsfähigen Person unterzeichnetes Schreiben ist hinreichend, sofern das Anfechtungsobjekt ersichtlich ist und daraus hervorgeht, warum sie mit der getroffenen Anordnung ganz oder teilweise nicht einverstanden ist (BGer 5A_922/2015 E. 5). Mängel (z.B. fehlende Unterschrift oder fehlende Vollmacht) sind nach Massgabe des kantonalen Rechts (bzw. der ZPO) innert einer angemessenen Nachfrist zu beheben.

5.83

Die gerichtliche Beschwerdeinstanz kann den angefochtenen Entscheid *bestätigen* oder *ändern*. In Ausnahmefällen kann sie diesen auch *aufheben* und an die KESB *zurückweisen,* bspw. bei fehlender Spruchreife der Angelegenheit, indem der Sachverhalt in wesentlichen Teilen zu vervollständigen ist (Art. 450f ZGB, Art. 318 Abs. 1 lit. c Ziff. 2 ZPO). Je nachdem hat die Beschwerde somit *reformatorische* oder *kassatorische* Wirkung. Gegen letztinstanzliche kantonale Rechtsmittelentscheide kann beim Bundesgericht *Beschwerde in Zivilsachen* geführt werden (Art. 72 Abs. 2 lit. b Ziff. 6 BGG).

5.84

5.13. Eröffnung

5.85 Die Erledigung einer Angelegenheit ist den Verfahrensbeteiligten schriftlich mitzuteilen (vgl. Kap. 3.4.4. Eröffnung sowie bspw. § 10 Abs. 3 VRG ZH) bzw. zu eröffnen (Art. 239 ZPO, Art. 60 BGG, Art. 72 KESG i.V.m. Art. 44 VRPG BE). Wenn das kantonale Recht keine andern Bestimmungen enthält und die ZPO anwendbar ist, ist der Entscheid gem. Art. 301 lit. b ZPO auch dem Kind, welches das 14. Altersjahr vollendet hat, zu eröffnen. Diese Bestimmung ist nicht deckungsgleich mit dem Beschwerderecht des urteilsfähigen Kindes in höchstpersönlichen Belangen, weshalb im Interesse der Rechtssicherheit ein Entscheid dem Kind zu eröffnen ist, sobald es mit Bezug auf die beurteilte Sache als urteilsfähig erachtet wird. Häufig ist es sachlich auch geboten, ohne formelle Verpflichtung den Entscheid mündlich zu erläutern (vgl. Rz. 3.83, 5.14, 5.85 und 21.20 f.).

5.86 Bei der Eröffnung geht es darum, die Verfahrensbetroffenen in Kenntnis des erlassenen Entscheides zu setzen und ihnen damit ggf. auch die Einlegung eines Rechtsmittels zu ermöglichen. Der *Beweis* der erfolgten Zustellung obliegt der Behörde. Wird die Zustellung uneingeschriebener Sendungen bestritten, muss im Zweifel auf die Darstellung des Empfängers abgestellt werden (BGE 129 I 8 E. 2.2 S. 10; BGer 9C_791/2010 E. 4.1).

5.87 Im Kindes- und Erwachsenenschutz muss aufgrund der *unterschiedlichen Informationsbedürfnisse und -rechte* der Direktbetroffenen und allenfalls weiterer Beteiligter in der Eröffnungsformel im Anschluss an das Dispositiv und die Rechtsmittelbelehrung ausdifferenziert werden,

- wem der Entscheid mit einem *Zustellungsnachweis* zu eröffnen ist, was entweder nach kantonalem Recht oder gemäss ZPO erfolgt (Art. 450f ZGB). Diese Form erfolgt in der Regel durch eingeschriebene Post mit Rückschein, mittels Gerichtsurkunde, durch direkte Aushändigung gegen Empfangsbestätigung, bei unbekannter Adresse ggf. durch Veröffentlichung oder im Einverständnis der Parteien elektronisch (Art. 239 Abs. 3 ZPO i.V.m. Art. 60 Abs. 3 BGG und Art. 9 ff. Verordnung über die elektronische Übermittlung im Rahmen von Zivil- und Strafprozessen sowie von Schuldbetreibungs- und Konkursverfahren, SR 272.1). Adressaten sind die Direktbetroffenen, welche am Verfahren teilgenommen haben und gem. Art. 450 ZGB zur Beschwerde legitimiert sind.

- wem der Entscheid durch *einfache Postzustellung* ohne Zustellungsnachweis mitzuteilen ist. Es sind in der Regel Beschwerdelegitimierte nach Art. 450 ZGB, welche aber am bisherigen Verfahren nicht teilgenommen haben (je nach Beschwerderisikolage ist aber auch diesen der Entscheid mit Zustellungsnachweis zu eröffnen),

- wem das *Dispositiv oder Auszüge daraus* aufgrund eines besonderen (gesetzlichen oder faktischen) Informationsinteresses mitzuteilen ist (z.B. Zivilstandsamt gem. Art. 38 Abs. 2 ZStV, Betreibungsamt gem. Art. 68c Abs. 1 SchKG, Heime etc.).

Wird ein Adressat anlässlich einer versuchten Zustellung einer eingeschriebenen Briefpostsendung oder Gerichtsurkunde nicht angetroffen und daher eine *Abholeinladung* in seinen Briefkasten oder sein Postfach gelegt, so gilt die Sendung in jenem Zeitpunkt als zugestellt, in welchem sie auf der Post abgeholt wird. Geschieht das nicht innert der Abholfrist, die sieben Tage beträgt, so gilt die Sendung als am letzten Tag dieser Frist zugestellt, sofern der Adressat mit der Zustellung rechnen musste (Zustellfiktion). Es gilt die Regel «Datum des ersten Zustellversuchs plus 7» (BGer 5A_2/2010). Enthält die eröffnete Verfügung (als Zwischenverfügung) eine Frist zur Stellungnahme, und fällt diese auf den Tag, an dem der Zeitpunkt zur Abholung der Mitteilung endet, kommt dies der Verweigerung des rechtlichen Gehörs gleich (BGer 5D_69/2009 E. 2.3; BGE 104 Ia 465 E. 3).

5.88

Hat der Adressat der Post einen Nachsendeauftrag «postlagernd» erteilt, beginnt die Frist am Tag nach Zustellung an die Nachsendepoststelle (z.B. Feriendomizil; BGer 5P.425/2005 in SJZ 2006 S. 159 f. und ZBJV 2008 S. 201 f.).

5.89

Hat der Adressat der Post einen *Postrückbehaltungsauftrag* erteilt, gilt ebenfalls die 7-tägige Frist ab Eingang bei der Poststelle (Art. 138 Abs. 3 lit. a ZPO, BGE 134 V 49). Das gilt auch, wenn ein Anwalt der Post einen Postrückbehalteauftrag erteilt hat (Entscheid der 2. Zivilkammer des Obergerichts des Kantons Bern vom 19. Dezember 2013, ZK 13 436, publiziert März 2014). Anders verhält es sich, wenn die Behörde den Entscheid postlagernd zustellt, sich also darauf einlässt, dass ein Adressat nur postlagernd erreichbar ist: diesfalls gilt eine Abholfrist von 30 Tagen und nicht von 7 Tagen (in BGE 127 III 173 offengelassen).

5.90

Die Regeln über die Zustellung während der *Gerichtsferien* (BGer 5C.196/2006; BGE 132 II 153; Leuenberger, ZBJV 2008 S. 200 f.) sind nicht anwendbar.

5.91

Fällt der *letzte Tag einer Frist* auf einen Samstag, einen Sonntag oder einen am Gerichtsort vom Bundesrecht oder vom kantonalen Recht anerkannten Feiertag, so endet sie am nächsten Werktag (Art. 142 Abs. 3 ZPO).

5.92

Die Zustellfiktion gilt *während eines hängigen Verfahrens* und wenn die Verfahrensbeteiligten *mit der Zustellung eines behördlichen Entscheides mit einer gewissen Wahrscheinlichkeit rechnen müssen* (BGer 5A_732/2013 E. 4). Liegt der letzte Kontakt mit der Behörde über ein Jahr zurück, so

5.93

5. Verfahrensgrundsätze

kann von der Zustellfiktion nicht mehr ausgegangen werden, sondern nur noch von der Empfangspflicht des am Verfahren Beteiligten in dem Sinn, dass er für die Behörde erreichbar sein muss; eine Abwesenheit von wenigen Wochen kann ihm in diesem Fall nicht entgegen gehalten werden (BGer 2P.120/2005 in: BVR 2006 S. 378; ZBJV 2006 S. 553 f.).

5.94 Wenn der Adressat allerdings über *keine Zustellmöglichkeit* verfügt (wohnen in einem abgelegenen Wohncontainer), können sich in der Praxis durchaus ungeklärte Fragen hinsichtlich der Zustellfiktion ergeben (BGer 5A_693/2009 E. 2.2).

5.95 Wird eine Partei durch einen *Rechtsvertreter* vertreten, muss diesem die Verfügung eröffnet werden (BGer 9C_791/2010 ZBJV 12/2010 S. 1110; BGE 99 V 177). Ob einer vom Eröffnungsmangel betroffenen Partei durch die direkte Zustellung tatsächlich ein Nachteil erwuchs, ist nach den konkreten Umständen des Einzelfalls zu prüfen (BGer 9C_791/2010; BGE 132 I 249 E. 6 S. 253 f.; 122 I 97 E. 3a/aa S. 99; 111 V 149 E. 4c).

5.14. Vollstreckung

5.96 Vollstreckungsfähig und -bedürftig (Art. 450g i.V.m. Art. 314 Abs. 1 ZGB) ist ein Entscheid nur, wenn er zu einem *Tun*, *Dulden* oder *Unterlassen* verpflichtet, der pflichtigen Person im Einzelfall klar, verlässlich und definitiv darüber Aufschluss gibt, wie sie sich zu verhalten habe (BGer 5C.105/2003 E. 2.2.) und zu befürchten ist, dass die Belasteten ihren Verpflichtungen nicht nachkommen (BGer 5A_276/2007). Im Bereich des Kindes- und Erwachsenenschutzes sind die meisten Entscheide direkt anwend- oder vollziehbar und bedürfen keiner Vollstreckungsmassnahmen (z.B. Übertragung gemeinsamer elterlicher Sorge, Errichtung Beistandschaft, die durch den Beistand vollzogen wird). Die Vollstreckung, namentlich der unmittelbare Zwang, findet allerdings selbst da, wo er von der Sache her möglich ist, nur zurückhaltend Gebrauch, weil die Entscheide der KESB grundsätzlich nicht gegen die schutzbedürftige Person gerichtet sind, sondern ihrem Wohl dienen. Nur wenn *Dritte den Schutz vereiteln* oder sich die Person ihrem wohlverstandenen und unverzichtbaren Schutz *entzieht*, muss und soll ausnahmsweise auf unmittelbaren Zwang zurückgegriffen werden. In der Praxis kann sich insb. in folgenden Fällen ein Bedarf nach Anordnung einer Zwangsvollstreckung und nach dem Einsatz *repressiver* oder *exekutorischer Mittel* ergeben, wobei psychologischer Zwang (Androhung der Ungehorsamsstrafe gem. Art. 292 StGB oder im Falle der Anwendbarkeit der ZPO Ordnungsbussen gem. Art. 343 Abs. 1 Bst. b und c ZPO) im Vordergrund steht:

5.14. Vollstreckung

- *Verpflichtungen an die besuchsbelastete Person*, ein Kind der besuchsberechtigten Person zur Verfügung zu halten oder zuzuführen, verbunden mit der Androhung der Ungehorsamsstrafe gemäss Art. 292 StGB oder im Falle der Anwendbarkeit der ZPO bzw. wenn das kantonale Recht dies vorsieht, Ordnungsbussen gem. Art. 343 Abs. 1 Bst. b und c ZPO (BGer 5A_64/2010). In ausgesprochenen Ausnahmefällen kann auch bei einer Besuchsrechtsverweigerung unmittelbarer (polizeilicher) Zwang zur Anwendung gelangen, was aber nur dann denkbar ist, wenn dadurch den Anliegen eines Kindes entsprochen wird,
- *Ermahnungen oder Weisungen an Eltern, Pflegeeltern oder Kind* gem. Art. 307 Abs. 3 oder Art. 273 Abs. 2 ZGB (BGer 5A_457/2009 E. 4.3; 5A_140/2010 E. 3.2, BGE 136 III 353 E. 3.3),
- *Vorführung eines ordentlich geladenen, aber nicht erschienenen Zeugen* nach kantonalem Verfahrensrecht oder Art. 167 Abs. 1 lit. c und 170 ZPO. Als Zwangsmittel bietet sich auch die polizeiliche Zuführung an, sofern dies verhältnismässig erscheint (Art. 5 und 36 BV),
- *Vorführung von Verfahrensbetroffenen zur Anhörung und Auskunftserteilung* nach den Regeln der Untersuchungsmaxime (Art. 448 Abs. 1). Die Zwangsmittel werden hier insb. mit Rücksicht auf das verfolgte Betreuungsziel sehr sorgfältig auszuwählen sein, was immer eine sorgfältige Abwägung zwischen behördlichem Durchsetzungsbedarf einerseits, Belastbarkeit, Schutzbedarf und Verletzlichkeit der Adressaten andererseits bedingt,
- *Zuführung eines Minderjährigen* an den Pflegeplatz, an die Klinik oder Einrichtung nach erfolgtem Entzug des Aufenthaltsbestimmungsrechts, wenn er/sie trotz allen pädagogischen Geschicks der KESB von den bisher Erziehungsberechtigten nicht überbracht wird oder sich selbst der verfügten Platzierung entzieht,
- Informationsbeschaffung anlässlich der *Inventaraufnahme* (Art. 318 Abs. 3, Art. 325 i.V.m. Art. 405 Abs. 4),
- Anordnungen der KESB im Rahmen ihrer *Aufsichtspflicht* (Art. 419), namentlich vorsorgliche Massnahmen (Art. 445), im Rahmen eines Entlassungsverfahrens gegen einen Beistand (Art. 423) oder bei Ausbleiben einer Schlussrechnung (Art. 325 i.V.m. Art. 425) und Übergabe der Vermögen an die Berechtigten.

5. Verfahrensgrundsätze

5.97

Muster Vollstreckungsentscheid

Persönlicher Verkehr zwischen Kind und Vater/ Massnahme zur Realisierung der geltenden Regelung

Sachverhalt

1. Mit Verfügung vom *(Datum)* legte die KESB A die zwischen NN und seinem Vater *(Name)* gültige Besuchsordnung fest. Danach gilt folgende Regelung: *[...]*.

2. Die Verfügung vom *(Datum)* wurde am *(Datum)* den Beteiligten eröffnet und blieb unangefochten.

3. Mit Gesuch vom *(Datum)* ersucht der besuchsberechtigte Vater, Herr V., um Vollstreckung der ergangenen Besuchsrechtsregelung. Er begründet sein Gesuch damit, dass die Kindsmutter, Frau M., die behördlich verfügte Regelung des persönlichen Verkehrs nicht ernst nehme, sich unkooperativ verhalte und dem Gesuchsteller nach Lust und Laune das Besuchsrecht gewähre oder verweigere, was mittels SMS-Botschaft und Emails belegt wird. Das habe dazu geführt, dass das Kind und der Gesuchsteller an keinem einzigen Monat das Besuchsrecht im ihnen zustehenden Umfang hätten ausüben können.

4. Die Anhörungen der Mutter und des Kindes erbrachten folgende Erkenntnisse: *[...]*.

Erwägungen

1. Die mit Verfügung vom *(Datum)* erlassene Besuchs- und Ferienordnung ist in formelle Rechtskraft erwachsen. Die Besuchsbelastete, Frau M., hält sich nachweislich nur nach ihrem Belieben und unregelmässig an die Besuchsordnung.

2. Verlässliche und regelmässige Kontakte zu beiden Eltern, insbesondere auch zu jenem, welcher mit dem Kind nicht in Hausgemeinschaft lebt, sind in der Regel im Interesse des Kindes. Nach den Erkenntnissen der KESB wird dies zurzeit nicht gewährleistet, obwohl nichts dagegen spricht. Daher ist aus der Sicht des Kindesinteresses das Nötige zu veranlassen, damit das Kind auf ein regelmässiges Besuchsrecht zählen kann und vor Enttäuschungen und Ungewissheiten verschont bleibt.

3. Bei der Zwangsvollstreckung von Regelungen über den persönlichen Verkehr ist gewöhnlich auf polizeiliche Interventionen zu verzichten, weil solche mit dem Kindeswohl eher unvereinbar scheinen. Jedenfalls sind sie auf Fälle zu beschränken, wo die Durchsetzung des Besuchsrechts unter dem Aspekt des Kindeswohls höher zu gewichten ist als das Risiko einer Traumatisierung und von familiärer Demütigung. Aus diesem Grund erachtet es die KESB zurzeit als nicht angemessen, polizeiliche Hilfe zur Durchsetzung des Besuchsrechts in Anspruch zu nehmen, sie behält sich eine solche Massnahme bei andauernder Obstruktion aber ausdrücklich vor.

5.14. Vollstreckung

4. Die Gebühren dieser Verfügung werden auf Fr. *(Betrag)* festgelegt und sind gemäss *(kant. Recht)* der Inhaberin der elterlichen Sorge zu belasten *(falls kant. Recht keinen Gebührenerlass vorsieht)*.

Entscheid

1. Die Inhaberin der elterlichen Sorge, Frau M., wird unter Androhung der Ungehorsamsstrafe im Widerhandlungsfall gemäss Art. 292 StGB* angewiesen, dem Kindsvater, Herrn V., das Kind K. zur Ausübung des Besuchs- und Ferienrechts gemäss Ziffer *(…)* des Beschlusses der KESB vom *(Datum)* herauszugeben.

   (* Art. 292 StGB: «Wer der von einer zuständigen Behörde oder einem zuständigen Beamten unter Hinweis auf die Strafdrohung dieses Artikels an ihn erlassenen Verfügung nicht Folge leistet, wird mit Busse bestraft»).

2. *(eventuell)*: Die Verfahrenskosten werden auf Fr. *(Betrag)* festgelegt und Frau M. zur Bezahlung auferlegt.

3. Gegen diesen Entscheid kann innert dreissig Tagen nach dessen Mitteilung Beschwerde bei der gerichtlichen Beschwerdeinstanz *(Name, Adresse)* erhoben werden (Art. 450 ZGB). Einer allfälligen Beschwerde wird in Anwendung von Art. 450c ZGB die aufschiebende Wirkung entzogen.

4. Eröffnung mittels eingeschriebenem Brief mit Rückschein oder gegen Empfangsbestätigung an:
   - Frau M.
   - Herrn V.

5. Mitteilung an:
   - Beiständin/Beistand *(gegebenenfalls)*

6. Zuständigkeit

6.1 In der Einstiegsphase (vgl. Schema in Rz. 3.48) prüft die KESB die örtliche und sachliche Zuständigkeit (vgl. hierzu Kap. 6.1. und 6.2.). Für die Finanzierung der von der KESB angeordneten Massnahmen gelten spezifische Regeln, vgl. hierzu Kap. 6.3.

6.1. Örtliche Zuständigkeit der KESB

Literatur

Gesetzliche Grundlagen: Art. 25, Art. 315, Art. 442 ZGB.

Allgemeine Literatur: BK ZGB-HAUSHEER/REUSSER/GEISER, Art. 162 N 34/12 ff.; BSK ZGB I [BREITSCHMID, Art. 315–315b N 16–21; STAEHELIN, Art. 25; VOGEL, Art. 442]; CHK ZGB [BIDERBOST, Art. 315–315b N 1–5; BREITSCHMID, Art. 25; VOGEL, Art. 442]; CR CC I-MEIER, Art. 315; FamKomm ESR-WIDER, Art. 442; Handbuch KES-FASSBIND, Rz. 195–197; HAUSHEER/AEBI-MÜLLER, Rz. 09.60/61; HAUSHEER/GEISER/AEBI-MÜLLER, Rz 17.173; HEGNAUER, Rz. 27.59–27.61; MEIER/DE LUZE, Rz. 412–417; MEIER/STETTLER, Rz. 1319–1323; OFK-GULER, Art. 315–315b N 6–9; OFK-SCHWANDER, Art. 25; STEINAUER/FOUNTOULAKIS, Rz. 367–367c; TUOR/SCHNYDER/JUNGO, § 44 N 45.

Spezifische Literatur: AFFOLTER KURT, Zuständigkeit zur Führung der Vormundschaft für Minderjährige nach scheidungsrichterlichem Sorgerechtsentzug. Kommentar zu Urteil 5C.196/2006 vom 14.11.2008, PushService Weblaw, 18.12.2008; AFFOLTER KURT, Örtliche Zuständigkeit zur Anordnung der Vormundschaft nach Art. 368 ZGB nach Entmündigung der Inhaberin der elterlichen Sorge, in: ZVW 2006, 250 ff.; BIDERBOST YVO, Findelkinder, Gedanken zum Thema aus juristischer Sicht, hier und dort angereichert durch die drei letztjährigen Fälle, insb. desjenigen im Zürcher Universitätsspital, in: ZVW 1999, 49 ff.; BREITSCHMID PETER, Zuständigkeit zur Anordnung von Kindesschutzmassnahmen im zivilprozessualen Vollstreckungsverfahren (Art. 275, 315, 315a ZGB)?, in: ZVW 1991, 139 ff.; BUCHER ANDREAS, Der abhängige Wohnsitz nicht selbständiger Personen, in: ZVW 1977, 41 ff.; HEGNAUER CYRIL, Wohnsitz des Kindes unter elterlicher Gewalt: Art. 25 Abs. 1 ZGB, in: ZVW 1988, 150 ff.; HEGNAUER CYRIL, Der Sitz der Vormundschaftsbehörde und der Wohnsitz bevormundeter Personen (Art. 25 Abs. 1 ZGB), in: ZVW 1981, 67 ff.; KOKES, Übernahme einer Massnahme des Kindes- und Erwachsenenschutzrechts nach Wohnsitzwechsel (Art. 442 Abs. 5 ZGB), Empfehlungen vom März 2015, in: ZKE 2016, 167 ff.; KOKES, Der Einbezug von Sozialhilfebehörden in die Entscheidfindung der Kindesschutzorgane, Empfehlungen vom April 2014, in: ZKE 2014, 263 ff.; LEVANTE MARCO, Wohnsitz und gewöhnlicher Aufenthalt im internationalen Privat- und Zivilprozessrecht der Schweiz, Diss. St. Gallen 1998; THOMET WERNER, Kommentar zum Bundesgesetz über die Zuständigkeit für die Unterstützung Bedürftiger (ZUG), Zürich 1994; VBK (heute: KOKES), Übertragung vormundschaftlicher Massnahmen, in: ZVW 2002, 205 ff, Ziff. 2.2; VERBAND GEMEINDEPRÄSIDENTEN KANTON ZÜRICH/KESB-PRÄSIDIENVEREINIGUNG KANTON ZÜRICH/SOZIALKONFERENZ KANTON ZÜRICH (Hrsg.), Empfehlungen zur Zusammenarbeit zwischen den Gemeinden und der KESB im Kanton Zürich, Januar 2016 [Download: http://www.kesb-zh.ch/sites/default/files/attachments/zusammenarbeit_gemeinden_-_kesb_-_empfehlung.pdf]; WIDER DIANA, Zuständigkeit zur Finanzierung der vom Gericht angeordneten Unterbringung eines Kindes in einem kantonalen Kinderheim, in: ZKE 2010, 54–67.

6.2 Die Bestimmung des zivilrechtlichen Wohnsitzes des Kindes ist von zentraler Bedeutung, werden doch die Kindesschutzmassnahmen grundsätzlich von der KESB am Wohnsitz des Kindes angeordnet (Art. 315 Abs. 1 ZGB). In den nachfolgenden Ausführungen werden die unterschiedlichen

6.1. Örtliche Zuständigkeit der KESB

Konstellationen beleuchtet und die Abgrenzung zu anderen örtlichen Anknüpfungsmöglichkeiten (Aufenthalt, Finanzierung) erläutert.

6.1.1. Zuständigkeit am zivilrechtlichen Wohnsitz

Der Wohnsitz des Kindes richtet sich nach Art. 25 Abs. 1 und 2 ZGB und ist von dessen Sorge- und Obhutsverhältnissen abhängig. Es sind folgende Konstellationen zu unterscheiden: 6.3

Sind die *Eltern gemeinsam Inhaber der elterlichen Sorge*, und haben beide ihren *Wohnsitz in derselben Gemeinde* (wenn allenfalls auch an unterschiedlichen Adressen), so teilt das Kind unabhängig seines Aufenthaltsortes und unabhängig davon, ob die Eltern verheiratet sind oder nicht, und auch unabhängig davon, ob den Eltern das Aufenthaltsbestimmungsrecht zusteht oder entzogen wurde (Art. 310 ZGB), deren Wohnsitz (Art. 25 Abs. 1 ZGB, erster Teilsatz).   6.4

Sind die *Eltern gemeinsam Inhaber der elterlichen Sorge*, haben sie aber (ob verheiratet oder nicht) *ihren Wohnsitz nicht in derselben Gemeinde*, dann richtet sich der Wohnsitz des Kindes nach jenem *Elternteil, unter dessen Obhut* es steht (Art. 25 Abs. 1 zweiter bis vierter Teilsatz). Das gilt auch dann, wenn das Kind ohne Neuregelung der Obhut von den Eltern bei Dritten untergebracht wurde. Ob die Obhut unter den Eltern vereinbart worden ist (Art. 298a Abs. 2 Ziff. 2, Art. 134 Abs. 3 ZGB), ob sie behördlich (Art. 298b Abs. 3 ZGB) oder gerichtlich (Art. 298 Abs. 2 i.V.m. Art. 133 Abs. 1 Ziff. 2, 134 Abs. 4, 176 und 179 ZGB) zugeteilt worden sei, oder ob sie aufgrund eines Entzugs des Aufenthaltsbestimmungsrechts (Art. 310 ZGB) nur einem Elternteil zusteht, ist dabei ohne Belang.   6.5

Sind die *Eltern gemeinsam Inhaber der elterlichen Sorge*, haben sie aber (ob verheiratet oder nicht) *ihren Wohnsitz nicht in derselben Gemeinde* und ergibt sich *aus der Obhutsregelung keine eindeutige Anknüpfung, ist ihr Wohnsitz unbekannt* oder wurde *beiden das Aufenthaltsbestimmungsrecht entzogen* (Art. 310 ZGB), dann wird der Wohnsitz des Kindes nach dessen Aufenthaltsort bestimmt, auch wenn es sich in einem Heim befindet (Art. 25 Abs. 1 letzter Teilsatz ZGB; BGE 135 III 49 E. 5.3.2).   6.6

Bei *alternierender Obhut* ist an jenen Aufenthaltsort anzuknüpfen, zu dem das Kind einen stärkeren Bezug hat. Das muss nicht zwingend durch die Häufigkeit der Anwesenheit bestimmt sein, es können auch familiäre Bindungen (Erziehungsverantwortliche, Geschwister, Grosseltern etc.) oder ausserfamiliäre soziale Verknüpfungen (z.B. Schule, Ausbildung, Sportverein, Peergroup) sein.   6.7

6. Zuständigkeit

6.8 Ist nur *ein Elternteil Inhaber der elterlichen Sorge*, dann leitet sich der Wohnsitz des Kindes immer von jenem des Sorgeinhabers ab, unabhängig davon, wo sich das Kind aufhält, und unabhängig davon, ob dem Sorgeinhaber auch das Aufenthaltsbestimmungsrecht zusteht (Art. 301 Abs. 3 ZGB) oder ob es ihm entzogen worden ist (Art. 310 ZGB).

6.9 Das *bevormundete Kind* hat seinen Wohnsitz am Sitz der KESB und nicht am Wohnsitz des Vormundes (Art. 25 Abs. 2). Die Bestimmung des Sitzes der KESB ist Sache des kantonalen Behördenorganisationsrechts.

6.10 Die örtliche Zuständigkeit der KESB am Wohnsitz des Kindes wird durchbrochen, wenn Kindesschutzmassnahmen *im Rahmen eherechtlicher Verfahren* (Eheschutz-, Ehetrennungs-, Eheungültigkeits- oder Ehescheidungsverfahren) durch das Gericht anzuordnen sind. Diesfalls ist zwingend das (Ehe-)Gericht am *Wahlgerichtsstand* zuständig, d.h. am Wohnsitz eines Elternteils (Art. 23 ZPO), welcher nicht identisch sein muss mit dem Wohnsitz des Kindes. Werden die Kindesschutzmassnahmen vom *(Ehe-) Gericht* angeordnet, so überträgt dieses deren Vollzug der KESB (Art. 315a Abs.1 ZGB). Die Übertragung des Vollzugs erfolgt auf die KESB am Wohnsitz des Kindes. Massgebend ist dabei die *Wohnsitzbehörde im Zeitpunkt der Benachrichtigung durch das (Ehe-)Gericht* und nicht im Zeitpunkt der gerichtlichen Anordnung. Nur so kann die Massnahme vor Ort umgehend greifen.

6.11 Ist die *Mutter des Kindes minderjährig* (Art. 14 ZGB) und damit ohne elterliche Sorge (Art. 298 ZGB), lässt sich ebenfalls kein abgeleiteter Wohnsitz des Kindes bestimmen. Das Gesetz lässt die Frage offen, wo sich in diesem Fall der Wohnsitz des Kindes befindet. Es liegt eine Regelungslücke vor, welche durch Auslegung ausgefüllt werden muss. Der Wohnsitz und dessen Folgen sind einer *funktionalisierten* Betrachtungsweise zu unterziehen. Massgeblich ist in erster Linie, wie dem Kindeswohl und dem Schutz der Kindesinteressen am besten Rechnung getragen werden kann. Sinnvollerweise ist an den Ort anzuknüpfen, wo die Mutter zur Zeit der Geburt tatsächlich den Mittelpunkt ihrer Lebensbeziehungen hat. Diese Regel muss auch gelten, wenn die minderjährige Mutter *vorübergehend*, namentlich zur Niederkunft, in einem *Heim* war. Der vorübergehende Aufenthalt bildet weder für die Mutter noch das Kind einen Bezugspunkt oder eine Lebensperspektive, welche eine örtliche Zuständigkeit zur Anordnung von Kindesschutzmassnahmen zu begründen vermöchten (ausgenommen eine Eilzuständigkeit, Art. 315 Abs. 2 ZGB).

6.12 Entfällt die elterliche Sorge, weil sie dem oder den Inhabern durch die KESB *entzogen* worden ist (Art. 311/312 ZGB), so kann sich zwischen Entzug der elterlichen Sorge und Anordnung der Vormundschaft für das Kind

(Art. 327a ZGB) resp. der Zuteilung der elterlichen Sorge an den anderen Elternteil (Art. 298d ZGB) bei innerstaatlichen Verhältnissen keine neue örtliche Zuständigkeit bilden. Der Entzug der elterlichen Sorge bedingt ein Kindesschutzverfahren, welches die örtliche Zuständigkeit ab Beginn der Rechtshängigkeit bis zu dessen rechtskräftigen Abschluss fixiert (Art. 442 Abs. 1 i.V.m. Art. 314 Abs. 1 ZGB). Ohne Anordnung einer Vormundschaft resp. die Zuteilung der elterlichen Sorge an den anderen Elternteil ist ein behördliches Verfahren um Entziehung der elterlichen Sorge nicht abgeschlossen, mithin verbleibt die örtliche Zuständigkeit bei jener Behörde, die den Sorgerechtsentzug anordnete. Wird die elterliche Sorge nur einem Elternteil bei gemeinsamer Sorge entzogen, verbleibt sie dem anderen Elternteil und der Wohnsitz des Kindes leitet sich von diesem alleine ab.

Gleiches gilt bei *umfassender Verbeiständung*. Wird nur ein Elternteil umfassend verbeiständet, fällt dessen elterliche Sorge von Gesetzes wegen dahin (Art. 296 Abs. 3 ZGB), womit sie bei gemeinsamer elterlicher Sorge dem anderen Elternteil alleine verbleibt. Wird der Alleininhaber der elterlichen Sorge umfassend verbeiständet, liegt es in der Verantwortung der KESB, parallel mit der Erwachsenenschutzmassnahme entweder die Vormundschaft für das Kind anzuordnen oder den andern Elternteil in die elterliche Sorge einzusetzen, je nachdem, was das Wohl des Kindes gebietet (Art. 296, Art. 327a ZGB).

6.13

Fällt die elterliche Sorge *durch Tod* dahin, und leitete sich der bisherige Wohnsitz des Kindes vom Verstorbenen ab, so entfällt mit dem Tod die mögliche Anknüpfung für einen abgeleiteten Wohnsitz. Soweit das Kind aufgrund seiner Lebensumstände nicht schon bisher einen von seinem Aufenthaltsort bestimmten Wohnsitz hatte (s. Kap. 6.1.2.), erhält es gestützt auf den Auffangtatbestand des Art. 25 Abs. 1 letzter Teilsatz ZGB mit dem Tod des Sorgeinhabers Wohnsitz am Aufenthaltsort. Allerdings setzt der Aufenthalt eine gewisse Dauer voraus, ein vorübergehender Ortswechsel vermag noch keinen Aufenthalt zu begründen. Solange das Kind nach dem Tod des Sorgeinhabers noch keinen eigenen, durch Aufenthalt bestimmten Wohnsitz begründen konnte, perpetuiert Art. 24 Abs. 1 ZGB den vorherigen Wohnsitz. Aus diesem Grund hat i.d.R. die KESB am letzten Wohnsitz des verstorbenen Sorgeinhabers die erforderlichen Kindesschutzmassnahmen zu treffen.

6.14

6.1.2. Zuständigkeit am Aufenthaltsort

Lebt das Kind bei Pflegeeltern oder sonst ausserhalb der häuslichen Gemeinschaft der Eltern oder liegt Gefahr im Verzug, so ist neben der KESB am zivilrechtlichen Wohnsitz auch die Behörde am *Aufenthaltsort* des Kin-

6.15

6. Zuständigkeit

des zuständig (Art. 315 Abs. 2 ZGB). Diese Bestimmung regelt zwei grundsätzlich unterschiedliche Sachverhalte:

- Im ersten Fall basiert die Aufenthaltszuständigkeit auf einer *auf Dauer angelegten* örtlichen Beziehung des betroffenen Kindes mit einem anderen Ort als dem zivilrechtlichen Wohnsitz (wenn z.B. der Alleininhaber der elterlichen Sorge häufig seinen Wohnsitz wechselt und damit jeweils auch der zivilrechtliche Wohnsitz des Kindes ändert), womit für die Aufenthaltsbehörde formell keine anderen Interventionskriterien gelten als für die Wohnsitzbehörde. Für die Begründung der Aufenthaltszuständigkeit steht damit nicht ein zeitliches Moment, sondern die bessere Vertrautheit der örtlichen Behörde mit den Lebensumständen des Kindes im Vordergrund. So kann der Schutz des Kindes vor Ort besser gewährleistet werden als von der zivilrechtlichen Wohnsitzbehörde. In der Lehre wird daher überwiegend die rechtliche Gleichwertigkeit von Wohnsitz- und Aufenthaltsbehörde vertreten, soweit es nicht um Gefahr im Verzug geht (a. M. BGE 129 I 419).

- Im zweiten Fall räumt Art. 315 Abs. 2 ZGB eine *Eilzuständigkeit* am tatsächlichen Aufenthaltsort des Kindes ein, in Situationen mit grossem Handlungsdruck infolge einer besonderen Gefährdung («Gefahr im Verzug»), welche das sofortige Handeln der Aufenthaltsbehörde als geeigneter vermuten lässt, um die Kindeswohlgefährdung abzuwenden. Hier genügt bereits der einfache Aufenthalt, um eine Zuständigkeit zu begründen.

6.16 Ist der *Wohnsitz der Inhaber der elterlichen Sorge ungewiss, unbekannt* (z.B. bei Findelkindern, Art. 10, 20 Abs. 3, 34 lit. c, 38, 50 Abs. 1 lit. e ZStV; Art. 6 BüG) oder *strittig*, so lässt sich jener des Kindes als unselbständiger nicht ableiten. Der Wohnsitz des Kindes wird nach seinem Aufenthalt bestimmt. *Findelkinder* sind der KESB am Auffindungsort zu melden (Art. 20 Abs. 3 i.V.m. Art. 50 Abs. 1 lit. e ZStV), welche die erforderlichen Schutzmassnahmen trifft (Art. 307 ff. ZGB).

6.17 Trifft die KESB am Aufenthaltsort eine Kindesschutzmassnahme, so *benachrichtigt sie die Wohnsitzbehörde* (Art. 315 Abs. 3 ZGB). Diese Verpflichtung legitimiert und verpflichtet einerseits von Gesetzes wegen zu einem Informationsaustausch, stellt andererseits aber auch sicher, dass die Wohnsitzbehörde in Unkenntnis der Zuständigkeitsbegründung der Aufenthaltsbehörde nicht parallele und allenfalls durchkreuzende Kindesschutzbestrebungen anhebt.

6.1.3. Wechsel des Wohnsitzes und Übertragung der Massnahme an eine andere KESB

Der Wohnsitzwechsel *während eines hängigen Verfahrens* hat keinen Wechsel der örtlichen Zuständigkeit zur Folge, weil das einmal angehobene Verfahren am Eröffnungsort rechtshängig bleibt bis zum Abschluss durch Sachentscheid oder eine andere verfahrenserledigende Verfügung (Art. 442 Abs. 1 ZGB, BGE 315 III 49). Der Vollzug der rechtskräftig angeordneten Massnahme ist der KESB am neuen Wohnsitz oder ggf. des Aufenthaltsortes zu übertragen, sofern keine wichtigen Gründe dagegensprechen (Art. 442 Abs. 5 ZGB).

6.18

Ändert der Wohnsitz eines verbeiständeten oder bevormundeten Kindes, weil z.B. seine Eltern in eine andere Gemeinde zügeln oder das Kind in eine neue Einrichtung oder einer Pflegefamilie platziert wird, so übernimmt die Behörde am neuen Ort die Massnahme ohne Verzug, sofern keine wichtigen Gründe dagegensprechen (Art. 442 Abs. 5 i.V.m. Art. 314 Abs. 1 ZGB). Diese Übertragung geht meist nicht synchron mit dem Wohnsitzwechsel, weil feststehen muss, dass ein Wohnsitzwechsel zivilrechtlich überhaupt zustande kam (Absicht des dauernden Verbleibens mit Begründung eines neuen Lebensmittelpunktes) und aus verfahrensrechtlichen wie organisatorischen Gründen immer eine gewisse Zeit benötigt wird. Mithin hat der Wohnsitzwechsel keine unmittelbare Auswirkung auf die *Führung einer Massnahme*. Solange eine angeordnete Kindesschutzmassnahme nicht übertragen und durch rechtskräftigen Entscheid der übernehmenden Behörde in die Zuständigkeit des neuen Wohnsitzes übergegangen ist, bleibt die bisherige Wohnsitz- (oder Aufenthalts-)Behörde zur Führung der Massnahme zuständig (BGE 126 III 415 E. 2a.bb), *nicht aber für die Anordnung von neuen Massnahmen*. Dafür ist die Behörde am neuen zivilrechtlichen Wohnsitz zuständig. Allerdings muss es in *dringlichen Fällen* möglich sein, am vorgängigen Wohnsitz, an welchem noch eine Kindesschutzmassnahme geführt wird, diese geringfügig zu ändern oder zu ergänzen, wenn die Voraussetzungen dazu dort erfüllt worden sind. Das gilt auch für Anordnungen, welche sich auf die Führung und den Vollzug der laufenden Massnahme richten (z.B. Mitwirkung nach Art. 416 und 417 ZGB, Weisungen nach Art. 273 Abs. 2 oder 307 Abs. 3 ZGB, Anordnung der Ersatzbeistandschaft nach Art. 403 ZGB, Beschwerdebehandlungen nach Art. 419 ZGB und selbstverständlich alle Liquidationspflichten in Zusammenhang mit Schlussbericht/-rechnung gemäss Art. 425 ZGB). Die örtliche Zuständigkeit der bisherigen KESB lässt sich ausserdem aus pragmatischen Gründen rechtfertigen, wenn es um die Aufhebung einer geführten Massnahme geht.

6.19

6. Zuständigkeit

6.20

Verfahrensschritte Übertragung einer Massnahme

Lesehinweis: Die linksbündigen Verfahrensschritte sind von der bisher zuständigen KESB A zu tätigen, die rechtsbündigen Verfahrensschritte sind von der neu zuständigen KESB B zu tätigen.

KESB A (Übertragung)	(Übernahme) KESB B
1. Die massnahmenführende KESB A gelangt zum Schluss, dass das verbeiständete/bevormundete Kind seinen Wohnsitz in den Zuständigkeitsbereich der KESB B verlegt hat und dass die Voraussetzungen für eine Übertragung erfüllt sind, insb. weder das Interesse des betroffenen Kindes noch wichtige Gründe im Sinne von Art. 442 Abs. 5 ZGB dagegensprechen. Üblicherweise wird der amtierende MT auf die veränderten Umstände hinweisen (Art. 414 ZGB); erlangt die KESB anderweitig Kenntnis vom Wohnsitzwechsel, holt sie die Stellungnahme des MT ein. Das Kind sowie seine Eltern werden in aller Regel bereits vom MT einbezogen. Abzuklären ist auch, ob der/die bisherige MT das Amt auch für die neu zuständige Behörde weiterführen kann. KESB A richtet eine *briefliche Anfrage* zur Übernahme an die aus ihrer Sicht neu zuständige KESB B unter Beilage der nötigen Unterlagen (Errichtungsbeschluss, allfällige Abänderungsentscheide, letzter Rechenschaftsbericht [ggf. mit Rechnung], wichtige Gutachten/Berichte/Gerichtsentscheidungen etc.). Sinnvollerweise wird ein geeigneter Übernahmezeitpunkt vorgeschlagen.	
	2. KESB B prüft den Antrag und macht die nötigen Anhörungen. Falls ein vorgeschlagenes Übernahmedatum unpassend ist, klärt sie mit der abgebenden KESB A den tatsächlichen Übernahmezeitpunkt. Findet KESB B die Voraussetzungen ebenfalls erfüllt, erfolgt der *Übernahmeentscheid* mit Ernennung des neuen MT per festgelegtes Übernahmedatum. Falls KESB B die Voraussetzungen zur Übernahme nicht erfüllt sieht, treten die involvierten KESB in den Meinungsaustausch und gilt das weitere Vorgehen gemäss Art. 444 Abs. 3 ZGB.
3. KESB A stellt dem MT eine Kopie des Übernahmeentscheids zu und fordert ihn zu Schlussbericht/-rechnung per festgelegtes Übertragungsdatum auf.	

> **4.** Effektive Amtsübergabe und -übernahme
> (per festgelegtes Datum, normalerweise nach Rechtskraft des Übernahmeentscheides)
>
> **5.** Prüfung und Genehmigung von Schlussbericht und ggf. Schlussrechnung inkl. Vormerknahme der Übernahme durch KESB B.

> **Übernahme einer Beistandschaft (Art. 442 Abs. 5 ZGB)**
>
> 1. Die bislang von der KESB A für NN geführte Beistandschaft wird per *(vereinbartes Übernahmedatum)* wie folgt zur Weiterführung übernommen:
>   a) Im Rahmen der bestehenden Beistandschaft nach Art. 308 Abs. 1 ZGB hat die Beiständin die Aufgabe, *(Aufgaben benennen)*.
>   b) Im Rahmen der bestehenden Beistandschaft nach Art. 308 Abs. 2 ZGB hat die Beiständin die besondere Befugnisse, *(Aufgaben benennen)*.
> 2. XY wird als Beiständin ernannt mit der Einladung,
>   a) sich innert nützlicher Frist *(evtl. konkret, z.B. innert zwei Wochen nach unbenütztem Ablauf der Rechtsmittelfrist)* die zur Erfüllung der Aufgaben nötigen Kenntnisse zu verschaffen und mit dem früheren Beistand sowie den Betroffenen persönlich Kontakt aufzunehmen,
>   b) nötigenfalls Antrag auf Anpassung der behördlichen Massnahmen an veränderte Verhältnisse zu stellen,
>   c) erstmals ordentlicherweise per *(Datum)* Bericht zu erstatten.
> 3. Die KESB A wird ersucht, der KESB B sowie der neuen Beiständin den Schlussbericht des bisherigen Beistands nach Prüfung und Genehmigung umgehend zukommen zu lassen.

6.1.4. Internationaler Sachverhalt

Im *internationalen Kindesschutz* knüpft die örtliche Zuständigkeit gem. Art. 5 Abs. 1 HKsÜ grundsätzlich am gewöhnlichen Aufenthalt an, welcher dem Begriff des Wohnsitzes nahesteht. Ausnahmen davon gibt es für Flüchtlingskinder (Art. 6 Abs. 1 HKsÜ), für Kinder, deren gewöhnlicher Aufenthalt nicht feststellbar ist (Art. 6 Abs. 2 HKsÜ), sowie für dringende Schutzmassnahmen und vorläufige Massnahmen (Art. 11 Abs. 1, 12 Abs. 1 HKsÜ). Auf nationalrechtlicher Ebene erweitert Art. 85 Abs. 3 IPRG die Zuständigkeiten der schweizerischen Gerichte und Behörden auf weitere Konstellationen, in denen dies «für den Schutz einer Person oder von deren Vermögen unerlässlich ist».

6. Zuständigkeit

6.23 Haben die Behörden am bisherigen Aufenthaltsort *Kindesschutzmassnahmen getroffen*, und wechselt anschliessend der gewöhnliche Aufenthalt des Kindes in einen anderen Vertragsstaat des HKsÜ, so bestimmt das Recht dieses anderen Staates vom Zeitpunkt des Wechsels an die Bedingungen, unter denen die im Staat des früheren gewöhnlichen Aufenthalts getroffenen Massnahmen angewendet werden (Art. 15 Abs. 3 HKsÜ).

6.24 Bei einem Wohnsitzwechsel *während eines rechtshängigen Verfahrens* gilt die perpetuatio fori im internationalen Kindesschutz im Verhältnis unter den Konventionsstaaten des Haager Kindesschutzübereinkommens nur bedingt (Art. 5 Abs. 2 HKsÜ). Sie gilt dort nur bei *widerrechtlichem Verbringen* des Kindes in einen andern Konventionsstaat oder bei dortigem widerrechtlichem Zurückhalten, soweit die Bedingungen von Art. 7 HKsÜ erfüllt sind. Verlegt das Kind dagegen seinen *rechtmässigen gewöhnlichen Aufenthalt* in einen Konventionsstaat, liegt es an der KESB des neuen Aufenthalts, die von den bisherigen Aufenthaltsbehörden vorgenommenen Abklärungen je nach Bedarf zu ergänzen und einem Entscheid zuzuführen (Art. 5 Abs. 2 HKsÜ; BGer 5A_220/2009 E. 4.1.1; BGE 132 III 586 E. 2.2.4). Bei einem Wegzug des Kindes aus der Schweiz in einen *Nichtkonventionsstaat* bleiben die schweizerischen Behörden und Gerichte weiterhin zuständig (BGE 142 III 1 E. 2.1).

Vgl. zum Ganzen: Kap. 20.

6.2. Sachliche Zuständigkeit der KESB

Literatur

Gesetzliche Grundlagen: Art. 133/134, 176 Abs. 3, 275, 298–298d, 315, 315a und 315b ZGB.
Allgemeine Literatur: BSK ZGB I-Breitschmid, Art. 315a/315b; CHK ZGB-Biderbost, Art. 315a/315b; CR CC I-Meier, Intro Art. 315a/315b, Art. 307–315b; OFK-Guler, Art. 315–315b; Büchler/Vetterli, S. 257 f.; Handbuch KES-Fassbind, Rz. 196; Häfeli, Rz. 38.15–38.16; Hausheer/Geiser/Aebi-Müller, Rz. 17.172; Hegnauer, Rz. 27.52–27.58; Hegnauer/Meier, Rz. 27.01–27.82; Meier/Stettler, Rz. 1316–1328, 1405; Tuor/Schnyder/Jungo, § 44 N 42–48.
Spezifische Literatur: Freiburghaus Dieter, Auswirkungen der Scheidungsrechtsrevision auf die Kinderbelange und die vormundschaftlichen Organe, in: ZVW 1999, 133 ff.; Häfeli Christoph, Wohnsitzwechsel der betreuten Person und Zuständigkeit der KESB, in: AJP 2016, 335 ff.; Häfeli Christoph, Zur Abgrenzung der Zuständigkeiten von Gerichten und vormundschaftlichen Behörden zur Regelung von Kinderbelangen, in: ZVW 1999, 224 ff.; Vbk (heute: Kokes), Neues Scheidungsrecht: Auswirkungen auf die Tätigkeit vormundschaftlicher Organe, 4. Aufl., Luzern 2010; Kokes, Umsetzung gemeinsame elterliche Sorge als Regelfall, Empfehlungen vom 13. Juni 2014 [Download: www.kokes.ch > Dokumentation > Empfehlungen]; Kokes, Übernahme einer Massnahme des Kindes- und Erwachsenenschutzes nach Wohnsitzwechsel (Art. 442 Abs. 5 ZGB), in: ZKE 2016, 167 ff.; Meier Philippe, Compétences matérielles du juge matrimonial et des autorités de tutelle, in: ZVW 2007, 109 ff.; Stettler Martin, La répartition des compétences entre le juge et les autorités de tutelle dans le domaine des effets de la filiation, in: ZVW 1999, 218 ff.; Zender Hannes, Zuständigkeit für Kinderbelange bei und nach Ehescheidung, in: AJP 1997, 1312 ff.

Das Zivilgesetzbuch weist die sachliche Zuständigkeit für Entscheide über Elternrechte und die Anordnung, Änderung und Aufhebung von Kindesschutzmassnahmen teils dem Gericht (Gericht in Ehesachen, evtl. Gericht der Vaterschafts- oder Unterhaltsklage), teils der KESB zu. Dieses Kapitel geht auf die Kriterien zur Abgrenzung der Zuständigkeiten der verschiedenen Behörden ein.

6.25

6.2.1. Allgemeines

Die sachliche Zuständigkeit für Entscheide über die Elternrechte (elterliche Sorge, Obhut, Betreuungsanteile, persönlicher Verkehr) und zur Anordnung von Kindesschutzmassnahmen bestimmt sich im Wesentlichen nach zwei Kriterien:

6.26

- Sind die Eltern des Kindes miteinander verheiratet oder waren sie es einmal *(Zivilstand der Eltern);*
- Ist in der Sache erstmals zu entscheiden oder geht es um die Änderung eines früheren Entscheids *(Art des Entscheids).*

Für Kinder nicht miteinander verheirateter Eltern ist von wenigen Ausnahmen abgesehen die KESB zuständig. Diese entscheidet nach den verfahrensrechtlichen Bestimmungen gemäss Art. 314 ff. ZGB und subsidiär nach den Bestimmungen über das Verfahren im Erwachsenenschutz (Verweis in Art. 314 Abs. 1 ZGB). Es kann sich um Bestimmungen des ZGB handeln (Art. 443 ff. ZGB) oder, wenn solche fehlen, des kantonalen Rechts oder der ZPO (Art. 450f ZGB). Der Rechtsweg an die gerichtliche Beschwerdeinstanz richtet sich nach Art. 450 ff. ZGB. Die Beschwerde in Zivilsachen ans Bundesgericht steht offen (Art. 72 Abs. 2 lit. b Ziff. 6 BGG).

6.27

Für Kinder verheirateter oder geschiedener Eltern fallen einzelne Entscheide in die Zuständigkeit der KESB, die nach dem erwähnten Verfahrensrecht vorgeht. Andere Entscheide wiederum fallen in die Zuständigkeit des Gerichts in Ehesachen (Eheschutzmassnahmen, vorsorgliche Massnahmen, Ehescheidung, Ehetrennung, Eheungültigkeit). Das Gericht wendet Art. 296 ff. ZPO an. Rechtsmittel richten sich nach Art. 308 ff. ZPO. Die Beschwerde in Zivilsachen ans Bundesgericht steht offen (Art. 72 Abs. 2 lit. b Ziff. 6 BGG).

6.28

6.2.2. Abgrenzung KESB/Gericht

In wenigen Sonderfällen ist die KESB sowohl für Kinder verheirateter oder geschiedener Eltern als auch für Kinder nicht miteinander verheirateter Eltern zuständig:

6.29

6. Zuständigkeit

- Steht ein Elternteil unter umfassender Beistandschaft (Art. 398 ZGB), kommt ihm die elterliche Sorge von Gesetzes wegen nicht zu. Die KESB muss nach Massgabe des Kindeswohls über die Zuteilung der elterlichen Sorge entscheiden, wenn die Beistandschaft aufgehoben wird (Art. 296 Abs. 3 ZGB);
- Beim Tod eines Elternteils, dem die elterliche Sorge allein zustand, muss die KESB entsprechend dem Kindeswohl entscheiden, ob sie die elterliche Sorge dem überlebenden Elternteil überträgt oder einen Vormund einsetzt (Art. 297 Abs. 2 ZGB);
- Für die Ernennung des Vormundes für Minderjährige nach Art. 327 ff. ZGB, wenn kein Elternteil mehr die elterliche Sorge ausüben kann;
- Zur Errichtung einer Beistandschaft i.S.v. Art. 17 BG HAÜ bei internationalen Adoptionen.

6.30 In allen anderen Fällen ist nach dem Zivilstand der Eltern zu unterscheiden.

a) Nicht miteinander verheiratete Eltern

Erstmalige Regelung

6.31 Die KESB ist grundsätzlich zuständig:

- Zur Entgegennahme einer gemeinsamen Erklärung über die gemeinsame elterliche Sorge, soweit sie nicht zusammen mit der Anerkennung des Kindes abgegeben wird;
- Für den Entscheid über die gemeinsame Sorge auf einseitigen Antrag, bei Uneinigkeit der Eltern und über andere streitige Belange (Obhut, Betreuungsanteile, persönlicher Verkehr), mit Ausnahme des Unterhaltsanspruchs (umstritten ist, ob die KESB über die Obhut entscheiden oder eine Elternvereinbarung genehmigen muss, wenn sie mit einem streitigen Sorgerecht befasst ist);
- Entscheide gemäss Art. 301a Abs. 2 und 5 ZGB, wenn sich die Eltern über einen Wechsel des Aufenthaltsortes des Kindes uneinig sind;
- Zur Anordnung von Kindesschutzmassnahmen gemäss Art. 307 ff., 318 Abs. 3 und 324/325 ZGB (Art. 315 Abs. 1 ZGB) und deren Vollstreckung.

6.32 Vorbehalten bleiben:

- Die sachliche Zuständigkeit des Zivilstandsamtes zur Entgegennahme der gemeinsamen Erklärung über die gemeinsame elterliche Sorge, wenn sie zusammen mit der Anerkennung des Kindes abgegeben wird (Art. 298a Abs. 4 ZGB);
- Die Zuständigkeit des Gerichts in Vaterschaftssachen für den Entscheid über die elterliche Sorge (gemeinsame oder einseitige Zuteilung) und

6.2. Sachliche Zuständigkeit der KESB

– obwohl im Gesetz nicht aufgeführt – über andere Kinderbelange wie die Obhut oder den persönlichen Verkehr (Art. 298c ZGB und Art. 298b Abs. 3 ZGB per analogiam; Art. 304 Abs. 1 ZPO per analogiam hinsichtlich der Sache). Dagegen liegt u.E. die Zuständigkeit für die Anordnung von Kindesschutzmassnahmen i.e.S. nicht beim Gericht, sondern bei der KESB (über den genauen Umfang der gerichtlichen Zuständigkeit kann diskutiert werden);
- Die Zuständigkeit des Gerichts bei streitigem Unterhalt (Art. 279, Art. 285 ff. ZGB), über die Unterhaltsklage hinaus auch über die elterliche Sorge und «die weiteren Kinderbelange» zu entscheiden. Für diesen Fall sieht Art. 298b Abs. 3 ZGB eine Kompetenzattraktion beim Gericht vor (s. auch Art. 304 Abs. 2 ZPO). Die Idee des Gesetzgebers war, die Zuständigkeiten in der Hand einer Behörde zu vereinigen. Deshalb dürfte es zulässig sein, dass das Gericht mit dem Entscheid über eine Unterhaltsklage auch Kindesschutzmassnahmen i.e.S. als «weitere Kinderbelange» anordnen kann. Diese Lösung mag im Hinblick auf die Fachkompetenz der KESB (Fachbehörde) für Kindesschutzmassnahmen unbefriedigend erscheinen. Dies entspricht indessen der Rechtslage bei verheirateten Eltern (faktisch entscheidet das Gericht in Ehesachen oft auch über den streitigen Unterhalt!). Vorbehalten bleibt jedoch die parallele Zuständigkeit der KESB, die sie auch bei einem hängigen eherechtlichen Verfahren behält (Art. 315a Abs. 3 ZGB).

Änderung einer früheren Regelung

Die KESB ist zuständig: 6.33

- Für Änderungen der elterlichen Sorge, der Obhut, der Betreuungsanteile oder des persönlichen Verkehrs (Art. 298d ZGB);
- Für Änderungen von Kindesschutzmassnahmen, die sie selber, ein Gericht (auf Unterhaltsklage) oder aufgrund der örtlichen Zuständigkeit eine andere KESB, früher angeordnet hat.

Sind sich die Eltern über eine Änderung des Unterhaltsbeitrages uneinig, ist das mit der Unterhaltsklage befasste Gericht (Art. 286 ZGB) auch für den Entscheid über die elterliche Sorge, die Obhut, die Betreuungsanteile und den persönlichen Verkehr zuständig (Kompetenzattraktion), soweit diese Punkte ebenfalls streitig sind (Art. 298d Abs. 3 ZGB). In diesem Fall ist es auch zuständig, Kindesschutzmassnahmen anzuordnen oder zu ändern. Muss ein Gericht über eine Vaterschaftsklage urteilen, ist es demgegenüber nicht für eine Änderung von Kindesschutzmassnahmen zuständig, die von der KESB bereits vorher angeordnet wurden. 6.34

6. Zuständigkeit

b) Verheiratete oder geschiedene Eltern

Erstmalige Regelung

6.35 Ausserhalb eines eherechtlichen Verfahrens liegt die sachliche Zuständigkeit für die Anordnung von Kindesschutzmassnahmen nach Art. 307 ff., 318 Abs. 3 und 324/325 ZGB (Art. 315 Abs. 1 ZGB und Art. 315a ZGB e contrario) bei der KESB. Sie ist ebenfalls zuständig, wenn sich die Eltern zwar in einem eherechtlichen Verfahren befanden, ohne dass dabei aber Kindesschutzmassnahmen angeordnet wurden.

6.36 Stehen sich die Eltern in einem eherechtlichen Verfahren gegenüber, ist das *Gericht in Ehesachen* (bei Eheschutzmassnahmen, Art. 176 Abs. 3 und Art. 298 ZGB; vorsorglichen Massnahmen, Art. 276 ZPO und Art. 176 Abs. 3 ZGB; Ehetrennungen, Art. 118 Abs. 2 ZGB, Art. 176 Abs. 3 ZGB und Art. 294 Abs. 1 ZPO; Scheidungen, Art. 133 Abs.1 ZGB; Eheungültigkeitsklagen, Art. 109 Abs. 2 ZGB und Art. 294 Abs. 1 ZPO; evtl. bei Änderungsklagen, Art. 134 ZGB) zuständig für:

- Entscheide über die Elternrechte (elterliche Sorge, Betreuungsanteile, persönlicher Verkehr) und über den Unterhaltsbeitrag;
- Entscheide nach Art. 301a Abs. 2 und Abs. 5 ZGB, wenn unter den Eltern ein Wechsel des Aufenthaltsortes des Kindes streitig ist;
- Die Anordnung von Kindesschutzmassnahmen (bei Änderungsklagen ist das Gericht für Kindesschutzmassnahmen zuständig, soweit solche bereits im früheren Verfahren angeordnet wurden). Insb. kann das Gericht gestützt auf Art. 311/312 ZGB beiden Elternteilen das Sorgerecht entziehen (BGE 125 III 401 E. 2b); die KESB wird dann beauftragt, einen Vormund einzusetzen (Art. 298 Abs. 3, Art. 327a ff. ZGB).

6.37 Wenn das Gericht erfährt, dass aufgrund früherer Vorkommnisse bereits ein Verfahren eröffnet wurde, sollte es die KESB konsultieren. Auch andere Gründe können eine Konsultation rechtfertigen, etwa die Wahl des Unterbringungsortes (im Rahmen eines Entscheids nach Art. 310 ZGB).

6.38 Die KESB behält indessen *parallele sachliche Zuständigkeit*:

- Zur Fortsetzung eines Kindesschutzverfahrens, das vor dem Gerichtsverfahren eingeleitet wurde *(Art. 315a Abs. 3 Ziff. 1 ZGB)*. Soweit kein Notfall vorliegt, sollte die KESB das Verfahren jedoch an das Gericht in Ehesachen abtreten (vgl. die Zusammenarbeitspflicht gemäss Art. 317 ZGB), das besser über die Gesamtsituation entscheiden kann. Das gilt auch, wenn sich die Verhältnisse seit der Einleitung des Kindeschutzverfahrens erheblich verändert haben und das Gericht faktisch eine neue Sachlage zu beurteilen hat, obschon das Kindesschutzverfahren formell noch hängig ist. Umgekehrt sollte das Gericht die KESB ein bereits weit fortgeschrittenes Verfahren abschliessen lassen. Ein Meinungsaustausch unter den beiden Behörden vor dem Entscheid erscheint unerlässlich, unabhängig davon, wer letztlich entscheiden wird.

- Zur Anordnung sofort notwendiger Kindesschutzmassnahmen (dies gilt analog auch für die Regelung des persönlichen Verkehrs i.S.v. Art. 275 Abs. 1 ZGB), wenn das Gericht voraussichtlich nicht rechtzeitig handeln kann *(Art. 315a Abs. 3 Ziff. 2 ZGB)*. Theoretisch mag die Möglichkeit des Gerichts, vorsorgliche oder superprovisorische Massnahmen anzuordnen (Art. 265 ZPO), diese Zuständigkeit überflüssig erscheinen lassen. In der Praxis zeigt sich indessen, dass auch «dringliche» Verfahren erhebliche Zeit beanspruchen können. Deshalb bleibt die Zuständigkeit der KESB bedeutsam. Dazu reicht die Annahme, dass das Gericht die nötigen Anordnungen wahrscheinlich nicht rechtzeitig treffen kann. Die Gründe dafür sind irrelevant (BGer 5C.252/2005 E. 2). Die KESB muss das Gericht über die angeordneten Massnahmen umgehend informieren. Das Gericht kann diese anschliessend den geänderten Verhältnissen entsprechend anpassen.

Das Gericht in Ehesachen verliert seine Zuständigkeit, wenn die Klage abgewiesen oder darauf nicht eingetreten wird.

6.39

Das Gericht betraut die KESB mit dem *Vollzug* der Kindesschutzmassnahme *(Art. 315a Abs. 1 ZGB)*. Zu denken ist insb. an die Ernennung eines Beistandes (Art. 308 ZGB), die Begleitung einer Unterbringung in einer Pflegefamilie oder einem Heim (Art. 307 Abs. 3, 308 ZGB) oder an die Ernennung eines Vormundes, wenn beiden Eltern die elterliche Sorge entzogen wird (Art. 311 Abs. 2 und 327a ff. ZGB). Die KESB kann den Vollzug der gerichtlichen Anordnung nicht mit der Begründung verweigern, dass ihr dies als ungeeignet erscheint (unter Vorbehalt grober materiell-rechtlicher Mängel). Ggf. muss sie das eherechtliche Urteil anfechten. Die KESB darf und muss dagegen ihre örtliche Zuständigkeit von Amtes wegen prüfen und ist in diesem Punkt nicht an den eherechtlichen Entscheid gebunden (BGE 135 III 49 E. 4.2).

6.40

Änderung einer früheren Regelung der KESB

Die Zuständigkeit des Gerichts in Ehesachen erlaubt nicht nur die Anordnung von Kindesschutzmassnahmen (Art. 315a Abs. 1 ZGB), sondern auch eine neuen Verhältnissen entsprechende Änderung von Massnahmen, die bereits von der KESB angeordnet wurden (Art. 315a Abs. 2 ZGB). Das Gericht kann frühere Massnahmen sowohl abschwächen als auch verschärfen (BGE 125 III 401 E. 2b). Im Geiste von Art. 317 ZGB sind dabei von

6.41

der KESB bereits vorgenommene, eingehende Abklärungen zu beachten, soweit sich die Verhältnisse nicht merklich verändert haben.

Änderung einer früheren Regelung des Gerichts

6.42 Die KESB ist zuständig, wenn die Änderung die elterliche Sorge, die Obhut, die Betreuungsanteile, den persönlichen Verkehr oder den Unterhalt betrifft und sich die Eltern beim Unterhalt *einig* sind (Art. 134 Abs. 3, Art. 275 Abs. 1, Art. 287 Abs. 1/288 Abs. 2 Ziff. 1 und Art. 315b Abs. 2 ZGB). Vorbehalten bleibt die Situation, in der das Kind oder die Behörde einen Antrag auf Änderung der Regelung stellt (Art. 134 Abs. 1 ZGB), wenn sie mit der von den Eltern beabsichtigten Vereinbarung nicht einverstanden sind.

6.43 Die KESB ist auch beim *Tod* eines allein sorgeberechtigten Elternteils und bei der Aufhebung der umfassenden Beistandschaft zuständig (Art. 297 Abs. 2 und Art. 296 Abs. 3 ZGB). Keines Änderungsentscheids bedarf es, wenn der verstorbene Elternteil an der gemeinsamen elterlichen Sorge beteiligt oder nicht sorgeberechtigt war (weder als Ehegatte noch als Alleininhaber). Vorbehalten bleiben allfällige Kindesschutzmassnahmen, insb. wenn der verstorbene Elternteil (ohne Allein- oder Mitsorgerecht) die elterliche Sorge faktisch ausübte. Für solche Massnahmen ist die KESB zuständig.

6.44 Ausser beim Tod oder bei Einigkeit handelt es sich jeweils um eine *streitige Änderung eines gerichtlichen Entscheids* und es gelten folgende Regeln:

- Streitige Änderung der elterlichen Sorge, der Obhut und des Unterhalts (unter Einschluss der Entscheide nach Art. 301a Abs. 2 und 5 ZGB): Zuständigkeit des *Gerichts in Ehesachen* (Art. 134 Abs. 3 Satz 2, Art. 315b Abs. 1 ZGB). Vorbehalten bleibt die Zuständigkeit der KESB, das Aufenthaltsbestimmungsrecht oder die elterliche Sorge im Sinne einer Kindesschutzmassnahme (und nicht in Gutheissung des Antrags eines Elternteils) zu entziehen (Art. 310–312 ZGB). Ferner bleiben die besonderen, parallelen Zuständigkeiten der KESB (Art. 315a Abs. 3 ZGB) vorbehalten.

- Streitige Änderungen des persönlichen Verkehrs: Zuständig ist die *KESB* (Art. 275 Abs. 1, Art. 315b Abs. 2 ZGB), es sei denn, ein Gericht muss über die elterliche Sorge, die Obhut oder den Unterhaltsbeitrag befinden. In diesem Fall entscheidet es gleichzeitig (Kompetenzattraktion) über die Regelung des persönlichen Verkehrs oder der Betreuungsanteile (Art. 134 Abs. 4, Art. 275 Abs. 2 ZGB).

6.45 Zuvor (von der KESB oder einem Gericht) angeordnete Kindesschutzmassnahmen kann das Gericht ändern (Art. 315b Abs. 1 ZGB), wenn es in einem (neuen) Verfahren über andere Kinderbelange entscheiden muss (Art. 134

Abs. 3 Satz 2 ZGB per analogiam und Art. 315b Abs. 1 ZGB). Andernfalls (d.h. ausserhalb eherechtlicher Verfahren) ist die KESB für Änderungen von Kindesschutzmassnahmen zuständig (sie kann z.B. das Aufenthaltsbestimmungsrecht wiederherstellen, ergänzt mit einer engen Aufsicht i.S.v. Art. 307 Abs. 3 ZGB oder einer Erziehungsbeistandschaft i.S.v. Art. 308 Abs. 1 ZGB; sie ist auch für die Aufhebung einer unnötig gewordenen Besuchsrechtsbeistandschaft zuständig).

6.2.3. Kantonale Lösungen und ihre Folgen

Die Art (Verwaltungsbehörde oder Gericht) und/oder Charakteristik der sachlich zuständigen Behörde sowie das anwendbare Verfahrensrecht können sich, je nach kantonaler Organisation, erheblich unterscheiden.

6.46

In einzelnen Kantonen (z.B. AG, NE) sind das Zivilgericht und die KESB Teile derselben *gerichtlichen Behörde*, so dass die dargestellten komplexen Regeln über die sachliche Zuständigkeit keine praktische Bedeutung haben. Vorbehalten bleiben immerhin besondere formell-rechtliche Bestimmungen, die der Kanton für Verfahren erlassen hat, die das Gericht als KESB trifft.

6.47

In anderen Kantonen ist die KESB eine eigenständige gerichtliche Behörde, wie das Gericht in Ehesachen oder das für Unterhaltsklagen zuständige Gericht (z.B. VD, GE). Sie ist eine davon zu unterscheidende, zumindest ihrer gerichtlichen Natur nach aber gleichartige Behörde. Auch in diesem Fall kann sich das anwendbare Verfahrensrecht unterscheiden.

6.48

Deutliche Folgen zeigen sich in den vielen Kantonen, die die Aufgaben der KESB einer Verwaltungsbehörde übertragen haben. Die Rechtsweggarantie (Art. 29a/30 BV, Art. 6 EMRK) greift danach erst im Beschwerdeverfahren (Art. 450 ZGB); dagegen ist sie für ehe- oder unterhaltsrechtliche Streitigkeit von Beginn an gewährleistet. In diesen Kantonen hängen die Art der Behörde, ihre Zusammensetzung und das Verfahrensrecht vom Zivilstand der Eltern, vom Streitgegenstand und vom Verfahrensstadium (erstmalige Regelung oder Änderung eines früheren Entscheids) ab.

6.49

6.2.4 Übersicht zur sachlichen Zuständigkeit

Nicht miteinander verheiratete Eltern – sachliche Zuständigkeit

	Elterliche Sorge	Obhut	Persönlicher Verkehr/ Betreuungsanteile	Unterhalt	Kindesschutzmassnahmen
Erstmalige Regelung	Zivilstandsamt, Entgegennahme gemeinsame Erklärung, die mit der Anerkennung abgegeben wird (Art. 298a Abs. 4) *KESB*, Entgegennahme einer gemeinsamen Erklärung, die nach der Anerkennung abgegeben wird (Art. 298a Abs. 4) *KESB* bei Uneinigkeit (Art. 298b Abs. 1), ausser bei Vaterschaftsklage (Gericht, Art. 298c) oder streitigem Unterhalt (Gericht, Art. 298b Abs. 3 ZGB und Art. 304 Abs. 2 ZPO) gilt auch für Art. 301a Abs. 2 und 5 *Evtl. Gericht der Vaterschaftsklage (Art. 298c ZGB, Art. 304 Abs. 2 ZPO)* *Evtl. Gericht der Unterhaltsklage (Art. 298b Abs. 3 ZGB, Art. 304 Abs. 2 ZPO)*	*KESB* bei Uneinigkeit (Art. 298b Abs. 3), ausser bei Vaterschaftsprozess (Gericht, Art. 298c) oder streitigem Unterhalt (Gericht, Art. 298b Abs. 3) *Evtl. Gericht der Vaterschaftsklage (Art. 298c ZGB, Art. 304 Abs. 2 ZPO)* *Evtl. Gericht der Unterhaltsklage (Art. 298b Abs. 3 ZGB, Art. 304 Abs. 2 ZPO)*	*KESB* bei Uneinigkeit (Art. 275 Abs. 1, Art. 298b Abs. 3), ausser bei Vaterschaftsprozess (Gericht, Art. 298c) oder streitigem Unterhalt (Gericht, Art. 298b Abs. 3) *Evtl. Gericht der Vaterschaftsklage (Art. 298c ZGB, Art. 304 Abs. 2 ZPO)* *Evtl. Gericht der Unterhaltsklage (Art. 298b Abs. 3 ZGB, Art. 304 Abs. 2 ZPO)*	*KESB* bei Einigkeit (Art. 287/288) *Gericht der Unterhaltsklage* bei Uneinigkeit (Art. 279, Art. 298b Abs. 3 ZGB, Art. 304 Abs. 2 ZPO) *Evtl. Gericht der Vaterschaftsklage (Art. 304 Abs. 1 ZPO)*	*KESB* (Art. 315 Abs. 1), auch bei Vaterschaftsprozess (Art. 298c) *Evtl. Gericht der Unterhaltsklage* bei streitigem Unterhalt (Art. 298b Abs. 3 ZGB, Art. 304 Abs. 2 ZPO), mit paralleler Sonderzuständigkeit der KESB (Art. 315a Abs. 3 analog) *KESB* für Beistandschaft bei internationaler Adoption (Art. 17 BG-HAÜ)
Änderung	*KESB* bei Einigkeit oder Uneinigkeit (Art. 298d Abs. 1), ausser bei gleichzeitig streitigem Unterhalt (Art. 298d Abs. 3) *Gericht der Unterhaltsklage* bei streitigem Unterhalt (Art. 298d Abs. 3) *KESB* bei Aufhebung einer umfassenden	*KESB* bei Einigkeit oder Uneinigkeit (Art. 298d Abs. 2), ausser bei gleichzeitig streitigem Unterhalt (Art. 298d Abs. 3) *Gericht der Unterhaltsklage* bei streitigem Unterhalt (Art. 298d Abs. 3)	*KESB* bei Einigkeit oder Uneinigkeit (Art. 298d Abs. 2), ausser bei gleichzeitig streitigem Unterhalt (Art. 298d Abs. 3) *Gericht der Unterhaltsklage* bei streitigem Unterhalt (Art. 298d Abs. 3 ZGB, Art. 304 Abs. 2 ZPO)	*KESB* bei Einigkeit (Art. 287/288) *Gericht der Unterhaltsklage* bei streitigem Unterhalt (Art. 298d Abs. 3 ZGB, Art. 304 Abs. 2 ZPO)	*KESB* (Art. 315 Abs. 1). *Gericht der Unterhaltsklage* bei streitigem Unterhalt (Art. 298d Abs. 3 ZGB, Art. 304 Abs. 2 ZPO) Keine Zuständigkeit des *Gerichts der Vaterschaftsklage*, selbst wenn sie nach einer Massnahme der

6.2. Sachliche Zuständigkeit der KESB

	Beistandschaft oder Tod des Alleininhabers (Art. 296 Abs. 3, 297 Abs. 2)					KESB eingereicht wird
Vollzug	...	–	KESB (Art. 275)	–		KESB (Art. 315 Abs. 1)

Verheiratete oder geschiedene Eltern – sachliche Zuständigkeit

6.51

	Elterliche Sorge	Obhut	Persönlicher Verkehr/ Betreuungsanteile	Unterhalt	Kindesschutzmassnahmen
Erstmalige Regelung	*Gericht in Ehesachen* (Art. 176 Abs. 3, Art. 133 Abs. 1, Art. 109 Abs. 2, Art. 118 Abs. 2, Art. 298 Abs. 1 ZGB, Art. 276 ZPO) *KESB* für die Ernennung des Vormundes, wenn beiden Eltern das Sorgerecht entzogen wird (Art. 298 Abs. 3 ZGB)	*Gericht in Ehesachen* (Art. 176 Abs. 3, Art. 133 Abs. 1, Art. 109 Abs. 2, Art. 118 Abs. 2, Art. 298 Abs. 2 ZGB, Art. 276 ZPO)	*Gericht in Ehesachen* (Art. 176 Abs. 3, Art. 133 Abs. 1, Art. 109 Abs. 2, Art. 118 Abs. 2, Art. 275 Abs. 2, Art. 298 Abs. 2 ZGB, Art. 276 ZPO)	*Gericht in Ehesachen* (Art. 176 Abs. 3, Art. 133 Abs. 1, Art. 109 Abs. 2, Art. 118, Art. 276/285, Art. 287 Abs. 3/288 Abs. 2 Ziff. 1 ZGB, Art. 276 ZPO)	Ausserhalb eherechtlicher Verfahren: *KESB* (Art. 315 Abs. 1) Bei hängigen eherechtlichen Verfahren: *Gericht in Ehesachen* (Art. 315a Abs. 1) Bei hängigen eherechtlichen Verfahren: *KESB* in Sonderfällen nach Art. 315a Abs. 3 (laufendes Verfahren, Dringlichkeit) *KESB* für Beistandschaft bei internationaler Adoption (Art. 17 BG-HAÜ)
Änderung	*KESB* bei Einigkeit oder Tod (Art. 134 Abs. 3, Art. 297 Abs. 2) oder Aufhebung einer umfassenden Beistandschaft (Art. 296 Abs. 3) *Gericht in Ehesachen* bei Uneinigkeit (Art. 134 Abs. 3 Satz 2., Art. 179 Abs. 1, Art. 315b Abs. 1); gilt auch bei Art. 301a Abs. 2 und 5	*KESB* bei Einigkeit (Art. 134 Abs. 3)¨ *Gericht in Ehesachen* bei Uneinigkeit (Art. 134 Abs. 3 Satz 1, Art. 315b Abs. 1)	*KESB* bei Einigkeit (Art. 134 Abs. 3) *KESB*, wenn nur diese Fragen streitig sind (Art. 134 Abs. 4 und Art. 275 Abs. 2) *Gericht in Ehesachen*, wenn auch die elterliche Sorge, Obhut und/ oder Unterhalt streitig sind (Art. 134 Abs. 4 und Art. 275 Abs. 2, Art. 315b Abs. 1)	*KESB* bei Einigkeit (Art. 134 Abs. 3, Art. 287 Abs. 2/288 Abs. 2 Ziff. 1) *Gericht in Ehesachen* bei Uneinigkeit (Art. 134 Abs. 3 Satz 2, Art. 179 Abs. 1, Art. 286)	Ausserhalb eherechtlicher Verfahren: *KESB* (Art. 315b Abs. 2) Bei hängigen eherechtlichen Verfahren: *Gericht in Ehesachen* (Art. 315a Abs. 1 und 2) Bei hängigen eherechtlichen Verfahren: *KESB* in Sonderfällen nach Art. 315a Abs. 3 (laufendes Verfahren, Dringlichkeit)
Vollzug	–	–	*KESB* (Art. 315a Abs. 1 in fine analog)	–	*KESB* (Art. 315a Abs. 1 in fine)

6.3. Exkurs: Finanzielle Zuständigkeit

6.3.1. Finanzierung der Massnahmen

6.52 Die *Eltern haben die Pflicht, für den Unterhalt* des Kindes aufzukommen, unter Vorbehalt als dem Kind zugemutet werden kann, den Unterhalt aus seinem Arbeitserwerb oder eigenen Mittel zu bestreiten (Art. 276 Abs. 3 ZGB). Darin eingeschlossen sind die Kosten für die Durchführung von Kindesschutzmassnahmen (Art. 276 Abs. 2 ZGB). Sind die Eltern und das Kind ausserstande, diesen Unterhalt zu bestreiten, ist die *vom Bundesrecht (ZUG) und den kantonalen Sozialhilfegesetzen organisierte Sozialhilfe* für den Unterhalt des Kindes verantwortlich (Art. 293 Abs. 1 ZGB). Kommt das Gemeinwesen für den Unterhalt des Kindes auf, so geht der damit verbundene Unterhaltsanspruch in diesem Umfang auf das Gemeinwesen über, welches diesen in eigenem Namen gegenüber den Eltern oder allenfalls weiteren Verwandten geltend machen kann (Art. 289 Abs. 2, Art. 329 Abs. 3 ZGB). So kann die Aushandlung von allfälligen Elternbeiträgen bei der Finanzierung durch das Gemeinwesen nicht dem MT übertragen werden, da der Unterhaltsanspruch nicht mehr dem Kind zusteht, sondern auf das Gemeinwesen übergegangen ist. Es ist *Sache der zuständigen Sozialhilfeorgane*, diese mit den Eltern zu regeln und allenfalls klageweise geltend zu machen.

6.53 Die KESB und die/der Vormundin/Vormund sind zuständig und von Gesetzes wegen ermächtigt, die zum Schutz und zur Betreuung des betroffenen Kindes *erforderlichen Massnahmen anzuordnen*. Sie orientieren sich dabei am Wohl des Kindes und am – insb. auch in finanziellen Belangen gültigen – Verhältnismässigkeitsprinzip. Die zuständige Sozialhilfebehörde ist an diese Entscheide gebunden (BGE 135 V 134). Zu unterscheiden ist nun das konkrete Vorgehen:

- Der *Vormund resp. die Vormundin* ist gehalten, gegenüber dem finanzierenden Gemeinwesen darzulegen, aus welchen Gründen eine bestimmte Massnahme angeordnet wird, welche Alternativen geprüft wurden etc. Soweit zeitlich möglich, der Sache dienlich und mit dem Persönlichkeitsschutz vereinbar, soll – je nach kantonaler Gesetzgebung *muss* – der Kostenträger im Rahmen der Abklärung in die Entscheidfindung miteinbezogen werden, der Einbezug ist aber keine zwingende Voraussetzung der Kostentragungspflicht. Aus Praktikabilitätsgründen wird in der Praxis wenn möglich vorgängig eine Kostengutsprache eingeholt, was rechtlich nicht zwingend erforderlich wäre. Im Rahmen der Aufsicht nach Art. 419 ZGB kann die Sozialhilfebehörde die KESB anrufen, wenn der Vormund/die Vormundin die nötigen Massnahmen unterlässt oder

vermeintlich unverhältnismässige, d.h. sachlich nicht zu rechtfertigende Kosten, verursacht.
- Grundsätzlich gilt dasselbe bei *Entscheidungen der KESB*. Eine gute Zusammenarbeit zwischen Sozialhilfebehörde und KESB ist selbstredend von zentraler Bedeutung. Gesetzliche Vorgaben zu Formen des Einbezugs nach kantonalem Recht sind möglich. Denkbar ist die Möglichkeit der Stellungnahme, jedoch ohne Verfahrensstellung (vgl. z.B. § 64 EG ZGB AG und § 6 V KESR AG). Die *KESB entscheidet kraft eigener Zuständigkeit* und unterliegt dabei allen rechtsstaatlichen Prinzipien unter *Einschluss der Pflicht, mit öffentlichen Mittel sorgsam umzugehen und keine unnötigen Kosten zu verursachen.* Die Zusammenarbeit zwischen KESB und finanzierendem Gemeinwesen wird erleichtert, wenn die KESB ihre Überlegungen, insb. auch jene finanzieller Art, in der Entscheid-Begründung ausführt. Eine offene Kommunikation schafft Vertrauen und beschleunigt Prozesse. Verursacht die KESB durch widerrechtliches Handeln oder Unterlassen Schaden, steht den Geschädigten der Weg der Verantwortlichkeitsklage (Art. 454 ZGB) frei (BGer 5A_852/2013 E. 3.2). Möglich ist auch eine Aufsichtsbeschwerde an die administrative Aufsichtsbehörde.

Im Kanton Zürich besteht seit dem 1. Januar 2016 eine Empfehlung, wie die Zusammenarbeit zwischen den Gemeinden und den KESB des Kantons Zürich in der Praxis zu gestalten ist (siehe dazu Link im Literaturverzeichnis). Vgl. auch Kap. 17.1.1.   6.54

6.3.2. Unterstützungswohnsitz

Mit dem Unterstützungswohnsitz wird derjenige Ort bestimmt, dem gemäss Art. 115 BV die wirtschaftliche Unterstützung obliegt. Dieser ist explizit vom zivilrechtlichen und anderen rechtlichen Wohnsitzbegründungen zu unterscheiden. Der nach dem *ZUG bestimmte Unterstützungswohnsitz gilt nur im Verhältnis unter den Kantonen.* Inwieweit dieser Begriff auch innerhalb des Kantons anwendbar ist, bleibt der kantonalen Gesetzgebung vorbehalten.   6.55

Minderjährige Kinder teilen, unabhängig des Aufenthaltsortes, den Unterstützungswohnsitz der Eltern (Art. 7 Abs. 1 ZUG).   6.56

Das minderjährige Kind kann aber *in bestimmten Fällen einen eigenen Unterstützungswohnsitz begründen*.   6.57

- Haben *die Eltern keinen gemeinsamen zivilrechtlichen Wohnsitz*, so hat das minderjährige Kind einen eigenständigen Unterstützungswohnsitz

6. Zuständigkeit

am Wohnsitz des Elternteils, *bei dem es überwiegend wohnt* (Art. 7 Abs. 2 ZUG).

- Es hat einen *eigenen Unterstützungswohnsitz am Sitz der KESB, wenn es unter Vormundschaft* steht (Art. 327a ZGB; Art. 7 Abs. 3 lit. a ZUG). Damit sind der zivilrechtliche Wohnsitz und der Unterstützungswohnsitz bei bevormundeten Kindern identisch. Mit der Übertragung einer Vormundschaft auf eine neue KESB wechselt auch der Unterstützungswohnsitz.
- Einen eigenen Unterstützungswohnsitz hat das minderjährige Kind, wenn es erwerbstätig und in der Lage ist, für seinen *Lebensunterhalt selber aufzukommen* (Art. 7 Abs. 3 lit. b ZUG).
- Für die Praxis am bedeutsamsten ist die Regelung *des dauernd nicht mit den Eltern oder einem Elternteil zusammenlebenden Kindes*. Unabhängig davon, ob das Kind durch die Eltern oder eine Behörde in einer Institution, bei Pflegeeltern oder sonst ausserhalb der häuslichen Gemeinschaft lebt, erwirbt es einen eigenen Unterstützungswohnsitz am letzten gemeinsamen Unterstützungswohnsitz mit den Eltern (Art. 7 Abs. 3 lit. c ZUG). Somit kann es zu einem Auseinanderklaffen der zivilrechtlichen und unterstützungsrechtlichen Zuständigkeit kommen. Gemäss Zivilrecht folgt der Wohnsitz beim Wegzug dem Inhaber der elterlichen Sorge (Art. 25 ZGB), nicht so nach ZUG. Wird das dauernd von den Eltern getrenntlebende minderjährige Kind nachträglich unter Vormundschaft gestellt (z.B. Entzug der elterlichen Sorge, Tod des Sorgerechtsinhabers, umfassende Verbeiständung des Sorgerechtsinhabers), so erhält es einen eigenen Unterstützungswohnsitz nach Art. 7 Abs. 3 lit. a am Sitz der KESB (und der bisher selbstständige Unterstützungswohnsitz fällt dahin).
- Einen *eigenen Unterstützungswohnsitz* hat das minderjährige Kind *an seinem Aufenthaltsort*, wenn sich dieser nicht vom Unterstützungswohnsitz der Eltern oder eines Elternteils ableiten lässt und kein eigener Unterstützungswohnsitz nach Art. 7 Abs. 3 lit. a–c ZUG gegeben ist (Art. 7 Abs. 3 lit. d ZUG).

7. Spezifische Verfahrensaspekte

Im Folgenden werden spezifische Verfahrensaspekte vertieft: Anhörung (Kap. 7.1.), Verfahrensbeistandschaft (Kap. 7.2.), Mediationsversuch (Kap. 7.3.) und Gutachten (Kap. 7.4.).

7.1. Anhörung

Literatur

Gesetzliche Grundlagen: Art. 314a ZGB.

Allgemeine Literatur: BSK ZPO-STECK, Art. 298; CHK ZGB-BIDERBOST, Art. 314a; CR CC I-MEIER, Art. 314 aZGB; FamKomm ESR-COTTIER, Art. 314a; FamKomm Scheidung-SCHWEIGHAUSER, Anhang ZPO, Art. 298; Famkomm Scheidung-SCHREINER, Anhang Ausgewählte psychologische Aspekte im Zusammenhang mit Trennung und Scheidung; KUKO ZGB-COTTIER, Art. 314a; OFK ZGB-HÄFELI, Art. 314a; BÜCHLER/VETTERLI, S. 260 ff.; Handbuch KES-FASSBIND, Rz. 328 ff.; HÄFELI, Rz. 38.44 ff.; HAUSHEER/GEISER/AEBI-MÜLLER, Rz. 10.140 ff.; MEIER/STETTLER, Rz. 550 ff.; TUOR/SCHNYDER/JUNGO, § 44 Rz. 55 ff.

Spezifische Literatur: BIDERBOST YVO, Anhörung um der Anhörung willen? – Bemerkungen zu BGE 133 III 553, in: Jusletter 31. März 2008; BODENMANN GUY/RUMO-JUNGO ALEXANDRA, Die Anhörung aus rechtlicher und psychologischer Sicht, in: FamPra 2003, 22 ff.; HERZIG CHRISTOPHE, Das Kind in familienrechtlichen Verfahren, Diss. Freiburg 2012, S. 149 ff.; SCHREINER JOACHIM, Einbezug von Kindern und Jugendlichen in die Regelung von Trennungs- und Scheidungsangelegenheiten, in: Kinder und Scheidung, Büchler Andrea/Simoni Heidi (Hrsg.), Zürich 2009, 362 ff.; SIMONI HEIDI/DIEZ GRIESER MARIA TERESA, Mit statt über Kinder und Jugendliche reden. 20 Fragen rund um die Gesprächsführung mit Kindern und Jugendlichen. Eidgenössische Kommission für Kinder- und Jugendfragen, Bern 2012, S. 1–11; SIMONI HEIDI, Kinder anhören und hören, in: ZVW 2009, 333 ff.; UNICEF/MMI, Leitfaden für Fachpersonen und Informationsbroschüren für Eltern und Kinder ab 5, 9 und 13 Jahren [Download unter www.mmi.ch oder www.unicef.ch].

7.1.1. Allgemeines

In den letzten Jahren hat ein *Paradigmenwechsel* stattgefunden: Das Kind gilt nicht mehr nur als schutzbedürftiges Objekt im Rechtsstreit der Erwachsenen, sondern wird als kompetentes *Subjekt* mit selbständiger Persönlichkeit und eigenen Bedürfnissen wahrgenommen. Die Kindesanhörung ist in der internationalen und nationalen Gesetzgebung als *zentrales Partizipationsrecht* von Kindern verankert (Art. 12 KRK, Art. 298 ZPO für eherechtliche Verfahren und Art. 314a ZGB für KESB-Verfahren) und bezieht sich auf alle Verfahren, in denen Angelegenheiten geregelt werden, die das Kind betreffen. Einzelne Kantone haben im kantonalen Recht Vorgaben zur Anhörung erlassen (z.B. AG in § 64b EG ZGB, oder BS in einer separaten Verordnung über die Ausbildung der anhörenden Personen). Art. 314a Abs. 1 ZGB (seit 2013) lautet praktisch identisch wie Art. 314 Ziff. 1 aZGB (bis Ende 2012) und für das eherechtliche Verfahren Art. 144

7.1

Abs. 2 aZGB (bis Ende 2010) resp. Art. 298 Abs. 1 ZPO (seit 2011), entsprechend kann auf die diesbezügliche Lehre und Rechtsprechung Bezug genommen werden. Das Anhörungsrecht der Eltern stützt sich auf Art. 447 Abs. 1 i.V.m. Art. 314 Abs. 1 ZGB (vgl. auch Art. 297 Abs. 1 ZPO).

7.2 In KESB-Verfahren oder in der Zusammenarbeit mit MT oder Abklärungsstellen gibt es verschiedene *Formen der Partizipation* von Kindern – das Gespräch mit ihnen steht dabei im Vordergrund. Neben dem *direkten* Einbezug (z.B. durch Gespräch, Brief des Kindes oder mit Gutachten) kann die Partizipation des Kindes auch *indirekt* (z.B. durch kinderorientierte Mediation der Eltern, «leerer Stuhl» im Gespräch, zirkuläre Fragen etc.) oder *stellvertretend* (z.B. durch Beistand nach Art. 314a^{bis}, 308 oder 306 ZGB) umgesetzt werden. Allgemein gilt: So viel direkte Partizipation wie möglich, so viel stellvertretende Partizipation wie nötig, und beides stets auf dem Hintergrund einer kontinuierlichen indirekten Partizipation.

7.3
> **Beachte**
>
> Die Kindesanhörung nach Art. 314a ZGB ist ein *formelles Gespräch der KESB* im Rahmen eines laufenden Verfahrens und Teil des rechtlichen Gehörs. Von der Kindesanhörung abzugrenzen sind die *«Gespräche mit dem Kind»* durch die Abklärungsstelle (vgl. Rz. 3.60 ff.) sowie das *«Erstgespräch»* des MT (vgl. Rz. 4.18–4.23 ff.).

7.1.2. Sinn und Zweck

7.4 Die Anhörung verfolgt einen *doppelten Zweck:* Sie dient als Mittel zur Feststellung des Sachverhalts sowie als persönlichkeitsrechtliches Mitwirkungsrecht des Kindes (inkl. Anspruch auf Information und Aufklärung).

7.5 Vorab dient die Anhörung der Sachverhaltsabklärung. Den Entscheidungsträger/-innen erlaubt die Anhörung, sich ein *unmittelbares und eigenes Bild vom Kind* und dessen Befindlichkeit und Bedürfnissen zu machen. Daraus folgt, dass die Anhörung weder an die Urteilsfähigkeit des Kindes gebunden ist (BGE 131 III 553 E. 1.2.2), noch davon abhängig ist, ob eine Angelegenheit strittig ist oder nicht. Die Meinung des Kindes komplettiert die Sachverhaltsabklärung als dritte Meinung (neben den Meinungen der zwei Elternparteien). Je nachdem ergeben sich auch Anhaltspunkte für weitere Abklärungen oder die Bestellung eines Verfahrensbeistands.

7.6 Als persönlichkeitsrechtliches Mitwirkungsrecht ermöglicht die Anhörung dem Kind, direkt am Verfahren zu partizipieren und als eigenständiger

Mensch mitzureden. Die Anhörung stellt eine Chance dar, die Situation *mitgestalten* zu können. Das Recht auf eine Anhörung steht dem Kind auch zu, wenn der Handlungsspielraum als gering erachtet wird. Für Kinder sind oft andere Aspekte ihrer Situation bedeutungsvoll als für die Erwachsenen. Der Einbezug dieser Aspekte in die konkrete Umsetzung eines Entscheids macht für Kinder (und deren Eltern) häufig den Unterschied zwischen einem belastenden und einem akzeptablen Alltag aus. Es gilt deshalb, mit dem Kind zu klären und zu besprechen, was ihm wichtig ist.

Eine Anhörung dient auch dazu, das Kind über anstehende Massnahmen oder Regelungen, die es betreffen, *zu informieren*, sie mit ihm zu besprechen und ihm Gelegenheit zu geben, sich zu einzelnen Aspekten zu äussern oder Fragen zu stellen. Falsche Informationen können korrigiert und fehlende ergänzt werden. Neben den prozessualen Abläufen können bei Bedarf auch die objektive Gewöhnlichkeit des Auseinanderbrechens der Elternbeziehung (um damit das Kind von allfälligen Schuldgefühlen zu entlasten) und seine Rechte im Verfahren resp. in Bezug auf die Beziehung zu den Eltern thematisiert werden.

7.7

7.1.3. Anhörungspflicht und Ausnahmen

Das Recht auf Anhörung steht jedem Kind zu, das den Sachverhalt in den Grundzügen verstehen und sich dazu äussern kann. Ab etwa *sechs Jahren* sind Kinder in der Lage, ihre Meinungen und Wünsche zu einer sie betreffenden Angelegenheit einer fremden Person gegenüber in Worte zu fassen. An diese Grundsätze knüpfen Lehre und Rechtsprechung an:

7.8

Grundsätzlich ist ein Kind *anzuhören*. Ob ein entsprechender Antrag gestellt wird oder nicht, ist nicht relevant, die KESB prüft diesen Verfahrensschritt von Amtes wegen im Rahmen der Offizialmaxime. Wenn ein Antrag auf Anhörung vorliegt, ist es unzulässig, diesen aufgrund einer antizipierten Beweiswürdigung abzuweisen (BGer 5A_821/2013 E. 4; 5A_2/2016). Stellt das urteilsfähige Kind den Antrag, angehört zu werden, muss diesem Antrag stattgegeben werden.

7.9

Wenn das «*Alter oder andere wichtige Gründe*» gegen eine Anhörung sprechen (vgl. Art. 314a Abs. 1 ZGB), ist ausnahmsweise auf eine Anhörung zu verzichten. Der Grund für den Verzicht auf die Anhörung ist sorgfältig abzuwägen und zu dokumentieren. Die Gründe müssen *in der Person des Kindes* liegen; Befindlichkeiten der Eltern sind diesbezüglich nicht relevant.

7.10

Da die Anhörung des Kindes seine Verfahrensrechte stärken und seine Persönlichkeit schützen soll, sind die *Ausnahmen restriktiv* zu handhaben. In Frage kommen:

7.11

7. Spezifische Verfahrensaspekte

- *Alter:* Das Gesetz definiert zu Recht keine fixe Altersgrenze, es ist im Einzelfall auf das konkrete Kind abzustellen. Das Bundesgericht hat im Sinne einer *Richtlinie* festgehalten, dass eine Anhörung *ab dem vollendeten 6. Altersjahr* grundsätzlich möglich und angezeigt ist, wobei u.U. auch jüngere Kinder angehört werden sollen (BGE 131 III 553 E. 1.2; BGer 5C.209/2005 E. 3.1; BGer 5C.149/2006 E. 1.2). In Deutschland finden Anhörungen ab ca. 3–4 Jahren statt.

- *Weigerung/ablehnende Haltung des Kindes:* Eine Anhörung gegen den expliziten Willen des Kindes käme einer Missachtung seiner Persönlichkeit gleich und ist deshalb abzulehnen.

- *Dringlichkeit des Entscheids:* Eine aus Dringlichkeit vorerst unterbliebene Anhörung kann später nachgeholt werden (BGE 131 III 409 E. 4.4.2).

- *Gefahr ernsthafter gesundheitlicher Probleme:* Der Hinweis auf eine starke Belastung des Kindes allein reicht nicht aus, um von einer Anhörung abzusehen. Ein *Loyalitätskonflikt* darf nicht als Vorwand für den Verzicht auf eine Anhörung eingebracht werden, da die Belastung des Kindes nicht auf die Anhörung, sondern auf die familiäre Situation zurückzuführen ist. Auf eine Anhörung ist erst zu verzichten, falls diese zu einer eigentlichen Beeinträchtigung der physischen oder psychischen Gesundheit des Kindes führen würde (BGE 133 III 553 E. 1.3.3, vgl. auch BGer 5A_2/2016 E. 2.3).

- *Vorliegen eines aktuellen Gutachtens:* Wenn die Sicht des Kindes im Rahmen eines Gutachtens umfassend eingeflossen ist, das Gutachten aktuell ist, alle entscheidrelevanten Fragen schlüssig beantwortet, von einer Anhörung keine neuen Erkenntnisse erwartet werden und eine Anhörung auch aus Sicht des Kindes nicht indiziert ist, kann auf eine Anhörung verzichtet werden (BGE 127 III 295 E. 2b, vgl. aber BGE 133 III 553 E. 4).

- *Verfahren mit weitgehend formalisierten Voraussetzungen:* Bei Verfahren mit weitgehend formalisierten Voraussetzungen (z.B. Genehmigung von Unterhaltsverträgen, Art. 287 Abs. 1 ZGB) kann auf eine Anhörung verzichtet werden.

- Der Umstand, dass das Kind durch einen Beistand (Art. 314a[bis], 308 oder 306 ZGB) vertreten wird oder zwischen Kind und Abklärungsstelle «Gespräche» geführt wurden (vgl. Rz. 3.60), ist kein Grund für den Verzicht auf eine Anhörung.

7.12 Die Beurteilung der Frage, ob auf die Anhörung verzichtet wird, ist in Würdigung der Gesamtumstände zu treffen. Je schwerer der Eingriff, desto weniger kann auf eine Anhörung verzichtet werden. Der Entscheid ist in einer prozessleitenden *beschwerdefähigen* Verfügung zu treffen (BGer

5P.290/2001). Das urteilsfähige Kind kann die Verweigerung der Anhörung mit Beschwerde anfechten (Art. 314a Abs. 3 ZGB, vgl. Kap. 7.1.9.).

7.1.4. Anhörende Person

Das Gesetz besagt, dass das Kind «*durch die KESB oder durch eine beauftragte Drittperson*» angehört wird (Art. 314a Abs. 1 ZGB). Die Formulierung lässt den Schluss der rechtlichen Gleichwertigkeit zu. Da es bei der Anhörung aber u.a. darum geht, dass die Entscheidungsträger/innen sich einen unmittelbaren persönlichen Eindruck vom Kind verschaffen können (vgl. Rz. 7.5), hat die Anhörung durch die *KESB Vorrang*. Die Anhörung hat also grundsätzlich durch die KESB selber zu erfolgen. Innerhalb der KESB ist eine Delegation an ein einzelnes Mitglied (i.d.R. die verfahrensleitende Person) möglich und sinnvoll; auf Anhörungen durch das Gesamtgremium ist zu verzichten (BGE 131 III 409 E. 4.4.2), das gilt auch bei Anhörungen im Zusammenhang mit FU (Art. 447 ZGB ist im Kindesschutz nicht analog anwendbar).

7.13

In besonderen Situationen kann die Anhörung *ausnahmsweise* an eine qualifizierte *Drittperson delegiert* werden. Eine besondere Situation ist z.B. gegeben, wenn das Kind eine fremde Sprache spricht (und der Beizug eines Dolmetschers nicht opportun erscheint) oder wenn an die Gesprächsführung infolge einer psychischen Behinderung oder geistigen Störung besondere Anforderungen geknüpft sind. Wenn beim Kind grosse innere Konflikte (Loyalitätskonflikte) vermutet werden und/oder die Einordnung seiner Aussagen spezifische entwicklungspsychologische Kenntnisse bedingt, kann eine Fachperson zur Anhörung oder zu deren Vor- und Nachbereitung beigezogen werden.

7.14

Eine *systematische Delegation* an Dritte (z.B. kinderpsychiatrische Dienste) ist *unzulässig* (BGE 127 III 295 E. 2a). Ebenfalls unzulässig ist die Delegation an den *Beistand* nach Art. 308 ZGB (BGE 133 III 553 E. 5); das Gleiche gilt für den *Verfahrensbeistand* nach Art. 314a[bis] ZGB.

7.15

Die Anhörung erreicht ihren Zweck nur, wenn sie Zugang verschafft zur kindlichen Gedankenwelt. Das *kommunikative Geschick* der anhörenden Person sowie deren Fähigkeit zur korrekten Auswertung der kindlichen Aussagen spielen eine entscheidende Rolle. Die Anhörung von Kindern ist eine anspruchsvolle Aufgabe und setzt spezialisiertes Fach- und Handlungswissen voraus (insb. entwicklungs- und kommunikationspsychologische Kenntnisse und Gesprächsführungskompetenzen).

7.16

7.1.5. Rahmen

7.17 Das ZGB schweigt sich über die Art und Weise der Anhörung aus und beschränkt sich darauf, festzuhalten, dass diese *«in geeigneter Weise»* erfolgen soll (Art. 314a Abs. 1 ZGB). Die Art und Weise der Anhörung hängt vom Alter und der Entwicklung des Kindes sowie der Familiendynamik ab, hat aber in jedem Fall *«kindgerecht»* zu erfolgen. Neben geeigneten Räumen geht es dabei vor allem um eine kindgerechte Sprache und eine respektvolle und wohlwollende Haltung der anhörenden Person.

7.18 Grundsätzlich sollen sich Kinder äussern können, *bevor* der Entscheid feststeht. Änderungs- oder Ergänzungswünsche des Kindes sollen noch berücksichtigt werden können. In längeren Verfahren kann es sinnvoll sein, das Kind *mehrmals* zu verschiedenen Zeitpunkten anzuhören (vgl. aber BGE 133 III 553 E. 4). Wenn ein Entscheid sehr rasch getroffen werden muss, dient eine *nachträgliche* Anhörung dazu, das Kind immerhin zu informieren und seine Fragen zu beantworten. Dies ist u.U. auch für seine Bereitschaft zu kooperieren wichtig.

7.19 Das Anhörungsrecht ist nur dann gewährleistet, wenn das Kind ausreichend und seiner Entwicklung entsprechend darüber Bescheid weiss. Es soll persönlich und in altersgerechter Form eingeladen werden (schriftlich oder telefonisch, direkt oder über Eltern etc.). Die schriftliche *Einladung* enthält Informationen zur Sache, zum Ort und zur ungefähren Dauer der Anhörung sowie einen Terminvorschlag und eine (direkte!) Telefonnummer für die Kontaktaufnahme. Im Einladungsschreiben wird erläutert, dass es sich bei der Anhörung um ein Recht und keine Pflicht handelt, das Kind also *darauf verzichten* darf. Es ist jedoch darauf zu achten, dass das Kind versteht, dass seine Meinung wichtig und die Einladung ernst gemeint ist.

7.20 Die Eltern oder andere Bezugspersonen werden im Vorfeld frühzeitig und gut informiert über die Anhörung des Kindes. Sie sollen erfahren, wie sie das Kind unterstützen können. Es empfiehlt sich, sie ausdrücklich darauf hinzuweisen, dass eine allfällige Beeinflussung ihrerseits belastende Folgen für das Kind haben kann.

7.21
Informationsbroschüren UNICEF/MMI

Um Fachpersonen, Kinder und Eltern gezielt zur Kindesanhörung zu informieren, hat UNICEF Schweiz zusammen mit dem Marie Meierhofer Institut für das Kind Zürich (MMI) fünf Informationsbroschüren entwickelt: Ein *Leitfaden für Fachpersonen*, eine *Broschüre für Eltern* und drei *Broschüren für Kinder ab 5, 9 und 13 Jahren*. Die Broschüren können unter www.mmi.ch (> Shop > Kindesanhörung) heruntergeladen werden. Sie sind auch auf der Download-Plattform verfügbar.

7.1. Anhörung

Der nachfolgende Muster-Einladungsbrief bezieht sich auf die Einladung zur Anhörung eines Kindes im Grundschulalter betreffend Regelung elterlicher Sorge, Obhut und persönlicher Verkehr. Je älter ein Kind ist, desto eher kann der Einladungsbrief einem Schreiben an Erwachsene angepasst werden (vgl. dazu Kap. 21.).

7.22

7.23

Einladung zum Gespräch

Liebe Anna

Wie du vielleicht weisst, soll unsere Behörde festlegen, wie du mit deinen Eltern leben sollst. Es geht zum Beispiel darum, wo du wohnst oder wann und wie oft du mit deiner Mutter und deinem Vater zusammen bist. Du darfst dabei mithelfen, für dich und deine Familie eine möglichst gute Regelung zu finden.

Weil es unsere Aufgabe ist, für deine Familie diese Regelung zu bestimmen, interessiert uns, wie du über das Ganze denkst. Gerne würde ich deshalb mit dir über deine Meinung und deine Wünsche reden und lade dich zu einem persönlichen Gespräch ein. Ich schlage vor, dass wir uns am Mittwoch, 14. Juni 2017, um 14.00 Uhr in meinem Büro bei der Kindes- und Erwachsenenschutzbehörde *(Adresse)* treffen und etwa eine halbe Stunde miteinander sprechen. Ich werde dich zur vereinbarten Zeit am Eingang abholen. Damit du dir noch besser vorstellen kannst, was ein solches Gespräch genau bedeutet, habe ich dir eine Broschüre mitgeschickt. Wenn du Fragen hast, gebe ich dir gerne Auskunft, meine Telefonnummer im Büro ist (...)

Falls du lieber an einem anderen Tag oder gar nicht zu einem Gespräch kommen möchtest, kannst du mich anrufen oder mir einen Brief schicken.

Freundliche Grüsse

Präsidentin KESB

Beilagen

- Informationsbroschüre zur Anhörung
- Wegbeschreibung

Kopie

- Zur Kenntnisnahme an die Eltern

Die Kindesanhörung findet in einem freundlich eingerichteten Raum der KESB statt. Das Kind soll sich beim Gespräch wohlfühlen. Das *Ums-Eck-Sitzen* am Tisch ermöglicht eine ideale Gesprächssituation. Jüngere Kinder können Papier und Farbstifte oder Spielsachen zur Beschäftigung erhalten oder mitnehmen.

7.24

7. Spezifische Verfahrensaspekte

7.25 Die *Eltern* oder eine andere *Vertrauensperson* können das Kind zur Anhörung begleiten. Die Anhörung findet jedoch ohne sie und nur in Anwesenheit der Behördenvertreter/-innen und ggf. der Verfahrensvertretung statt. *Geschwister* werden in der Regel getrennt angehört. Wenn sie dies ausdrücklich anders wünschen, ist darauf zu achten, dass trotzdem alle Kinder zu Wort kommen.

7.26
Ablauf der Anhörung

Eine Anhörung gliedert sich in eine Einstiegsphase, die Gesprächsphase und die Abschlussphase. Wichtig ist auch eine gute Vorbereitung.

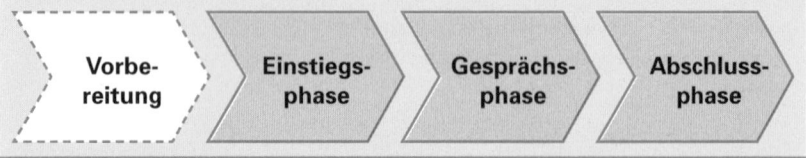

> Vorbereitung > Einstiegsphase > Gesprächsphase > Abschlussphase

Vorbereitung
- mit dem Zeitpunkt der Kindesanhörung dem Kind die grösstmögliche Chance zur Partizipation bieten;
- die Eltern sorgfältig über die Kindesanhörung informieren und besprechen, wie sie das Kind gut auf die Anhörung vorbereiten können;
- dem Kind persönlich eine schriftliche Einladung zur Anhörung und weiteres Informationsmaterial zukommen lassen;
- ausreichend Zeit für die Anhörung einplanen;
- einen Raum mit kindgerechter, freundlicher Atmosphäre nutzen.

Einstiegsphase
- das Kind persönlich am vereinbarten Treffpunkt abholen;
- eine lockere, der Situation entsprechende Konversation beginnen;
- Örtlichkeit zeigen, Personen vorstellen.

Gesprächsphase
- das Kind darauf hinweisen, dass es 1) jederzeit nachfragen darf, falls etwas unklar ist, 2) Fragen, die es nicht beantworten möchte, nicht beantworten muss, 3) Sie korrigieren soll, falls Sie etwas Falsches sagen;
- das Kind über die Angelegenheit und deren Bedeutung, seine Rechte, den Ablauf des Entscheidungsverfahrens informieren und seine Fragen dazu zu klären;
- mit dem Kind über den Zweck, die Möglichkeiten und Grenzen, den Ablauf und die Protokollierung der Anhörung sprechen;
- das Kind über die Möglichkeit, ggf. über die Absicht der Einsetzung einer Kindesvertretung informieren;

- mit dem Kind über seine aktuelle und seine zukünftige Situation und den anstehenden Entscheid sprechen: seine Bedürfnisse, Meinung, Wünsche erfragen und seine Fragen klären.

Abschlussphase
- das Besprochene zusammenfassen, dabei sich rückversichern, ob Äusserungen des Kindes richtig verstanden worden sind;
- mit dem Kind das Protokoll entwerfen, ggf. Umgang mit Vertraulichkeit einzelner Passagen klären;
- über den weiteren Verlauf des Entscheidungsverfahrens sowie über die Bedeutung und die konkret möglichen Konsequenzen der Anhörungsergebnisse informieren;
- dem Kind evtl. ein Infoblatt mit Adressen aushändigen;
- Gespräch würdigen;
- Kind aus dem Raum begleiten, ggf. seiner Begleitperson übergeben und verabschieden.

Die Ergebnisse der Anhörung werden mit dem Kind zum Schluss altersadäquat Punkt für Punkt durchgegangen und bei Bedarf angepasst. Es wird mit dem Kind besprochen, ob gewisse Äusserungen vertraulich behandelt werden sollen. Wichtig ist, ihm zu erklären, dass Anhörungsergebnisse nur in den Entscheid einfliessen können, wenn sie im Protokoll dokumentiert sind (zur Protokollierung: Kap. 7.1.7.). Die Fähigkeit des Kindes, eine Meinung zu vertreten, auch wenn sie im Widerspruch zu derjenigen seiner Eltern steht, ist ein Merkmal seiner Urteilsfähigkeit.

7.1.6. Inhalt

Auch bezüglich Inhalt der Anhörung schweigt sich das Gesetz aus und beschränkt sich darauf festzuhalten, dass die Anhörung *«in geeigneter Weise»* erfolgen soll (Art. 314a Abs. 1 ZGB). Inhaltlich hat das Gespräch darauf Rücksicht zu nehmen, dass es *im Interesse des Kindes erfolgt*. Unbesehen der Tatsache, dass die Anhörung auch als Mittel zur Feststellung des Sachverhalts genutzt wird, dient sie nicht der Sammlung von Beweismaterial oder der Ermittlung der Wahrheit, sondern dem Kennenlernen der Lebenswelt des Kindes aus Sicht des Kindes, dem Anknüpfen an seine Interessen, Bedürfnisse und Vorstellungen. Anhörung ist wörtlich zu verstehen als ein aufmerksames, interessiertes und einfühlendes *Zuhören*. Es geht um *Mitsprache* (weder Mitbestimmung noch Selbstbestimmung). Eine Anhörung ist von der Begutachtung (Kap. 7.4.) zu unterscheiden.

7. Spezifische Verfahrensaspekte

7.29 Um ein differenziertes Bild vom angehörten Kind zu erhalten, werden in einer Anhörung – ausser dem Entscheidungsgegenstand – *auch sein Alltag, seine Gefühlswelt und sein Beziehungsnetz* angesprochen. Das Kind soll ausserdem ermuntert werden, eigene Gedanken und Fragen einzubringen. Das Kind darf in der Anhörung nicht als Auskunftsperson gegen seine Familie benutzt werden. Aushorchende Fragen sind fehl am Platz.

7.30
Beispielfragen

zum Alltag
- Mich interessiert, wie es dir geht. Ich würde dir deshalb gerne einige Fragen zu dir und zu deinem Leben stellen. Ist das in Ordnung?
- Wie sieht ein ganz normaler Tag in deinem Leben aus?
- Gehst du in den Kindergarten/in die Schule/in die Lehre? Wo ist das?
- Was machst du dort am liebsten? Was weniger gerne?
- Was tust du in deiner Freizeit gerne?

zur Gefühlswelt
- Jeder von uns erlebt gute Dinge und weniger gute Dinge. Wie ist das bei dir?
- Was hat dir in der letzten Zeit Freude gemacht?
- Worüber hast du dich geärgert? Was hat dich traurig gemacht?
- Gibt es etwas, was dir Angst macht?
- Gibt es etwas, worauf du dich besonders freust?

zur Beziehungswelt
- Mit wem wohnst du zusammen? Wo bist du sonst noch regelmässig?
- Bist du zufrieden damit? Könnte etwas besser sein?
- Mit wem bist du im Kindergarten/Schule zusammen? Mit wem in der Freizeit?
- Welche Menschen sind dir sehr wichtig? Was machst du am liebsten, wenn ihr euch seht?

zum Entscheidungsgegenstand
- Im Moment ist die Situation ja die, dass ... [Wohnsituation, Betreuungssituation, Gesundheitszustand, rechtliche Verhältnisse o.ä.]
- Was weisst du schon darüber?
- Was weisst du darüber, was das für dich bedeutet?
- Gefällt dir diese Vorstellung/bist du zufrieden damit oder würdest du lieber etwas daran ändern? Was würdest du dir wünschen?
- Was ist dir sonst noch wichtig?

Neutrale Fragen (am Schluss des Gesprächs)
- Welche Fragen kann ich dir noch beantworten?
- Was möchtest du noch sagen, das wir bis jetzt noch nicht besprochen haben?

Beachte

Kinder haben nicht nur das Recht, zu berichten, was sie beschäftigt, sondern sie haben auch das *Recht, zu schweigen*. Kinder sind oft hin- und hergerissen und zeigen diese Ambivalenz, oder sie haben zwar eine überwiegende Neigung, behalten diese aber für sich, weil sie annehmen, dass jede Äusserung für einen Elternteil zugleich eine solche gegen den anderen enthielte. Das bedeutet, dass Kinder z.B. nicht direkt gefragt werden dürfen, bei welchem Elternteil sie wohnen möchten.

Eine Anhörung macht (nur) dann Sinn, wenn das Kind als Persönlichkeit mit eigenen Meinungen, Anliegen und Wünschen *ernst genommen* wird und es das spüren kann. Besonders wenn die fragliche Angelegenheit für das Kind konfliktreich ist, kann es Mühe haben, eine eigene Position zu finden und sich zu äussern. Die Anhörung kann einen Beitrag zur Überwindung dieser Schwierigkeit leisten. Dies gilt auch dann, wenn sich das Kind evtl. nur zögerlich auf ein Gespräch einlässt. Selbst wenn die anhörende Person im Einzelfall davon ausgeht, dass ein Kind unter starkem Einfluss von Bezugspersonen steht, dürfen seine Äusserungen nicht abgewertet und pauschal für irrelevant taxiert werden.

Eine Anhörung kann sich als schwierig erweisen, weil das Kind den Sachverhalt nicht versteht, weil es sich *nicht äussern kann oder will* oder weil es sich nicht konzentrieren kann. Oft hilft es, dem Kind Zweck und Ablauf der Anhörung nochmals zu erläutern und mit ihm zu besprechen, was ihm helfen könnte, sich zu äussern. Das Kind darf jedoch stets auf Aussagen verzichten. Die Gesprächsführung muss dem Alter des Kindes angepasst werden. Je jünger ein Kind ist, desto mehr ist es auf eine konkrete, einfache Sprache, ein langsames Tempo und eher kurze Sätze angewiesen. Für die Kooperationsbereitschaft von Jugendlichen ist es besonders wichtig, dass sie für sich einen Sinn darin sehen können, sich zu beteiligen.

7.1.7. Protokollierung

Gemäss Art. 314a Abs. 2 ZGB werden im Anhörungsprotokoll nur *«die für den Entscheid wesentlichen Ergebnisse»* festgehalten. Die Anhörung ist entsprechend nur *summarisch zu protokollieren* (i.d.R. durch die anhörende Person, ggf. durch eine zusätzliche Protokollführerin). Die Protokollführung darf weder die anhörende Person noch das Kind ablenken. Enthalten sind im Protokoll die *wesentlichen Inhalte* des Gesprächs, also Fragen, Antworten, Äusserungen und Anregungen des Kindes. Ausserdem enthält das Protokoll Angaben zu Anwesenden, Zeit, Ort und Datum und eine kurze Schilderung des Anhörungsverlaufs sowie ggf. besondere Vorkommnisse und Hinweise auf Belastungen des Kindes.

7.35 Die Gesprächsdokumentation ist anspruchsvoll: Es soll einerseits vermieden werden, dass das Kind durch seine Äusserungen kompromittiert wird, andererseits sollen seine Anliegen die Erkenntnis und damit den Entscheid beeinflussen können.

7.36
> **Beachte**
>
> Die Aussagen des Kindes werden *möglichst neutral* beschrieben und *nicht interpretiert*. Die Inhalte, die protokolliert werden sollen, sind zum Schluss des Gesprächs mit dem Kind altersgerecht zu besprechen. Die Zusammenfassung über Inhalt und Verlauf der Anhörung findet in geeigneter Form Eingang in die Erwägungen des Entscheids. Es ist zu begründen, wie die Meinung des Kindes berücksichtigt wurde und ggf. welche seiner Anliegen warum nicht berücksichtigt wurden.

7.37 In einer *separaten Aktennotiz* werden zusätzlich subjektive Wahrnehmungen zum Kind und eine Würdigung seiner Äusserungen festgehalten. Es kann auch vermerkt werden, ob resp. welche Aussagen des Kindes vertraulich behandelt werden sollen. Denkbar wäre auch, dass die *vertraulichen Angaben* lediglich in der separaten Aktennotiz festgehalten werden. Falls ein Kind gewisse Äusserungen vertraulich behandelt haben möchte, ist es darauf aufmerksam zu machen, dass ein Entscheid nicht auf nicht protokollierte Aussagen der Anhörung abgestützt werden kann.

7.38 Die Eltern – und im Einzelfall weitere Personen – werden über die Ergebnisse der Anhörung schriftlich oder mündlich informiert (vgl. BGE 122 I 53) und haben Anspruch auf *Einsicht des Protokolls*. Bei vertraulichen Angaben oder wenn die anhörende Person der Meinung ist, das Kind müsse vor möglichen Konsequenzen bestimmter Äusserungen geschützt werden, so erhalten die Eltern einen Protokollauszug ohne die entsprechenden Textpassagen. In sehr heiklen Fällen kann es angezeigt sein, sich auf die Weitergabe einer allgemein gehaltenen Form des Protokolls zu beschränken. Der Vertrauensschutz des Kindes und das Informationsbedürfnis der Eltern sind sorgfältig gegeneinander abzuwägen.

7.1.8. Auswertung

Die Äusserungen des Kindes sind als wichtiger Aspekt des Kindeswohls in die Entscheidung und in deren konkrete Umsetzung einzubeziehen. Wenn sich ein Kind gegen den vorgesehenen Entscheid oder Teile davon ausspricht, wird mit den involvierten Personen ausgelotet, wo und wie seine *Ansichten und Wünsche* stärker *berücksichtigt werden könnten*. Wenn ein Entscheid gegen den Willen des Kindes unumgänglich erscheint, sind dessen Auswirkungen auf das Kind besonders sorgfältig zu bedenken und passende Unterstützungsmöglichkeiten zu suchen.

7.39

Bei der Anhörung geht es nicht um ein absolutes Selbstbestimmungsrecht des Kindes in den zu regelnden Belangen; auf die Meinung des Kindes ist lediglich, aber immerhin, *«soweit tunlich Rücksicht zu nehmen»* (vgl. Art. 301 Abs. 2 ZGB). Die Meinung des Kindes ist unabhängig seines Alters zu berücksichtigen. Den Vorschlägen des urteilsfähigen Kindes ist insb. dann substanziell Rechnung zu tragen, wenn eine Abwägung aller im Spiele stehender Interessen eine Berücksichtigung möglich macht.

7.40

> **Beachte**
>
> Vorsicht ist insofern geboten, als dass die Äusserungen des Kindes *nicht umgedeutet* werden, damit sie in ein vorgefasstes Erwachsenenbild passen. Sie sollen als das verstanden werden, was das Kind damit gemeint hat (auch wenn das nicht in das Erwachsenenbild passt).

7.41

Die Anhörung dient dazu, den Entscheidungsträger/innen die Bedürfnisse und Vorstellungen des Kindes zur Kenntnis zu bringen. Sie dient aber nicht unmittelbar der Entscheidungsfindung (dem Kind darf nicht über seine Meinungsäusserung die Verantwortung für den Entscheid übertragen werden), wohl aber der Verifizierung der sich aus den übrigen Informationsquellen ergebenden Aktenlage. Diese Umstände sind bei der Auswertung der Äusserungen des Kindes zu berücksichtigen.

7.42

7.1.9. Mitteilung des Entscheids und Beschwerderecht

Gemäss Art. 314a Abs. 3 ZGB kann das *urteilsfähige* Kind die Verweigerung der Anhörung mit Beschwerde *anfechten* (zur Rechtsstellung der Eltern: BGer 5A_471/2010 E. 3). Urteilsfähigkeit ist bei dieser Frage i.d.R. ab dem 10. Lebensjahr anzunehmen.

7.43

Aus dem Beschwerderecht folgt, dass der Entscheid betreffend Nichtanhörung dem urteilsfähigen Kind begründet *eröffnet* werden muss (allfällige

7.44

kantonale Bestimmungen mit Altersangaben zur Eröffnung allgemein greifen nicht; vgl. auch Art. 301 lit. b ZPO).

7.45 Als logische Folge aus seinem Anhörungsrecht hat das Kind auch den Anspruch, *den Entscheid zu erfahren*. Dies gilt auch dann, wenn keine Anhörung stattgefunden hat. Wenn das Kind als Partei an einem Rechtsverfahren teilnimmt oder das Recht hat, gegen einen Entscheid ein Rechtsmittel einzulegen, muss der Entscheid dem Kind aus verfahrensrechtlichen Gründen eröffnet werden. Die *Form*, in welcher der Entscheid dem Kind mitgeteilt wird, kann variieren (mündliche Bekanntgabe durch den/die Entscheidungsträger/-in, schriftliche Mitteilung durch einen Brief und/oder eine formelle Eröffnung mittels Verfügung; vgl. auch die Entwicklungen bezüglich Umsetzung von Art. 301 lit. b ZPO). Entscheidend ist, dass das Kind die Entscheidung und deren Begründung *verstehen kann*. Dies ist dann besonders wichtig, wenn die vom Kind in der Anhörung geäusserten Wünsche oder Anregungen im Entscheid nicht oder nur teilweise berücksichtigt werden konnten. Das Kind soll auch erfahren, wie es weitergeht und wie es vorgehen kann, wenn es sich gegen einen Entscheid wehren will. Zur verständlichen Sprache vgl. Kap. 21.2.2.

7.2. Verfahrensbeistandschaft (Art. 314a^{bis} ZGB)

Literatur

Gesetzliche Grundlage: Art. 314a^{bis} ZGB.

Allgemeine Literatur: BSK ZGB I-BREITSCHMID, Art. 314a^{bis} N 5–9; CHK ZGB-BIDERBOST, Art. 314a^{bis} N 1–5; FamKomm ESR-COTTIER, Art. 314a^{bis} N 1–16; HAEFELI, Rz. 38.53; ZPO Kommentar-SCHWEIGHAUSER, Art. 299 N 9–31.

Spezifische Literatur: AFFOLTER KURT, Kindesvertretung im behördlichen Kindesschutzverfahren, in: Zwischen Schutz und Selbstbestimmung, Festschrift für Professor Christoph Häfeli zum 70. Geburtstag, Bern 2013, 191 ff.; AFFOLTER KURT, Entschädigung der Kindesvertreterin (aArt. 146 f. ZGB, Art. 299 ZPO), in: dRSK vom 21. März 2016; BALLHOFF RAINER/KORITZ NIKOLA, Praxishandbuch für Verfahrensbeistände, 2. Aufl., Stuttgart 2016; BLUM STEFAN/WEBER KHAN CHRISTINA, Der «Anwalt des Kindes» – eine Standortbestimmung, in: ZKE 2012, 32 ff.; DETTENBORN HARRY, Kindeswohl und Kindeswille, 4. Aufl., München 2014; DIGGELMANN PETER/ISLER MARTINA, Vertretung und prozessuale Stellung des Kindes im Zivilprozess, in: SJZ 111/2015, 141 ff.; GERBER JENNI REGULA, Gedanken zum «Anwalt des Kindes» – insb. zur Vertretung des Kindes von psychisch belasteten Eltern, in: ZKE 2016, 95 ff.; GERBER JENNI REGULA, Kindesvertretung in familienrechtlichen Verfahren – Streiflichter aus Praxis und Theorie, in: Kaleidoskop des Familien- und Erbrechts, Liber amicarum für Alexandra Rumo-Jungo, Zürich 2014, 107 ff.; KINDERANWALTSCHAFT SCHWEIZ, Standards für Rechtsvertretung von Kindern [Download: www.kinderanwaltschaft.ch > Kinderanwältinnen > Qualitätssicherung]; LEUTHOLD URSULA/SCHWEIGHAUSER JONAS, Beistandschaft und Kindesvertretung im Kindesschutz – Rolle, Aufgaben und Herausforderungen in der Zusammenarbeit, in: ZKE 2016, 463 ff.; MEIER PHILIPPE, Bemerkungen zu BGE 5A_52/2015, in: ZKE 2016, Résumé de jurisprudence RJ 51-16, 200 f.; SCHWEIGHAUSER JONAS, Inhalte der Kindesvertretung, in: dRSK vom 12. August 2016; MEIER SUSANNE, Kindesvertretung: Eine Bestandesaufnahme mit Plädoyer für die Willensvertretung, in: ZKE 2015, 341 ff.; SCHULZE HEIKE, Das advokatische Dilemma der Kindesvertretung – ein dreidimensionales Handlungsmodell, in: Blum/Cottier/Migliazza (Hrsg.), Anwalt des Kindes, ein europäischer Vergleich zum Recht des Kindes auf eigene Vertretung in behördlichen und gerichtlichen Verfahren, Bern 2008, 85 ff.; Vogel-Etienne Ueli/Lautenbach-Koch Annegret, Kindesvertreter können nicht gleichzeitig Gutachter sein, in: Plädoyer 4/2016, 34 ff.

Im Rahmen der Revision des Erwachsenenschutzrechtes führte der Gesetzgeber im Januar 2013 im Kindesschutzrecht das Institut der *Verfahrensbeistandschaft* ein. Die Terminologie ist nicht einheitlich. So wird auch von Verfahrensvertretung, Kindesverfahrensvertretung oder Kindesvertretung oder Kinderanwälten gesprochen. Aus dem Gesetzeswortlaut folgt, dass die KESB als *«Beistand»* eine in fürsorgerischen und rechtlichen Fragen erfahrene Person zu bezeichnen hat. Es handelt sich um eine rein verfahrensrechtlich motivierte Kindesschutzmassnahme, die der Verwirklichung der effektiven Verfahrenspartizipation des Kindes gemäss Art. 12 KRK sowie der Leitlinien des Europarates für eine kindergerechte Justiz dient. Es ist von einer *Beistandschaft eigener Art* auszugehen, welche die Übernahme allgemeiner Regeln über Beistandschaften aufgrund der besonderen Stellung und Aufgaben nicht unbesehen zulässt.

7.46

Vorbild dieser im Rahmen der parlamentarischen Beratung eingegangenen Regelung war die Bestimmung von Art. 146 aZGB bzw. Art. 299 f. ZPO, mit welcher der Gesetzgeber im Rahmen der Revision des Scheidungsrechts (Inkrafttreten Januar 2000) eine Verfahrensbeistandschaft (Verfahrensvertretung) für Kinder explizit vorsah. Entsprechend kann die dazu entwickelte Lehre und Rechtsprechung unter Berücksichtigung der jeweiligen Besonderheiten einbezogen werden.

7.47

7.2.1. Voraussetzungen

In Art. 314a^{bis} Abs. 1 ZGB wird im Rahmen einer *Generalklausel* festgehalten, dass die KESB eine Vertretung anordnet, *wenn das «nötig» ist*. Aufgrund des allgemeinen Untersuchungsgrundsatzes hat die KESB zu prüfen, ob Anhaltspunkte gegeben sind, welche die Anordnung einer Verfahrensbeistandschaft als notwendig erscheinen lassen. Leitgedanken sind das Kindeswohl und das darin enthaltene Anliegen der effektiven Partizipation des Kindes an Verfahren, die es direkt betreffen.

7.48

Daneben auferlegt der Gesetzgeber der KESB eine *Prüfungspflicht* bei besonderen Fallkonstellationen (Art. 314a^{bis} Abs. 2 ZGB). Diese Aufzählung ist nicht abschliessend, weshalb auch ähnlich gelagerte Umstände eine Prüfung erfordern.

7.49

7. Spezifische Verfahrensaspekte

7.50

Prüfungspflicht

Bei folgenden Verfahren besteht eine Prüfungspflicht (nicht abschliessende Aufzählung):

Gegenstand des Verfahrens ist die *Unterbringung des Kindes:*
- Entzug des Aufenthaltsbestimmungsrechts (Art. 310 ZGB),
- Unterbringung in eine geschlossene Einrichtung oder psychiatrische Klinik (Art. 310 i.V.m. Art. 314b ZGB sowie Art. 327c Abs. 3 ZGB),
- Verbot der Rücknahme des Kindes aus einer Pflegefamilie in seine Herkunftsfamilie (Art. 310 Abs. 3 ZGB),
- Entzug der elterlichen Sorge (Art. 311 bzw. Art. 312 ZGB).

Gegenstand des Verfahrens ist die *Regelung der elterlichen Sorge oder wichtige Fragen des persönlichen Verkehrs, sofern unterschiedliche Anträge vorhanden sind:*
- Regelung der gemeinsamen elterlichen Sorge nicht miteinander verheirateten Eltern (Art. 298b ZGB),
- Zuteilung der Obhut (Art. 298b Abs. 3 ZGB),
- Regelung der Betreuungsanteile (Art. 298b Abs. 3 ZGB),
- Abänderungen im Rahmen der gemeinsamen elterlichen Sorge nicht miteinander verheirateten Eltern (Art. 298d ZGB),
- Strittige Änderung des Aufenthaltsortes (Art. 301a Abs. 2 und 5 ZGB),
- Abänderungsbegehren geschiedener Eltern im Bereich des persönlichen Verkehrs oder Betreuungsanteilen (Art. 134 Abs. 4 ZGB),
- Regelungen persönlicher Verkehr (Art. 273 ff. ZGB).

Weitere Verfahren:
- Errichtung einer Vormundschaft ohne Entzug der elterlichen Sorge (Art. 327a ff. ZGB),
- Adoptionsverfahren (Art. 265 ff. ZGB),
- Beschränkung des Informations- und Auskunftsrecht des nichtsorgeberechtigten Elternteils (Art. 275a Abs. 3 ZGB),
- Komplexe Kindesschutzverfahren, die zentrale Fragen der Zukunft des Kindes betreffen (z.B. Fragen bezüglich Gesundheit, Ausbildung).

7.51

Zwar kann bei Vorliegen der genannten Fallkonstellationen auf die Anordnung einer Verfahrensbeistandschaft verzichtet werden. Dieser *Verzicht* bedarf jedoch einer *differenzierten Begründung*, weil eine gesetzliche Vermutung besteht, dass eine Vertretung notwendig sein kann. Insb. stellt sich die Frage, in welcher Form die Ansichten des Kindes festgestellt und in das Verfahren eingeflossen sind, zumal das Kind (Rechts-)Subjekt ist, auf das zu hören und welches entsprechend seines Entwicklungsstands einzubeziehen ist (dazu ausführlich: Kap. 18.).

7.2. Verfahrensbeistandschaft

Nicht explizit geregelt ist der Fall, wenn ein urteilsfähiges Kind eine Verfahrensbeistandschaft beantragt. I.d.R. dürfte *Urteilsfähigkeit* bei einem durchschnittlich entwickelten Kind ab dem zehnten Altersjahr attestiert werden können. Massgebend sind immer die Umstände des Einzelfalles, weshalb die KESB im Rahmen des Untersuchungsgrundsatzes diese Frage zu klären hat. Die Verfahrensbeistandschaft ist ein Partizipationsinstrument des Kindes. Im Rahmen von Art. 19c Abs. 1 ZGB können urteilsfähige Minderjährige selbst eine Vertretung mandatieren, soweit es um die Wahrnehmung ihrer höchstpersönlichen Rechte geht (vgl. dazu Kap. 10.3.). Aufgrund ihrer Parteistellung im Rahmen eines Kindesschutzverfahrens steht ihnen zudem das Recht zu, einen *Antrag auf eine Verfahrensbeistandschaft* zu stellen, der im Rahmen des hängigen Verfahrens zu behandeln ist. Demgegenüber kann ein urteilsunfähiges Kind keinen Antrag stellen. Die Eingabe eines urteilsunfähigen Kindes auf Bestellung eines Verfahrensbeistandes sollte jedoch als gewichtiges Indiz gewertet werden, dass eine Anordnung geprüft wird.

7.52

Beantragt die Mutter oder der Vater des Kindes die Anordnung einer Verfahrensbeistandschaft, so ist auch dieser Antrag zu prüfen. Eine direkte Mandatierung durch die Eltern oder einen Elternteil ist nicht möglich, weil es sich um eine behördliche Kindesschutzmassnahme handelt. Dagegen können Eltern als gesetzliche Vertreter des Kindes eine Anwältin oder einen Anwalt mit der Interessenwahrung des Kindes beauftragen, sofern sie nicht wegen Interessenkollision (Art. 306 Abs. 3 ZGB) daran gehindert werden.

7.53

Entgegen den üblichen Regeln einer Beistandschaft sind Vorschläge eines Elternteils bezüglich der Person des Verfahrensbeistandes heikel, zumal eine Akzeptanz und Anerkennung von beiden Eltern wesentlich ist. Dem Funktionsverständnis einer Verfahrensbeistandschaft liegen denn auch im Interesse des Kindes getätigte Einflussnahmen auf beide Eltern in Form von mediativen Elementen zugrunde, die nicht zum Tragen kommen können, wenn die Unabhängigkeit von den Verfahrensbeteiligten angezweifelt wird. Deshalb sollten solchen Vorschlägen nur ausnahmsweise und nur unter ganz besonderen Umständen nachgekommen werden.

7.54

7.2.2. Anforderungsprofil

Eine Verfahrensbeiständin resp. ein Verfahrensbeistand muss über *rechtliche und fürsorgerische* (psychosoziale) Kenntnisse verfügen (vgl. Art. 314a[bis] Abs. 1 ZGB). Vorausgesetzt werden deshalb Kenntnisse der Entwicklungspsychologie, der Dynamik in Familiensystemen sowie der Gesprächsführung mit Kindern, damit die Anliegen des Kindes ergründet und verstanden werden. Ferner können Verfahrensbeistände die recht-

7.55

225

lichen Belange in materieller wie verfahrensmässiger Hinsicht im Sinne des Kindes umsetzen, was profunde Kenntnisse im Prozess- sowie Familienrecht voraussetzt. Diese interdisziplinäre Tätigkeit verlangt spezifische Weiterbildung und steht Personen der Fachdisziplinen Recht, Soziale Arbeit sowie weiteren psychosozialen Berufen offen. In der Schweiz werden mehrheitlich Juristinnen und Juristen mit der Aufgabe betraut. Demgegenüber werden in Deutschland vorwiegend Personen aus den psychosozialen Berufen als Verfahrensbeistände eingesetzt. Es obliegt der KESB, die Geeignetheit der einzusetzenden Person zu klären.

7.56 Neben den fachlichen Voraussetzungen wird *organisatorische wie innere Unabhängigkeit* vorausgesetzt. Fachpersonen, die Berührungspunkte mit den betroffenen Personen in einer anderen Funktion gehabt haben oder in die gleiche Amtsorganisation wie die anordnende KESB eingebunden sind, erfüllen das Kriterium der organisatorischen Unabhängigkeit nicht. Die innere Unabhängigkeit bezieht sich auf die zeitliche und fallangepasste Verfügbarkeit, die Bereitschaft mit allen für das Verfahren relevanten Personen zu sprechen, keine Honorarzahlung durch Drittinteressierte zu erhalten sowie eine geklärte eigene Motivation für die Übernahme der Verfahrensbeistandschaft. Die Unabhängigkeit zeigt sich auch in der Weisungsungebundenheit gegenüber KESB oder Eltern (vgl. dazu BGE 5A_894/2015. Die KESB hat sich auf eine formelle Mitwirkung und Aufsicht zu beschränken. Zwar können die Eltern der KESB einen Missstand melden. Liegen aber keine Anhaltspunkte vor, dass die Amtsführung das Kindeswohl gefährdet, so besteht kein Raum für behördliche Interventionen.

7.57
> **Beachte**
>
> In fachlicher Hinsicht wird vorausgesetzt, dass Verfahrensbeiständinnen und Verfahrensbeistände eine spezifische Weiterbildung haben, die sie befähigen, die Aufgaben interdisziplinär zu erfüllen. Sie verfügen zudem über inhaltliche, organisatorische und innere Unabhängigkeit.

7.2.3. Aufgaben

7.58 Was die Aufgaben der Verfahrensbeistandschaft betrifft, so hat das Bundesgericht in einem Leitentscheid (BGE 142 III 153) festgehalten, dass die Verfahrensbeistandschaft (auch) das objektive Kindeswohl zu ermitteln und zu dessen Verwirklichung beizutragen habe. Eine allein auf den subjektiven Standpunkt des vertretenen Kindes fokussierte Tätigkeit sei nicht hinreichend. Die Tätigkeit habe verschiedene Aspekte, die je nach Alter des Kindes und Situation des Einzelfalles unterschiedlich zu gewichten seien. Dabei wurden folgende Aufgaben erwähnt:

7.2. Verfahrensbeistandschaft

- Abklärung der Verhältnisse, damit eine umfassende, elternunabhängige und neutrale Situationseinschätzung vorgenommen werden kann.
- Begleitung des Kindes während des Verfahrens, wobei dem Beistand eine Vermittlungs- und Übersetzungsfunktion zukommt. Die Aufgaben der Information, Kommunikation und Betreuung können bei älteren Kindern in Richtung einer «advokatorischen Interessenvertretung» erweitert werden.
- Wahrnehmen von prozessualen Rechten, z.B. Beschwerdeführung.

Der BGE wird in der Lehre und Praxis kontrovers diskutiert. Man kann sich daher fragen, ob die Grundanliegen der Verfahrensbeistandschaft umfassend erfasst sind. Eine Verfahrensbeistandschaft ist angezeigt bei erheblicher Gefährdung des Kindeswohls. In belastenden Lebensumständen ist die Erfahrung, selbst etwas bewirken zu können, für das Wohlbefinden, die Gesundheit und die gelingende Entwicklung von zentraler Bedeutung. *Partizipationsrechte von Kindern* rücken das in den Vordergrund, so dass sich ein Mensch in widrigen Umständen nicht ohnmächtig und ausgeliefert fühlt, sondern auch psychische Widerstandskraft mobilisieren kann. Entsprechend steht die Beteiligung als Subjekt und nicht als Objekt im Vordergrund (vgl. dazu ferner Kap. 18.3.).

7.59

Das folgend beschriebene, auf empirischer Forschung beruhende *dreidimensionale Handlungsmodell* kommt diesem Grundanliegen näher. Es baut auf den drei Handlungsebenen (1) «Aufdecken der Fallkonstellation» (Abklärung, Situationsanalyse, Kenntnis der Sachlage), (2) «Anwaltliche Vertretung des Kindes» (Ermittlung des Willens des Kindes) sowie (3) «Sozialgeflechtsarbeit» (innerfamiliale Interventionen) auf.

7.60

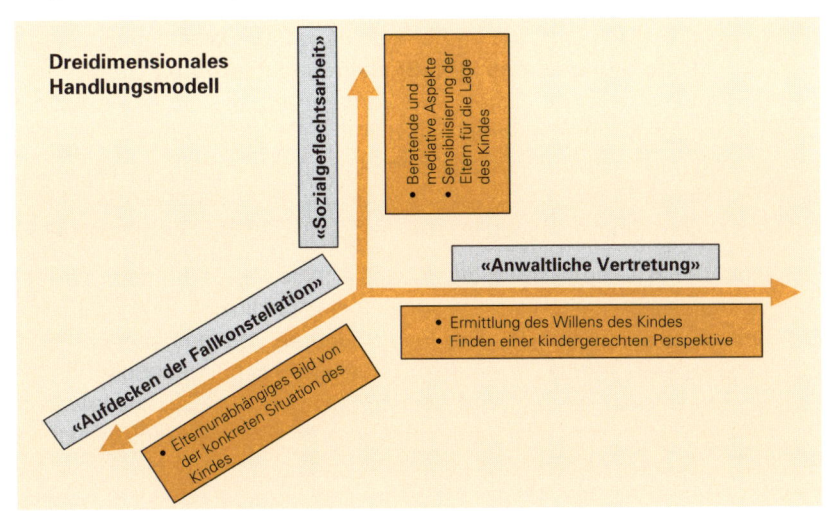

Dreidimensionales Handlungsmodell

«Sozialgeflechtsarbeit»
- Beratende und mediative Aspekte
- Sensibilisierung der Eltern für die Lage des Kindes

«Anwaltliche Vertretung»
- Ermittlung des Willens des Kindes
- Finden einer kindergerechten Perspektive

«Aufdecken der Fallkonstellation»
- Elternunabhängiges Bild von der konkreten Situation des Kindes

7. Spezifische Verfahrensaspekte

7.61 Den Ebenen können folgende Inhalte zugeordnet werden: In der **Handlungsebene (1) [Aufdecken der Fallkonstellation]** ist es die Aufgabe des Verfahrensbeistandes, sich ein «umfassendes, elternunabhängiges und neutrales Bild von der konkreten Situation des Kindes (örtlich, häuslich, schulisch, Interaktionen zwischen Eltern und Kind sowie Geschwistern etc.) zu machen». Es kann aber nicht primärer Zweck einer Verfahrensbeistandschaft sein, solche Erkenntnisse der KESB zur Kenntnis zu bringen, da die Sachverhaltsabklärung grundsätzlich Sache der KESB ist. Wo solche Erkenntnisse jedoch im Rahmen der Partizipation ins Verfahren im Sinne des Kindes einzubringen sind, dürfen und sollen sie einfliessen. In erster Linie bilden sie jedoch die Grundlage für eine das Kindesinteresse wahrende Arbeitsweise. Im Rahmen der **Handlungsebene (2) [«anwaltliche Vertretung»]** ist eine sorgfältige Ermittlung des Willens des Kindes vorausgesetzt, damit eine *kindergerechte Perspektive* gefunden und in den Kontext zum Kindeswohl gestellt werden kann. Dabei ist zu beachten, dass das Wohl des Kindes umso mehr beachtet werden muss, desto gefährdeter es ist. Entsprechend dem Alter und dem Entwicklungsstand des Kindes sind neben dem Willen des Kindes auch weitere relevante Kindeswohlgesichtspunkte mit dem Kind zu thematisieren. Es handelt sich um ein *Spannungsverhältnis*, dem Rechnung zu tragen ist. Der Wille des Kindes ist stets umfassend und differenziert darzustellen. Bestehende Konflikte zwischen Kindeswohl und Kindeswille (vgl. dazu Kap. 1.3.3.) hat die Verfahrensbeiständin oder der Verfahrensbeistand in geeigneter Weise und nach Absprache mit dem Kind zu offenbaren. Dabei ist von entscheidender Bedeutung, dass sich *das Kind verstanden fühlt* und die Verfahrensbeistandschaft als Partizipationsinstrument ihre Wirkung erzielt. Eine Vertretung, welche vom Kind nicht bemerkt oder negativ erlebt wird, kommt ihrer Funktion nicht nach und unterstützt das Kind im Rahmen seines Bewältigungsprozesses nicht. In der **Handlungsebene (3) [«Sozialgeflechtsarbeit»]** stehen insb. *beratende und mediative Aspekte* im Vordergrund, die die Eltern für die Lage ihrer Kinder sensibilisieren und damit auch Veränderungen ermöglichen sollen. Als «friedensstiftende Verfahrensintervention ist sie unmittelbar auf die Lebenswelt» der Kinder gerichtet. Eine Verfahrensbeistandschaft soll dem Kind in dessen lebensweltlichen Situation nicht schaden.

7.62 Ausgehend von diesem Handlungsmodell sind die Leitlinien einer Verfahrensbeistandschaft festgelegt. Je nach Konstellation des Einzelfalls können Schwergewichte auf der einen oder anderen Handlungsebene gebildet werden, was wiederum die Frage, welcher Fachdisziplin die Verfahrensbeiständin oder der Verfahrensbeistand angehören soll, beeinflussen kann. Eine solche *integrale Betrachtungsweise* dient der Unterstützung des Kindes in einer belastenden Lebenssituation und eröffnet im Sinne der effektiven Partizipation Entwicklungschancen, wozu Kindesschutzmassnahmen eigentlich berufen sind. Diesbezüglich stellt die Frage, ob eine Verfahrensbeistandschaft primär eine Kindeswohl- oder eine Kindeswillevertretung darstellt, eine zu verkürzte Sichtweise dar.

7.63

> **Aufgaben des Verfahrensbeistands/der Verfahrensbeiständin**
>
> Basierend auf einem dreidimensionalen Handlungsmodell (s. oben) lassen sich für die Verfahrensbeistandschaft folgende Aufgaben ableiten:
> - *Gespräche, Information und Begleitung des Kindes* während des Verfahrens (Gewährleistung der effektiven Partizipation des Kindes sowie Unterstützung des Kindes im Meinungsbildungsprozess),
> - *Gespräche mit Eltern und Dritten* für ein umfassendes Verständnis der Lebenswelt des Kindes,
> - *Mitwirken am Zustandekommen einvernehmlicher Regelungen oder Lösungen,*
> - *Wahrnehmung von prozessualen Rechten des Kindes* (Akteneinsichtsrecht, Antragsrecht, Rechtsmittelprüfung, Monitoring und Kontrollfunktionen etc.).

7.2.4. Abgrenzung zur Beistandschaft nach Art. 308 ZGB

Eine Beistandschaft nach Art. 308 ZGB muss in jedem Fall massgeschneidert und somit der spezifischen Gefährdungslage des Kindes angepasst sein (vgl. Art. 314 Abs. 3 ZGB). Sie fokussiert sich auf die Familie als System und die Abwendung der Kindeswohlgefährdung. Demgegenüber ergibt sich der Auftrag einer Verfahrensbeistandschaft weitgehend aus deren Funktion. Im Vordergrund steht die Arbeit mit dem Kind und der Verwirklichung dessen Partizipation im hängigen Verfahren. Die Verfahrensbeiständin oder der Verfahrensbeistand muss unabhängig sein und untersteht keiner Weisungsbefugnis. So kommt den Eltern kein formelles Beschwerderecht bezüglich der Amtsführung bzw. der konkreten Handlungen des Verfahrensbeistandes zu. Auch steht ihnen ein Antrag auf Abberufung aufgrund der Amtsführung nicht zu (vgl. BGer 5A_894/2015). Demgegenüber stehen den Eltern die Möglichkeiten von Art. 419 sowie Art. 423 Abs. 1 ZGB im Rahmen einer Beistandschaft nach Art. 308 ZGB offen. Die konkreten Ausgestaltungen beider Beistandschaften sind unterschiedlich. Sie weisen aber durchaus auch Überschneidungen auf. Es kann durchaus sein, dass beide Beistandschaftsarten gleichzeitig vorkommen können. In einem solchen Fall ist es daher unabdingbar, dass sich die eingesetzten Beistände austauschen und gegenseitig *eine Rollenklärung* vornehmen.

7.64

Zentral ist auch, dem Kind die entsprechenden Rollen altersgerecht mitzuteilen, damit nicht falsche Erwartungen geweckt werden.

7.2.5. Prozessuales

7.65 Eine Verfahrensbeistandschaft schränkt die Vertretungsmacht der Eltern als gesetzliche Vertreter des Kindes ein. Überdies können ihnen die Kosten auferlegt werden. Deshalb ist den Eltern in Bezug auf die Frage der Errichtung *das rechtliche Gehör* zu gewähren (vgl. Kap. 5.9.). Auch steht ihnen diesbezüglich ein Beschwerderecht zu (vgl. BGer 5A_894/2015). Es handelt sich um eine verfahrensleitende Entscheidung, die dem kantonalen Verfahrensrecht und subsidiär Art. 319 lit. b Ziff. 2 ZPO (i.V.m. Art. 450f ZGB) zuzuordnen ist, weshalb die Beschwerdefrist in der Regel 10 Tage beträgt (Art. 450f ZGB i.V.m. Art. 321 Abs. 2 ZPO). Damit je nach Fallkonstellation eine verzugslose Aufgabenerfüllung gewährleistet werden kann, ist der Entzug der aufschiebenden Wirkung jeweils zu prüfen.

7.2.6. Kosten

7.66 Bei den Kosten ist zwischen den *Kosten* für die Errichtung und den *Kosten für die Führung der Verfahrensbeistandschaft* zu unterscheiden. Beides sind Verfahrenskosten (vgl. Kap. 5.10.). Für die Kosten der Errichtung gelten die kantonalen Gebührenverordnungen. Bundesrechtlich ist die *Entschädigung der Verfahrensbeistandschaft* nicht geregelt. Massgeblich sind deshalb die kantonalen Ausführungsbestimmungen, wobei nicht nur der Aufwand zur Ermittlung des Kindeswillens, sondern auch der Lebensumstände im Zusammenhang des Kindeswohles zu entschädigen ist (vgl. BGE 142 III 153). Die Entschädigung wird von der anordnenden Behörde festgelegt. Es empfiehlt sich, den Stundenansatz im Anordnungsentscheid festzulegen. Trotz breitgefächerter Aufgaben darf ein Verfahrensbeistand keinen unverhältnismässigen Aufwand betreiben. Begründete Kürzungen des Zeitaufwandes sind möglich (zur Frage, für welche Aufwendungen Rechnung gestellt werden darf: BGE 142 III 153).

7.67
> **Verfahrensbeistandschaft nach Art. 314a^{bis} ZGB**
>
> 1. Für NN wird eine Verfahrensbeistandschaft nach Art. 314a^{bis} ZGB angeordnet.
> 2. Zum Verfahrensbeistand wird XY ernannt mit der Aufgabe, die Interessen von NN im Verfahren betreffend *(Bezeichnung Verfahren)* unter Einschluss der Einlegung allfälliger Rechtsmittel zu wahren und zu vertreten.
> 3. Der Stundenansatz wird auf Fr. *(Betrag)* festgelegt.

4. Über die Gebühren und Entschädigung wird spätestens mit Abschluss des Verfahrens befunden.

Auf der Download-Plattform ist eine vom Verein Kinderanwaltschaft Schweiz ausgearbeitete *«Checkliste zur Einsetzung einer Rechtsvertretung»* zu finden. Diese Checkliste beantwortet die Fragen, wann eine Verfahrensbeistandschaft errichtet und wie dabei vorgegangen werden soll.

7.68

7.3. Mediationsversuch

Literatur

Gesetzliche Grundlagen: Art. 314 Abs. 2 ZGB.

Allgemeine Literatur: BSK ZGB I-Breitschmid Art. 314; CHK ZGB-Biderbost, Art. 314; FamKomm ESR-Cottier, Art. 314 N 28; Meier/Stettler, Rz. 1256–1258; BSK ZPO-Steck, Art. 297; Handbuch KES-Wider/Pfister-Wiederkehr, Rz. 828–832.

Spezifische Literatur: Peter Max, Hochstrittige Eltern im Besuchsrechtskonflikt, in: ZVW 2005, 193 ff.; Staub Liselotte, Pflichtmediation: Mythos und Wirklichkeit, in: ZVW 2006, 121 ff.

Mit der Revision des Erwachsenenschutzrechts 2013 wurde für Kindesschutzbelange in Art. 314 Abs. 2 ZGB die explizite Möglichkeit geschaffen, Eltern in geeigneten Fällen behördlich zu einem *Mediationsversuch* aufzufordern. Die Zivilprozessordnung sieht in Art. 297 Abs. 2 ZPO für familienrechtliche Verfahren eine analoge Möglichkeit vor, wenn sich Eltern in Kinderbelangen nicht einig sind.

7.69

Art. 314 Abs. 2 ZGB ist *verfahrensrechtlicher Natur* und deshalb von der *Anordnung* einer Mediation zu unterscheiden, wie sie als *materielle Kindesschutzmassnahme* gestützt auf Art. 307 Abs. 3 ZGB verfügt werden kann (vgl. Kap. 2.2.2.). Aus dieser Zuordnung ergibt sich, dass das kantonale Recht die verfahrensrechtlichen Folgen des Mediationsversuchs näher regeln kann, und dass die Bestimmungen der Zivilprozessordnung (Art. 214–218 ZPO) subsidiär und sinngemäss anwendbar sind, wenn die Kantone nichts anderes bestimmen (Art. 450f ZGB). Die systematische Unterscheidung zwischen «Aufforderung zu einem Mediationsversuch» und der «angeordneten Mediation» (häufig auch als «Pflichtmediation» bezeichnet) ist weiter für die Frage der Kostentragung relevant: Falls eine Mediation im Rahmen von Art. 314 Abs. 2 ZGB erfolgt, werden die diesbezüglichen Aufwendungen den Verfahrenskosten zugeschlagen, deren Übernahme sich sodann nach den kantonalen Verfahrensvorschriften richtet. Geht es dagegen um eine Mediation, die als Weisung (Art. 307 Abs. 3

7.70

oder Art. 273 Abs. 2 ZGB) angeordnet worden ist, handelt es sich um eine *Kindesschutzmassnahme*, für deren Kosten grundsätzlich die Eltern im Rahmen ihrer Unterhaltspflicht (Art. 276 Abs. 2 ZGB) oder – unter Vorbehalt abweichender kantonaler Regelungen – das für die Sozialhilfe zuständige Gemeinwesen aufzukommen haben.

7.71 Gemäss gängiger Umschreibung bedeutet «zu einer Mediation auffordern», eine solche *mit Nachdruck empfehlen* (für Fälle im Bereich der Hochstrittigkeit dürfte allerdings häufig die verbindliche Anordnung der Mediation mittels Weisung [Art. 307 Abs. 3 bzw. Art. 273 Abs. 2 ZGB] angezeigter sein). Es ist Sache der Verfahrensleitung, im Einzelfall zu überlegen, wie sie erfolgversprechend auf die zerstrittenen Eltern Einfluss nehmen will. In Anbetracht des generell auf kooperative Lösungsfindung ausgerichteten Kindesschutzverfahrens darf das diesbezüglich notwendige methodische Wissen vorausgesetzt werden. Auch wenn sich nicht in Abrede stellen lässt, dass der Wortlaut von Art. 314 Abs. 2 ZGB – wenig optimistisch – den *Versuch* ins Zentrum rückt, sollte die neu geschaffene Bestimmung aktiv als Möglichkeit genutzt werden, Eltern ihre Grundverantwortung sowie die Chance vor Augen zu führen, bestehende Schwierigkeiten *eigenverantwortlich* zu bearbeiten. Hervorzuheben ist dabei die Grundidee der Mediation als Form der Streitbeilegung als Alternative zum Streitverfahren. Wichtig ist zudem der Hinweis, dass bei jeder Mediation eine speziell ausgebildete Drittperson *ohne Entscheidungskompetenz* (Mediatorin oder Mediator) die Parteien darin unterstützt, *selbst* eine gütliche Lösung für ihre Konflikte zu erarbeiten, ohne dabei die Frage nach Recht oder Unrecht zu stellen, weil es letztlich um die Suche nach einer optimalen Lösung für alle Beteiligten unter Berücksichtigung der gegenseitigen Interessen geht.

7.72 Fordert die KESB die Eltern gestützt auf Art. 314 Abs. 2 ZGB zu einer Mediation auf, ist das Verfahren zu *sistieren*. Die Mediation ist aussergerichtlich und läuft mit der nötigen Vertraulichkeit unabhängig vom Kindesschutzverfahren. Die Eltern sind grundsätzlich selber für die Organisation und Durchführung der Mediation verantwortlich. Wenn angezeigt, wird die KESB hier aber sinnvollerweise entsprechende Hilfestellungen anbieten.

7.73 Nach erfolgreicher Mediation stellt das inhaltliche Resultat einen *gemeinsamen Antrag der Eltern* dar, von welchem die KESB nicht ohne zwingende Gründe abweichen wird, sofern der Antrag mit dem Kindeswohl vereinbar ist. Kommt eine Mediation nicht zustande oder wird sie erfolglos abgebrochen, ist das sistierte Verfahren auf Begehren eines Elternteils oder von Amtes wegen wieder aufzunehmen.

> **Aufforderung zum Mediationsversuch nach Art. 314 Abs. 2 ZGB**
>
> 1. *(Personalien der Eltern)* werden gestützt auf Art. 314 Abs. 2 ZGB aufgefordert, mindestens 5 Mediationstermine bei der *(Bezeichnung der Mediations-Stelle)* in Anspruch zu nehmen. Der erste Termin soll bis am *(Datum)* stattfinden und die Eltern sollen sich zur Vereinbarung dieses Ersttermins bis spätestens am *(Datum)* bei der *(Bezeichnung der Mediations-Stelle)* melden.
>
> 2. Die *(Bezeichnung der Mediations-Stelle)* wird ersucht, die Mediation von *(Personalien der Eltern)* durchzuführen und der KESB nach Abschluss der Mediation eine Rückmeldung mit Empfehlung für das weitere Vorgehen zukommen zu lassen. Für den Fall eines Abbruchs der Mediation haben die Mediatoren die KESB entsprechend zu informieren.
>
> 3. Für die Mediation besteht ein Kostendach von Fr. *(Betrag)(Variante: für 6 Sitzungen à 1,5 Stunden).* Die Kosten für die Mediation werden zunächst subsidiär von der KESB übernommen und anschliessend den Eltern im Rahmen des Endentscheides zusammen mit den Entscheidgebühren in Rechnung gestellt, sofern sie nicht die unentgeltliche Verfahrensführung beantragen oder ihnen diese nicht bewilligt werden sollte.

7.74

Vgl. auch die Muster zur angeordneten Mediation in Rz. 2.33 (allgemein) und Rz. 15.22 (persönlicher Verkehr).

7.75

7.4. Gutachten

Literatur

Gesetzliche Grundlagen: Art. 446 Abs. 2 ZGB; Art. 168 Abs. 1 lit. d und 183 ff. ZPO.

Allgemeine Literatur: BSK ZGB I-AUER/MARTI, Art. 446 N 19–24; BSK ZPO-DOLGE, Art. 183 ff.; FamKomm ESR-STECK, Art. 446 N 1–19; GASSER/RICKLI, ZPO Kurzkommentar, Art. 183 ff.; MEIER/STETTLER, Rz. 561 ff.

Spezifische Literatur: FamKomm Scheidung-SCHREINER, Anhang Ausgewählte psychologische Aspekte im Zusammenhang mit Trennung und Scheidung, N 317–366; LUDEWIG REVITAL et al., Richterliche und behördliche Entscheidungsfindung zwischen Kindeswohl und Elternwohl, Erziehungsfähigkeit bei Familien mit einem psychisch kranken Elternteil, in: FamPra 2015, 562 ff.; ROSCH DANIEL, Bedeutung und Standards von sozialarbeiterischen Gutachten bzw. gutachterlichen Stellungnahmen in kindes(schutz)rechtlichen Verfahren, in: AJP 2/2012, 173 ff.; SALZGEBER JOSEPH, Familienpsychologische Gutachten: Rechtliche Vorgaben und sachverständiges Vorgehen, 6. Aufl., München 2015.

Die KESB kann *Sachverständigen* Gutachten zu bestimmten Fragestellungen in Auftrag geben, wenn sie selbst bzw. die üblicherweise mit einer Abklärung beauftragte Stelle nicht über das erforderliche *spezifische Fachwissen* zu deren Bearbeitung verfügen. Die Fachkompetenzen, die mit einem Gutachtensauftrag ergänzend beigezogen werden, sind meistens kin-

7.76

derpsychologischer, familienpsychologischer oder kinderpsychiatrischer, erwachsenenpsychiatrischer oder forensischer Art.

7.77 Der/die begutachtende Sachverständige muss *unabhängig* sein (BGE 137 III 289 E. 4.4.; vgl. dazu die Ausstandsgründe des anwendbaren Verfahrensrechts sowie Kap. 5.8.). Ein Ausstandsgrund liegt i.d.R. vor, wenn der/die Sachverständige in derselben Angelegenheit bereits tätig war («vorbefasst»). Sachverständigengutachten werden i.d.R. *schriftlich* erstattet. Möglich ist aber auch eine *mündliche* Berichterstattung im Rahmen einer Instruktionsverhandlung vor der KESB.

7.78
> **Beachte**
>
> - Einschätzungen und Beurteilungen von Sachverständigen ersetzen die freie Beweiswürdigung der interdisziplinären KESB nicht. Die KESB darf jedoch in ihren Entscheiden von den Ergebnissen des Gutachtens nur aus triftigen Gründen abweichen.
> - Ein Gutachten kann dann für die Beurteilung und Entscheidungsfindung in Kindesschutzverfahren von Nutzen sein, wenn der/die Auftraggeber/-in und der/die mögliche Auftragnehmer/-in sich vorab über die zu bearbeitenden Fragestellungen und über das Ziel der Begutachtung verständigen (evtl. auch über den Zeitrahmen und das Kostendach). Der Auftrag sollte präzise formuliert sein, ohne jedoch den/die Gutachter/-in beim Einsatz von Methoden und Kompetenzen zu dessen Bearbeitung einzuschränken.
> - Oft ist es für die Entscheidungsfindung sachdienlich, wenn in einem Gutachten eine bestimmte Frage nicht mit einer einseitigen Empfehlung, sondern mit einer Analyse von Vor- und Nachteilen bzw. Risiken verschiedener möglicher Interventionen beantwortet wird.

7.79 In erster Linie rechtliche Fragestellungen sind in psychologisch (bzw. psychiatrisch, forensisch) bearbeitbare zu übersetzen. Bspw. ist die Frage nach der Zuteilung (dem Entzug) der elterlichen Sorge in die Frage zu überführen, ob und ggf. in welcher Art Schwierigkeiten oder Umstände bestehen, die das Wohl des Kindes bei Beibehaltung der gemeinsamen elterlichen Sorge (oder beim Weiterbestehen der elterlichen Sorge) gefährden. Die Beurteilung der *Erziehungsfähigkeit* ergibt sich erst aus der Gegenüberstellung von kindlichem Unterstützungsbedarf und der elterlichen Kompetenzen. Zusätzlich kann in diesem Kontext eine psychiatrische Einschätzung und Prognose durch eine entsprechende Fachperson erforderlich sein.

7.80 Wichtig zu klären ist, ob das Gutachten eine Beurteilung bestimmter Merkmale des Status quo für die Entscheidungsfindung liefern oder ob die Erarbeitung und Umsetzung von Lösungen versucht werden soll. Bei der *pro-*

zessorientierten Begutachtung steht der Verlauf bezüglich Konsensfindung und Konfliktfähigkeit oder bezüglich der Berücksichtigung der kindlichen Anliegen und Bedürfnisse im Vordergrund. Die Indikation für den einen oder anderen Ansatz kann sich während der Begutachtung verändern, was eine Rücksprache mit dem Auftraggeber notwendig macht. Bspw. kann sich eine prozessorientierte Vorgehensweise als nicht zielführend, sondern als Bühne für die Inszenierung einer destruktiven Elterndynamik erweisen, oder umgekehrt kann sich eine Bereitschaft zur Verantwortungsübernahme zeigen, die nicht ungenutzt bleiben sollte.

Es gibt verschiedene Versuche, die gutachterliche Tätigkeit zu standardisieren und bzgl. ihrer Qualität abzusichern. Sie unterscheiden sich u.a. darin, welcher Stellenwert der themengeleiteten Exploration im Gespräch und in Beobachtungen (bspw. von Kind-Eltern-Interaktionen) und welcher dem Einsatz von Testverfahren zukommt. Die Wahl der Methode hängt selbstredend von der Art der Fragestellungen ab. Unabhängig vom Auftrag und von der jeweiligen «Schule» sind *qualifizierende Merkmale* eines Gutachtens, ob es für die streitigen Belange umfassend ist, auf allseitigen Untersuchungen und Kenntnis der Akten (Anamnese) beruht, in den Darlegungen und Beurteilungen einleuchtend und in den Schlussfolgerungen begründet ist (BGE 134 V 231).

7.81

Mögliche Fragen an eine/n kinderpsychologische/n Sachverständige/n bei getrennten Eltern

Grundsätzlich ist zu prüfen, ob durch *(Umstände, Eltern)* das Wohl von NN gewahrt ist oder ob es dafür spezifische Massnahmen braucht.

1) Wie beurteilen Sie das Kind NN unter dem Aspekt
   - seines Entwicklungsstandes?
   - seines aktuellen psychischen Befindens?

2) Wie beurteilen Sie die Beziehung von NN
   - zu ihrem Vater? zu ihrer Mutter?
   - zu seinen/ihren Geschwistern?
   - zu allfälligen weiteren Bezugspersonen?

3) Wie beurteilen Sie die Kompetenzen und Ressourcen der Eltern hinsichtlich Pflege und Erziehung *(ggf.: Erziehung und Schutz)* von NN? *(ggf.: Ist NN bei der Mutter oder beim Vater durch bestimmte Umstände oder durch bestimmte elterliche Verhaltensweisen gefährdet?)*

4) Bestehen bei der Mutter oder beim Vater Auffälligkeiten, die einer vertieften psychiatrischen *(ggf. forensischen)* Abklärung mit Blick auf das Wohl von NN bedürfen?

7.82

7. Spezifische Verfahrensaspekte

5) Ist die aktuelle Betreuungssituation/Betreuungsaufteilung im Wohl des Kindes oder sind zur Wahrung des Kindeswohls Veränderungen angezeigt? Falls ja, welche? *(ggf.: Welche Lösungen konnten diesbezüglich mit den Eltern erarbeitet und erprobt werden?)*

6) Empfehlen Sie *(ggf. unter Berücksichtigung des bevorstehenden Kindergarteneintritts)* eine Zuteilung/Neuzuteilung der Obhut? Und falls ja, welche?

7) Gibt es aus Ihrer Sicht etwas anzufügen, was für die Beurteilung wichtig ist? / Haben Sie weitere Empfehlungen anzufügen?

8) Kann den Eltern aus Ihrer Sicht vom Inhalt des Gutachtens Kenntnis gegeben werden bzw. in welche Teile sollte die Einsicht allenfalls und aus welchen Gründen verweigert werden?

7.83

Mögliche Fragen an eine/n kinderpsychologische/n Sachverständige/n bei einem platzierten Kind

Grundsätzlich ist zu prüfen, ob NN (zurück) in die Obhut der Mutter/des Vaters/der Eltern gegeben werden kann.

[gleiche Fragen (1–8) wie oben, und zusätzlich folgende Fragen:]

2) Wie beurteilen Sie die Beziehung von NN
   - zu ihrer Pflegemutter, zu ihrem Pflegevater?
   - zu seinen/ihren Geschwistern? Pflegegeschwistern?

3) *ggf.: Gibt es Hinweise auf eine Gefährdung des Kindes durch Misshandlung oder Vernachlässigung?*

5) Kann nach Ihrer Einschätzung der Mutter/dem Vater/den Eltern die Obhut über NN (zurück)gegeben werden? Falls nein: warum nicht? Falls ja, was ist beim Wechsel zu beachten? Wie ist der Übergang zu gestalten?

9) In welche Teile des Gutachtens kann den Pflegeltern aus Ihrer Sicht Kenntnis gegeben werden?

8. Sinngemässe Anwendung des Erwachsenenschutzrechts

8.1. Verfahren (Art. 314 Abs. 1 ZGB)

Literatur
Gesetzliche Grundlagen Art. 314 Abs. 1 ZGB i.V.m. Art. 443–456 ZGB.
Allgemeine Literatur: BSK ZGB I-BREITSCHMID, Art. 314; CHK ZGB-BIDERBOST, Art. 314; FamKomm ESR-COTTIER, Art. 314 ZGB; CR CC I-MEIER, Art. 307–315b ZGB; HÄFELI, Rz. 33.01 ff.; Handbuch KES-FASSBIND, Rz. 198 ff.; HAUSHEER/GEISER/AEBI-MÜLLER, Rz. 19.41 ff.; KUKO ZGB-COTTIER, Art. 314–314b; MEIER, Rz. 173 ff.; MEIER/STETTLER, Rz. 1330 ff.; OFK ZGB-GULER, Art. 314–314b.
Spezifische Literatur: KUHN MATHIAS, Das Verfahren vor der KESB, in: recht 2014, 218 ff.; STECK DANIEL, Die Regelung des Verfahrens im neuen Kindes- und Erwachsenenschutzrecht, in: ZBl 2013, 26 ff.

Das Kindesschutzrecht enthält nur wenige verfahrensrechtliche Bestimmungen (Art. 314–317 ZGB). Art. 314 Abs. 1 ZGB sieht vor, dass die Bestimmungen über das Verfahren vor der Erwachsenenschutzbehörde im Kindesschutz *sinngemäss* anwendbar sind. «Sinngemäss» anwenden bedeutet, einschlägige gesetzliche Bestimmungen auf den Kontext des Kindesschutzes abzustimmen, der insb. hinsichtlich des Schutzzweckes und spezifischer Verfahren einer anderen Logik gehorcht als im Erwachsenenschutz.

8.1

Somit sind die für das Verfahren vor der Erwachsenenschutzbehörde geltenden Bestimmungen (Art. 443 ff. ZGB sowie kantonalrechtliche Ausführungsbestimmungen) – ergänzend zu Art. 314–317 ZGB – auch in allen Zuständigkeitsbereichen der Kindesschutzbehörde anwendbar, und zwar «sinngemäss» und aufgrund der *Verweisung* von Art. 314 Abs. 1 ZGB. Im Einzelnen handelt es sich um:

8.2

- Meldung an die KESB (Art. 443 ZGB, vgl. Kap. 9.3.);
- Prüfung der Zuständigkeit durch die KESB (Art. 444 ZGB, vgl. Kap. 6.);
- vorsorgliche (superprovisorische) Massnahme (Art. 445 ZGB, vgl. Kap. 5.6.);
- Verfahrensgrundsätze (Art. 446 ZGB, vgl. Kap. 5.2.);
- Anhörungsrechte (Art. 447 ZGB hinsichtlich des Anhörungsrechts der Eltern und Pflegeeltern; das Anhörungsrecht des Kindes ist in Art. 314a ZGB geregelt, vgl. Kap. 7.1.);
- Mitwirkung bei der Abklärung des Sachverhalts (Art. 448 ZGB, vgl. Kap. 9.3. und 9.4.);
- Fragen bezüglich der Begutachtung (Art. 449 ZGB, vgl. Kap. 7.4.);

8. Sinngemässe Anwendung des Erwachsenenschutzrechts

- Verfahrensvertretung (Art. 449a ZGB hinsichtlich der Vertretung der Eltern und Pflegeeltern; die Verfahrensvertretung des Kindes ist in Art. 314a^{bis} ZGB geregelt, vgl. Kap. 7.2.);
- Akteneinsicht (Art. 449b ZGB, vgl. Kap. 5.9.);
- Beschwerde (Art. 450–450e ZGB, vgl. Kap. 5.12.).

8.3 Die folgenden Artikel gelten auch im Bereich des Kindesschutzes: Art. 450f ZGB, der eine sinngemässe Anwendung der ZPO-Bestimmungen vorsieht, wenn die Kantone nichts anderes bestimmen (vgl. Kap. 5.1.), Art. 450g ZGB über die Vollstreckung (vgl. Kap. 5.14.), Art. 451 Abs. 1 ZGB über die Schweigepflicht (vgl. Kap. 9.2.), Art. 453 ZGB über die Zusammenarbeitspflicht (vgl. Kap. 9.1.) sowie Art. 454–456 ZGB über die Verantwortlichkeit.

8.4 Art. 449c, 451 Abs. 2 und 452 ZGB betreffen nur erwachsenenschutzrechtliche Massnahmen und sind im Bereich des Kindesschutzes nicht anwendbar.

8.5
> **Beachte**
>
> Art. 314 Abs. 1 ZGB verweist auf die anwendbaren Bestimmungen über das *Verfahren* vor der Erwachsenenschutzbehörde; eine sinngemässe Anwendung des *materiellen* Rechts ist ausgeschlossen.

8.2. Ernennung Mandatsträger/in (Art. 400/401 ZGB)

Literatur

Gesetzliche Grundlagen: Art. 314 Abs. 1 ZGB i.V.m. Art. 400/401 ZGB.

Allgemeine Literatur: BSK ZGB I-REUSSER, Art. 400–404; ESR Komm-HÄFELI, Art. 400–401; HÄFELI, Rz. 21.01 ff.; Handbuch KES-FREY/PETER/ROSCH, Rz. 1280 ff.; HAUSHEER/GEISER/AEBI-MÜLLER, Rz. 20.118 ff.; KUKO ZGB-HÄFELI, Art. 400–401; MEIER, Rz. 934 ff.; OFK ZGB-HRUBESCH-MILLAUER/PFANNKUCHEN-HEEB, Art. 400–401; KOKES-Praxisanleitung ESR, Rz. 6.19 [«Zeitbedarf»].

Spezifische Literatur: DEUTSCHES INSTITUT FÜR JUGENDHILFE UND FAMILIENRECHT-DIJuF, Rechtsgutachten vom 12.10.2011, in: JAmt-Das Jugendamt – Zeitschrift für Jugendhilfe und Familienrecht 2011, 648 f.; PAVILLON E., Die Struktur des Vormundschaftsamtes des Kantons Neuchâtel, Bewertungssystem der Arbeitsbelastung der Mitarbeiter, in: ZfJ-Zentralblatt für Jugendrecht, 1997, 76 ff.; SÜNDERHAUF HILDEGUND, Fallzahlenbingo : 30, 40 oder 50? Für wie viele Mündel kann eine Amtsvormundin in persönlicher Verantwortung die Pflege und Erziehung fördern und gewährleisten? in: JAmt-Das Jugendamt – Zeitschrift für Jugendhilfe und Familienrecht 2011, 293 ff.

8.6 Hinsichtlich der Ernennung von MT sind Art. 400 f. ZGB sinngemäss anwendbar. MT müssen zwingend natürliche Personen sein (Art. 400 Abs. 1 ZGB). Deshalb kann die KESB keine Stelle als MT einsetzen, sondern nur eine bestimmte, dort angestellte Person. Das Gesetz hält einzelne Anforderungen an die erforderliche Eignung fest (Art. 400 Abs. 1 ZGB), belässt der KESB aber ein weites Ermessen (Art. 4 ZGB). Eine als MT einsetzbare Person muss für die vorgesehenen Aufgaben *persönlich und fachlich geeignet* sowie im Besitz der vollen zivilrechtlichen Handlungsfähigkeit sein. Die MT muss weder die schweizerische Staatsangehörigkeit noch ihren Wohnsitz in der Schweiz haben. Die MT muss ihre Aufgaben *persönlich* wahrnehmen, darf aber Hilfspersonen beiziehen.

Die MT muss über die zur Wahrnehmung ihrer Aufgaben *nötige Zeit* verfügen. Im Bereich des Kindesschutzes sollte die Zielgrösse gemessen an einer Vollzeitbeschäftigung höchstens 60 bis 80 Mandate sein. Zum Vergleich begrenzt das deutsche Recht die Zahl der Mandate im Bereich des Kindesschutzes auf 50 pro Vollzeitstelle (Art. 55 Abs. 2 Sozialgesetzbuch [SGB] – Achtes Buch [VIII] – Kinder- und Jugendhilfe).

8.7

8.8

> **Beachte**
>
> Damit die MT über die zur Wahrnehmung ihrer Aufgabe nötige Zeit verfügen, sollte ein/eine MT bei einem Vollzeitpensum nicht mehr als 60 bis 80 Mandate führen.

Der KESB steht es frei, einen *beruflichen MT* (Mitarbeitende eines öffentlichen Beistands- oder Sozialdienstes), einen *privaten MT* (Nahestehende oder Verwandte, Privatpersonen aus dem sozialen Umfeld, ehrenamtlich tätige Personen) oder eine *andere Fachperson* (Anwalt, Anwältin, Treuhänder/in, unabhängige Fachperson, Mitarbeitende/r eines privaten Sozialdienstes) zu ernennen. Sie berücksichtigt dabei die Komplexität der wahrzunehmenden Aufgaben. Im Kindesschutz werden hauptsächlich berufliche MT eingesetzt. Private MT kommen nur in Ausnahmefällen in Betracht (z.B. für eine Vormundschaft, wenn die Eltern verstorben sind). Anwälte oder Anwältinnen werden oft eingesetzt, wenn Gerichtsverfahren zu führen sind (z.B. um einen Vaterschafts- oder Unterhaltsprozess zu führen). Dem Kind nahestehende Personen (z.B. Gotte oder Götti) haben auch ohne behördliches Mandat eine wichtige soziale Rolle, sind als Ergänzung und Ressourcen im Hilfeprozess zu nutzen. Im Vergleich zum Erwachsenenschutz hat Art. 401 ZGB im Kindesschutz nur eine geringere Tragweite (vgl. BGer 5A_868/2015 und 5A_869/2015).

8.9

Neben den Bestimmungen über die Eignung der MT sind im Bereich des Kindesschutzes auch jene über die *Mandatsführung* sinngemäss anwendbar. Es handelt sich insb. um Art. 404 ZGB (Entschädigung und Spesenersatz), Art. 405 ff. ZGB (Führung der Beistandschaft), Art. 416 ZGB (Zustimmung der KESB) und Art. 419 ZGB («Beschwerde» an die KESB).

8.10

8.3. Unterbringung (Art. 314b Abs. 1 ZGB)

Literatur

Gesetzliche Grundlagen: Art. 314b Abs. 1, Art. 327c Abs. 3 i.V.m Art. 426 ff. und Art. 450e ZGB.

Allgemeine Literatur: BSK ZGB I-BREITSCHMID, Art. 314b; VBK (heute: KOKES), Mustersammlung zum Adoptions- und Kindesrecht, S. 219 ff.; CHK ZGB-BIDERBOST, 314b; FamKomm ESR-COTTIER, 314b ZGB; CR CC I-MEIER, Art. 307–315b ZGB; Handbuch KES-DUBNO/ROSCH, Rz. 1463 ff.; HÄFELI, Rz. 25.01 ff.; HAUSHEER/GEISER/AEBI-MÜLLER, Rz. 20.164 ff.; KUKO ZGB-COTTIER, Art. 314–314b; MEIER, Rz. 1171 ff.; MEIER/STETTLER Rz. 1330; OFK ZGB-GULER, Art. 314–314b.

Spezifische Literatur: AMEY LAURA/CHRISTINAT RACHEL, Le placement à des fins d'assistance, in: Guillod Olivier/Bohnet François (Hrsg.), Le nouveau droit de la protection de l'adulte, Basel 2012, 283 ff.; ARMENTI STEFAN, Fürsorgerische Unterbringung als komplexe interdisziplinäre Leistung, in: AJP 2015, 1659 ff.; BERNHART CHRISTOF, Handbuch der fürsorgerischen Unterbringung, Basel 2011; BIRCHLER URSULA, Die fürsorgerische Unterbringung Minderjähriger, in: ZVW 2013, 141 ff.; ETZENSBERGER MARIO, Die «Fürsorgerische Unterbringung» und «Behandlung einer psychischen Störung» aus der Sicht eines praktischen Psychiaters, in: ZSR 2003 I, 361 ff.; LUSTENBRGER MARKUS, Die fürsorgerische Freiheitsentziehung bei Unmündigen unter elterlicher Gewalt (Art. 310/314a ZGB), Diss. Freiburg 1987; ROSCH DANIEL, Die fürsorgerische Unterbringung im revidierten Kindes- und Erwachsenenschutzrecht, in: AJP 2011, 505; SCHNELLER LENA E./BERNARDON ANGELO, Stationäre Kinder- und Jugendpsychiatrie: Umsetzung des neuen Kindesund Erwachsenenschutzrechts, in: Schweizerische Ärztezeitung, 19.10.2016, 1463 ff.

8.11 Wird ein Kind in einer geschlossenen Einrichtung oder einer psychiatrischen Klinik untergebracht, sind die erwachsenenschutzrechtlichen Bestimmungen über die fürsorgerische Unterbringung (Art. 426 ff. ZGB) sinngemäss anwendbar (Art. 314b Abs. 1 ZGB und Art. 327c Abs. 3 ZGB für das bevormundete Kind).

8.12 Die *materiellen Voraussetzungen* der Unterbringung eines Kindes richten sich nach Art. 310 ZGB (vgl. Kap. 2.4., insb. Rz. 2.84) und nicht nach Art. 426 Abs. 1 und 2 ZGB. Dagegen gelten die Bestimmungen über die Entlassung (Art. 426 Abs. 3 und 4 ZGB) für das untergebrachte Kind im Einklang mit Art. 313 ZGB sinngemäss.

8.13 Die Regeln über die *Zurückbehaltung freiwillig Eingetretener* (Art. 427 ZGB) sind im Kindesschutz ebenfalls sinngemäss anwendbar, wenn das Kind von den sorgeberechtigten Eltern ohne Entziehung des Aufenthaltsbestimmungsrechts freiwillig untergebracht wurde oder wenn das urteilsfähige Kind selber entscheidet, in eine Einrichtung einzutreten. Zudem müssen die Voraussetzungen von Art. 427 Abs. 1 ZGB erfüllt sein.

8.14 Wenn die Unterbringung des Kindes mit der Aufhebung des Aufenthaltsbestimmungsrechts verbunden ist (Art. 310 ZGB), richtet sich die örtliche und sachliche Zustä*ndigkeit* nach Art. 315–315b ZGB. In Ausnahmefällen, namentlich wenn ein Kind aus psychiatrischen Gründen untergebracht ist, kann die KESB der Einrichtung die Entlassungskompetenz übertragen

8.3. Unterbringung

(Art. 428 Abs. 2 ZGB), insb. wenn die KESB über Ort und Modalitäten der Unterbringung nach der Entlassung bereits entschieden hat (das Aufenthaltsbestimmungsrecht obliegt der KESB, eine Delegation ist nicht ohne weiteres möglich). Die ärztliche Zuständigkeit (Art. 429 und 430 ZGB) gilt sowohl im Erwachsenen- als auch im Kindesschutz.

Die Bestimmung über die *periodische Überprüfung* (Art. 431 ZGB) muss im Lichte von Art. 313 ZGB ausgelegt werden, wonach Kindesschutzmassnahmen veränderten Verhältnissen anzupassen sind. Die KESB muss die Situation des Kindes regelmässig überprüfen und die erste Prüfung spätestens sechs Monate nach der Unterbringung vornehmen (Art. 431 Abs. 1 ZGB); bei Kindern ist allerdings i.d.R. eine kürzere Frist angezeigt. Eine zweite Überprüfung muss innerhalb von weiteren sechs Monaten erfolgen, danach so oft wie nötig, mindestens aber jährlich (Art. 431 Abs. 2 ZGB). Die Missachtung der Fristen kann eine Staatshaftung des Kantons begründen, die Unterbringung wird aber nicht automatisch aufgehoben. 8.15

Das untergebrachte Kind kann eine *Vertrauensperson* beiziehen (Art. 432 ZGB und Art. 1a Abs. 2 lit. b PAVO); bei Urteilsfähigkeit kann es sie ausdrücklich veranlassen. Ist es urteilsunfähig, wird es vom gesetzlichen Vertreter begleitet. 8.16

Medizinische Massnahmen bei einer psychischen Störung (Art. 433–437 ZGB) fallen in den Bereich der höchstpersönlichen Rechte. Urteilsfähige Kinder entscheiden selbständig über medizinische Massnahmen (Art. 19c Abs. 1 ZGB). Sie können keiner Behandlung ohne Zustimmung unterworfen werden, dies ist nur gegenüber Urteilsunfähigen möglich (Art. 434 Abs. 1 Ziff. 2 ZGB). Bei urteilsunfähigen Kindern darf der Arzt nicht ohne Einwilligung der Eltern über medizinische Massnahmen im psychiatrischen Bereich entscheiden. Lehnen die Eltern eine Behandlung ab, muss der Arzt sich an die KESB wenden, die ggf. gestützt auf Art. 307 oder 308 ZGB die Zustimmung zur Behandlung erteilt resp. erteilen lässt. Deshalb ist weder Art. 380 noch Art. 434 ZGB für Kinder anwendbar; zulässig sind nur Behandlungen in Notfällen gemäss Art. 435 ZGB. 8.17

Die bei untergebrachten Erwachsenen möglichen *Massnahmen zur Einschränkung der Bewegungsfreiheit* (Art. 438 ZGB) sind auf Kinder unter den Voraussetzungen von Art. 383–385 ZGB anwendbar. Diese Massnahmen müssen jedoch der Abwendung einer Gefahr gemäss Art. 383 ZGB dienen. Kinder können zudem disziplinarischen oder erzieherischen Massnahmen (vgl. Art. 301 und 302 ZGB für Letztere) unterworfen werden, die eine Einschränkung der Bewegungsfreiheit nach sich ziehen. 8.18

Die *Anhörung des Kindes* unterliegt den besonderen Bedingungen von Art. 314a ZGB (vgl. Kap. 7.1.). Bei einer fürsorgerischen Unterbringung 8.19

hört die KESB die betroffene Person gemäss Art. 447 Abs. 2 ZGB in der Regel als Kollegium an. Die Bestimmung gilt grundsätzlich auch für Kinder, wobei aber Besonderheiten aufgrund des Kindesalters zu beachten sind, was eine Anhörung durch eine Person allein oder durch eine von der KESB bezeichnete Fachperson rechtfertigen kann resp. fordert.

8.20 Das *Rechtsmittel* gegen einen Unterbringungsentscheid bei Kindern ist die Beschwerde nach Art. 314b ZGB i.V.m. Art. 450 Abs. 1 ZGB. Die Beschwerde an das Gericht steht auch gegen ärztliche Entscheide und solche einzelner Einrichtungen offen (Art. 314b ZGB i.V.m. mit Art. 439 Abs. 1 Ziff. 1 bis 5 ZGB). Das urteilsfähige Kind kann selber Beschwerde führen (Art. 19c Abs. 1 ZGB), während das urteilsunfähige Kind über seine gesetzliche Vertretung handelt (Art. 19c Abs. 2 ZGB). Die Eltern und das Kind sind gemäss Art. 450 Abs. 2 Ziff. 1 und Art. 439 Abs. 1 ZGB beschwerdefugt. Die besonderen Verfahrensbestimmungen bei fürsorgerischen Unterbringungen sind auch bei der Unterbringung von Kindern anwendbar (Art. 450b Abs. 2 und 450e Abs. 1, 2 und 5 ZGB). Ist in der Einrichtung eine psychiatrische Behandlung notwendig, muss ein Gutachten eingeholt werden (Art. 314b i.V.m. 450e ZGB).

8.21
> **Beachte**
>
> Die materiellen Voraussetzungen der Unterbringung von Kindern richten sich nach Art. 310 ZGB, der auch die gemäss Art. 5 Abs. 1 lit. d und e EMRK erforderliche Notwendigkeit einer überwachten Erziehung und Behandlung einer psychischen Störung erfasst.

8.4. Urteilsunfähige in Einrichtungen

Literatur

Gesetzliche Grundlagen: Art. 314 Abs. 1 i.V.m. Art. 382–387 ZGB.

Allgemeine Literatur: FamKomm ESR-LEUBA/VAERINI, Einführung zu Art. 382 ff., 382, 386 und 387 ZGB; HÄFELI, Rz. 13.01 ff.; KUKO ZGB-MÖSCH PAYOT, Art. 382–387; OFK ZGB-HRUBESCH-MILLAUER, Art. 382–387.

Spezifische Literatur: LEUBA AUDREY/TRITTEN CÉLINE, La protection de la personne incapable de discernement séjournant en institution, in: ZVW 2003, 284 ff.; MÖSCH PETER, Rechtliche Rahmenbedingungen für freiheitsbeschränkende Massnahmen im Heimbereich, in: ZKE 2014, 5 ff.

8.22 Art. 382–387 ZGB sind nur auf urteilsunfähige Erwachsene anwendbar. Die Vertretung urteilsunfähiger Kinder, die sich in Einrichtungen aufhalten, richtet sich nach anderen Bestimmungen, wie z.B. Art. 296 ff. und 327a ff. ZGB, zudem ist ihre Rechtsstellung in der Einrichtung in der PAVO geregelt.

8.4. Urteilsunfähige in Einrichtungen

Das urteilsunfähige Kind unter elterlicher Sorge wird beim Abschluss eines *Betreuungsvertrages* (über Kosten und Leistungen der Einrichtung) von seinen Eltern vertreten.

8.23

Allfällige *Einschränkungen der Bewegungsfreiheit* dürfen angeordnet werden, aber nur unter den Voraussetzungen von Art. 383 ZGB, wobei die Bestimmung nicht wörtlich anwendbar ist, aber Anhaltspunkte geben kann, ob das Subsidiaritäts- und Verhältnismässigkeitsprinzip gewahrt sind. Über die Massnahme sind das Kind und seine gesetzlichen Vertreter den Vorgaben von Art. 383 Abs. 2 ZGB entsprechend zu informieren. Die Protokollierungs- und Informationspflichten gemäss Art. 384 ZGB sind gegenüber den gesetzlichen Vertretern des Kindes auszuüben. U.U. kann die Einrichtung auch disziplinarische Massnahmen mit einschränkender Wirkung auf die Bewegungsfreiheit anordnen, die gleichzeitig erzieherische, sichernde oder sanktionierende Zwecke verfolgen können (vgl. dazu z.B. das FMJG BE). Zur Beschwerde vgl. Kap. 5.12.

8.24

Die KESB greift nach den Bestimmungen über den Kindesschutz (Art. 307 ff. ZGB) ein, wenn Gefahr in Verzug ist. Sie kann alle dem Schutz des Kindes dienenden Massnahmen anordnen.

8.25

9. Rechte und Pflichten der Zusammenarbeit

Literatur

Gesetzliche Grundlagen: Art. 413 Abs. 2 ZGB, Art. 443 ZGB, Art. 448 ZGB, Art. 451 Abs. 1 ZGB, Art. 320 StGB, Art. 321 StGB, Art. 20 JStG.
Materialien: Botschaft Meldepflichten.
Allgemeine Literatur BSK ZGB I [AFFOLTER, Art. 413; AUER/MARTI, Art. 443/448; GEISER, Art. 451]; CHK ZGB [AFFOLTER, Art. 413 ZGB; STECK, Art. 443/448; BREITSCHMID, Art. 451]; FamKomm ESR [HÄFELI, Art. 413; STECK, Art. 443/448; COTTIER/HAESLER, Art. 451]; MEIER, Rz. 181–189, 223–230, 1019–1022.
Spezifische Literatur: AFFOLTER KATHRIN, Anzeige und Meldepflicht (Art. 443 Abs. 2 ZGB) – Gesetzliche Ausgestaltung in den Kantonen, in: ZKE 2013, 47 ff.; DAVET SUZANNE, Meldepflichten von Behörden bei illegalem Aufenthalt, in: BJM 2010, 57 ff.; ROSCH DANIEL, Melderechte, Melde- und Mitwirkungspflichten, Amtshilfe: die Zusammenarbeit mit der neuen Kindes- und Erwachsenenschutzbehörde, in: FamPra 2012, 1020 ff.; ROSCH DANIEL, Menschenrechte und Datenschutz in der Sozialen Arbeit, in: Menschenrechte und Digitalisierung des Alltags, Internationales Menschenrechtsforum Luzern, Band VIII, Bern 2011, S. 231–267; SCHWANDER MARIANNE, Geheimhaltungspflichten und Datenaustausch in der Sozialen Arbeit, in: ZKE 2015, 95 ff.; VOGEL URS, Verhältnis der Schweigepflicht nach Art. 413 und 451 ZGB zum Amtsgeheimnis nach Art. 320 StGB, in: ZKE 2014, 250 ff.

9.1 Schweigepflicht

9.1   Art. 451 Abs. 1 ZGB resp. Art. 413 Abs. 2 ZGB halten die *Schweigepflicht* für die KESB resp. für MT bundesrechtlich und spezialgesetzlich explizit fest. Sie gilt aufgrund von Art. 314 Abs. 1 ZGB auch im Bereich des Kindesschutzes. Ausgangspunkt aller Entscheide über die Bekanntgabe personenbezogener Daten ist das *Recht auf informationelle Selbstbestimmung* (Art. 8 EMRK; Art. 13 Abs. 2 BV). Die Schweigepflicht der KESB und von MT dient dem *Persönlichkeitsschutz* der betroffenen Personen (Kinder; Eltern). Gleichzeitig schützt sie das öffentliche Interesse an funktionstüchtigen Organen des Kindesschutzes. Damit relevante Sachverhalte möglichst realitätsnah beurteilt werden, sind die KESB oder MT auf Informationen aus dem Geheimbereich der verfahrensbeteiligten Personen angewiesen. Im Gegenzug muss eine verlässliche Vertraulichkeitszusicherung gewährleistet sein.

9.2   Der *Schweigepflicht unterstehen* Mitarbeitende der KESB sowie berufliche oder private MT. Sie gilt auch für Hilfspersonen, die von der KESB oder von MT zur Erfüllung von Abklärungsaufträgen oder mandatsgebundener Aufgaben beigezogen werden. Es erscheint ggf. angezeigt, externe Hilfspersonen mit der Auftragserteilung ausdrücklich auf die Schweigepflicht aufmerksam zu machen. Die Schweigepflicht gilt unter Vorbehalt gesetzlicher Informationspflichten und -rechte auch zwischen der KESB und MT.

Die Schweigepflicht steht unter dem Vorbehalt entgegenstehender Interessen, die für eine Offenbarung anvertrauter Personendaten sprechen. Ein *Durchbrechen der Schweigepflicht* ist in drei Konstellationen legitim:

- *Einwilligung der betroffenen Person* in die Bekanntgabe schützenswerter Personendaten: Die Einwilligung ist ein höchstpersönliches, aber nicht vertretungsfeindliches Recht. Die Einwilligung kann nicht generell im Voraus erteilt werden, sondern nur für konkrete Anfragen im Einzelfall. Urteilsfähige üben das Zustimmungsrecht selbständig aus. Dies setzt die Fähigkeit voraus, die Tragweite der Bekanntgabe oder des Verschweigens der Information realitätsgerecht einschätzen zu können. Urteilsunfähige können vertreten werden. Urteilsfähige Minderjährige entscheiden selbständig über die Einwilligung; urteilsunfähige Minderjährige können von den Eltern oder der MT vertreten werden. Hat ein MT Aufgaben mit Vertretungsbefugnissen (Art. 306 Abs. 2 ZGB, Art. 308 Abs. 2 ZGB), entscheidet sie über die nötige Offenbarung von Informationen selber.
- *Gesetzliche Grundlage:* Bei *gesetzlichen Mitteilungsrechten und -pflichten* (vgl. Kap. 9.4.) dürfen die KESB und MT ihre Schweigepflicht durchbrechen. Nach dem Verhältnismässigkeitsprinzip darf nur so viel bekannt gegeben werden, wie notwendig und geeignet ist, den Zweck des Informationsaustausches zu erfüllen.
- In *besonderen Situationen* dürfen Daten im *Interesse höherrangiger Rechtsgüter* offenbart werden. Das setzt eine *Abwägung* der im Spiel stehenden Interessen voraus. Dabei sind jene betroffener Kinder vorrangig zu berücksichtigen (Art. 3 KRK). Für die Voraussetzungen kann für das Strafrecht auf den rechtfertigenden oder entschuldbaren Notstand (Art. 17 und 18 StGB) und für das Haftpflichtrecht auf die Haftung bei Notwehr und Notstand (Art. 52 OR) verwiesen werden. Machen beteiligte Personen ein Verfahren öffentlich, erlaubt das der KESB nicht, die Schweigepflicht zu durchbrechen. Eine mediale Ausbreitung konkreter Verhältnisse liegt kaum je im Interesse betroffener Kinder. Familienrechtliche Verfahren sind folgerichtig nicht öffentlich (Art. 54 Abs. 4 ZPO). Zulässig sind allgemeine Erklärungen über die Arbeitsweise der KESB und die Voraussetzungen von Massnahmen. Wird die Reputation der KESB angegriffen, muss die Aufsichtsbehörde (Art. 441 ZGB) allfällige Massnahmen prüfen.

9.3

9.2. Melderechte/-pflichten an KESB

9.4   Auszugehen ist vom Recht jeder Person, der KESB rechtserhebliche Tatsachen zu melden, die auf eine Gefährdung des Kindeswohls schliessen lassen (Art. 443 Abs. 1 ZGB i.V.m. Art. 314 Abs. 1 ZGB). Dieser Grundsatz des allgemeinen Melderechts wird ergänzt mit qualifizierten Schweigepflichten (die eine Meldung ausschliessen) oder aber Meldepflichten (die eine Meldung gebieten).

9.5
> **Qualifizierte Schweigepflicht beim Berufsgeheimnis**
>
> Wer einem Berufsgeheimnis nach Art. 321 StGB untersteht (z.B. Geistliche, Rechtsanwältinnen, Psychologinnen oder Ärzte), ist weder meldepflichtig noch -berechtigt. Das gilt auch für Tätigkeiten, die aufgrund einer spezialgesetzlichen Verweisungsnorm dem strafrechtlichen Berufsgeheimnis unterstellt sind (z.B. Art. 3c Abs. 4 BetmG; Art. 2 BG über die Schwangerschaftsberatungsstellen).
>
> Ausnahmen:
> - Melderecht/-pflicht nach einer rechtsgültigen Entbindung vom Berufsgeheimnis.
> - Melderecht bei ernsthaftem Anlass, dass von einer strafbaren Handlung an einem Minderjährigen auszugehen ist (Art. 364 StGB).
> - Melderecht/-pflicht aufgrund einer das bundesrechtliche Berufsgeheimnis durchbrechenden kantonal geregelten Melderechts/-pflicht (z.B. Ärztinnen und Ärzte in den Kantonen AI, UR und SZ).

9.6
> **Meldepflicht bei amtlicher Tätigkeit**
>
> Personen, die in amtlicher Tätigkeit von einer Gefährdung erfahren, sind von Bundesrechts wegen meldepflichtig (Art. 443 Abs. 2 ZGB). Amtlich tätig ist, wer öffentlich-rechtliche Befugnisse ausübt. Das setzt weder ein Anstellungsverhältnis voraus noch eine Unterstellung unter das strafrechtliche Amtsgeheimnis.
>
> Ausnahmen:
> - Keine Meldepflicht, wenn eine spezifische bundesrechtliche Schweigepflicht mit einem besonderen Melderecht ergänzt ist (z.B. Melderecht von Opferhilfeberatungsstellen nach Art. 11 Abs. 4 OHG).
> - Kantonales Recht kann den Kreis der Meldepflichtigen erweitern (z.B. bei privaten Tätigkeiten im Bildungs-, Betreuungs- oder Gesundheitsbereich), selbst wenn diese Personen dem Berufsgeheimnis unterstellt sind.

9.2. Melderechte/-pflichten an KESB

Bei *amtlich tätigen Berufsgeheimnisträger/innen* (z.B. Amtsarzt oder Schulpsychologin) steht der Berufsschweigepflicht die Meldepflicht für Amtstätigkeit gegenüber. Es ist zunächst zu prüfen, ob kantonales Recht dazu besondere Regeln aufstellt. Sodann räumen Art. 364 StGB und Art. 453 ZGB den Berufsgeheimnisträger/innen ein weit gefasstes Melderecht ein. Im Übrigen ist vom Vorrang des Berufsgeheimnisses nach Art. 443 Abs. 1 Satz 2 ZGB auszugehen.

9.7

Wer ein Melderecht oder eine Meldepflicht an die KESB ausübt, muss abwägen, ob hinreichende Anhaltspunkte für die Annahme einer Gefährdung vorliegen. Ggf. ist keine Entbindung vom Amtsgeheimnis nötig (Art. 14 StGB). Organisationsinterne Regelungen können nur unterstützen, aber nicht von der Meldepflicht entlasten. Eine Lehrperson bleibt meldepflichtig, auch wenn nach schulinternen Regeln eine Meldung über vorgesetzte Stellen (Schulpflege, Schulleitung) erfolgt.

9.8

Die kindesschutzrechtliche Regelung der Melderechte und -pflichten gilt für Meldungen an die KESB und für Informationen, die geeignet sind, eine Gefährdung des Kindeswohls zu prüfen. Für die Information anderer Behörden oder Stellen (z.B. Strafverfolgungsbehörden oder Gerichte) sind die jeweils relevanten Bestimmungen zu beachten.

9.9

Die erwähnten Melderechte und -pflichten betreffen rechtserhebliche Tatsachen, die eine Gefährdung des Kindeswohls befürchten lassen. Darüber hinausgehender Datenaustausch bedarf besonderer gesetzlicher Grundlagen.

9.10

Eine Meldung an die KESB erfolgt mündlich oder schriftlich. Einzelne KESB stellen auf ihren Websites Formulare zur Verfügung, Je nachdem, ob die Meldung von einer Privatperson oder eine Amtsstelle formuliert wird, fällt sie unterschiedlich differenziert aus. Die KESB muss auf alle Meldungen reagieren.

9.11

9.12

Meldung an die KESB (Muster)

Angaben zum betroffenen Kind (Vorname, Name, Alter), zur Mutter und zum Vater (Name, Adresse, Zivilstand, Erwerbstätigkeit)

Angaben zur meldenden Person (Name, Erreichbarkeit, Bezug zur Familie)

Hinweise zur möglichen Gefährdung (so vollständig wie möglich):
- Was melden Sie? Welche Probleme liegen aus Ihrer Sicht vor?
- Welche Unterstützung brauchen die Eltern/die Kinder aus Ihrer Sicht?
- Wer hat bisher was unternommen? Was war erfolgreich, was nicht?
- Familiäre Situation der betroffenen Kinder (familiäres Beziehungsnetz, ggf. Trennung/Scheidung, Wohnen)?

9. Rechte und Pflichten der Zusammenarbeit

> - Weshalb wird die Meldung zum jetzigen Zeitpunkt eingereicht?
> - Wurden Kind und Eltern über die Meldung informiert? Falls Ja: Wie war die Reaktion? Falls Nein: Aus welchen Gründen unterblieb die Information?
> - Wer wurde sonst noch über die Meldung informiert?
> - Sind andere Stellen involviert oder bereits mit Abklärungen befasst?
> - Hinweise zur gesundheitlichen Situation der betroffenen Personen (inkl. Hinweise auf Hausärztin, Psychiater etc.)
> - Ist bei Abklärungen Besonderes zu beachten (z.B. Dolmetscher)?
>
> Ort, Datum und Unterschrift und Beilagen

9.13 Der Bundesrat hat am 15. April 2015 eine *Revision* betreffend Ausweitung und Vereinheitlichung der Meldepflichten und Erleichterung bei der Entbindung vom Berufsgeheimnis vorgelegt. Im Zeitpunkt der Drucklegung dieses Buchs (Januar 2017) waren die *parlamentarischen Beratungen* noch nicht abgeschlossen.

9.3. Amts- und Rechtshilfe

9.14 Als *Amtshilfe* wird der Datenaustausch unter Verwaltungsbehörden und als *Rechtshilfe* derjenige mit Gerichten bezeichnet.

9.15 *Amtshilfe an die KESB* erfolgt im Einzelfall auf begründetes Gesuch (Art. 448 Abs. 4 ZGB). Elektronische Abfragen sind zulässig, wenn die Datensicherheit gewährleistet ist (vgl. Art. 7 DSG). So ist der Zugriff der KESB auf Daten der Einwohnerkontrollen kantonalrechtlich teilweise ausdrücklich geregelt. Dazu müssen Abfragemasken hinreichend einschränkend konfiguriert, die Zugriffsberechtigung geregelt und Abfragen protokolliert werden. Vorbehalten bleiben gesetzliche Bestimmungen, die begründete Einzelfallanfragen verlangen (z.B. Art. 50a Abs. 1 lit. e Ziff. 6 AHVG). Es ist Usanz, Amtshilfe unentgeltlich zu leisten, teilweise ist der Grundsatz ausdrücklich festgehalten (Art. 32 ATSG; Art. 12a Abs. 3 GebVSchKG).

9.16 Für die *Amts- oder Rechtshilfe der KESB* an andere Behörden oder Gerichte ist von Art. 451 Abs. 1 ZGB auszugehen. Die KESB ist insb. zur Information berechtigt, wenn es eine bundes- oder kantonalrechtliche Grundlage ausdrücklich vorsieht (z.B. Art. 31 JStPO; Art. 194 f. StPO; Art. 190 ZPO). Was die KESB von Dritten unter Entbindung von einem Berufsgeheimnis erfahren hat (Arztberichte; psychiatrische Gutachten), darf sie amtshilfeweise nicht direkt weitergeben. Untersteht die anfragende Stelle ihrerseits dem Amts- oder Berufsgeheimnis, legitimiert dies für sich allein die Weitergabe von Personendaten nicht. Im Rahmen des Ermessens nach Art. 413 und 451 ZGB müssen MT resp. die KESB entscheiden, ob sie anderweitige Mitteilungsrechte ausüben (z.B. Anzeigerecht nach Art. 301 StPO).

9.4. Mitteilungspflichten von KESB und MT

Bei gesetzlichen Mitteilungspflichten dürfen die KESB und MT ihre Schweigepflicht durchbrechen.

9.17

> **Mitteilungspflichten der KESB**
>
> - Adoptionen an Zivilstandsämter (Art. 42 Abs. 1 lit. a ZStV).
> - Beistandschaften nach Art. 325 ZGB und Vormundschaften nach Art. 327a ZGB an das Betreibungsamt (Art. 68c SchKG).
> - Behördliche Massnahmen an Migrationsbehörden (Art. 82 Abs. 2 VZAE) im Rahmen einer Interessensabwägung nach Art. 451 Abs. 1 ZGB.
> - Mitteilung relevanter Schutzmassnahmen ans Passbüro (Art. 13 Abs. 1 lit. c Ausweisgesetz).
> - Mitteilungspflicht nach kantonalem Recht (z.B. Entscheide über das Sorgerecht an die Einwohnerkontrolle oder Massnahme mit Kostenfolgen an die Gemeinde).

9.18

Eine vom Parlament am 16. Dezember 2016 beschlossene Revision von Art. 449c ZGB betrifft punktuell auch Mitteilungen von Kindesschutzmassnahmen. Welche Kindesschutzmassnahmen konkret betroffen sind, war im Zeitpunkt der Drucklegung dieses Buches (Januar 2017) noch unklar.

> **Mitteilungspflichten der MT**
>
> MT dürfen Dritte über die Beistandschaft informieren, wenn es *zur gehörigen Erfüllung ihrer Aufgabe nötig* ist (Art. 413 Abs. 3 ZGB). Zur Abgrenzung zwischen der Mitteilung durch die KESB oder MT bietet sich als Leitlinie an, dass sich die Mitteilungspraxis der KESB primär der Amtshilfe zuordnen lässt, d.h., wenn andere staatliche Stellen zur Erfüllung ihrer Aufgaben auf die Information der KESB angewiesen sind. Mitteilungspflichten von MT ergeben sich primär aus den Bedürfnissen des Einzelfalles, d.h., wenn es für den Vollzug der konkreten Massnahme nötig ist.

9.19

9.5. Zusammenarbeitspflicht

Literatur

Gesetzliche Grundlagen: Art. 317 ZGB, Art. 453 ZGB, Art. 20 JStG.

Allgemeine Literatur: BSK ZGB I-Breitschmid, Art. 317; BSK ZGB I-Geiser, Art. 453; BSK Strafrecht I-Gürber/Hug/Schläfli, Art. 20 JStG; Häfeli, Rz. 35.10 ff.

Spezifische Literatur: Riedo Christof, Jugendstrafrecht und Jugendstrafprozessrecht, N 850 ff.

9.20 Im Kindesschutz arbeiten die beteiligten Akteure interdisziplinär und interinstitutionell zusammen. Kommunikationshandlungen dieser Zusammenarbeit sind immer auf ihre *datenschutzrechtliche Zulässigkeit* zu reflektieren. Am Einzelfall beteiligte Fachpersonen müssen den Persönlichkeitsschutz der betroffenen Personen achten und sind an die für sie geltenden Schweige- und Informationspflichten gebunden.

9.21 Gemäss Art. 317 ZGB sichern die Kantone durch geeignete Vorschriften die zweckmässige Zusammenarbeit auf dem Gebiet des zivilrechtlichen Kindesschutzes, des Jugendstrafrechts und der übrigen Jugendhilfe. Dies legitimiert Informationsaustausch durch MT oder KESB im Rahmen der Schweigepflicht und konkretisierendem kantonalem Recht. Eine direkte Rechtsgrundlage für den Datenaustausch lässt sich daraus nicht herleiten (a.M. BSK ZGB I-Breitschmid, Art. 317 N 2).

9.22 Die Zusammenarbeit zwischen *Behörden des Kindesschutz- und Jugendstrafrechts* ist in Art. 20 JStG konkretisiert. Die gegenseitige Information muss sich im Einzelfall auf Anträge und die Übertragung von Aufgaben in Anwendung von Art. 20 Abs. 1 bis 3 JStG beziehen. In diesem Fall dürfen alle zur Beurteilung nötigen Informationen ausgetauscht werden. Im Übrigen können Behörden des Jugendstrafrechts der KESB eine Meldung erstatten (Art. 443 Abs. 2 ZGB). Die KESB kann jugendstrafrechtliche Akten amtshilfeweise beiziehen (Art. 448 Abs. 4 ZGB).

9.23 MT müssen sich für die Aufgabenerfüllung mit anderen Stellen austauschen. Grundsätzlich entscheiden sie selbständig über die damit verbundene Weitergabe von Personendaten (Art. 413 Abs. 2 ZGB). Es kann die Zusammenarbeit mit Eltern entlasten, wenn sie im Errichtungsentscheid dazu ausdrücklich beauftragt werden.

9.24 An *Helferkonferenzen* darf sich die KESB im Rahmen des Verfahrensrechts beteiligen. Bevor mit Eingang einer Meldung ein Kindesschutzverfahren rechtshängig ist, besteht grundsätzlich kein Anlass zur Teilnahme. Danach kann es im Rahmen der Abklärung allenfalls sinnvoll sein. Dabei sind die verfahrensrechtlichen Protokollierungs- und Aktuierungspflichten einzuhalten. *Anonymisierte Fallbesprechungen* und Beratungen (z.B. in Kinderschutzgruppen) sind hingegen jederzeit zulässig.

Teil III: Kindesrecht

Vorbemerkung

Das Kindesrecht regelt die Beziehung des Kindes zu seinen Eltern resp. die (rechtliche) Integration des Kindes in die Rechtsgemeinschaft. Es kann zwischen Kindesrecht i.e.S. und Kindesrecht i.w.S. unterschieden werden:

Das *Kindesrecht i.e.S.* (Art. 252 ff. ZGB) umfasst die Normen, welche die primäre Verantwortung der Eltern für ihr minderjähriges Kind festlegen. Einzelne Normen wirken über die Volljährigkeit des Kindes hinaus (z.B. Art. 277 Abs. 2 ZGB).

Das *Kindesrecht i.w.S.* umfasst zusätzlich die Normen des Personenrechts (z.B. Art. 11 und 31 ZGB), des Eherechts (z.B. Art. 133 ZGB), des Erbrechts (z.B. Art. 553 ZGB), des Strafrechts, etc.

Im Folgenden geht es um das Kindesrecht i.e.S., konkret um nachstehende Themen: Rechtsstellung des Kindes (Kap. 10.), Entstehung des Kindesverhältnisses (Kap. 11.), Elterliche Sorge (Kap. 12.), Vertretung des Kindes (Kap. 13.), Unterhalt (Kap. 14.), Persönlicher Verkehr (Kap. 15.), Kindesvermögen (Kap. 16.).

Das Kindesrecht ist mit dem *Kindesschutzrecht* (Art. 307 ff. ZGB, vgl. Kap. 2.) eng verknüpft. Dieses umfasst Regeln zum Schutz des Kindes hinsichtlich seiner psychischen, physischen und sozialen Entwicklung. Das Kindesschutzrecht ist Bestandteil des Kindesrechts; es ist am Ende des Abschnitts der elterlichen Sorge eingeordnet. Damit werden das elterliche Primat und die Subsidiarität von behördlichen Massnahmen zum Ausdruck gebracht. Die Massnahmen des zivilrechtlichen Kindesschutzrechts kommen erst und nur dann zum Tragen, wenn die Eltern ihre Sorgepflicht nicht erfüllen (können).

10. Rechtsstellung des Kindes

Literatur

Gesetzliche Grundlagen: Art. 11–19d ZGB.
Allgemeine Literatur: BSK ZGB I-BIGLER-EGGENBERGER/FANKHAUSER, Art. 11 ff.; CHK ZGB-BREITSCHMID, Art. 11 ff.; FamKomm ESR-BÜCHLER/MICHEL, Art. 13–19d; CR CC I MANAÏ, Art. 11–14; MEIER/DE LUZE, N 68–211; MEIER/STETTLER, Rz. 888–930; CR CC I WERRO/SCHMIDLIN, Art. 16–19.
Spezifische Literatur: AEBI-MÜLLER, Der urteilsunfähige Patient – eine zivilrechtliche Auslegeordnung, in: Jusletter 22. September 2014; FANKHAUSER/SCHÜRMANN, Geringfügige Überlegungen zu geringfügigen Angelegenheiten des täglichen Lebens, in: Jusletter 9. Dezember 2013; GERBER JENNI et al., Kinder im Gerichtsverfahren, in: FamPra 2009, 60 ff.; HAUSHEER HEINZ/AEBI-MÜLLER REGINA E., Das Personenrecht des Schweizerischen Zivilgesetzbuches, § 6–7; MARGOT MICHEL, Rechte von Kindern in medizinischen Heilbehandlungen, Diss. Zürich 2009.

10.1. Grundbegriffe

10.1 Die nachstehenden Erläuterungen fokussieren auf die Rechtsstellung *minderjähriger* Personen und beschränken sich insofern auf relevante Teilaspekte. Für eine ergänzende Darstellung personenrechtlicher Grundlagen wird auf die Ausführungen der KOKES Praxisanleitung Erwachsenenschutzrecht verwiesen (Rz. 1.22 ff.).

10.1.1. Rechtsfähigkeit (Art. 11 ZGB)

10.2 Minderjährigen kommt – wie allen natürlichen Personen – gestützt auf Art. 11 Abs. 1 ZGB *Rechtsfähigkeit* zu. Unabhängig von ihrem Alter können sie somit Träger von Rechten und Pflichten sein, wobei diese Fähigkeit umfassend zu verstehen ist: Es sind alle Rechte gemeint, die ihnen in ihrer Eigenschaft als Mensch zustehen, solche relativ oder absolut höchstpersönlicher Natur (vgl. Kap. 10.3.), sowie auch bloss obligatorische Rechte, soweit sie durch die Rechtsordnung geschützt und durch sie nicht eingeschränkt sind (zu möglichen Einschränkungen vgl. sogleich).

10.3 Rechtsfähigkeit wird allen Menschen gleichermassen zuerkannt. Dieses Prinzip ist in Art. 11 Abs. 2 ZGB ausdrücklich verankert. In Übereinstimmung mit Art. 8 BV (Grundsatz der Rechtsgleichheit) sind *Diskriminierungen* nach Kriterien wie bspw. Alter, Geschlecht, Rasse, Staatsangehörigkeit, Herkunft etc. ausgeschlossen, soweit nicht sachliche Gründe (bei Minderjährigen insb. die altersbedingte Schutzbedürftigkeit) eine Einschränkung rechtfertigen. Mit der Präzisierung «in den Schranken der Rechtsordnung» wird in Art. 11 Abs. 2 ZGB denn auch angedeutet, dass es Relativierungen des Grundsatzes gibt. So ist bspw. gesetzlich festgehalten, dass Minderjährige vom Eheschluss ebenso ausgeschlossen sind wie von der Möglichkeit, über ihr Vermögen letztwillig zu verfügen, weil beides nur Personen offensteht, die das 18. Altersjahr zurückgelegt haben (Art. 94 Abs. 1 bzw. Art. 467 ZGB). Jede Einschränkung der Rechtsfähigkeit ist als Eingriff in eine Grundrechtsposition zu qualifizieren und erfordert eine gesetzliche Grundlage sowie ein öffentliches Interesse.

Die Rechtsfähigkeit beginnt mit der Lebendgeburt des Kindes und endet mit dem Tod. *Vor der Geburt* ist das Kind als sog. *nasciturus* unter dem Vorbehalt rechtsfähig, dass es lebendig geboren wird (Art. 31 Abs. 2 ZGB). Die rechtlichen Wirkungen der Tatbestände, welche dem nasciturus Rechte anwachsen lassen, stehen unter der aufschiebenden Bedingung der Lebendgeburt, wobei in diesem Zusammenhang unter dem Begriff «Leben» jede Lebensäusserung des Neugeborenen (nachgewiesener Herzschlag, Spontanatmung) verstanden wird und selbst geringste Lebenszeichen während kürzester Dauer nach dem vollständigen Austritt aus dem Mutterleib als ausreichend betrachtet werden. Hinzuweisen ist zudem auf Art. 544 Abs. 1 sowie Art. 605 Abs. 1 ZGB, falls im Rahmen eines Erbganges auf noch nicht geborene Kinder Rücksicht genommen werden muss. Zur Frage, ob zivilrechtliche Kindesschutzmassnahmen (Art. 307 ff. ZGB) bei Bedarf auch schon *vorgeburtlich* ergriffen werden können vgl. Kap. 1.5.1.

10.4

Auf die Rechtsfähigkeit kann man weder ganz noch teilweise verzichten (Art. 27 Abs. 1 ZGB). Die Rechtsfähigkeit einer natürlichen Person wird vermutet und ist immer von Amtes wegen zu beachten. Wer eine Einschränkung derselben geltend macht, hat diese zu beweisen (Art. 8 ZGB). Aus der Rechtsfähigkeit ergibt sich im Prozessrecht die *Parteifähigkeit* (Art. 66 ZPO) und im Zwangsvollstreckungsrecht die *Betreibungsfähigkeit* der natürlichen Person.

10.5

10.1.2. Handlungsfähigkeit (Art. 12 ZGB)

Unter *Handlungsfähigkeit* versteht man die Möglichkeit, Rechte und Pflichten zu begründen, zu ändern und aufzuheben oder sonstige rechtliche Wirkungen auszulösen. Die handlungsfähige Person verfügt somit über die Möglichkeit eigener *Rechtsgestaltung*. Sie kann sich im Rahmen ihrer *Geschäftsfähigkeit* durch Rechtsgeschäfte verpflichten. Im Falle unerlaubter Handlungen kann sie zivilrechtlich zur Verantwortung gezogen werden, weil auch die *Deliktsfähigkeit* einen Teilaspekt der Handlungsfähigkeit darstellt.

10.6

10. Rechtsstellung des Kindes

10.7 Ist eine Person *handlungsfähig*, werden ihr ihre Verhaltensweisen rechtlich zugerechnet, wogegen eine Person *ohne* Handlungsfähigkeit durch ihr Verhalten grundsätzlich keine Änderung ihrer Rechtsstellung auszulösen vermag. Falls eine Person nicht (bzw. die noch minderjährige Person noch nicht ausreichend) selbstverantwortlich zu handeln vermag, geht von dieser *Einschränkung* auch ein *Schutz vor unbedachtem Handeln* aus.

10.8 Für die minderjährige Person handeln grundsätzlich die Eltern im Rahmen der elterlichen Sorge (je nach Konstellation gemeinsam oder einzeln), wobei für Fälle von Abwesenheit oder Interessenkollision auch ausnahmsweise eine Beistandsperson oder die KESB an die Stelle der Eltern treten kann (Art. 306 Abs. 2 und 3 ZGB). Bei fehlender elterlicher Sorge ist die Vertretung der minderjährigen Person zwingend im Rahmen einer Vormundschaft sicherzustellen (vgl. Kap. 2.5.).

10.9 Um integral handlungsfähig zu sein, muss eine Person gemäss Art. 13 ZGB *volljährig* (objektive Voraussetzung) und *urteilsfähig* (subjektive Voraussetzung) sein. Aufgrund dieser Definition sind Minderjährige grundsätzlich *handlungsunfähig*, denn sie haben das Volljährigkeitsalter von 18 Jahren (Art. 14 ZGB) noch nicht erreicht. Ein Vorbehalt ergibt sich aus Art. 35 IPRG: Es ist denkbar, dass eine Person aufgrund des Rechts ihres ausländischen Wohnsitzes früher als mit 18 Jahren volljährig geworden ist. Ein späterer Wechsel des Wohnsitzes bleibt in solchen Fällen ohne Einfluss auf ihre Handlungsfähigkeit.

10.10 An der grundsätzlichen Zuordnung Minderjähriger zur Kategorie der *handlungsunfähigen Personen* (Art. 17 ZGB) vermag deren allfällig schon bestehende Urteilsfähigkeit nichts zu ändern. Letztere kann aber Grundlage für eine Relativierung bilden, indem nicht alle ihre Handlungen rechtlich ohne Wirkung bleiben. Man spricht in diesen Fällen von *beschränkter Handlungsunfähigkeit* (vgl. Kap. 10.2.), für deren Vorliegen Art. 19 Abs. 1 ZGB grundsätzlich auf das Kriterium der *Urteilsfähigkeit* abstellt. Die entsprechende Zuordnung setzt m.a.W. eine vorgängige Beurteilung der Frage voraus, ob der minderjährigen Person für die in Frage stehende Angelegenheit Urteilsfähigkeit attestiert werden kann.

10.1.3. Urteilsfähigkeit (Art. 16 ZGB)

10.11 Urteilsfähig im Sinne des ZGB ist «jede Person, der nicht wegen ihres Kindesalters, infolge geistiger Behinderung, psychischer Störung, Rausch oder ähnlicher Zustände die Fähigkeit mangelt, vernunftgemäss zu handeln». Der Begriff wird im ZGB somit negativ definiert. Eine positive Umschreibung für die Urteilsfähigkeit lautet: «Fähigkeit, vernunftgemäss zu

10.1. Grundbegriffe

handeln». Auch diese Definition vermag nichts am Umstand zu ändern, dass bei der Prüfung der Urteilsfähigkeit auf *keine formalen Kriterien* zurückgegriffen werden kann. So definiert das Gesetz für minderjähre Kinder und Heranwachsende *kein Mindestalter*, welches eine generelle und abstrakte Annahme der Urteilsfähigkeit erlauben würde. Solche Kriterien gibt es zwar bei den *Erwachsenen* auch nicht. Bei diesen wird die Urteilsfähigkeit allerdings aufgrund allgemeiner Lebenserfahrung *vermutet;* wer deren Nichtvorhandensein behauptet, hat dies zu beweisen (BGE 134 II 235). Bei *Minderjährigen* ist es umgekehrt so, dass die Urteilsfähigkeit oft und entwicklungsbedingt fehlt. Sie hängt von der individuellen Reife des einzelnen Kindes ab, weshalb es hier um den Beweis des *Vorhandenseins der Urteilsfähigkeit* geht. Die Beweislast liegt bei derjenigen Partei, welche Urteilsfähigkeit in Bezug auf ein konkretes Rechtsgeschäft behauptet. Damit ist gleichzeitig klargestellt, dass die Frage im Rahmen einer *sachlichen und zeitlichen Relativität* und immer im konkreten *Einzelfall*, zudem in Abhängigkeit einer bestimmten Handlung, des Zeitpunkts ihrer Vornahme und der individuellen Situation der betroffenen Person zu entscheiden ist. Urteilsfähigkeit besteht oder sie besteht nicht; eine «verminderte Urteilsfähigkeit» (analog der «verminderten Zurechnungsfähigkeit» im Strafrecht) gibt es im Zivilrecht nicht.

Urteilsfähigkeit umfasst zunächst ein *intellektuelles* Merkmal, nämlich die Fähigkeit, den Sinn, Nutzen und die Tragweite einer bestimmten Handlung zu erkennen und zu würdigen. Sodann muss ein zweites Element, das *willensmässige* gegeben sein, nämlich die Fähigkeit, gemäss dieser Einsicht vernünftig zu handeln, und zwar aus freiem Willen. Diese Fähigkeit vernunftgemässen Handelns wird vom Gesetzgeber als nicht bestehend vermutet, wenn bestimmte Zustände gegeben sind, die nach der Lebenserfahrung oder medizin-wissenschaftlicher Erkenntnis eine für das Rechtsleben genügende Einsicht, Vernunft oder Widerstandskraft gegen allfälligen Druck zu verhindern geeignet sind.

10.12

Kindesalter wird in Art. 16 ZGB explizit als einer der möglichen Schwächezustände genannt, welcher der Urteilsfähigkeit entgegenstehen kann. Wie bereits erwähnt, finden sich im Gesetz keine Angaben zu einer altersmässigen Abstufung für einen Ausschluss der Urteilsfähigkeit. Es steht aber ausser Frage, dass mit dem Begriff «Kindesalter» nicht einfach alle Personen erfasst werden sollen, die noch nicht 18 Jahre alt sind. Im Rahmen des Relativitätsgrundsatzes ist vielmehr *von Fall zu Fall* zu untersuchen, ob im Blick auf die konkrete Handlung die Entwicklung des Kindes und seine geistig-psychische Reife der vom Gesetz geforderten Vernunft und Selbstverantwortlichkeit entspricht. Die Urteilsfähigkeit hängt damit stark von der *individuellen Reife* ab, welche sich naturgemäss nicht bei

10.13

allen Kindern gleich entwickelt. Mitentscheidend sind sodann persönliche Veranlagungen sowie die Art und Weise, wie Minderjährige durch ihr Erziehungsumfeld geprägt und gefördert werden.

10.14 Bei der Beurteilung der individuellen Urteilsfähigkeit darf nicht ausser Acht gelassen werden, dass dem Handlungsfähigkeitsrecht immer auch ein Schutzgedanke zugrunde liegt. Es geht insofern nicht nur um die Frage, ob und in welcher Situation eine minderjährige Person ihre Rechte selbstverantwortlich soll wahrnehmen *können*, sondern umgekehrt auch darum, ob sie diese selbstverantwortlich soll wahrnehmen *müssen:* Je forcierter man Minderjährigen für gewisse Lebensbereiche und Entscheide Urteilsfähigkeit attestiert, je stärker wird auch in Kauf genommen, dass sich die gesetzliche Vertretung aus ihrer Grundverantwortung ziehen kann. Steht gar die Ausübung eines höchstpersönlichen Rechts (z.B. ein medizinischer Behandlungsentscheid) zur Debatte, wird die gesetzliche Vertretung gar ausgeschlossen, sobald die minderjährige Person als urteilsfähig eingestuft wird (vgl. Kap. 10.3.). Die Einzelfallprüfung hat deshalb auch dem *Schutz vor Überforderung* zu dienen. Im Kontext der (berechtigten) Forderung nach mehr Partizipationsrechten für Minderjährige bleibt zudem anzumerken, dass *Urteilsfähigkeit* nicht mit *Bestimmungsrecht* gleichgesetzt werden kann.

10.15 Bezüglich der *medizinischen* Behandlung von Minderjährigen ist zu beachten, dass die intellektuelle Einsicht alleine nicht genügt. Die Urteilsfähigkeit setzt weitere Teilfähigkeiten voraus, u.a. eine hinreichende emotionale Stabilität, die Fähigkeit zur Einordnung des aktuellen Entscheids in einen grösseren Kontext, zur Motivabwägung und zur Willensumsetzung. Aktuelle Schmerzen und Ängste können – gerade bei jüngeren Patienten – die Fähigkeit zur verstandesgemässen Motivabwägung und Reflexion erheblich einschränken. Trifft dies zu, ist die Urteilsfähigkeit zu verneinen.

10.16 Was die Altersgrenze bei der *Geschäftsfähigkeit* anbelangt, geht die Lehre davon aus, dass die Urteilsfähigkeit bezüglich einfachster Rechtsgeschäfte (z.B. Kauf von Süssigkeiten am Kiosk) in der Regel spätestens ab etwa acht Jahren, bei bedeutenden Rechtsgeschäften (z.B. Grundstückkauf) dagegen erst ab dem 14. bis 16. Altersjahr gegeben ist.

10.17 Hinsichtlich der *Deliktsfähigkeit* ist zu vermerken, dass diese praktisch erst ab dem 7. Altersjahr angenommen wird. Trotz bestehender Urteilsfähigkeit wird hier zudem bis zum 14. Altersjahr im Allgemeinen von einem *geringen Verschulden* ausgegangen, was im Zusammenhang mit der Möglichkeit einer Reduktion der Ersatzpflicht (Art. 43 Abs. 1 bzw. 99 Abs. 3 OR) relevant ist (im Gegensatz zur Geschäftsfähigkeit ist bei der Deliktsfähigkeit eine Abstufung hinsichtlich der Rechtsfolgen möglich).

10.2. Rechtsstellung urteilsfähiger Minderjähriger

Soweit einer minderjährigen Person im Einzelfall *Urteilsfähigkeit* attestiert werden kann, relativieren sich im Rahmen verschiedener Spezialvorschriften die Folgen ihrer grundsätzlichen Zuordnung zum Kreis der handlungsunfähigen Personen. Im Rahmen der sog. *beschränkten Handlungsunfähigkeit* werden den Betroffenen eine gewisse Handlungsautonomie und insb. eine völlige Freiheit bezüglich der sog. *höchstpersönlichen Rechte* (vgl. Kap. 10.3.) zuerkannt. Gemäss der Grundsatzbestimmung (Art. 19 ZGB) gelten für die drei nachstehenden Fallkategorien folgende Prinzipien:

10.18

- *Mit Zustimmung ihrer gesetzlichen Vertretung* können urteilsfähige Minderjährige sämtliche Rechtshandlungen vornehmen (vgl. Kap. 10.2.1.);
- *Ohne Zustimmung* können sie Vorteile erlangen, die *unentgeltlich* sind (vgl. Kap. 10.2.2.);
- *Ohne Zustimmung* können sie zudem *geringfügige Angelegenheiten des täglichen Lebens* besorgen (vgl. Kap. 10.2.3.).

Diese Regeln gelten auch für urteilsfähige minderjährige Personen unter Vormundschaft, weil sich deren Rechtsstellung gemäss Grundsatz (Art. 327b ZGB) nicht von derjenigen der urteilsfähigen minderjährigen Personen unter elterlicher Sorge unterscheidet (vgl. Kap. 2.5.).

10.19

10.2.1. Handeln mit Zustimmung

Für die *erste Fallkategorie* gilt, dass Rechtsgeschäfte nur unter der Bedingung gültig sind, dass die gesetzliche Vertretung dem Handeln der minderjährigen Person *zustimmt*. Diese Zustimmung ist formlos gültig, selbst dann, wenn das in Frage stehende Rechtsgeschäft seinerseits formbedürftig ist. Soweit das Gesetz nichts anderes bestimmt (Art. 19a Abs. 1 ZGB), kann sie ausdrücklich oder stillschweigend erteilt werden, und zwar je nach Zeitpunkt als *Ermächtigung* (im Voraus), als *Mitwirkung* (während des Abschlusses bzw. während der Abwicklung des Geschäfts) oder als *Genehmigung* (nachträglich). Eine Ermächtigung kann *generell* für eine bestimmte Art von Geschäften oder *individuell* bezogen auf ein spezifisches Geschäft erteilt werden. Demgegenüber beziehen sich die Mitwirkung und die Genehmigung immer auf ein konkretes Rechtsgeschäft.

10.20

In jedem Fall gilt: Solange die Zustimmung nicht vorliegt, bleibt das Geschäft *in der Schwebe*. Bleibt sie aus, ist das Rechtsgeschäft *nichtig*, und in diesen Fällen kann jeder Teil die vollzogenen Leistungen gestützt auf Art. 19b Abs. 1 ZGB zurückfordern. Soweit Minderjährige betreffend, greift diese Bestimmung auf den Grundsatz zurück, wonach die urteilsfähige

10.21

handlungsunfähige Person aus unerlaubten Handlungen *schadenersatzpflichtig* wird (Art. 19 Abs. 3 ZGB), wobei es einzuschränken gilt, dass diese Haftung nur dann besteht, wenn

- die Leistung in ihrem Nutzen verwendet worden ist;
- oder sie zurzeit der Rückforderung noch bereichert ist;
- oder sich zurzeit der Rückforderung böswillig der Bereicherung entäussert hat.

10.22   Hat die minderjährige, urteilsfähige Person ihren Vertragspartner *absichtlich oder fahrlässig* zur Annahme ihrer Handlungsfähigkeit verleitet, haftet sie ihm für den *gesamten* verursachten Schaden (Art. 19b Abs. 2 ZGB). Kann sie allerdings bei Vertragsschluss nicht voraussehen, dass ihr Vertragspartner zu Schaden kommen wird, etwa weil sie die Absicht hatte, den Vertrag zu erfüllen, ist diese Bestimmung mangels Verschuldens nicht anwendbar.

10.2.2. Unentgeltliche Vorteile erlangen

10.23   Für die *zweite Fallkategorie* gilt, dass von «Unentgeltlichkeit» nicht schon bloss deshalb gesprochen werden kann, weil das Rechtsgeschäft für die minderjährige Person «vorteilhaft» erscheint. Das Kriterium der Unentgeltlichkeit muss vielmehr im Geschäft selber begründet sein; dieses darf für die minderjährige Person keinerlei Belastung zur Folge haben. Unter den Begriff «Vorteil» fallen Tatbestände, die eine *Vermögensvermehrung auslösen* oder einen *Vermögensnachteil verhindern*. Ein Vorteil ist immer dann unentgeltlich, wenn diesem *kein unmittelbarer Nachteil gegenübersteht*. Dabei ist zu präzisieren, dass unter Nachteil nicht nur eine eigentliche rechtliche Verpflichtung (insb. die Verpflichtung zu einer Gegenleistung) zu verstehen ist, sondern ganz allgemein jede Belastung wie etwa die mit einer Schenkung verbundene Auflage.

10.24   Die *Schenkung* (Art. 239 OR) stellt einen der wichtigsten Anwendungsfälle für einen unentgeltlichen Vorteil im Sinne von Art. 19 Abs. 2 ZGB dar, sofern die Zuwendung nicht mit Bedingungen und Auflagen verknüpft ist. In diesem Kontext ist auf Art. 241 Abs. 2 OR hinzuweisen: Der dort verankerte Vorbehalt vermag zwar nichts am Grundsatz des Art. 19 Abs. 2 ZGB zu ändern, sieht aber – im Sinne einer Einsprachemöglichkeit – die Untersagung durch die gesetzliche Vertretung vor, was im Einzelfall zur Verhinderung von befürchteten, unerwünschten späteren Auswirkungen der Schenkung dienen kann. Zu denken ist etwa an die Renovationskosten einer geschenkten Liegenschaft oder eine (moralische) Abhängigkeit vom Schenker.

Als weiteres Beispiel für einen unentgeltlichen Vorteil ist die *Annahme eines Vermächtnisses* im Sinne von Art. 484 ZGB zu nennen, weil die bedachte Person hier im Unterschied zur Erbenstellung keine Haftung übernehmen muss. Bei der *Entgegennahme geschuldeter Leistungen* fehlt dagegen die Unentgeltlichkeit, weil dadurch der Leistungsanspruch der beschränkt handlungsunfähigen Person gegenüber dem Schuldner untergeht.

10.25

10.2.3. Besorgung von geringfügigen Angelegenheiten

Für die *dritte Fallkategorie* wird im Gesetz nicht definiert, was unter dem Begriff der «geringfügigen Angelegenheiten des täglichen Lebens» zu verstehen ist. Unbestritten ist, dass hier von einem *objektiven Massstab* auszugehen ist, wenn es um die Beurteilung der Geringfügigkeit geht. Es kann m.a.W. nicht entscheidend sein, ob die minderjährige Person selbst eine Angelegenheit als geringfügig erachtet. Gemäss Lehre fallen insb. der angemessene Erwerb von Gegenständen des täglichen Gebrauchs (z.B. Nahrungsmittel, Kosmetika oder Zeitschriften) unter die Bestimmung; ebenso die Benutzung öffentlicher (Nah-)Verkehrsmittel. Unter Besorgung von Angelegenheiten können sämtliche Rechtsgeschäfte (Kauf; Verkauf bspw. auf dem Kinderflohmarkt; Tausch, Schenkung; Dienstleistungen wie Hunde ausführen oder Rasenmähen gegen Entgelt; Leihe) verstanden werden. Im Übrigen sind unter dem Begriff «Besorgung des täglichen Lebens» nicht nur Rechtsgeschäfte zu verstehen, welche *täglich* vorkommen. Entscheidend ist vielmehr, ob sie nach allgemeiner Auffassung zu den Alltagsgeschäften gezählt werden.

10.26

10.3. Höchstpersönliche Rechte

Neben den in Kap. 10.2. erläuterten Fallkonstellationen kommt urteilsfähigen minderjährigen Personen das Recht zu, ihre *höchstpersönlichen Rechte selbstständig* auszuüben (Art. 19c Abs. 1 ZGB), was eine (weitere) Relativierung ihrer Handlungsunfähigkeit bedeutet. Es geht hier um die Ausübung von Rechten, die ihnen «um ihrer Persönlichkeit willen zustehen», womit Rechte gemeint sind, die untrennbar mit ihrem Träger verbunden sind. Da im Gesetz nicht definiert wird, welche Rechte als höchstpersönlich zu qualifizieren sind, ist die Frage im Einzelfall zu entscheiden. Wegen ihrer Zuordnung zur individuellen Persönlichkeit finden sich höchstpersönliche Rechte namentlich im Personen-, Familien- und Erbrecht. Rechte zur Verfolgung vermögensrechtlicher Interessen gelten dagegen grundsätzlich nicht als höchstpersönlich.

10.27

10. Rechtsstellung des Kindes

10.28 Die Zuordnung eines Rechts in den Bereich der Höchstpersönlichkeit bewirkt, dass die urteilsfähige Person hier *selbständig und grundsätzlich ohne Zustimmung der gesetzlichen Vertretung* handeln kann. Die gesetzliche Vertretung bleibt m.a.W. von der Vertretung *ausgeschlossen,* weshalb in der Lehre auch von *Vertretungsfeindlichkeit* gesprochen wird. Es werden zwei Kategorien unterschieden:

10.29 **Absolut höchstpersönliche Rechte**

Die *absolut* höchstpersönlichen Rechte zeichnen sich dadurch aus, dass sie *ausschliesslich* durch die urteilsfähige Person selbst ausgeübt werden können, was im Umkehrschluss bedeutet, dass die Betroffenen *bei fehlender Urteilsfähigkeit* gänzlich von der Ausübung dieses Rechts ausgeschlossen bleiben, weil dann nach Art. 19c Abs. 2 ZGB «jede Vertretung ausgeschlossen ist».

10.30 **Relativ höchstpersönliche Rechte**

Die *relativ* höchstpersönlichen Rechte zeichnen sich dagegen dadurch aus, dass *bei fehlender Urteilsfähigkeit* ein Vertretungshandeln möglich ist. So gilt für minderjährige urteilsunfähige Personen der Grundsatz, dass die gesetzliche Vertretung diese Rechte für sie ausüben kann. Dabei gilt es zu beachten, dass das Gesetz in verschiedenen Bereichen (vgl. bspw. Art. 301 Abs. 2, Art. 314a und Art. 377 Abs. 3 ZGB) den Einbezug der urteilsunfähigen minderjährigen Person vorschreibt, somit auch die Meinung der Betroffenen in die Entscheidfindung einbezogen werden muss.

10.31

Absolut höchstpersönliche Rechte Minderjähriger	Relativ höchstpersönliche Rechte Minderjähriger
• Entscheide betreffend die Religionszugehörigkeit (Art. 303 Abs. 3 ZGB) • Eingehen eines Verlöbnisses (Art. 90 Abs. 2 ZGB) • Anerkennung eines Kindes (Art. 260 Abs. 2 ZGB) • Zustimmung des Kindes zur Adoption (Art. 265 Abs. 2 ZGB) • Errichtung einer Patientenverfügung (Art. 370 Abs. 1 ZGB) • Ausübung der Vertretungsrechte im Rahmen einer Patientenverfügung	• Klagen im Bereich der Persönlichkeitsrechte (Art. 28 ff. ZGB) • Gesuch um Namensänderung (Art. 30 ZGB) • Einwilligung in ärztliche Heileingriffe (Art. 6 Abs. 2 Biomedizinkonvention) • Anfechtung der Anerkennung (Art. 260a ZGB) • Vaterschaftsklage (Art. 261 ZGB) • Anfechtungsklage (Art. 256 ZGB)

Die für den höchstpersönlichen Bereich als Grundsatz vorgesehene *selbstständige Rechtsausübung* kann punktuell eingeschränkt sein, weil das Gesetz in Art. 19c Abs. 1 ZGB im zweiten Halbsatz einen Vorbehalt für *zustimmungsbedürftige* höchstpersönliche Rechte formuliert. Neben der Ausübung des Rechts durch die urteilsfähige, minderjährige Person braucht es hier *zusätzlich* die Zustimmung der gesetzlichen Vertretung. Die Anwendungsfälle sind im Gesetz explizit erwähnt und dürfen nicht durch Auslegung erweitert werden. Mit Blick auf die hier interessierenden minderjährigen urteilsfähigen Personen sind die nachstehenden Beispiele zu nennen, bei denen die selbstständige Rechtsausübung dem Zustimmungserfordernis unterliegt:

10.32

- Verlobung Minderjähriger (Art. 90 Abs. 2 ZGB)
- Kindesanerkennung durch Minderjährige (Art. 260 Abs. 2 ZGB)
- Zustimmung des urteilsfähigen, unter Vormundschaft stehenden Kindes zur Adoption (Art. 265 Abs. 3 ZGB)
- Zustimmung der gesetzlichen Vertretung und einer unabhängigen Instanz bei der Lebendspende urteilsfähiger Minderjähriger (Art. 13 Abs. 2 Transplantationsgesetz)

10.4. Rechtsstellung urteilsunfähiger Minderjähriger

Die Rechte urteilsunfähiger Minderjähriger werden grundsätzlich integral von ihrer gesetzlichen Vertretung wahrgenommen, und zwar im Rahmen der elterlichen Sorge (vgl. Kap. 13.) oder der Vormundschaft (vgl. Kap. 2.5.). Vorbehalten bleibt der Bereich der *absolut höchstpersönlichen Rechte,* welcher bei Urteilsunfähigkeit keiner Vertretung zugänglich ist (vgl. Kap. 10.3.). Zudem kann im Falle von Interessenkollisionen die Mitwirkung einer Beistandsperson oder der KESB notwendig sein (Art. 306 Abs. 2 und 3 ZGB). Bei entsprechenden Konstellationen muss im Kontext eines Verfahrens vor der KESB eine Verfahrensbeistandschaft nach Art. 314a[bis] ZGB (vgl. Kap. 7.2.) errichtet werden.

10.33

Die Notwendigkeit einer integralen Rechtsvertretung von urteilsunfähigen Kindern ergibt sich aus dem Umstand, dass Minderjährige der Kategorie der handlungsunfähigen Personen zugeordnet werden und bei fehlender Urteilsfähigkeit auch keine Relativierung dieser Einordung in Richtung einer beschränkten Handlungsunfähigkeit (vgl. Kap. 10.2.) möglich ist. Die Betroffenen gelten als *vollständig handlungsunfähig* und vermögen durch ihr Handeln keine Rechtswirkungen herbeizuführen; sie sind prinzipiell weder geschäfts- noch deliktsfähig.

10.34

10. Rechtsstellung des Kindes

10.35 Im Rahmen ihrer Vertretungsbefugnisse sind Eltern gehalten, in wichtigen Angelegenheiten auf die Meinung des Kindes Rücksicht zu nehmen (Art. 301 Abs. 2 ZGB). Durch diesen Grundsatz wird zum Ausdruck gebracht, dass die Ausübung der elterlichen Sorge auch der *Förderung der Persönlichkeit* des Kindes zu dienen hat. Das Mitspracherecht des Kindes relativiert dessen grundsätzliche *Gehorsamspflicht* und bezieht sich auf sämtliche Lebensbereiche. Es ist an kein Mindestalter geknüpft.

11. Entstehung des Kindesverhältnisses

Literatur

Gesetzliche Grundlagen: Art. 252–269 ZGB.

Materialien: Botschaft Adoption.

Allgemeine Literatur: BK-Hegnauer, Art. 252–269c; BSK ZGB I-Breitschmid, Art. 264–269c; BSK ZGB I-Schwenzer/Cottier, Art. 252–263; CHK-Biderbost, Art. 264–269c; CHK-Reich, Art. 252–263b; CR CC I-Guillod, Art. 252–263; CR CC I-Schoenenberger, Art. 264–259c; KUKO ZGB-Pfaffinger, Art. 264–269c; KUKO ZGB-Rusch, Art. 252–259; KUKO ZGB-Rusch/Götschi, Art. 260–263; OFK ZGB-Guler, Art. 264–269c; OFK ZGB-Schwander, Art. 252–263; Büchler/Vetterli, S. 202 ff.; Hausheer/Geiser/Aebi-Müller, Rz. 16.01; Hegnauer, Rz. 3.01 ff.; Hegnauer/Meier, S. 16 ff.; Meier/Stettler, Rz. 39–373; Handbuch KES-Vogel/Giezendanner, Rz. 537–610; Tuor/Schnyder/Jungo, § 39 ff.; Vbk, Mustersammlung zum Adoptions- und Kindesrecht, S. 53 ff.

Spezifische Literatur: Affolter Kurt, Biologische Wahrheit, rechtliche Vaterschaft und anwaltliche Verstrickungstaktik, in: ZVW 2007, 182 ff.; Büchler Andrea/Bertschi Nora, Gewünschtes Kind, geliehene Mutter, zurückgewiesene Eltern?, in: FamPra 2013, 33 ff.; Fountoulakis Christiana, L'impact de la procréation médicalement assistée sur l'établissement et la destruction du lien de filiation, in: FamPra 2011, 247 ff.; Guillod Olivier/Burgat Sabrina, Droit des familles, 4ème éd., Neuchâtel 2016, S. 11 ff.; Hegnauer Cyril, Künstliche Fortpflanzung und Grundrechte, in: Festschrift für U. Häfelin, Zurich 1989, 127 ff.; Hegnauer Cyril, Anfechtung der Anerkennung der Vaterschaft und Feststellung der Nichtvaterschaft, in: ZVW 2002, 49 ff.; Hegnauer Cyril, Interesse des Kindes an der Anfechtung eines unwahren Kindesverhältnisses, in: ZVW 2009, 377 ff.; Javaux Vena Maryse/Schickel-Küng Joëlle, Liens de filiation étrangers et leur réception en droit suisse, in: La famille dans les relations transfrontalières, Fountoulakis Ch./Rumo-Jungo A. (Hrsg.), Genf/Zürich 2013, S. 131 ff.; Merz René, Nicht zustimmungsberechtigte Beteiligte im Adoptionsverfahren und Zeitpunkt ihres Einbezugs ins Verfahren, in: ZKE 2012, 79 ff.; Pereira Diana, Les «boîtes à bébé» face au droit de l'enfant de connaître ses origines, in: Jusletter 24.06.2013; Sandoz Suzette, Quelques problèmes de filiation en relation avec la procréation médicalement assistée, in: ZVW 2001, 90 ff.; Schöbi Felix, Stiefkindadoption und Konkubinat: Bemerkungen zum Urteil des EGMR vom 13. Dezember 2007 i. S. Emonet u.a. gegen die Schweiz, in: recht 2008, 99 ff.; Schürmann Frank, Adoption im Konkubinatsverhältnis: zum Urteil des Europäischen Gerichtshofs für Menschenrechte i.S. Emonet u.a. gegen die Schweiz vom 13. Dezember 2007, in: ZBJV 2008, 262 ff.; Schwenzer Ingeborg/Bachofner Eva, Familienbilder im Adoptionsrecht, in: Internationale Adoption (Schwenzer I., Hrsg.), Bern 2009, S. 47 ff.; Stettler Martin, Das Kindesrecht, Schweizerisches Privatrecht III/2, Basel 1992, S. 12 ff.; Thoma Lars, Bundesgesetz zum Haager Adoptionsübereinkommen zum Schutz des Kindes bei internationalen Adoptionen, in: ZVW 2003, 28 ff.; Wellenhofer Marina, Die Samenspende und ihre (späten) Rechtsfolgen, in: FamRZ 2013, 825 ff.; Wiesner-Berg Stephanie, Anonyme Kindesabgabe in Deutschland und der Schweiz, Diss. Zürich 2009.

Das *rechtliche Kindesverhältnis* stellt das zwischen einem Kind und seinen Eltern bestehende Rechtsverhältnis dar. Es ist zwischen dem Kindesverhältnis zur Mutter und zum Vater zu unterscheiden, die nicht auf gleiche Art entstehen. Das Kindesverhältnis ist die *Grundlage aller Rechtswirkungen*, die sich aus einer Eltern-Kind-Beziehung ergeben. Dementsprechend hat es Wirkungen hinsichtlich der Verwandtschaft, des Familiennamens, der elterlichen Sorge, des Unterhalts, des persönlichen Verkehrs, des Erbrechts und vieler weiterer Bereiche (vgl. hierzu Kap. 12.–16.).

11.1

11.1. Zwischen Mutter und Kind

11.1.1. Allgemeines

11.2 Nach dem Grundsatz «*mater semper certa est*» wird die gebärende Frau zur rechtlichen Mutter des Kindes (Art. 252 Abs. 1 ZGB). Das gilt auch bei medizinisch unterstützter Fortpflanzung (vgl. Kap. 11.4.). Das mütterliche Kindesverhältnis besteht mit der Zeugung bedingt schon während der Schwangerschaft (Art. 31 Abs. 2 ZGB). Die Geburt wird von der zuständigen Person oder Stelle (Art. 34 ZStV) dem Zivilstandsamt mitgeteilt und im Personenstandsregister eingetragen (Art. 8 lit. e ZStV).

11.3 Ferner begründet die *Adoption* ein Kindesverhältnis zwischen der Adoptivmutter und dem Kind (zur Adoption vgl. Kap. 11.3.). Die Adoption ist die einzige Möglichkeit, ein Kindesverhältnis zwischen dem Kind und der gebärenden Frau aufzuheben.

11.4 Die Geburt eines *Findelkindes* (Art. 10 und 38 ZStV) wird im Zivilstandskreis beurkundet, in dem es aufgefunden wird. Das Zivilstandsamt teilt der KESB das Auffinden des Findelkindes mit (vgl. Kap. 11.1.2.). Die KESB ernennt dem Findelkind eine/einen Vormund/in. Kinder, die in einer Babyklappe hinterlegt werden, gelten rechtlich als Findelkinder gemäss Art. 10 ZStV. Die Hinterlegung des Kindes in der *Babyklappe* gilt (unabhängig von der Fristenfrage) nicht als Zustimmung zur Adoption gemäss Art. 265a ZGB.

11.5 Die Schweiz kennt keine anonyme Geburt, aber eine gewisse Form der «*vertraulichen Geburt*». Sie hat die gleichen Wirkungen wie eine klassische Geburt: Es entsteht ein Kindesverhältnis zwischen dem Kind und der Frau, die es geboren hat. Der Unterschied liegt darin, dass die Mutter die Möglichkeit nutzt, eine *Sperrung der Bekanntgabe ihrer Personenstandsdaten* zu beantragen (Art. 46 Abs. 1 lit. a ZStV). Verlangt das Kind Auskunft über die Identität seiner leiblichen Eltern, wird davon ausgegangen, dass die Mutter kein Interesse mehr an der Vertraulichkeit dieser Daten hat, so dass die Voraussetzungen von Art. 46 Abs. 1 ZStV nicht mehr erfüllt sind (vgl. auch Art. 268c ZGB beim adoptierten Kind sowie Kap. 11.3.5.).

11.6
> **Beachte**
>
> Nach schweizerischem Recht ist die gebärende Frau *immer* die rechtliche Mutter des Kindes, unabhängig von der Art, wie es gezeugt wurde, oder von allfälligen Vereinbarungen unter den beteiligten Personen.

11.1. Zwischen Mutter und Kind

> **Aufgaben der KESB, des Beistandes oder Vormundes**
>
> Ist für *Findelkinder* die KESB die zuständige Behörde gemäss Art. 38 ZStV (was nur in wenigen Kantonen zutrifft, vgl. Kap. 11.1.2.), gibt sie ihm einen Familiennamen und Vornamen und teilt diese dem Zivilstandsamt mit (Art. 38 Abs. 2 ZStV). In einzelnen Kantonen ist die KESB für die Wahl der Vornamen zuständig, obschon sie nicht als zuständige Behörde gemäss Art. 38 Abs. 2 ZStV bezeichnet ist.
>
> Wird ein Kind aufgefunden – in einer Babyklappe oder anderswo –, muss ihm die KESB des Fundortes eine/n Vormund/in ernennen (Art. 327a ZGB). Als Hauptaufgabe muss der/die Vormund/in für die persönliche Betreuung des Kindes und seine Unterbringung in einer Pflegefamilie sorgen, damit es nicht ohne Eltern aufwächst. Der Pflegevertrag bedarf der Zustimmung der KESB gemäss Art. 416 Abs. 1 Ziff. 2 ZGB. Bei der Erfüllung seiner Aufgaben muss der Vormund berücksichtigen, dass sich die biologische Mutter zu erkennen geben kann und ein rechtliches Kindesverhältnis zwischen ihr und dem Kind anstreben will. Wird in der Folge die Identität der Eltern geklärt und erhält wenigstens ein Elternteil das Sorgerecht (vgl. Kap. 12.1.3.), endet die Vormundschaft ohne Weiteres. Allfällige Kindesschutzmassnahmen bleiben vorbehalten (Art. 307 ff. ZGB; vgl. Kap. 2.).

Vgl. zum Ganzen: Bericht des Bundesrats zum Postulat Maury Pasquier (13.4189) vom 12. Oktober 2016, Bessere Unterstützung für Familien in Not und verletzlichen Familien [Download: www.bj.admin.ch oder Download-Plattform].

11.1.2. Mitteilungspflicht vom Zivilstandsamt (und anderer Behörden) an die KESB

Das kantonale Recht bestimmt die zuständige Behörde, der Kinder unbekannter Abstammung zu melden sind (Art. 38 Abs. 1 ZStV). Vier Kantone (NW, SH, SZ und VS) haben die KESB als zuständige Behörde gemäss Art. 38 Abs. 1 ZStV bezeichnet. In anderen Kantonen erhält die KESB die Mitteilung erst, nachdem eine andere kantonale oder kommunale Behörde oder die Polizei über den Fund des Kindes informiert wurde.

Das für die Beurkundung zuständige Zivilstandsamt teilt der KESB das Auffinden eines *Findelkindes* immer mit (Art. 50 Abs. 1 lit. e ZStV). Die Mitteilung erfolgt an die KESB am Ort, wo das Kind aufgefunden wurde (Art. 50 Abs. 2 lit. c ZStV). Die KESB erfährt somit auf jeden Fall vom Auffinden des Findelkindes, entweder unmittelbar aufgrund kantonalen Rechts oder aufgrund der ZStV. Die KESB ernennt dem Kind eine/n Vormund/in (vgl. Kap. 11.1.1.)

11.2. Zwischen Vater und Kind

11.10 Das Kindesverhältnis zwischen einem Kind und seinem Vater entsteht aufgrund dessen Ehe mit der Mutter, einer Anerkennung oder eines Urteils (Art. 252 Abs. 2 ZGB). Unter Vorbehalt der Adoption setzt die Entstehung des väterlichen Kindesverhältnisses voraus, dass ein Kindesverhältnis zur Mutter besteht.

11.2.1. Durch Ehelichkeitsvermutung

11.11 Wird das Kind *während der Ehe geboren*, so gilt der Ehemann als Vater (Art. 255 Abs. 1 ZGB), dies unbesehen genetischer Tatsachen zwischen Ehemann und Kind. Die Vermutung verdrängt eine Anerkennung durch einen Dritten, die während der Schwangerschaft erfolgte.

11.12 Für die Wirksamkeit der Vaterschaftsvermutung des Ehemannes genügt es, wenn eine formal gültige Ehe besteht. Eine Scheidung nach der Geburt oder die Ungültigerklärung der Ehe (Art. 109 Abs. 1 ZGB) berührt eine bereits wirksame Vaterschaftsvermutung nicht, ausser im Fall von Art. 109 Abs. 3 ZGB. Im letzteren Fall kann der frühere Ehegatte das Kind anschliessend anerkennen (vgl. Kap. 11.2.2.) oder dessen Vaterschaft kann eingeklagt werden (vgl. Kap. 11.2.3.).

11.13 Beim *Tod des Ehemannes* gilt dieser als Vater, wenn das Kind innert 300 Tagen nach seinem Tod geboren wird (Art. 255 Abs. 1 ZGB). Hat die Mutter inzwischen eine neue Ehe geschlossen, ist Art. 257 ZGB anwendbar; diese Regelung gilt auch bei *Bigamie*. Die 300-Tage-Regel ist nach Scheidung nicht anwendbar. Wird eine Ehe nach einer *Verschollenerklärung* aufgelöst, richtet sich die Vaterschaftsvermutung des Ehemannes nach Art. 255 Abs. 3 ZGB.

11.14
> **Beachte**
>
> *Stirbt* der Ehemann oder wird er *verschollen erklärt*, begründet eine Geburt innerhalb von 300 Tagen nach diesem Ereignis die Vaterschaftsvermutung des Ehemannes, selbst wenn feststeht, dass die Empfängnis nach Auflösung der Ehe erfolgte.

11.15 Die Ehelichkeitsvermutung gilt auch bei *medizinisch unterstützter Fortpflanzung*, unabhängig davon, ob die Insemination mit Sperma des Ehemannes oder eines Drittspenders erfolgte (vgl. Art. 23 Abs. 1 FmedG). Zur Anfechtungsklage vgl. unten.

11.2. Zwischen Vater und Kind

Jeder Interessierte kann *Feststellungsklage* erheben, *eine Voraussetzung der Vaterschaftsvermutung des Ehemannes sei nicht erfüllt* (Ehe, Geburt während der Ehe oder innerhalb von 300 Tagen seit ihrer Auflösung), sollte dies dem Zivilstandsamt entgangen sein. Darüber kann auch im Rahmen eines Verfahrens auf Bereinigung eines Registereintrags entschieden werden (Art. 42 f. ZGB). Die Frage, ob das Kind vom Ehemann oder einem Dritten abstammt, bleibt jedoch der Anfechtungsklage vorbehalten.

11.16

Mit der *Anfechtungsklage* können die Verhältnisse rechtlich korrigiert werden, wenn die Vaterschaftsvermutung des Ehemannes der Mutter nicht der genetischen Wahrheit entspricht.

11.17

Das *Klagerecht* zur Anfechtung der Vaterschaftsvermutung steht primär dem Ehemann zu (Art. 256 Abs. 1 Ziff. 1 ZGB). Er verliert es, wenn er der Zeugung durch einen Dritten zustimmt (Art. 256 Abs. 3 ZGB; vgl. auch Art. 23 Abs. 1 FmedG). Bei Tod oder dauerhafter Urteilsunfähigkeit des Ehemannes vor Ablauf der Klagefrist: Art. 258 Abs. 1 und 2 ZGB. Das Klagerecht gilt als höchstpersönliches, aber nicht vertretungsfeindliches Recht (Art. 19c Abs. 2 ab initio ZGB), so dass für den *urteilsunfähigen Ehemann* auch sein Beistand (Art. 394 mit entsprechenden Auftrag oder 398 ZGB) handeln kann.

11.18

Dem *Kind* steht ein Klagerecht zu, wenn der gemeinsame Haushalt der Ehegatten während seiner Minderjährigkeit aufgehört hat (Art. 256 Abs. 1 Ziff. 2 ZGB). Wurde das Kind entsprechend den Regeln des FmedG durch heterologe Samenspende gezeugt, kann es das Kindesverhältnis nicht anfechten (Art. 23 Abs. 1 FmedG); es behält sein Klagerecht indessen, wenn die heterologe Insemination in Missachtung des FmedG erfolgte.

11.19

Beklagte der Anfechtungsklage sind das Kind und die Mutter (notwendige passive Streitgenossenschaft), wenn sie vom Ehemann oder dessen Eltern eingereicht wird; die Klage des Kindes richtet sich gegen den Ehemann und die Mutter (Art. 256 Abs. 2 ZGB). Trotz der passiven Streitgenossenschaft der Mutter mit dem Kind können sie ein Urteil getrennt anfechten, weil ihre Interessen divergieren können. Diese Ausnahme vom allgemeinen Grundsatz hängt damit zusammen, dass es sich um eine Statusklage handelt.

11.20

Das *urteilsfähige Kind* (12–14-ährig) kann die Anfechtungsklage als höchstpersönliches Recht selber erheben. Es kann sich auch selber gegen eine vom Ehemann erhobene Klage verteidigen (Art. 19c Abs. 1 ab initio ZGB und Art. 67 Abs. 3 lit. a ZPO). Erhebt der Ehemann die Vaterschaftsklage, macht die Interessenskollision zwischen dem Kind und beiden Eltern die Einsetzung eines Beistandes (Art. 306 Abs. 2 ZGB) notwendig (der Vater ist Kläger und die Mutter ist Beklagte in Streitgenossenschaft mit dem Kind).

11.21

267

11. Entstehung des Kindesverhältnisses

11.22

> **Aufgaben der KESB**
>
> - Ist das *Kind urteilsunfähig*, muss die KESB die Ernennung eines Vertretungsbeistandes für die Erhebung der Anfechtungsklage prüfen (Art. 306 Abs. 2 ZGB); der Prozess muss im Interesse des Kindes liegen.
> - Wird das Kind nach dem Anfechtungsprozess voraussichtlich von keinem Mann anerkannt, ernennt die KESB dem urteilsunfähigen Kind einen Beistand (Art. 308 Abs. 2 ZGB) und beauftragt ihn, mit einer Vaterschaftsklage das Kindesverhältnis zum Vater feststellen zu lassen (es beginnt eine neue Klagefrist, Art. 263 Abs. 2 ZGB; vgl. zum Ganzen: Kap. 2.3.3.). Die KESB kann ausnahmsweise auf eine Beistandschaft zur Feststellung der Vaterschaft verzichten, wenn besondere Umstände rechtfertigen, vom Grundsatz abzuweichen, dass jedes Kind ein Recht auf einen rechtlichen Vater hat oder wenn die Mutter ohne Interessenskollision selber handeln kann und will (Art. 306 Abs. 2 ZGB).

11.23 *Dritten* (darunter *die Mutter des Kindes* oder dessen *genetischer Vater*) steht kein Recht zur Anfechtungsklage zu. Sie können den Fall der KESB melden und die Ernennung eines Beistandes für das Kind beantragen und/oder sich als Nebenintervenienten an der Seite des Ehemannes oder des Kindes am Verfahren beteiligen.

11.24 Die *Fristen* der Anfechtungsklage richten sich nach Art. 256c ZGB.

11.25 Ist die Klage erfolgreich, erlöscht das väterliche Kindesverhältnis mit allen bisherigen Wirkungen. Das *Anfechtungsurteil* wird der zivilstandsrechtlichen Aufsichtsbehörde am Sitz des urteilenden Gerichts mitgeteilt (Art. 40 Abs. 1 lit. g i.V.m. Art. 43 Abs. 1 ZStV). Auch die KESB am Wohnsitz des Kindes erhält eine Mitteilung (Art. 43 Abs. 4 lit. a ZStV). Die Beistandschaft endet bei Abschluss des Gerichtsverfahrens nicht automatisch. Der Beistand muss der KESB kurz Bericht erstatten und die Aufhebung beantragen (Art. 399 Abs. 2 ZGB). Wird das Kind nach dem Anfechtungsverfahren nicht umgehend anerkannt, muss die KESB prüfen, ob eine Beistandschaft nach Art. 308 Abs. 2 ZGB zur Vertretung des Kindes bei der Feststellung der Vaterschaft und zur Wahrung seines Unterhaltsanspruchs angezeigt ist.

11.2.2. Durch Anerkennung

11.26 Besteht für das Kind ein mütterliches, aber kein väterliches Kindesverhältnis, kann es anerkannt werden (Art. 260 Abs. 1 ZGB). Ausgeschlossen ist die Anerkennung eines adoptierten Kindes (Art. 11 Abs. 3 ZStV). Die Anerkennung kann *jederzeit* erfolgen (vgl. Art. 11 Abs. 2 ZStV). Eine vorgeburtliche Anerkennung steht unter dem doppelten Vorbehalt der Lebendgeburt

(Art. 31 Abs. 2 ZGB) und dass die Mutter bis zu diesem Zeitpunkt keinen anderen Mann geheiratet hat.

Beim Anerkennenden handelt es sich grundsätzlich um den genetischen Vater, wenn das Kind ausserehelich geboren oder eine Vaterschaft erfolgreich angefochten wurde. Das Gesetz kennt kein Mindestalter für die Fähigkeit, ein Kind anzuerkennen (die *testamentarische Anerkennung* ist mit Erreichen der Testierfähigkeit ab 18 Jahren möglich, Art. 467 ZGB). Das Alter wird indessen beim Beurteilen der *Urteilsfähigkeit* berücksichtigt, die für diese Frage ab einem Alter von 16 Jahren angenommen werden kann.

11.27

Ist der Anerkennende *minderjährig*, steht er unter *umfassender Beistandschaft* oder hat die KESB eine entsprechende Anordnung getroffen, bedarf die Anerkennung der schriftlichen Zustimmung des gesetzlichen Vertreters (Art. 260 Abs. 2 ZGB und Art. 11 Abs. 4 ZStV). Die Anerkennung ist ein höchstpersönliches Recht, das bei urteilsfähigen Handlungsunfähigen der Zustimmung des gesetzlichen Vertreters bedarf (Art. 19 Abs. 1 in fine ZGB) und bei Urteilsunfähigen vom gesetzlichen Vertreter nicht vertretungsweise ausgeübt werden kann (Art. 19c Abs. 2 in fine ZGB). Das Anerkennungsrecht kann nicht mit letztwilliger Verfügung übertragen werden. Art. 11 Abs. 4 ZStV verlangt zudem die Zustimmung des *Vorsorgebeauftragten*, wenn ein Vorsorgeauftrag wirksam ist; diese Bestimmung entbehrt einer gesetzlichen Grundlage und ist nicht anwendbar, ausser wenn es die KESB ausdrücklich anordnet.

11.28

Jeder *Zivilstandsbeamte* ist befugt, die Anerkennung entgegenzunehmen, unter Vorbehalt der testamentarischen Anerkennung oder derjenigen vor Gericht (Art. 11 Abs. 5 ZStV). Die Anerkennung eines minderjährigen Kindes wird der KESB mitgeteilt (Art. 50 Abs. 1 lit. c ZStV). Sie kann mit einer gemeinsamen Erklärung über die gemeinsame Sorge verbunden werden (Art. 298a Abs. 4 Satz 1 ZGB).

11.29

Die Anerkennung kann auch vor dem *Gericht der hängigen Vaterschaftsklage* erklärt werden (vgl. Kap. 11.2.3.). Wird die Anerkennung vor Gericht erklärt, erfolgen *Mitteilungen an die KESB* am Wohnsitz des minderjährigen Kindes und am Wohnsitz der Mutter im Zeitpunkt der Geburt des Kindes (Art. 43 Abs. 4 und 5 ZStV).

11.30

Die nach kantonalem Recht zuständige Gerichts- oder Verwaltungsbehörde teilt Urteile oder Verfügungen über die *testamentarische Anerkennung* eines Kindes mit (Art. 42 Abs. 1 lit. b und Abs. 2 ZStV, Art. 557 Abs. 1 ZGB).

11.31

Die Anerkennung *bewirkt* die Begründung eines väterlichen Kindesverhältnisses *rückwirkend auf den Zeitpunkt der Geburt des Kindes*.

11.32

Die Anerkennung kann nur mittels *Anfechtungsklage* bestritten werden (Art. 260a ff. ZGB), die sich gegen die Vaterschaft an sich richtet und nicht

11.33

269

gegen die Voraussetzungen der Anerkennung. Leidet die Anerkennung an materiellen oder formellen Mängeln, muss eine allgemeine Bereinigungsklage nach Art. 42 ZGB erhoben werden. Wird die Anerkennung in einem Testament erklärt, das an einem Form- oder Willensmangel leidet oder von einer urteilsunfähigen Person errichtet wurde, muss sie mit Klagen nach Art. 519 Abs. 1 Ziff. 1 und 2 und 520 ZGB angefochten werden.

11.34 Hat der *Anerkennende die Mutter des Kindes nicht geheiratet*, steht das *Klagerecht* zur Anfechtung der Anerkennung *jedermann* zu, der ein Interesse daran hat (Art. 260a Abs. 1 ZGB und Art. 260a Abs. 2 ZGB hinsichtlich des *Anerkennenden*). Das *Anfechtungsrecht* ist eingeschränkt, wenn der *Anerkennende die Mutter des Kindes geheiratet hat* (Art. 259 Abs. 2 ZGB). Die Anfechtung einer Anerkennung ist ein *höchstpersönliches Recht*. Urteilsfähige handlungsunfähige Personen üben es selbständig aus (Art. 19c Abs. 1 ab initio ZGB); für urteilsunfähige Personen kann der gesetzliche Vertreter handeln (Art. 19c Abs. 2 ab initio). Klagt die sorgeberechtigte Mutter für das urteilsunfähige Kind, besteht zwischen den beiden ein Interessenskonflikt, so dass ein Beistand für das Kind zu ernennen ist (Art. 306 Abs. 2 ZGB). Der Beistand muss prüfen, ob die Klage im Interesse des Kindes liegt und sie allenfalls zurückziehen. Das Kind kann in jedem Fall bis zum Ablauf eines Jahres nach Erreichen der Volljährigkeit klagen (Art. 260c Abs. 2 ZGB). Deshalb muss die Klage nicht zwingend während der Urteilsunfähigkeit des Kindes erhoben werden, es sei denn, die Anfechtung liege ohne Zweifel in seinem Interesse.

11.35 Art. 260a Abs. 3 ZGB bestimmt die Beklagten einer Anfechtungsklage. Bei der Vertretung des *urteilsunfähigen Kindes*, gegen das sich die Anfechtung einer Anerkennung richtet, sind verschiedene Fälle zu unterscheiden:

- Die Klage wird von der Mutter des Kindes erhoben: In diesem Fall verliert die Mutter aufgrund des Interessenskonflikts zum Kind ihr Vertretungsrecht (Art. 306 Abs. 2 ZGB) und dem Kind muss ein Beistand ernannt werden.

- Die Klage wird vom genetischen Vater erhoben, der das Kind nicht anerkannt hat: Dieser Fall setzt voraus, dass die Mutter des Kindes nichts gegen einen Mann unternahm, der ihr Kind anerkannt hat, ohne dessen Vater zu sein. Die Haltung der Mutter widerspricht den Interessen des Kindes, so dass ihm gestützt auf Art. 306 Abs. 2 ZGB ein Beistand zu ernennen ist. Unterliess die Mutter jedoch die Anerkennung anzufechten, weil sie sich der Identität des genetischen Vaters nicht sicher war, und vertritt sie die Interessen ihres Kindes im Anfechtungsprozess wirksam, muss nicht zwingend ein Beistand für das Kind eingesetzt werden.

- Die Klage wird von Dritten erhoben: Stehen die Interessen des gesetzlichen Vertreters (oder der gesetzlichen Vertreter) nicht im Widerspruch zu denjenigen des Kindes, so vertritt er das Kind im Prozess.

11.2. Zwischen Vater und Kind

Richtet sich die Klage gegen ein *minder- oder volljähriges Kind, das urteilsfähig ist*, vertritt es seine Interessen im Verfahren selbständig.

11.36

Mit Ausnahme des Kindes gilt für *alle Interessierte* eine relative *Klagefrist* von einem Jahr und eine absolute Frist von fünf Jahren (Art. 260c Abs. 1 ZGB). Die Fristen können wiederhergestellt werden, wenn die Verspätung mit wichtigen Gründen entschuldigt wird (Art. 260c Abs. 3 ZGB). Das *Kind* kann die Anfechtungsklage bis zum Ablauf eines Jahres nach Erreichen der Volljährigkeit erheben (Art. 260c Abs. 2 ZGB). Danach gelten die relative und die absolute Frist auch für das Kind und dessen Nachkommen, wenn es verstorben ist (Art. 260a Abs. 1 ZGB).

11.37

Gemäss Art. 260b Abs. 1 ZGB muss der Kläger *beweisen*, dass der Anerkennende nicht der Vater ist. Klagt der Anerkennende, muss er vorab nachweisen, dass die Anerkennung an einem Willensmangel leidet. Das Gesetz (Art. 260b Abs. 2 ZGB) ermöglicht der Mutter und dem Kind, die Beweislast umzukehren, wenn sie vom Anerkennenden verlangen, glaubhaft zu machen, dass er der Mutter um die Zeit der Empfängnis beigewohnt hat. Dem Anerkennenden bleibt indessen der direkte wissenschaftliche Beweis seiner Vaterschaft vorbehalten.

11.38

Ist die Anfechtung erfolgreich, hebt das *Gestaltungsurteil* die bestrittene Anerkennung *rückwirkend auf den Zeitpunkt der Geburt* auf. Eine neuerliche Anerkennung durch denselben Mann ist ausgeschlossen. Das Urteil wird der zivilstandsrechtlichen Aufsichtsbehörde am Sitz des Gerichts (Art. 40 Abs. 1 ZStV) sowie der KESB am Wohnsitz des Kindes (Art. 43 Abs. 4 lit. a ZStV) mitgeteilt.

11.39

11.40

Aufgaben der KESB und des Beistandes

Wird dem Kind ein Beistand ernannt, muss er im ausschliesslichen Interesse des Kindes handeln; entgegenstehende Interessen anderer Personen dürfen nicht berücksichtigt werden. Es ist Aufgabe der KESB, die Interessen des Kindes zu prüfen oder dazu einen Beistand zu ernennen. Prüft die KESB das Kindesinteresse und kommt sie zum Schluss, die Anfechtung der Anerkennung sei angezeigt, so erteilt sie dem beauftragten Beistand unmittelbar die Zustimmung zur Prozessführung gemäss Art. 416 Abs. 1 Ziff. 9 ZGB. Wird der Beistand mit dieser Prüfung beauftragt, erstattet er der KESB darüber Bericht, die darauf entscheidet, ob sie der Prozessführung gemäss Art. 416 Abs. 1 Ziff. 9 ZGB zustimmt oder nicht. Die KESB kann dem Beistand auch direkt die Befugnis übertragen zu entscheiden, ob die Anfechtungsklage angezeigt ist und diese so weit nötig einzureichen. Der Beistand erstattet der KESB auf jeden Fall so oft wie nötig Bericht (Art. 411 Abs. 1 ZGB).

11.2.3. Durch Urteil

11.41 Die *Vaterschaftsklage* (Art. 261 ff. ZGB) setzt voraus, dass das Kindesverhältnis zur Mutter bekannt ist und ein väterliches Kindesverhältnis fehlt.

11.42 *Klageberechtigt* sind die Mutter und das Kind (Art. 261 Abs. 1 ZGB); beide Klagen bestehen unabhängig voneinander. Das Klagerecht ist ein höchstpersönliches Recht, das die *urteilsfähige* handlungsunfähige Person selbständig ausübt (Art. 19c Abs. 1 ab initio ZGB), *urteilsunfähige* Personen können vertreten werden (Art. 19c Abs. 2 ab initio ZGB). In der Regel handelt ein von der KESB eingesetzter gesetzlicher Vertreter für das urteilsunfähige Kind, da aufgrund der Interessenskollision eine Vertretung des Kindes durch die Mutter i.d.R. ausgeschlossen ist. Von Bundesrechts wegen steht der Ehegattin des verstorbenen Vaters ein Recht zur Nebenintervention zu (Art. 261 Abs. 3 ZGB).

11.43 Die Klage kann grundsätzlich schon während der Schwangerschaft erhoben werden. Die *Fristen* der Vaterschaftsklage sind in Art. 263 ZGB geregelt (für das *Kind:* Art. 263 Abs. 1 Ziff. 2 ZGB, für die *Mutter:* Art. 263 Abs. 1 Ziff. 1 ZGB). Besteht bereits ein väterliches Kindesverhältnis, kann die Klage innerhalb eines Jahres nach dessen Beseitigung erhoben werden (Art. 263 Abs. 2 ZGB). Die Klagefristen der Mutter und des Kindes können aus wichtigen Gründen *wiederhergestellt* werden (Art. 263 Abs. 3 ZGB); sobald das Hindernis entfallen ist, muss die Klage ohne Verzug erhoben werden.

11.44 Art. 261 Abs. 2 ZGB bestimmt die *Beklagten* des Vaterschaftsprozesses. Hat die Mutter mehreren Männern beigewohnt, kann die Vaterschaftsklage getrennt oder gleichzeitig gegen jeden von ihnen erhoben werden.

11.45 Das Vaterschaftsurteil hat *Rückwirkung auf den Zeitpunkt der Geburt*. Die *Mitteilung* des Gerichtes nach Rechtskraft des Vaterschaftsurteils erfolgt an die zivilstandsrechtliche Aufsichtsbehörde am Sitz des Gerichts (Art. 40 Abs. 1 lit. f und Art. 43 Abs. 1 ZStV) sowie an die KESB am Wohnsitz der Mutter zur Zeit der Geburt des Kindes (Art. 43 Abs. 4 lit. b ZStV).

11.46 Weil das Kind einen Anspruch auf einen rechtlichen Vater hat, wird die *Klage des Kindes* grundsätzlich von Amtes wegen erhoben, wenn noch kein väterliches Kindesverhältnis besteht. Will oder kann die Mutter nicht klagen, ernennt die KESB einen Beistand gemäss Art. 308 Abs. 2 ZGB. Ist das Kind bevormundet, obliegt die Vertretung dem Vormund (Art. 327c ZGB). Ausnahmsweise kann die zuständige Behörde unter Berücksichtigung des Kindeswohls auf die Vaterschaftsklage verzichten; ein Verzicht rechtfertigt sich nur aufgrund der Interessen des Kindes und nie aufgrund derjenigen seiner Eltern (vgl. dazu auch BGer 5A_220/2016 E. 3.2. sowie *«Erklärung der Mutter»* in Rz. 2.64).

> **Brief an die Mutter eines Kindes ohne rechtlichen Vater**
>
> Das Zivilstandsamt hat uns die Geburt Ihres Kindes *(Vorname)* mitgeteilt. Wir hoffen, dass Sie beide wohlauf sind und wünschen Ihnen alles Gute. Das Wohl Ihres Kindes ist auch uns ein Anliegen. Jedes Kind hat das Recht, seine Herkunft zu kennen. Aus diesem Grund, aber auch, um die finanzielle Situation Ihres Kindes abzusichern, ist es wichtig, dass der Vater sein Kind anerkennt.
>
> Der *(Sozialdienst A)* bietet Ihnen zu diesem Schritt (kostenlos) Beratung und Begleitung an. Profitieren Sie von der:
> - Unterstützung bei der Vaterschaftsanerkennung oder Vaterschaftsabklärung;
> - Information und Beratung zu elterlicher Sorge / gemeinsamer elterlicher Sorge;
> - Beratung und Unterstützung beim Berechnen der Unterhaltsbeiträge für das Kind und bei der Ausarbeitung eines entsprechenden Vertrages;
> - Unterstützung bei der Einreichung des Vertrages bei der KESB zur Genehmigung.
>
> Die Fachpersonen des *(Sozialdienstes A)* freuen sich, wenn Sie in den nächsten drei bis vier Wochen einen entsprechenden Beratungstermin vereinbaren.
>
> Falls innerhalb von drei Monaten die Vaterschaftsanerkennung nicht vorgenommen wurde, wird die KESB für Ihr Kind die Anordnung einer Beistandschaft prüfen.
>
> Kopie an: *(Sozialdienst A)*

11.47

Bei einer Zeugung des Kindes mittels Samenspende ist die Vaterschaftsklage gegen den Spender (Art. 261 ff. ZGB) ausgeschlossen, wenn die *medizinisch unterstützte Fortpflanzung* nach den Bestimmungen des FMedG erfolgte (Art. 23 Abs. 2 FMedG). Desgleichen bei Unregelmässigkeiten, die nicht dem gutgläubigen Spender zuzuschreiben sind. Die Klage bleibt jedoch zulässig, wenn der Spender wissentlich an der Missachtung des FMedG beteiligt war (Art. 23 Abs. 2 FMedG).

11.48

Wird die KESB von der Mutter über eine *anonyme Samenspende im Ausland* informiert, muss sie ihre Aussage mit Urkunden nachweisen. Falls eine Vaterschaftsklage aussichtslos wäre, kann ein Verzicht auf die Errichtung oder die Aufhebung der Beistandschaft gerechtfertigt sein. Bestehen Zweifel, kann die KESB einen Beistand ernennen und ihn beauftragen, sich bei der Mutter weiter zu erkundigen. Auch wenn sich der Vater ausfindig

11.49

machen lässt, muss die KESB prüfen, ob die Klageerhebung sinnvoll erscheint oder darauf zu verzichten ist, weil sie aufgrund des anwendbaren ausländischen Rechts im vornherein aussichtslos erscheint. Sämtliche Informationen, die der KESB oder dem Beistand über den Vater des Kindes bekannt sind, sind aktenmässig zu erfassen (dies ermöglicht es dem Kind später, darin Einsicht zu nehmen).

11.50 Lebt die *Mutter des Kindes in eingetragener Partnerschaft*, stellt sich die Frage, ob eine Vaterschaftsklage angezeigt ist (wenn sie bei bekannter Identität des Vaters möglich ist). Weil das Kindeswohl den Interessen der Eltern vorgeht, ist die Klage auch gegen allfälligen Widerstand der Mutter und ihrer Partnerin zu erheben.

11.51
> **Aufgaben des Beistandes**
>
> Der Beistand (ggf. der Vormund) muss das ihm zum Erfolg der Vaterschaftsklage Mögliche vorkehren. Druckmassnahmen, die die Persönlichkeitsrechte der Mutter, des mutmasslichen Vaters oder Dritter verletzen (Art. 28 ZGB), sind untersagt. Die Vaterschaftsklage findet ihre Grenze, wenn sich der oder die möglichen biologischen Väter nicht identifizieren lassen (die Mutter weigert sich oder es ist ihr nicht möglich, darüber zweckdienlich zu informieren). Der Beistand kann nicht von sich aus auf Abklärungen verzichten, wenn ihm die Vaterschaftsklage nicht im Interesse des Kindes erscheint oder wenn die Mutter eine Freigabe des Kindes zur Adoption ernsthaft in Betracht zieht; er kann nur mit Zustimmung der KESB auf die Vaterschaftsklage verzichten (Art. 416 Abs. 1 Ziff. 9 ZGB). Die vom Beistand anzuhebende Vaterschaftsklage kann mit einer Unterhaltsklage des Kindes oder mit einer Klage der Mutter für ihre Ansprüche im Zusammenhang mit der Schwangerschaft (Art. 295 ZGB) verbunden werden. Um Zeit zu gewinnen und Kosten zu sparen, bestimmen die Mutter und das Kind (oder sein Beistand) mit Vorteil gemeinsam, wo die Klage eingereicht wird. Gelingt es dem Beistand, den Vater im Rahmen informeller Gespräche vor Rechtshängigkeit der Klage davon zu überzeugen, dass er das Kind anerkennt (Art. 260 Abs. 1 ZGB), ist eine Vaterschaftsklage nicht mehr gerechtfertigt.

Vgl. auch Muster *«Beistandschaft nach Art. 308 Abs. 2 ZGB mit Aufgabenstellung Vaterschaftsfeststellung»* in Rz. 2.62.

11.2.4. Mitteilungspflicht vom Zivilstandsamt an die KESB

11.52 Das für die Beurkundung zuständige Zivilstandsamt teilt der KESB am Wohnsitz der Mutter zur Zeit der Geburt des Kindes dessen Geburt mit, wenn die *Eltern nicht miteinander verheiratet* sind, sowie den Tod des Kindes, sofern dieser innerhalb des ersten Lebensjahres eintritt und in diesem

Zeitpunkt kein Kindesverhältnis zum Vater besteht (Art. 50 Abs. 1 lit. a und Abs. 2 lit. a ZStV).

Das für die Beurkundung zuständige Zivilstandsamt teilt der KESB am Wohnsitz des Kindes die Geburt mit, wenn das *Kind innert 300 Tagen nach dem Tod* oder der Verschollenerklärung *des Ehemannes* der Mutter geboren wird (Art. 50 Abs. 1 und Abs. 2 lit. b ZStV).

11.53

11.3. Adoption

11.54

> Das Adoptionsrecht war Gegenstand einer Gesetzesrevision. Die folgenden Ausführungen beziehen sich auf das am *1. Januar 2017 geltende Recht.* Auf die Änderungen, die im Sommer 2016 vom Parlament verabschiedet und voraussichtlich 2018 oder 2019 in Kraft treten werden, wird punktuell verwiesen *(nZGB).*

11.3.1. Formen der Adoption

Die *Adoption minderjähriger Kinder* (Art. 14 ZGB) ist in verschiedenen Formen möglich (zur Adoption Erwachsener vgl. Rz. 11.65):

11.55

- *Gemeinschaftliche Adoption* (Art. 264a Abs. 1 und 2 ZGB). Von Sonderfällen gemäss Art. 264b Abs. 2 ZGB abgesehen, handelt es sich um die einzig mögliche Adoptionsform für verheiratete Eltern. Für das Bestehen der Ehe ist der Zeitpunkt des Adoptionsgesuchs massgebend.
- *Einzeladoption* durch eine unverheiratete Person (Art. 264b Abs. 1 ZGB). Durch eine verheiratete Person: Art. 264b Abs. 2 ZGB. Heiratet die adoptierende Person später, kann eine nach Art. 264b ZGB erfolgte Adoption mit einer Stiefkindadoption gemäss Art. 264a Abs. 3 ZGB ergänzt werden.
- *Stiefkindadoption* (Art. 264a Abs. 3 ZGB).

Folgende Adoptionsformen sind derzeit in der Schweiz nicht möglich:

11.56

- Gemeinschaftliche Adoption durch *Konkubinatspaare.*
- Die Einzeladoption oder die gemeinschaftliche Adoption durch in *eingetragener Partnerschaft lebende Personen* ist aufgrund von Art. 28 PartG ausgeschlossen. Denkbar ist dagegen die Einzeladoption (Art. 264b Abs. 1 ZGB) durch eine Person, die anschliessend eine eingetragene Partnerschaft eingeht.

11. Entstehung des Kindesverhältnisses

Neues Adoptionsrecht (Inkrafttreten frühestens 2018)

11.57 Ergänzend zu den bisherigen Formen der Adoption sind neu folgende Formen möglich:
- Einzeladoption durch eine Person, die in eingetragener Partnerschaft lebt (Art. 264b Abs. 3 nZGB).
- Adoption des Kindes des eingetragenen Partners oder der eingetragenen Partnerin (Art. 264c Abs. 1 Ziff. 2 nZGB) oder des Partners/der Partnerin einer faktischen Lebensgemeinschaft (Art. 264c Abs. 1 Ziff. 3 nZGB).

11.3.2. Voraussetzungen beim Kind

Minderjähriges Kind

11.58 Die Adoption eines minderjährigen Kindes muss als Hauptvoraussetzung dem *Kindeswohl* dienen (vgl. Kap. 1.1.).

11.59 Die *einjährige Probezeit* (Art. 264 ZGB) muss im Zeitpunkt des Adoptionsentscheids vollständig erfüllt sein (zur internationalen Adoption vgl. Kap. 11.3.8.). Misslingt die Probezeit (auch ohne Verschulden der Pflegeeltern), muss das Kind grundsätzlich in eine neue Adoptivfamilie oder eine Einrichtung umplatziert werden (Art. 10 Abs. 4 AdoV); der Schutz des Kindes wird mit Massnahmen gemäss Art. 307 ff. ZGB sichergestellt. Zuständig für die anderweitige Unterbringung ist die kantonale Behörde (Art. 10 Abs. 4 AdoV und Art. 316 Abs. 1bis ZGB), die auch die KESB auffordern kann, an ihrer Stelle zu handeln.

11.60 Zwischen Adoptivkind und Adoptiveltern muss eine *Altersdifferenz* von mindestens *16 Jahren* bestehen (Art. 265 Abs. 1 ZGB). Davon kann nicht abgesehen werden. Im Zeitpunkt der Unterbringung lässt die AdoV (Art. 5 Abs. 4 AdoV) eine Altersdifferenz von höchsten *45 Jahren* zu (dies kann ausnahmsweise unbeachtet bleiben, wenn zwischen den künftigen Adoptiveltern und dem Kind bereits eine vertraute Beziehung besteht). Zu den Voraussetzungen hinsichtlich des Alters der Adoptiveltern vgl. Rz. 11.84.

11.61 Die Adoption setzt voraus, dass kein *direktes Kindesverhältnis ersten Grades* zu den künftigen Adoptiveltern besteht. Nur ein *lebend geborenes Kind* kann adoptiert werden, nicht aber ein gezeugtes oder verstorbenes Kind.

11.62 Das urteilsfähige Kind muss seiner Adoption förmlich *zustimmen* (Art. 265 Abs. 2 ZGB); die Schwelle zur Urteilsfähigkeit kann zwischen 12.–14. Altersjahr angenommen werden. Ist das Kind urteilsunfähig, muss die Adoptionsbehörde seine Meinung im Rahmen der Abklärung des Kindeswohls einholen. Es handelt sich um ein vertretungsfeindliches höchstpersönliches Recht (Art. 19c Abs. 2 in fine ZGB).

11.3. Adoption

Aufgaben der KESB

Der Adoption eines bevormundeten Kindes muss die KESB zustimmen, selbst wenn das Kind urteilsfähig ist (Art. 265 Abs. 3 ZGB). Die Prüfungsbefugnis der KESB ist auf die Interessen des Kindes beschränkt. Sie muss weder die anderen Adoptionsvoraussetzungen prüfen noch sich um allfällige öffentliche oder private Drittinteressen kümmern. Fallen KESB und Adoptionsbehörde zusammen, bildet die Zustimmungsfrage ein Element des Entscheids. Die Verweigerung der Zustimmung durch die KESB verhindert die Adoption, während eine erteilte Zustimmung für die nach Art. 268 Abs. 1 ZGB zuständige Behörde nicht bindend ist.

11.63

Neues Adoptionsrecht (Inkrafttreten frühestens 2018)
Wesentliche Änderungen bei den Voraussetzungen der Adoption eines minderjährigen Kindes:
- *Die Altersunterschiede (16 Jahre / 45 Jahre) sind im Gesetz verankert (Art. 264d Abs. 1 nZGB) und Abweichungen sind möglich, wenn es «zur Wahrung des Kindeswohls nötig ist» (Art. 264d Abs. 2 nZGB).*
- *Ist das Kind bevormundet oder verbeiständet, setzt seine Adoption die Zustimmung der KESB voraus, selbst wenn es bereits urteilsfähig ist (Art. 265 Abs. 2 nZGB)*

11.64

Volljährige Person

Die Adoption einer volljährigen Person ist nur unter der Voraussetzung zulässig, dass die künftigen Adoptiveltern keine Nachkommen haben (Art. 266 Abs. 1 ZGB).

11.65

Die volljährige Person und ihre künftigen Adoptiveltern müssen während mindestens fünf Jahren in Hausgemeinschaft gelebt haben. Über die Hausgemeinschaft hinaus müssen wichtige Gründe vorliegen (Art. 266 Abs. 1 ZGB).

11.66

Die Adoption bedarf der *Zustimmung des Ehegatten oder eingetragenen Partners* des zu adoptierenden Volljährigen (Art. 266 Abs. 2 ZGB).

11.67

Im Übrigen sind die *Bestimmungen über die Adoption Minderjähriger* sinngemäss anwendbar (Art. 266 Abs. 3 ZGB). Die *Zustimmung der Eltern* eines zu adoptierenden Volljährigen ist dagegen keine Voraussetzung der Adoption. Ihre Persönlichkeitsrechte treten hinter diejenigen des volljährigen Kindes zurück. Steht der Volljährige unter umfassender Beistandschaft, muss die KESB der Adoption zustimmen (Art. 265 Abs. 3 ZGB in Analogie).

11.68

11. Entstehung des Kindesverhältnisses

Neues Adoptionsrecht (Inkrafttreten frühestens 2018)

11.69 Wesentliche Änderungen bei den Voraussetzungen der Adoption eines volljährigen Kindes:
- Das Fehlen von Nachkommen der Adoptiveltern wird für die Adoption Volljähriger nicht mehr vorausgesetzt (beachte jedoch Art. 268a^{quater} Abs. 1 nZGB).
- Die vorausgesetzte Dauer der Hausgemeinschaft wird von fünf auf ein Jahr verkürzt (Art. 266 Abs. 1 nZGB).
- Die Zustimmung des Ehegatten oder eingetragenen Partners des zu adoptierenden Volljährigen wird nicht mehr vorausgesetzt, deren Einstellung zur Adoption ist jedoch zu würdigen (Art. 268a^{quater} Abs. 2 Ziff. 1 nZGB).
- Die Einstellung der leiblichen Eltern und allfälliger Nachkommen der zu adoptierenden volljährigen Person muss gewürdigt werden (Art. 268a^{quater} nZGB).

11.3.3. Voraussetzungen bei den leiblichen Eltern

11.70 Als leibliche Eltern des Kindes gelten bis zu dessen Adoption seine rechtlichen Eltern sowie sein genetischer Vater, wenn dieser nicht sein rechtlicher Vater ist.

11.71 Die Adoption eines Minderjährigen bedarf der *Zustimmung* der leiblichen Eltern des Kindes. Es ist eine vom Sorgerecht unabhängige Wirkung des Kindesverhältnisses. Die Zustimmung muss schriftlich oder mündlich bei der KESB am Wohnsitz oder Aufenthaltsort der leiblichen Eltern des Kindes erklärt werden (Art. 265a Abs. 2 ZGB), oder direkt bei der Adoptionsbehörde, wenn das Verfahren bereits eingeleitet wurde. Jedem der beiden Eltern steht ein eigenes Zustimmungsrecht zu. Eine Adoption ohne Zustimmung und ohne Entscheid, davon abzusehen, kann angefochten werden (Art. 269 ZGB; vgl. Rz. 11.100). Bei der Adoption eines volljährigen Kindes bedarf es keiner Zustimmung der Eltern (vgl. Rz. 11.68).

11.72 Die Zustimmung des genetischen Vaters wird nicht vorausgesetzt. Die Behörde muss jedoch zur Klärung der Rechtslage mit ihm Kontakt aufnehmen, auch wenn kein rechtliches Kindesverhältnis besteht, er aber Interesse und Unterstützung für das Kind bekundet.

11.73 Die *Zustimmung kann mit Bedingungen verbunden* werden. Sind sie jedoch derart, dass sie die Adoption faktisch verhindern, wird die Behörde auf eine Verweigerung der Zustimmung schliessen. Allenfalls kann dann gemäss Art. 265c Ziff. 1 oder 2 ZGB von der Zustimmung abgesehen werden (vgl. Rz. 11.77).

11.74 Aus Rücksicht auf den *postpartalen Zustand* (postnataler Geburtsschock) ist eine Zustimmung innerhalb von sechs Wochen nach Geburt des Kindes ungültig (Art. 265b Abs. 1 ZGB). Diese Schutzfrist gilt auch für den leiblichen Vater. Eine gültige Zustimmung kann innerhalb weiterer sechs Wochen widerrufen werden. Es obliegt der zur Entgegennahme der Zustimmungserklärung zuständigen Behörde, die Eltern über das Widerrufsrecht zu orientieren. Die Zustimmung ist endgültig, wenn sie nach einem Widerruf erneuert wird (Art. 265b Abs. 3 ZGB), unter Vorbehalt von Willensmängeln gemäss Art. 23–30 OR.

Die *Zustimmung bewirkt*, dass das Recht auf *persönlichen Verkehr* mit dem Kind erlöscht (Art. 274 Abs. 3 ZGB). Die *Unterhaltspflicht* bleibt grundsätzlich bis zur Adoption bestehen, wobei die Pflegeeltern (künftige Adoptiveltern) i.d.R. auf die Einforderung verzichten, da das Gesetz die Unentgeltlichkeit vermutet (Art. 294 Abs. 2 ZGB, vgl. auch Art. 20 Abs. 1 BG-HAÜ). Die KESB entzieht den leiblichen Eltern die *elterliche Sorge*, wenn sie eine Inkognito-Zustimmung abgeben (anonyme Dritte) (Art. 312 Ziff. 2 ZGB). Die Entziehung kann auch gestützt auf Art. 312 Ziff. 1 ZGB erfolgen, wenn die leiblichen Eltern darum ersuchen (wichtige Gründe), anderenfalls auch gestützt auf Art. 311 Abs. 1 Ziff. 1 ZGB (ähnliche Gründe). Wird die elterliche Sorge entzogen, ernennt die KESB dem Kind während des Pflegeverhältnisses und bis zur Rechtskraft des Adoptionsentscheids einen *Vormund* (Art. 327a ZGB, Art. 18 BG-HAÜ).

11.75

Eine *Verweigerung* der Zustimmung der leiblichen Eltern muss hinter die Interessen eines urteilsfähigen Kindes zurücktreten, das seine Adoption will; es geht dabei um die Achtung seiner höchstpersönlichen Rechte.

11.76

Das Recht des Kindes, sich in einem stabilen und seinem Wohl entsprechenden Umfeld zu entwickeln, kann es rechtfertigen, von der *Zustimmung der leiblichen Eltern abzusehen* (Art. 265c Ziff. 1 und 2 ZGB). Ein Entscheid, gestützt auf Art. 265c Ziff. 2 ZGB von der Zustimmung abzusehen, muss die Entziehung der elterlichen Sorge gemäss Art. 311 Abs. 1 ZGB und Ernennung eines Vormundes (Art. 327a ZGB) nach sich ziehen. Das Recht auf persönlichen Verkehr erlöscht von Gesetzes wegen (Art. 274 Abs. 3 ZGB).

11.77

Aufgaben der KESB

- Die KESB kann frühestens sechs Wochen nach der Geburt des Kindes (Art. 265b Abs. 2 ZGB) die Zustimmung der leiblichen Eltern entgegennehmen (Art. 265a Abs. 2 ZGB). Die KESB orientiert die leiblichen Eltern, dass sie die Zustimmung innert sechs Wochen widerrufen können.
- Sechs Wochen nach der Erstzustimmung muss die KESB amtlich feststellen, dass sie von den Eltern nicht widerrufen wurde (Art. 265b Abs. 2 ZGB).

11.78

> - Fehlt eine Zustimmung, muss die KESB entscheiden, ob davon abgesehen werden kann (Art. 265c ZGB). Ein Entscheid, schon vor dem Adoptionsverfahren von der Zustimmung abzusehen, wird von der KESB am Wohnsitz des Kindes getroffen (Art. 265d Abs. 1 ZGB). Ist ein Adoptionsverfahren eröffnet, entscheidet die Adoptionsbehörde (Art. 265d Abs. 2 und 268 Abs. 1 ZGB).
> - Ist der *leibliche Vater* bekannt, muss ihn die KESB zur Klärung der Rechtslage kontaktieren, selbst wenn ein rechtliches Kindesverhältnis zwischen ihm und dem Kind fehlt; sie orientiert ihn insb. darüber, dass ein Kindesverhältnis die Voraussetzung dafür ist, die Zustimmung zur Adoption zu geben oder zu verweigern.
> - Wird von der Zustimmung eines Elternteils abgesehen, hat er Anspruch auf rechtliches Gehör. Handelt es sich um den Entscheid einer KESB, ist er mit Beschwerde nach Art. 450 Abs. 1 ZGB anfechtbar. Hat die Adoptionsbehörde entschieden, muss eine kantonalrechtliche Beschwerde an eine richterliche Behörde möglich sein, sofern nicht die Adoptionsbehörde diese Eigenschaft hat (Art. 6 § 1 EMRK, Art. 29a und 191b BV, Art. 86 Abs. 2 und 111 Abs. 3 BGG). In beiden Fällen steht die Beschwerde in Zivilsachen ans Bundesgericht offen (Art. 72 Abs. 2 lit. b Ziff. 6 BGG). Das Kind ist nicht beschwerdelegitimiert.
> - Wird die Zustimmung nicht widerrufen und hat die KESB ggf. entschieden, dass von der Zustimmung eines Elternteils abgesehen werden kann, so entzieht die KESB den leiblichen Eltern das Sorgerecht und ernennt dem Kind einen Vormund (Art. 327a ZGB, Art. 18 BG-HAÜ) oder ernennt dem Kind einen Beistand, wenn es bereits im Ausland adoptiert und die Adoption in der Schweiz anerkannt wird (Art. 17 BG-HAÜ).

11.3.4. Voraussetzungen bei den Adoptiveltern

11.79 Als Adoptiveltern gelten Eltern, die beabsichtigen, ein rechtliches Kindesverhältnis zwischen sich und dem Kind zu begründen.

11.80 Eine Adoption ist nur möglich, wenn zwischen der adoptionswilligen Person und dem Kind *kein Kindesverhältnis* besteht. Die genetische Abstammung schliesst eine Adoption nicht aus: Ein Vater kann das von ihm gezeugte Kind adoptieren, selbst wenn schon ein väterliches Kindesverhältnis zu einem Dritten besteht. Auch *Verwandtschaft oder Schwägerschaft* (Art. 20 und 21 ZGB) stehen der Adoption nicht entgegen, rufen aber nach einer besonders aufmerksamen behördlichen Prüfung.

11.81 Wenn die Adoptiveltern *bereits Kinder haben*, steht dies der Adoption eines Minderjährigen nicht entgegen. Zur Adoption volljähriger Personen vgl. Rz. 11.65.

11.3. Adoption

Die Adoptiveltern müssen im Zeitpunkt des Gesuchs *leben*. Eine testamentarische Adoption ist – anders als die Anerkennung (Art. 260 Abs. 3 ZGB) – nicht zulässig.

11.82

Die *Handlungsfähigkeit* gilt nicht als gesetzliche Voraussetzung. Das Recht zu adoptieren ist ein höchstpersönliches Recht, das Urteilsfähige selbständig ausüben (Art. 19c Abs. 1 ZGB) und bei Urteilsunfähigkeit vertretungsfeindlich ist (Art. 19 Abs. 2 in fine ZGB). Deshalb bedarf die Adoption keiner Zustimmung der KESB, wenn einer der Adoptiveltern zwar verbeiständet, aber urteilsfähig ist.

11.83

Darüber hinaus gelten als Voraussetzungen hinsichtlich Alter und Ehedauer:

11.84

- Gemeinschaftliche Adoption: Die Adoptiveltern müssen (alternativ) wenigstens seit fünf Jahren verheiratet oder je mindestens 35 Jahre alt sein (Art. 264a Abs. 2 ZGB);
- Einzeladoption: Die adoptierende Person muss mindesten 35 Jahre alt sein (Art. 264b Abs. 1 und 2 ZGB).
- Stiefkindadoption: Die neue Ehe muss mindestens seit fünf Jahren bestehen (Art. 264a Abs. 3 ZGB).

Hinsichtlich des Altersunterschiedes zum Kind vgl. Rz. 11.60.

11.85

Neues Adoptionsrecht (Inkrafttreten frühestens 2018)

Wesentliche Änderungen bei den Voraussetzungen hinsichtlich der Adoptiveltern:

11.86

- *Bis die Adoption ausgesprochen ist bezeichnet der Gesetzestext die künftigen Adoptiveltern mit «adoptionswillige Personen» (vgl. z.B. Art. 264 Abs. 1 n ZGB).*
- *Die Voraussetzungen hinsichtlich des Alters und der Dauer der Ehe werden geändert:*
  - *Gemeinschaftliche Adoption: Die Adoptionswilligen müssen seit mindestens drei Jahren einen gemeinsamen Haushalt führen und beide mindestens 28 Jahre alt sein (Art. 264a Abs. 1 nZGB), mit der Möglichkeit, vom Mindestalter abzuweichen (Art. 264a Abs. 2 nZGB).*
  - *Einzeladoption: Die adoptionswillige Person muss mindestens 28 Jahre alt sein (Art. 264b nZGB), mit der Möglichkeit, davon abzuweichen (Art. 264b Abs. 4 ZGB).*
  - *Stiefkindadoption bei Ehe, eingetragener Partnerschaft oder faktischer Lebensgemeinschaft: Das Paar muss seit mindestens drei Jahren einen gemeinsamen Haushalt führen (Art. 264c Abs. 2 nZGB).*

11.3.5. Adoptionsgeheimnis und Auskunft

11.87 Die Identität der *Adoptiveltern* darf den leiblichen Eltern und Dritten nur mit ihrer Zustimmung bekannt gegeben werden (Art. 268b ZGB). Dem Adoptivkind steht nach vollendetem 18. Altersjahr ein absolutes Recht auf Kenntnis der *Personalien seiner leiblichen Eltern* zu; vor dem 18. Altersjahr kann es das Recht ausüben, wenn es ein schützenswertes Interesse geltend macht (Art. 268c Abs. 1 ZGB).

11.88 Der *Adoptionsentscheid* wird den Adoptionswilligen, dem urteilsfähigen Kind und dessen gesetzlichen Vertreter *mitgeteilt*. Für die zivilstandsrechtliche Erfassung (Art. 7 Abs. 2 lt. m ZStV) wird er vom Gericht oder der Verwaltungsbehörde, die den Entscheid ausgesprochen hat, der an ihrem Sitz zuständigen zivilstandsrechtlichen Aufsichtsbehörde (Art. 42 Abs. 1 lit. a und 43 Abs. 1 ZStV) oder dem vom kantonalen Recht bezeichneten Sonderzivilstandsamt (Art. 43 Abs. 3 und Art. 2 ZStV) mitgeteilt. Das Zivilstandsamt teilt der KESB die Anerkennung und Eintragung einer ausländischen Adoption mit (Art. 50 Abs. 1 lit. f ZStV).

11.89 Wird ein ausländisches Kind adoptiert (internationale Adoption) und die im Herkunftsstaat ausgesprochene Adoption in der Schweiz anerkannt (vgl. Art. 23 HAÜ und Art. 78 IPRG), richtet sich die Suche der leiblichen Eltern nach dem Recht des Heimatstaates. Immerhin hat das Kind ein den dargestellten Regeln entsprechendes Einsichtsrecht in zivilstandsrechtliche Daten und Adoptionsakten, die von Schweizer Behörden geführt werden. Gemäss Art. 30 HAÜ sorgen die zuständigen Behörden dafür, dass die ihnen vorliegenden Angaben über die Herkunft des Kindes aufbewahrt werden, und gewährleisten den Zugang zu diesen Angaben. Die Informationsrechte des Kindes fliessen auch aus der Achtung seiner Persönlichkeit, dem Wohl der Familiengemeinschaft (Art. 272 ZGB) und der Erziehungspflicht der Adoptiveltern.

Neues Adoptionsrecht (Inkrafttreten frühestens 2018)

11.90 *Wesentliche Änderungen hinsichtlich des Adoptionsgeheimnisses, der Auskunft und des persönlichen Verkehrs:*
- *Es wird eine neue Bestimmung zum Adoptionsgeheimnis eingeführt (Art. 268b nZGB).*
- *Eine neue Bestimmung regelt die Auskunft an das adoptierte Kind über die Adoption, die leiblichen Eltern und deren Nachkommen (Art. 268c nZGB). Gleichzeitig wird ein kantonaler Auskunfts- und Suchdienst eingerichtet (Art. 268d nZGB).*
- *Eine neue Bestimmung regelt die Möglichkeit und die Voraussetzungen des persönlichen Verkehrs der leiblichen Eltern mit dem Kind (Art. 268e nZGB).*

11.3.6. Ablauf eines Adoptionsverfahrens

Für Adoptiveltern ist das Einholen einer *Pflegekindbewilligung* der erste Schritt. Zuständig für das Erteilen der Bewilligung und die Aufsicht über das Pflegeverhältnis zum Zweck der späteren Adoption ist die KESB oder eine andere Stelle am Wohnsitz der künftigen Pflegeeltern (Art. 316 Abs. 1 ZGB). Es muss eine einzige kantonale Behörde sein, unabhängig davon, ob es sich um eine nationale oder internationale Adoption handelt (Art. 316 Abs. 1bis ZGB). Der *Rechtsweg* hängt von der Art der zuständigen Behörde ab. Entscheidet die KESB, ist Art. 450 ZGB anwendbar (Verweisung von Art. 314 Abs. 1 ZGB), in den übrigen Fällen bezeichnet das kantonale Recht die Beschwerdeinstanz. Der kantonal letztinstanzliche Entscheid ist mit Beschwerde in Zivilsachen beim Bundesgericht anfechtbar (Art. 72 Abs. 1 lit. b Ziff. 6 BGG). Die Pflegekinderbewilligung ist unabhängig davon nötig, ob es sich um eine nationale oder internationale Adoption handelt (Art. 4 AdoV).

11.91

Das *Pflegeverhältnis wird* von der kantonalen Behörde *beaufsichtigt* (Art. 10 AdoV). Werden die Bedingungen einer Bewilligung nicht eingehalten, kann sie von der kantonalen Behörde entzogen werden; sie informiert die KESB (Art. 10 Abs. 3 AdoV). Befindet sich das Kind bereits in der Schweiz, kann die kantonale Behörde (Art. 316 Abs. 1bis ZGB) eine Umplatzierung veranlassen oder die zuständige KESB dazu auffordern.

11.92

Das eigentliche Adoptionsverfahren beginnt mit dem *Adoptionsgesuch* der künftigen Adoptiveltern (Art. 268 Abs. 1 ZGB). Die Voraussetzungen der Adoption werden gemäss dem Untersuchungsgrundsatz geprüft und müssen im Zeitpunkt der Gesuchseinreichung erfüllt sein. Die Zustimmung des Kindes muss erneuert oder erstmals erteilt werden, wenn es inzwischen urteilsfähig geworden ist. Die Untersuchung nach Art. 268a ZGB erstreckt sich namentlich auf die in Absatz 2 dieser Bestimmung aufgeführten Themen. Fehlt sowohl die *Zustimmung* der leiblichen Eltern als auch ein Entscheid der KESB, davon abzusehen (Art. 265c und 265d Abs. 1 ZGB), entscheidet die Adoptionsbehörde selber darüber (Art. 265d Abs. 2 ZGB).

11.93

Der Adoptionsentscheid der Behörde muss begründet sein. Fällt er *positiv* aus, hält die Behörde den neuen Namen, das neue Bürgerrecht und soweit nötig den neuen Vornamen des Kindes fest (Art. 267 Abs. 3 ZGB). Die leiblichen Eltern können den Entscheid nicht mehr anfechten, nachdem sie der Adoption zugestimmt haben. Die Beschwerde bleibt dagegen möglich, wenn die Adoptionsbehörde gestützt auf Art. 265c Ziff. 2 ZGB entschieden hat, von ihrer Zustimmung abzusehen. Dieser Entscheid wird ihnen separat und schriftlich mitgeteilt (Art. 265d Abs. 3 ZGB).

11.94

11. Entstehung des Kindesverhältnisses

11.95 Ist der Entscheid einer kantonalen Verwaltungsbehörde *ablehnend*, können ihn die Adoptiveltern bei der vom kantonalen Recht bezeichneten gerichtlichen Behörde anfechten. Danach steht die Beschwerde in Zivilsachen ans Bundesgericht offen (Art. 72 Abs. 2 lit. b Ziff. 6 BGG). Weder das Kind noch die leiblichen Eltern sind zur Anfechtung eines ablehnenden Entscheids legitimiert, ausser wenn der Adoptionswillige verstorben ist und deshalb sein Beschwerderecht verloren hat.

11.96 Eine ausgesprochene Adoption kann nicht Gegenstand einer Beschwerde ans Bundesgericht sein. Art. 269 und 269a ZGB ermöglichen es indessen bestimmten Interessierten, ihre Rügen mit der Anfechtungsklage anzubringen (vgl. Kap. 11.3.7.).

11.97
> **Aufgaben der KESB, des Beistandes und des Vormundes**
>
> - Wird die KESB über den Wunsch der leiblichen Eltern (oder der Mutter, wenn der Vater unbekannt ist), ihr (künftiges) Kind zur Adoption freizugeben, ernennt sie dem Kind nach Anhörung der Eltern (bzw. der Mutter) einen Beistand (Art. 306 Abs. 2 ZGB). Der Beistand kann generell mit allen bei der Adoption des Kindes anfallenden Aufgaben und Handlungen beauftragt werden («…mit dem Auftrag, die nötigen Vertretungshandlungen für das Kind vorzunehmen und sich zu vergewissern, dass das Wohl des Kindes gewährleistet ist»). Bei einer genaueren Auflistung der Aufgaben wird er insb. beauftragt, die für die Unterbringung des Kindes nötigen Vorkehren zu treffen, für die Finanzierung besorgt zu sein, die hinreichende Versicherung des Kindes zu überwachen (Krankenkasse, …), die Frage des väterlichen Kindesverhältnisses zu prüfen (ggf. mit einer Beistandschaft nach Art. 308 Abs. 2 ZGB, wenn die Mutter nicht verheiratet ist oder der Vater das Kind nicht anerkannt hat).
> - Nach rechtsgültiger Zustimmung zur Adoption (Art. 265b ZGB) entzieht die KESB den leiblichen Eltern (bzw. der Mutter) die elterliche Sorge (Art. 312 Ziff. 2 ZGB) und errichtet eine Vormundschaft (Art. 327a ZGB).
> - Nach Ablauf der einjährigen (Art. 264 ZGB) Probephase beantragt der Vormund bei der KESB die Zustimmung zur Adoption (Art. 265 Abs. 3 ZGB). Scheinen andere Massnahmen angezeigt, melden der Vormund oder die für das Adoptionsverfahren zuständige kantonale Behörde die entsprechenden Verhältnisse der KESB, damit diese die nötigen Massnahmen anordnet.
> - Nachdem die Adoption ausgesprochen ist, hebt die KESB die Vormundschaft auf und entlässt den Vormund aus seinen Aufgaben.

11.98 Detaillierte Prozessabläufe zur Adoption eines in der Schweiz geborenen Kindes sind auf der Download-Plattform zu finden.

11.3. Adoption

Neues Adoptionsrecht (Inkrafttreten frühestens 2018)

Wesentliche Änderungen hinsichtlich des Adoptionsverfahrens: 11.99
- Die für das Adoptionsverfahren zuständige kantonale Behörde ordnet wenn nötig die Vertretung des Kindes an (Art. 268a^{ter} Abs. 1 nZGB); beantragt das urteilsfähige Kind eine Vertretung, so ist diese anzuordnen (Art. 268a^{ter} Abs. 2 nZGB).

11.3.7. Anfechtung der Adoption

Ein durch Adoption begründetes Kindesverhältnis kann nur gerichtlich (oder mit neuerlicher Adoption) beseitigt werden (Art. 269–269b ZGB). *Klageberechtigt* sind einerseits Personen, die ihre Zustimmung zur Adoption geben können, aber nicht darum ersucht wurden (Art. 269 ZGB), und andererseits jedermann, der ein Interesse hat, wenn die Adoption an einem noch nicht behobenen schwerwiegenden Mangel leidet (Art. 269a ZGB). Bei einer Klage gemäss Art. 269 ZGB entscheidet das Gericht unter Berücksichtigung der Gesamtumstände und insb. des Kindeswohls, ob die Adoption aufzuheben ist (Art. 269 Abs. 1 in fine ZGB). Stützt sich die Klage auf Art. 269a ZGB, besteht für das Gericht ein Ermessensspielraum bei der Frage, ob der Mangel «schwerwiegend» ist. 11.100

Die Klage muss innerhalb einer relativen Frist von 6 Monaten und einer absoluten Frist von 2 Jahren seit dem Adoptionsentscheid erhoben werden (Art. 269b ZGB). Der Entscheid wird dem Zivilstandsamt (Art. 40 Abs. 1 lit. i, Art. 43 Abs. 1 und 3 ZStV) und der KESB am Wohnsitz des minderjährigen Kindes mitgeteilt (Art. 43 Abs. 4 lit. a ZStV). 11.101

11.3.8. Internationale Adoption

Bei internationalen Adoptionen muss danach unterschieden werden, ob für das Pflegeverhältnis und die Adoption das HAÜ anwendbar ist oder ob das Kind aus einem Nichtvertragsstaat des Abkommens stammt. Im letzteren Fall ist das internationale Privatrecht massgebend (Art. 75–78 IPRG). Immerhin gelten Art. 17 ff. BG-HAÜ für alle internationalen Adoptionen, unabhängig davon, ob das Kind aus einem Vertragsstaat stammt. 11.102

Untersteht eine Adoption dem HAÜ, teilen sich die zentralen Behörden des Herkunftsstaates und des Aufnahmestaates die Aufgaben im Adoptionsverfahren auf. Die Schweiz hat eine zentrale Behörde auf Bundesebene geschaffen (Bundesamt für Justiz), die beratende, koordinierende und allgemeine Aufgaben übernimmt (Art. 2 Abs. 2 BG-HAÜ). Die zentralen Behörden der Kantone sind für die Einzelfälle zuständig, insb. für Abklärung, 11.103

285

Bewilligungen und den Entscheid, ein Kind den Adoptiveltern anzuvertrauen (Art. 3 BG-HAÜ).

11.104 Das Verfahren verläuft wie folgt:

- Gesuch der künftigen Adoptiveltern (Art. 316 Abs. 1bis ZGB) um Erteilen einer vorläufigen Bewilligung zur Aufnahme eines Pflegekindes (Art. 14 HAÜ, Art. 4 BG-HAÜ), als «Eignungsbescheinigung» gemäss Art. 6 AdoV.
- Abklärung über die Eignung der Adoptiveltern, ein Kind aufzunehmen (Art. 15 Abs. 1 HAÜ und Art. 5 BG-HAÜ) mit positivem Ergebnis.
- Übermittlung des Dossiers an die ausländische Behörde, die einen Bericht über das Kind erstellt und prüft, ob die nötigen Zustimmungen vorliegen (Art. 16 Abs. 1 lit. c HAÜ).
- Die Zentralen Behörden beider Staaten müssen der Fortsetzung des Verfahrens zustimmen (Art. 17 lit. c HAÜ), wobei der Entscheid die Wirkung hat, dass der Herkunftsstaat das Kind den künftigen Adoptiveltern anvertrauen darf.
- Die Adoption wird entweder von den Behörden des Herkunftsstaates oder von Schweizer Behörden ausgesprochen:
  - Wird die Adoption in der Schweiz ausgesprochen, untersteht sie den Voraussetzungen des schweizerischen Rechts (Art. 77 Abs. 1 IPRG). Das Kind reist bis zum Ende der einjährigen Probezeit als Pflegekind der künftigen Adoptiveltern ein. Dem Kind wird für die Dauer des Pflegeverhältnisses ein Vormund ernannt (Art. 18 BG-HAÜ).
  - Wird die Adoption im Herkunftsstaat ausgesprochen, muss sie in anderen Vertragsstaaten von Gesetzes wegen anerkannt werden, wenn bescheinigt ist, dass sie gemäss dem Übereinkommen zu Stande gekommen ist (Art. 23 HAÜ). Vor der Fortsetzung des Verfahrens mit der Ausreise des Kindes muss die Zentrale Behörde des Kantons die Adoption im Herkunftsstaat bewilligen (Art. 8 Abs. 2 lit. a BG-HAÜ). Die Adoption muss bewilligt werden, wenn die Voraussetzungen von Art. 264 ff. ZGB erfüllt sind. Die Bedingungen hinsichtlich des Kindeswohls, des Altersunterschieds und der Ehedauer müssen erfüllt sein, die nötige Dauer der Pflegezeit dagegen nicht zwingend (Art. 9 Abs. 2 BG-HAÜ, ggf. ist dem Kind ein Beistand für die verbleibende Dauer der Pflegezeit zu ernennen, Art. 17 BG HAÜ). Die HAÜ hält notwendige Zustimmungserfordernisse fest (Art. 4 lit. c und d HAÜ).

11.105 Bei *Adoptionen, die nicht dem HAÜ unterstehen*, müssen zwei Situationen unterschieden werden:

- Die Adoption wurde im Herkunftsstaat ausgesprochen und kann in der Schweiz anerkannt werden;

- Die Adoption wurde im Herkunftsstaat ausgesprochen und kann in der Schweiz nicht anerkannt werden oder das Kind wurde ohne Adoptionsentscheid des Herkunftsstaates aufgenommen.

Im ersten Fall ist das IPRG anwendbar. Damit die Adoption in der Schweiz anerkannt werden kann, müssen die Voraussetzungen von Art. 78 Abs. 1 IPRG erfüllt sein. Die Voraussetzung des Heimatstaates gilt als erfüllt, wenn ein Elternteil Bürger des Herkunftsstaates des Kindes ist (selbst wenn es sich um eine gemeinschaftliche Adoption handelt), die Adoptiveltern in der Schweiz wohnen und der andere Elternteil nicht Angehöriger des Herkunftsstaates des Kindes ist. Sind die einjährige Dauer der Pflegezeit (Art. 264 ZGB) oder die Frist von sechs Wochen für die Zustimmung der leiblichen Eltern (Art. 265b Abs. 1 ZGB) nicht eingehalten oder adoptiert einer der Ehegatten allein, so steht dies nicht im Widerspruch zum schweizerischen ordre public (Art. 17 IPRG) und steht einer Anerkennung der ausländischen Adoption nicht entgegen. Unter den ordre public fallen indessen die Zustimmung der leiblichen Eltern zur Adoption ihres Kindes und der Vorrang des Kindeswohls vor anderen Interessen (Vorteile sozialer, erbrechtlicher Art etc.).

Im anderen Fall muss in der Schweiz eine zweite Adoption nach schweizerischem Recht ausgesprochen werden (Art. 77 Abs. 1 IPRG). Die zuständige Behörde berücksichtigt bei der Dauer des Pflegeverhältnisses die Zeit, die das Kind zusammen mit den Eltern im Ausland verbracht hat.

Aufgaben der KESB und des Beistandes

Das für die Eintragung zuständige Zivilstandsamt teilt der KESB die Adoption eines Kindes im Ausland mit (Art. 50 Abs. 1 lit. f ZStV), die bei Bedarf die nötigen Kindesschutzmassnahmen anordnet.

Vgl. zum Ganzen: *Themenseite des Bundesamtes für Justiz:* www.bj.admin.ch > Gesellschaft > internationale Adoption.

11.4. Alternative Familienformen

Eizellen- oder Embryonenspenden und sämtliche Formen der Leihmutterschaft sind nach schweizerischem Recht unter Strafandrohung untersagt (vgl. Art. 119 Abs. 2 lit. d BV, Art. 4, 31 und 37 FMedG). Trotz des Verbots begeben sich Schweizer/innen ins Ausland, um sich ihren Familienwunsch zu erfüllen. Zurück in der Schweiz sind zwei Situationen zu unterscheiden: Das Kind ist bereits geboren und die Kindesverhältnisse zwischen den Eltern und dem Kind wurden im Ausland begründet, oder das Kind ist noch nicht geboren und die schwangere Frau bringt das Kind in der Schweiz zur Welt.

11.4.1. Im Ausland begründete Kindesverhältnisse

11.111 Während das schweizerische Recht die Leihmutterschaft verbietet, fehlen internationale Übereinkommen in diesem Bereich. Das hindert Schweizer/innen nicht daran, diese Fortpflanzungsmethode im Ausland in Anspruch zu nehmen. Das Bundesgericht hat zur Leihmutterschaft zwei Grundsatzentscheide gefällt (BGE 141 III 312 und BGE 141 III 328). Der erste Entscheid betrifft ein in eingetragener Partnerschaft lebendes Männerpaar und der zweite Entscheid ein verheiratetes Paar. In beiden Entscheiden hat das Bundesgericht erwogen, die in Anspruch genommene Leihmutterschaft stelle eine dem ordre public widersprechende Gesetzesumgehung dar, so dass die ausländischen Urkunden über die Begründung der Kindesverhältnisse nicht automatisch anerkannt werden können (Art. 27 Abs. 1 IPRG). Gemäss Bundesgericht widerspricht dieser Entscheid weder der Praxis des Europäischen Gerichtshofes für Menschenrechte noch der EMRK oder der KRK.

11.112 Der Entscheid des Bundesgerichts hatte im ersten Fall (BGE 141 III 312) konkret zur Folge, dass ein Kindesverhältnis nur zwischen dem Kind und demjenigen Wunschelternteil anerkannt wurde, von dem es genetisch abstammte. Dem anderen Elternteil, auch ein Mann, blieb die Anerkennung des im Ausland begründeten Kindesverhältnisses versagt. Im zweiten Entscheid (BGE 141 III 328) stammten die Kinder genetisch von keinem der Wunscheltern ab, so dass in der Schweiz folglich kein im Ausland begründetes Kindesverhältnis anerkannt wurde. Den Kindern wurde ein Vormund ernannt (Art. 327a ZGB) und die Wunscheltern auf die Adoption verwiesen.

11.113 Zahlreiche Personen, die eine Leihmutterschaft in Anspruch nehmen, gelingt es nach der Rückkehr in die Schweiz beim Zivilstandsamt eine Anerkennung der im Ausland begründeten Kindesverhältnisse zu erwirken. Diese Situationen entgehen einer Prüfung der KESB vollständig.

11.114 Weitere Fortpflanzungsmethoden sind in diesem Zusammenhang denkbar, namentlich bei gleichgeschlechtlichen Paaren (z.B. Adoption nach ausländischem Recht und natürliche Geburt bei einem Frauenpaar). Wird nach ausländischem Recht ein Kindesverhältnis zwischen einem Kind und Schweizer/innen, die in eingetragener Partnerschaft leben oder im Ausland verheiratet sind, rechtsgültig begründet, stellt sich die Frage der Anerkennung dieser Kindesverhältnisse in der Schweiz. Dazu gibt es keine einschlägigen Bestimmungen. Soweit keine Gesetzesumgehung vorliegt, scheint die Praxis der Zivilstandsämter dahinzugehen, diese im Ausland begründeten Kindesverhältnisse umfassend anzuerkennen, so dass das Kind in der Schweiz über ein doppeltes Kindesverhältnis – zwei Väter oder zwei Mütter – verfügt (zum Fall der Adoption eines Kindes durch zwei Männer in Kalifornien vgl. Entscheid aus St. Gallen: SG GVP 2009 Nr. 101). Wird die KESB mit einem solchen Fall befasst, muss sie ausschliesslich für das Kindeswohl besorgt sein und prüfen, ob und falls ja, welche Kindesschutzmassnahme angezeigt ist.

11.4.2. In der Schweiz begründete Kindesverhältnisse

Andere in der Schweiz verbotene Methoden der medizinisch unterstützten Fortpflanzung, die Schweizer/innen im Ausland in Anspruch nehmen, insb. die Eizellenspende und die Samenspende für eine unverheiratete Frau, unterliegen den Regeln über die Entstehung des Kindesverhältnisses in der Schweiz: Die gebärende Frau wird rechtliche Mutter des Kindes (Art. 252 Abs. 1 ZGB) (vgl. Kap. 11.1.) und das Kindesverhältnis zum Vater muss nach den Bestimmungen des schweizerischen Rechts begründet werden (vgl. Kap. 11.2.).

11.115

> **Aufgaben der KESB und des Beistandes**
>
> Ist ein Kind in der Schweiz ohne rechtliche Kindesverhältnisse, weil die nach ausländischem Recht zwischen ihm und seinen Eltern begründeten nicht anerkannt werden, muss die KESB dem Kind einen Vormund ernennen (Art. 327a ZGB). Verfügt das Kind über ein oder zwei in der Schweiz anerkannte Kindesverhältnisse, erübrigen sich besondere Kindesschutzmassnahmen.
>
> Wird das Kind in der Schweiz geboren, sind die Bestimmungen über die Entstehung des Kindesverhältnisses anwendbar. Für die KESB ist ausschliesslich das Kindeswohl massgebend, wenn sie von solchen Verhältnissen erfährt und abklärt, ob Kindeschutzmassnahmen angezeigt sind.

11.116

12. Elterliche Sorge

Literatur

Gesetzliche Grundlagen: Art. 133–134, 296–299, 301–303 ZGB; Art. 52f[bis] AHVV.

Materialien: Botschaft Elterliche Sorge; Bericht BJ Elterliche Sorge; Botschaft Kindesunterhalt.

Allgemeine Literatur: BSK ZGB I [SCHWENZER/COTTIER, Art. 296–303; BREITSCHMID, Art. 133–134]; CHK ZGB [BIDERBOST, Art. 308, N 23; BREITSCHMID, Art. 296–303; FREIBURGHAUS, Art. 133–134]; FamKomm Scheidung-BÜCHLER/WIRZ, Art. 133–134 ZGB; KUKO ZGB-CANTIENI/VETTERLI, Art. 133–134; KUKO ZGB-CANTIENI/VETTERLI, Art. 296–303; BÜCHLER/VETTERLI, S. 210 ff.; Handbuch KES-CANTIENI/WYSS, Rz. 696 ff.; HÄFELI, Rz. 38.01 ff.; HAUSHEER/GEISER/AEBI-MÜLLER, Rz. 17.67–17.128; HEGNAUER, Rz. 25.01–26.32; MEIER/STETTLER, Rz. 447 ff.; TUOR/SCHNYDER/JUNGO, § 43.

Spezifische Literatur: AFFOLTER KURT, Informations-, Anhörungs- und Auskunftsrecht des nichtsorgeberechtigten Elters (Art. 275a ZGB), in: ZVW 2009, 380 ff.; AMT FÜR JUGEND UND BERUFSBERATUNG KANTON ZÜRICH, Muster für Elternvereinbarung; BIDERBOST YVO, Rechtsverhältnisse zwischen Eltern und Kind, in: Jusletter vom 10. Februar 2003; BIDERBOST YVO/CANTIENI LINUS, Erste Erfahrungen mit dem neuen Recht der elterlichen Sorge, in: Schwenzer/Büchler/Fankhauser, Achte Schweizer Familienrecht§Tage, Bern 2016, 137 ff.; BUCHER ANDREAS, Elterliche Sorge im schweizerischen und internationalen Kontext, in: Rumo-Jungo/Fountoulakis, Familien in Zeiten grenzüberschreitender Beziehungen, 7. Symposium zum Familienrecht 2013, Universität Freiburg 2013, N 148 ff.; BÜCHLER ANDREA/CANTIENI LINUS/SIMONI HEIDI, Die Regelung der elterlichen Sorge nach Scheidung de lege ferenda – ein Vorschlag, in: FamPra 2007, 207 ff.; BÜCHLER ANDREA/MARANTA LUCA, Das neue Recht der elterlichen Sorge, in: Jusletter vom 11. August 2014; BURGAT SABRINA, Autorité parentale et prise en charge de l'enfant: état des lieux, in: Bohnet/Guillod (Hrsg.), le nouveau droit de l'entretien et du partage de la prévoyance, Bâle 2016, 107 ff.; CANTIENI LINUS, Gemeinsame elterliche Sorge nach Scheidung, Eine empirische Untersuchung, Diss. Bern 2007; CANTIENI LINUS/BIDERBOST YVO, Reform der elterlichen Sorge aus Sicht der KESB – erste Erfahrungen und Klippen, in: FamPra 2015, 771 ff.; CANTIENI LINUS et al., Aktuelle Reform des Rechts der elterlichen Sorge und des Unterhalts nach Trennung und Scheidung, Podiumsdiskussion vom 16. Februar 2012 in Basel, in: FamPra 2012, 627 ff.; DETTENBORN HARRY, Kindeswohl und Kindeswille, Basel 2010; FASSBIND PATRICK, Systematik der elterlichen Personensorge in der Schweiz, Diss. Basel 2006; FASSBIND PATRICK, Belassung, Erhalt und Erteilung der gemeinsamen Sorge als Regelfall, in: ZKE 2014, 95 ff.; FASSBIND PATRICK, Inhalt des gemeinsamen Sorgerechts, der Obhut und des Aufenthaltsbestimmungsrechts im Lichte des neuen gemeinsamen Sorgerechts als Regelfall, in: AJP 2014, 692 ff.; FELDER WILHELM et al., Gemeinsame elterliche Sorge und Kindeswohl, in: ZBJV 2014, 892 ff.; GEISER THOMAS, Wann ist Alleinsorge anzuordnen und wie ist diese zu regeln?, in: ZKE 2015, 226 ff.; GLOOR NINO, Der Begriff der Obhut, in: FamPra 2015, 331 ff.; GLOOR URS, Der Einbezug von Kindern in die Trennungs- und Scheidungsmediation, in: Büchler Andrea/Simoni Heidi (Hrsg.), Kinder und Scheidung, Der Einfluss der Rechtspraxis auf familiale Übergänge, Zürich/Chur 2009; GLOOR URS/SCHWEIGHAUSER JONAS, Die Reform des Rechts der elterlichen Sorge – eine Würdigung aus praktischer Sicht, in: FamPra 2014, 1 ff.; HEGNAUER CYRIL, Kindesrecht – ein weites Feld, in: ZVW 2006, 25 ff.; HEISS HANS/CASTELLANOS HELEN A., Gemeinsame Sorge und Kindeswohl nach neuem Recht, Baden-Baden 2013; KAUFMANN/ZIEGLER (Hrsg.), Kindeswohl – Eine interdisziplinäre Sicht, Zürich 2003; KOSTKA KERIMA, Im Interesse des Kindes? Elterntrennung und Sorgerechtsmodelle in Deutschland, Grossbritannien und den USA, Frankfurt a.M. 2004; LANGENEGGER ERNST, Die gemeinsame elterliche Sorge, in: ZVW 2000, 223 ff.; MEIER PHILIPPE, Nouveau droit de l'autorité parentale – Etat des lieux, in: Mélanges M. Baddeley, Zürich/Genf 2017.

12.1. Allgemeines

Am 1. Juli 2014 ist die Reform der elterlichen Sorge in Kraft getreten. Das grundlegend revidierte Recht hat zum Ziel, die *gemeinsame elterliche Sorge* unabhängig vom Zivilstand der Eltern zum *Regelfall* werden zu lassen, weil ein Kind Anspruch darauf hat, dass beide Eltern gemeinsam Verantwortung für seine Entwicklung und Erziehung übernehmen. Solange das Kindeswohl es erlaubt, hat es daher bei der gemeinsamen elterlichen Sorge zu bleiben.

12.1

12.1.1. Wesen und Inhalt der elterlichen Sorge

Das Kind vermag vor allem in den ersten Lebensjahren aufgrund seiner Schutzbedürftigkeit seine Interessen nicht eigenständig wahrzunehmen. Bis zu seiner Volljährigkeit steht es daher i.d.R. unter der gemeinsamen elterlichen Sorge von Vater und Mutter (Art. 296 Abs. 2 ZGB). Die elterliche Sorge wird im Gesetz nicht definiert und kann als *Gesamtheit der elterlichen Verantwortlichkeiten und Verpflichtungen* bezeichnet werden, welche im Sinne des Kindeswohls wahrzunehmen sind. Gemeint sind damit im Wesentlichen die Bereiche *Pflege, Erziehung, Bestimmung des Aufenthaltsortes, gesetzliche Vertretung* sowie die *Verwaltung seines Vermögens*. Im Einzelnen:

12.2

- Die Eltern haben das Kind ihren Verhältnissen entsprechend zu *erziehen* und die dafür nötigen Entscheidungen zu treffen (Art. 301 Abs. 1 und 1bis ZGB). Nach welchen Erziehungsinhalten oder -methoden dies zu erfolgen hat, wird ihnen nirgends vorgegeben. Das Gesetz hält lediglich wegweisend fest, dass die Eltern dem Kind die seiner Reife entsprechende Freiheit der Lebensgestaltung zu gewähren und in wichtigen Angelegenheiten auf seine Meinung Rücksicht zu nehmen haben (Art. 301 Abs. 2 ZGB). Insofern wandelt sich ihre Aufgabe, als dass die Intensität der elterlichen Entscheidungsbefugnis mit zunehmendem Alter des Kindes abnimmt. In diesem Zusammenhang sei auch auf die für das gesamte Eltern-Kind-Verhältnis bedeutsame Bestimmung von Art. 272 ZGB verwiesen, welche vom Kind und seinen Eltern gleichermassen Respekt verlangt.
- Die Eltern haben dem Kind eine angemessene, seinen Fähigkeiten und Neigungen entsprechende allgemeine und berufliche *Ausbildung* zu verschaffen. Seine individuellen Begabungen sollen gefördert werden, damit sie sich voll entfalten können, seien diese schulischer, kultureller

12. Elterliche Sorge

oder sportlicher Art. Dazu gehört auch, dem Kind die nötige soziale Bildung zu vermitteln (Art. 302 Abs. 2 ZGB).

- Die elterliche Sorge schliesst das Recht ein, den *Aufenthaltsort* des Kindes zu bestimmen (Art. 301a ZGB).
- Über die *religiöse Erziehung* des Kindes verfügen die Eltern. Die körperliche, geistige und seelische Integrität des Kindes darf damit nicht gefährdet werden. Hat das Kind das 16. Altersjahr zurückgelegt, entscheidet es selber über sein religiöses Bekenntnis (Art. 303 Abs. 3 ZGB).
- Die Eltern haben das Recht, dem Kind einen *Vornamen* zu geben. Der Vorname ist mit Rücksicht auf das Interesse des Kindes zu wählen (Art. 301 Abs. 4 ZGB).
- Das Kind ist grundsätzlich handlungsunfähig (Art. 17 f. ZGB). Seine Eltern vertreten es daher von Gesetzes wegen im Rechtsverkehr mit Dritten (Art. 304 ZGB). Sie handeln dabei in seinem Namen. Das Kindeswohl bildet die Grenze des elterlichen Handelns. Das bedeutet, dass auf die Meinung des Kindes mit zunehmendem Alter Rücksicht zu nehmen ist. Die *Vertretungsbefugnis* wird zudem durch den selbstständigen Handlungsbereich des urteilsfähigen Kindes beschränkt (Art. 305 Abs. 1 ZGB; Art. 19 Abs. 2, Art. 19c Abs. 1 ZGB; vgl. Kap. 10.2. und 10.3.). Widersprechen in einer Angelegenheit die Interessen der Eltern denen des Kindes, entfällt ihre Vertretungsmacht von Gesetzes wegen (Art. 306 Abs. 2 ZGB).
- Schliesslich gehört die *Vermögenssorge* zum Inhalt der elterlichen Vertretung. Die Eltern haben das Recht, aber auch die Pflicht, das Kindesvermögen zu verwalten (Art. 318 Abs. 1 ZGB). Die Kindesvermögensverwaltung ist dabei nach den Grundsätzen getreuer und sorgfältiger Geschäftsführung vorzunehmen sowie hat die Substanzerhaltung und angemessene Mehrung des Vermögens zum Ziel (vgl. Kap. 16.).

12.3 Die elterliche Sorge hat in den letzten Jahrzehnten einen bedeutenden Wandel erfahren. Der Akzent liegt heute nicht mehr auf den Rechten, sondern auf der *Verantwortung*. Die Ausübung der elterlichen Sorge steht entsprechend nicht im Belieben der Eltern. Leitschnur und zugleich Grenze elterlichen Handelns ist stets die *Maxime des Kindeswohls* (Art. 3 KRK; vgl. Art. 301 ZGB sowie Kap. 1.1.). Schranken bilden die Achtung der Persönlichkeit und die eigene Handlungsfähigkeit des Kindes. So hat es etwa ein Recht auf eigene soziale Beziehungen und Intimsphäre. Weiter haben die Eltern dem Kind die seiner Reife entsprechende Freiheit der Lebensgestaltung einzuräumen. Entscheidend ist dabei kein bestimmtes Alter. Vielmehr wandelt sich die elterliche Sorge hin zu einer beratenden Begleitung und erlischt grundsätzlich, wenn das Kind volljährig wird (Art. 296, Art. 301 ZGB).

Bei der elterlichen Sorge handelt es sich um ein sog. fremdnütziges und zweckgebundenes *Pflichtrecht*. Sie ist *höchstpersönlicher Natur, unverzichtbar* und insb. *nicht übertragbar*. Immerhin kann die Ausübung der elterlichen Sorge ganz oder teilweise auf Dritte übertragen werden (z.B. Art. 299 und 300 ZGB).

Die Erziehung und Ausbildung des Kindes ist nicht allein Sache der Eltern. Sie sind z.B. dazu verpflichtet, in geeigneter Weise mit der Schule zusammenzuarbeiten. Wo es die Umstände erfordern, haben sie sich sodann von den Jugend- und Familienberatungsstellen oder von gemeinnützigen Einrichtungen unterstützen zu lassen (Art. 302 Abs. 3 ZGB; vgl. Kap. 9.5.). Ist das Wohl des Kindes gefährdet und schaffen die Eltern von sich aus nicht die nötige Abhilfe, ist die KESB verpflichtet, die nötigen Massnahmen anzuordnen (vgl. Art. 307 ff. ZGB; vgl. Kap. 2.).

12.1.2. Begriff der Obhut

Unter dem Begriff der «Obhut» wird die *faktische Betreuung*, d.h. die Befugnis zur täglichen Betreuung des Kindes und die Ausübung der Rechte und Pflichten im Zusammenhang mit seiner laufenden Pflege und Erziehung, verstanden (BGer 5A_72/2016 E. 3.3.1.; BGE 142 III 612 E. 4.1.) Der noch unter altem Recht verwendete Begriff umschloss auch das Aufenthaltsbestimmungsrecht (das *«Obhutsrecht»*), welches gemäss Art. 301a Abs. 1 ZGB nun Teil der (gemeinsamen) elterlichen Sorge ist (s. auch Art. 310 ZGB, vgl. Kap. 2.4.).

Mit der Obhut bzw. der Betreuungs- und Erziehungsaufgabe verbunden ist zugleich die Ausübung der sich daraus täglich ergebenden Rechte und Pflichten. Im Unterschied zur elterlichen Sorge, welche – unabhängig davon, ob das Kind von den sorgeberechtigten Eltern betreut wird – die volle Verantwortung für das Kind umfasst, beinhaltet die Obhut nur diesen Teilbereich. Bei gemeinsamer elterlicher Sorge kann der Elternteil, der das Kind *jeweils* in seiner Betreuung hat, allein entscheiden, wenn die Angelegenheit alltäglich oder dringlich ist oder der andere Elternteil nicht mit vernünftigem Aufwand zu erreichen ist (Art. 301 Abs. 1bis ZGB; a.M. Büchler/Maranta, Rz. 58 f.). Alle anderen Entscheidungen müssen sie gemeinsam fällen (vgl. dazu eingehender unter Kap. 12.1.4.).

Mit der Revision des Unterhaltsrechts per 1. Januar 2017 wurde der Begriff der *«alternierenden Obhut»* eingeführt (vgl. Art. 298 Abs. 2ter und Art. 298b Abs. 3ter ZGB). Aus der gemeinsamen elterlichen Sorge folgt weder eine

Pflicht noch ein Recht, das Kind hälftig zu betreuen oder es häufig zu besuchen. Vielmehr stellt die alternierende Obhut hohe Anforderungen an Eltern und Kind (vgl. dazu Kap. 12.3.2. sowie BGer 5A_46/2015 E. 4.4.5.; BGE 142 III 617 und 142 III 612; 5A_72/2016 E. 3.3.).

12.9 Mit der Revision der elterlichen Sorge per 1. Juli 2014 wurde der Begriff «Betreuungsanteile» eingeführt. Bei gemeinsamem Sorgerecht spricht man von Betreuungsanteilen, wenn die Obhut in einem Verfahren explizit keinem Elternteil zugewiesen wurde. Fand eine Zuweisung statt, so wird im Bereich der Kontaktregelung zum anderen Elternteil von persönlichem Verkehr gesprochen (vgl. auch Art. 273 Abs. 1 ZGB).

12.1.3. Entstehung und Träger der elterlichen Sorge

12.10 Die elterliche Sorge ist eine Wirkung des Rechtsverhältnisses zwischen Eltern und Kind, des sog. *Kindesverhältnisses*, und setzt dessen Bestehen voraus. Sie steht jedem Elternteil als Ausfluss seines Persönlichkeitsrechts als eigenes und selbständiges Recht zu. Es ist den Eltern vorbehalten, Träger der elterlichen Sorge zu sein. Sie müssen aber das 18. Altersjahr vollendet haben und dürfen nicht unter umfassender Beistandschaft stehen (Art. 296 Abs. 3 ZGB).

12.11 Andere Familienangehörige (z.B. Grosseltern), Stief- oder Pflegeeltern können lediglich zum Vormund des Kindes ernannt werden (Art. 327a ZGB). In diesem Fall ist sorgfältig zu prüfen, ob die Person in der Lage ist, das Kind langfristig und umfassend zu vertreten sowie seine gute Pflege und Erziehung sicherzustellen, zumal ein Vormund über umfassende Kompetenzen verfügt (vgl. Art. 327c Abs. 1 ZGB).

12.12 Zwischen dem Kind und der *Mutter* beginnt die elterliche Sorge von Gesetzes wegen mit der Geburt des Kindes (Art. 252 Abs. 1 ZGB). Ist der *Vater* mit der Mutter des Kindes verheiratet, erhält er die elterliche Sorge von Gesetzes wegen (Art. 252 Abs. 2 und Art. 255 ZGB) mit der Geburt des Kindes. Ist er mit der Mutter nicht verheiratet, kann er die elterliche Sorge nur erlangen, wenn er gemeinsam mit der Mutter gegenüber dem Zivilstandsamt oder der KESB eine Erklärung zur gemeinsamen elterlichen Sorge abgibt (Art. 298a ZGB) oder sie ihm behördlich übertragen wird (durch den Entscheid der KESB, Art. 298b, oder im Rahmen einer Vaterschaftsklage, Art. 298c ZGB; vgl. Kap. 12.3.).

12.13 Solange das Kind minderjährig ist, steht es unter der elterlichen Sorge der Eltern oder eines Elternteils (Art. 296 Abs. 2 ZGB). Ist dies nicht oder nicht mehr der Fall, bedarf es der gesetzlichen Vertretung in Form einer Vormundschaft (Art. 327a ZGB). Denkbar ist auch die Übertragung der elterlichen Sorge vom einen zum anderen Elternteil. Die elterliche Sorge hat gegenüber der Vormundschaft von Gesetzes wegen Vorrang. Sie schliessen sich folglich gegenseitig aus. Es muss für ein minderjähriges Kind aber in jedem Fall das eine oder andere bestehen.

Pflege- und Stiefeltern haben *keine elterliche Sorge*. Sie haben lediglich abgeleitete Rechte. Die Pflegeeltern haben die tägliche Betreuung und Erziehung des Kindes zur Aufgabe. Alle damit verbundenen Entscheidungen können sie allein treffen (Art. 300 ZGB). Darüber hinaus hängt der Umfang der Befugnisse von den Umständen im Einzelfall ab. Es sind namentlich das Kindeswohl, der Anlass und die Dauer des Pflegeverhältnisses, die Beziehungsqualität zwischen den Eltern, dem Kind und den *Pflegeeltern* sowie die zeitliche Dringlichkeit zu berücksichtigen. Muss in wichtigen Angelegenheiten des Kindes unverzüglich gehandelt werden, können die Pflegeeltern selbst entscheiden. Der mutmassliche oder erklärte Wille der Eltern muss allerdings beachtet werden. Gleiches gilt ganz allgemein für allfällige Weisungen der Eltern.

12.14

Der *Stiefelternteil* hat den anderen Ehegatten in der Ausübung der elterlichen Sorge falls nötig zu vertreten (Art. 299 ZGB). Übernimmt der Stiefelternteil einen wesentlichen Teil der Betreuung des Kindes, so ist er in diesem Bereich ohne Weiteres dazu berechtigt, die nötigen Entscheidungen zu treffen. Möglich ist auch, dass der sorgeberechtigte Elternteil den Stiefelternteil für eine bestimmte Angelegenheit bevollmächtigt (Art. 32 ff. OR).

12.15

12.1.4. Entscheidungskompetenzen

Die sorgeberechtigten Eltern trifft die *umfassende Verantwortung* für das Kind. Hierfür haben sie – unter Vorbehalt der eigenen Handlungsfähigkeit des Kindes – die nötigen Entscheidungen zu treffen (Art. 301 Abs. 1 ZGB).

12.16

> **Beachte**
>
> Der Begriff der elterlichen Sorge mag unbefangen betrachtet einerseits Fürsorge und anderseits Nähe bzw. Alltag suggerieren. Elterliche Sorge hat aber rechtlich betrachtet wenig mit diesen Begriffen zu tun, sondern vielmehr mit *Entscheidbefugnissen*.

12.17

Bei gemeinsamer elterlicher Sorge stehen beiden Elternteilen von Gesetzes wegen weitreichende Entscheidungsrechte zu. Der Elternteil, der das Kind *jeweils* in seiner Betreuung hat, kann *allein* entscheiden, wenn die Angelegenheit *alltäglich* oder *dringlich* ist oder der andere Elternteil nicht

12.18

mit vernünftigem Aufwand zu erreichen ist (Art. 301 Abs. 1bis ZGB, a.M. BÜCHLER/MARANTA, Rz. 58 f.; OGer ZH, Urteil vom 23. Dezember 2014, ZR 114/2015, 37 ff.). *Alle anderen Entscheidungen* müssen sie, unabhängig davon, ob sie im gleichen Haushalt oder getrennt leben, *gemeinsam* fällen.

12.19 Die schweizerische Gesetzgebung verzichtet auf eine exemplarische Grenzziehung zwischen alltäglichen Entscheidungen, die der betreuende Elternteil alleine fällen kann, und Entscheidungen, welche von erheblicher Tragweite sind und die von beiden Eltern gemeinsam gefällt werden sollen. Einzig die Ausübung des Aufenthaltsbestimmungsrechts ist im Sinne einer lex specialis in Art. 301a ZGB geregelt (vgl. Kap. 12.5.).

12.20 *Alltägliche Entscheidungen* im Sinne des Gesetzes sind nicht in jedem Fall mit Fragestellungen gleichzusetzen, welche sozusagen jeden Tag auftauchen. Vielmehr sind damit auch Entscheidungen in Bezug auf das Kind gemeint, welche im Umkehrschluss keine Entscheidungen von erheblicher Tragweite darstellen. Dabei ist bei der Beurteilung, ob eine Angelegenheit alltäglich oder von erheblicher bzw. grundsätzlicher Bedeutung ist, ein *objektiver Massstab* anzulegen. Gleichzeitig bedarf diese Entscheidung aber häufig zudem der Berücksichtigung *subjektiver Aspekte*. Während bspw. eine Bergtour ins Hochgebirge objektiv betrachtet risikobehaftet und damit als eine Entscheidung von erheblicher Tragweite zu qualifizieren wäre, kann diese subjektiv auch anders beurteilt werden, wenn der Vater ein erfahrener Bergtourenführer ist. Schliesslich haben elterliche Entscheide teilweise sowohl grundsätzliche Komponenten (z.B. der Beitritt in ein Sportkader) als auch alltägliche Anteile (z.B. die Teilnahme an Trainingswochenenden, Wettkämpfen, Anpassung der Ernährung). Um die elterliche Verantwortung im Interesse des Kindes wahrzunehmen, ist jedenfalls eine gewisse Nähe zum Kind vorausgesetzt, d.h. Kenntnis seines Entwicklungsstandes, seiner Kompetenzen und auch seines eigenen Standpunktes bzw. Willens. Die Frage, wie eng sich die Eltern abzusprechen haben, ist im Einzelfall vom gelebten Betreuungsmodell abhängig. Ein generell desinteressierter Elternteil, der seine (Mit-)Entscheidungsrechte als blockierendes Veto dem andern Elternteil gegenüber einsetzt, handelt jedenfalls nicht im Sinne des Kindswohls. Alleinentscheidungsbefugnisse haben hier wie dort Schranken, wo die gemeinschaftliche Linie der Erziehung grundsätzlich untermauert wird.

12.21 Die nachfolgende Auflistung soll als Entscheidungshilfe dienen:

12.1. Allgemeines

Entscheidungskompetenzen der Eltern (allein oder gemeinsam)

12.22

	Alltägliche Entscheide (→ betreuender Elternteil entscheidet allein)	Entscheide von erheblicher Bedeutung (→ Eltern entscheiden gemeinsam)
Gesundheit/ medizinische Versorgung	• Vorsorgeuntersuchungen • Arztkonsultationen und Therapie bei Kinderkrankheiten, nicht lebensbedrohlichen Infekten • Notfallversorgung, z.B. nach Unfällen • Zahnbehandlungen	• Medizinische Eingriffe mit erheblichem Komplikationsrisiko, z.B. chirurgische Eingriffe • medikamentöse Therapien mit erheblichen Nebenwirkungen, z.B. Ritalin • Impfungen nach schweizerischem Impfplan • Fachärztliche Abklärungen und Therapien, z.B. kinderpsychiatrische Abklärung • Zahntechnische oder dentalchirurgische Behandlungen (Zahnspange, Implantate usw.)
Schule/ Ausbildung	• Entschuldigungen bei der Schule infolge Krankheit • Teilnahme an Schulausflügen und Klassenlagern • Visieren von Strafaufgaben, Prüfungen, Verwarnungen, z.B. wegen Verspätungen • Fragen des Schulalltages inkl. Nachhilfe-Unterricht	• Wechsel der Schule (in eine Privatschule oder eine Sonderschule) • Versetzung • Mehrmonatiger Schüleraustausch • Unterzeichnung Lehrvertrag • Schulpsychologische Abklärung • Vorgezogene oder zurückgestellte Einschulung • Stufen- und Typeneinstufung
Finanzen	• Eröffnen eines Jugendkontos zur Verwaltung von Taschengeld • Besitz eines Mobiltelefons • Taschengeld und kleine Geldgeschenke	• Anlage von Kindesvermögen • Annahme oder Ausschlagung einer Erbschaft • (Gesuch um) Anzehrung von Kindesvermögen
Erziehung	• Alltagsgestaltung mit Fragen wie Ernährung, Bettzeiten, TV-Konsum, Bekleidung • Freizeitaktivitäten, soweit diese nicht mit aussergewöhnlichen Risiken verbunden sind, z.B. Musikunterricht, Skiwochenende • Besuche bei Freunden, einmaliges auswärtiges Übernachten • Inanspruchnahme einer Erziehungsberatung	• Grundlegende Erziehungsgrundsätze, z.B. Erziehungsstil, Ernährungsweise • Freizeitaktivitäten, welche die Betreuungszeit des andern Elternteils betreffen, z.B. Mitgliedschaft im Fussballclub, wenn das Kind deshalb an Wochenenden in Matches aufspielen muss.
Aufenthalt/ Betreuung	• Wahl der Feriendestination und -aktivitäten • Wohnungswechsel innerhalb des Wohnortes	• Reisen in Krisengebiete und solchen mit hohen gesundheitlichen Risiken (z.B. Malaria, fehlende medizinische Versorgung) • Wechsel in ein Heim oder Internat • Fremdbetreuung, z.B. Kinderkrippe, Hortbesuch, Tagesmutter
Religion	• Teilnahme an Gottesdiensten und kirchlichen Veranstaltungen • Religiöse Praktiken im Alltag	• Wahl der Religionszugehörigkeit
Status- und Namensfragen	• –	• sind alle von erheblicher Bedeutung

12. Elterliche Sorge

12.23 Der Gesetzgeber setzt folglich eine *gewisse Kommunikations- und Kooperationsfähigkeit,* aber auch ein *Mindestmass an Kompromissbereitschaft* der gemeinsam sorgeberechtigten Eltern voraus. Denkbar ist, dass die Eltern in einer Vereinbarung gegenseitig einzelne Entscheidungsbefugnisse – auch in wichtigen Belangen – einem Elternteil zur Alleinentscheidung übertragen. Gutgläubige Dritte dürfen jedenfalls davon ausgehen, dass der jeweils agierende Elternteil im Einvernehmen mit dem anderen handelt (Art. 304 Abs. 2 ZGB).

12.24 Was aber, wenn sich die Eltern in einer wichtigen Angelegenheit des Kindes nicht einig sind? Vorbehältlich der bereits erwähnten Alleinentscheidungsbefugnisse gemäss Art. 301 Abs. 1bis ZGB besteht bei gemeinsamer elterlicher Sorge grundsätzlich eine Einigungspflicht, was heisst, dass keinem Elternteil ein Stichentscheid zukommt. Der blosse Verweis auf die grundsätzliche Einigungspflicht bringt in verfahrenen Situationen allerdings faktisch oft wenig. Die Eltern sind in solchen Fällen in erster Linie an (Eltern-)Beratungsstellen oder dergleichen verwiesen; es existiert kein behördliches oder gerichtliches Verfahren zur Auflösung von Differenzen unter gemeinsam sorgepflichtigen Eltern. Die KESB ist indes dann zuständig, wenn sich die Eltern gegenseitig in ihren Entscheidungen blockieren und damit eine *rechtlich relevante Kindeswohlgefährdung manifest* wird (Art. 307 ZGB; s. auch OGer ZH, Urteil vom 4. August 2015, PQ150044, E. 3.2, in welchem festgehalten wird, dass die Interventionsschwelle dort erreicht sei, wo Massnahmen des einen Elternteils das Kind direkt gefährde, oder wo der Zwist der Eltern ein Patt entstehen lasse mit der Folge, dass der Nicht-Entscheid eine Gefährdung ergebe. Das sei exemplarisch der Fall beim obligatorischen Schulbesuch).

12.25

> **Beachte**
>
> Die KESB ist grundsätzlich keine die Elternverantwortung überblendende Streitschlichtungsstelle.
>
> Wo die Streitsituation die Schwelle der *Kindeswohlgefährdung* erreicht, bieten sich folgende Lösungsmöglichkeiten an:
> - Die KESB kann im Sinne des Kindeswohls selber entscheiden, wenn die Sache liquid und die «gute Lösung» ohne weiteres klar ist (Art. 306 Abs. 2 ZGB);
> - sie kann den Eltern bzw. einem Elternteil Weisungen erteilen (Art. 307 Abs. 3 ZGB);
> - im Sinne der grundsätzlichen elterlichen Einigungspflicht kann sie die Eltern zu einem Mediationsversuch auffordern (Art. 314 Abs. 2 ZGB) oder, wenn (nur) das erfolgsversprechend erscheint, gestützt auf Art. 307 Abs. 3 ZGB eine Pflichtmediation anordnen;

- sie kann eine Beistandschaft errichten und der Beistandsperson ggf. in der fraglichen Angelegenheit die alleinige Entscheidungskompetenz einräumen (Art. 308 Abs. 2 i.V.m. Abs. 3 ZGB);
- denkbar ist, die Entscheidungsbefugnis punktuell einem Elternteil alleine zuzuweisen (Art. 307 Abs. 1 ZGB);
- sofern nicht bloss eine konkrete Einzelentscheidung ansteht, sondern bestimmte Bereiche, z.B. medizinische oder schulische Angelegenheiten, auf Dauer Thema sind und voraussichtlich bleiben, kann sie die elterliche Sorge gestützt auf Art. 308 Abs. 3 ZGB einseitig beschränken.

Kaum je wird eine Uneinigkeit den Tatbestand wesentlich veränderter Verhältnisse (Art. 298d ZGB) erfüllen; Zwistigkeiten allein sind im Allgemeinen kein Grund, die gemeinsame elterliche Sorge aufzuheben. Wo das ausnahmsweise – wohl im Zusammenwirken mit weiteren Umständen – der Fall ist, kann seitens der KESB aber von Amtes wegen die Zuteilung der elterlichen Sorge hinterfragt werden (BGE 141 III 472).

Anders gestaltet sich die Rechtslage bei *alleiniger elterlicher Sorge* eines Elternteils. In diesem Fall entscheidet der allein sorgeberechtigte Elternteil allein und das Recht des Elternteils ohne elterliche Sorge beschränkt sich auf die *Einholung von Auskünften* über den Zustand und die Entwicklung des Kindes bei Drittpersonen, die an seiner Betreuung beteiligt sind, also z.B. bei Lehrkräften und Ärztinnen bzw. Ärzten (Art. 275a Abs. 2 ZGB).

Darüber hinaus ist dieser Elternteil über besondere Ereignisse im Leben des Kindes zu benachrichtigen und vor Entscheidungen, die für dessen Entwicklung wichtig sind, *anzuhören* (Art. 275a Abs. 1 ZGB). Typischerweise sind dies etwa:

- schulische Fragen wie Schulwahl, Stufenwechsel, Prüfungserfolge/-misserfolge, Besuch einer weiterführenden Schule sowie Berufs- oder Studienwahl,
- Wahl der Religion und wichtige religiöse Anlässe,
- Wohnsitzwechsel (Art. 301a Abs. 3 ZGB),
- biografische Besonderheiten, z.B. aussergewöhnliche oder risikoreiche Freizeitaktivitäten, Straffälligkeit oder Opfer einer Straftat,
- gravierende gesundheitliche Erkrankungen (z.B. psychische Erkrankungen, Suchterkrankungen), medizinische Eingriffe und Unfälle mit Verletzungsfolgen.

Die Kompetenzen des Elternteils ohne elterliche Sorge sind somit auf ein *Mitsprache- und Auskunftsrecht* reduziert. Er bleibt jedoch insofern in der

Verantwortung, als ihn eine Beistands- und Wohlverhaltenspflicht trifft (Art. 272, 274 Abs. 1 ZGB).

12.30

> **Beachte**
>
> Bestimmte Entscheidungen, namentlich bei höchstpersönlichen Rechten (Art. 19c ZGB), kann ein Kind selber treffen, wenn es urteilsfähig ist (vgl. Kap. 10.2. und 10.3.), und in wichtigen Angelegenheiten haben die Eltern auf seine Meinung Rücksicht zu nehmen (vgl. Kap. 13.3.). Der *subjektive Wille des Kindes* ist zwar nicht mit dem Kindeswohl gleichzusetzen. Sein Wille gewinnt jedoch mit zunehmendem Alter an Bedeutung (Art. 301 Abs. 1 ZGB, vgl. ausführlich Kap. 1.3.3.).

12.2. Verheiratete/geschiedene Eltern

12.2.1. Während der Ehe

12.31

Während der Ehe üben die Eltern die elterliche Sorge über das Kind von Gesetzes wegen *gemeinsam* aus (Art. 296 Abs. 2 ZGB). Steht keiner der Ehegatten unter umfassender Beistandschaft, werden beide *mit der Geburt des Kindes* Inhaber der elterlichen Sorge. Die Ausübung steht unter dem Gebot des einträchtigen Zusammenwirkens (Art. 159 Abs. 2 ZGB). Dies bedeutet aber nicht, dass die Eltern auch immer gemeinsam handeln müssen. Mit ausdrücklicher oder stillschweigender Zustimmung des anderen Elternteils ist jeder zu selbständigen Entscheidungen befugt. Ohne Zustimmung des anderen darf ein Elternteil hingegen nur dann handeln, wenn die Interessen des Kindes es verlangen und ohne Verzug gehandelt werden muss. Gutgläubige Dritte dürfen davon ausgehen, dass bei verheirateten Eltern der jeweils agierende Elternteil im Einvernehmen mit dem anderen agiert (Art. 304 Abs. 2 ZGB).

12.32

Bei einer *Aufhebung des gemeinsamen Haushalts* ändert sich grundsätzlich nichts an der Sorgerechtssituation. Im Rahmen eines Eheschutzverfahrens besteht aber die Möglichkeit, die elterliche Sorge ausnahmsweise einem Elternteil alleine zuzuteilen, wenn dies zur Wahrung des Kindeswohls nötig ist (Art. 298 Abs. 1 ZGB). In der Praxis beschränken sich die Gerichte jedoch üblicherweise auf die Regelung der Obhut, des persönlichen Verkehrs oder Betreuungsanteile, wenn sich die Eltern diesbezüglich nicht einigen können (Art. 298 Abs. 2 ZGB). Zu beachten ist, dass das Gericht – falls nötig – im Eheschutzverfahren auch Kindesschutzmassnahmen anzuordnen hat (Art. 315a ZGB), vgl. Kap. 6.2.2.

12.2.2. Nach der Scheidung

Die Auflösung der ehelichen Gemeinschaft macht eine Neuregelung der elterlichen Sorge i.d.R. nicht notwendig. Im Rahmen eines Scheidungsverfahrens hat das Gericht einem Elternteil die alleinige elterliche Sorge nur dann zu übertragen, wenn dies *zur Wahrung des Kindeswohls* nötig ist (Art. 298 Abs. 1 ZGB). Es bleibt folglich im Regelfall bei der gemeinsamen elterlichen Sorge, solange das Kindeswohl dies erlaubt (vgl. auch Art. 296 Abs. 2 ZGB). Darüber hinaus hat das Gericht bei gemeinsamer elterlicher Sorge im Sinne des Kindeswohls gar die Möglichkeit einer alternierenden Obhut zu prüfen, wenn ein Elternteil oder das Kind dies verlangt (Art. 298 Abs. 2ter ZGB). Schliesslich hat es stets von Amtes wegen zu prüfen, ob das gemeinsame Sorgerecht belassen werden soll, und gemäss Bundesgericht selbst dann, wenn die Eltern je die Alleinzuteilung an sich beantragen (BGE 142 III 56).

12.33

Kinder sollen nur ausnahmsweise nicht unter der gemeinsamen elterlichen Sorge von Vater und Mutter aufwachsen. Gemäss bundesgerichtlicher Rechtsprechung ist die Alleinzuteilung die «eng begrenzte Ausnahme», soll aber gleichwohl nicht nur bei «ganz krassen Ausnahmefällen» wie beim Entzug der elterlichen Sorge gemäss Art. 311 ZGB zulässig sein (BGE 141 III 472 E. 4.5).

12.34

> **Beachte**
>
> Für den Entzug des gemeinsamen Sorgerechts müssen die nachstehenden Voraussetzungen *kumulativ* erfüllt sein:
> 1. Es liegt ein schwerwiegender elterlicher Dauerkonflikt oder eine anhaltende Kommunikationsunfähigkeit vor.
> 2. Der Mangel muss sich negativ auf das Kindeswohl auswirken.
> 3. Der Konflikt muss durch das Alleinsorgerecht entschärft werden.

12.35

Massgeblich ist wie immer das Kindeswohl. Punktuelle Auseinandersetzungen oder Meinungsverschiedenheiten, wie sie in allen Familien vorkommen und insb. mit einer Trennung oder Scheidung einhergehen können, reichen für eine Alleinzuteilung der elterlichen Sorge nicht aus. Die Gründe für die schwerwiegenden Konflikte der Eltern beim Streit um das Sorgerecht dürfen nicht im Vordergrund stehen, sondern entscheidend sein muss, wie sich ein schwerwiegender Konflikt mit Ausnahmecharakter *auf das Kindeswohl auswirkt* (BGE 141 III 472 E. 4.7.; s. den Überblick über die Rechtsprechung in BGer 5A_81/2016 E. 5.).

12.36

12. Elterliche Sorge

12.37 Ein einseitiger Entzug der elterlichen Sorge kommt folglich in Situationen in Frage, in welchen absolut verhärtete Fronten zwischen den Eltern vorliegen und diese mit allen erdenklichen Mitteln auf Kosten des Kindes an der Eskalationsschraube drehen. Sie ist nur dann in Betracht zu ziehen, wenn dadurch der Konflikt entschärft bzw. der Kindeswohlgefährdung überhaupt begegnet werden kann (KGer St. Gallen, Urteil vom 28. Oktober 2015, FO.2014.18, in: FamPra.ch 2016, 504 ff.). Hier wie dort muss der Konflikt oder die Kommunikationsunfähigkeit anhaltend sein, was eine Prüfung des Konfliktverlaufs bedingt und Konflikte, welche lediglich mit Blick auf ein Verfahren motiviert sind, als ausreichenden Grund ausschliesst. Die Behauptung, bei der Erteilung des gemeinsamen Sorgerechts sei eine Ausweitung des Konflikts vorprogrammiert, stellt für die Zuteilung der Alleinsorge kein ausreichender Grund dar (BGE 142 III 1 E. 3.4). Problematisch (und wohl kaum lösbar) bleiben Fälle, in welchen ein Elternteil durch eine anhaltende Kommunikationsverweigerung eine gemeinsame elterliche Sorge faktisch vereitelt. Die gemeinsame elterliche Sorge verkommt allerdings zur inhaltslosen Hülse, wenn ein Zusammenwirken gar nicht mehr möglich ist (BGE 142 III 197 E. 3.6, 3.7). Im Rahmen der Zuteilung der elterlichen Sorge sind freilich immer auch die Perspektiven des Kindes zu beachten (BGE 131 III 553 E. 1), vgl. dazu ausführlich Kap. 18.

12.38
> **Beachte**
>
> Anstelle der Aufhebung und Zuteilung der Alleinsorge an einen Elternteil sind mit Blick auf das allseits geltende Verhältnismässigkeitsprinzip *Alternativen* zu prüfen, so z.B. ob:
> - Teilinhalte der elterlichen Sorge, für welche neben der grundsätzlichen gemeinsamen elterlichen Sorge eine Alleinzuständigkeit beim einen oder andern Elternteil gelten soll, ausgeschieden werden können;
> - zur Konfliktminimierung eine klare Betreuungs- oder Kontaktregelung getroffen bzw. diese angepasst werden kann (OGer BE, Urteil ZK 14/183 vom 17. September 2014, CAN 2015, 70 ff.);
> - evtl. (zusätzlich) flankierende Kindesschutzmassnahmen anzuordnen sind (Art. 307 ff. ZGB; Art. 315a ZGB).

12.39 Bei gemeinsamer elterlicher Sorge hat das Gericht die Möglichkeit einer *alternierenden Obhut* zu prüfen, wenn ein Elternteil oder das Kind dies verlangt (Art. 298 Abs. 2ter ZGB). Alternierende Obhut stellt jedoch *hohe Anforderungen* an Eltern und Kind (BGer 5A_46/2015 E. 4.4.5; BGE 142 III 617 und 142 III 612; BGer 5A_72/2016 E. 3.3.; vgl. dazu Kap. 12.3.2.).

12.2.3. Veränderte Verhältnisse

Die im Scheidungsverfahren getroffene Regelung bezüglich der elterlichen Sorge soll im Interesse stabiler Lebensverhältnisse des Kindes nicht beliebig neu verhandelt werden. Entsprechend ist eine Abänderung nur dann möglich, wenn dies zum Wohl des Kindes wegen *wesentlicher Veränderung der Verhältnisse seit dem Entscheid* nötig wird (Art. 134 Abs. 1 ZGB); die Umstände müssen sich also im Nachhinein beträchtlich verändert haben. Beispiele wesentlich veränderter Verhältnisse sind z.B. neue familiäre Konstellationen oder eine schwere Erkrankung eines Elternteils.

12.40

Zum Antrag berechtigt sind das urteilsfähige Kind, die Eltern sowie die KESB. Sind sich die *Eltern einig*, ist die KESB für die Abänderung des Scheidungsurteils zuständig, sind sich die *Eltern uneinig*, ist das Gericht in Ehesachen zuständig (Art. 134 Abs. 3 ZGB; s. auch Art. 284 Abs. 2 ZPO). Zur Abgrenzung der sachlichen Zuständigkeit vgl. Übersicht in Rz. 6.50.

12.41

Inhaltlich ist auch im Abänderungsverfahren vom Grundsatz auszugehen, dass Kinder i.d.R. unter der gemeinsamen elterlichen Sorge von Vater und Mutter aufwachsen sollen (Art. 296 Abs. 2 ZGB). Dies impliziert für den Fall der Einräumung der gemeinsamen elterlichen Sorge (in Neuregelung bisheriger Alleinsorge eines Elternteils) weniger Strenge. Nichtsdestotrotz müssen veränderte Verhältnisse von bestimmter Wesentlichkeit vorliegen und die angestrebte Änderung zur Wahrung des Kindeswohls nötig erscheinen. Was die Aufhebung bzw. Nichteinräumung der (gemeinsamen) elterlichen Sorge betrifft, erscheint diese umgekehrt mit Blick auf die strenge bundesgerichtliche Rechtsprechung nur gerechtfertigt, wenn sich der elterliche Disput in gefährdender Art und Weise ungünstig auf das Kindeswohl auswirkt und wenn einzig durch die Übertragung der Alleinsorge Abhilfe zu erwarten ist (vgl. Kap. 12.2.2.).

12.42

12.3. Nicht miteinander verheiratete Eltern

12.3.1. Gemeinsame Erklärung

Nicht miteinander verheiratete Eltern können beim *Zivilstandsamt* zusammen mit der Kindesanerkennung des Vaters eine Erklärung über die gemeinsame elterliche Sorge abgeben (Art. 298a Abs. 1 ZGB). Zu einem späteren Zeitpunkt ist hierfür ausschliesslich die *KESB* zuständig (Art. 298a Abs. 4 ZGB).

12.43

12. Elterliche Sorge

12.44 In der Erklärung haben die Eltern gemäss Art. 298a Abs. 2 ZGB festzuhalten, dass sie bereit sind,

1. gemeinsam die Verantwortung für das Kind zu übernehmen sowie
2. sich über die Obhut,
3. den persönlichen Verkehr oder die Betreuungsanteile und
4. den Unterhaltsbeitrag für das Kind verständigt haben.

12.45 Die KOKES hat für diese Erklärung ein *Musterformular* zur Verfügung gestellt (http://www.kokes.ch/de/dokumentation/revision-sorgerecht):

Déclaration concernant l'autorité parentale conjointe
Erklärung über die gemeinsame elterliche Sorge
Dichiarazione concernente l'autorità parentale congiunta
(Art. 298a CC/ZGB)

Mère/Mutter/Madre
Nom/Name/Cognome
Prénoms/Vornamen/Nomi
Date de naissance/Geburtsdatum/Data di nascita
Lieu d'origine/Heimatort/Luogo di attinenza
Nationalité/Staatsangehörigkeit/Cittadinanza
Domicile/Wohnort/Domicilio

Père/Vater/Padre
Nom/Name/Cognome
Prénoms/Vornamen/Nomi
Date de naissance/Geburtsdatum/Data di nascita
Lieu d'origine/Heimatort/Luogo di attinenza
Nationalité/Staatsangehörigkeit/Cittadinanza
Domicile/Wohnort/Domicilio

Enfant/Kind/Figlio
Nom/Name/Cognome
Prénoms/Vornamen/Nomi
Date de naissance/Geburtsdatum/Data di nascita
Lieu d'origine/Heimatort/Luogo di attinenza
Nationalité/Staatsangehörigkeit/Cittadinanza
Domicile/Wohnort/Domicilio

12.3. Nicht miteinander verheiratete Eltern

> **Par la présente, nous déclarons l'autorité parentale conjointe et confirmons:**
> **Hiermit erklären wir die gemeinsame elterliche Sorge und bestätigen:**
> **Con la presente dichiariamo l'autorità parentale congiunta e confermiamo:**
>
> 1. que nous sommes disposés à assumer conjointement la responsabilité de l'enfant; et
> 2. que nous nous sommes entendus sur la garde de l'enfant, sur les relations personnelles ou la participation de chaque parent à sa prise en charge ainsi que sur la contribution d'entretien.
>
> 1. dass wir bereit sind, gemeinsam die Verantwortung für das Kind zu übernehmen; und
> 2. dass wir uns über die Obhut und den persönlichen Verkehr oder die Betreuungsanteile sowie über den Unterhaltsbeitrag für das Kind verständigt haben.
>
> 1. che siamo disposti ad assumere congiuntamente la responsabilità del figlio; e
> 2. che ci siamo accordati in merito alla custodia, alle relazioni personali o alla partecipazione alla cura del figlio e al suo contributo di mantenimento.
>
> Lieu et date/Ort und Datum/Luogo e data
>
> La mère/Die Mutter/La madre
>
> Le père/Der Vater/Il padre
>
> Autorité de protection de l'enfant compétente (timbre et signature) /
> zuständige Kindesschutzbehörde (Stempel und Unterschrift) /
> Autorità di protezione dei minori competente (timbro e firma)

Seitens Zivilstandsamt und KESB wird weder geprüft, ob sich die Eltern inhaltlich tatsächlich, z.B. über den Unterhalt des Kindes, verständigt haben, noch ob die getroffenen Vereinbarungen zum Wohle des Kindes sind. Zu prüfen sind jedoch die *Gültigkeitsvoraussetzungen*, d.h. die Identität und das Alter der Eltern, ob keine umfassende Beistandschaft besteht, ein rechtlichen Kindesverhältnis zwischen Vater und Kind und kein Entzug der elterlichen Sorge vorliegt.

12.46

Mit der *Abgabe* der Erklärung tritt die gemeinsame elterliche Sorge in Kraft. Beim *Zivilstandsamt* haben die Eltern eine persönliche Erscheinungspflicht und die Erklärung ist schriftlich abzugeben (Art. 11*b* Abs. 1, Art.18 Abs. 1 Bst. b^{bis} ZStV). Zudem können die Eltern dort gleichzeitig eine Vereinbarung über die Anrechnung der Erziehungsgutschriften abschliessen (Art. 11*b* Abs. 2 ZStV; vgl. Kap. 12.6.). Für den Vorgang der Erklärungsabgabe gegenüber der *KESB* fehlen Ausführungsbestimmungen. Wie beim Zivilstandsamt ist diese bereits aus Beweisgründen ebenfalls schriftlich abzugeben. Im Übrigen wird ein persönlicher Kontakt mit den Eltern empfohlen, sei es bei der KESB oder bei einer von ihr beauftragten Stelle. Die KESB kann aber auch ein rein schriftliches Verfahren vorsehen.

12.47

12.48

> **Beachte**
>
> Mit Blick auf die hohe Trennungsrate und die regelmässig aussergerichtliche Auflösung der Beziehung bei nicht miteinander verheirateten Eltern erscheint der regellose Zustand angesichts der «nackten» Erklärung zur gemeinsamen elterlichen Sorge problematisch: Der Kindesunterhalt wird nicht von Amtes wegen geregelt. Ein für die Alimentenbevorschussung nötiger Rechtstitel fehlt damit und dem anspruchsberechtigten Elternteil bleibt die (erleichterte) Schuldbetreibung verwehrt. Eine schriftliche *Unterhaltsvereinbarung* ist den Eltern daher in jedem Fall zu *empfehlen*. Damit der Unterhaltsvertrag für das Kind verbindlich wird, ist er durch die KESB zu genehmigen (Art. 287 ZGB; vgl. Muster Kap. 14.3.). Zur Beratung vgl. Kap. 12.3.3.

12.3.2. Einseitiger Antrag eines Elternteils

12.49 Weigert sich ein Elternteil, die gemeinsame Erklärung gemäss Art. 298a ZGB abzugeben, kann der andere die KESB am Wohnsitz des Kindes anrufen und die Zuteilung der gemeinsamen elterlichen Sorge beantragen (Art. 298b Abs. 1 ZGB).

12.50 Zwecks *Abklärung der Verhältnisse* wird die KESB oder eine von ihr beauftragte Stelle die Eltern zu einem Gespräch einladen. Je nach Situation – z.B. im Falle von massiven (gegenseitigen) Vorwürfen – sind oftmals weitere, vertiefte Abklärungen vorzunehmen. Für das Verfahren vor der KESB gelten primär die allgemeinen Verfahrensbestimmungen gemäss Art. 314 ZGB i.V.m. Art. 443 ff. ZGB. Insb. sind die Rechte des betroffenen Kindes gebührend zu berücksichtigen, was i.d.R. dessen Anhörung erfordert (Art. 314a ZGB; BGE 131 III 553, vgl. Kap. 7.1.). Je nach Konstellation des Einzelfalles, insb. bei hochstrittigen Fällen, wird auch eine Vertretung des Kindes zu prüfen sein (Art. 314a^{bis} ZGB; vgl. Kap. 7.2.).

12.51 Die KESB verfügt entweder die gemeinsame elterliche Sorge oder – sofern das Kindeswohl es erfordert – belässt das alleinige Sorgerecht bei der Mutter oder überträgt die elterliche Sorge dem Vater (Art. 298b Abs. 2 ZGB). Die KESB ist m.a.W. nicht an den Antrag der anrufenden Partei gebunden; weicht sie aber vom Regelfall der gemeinsamen Sorge ab, sind die Gründe hinreichend darzulegen. Bei der Entscheidung sind – gleich wie im Rahmen eines Scheidungsverfahrens – die aktuelle bundesgerichtliche Rechtsprechung zu berücksichtigen, was heisst, dass die Alleinzuteilung die «eng begrenzte Ausnahme» sein muss, sie aber dennoch nicht nur bei «ganz krassen Ausnahmefällen» wie beim Entzug der elterlichen Sorge gemäss Art. 311 ZGB zulässig ist. Konkret wird für die Verweigerung des gemeinsamen Sorgerechts *kumulativ* vorausgesetzt, dass (1) ein schwer-

12.3. Nicht miteinander verheiratete Eltern

wiegender elterlicher Dauerkonflikt oder eine anhaltende Kommunikationsunfähigkeit vorliegt, (2) dieser Mangel sich negativ auf das Kindeswohl auswirkt und (3) der Konflikt durch das Alleinsorgerecht entschärft wird (BGE 141 III 472, E. 4.6). Für weitere Ausführungen zu diesen Voraussetzungen (vgl. Kap. 12.2.2.). Mit Blick auf das Verhältnismässigkeitsprinzip sind anstelle der Verweigerung der gemeinsamen elterlichen Sorge auch hier *Alternativen* zu prüfen (vgl. Kap. 12.2.2.)

Die KESB hat in diesem Verfahren auch die strittigen Punkte wie die *Obhut*, die *Betreuungsanteile* bzw. den *persönlichen Verkehr* zu regeln. Bei ihrem Entscheid hat sie das Recht des Kindes, regelmässige persönliche Beziehungen zu beiden Elternteilen zu pflegen, zu berücksichtigen (Art. 298b Abs. 3bis ZGB). Darüber hinaus ist bei gemeinsamer elterlicher Sorge die Möglichkeit einer alternierenden Obhut zu prüfen, wenn ein Elternteil oder das Kind dies verlangt (Art. 298b Abs. 3ter ZGB). 12.52

Die alternierende Obhut bzw. *das Wechselmodell* ist nicht von der expliziten Zustimmung beider Elternteile abhängig, muss jedoch mit dem Kindeswohl vereinbar sein. Die Eltern müssen erziehungsfähig sein, kooperieren und kommunizieren sowie das Kind möglichst persönlich betreuen können. Zu berücksichtigen sind darüber hinaus die geografische Distanz zwischen den Wohnorten der Eltern, das Alter und der Wunsch des Kindes sowie seine Einbettung in ein weiteres soziales Umfeld (BGer 5A_46/2015 E. 4.4.5.; BGE 142 III 617 und 142 III 612; BGer 5A_72/2016 E. 3.3.). Das Wechselmodell ist denkbar, wenn beide Elternteile bereits während des Zusammenlebens massgeblich an der Pflege und Erziehung des Kindes beteiligt waren oder schon während des Getrenntlebens das Kind alternierend betreut haben. Es ist nicht geeignet, wenn das Kind dadurch kontinuierlich dem Konflikt der Eltern ausgesetzt wäre oder die ständigen Wechsel zu belastend wären (BGer 5A_527/2015; KGer St. Gallen, Urteil vom 14. August 2015, FS.2014.41). Alternierende Obhut kann folglich dem Kindswohl entsprechen, stellt aber stets hohe Anforderungen an Eltern und Kind. 12.53

Ist im Rahmen eines Sorgerechtsverfahrens der *Kindesunterhalt* strittig, ist für diese Regelung das Gericht zuständig. Das Gericht hat zugleich auch über die elterliche Sorge, die Obhut sowie den persönlichen Verkehr bzw. die Betreuungsanteile zu entscheiden (Art. 298b Abs. 3 ZGB). Ein vor der KESB bereits eingeleitetes Verfahren wird damit gegenstandlos. 12.54

Zur sachlichen Zuständigkeit: vgl. Übersicht in Rz. 6.50. 12.55

Zu beachten ist, dass bei einer Klage über den Unterhalt des Kindes und weiterer Kinderbelange das *Schlichtungsverfahren entfällt*, wenn vor der Klage ein Elternteil die KESB angerufen hat (Art. 198 lit. b^{bis} ZPO). 12.56

12.3.3. Beratung der Eltern

12.57 Die Eltern können sich im Hinblick auf die Abgabe der Erklärung zur gemeinsamen elterlichen Sorge bei der KESB oder einer delegierten Stelle beraten lassen (Art. 298a Abs. 3 ZGB). Eine rechtzeitige Beratung kann zur Deeskalation von Konflikten beitragen, wenn sie sich frühzeitig mit ihren Erziehungsaufgaben und ihrer Kooperation auseinandersetzen und sich Klarheit verschaffen, welche Verantwortung sie gemeinsam wahrnehmen, aber auch, in welchen Bereichen jeder Elternteil autonome Entscheide fällen kann (vgl. Kap. 12.1.4.). Insb. bei getrennt lebenden Eltern ist es zentral, sie an ihre gemeinsame Erziehungsverantwortung zu erinnern, um kindliche Loyalitätskonflikte zu vermeiden. Je grösser das Konfliktpotenzial zwischen ihnen, desto dringender ist die Ausarbeitung einer konkreten Vereinbarung angezeigt.

12.58 Inhaltlich sollten sich die Eltern v.a. mit folgenden Themen auseinandersetzen:

- Voraussetzungen, damit eine gemeinsame elterliche Sorge erklärt werden kann (vgl. Kap. 12.3.1.);
- Namensrecht im Sinne von Art. 270 ff. ZGB (siehe dazu das Merkblatt des EJPD über die Namenserklärungen nach Schweizer Recht, Nr. 153.3; www.bj.admin.ch/dam/data/bj/gesellschaft/zivilstand/merkblaetter/namensrecht/mb-name-namenserklaerung-d.pdf);
- Unterhalt des Kindes sowie Funktion einer Unterhaltsvereinbarung, in welcher die bestehende Unterhaltspflicht zwischen Eltern und Kind konkretisiert wird (vgl. Kap. 12.3.1.);
- Funktion einer Elternvereinbarung, in welcher der persönliche Verkehr/ die Betreuungsregelung, die Kommunikation als auch Belange der alleinigen Entscheidungsbefugnisse usw. geregelt werden können (vgl. Kap. 12.7.);
- Funktion und Regelung von Erziehungsgutschriften im Bereich der AHV (vgl. Kap. 12.6.).

12.59 Ziel der Beratung ist, die Eltern zu befähigen, ihre Entscheide und Handlungen am Kindeswohl orientiert zu treffen (vgl. dazu ausführlich Kap. 18.). Zur Elternvereinbarung vgl. Kap. 12.7.

12.3.4. Veränderte Verhältnisse

12.60 Auf Begehren eines Elternteils, des Kindes oder von Amtes wegen regelt die KESB die Zuteilung der elterlichen Sorge neu, wenn dies wegen *wesentlicher Änderung der Verhältnisse zur Wahrung des Kindeswohls nötig* ist (Art. 298d Abs. 1 ZGB). Für die darüber hinaus zu berücksichtigenden Entscheidkriterien vgl. Kap. 12.2.2. und 12.2.3.

Die KESB kann sich in solchen Verfahren auch auf die Regelung der Obhut, des persönlichen Verkehrs oder der Betreuungsanteile beschränken (Art. 298d Abs. 2 ZGB). Die gerichtliche Zuständigkeit für die strittige Regelung des *Kindesunterhalts* gilt auch hier, wobei das Gericht in diesem Fall gesamthaft über die elterliche Sorge, die Obhut sowie den persönlichen Verkehr bzw. die Betreuungsanteile befindet (Art. 298d Abs. 3 ZGB).

12.61

Reichen *geschiedene Eltern*, die (meist altrechtlich) nach der Scheidung keine gemeinsame elterliche Sorge innehatten, der KESB gestützt auf Art. 134 Abs. 3 ZGB einen gemeinsamen Antrag (oder eine «Erklärung» über die gemeinsame elterliche Sorge) ein, handelt es sich in der Sache um eine Abänderung des gerichtlichen Scheidungsurteils. Die KESB hat folglich nicht die Erklärung im Sinne Art. 298a ZGB entgegenzunehmen und zu bestätigen, sondern im Abänderungsverfahren die gemeinsame elterliche Sorge förmlich einzuräumen:

12.62

12.63

Abänderung des Scheidungsurteils (elterliche Sorge)

1. In Abänderung von Dispositiv Ziff. *(Nummer)* des Scheidungsurteils des Bezirksgerichts A vom *(Datum)* wird dem Vater *(Name)* und der Mutter *(Name)* die gemeinsame Sorge über NN, geb. *(Datum)*, zugeteilt.

2. Von der Vereinbarung der Eltern, dass *die Mutter/der Vater* die vollen Erziehungsgutschriften erhalten soll, wird Vormerk genommen.

12.4. Vaterschaftsklage

Heisst das Gericht eine Vaterschaftsklage gut, so verfügt es entweder die gemeinsame elterliche Sorge oder – sofern es das Kindeswohl erfordert – belässt die alleinige Sorge der Mutter bzw. überträgt diese dem Vater (Art. 298c ZGB). Der Massstab für die Verweigerung der gemeinsamen elterlichen Sorge entspricht nach dem Willen des Gesetzgebers jenem nach Art. 298b Abs. 2 ZGB, folglich der erwähnten bundesgerichtlichen Rechtsprechung (vgl. Kap. 12.2.2.).

12.64

Art. 298c ZGB äussert sich nicht zur Regelung der strittigen *Nebenfolgen*. Die Zivilprozessordnung bestimmt aber, dass im Fall einer Unterhaltsklage das Gericht auch über die elterliche Sorge sowie die weiteren Kinderbelange, mithin die Obhut und die Betreuungsanteile bzw. den persönlichen Verkehr, zu entscheiden hat (Art. 304 Abs. 2 ZPO); in der Praxis wird die

12.65

Vaterschaftsklage häufig mit der Unterhaltsklage verbunden (vgl. Art. 303 Abs. 2 ZPO). Keine Zuständigkeit des Gerichts sieht das Gesetz dagegen für Kindesschutzmassnahmen vor, weshalb hier bei begründeten Hinweisen grundsätzlich eine Meldung an die KESB notwendig wird (Art. 314 i.V.m. Art. 443 ZGB).

12.66   Soweit dem Kind seitens der KESB gestützt auf Art. 308 Abs. 2 ZGB ein Beistand zur Feststellung der Vaterschaft ernannt wird, ist ihm regelmässig auch die Aufgabe zu erteilen, sich um die *Regelung der elterlichen Sorge und der Nebenfolgen* zu kümmern (vgl. Muster in Rz. 2.62 sowie ausführlich Kap. 14.6.). Dabei ist insb. darauf zu achten, dass das Kindeswohl bei Gutheissung der Vaterschaftsklage unter gleichzeitiger Regelung der (gemeinsamen) elterlichen Sorge und der Nebenfolgen gewahrt ist.

12.5. Bestimmung des Aufenthaltsortes

12.67   Eltern mit *gemeinsamer* elterlicher Sorge haben zusammen über den Aufenthaltsort des Kindes zu bestimmen (Art. 301a ZGB). Will ein Elternteil den Wohnort des Kindes wechseln, ist dafür die Zustimmung des andern Elternteils nötig, wenn durch den Umzug die Ausübung der elterlichen Sorge resp. des persönlichen Verkehrs erheblich tangiert wird oder der neue Aufenthaltsort im Ausland liegt. Gemäss Art. 301a Abs. 2 ZGB kann die fehlende Zustimmung durch das Gericht oder die KESB ersetzt werden. Dabei stehen sich die Niederlassungsfreiheit des einen Elternteils sowie die elterliche Sorge und das Recht auf persönlichen Verkehr des andern Elternteils gegenüber.

12.68   Mit dem *Begriff des Aufenthaltsortes* ist der Ort gemeint, zu dem das Kind die engste Beziehung hat. Ein Umzug des Kindes an ein neues Domizil ist folglich zustimmungsbedürftig (unter den oben genannten Bedingungen), nicht aber eine (längere) Ferienreise unter Beibehaltung des bisherigen Wohnortes.

12.69   Will ein Elternteil mit *alleiniger* elterliche Sorge den Aufenthaltsort des Kindes wechseln, muss er den anderen Elternteil rechtzeitig darüber informieren (Art. 301a Abs. 3 ZGB). Für Eltern (auch jene ohne Sorgerecht), die ihren eigenen Wohnsitz wechseln wollen, gilt diese Obliegenheit gemäss Abs. 4 ebenfalls.

12.70   Was die *Zuständigkeit* für den Entscheid über die Zulässigkeit des Umzugs des Kindes betrifft, ist von der allgemeinen Regel auszugehen, dass bei verheirateten oder geschiedenen bzw. getrennten oder in einem eherechtlichen Verfahren involvierten Eltern das Gericht und bei nicht miteinander

12.5. Bestimmung des Aufenthaltsortes

verheirateten Eltern die KESB zu entscheiden hat (offengelassen, aber in dieser Richtung auch OGer ZH, Urteil vom 26. Februar 2015, LC150003). Ist der *Umzug schon erfolgt*, sollte die Zuständigkeit zur Beurteilung der Angelegenheit am bisherigen Wohnsitz des Kindes – unbesehen der allfälligen Begründung eines neuen – beibehalten werden.

Ein Umzug schafft häufig das Bedürfnis nach einer *Anpassung der Kinderbelange* (elterliche Sorge, Obhut, persönlicher Verkehr/Betreuungsanteile, Unterhalt; s. Art. 301a Abs. 5 ZGB). Zu beachten ist aber auch hier, dass die KESB im Rahmen der Anpassung oder Neuregelung nicht über den strittigen Kindesunterhalt entscheiden kann und damit eine gerichtliche Zuständigkeit auch für die Nebenfolgen entsteht (Art. 298d Abs. 3 ZGB).

12.71

Gilt es über den Wechsel des Aufenthaltsortes des Kindes zu entscheiden, ist Folgendes zu erwägen: Wo eine einvernehmliche Lösung nicht von vorneherein ausgeschlossen ist, wird in der Regel zunächst ein Vermittlungsversuch eingeleitet. Die Aufforderung der Eltern zu einem Mediationsversuch (Art. 314 Abs. 2 ZGB) scheidet häufig bereits aus Zeitgründen aus. Ist eine einvernehmliche Lösung nicht möglich, ist unter Berücksichtigung der Gründe für den Umzug sowie der gesamten Umstände für das Kind am neuen Wohnort zu entscheiden. Dabei muss wenn immer möglich auch die Meinung des Kindes miteinbezogen werden (und u.U. eine Kindesvertretung angeordnet werden, Art. 314a[bis] ZGB, vgl. Kap. 7.2.).

12.72

Im Zentrum steht die Frage, ob das Kindeswohl besser gewahrt wird, wenn das Kind mit dem umzugswilligen Elternteil wegzieht oder wenn es sich beim zurückbleibenden Elternteil aufhält. Für die Beurteilung des Kindeswohls sind immer die konkreten Umstände des Einzelfalls massgebend, wobei es entscheidend darauf ankommt, wie die Betreuungsverhältnisse bisher waren. Die Kriterien, die das Bundesgericht im Zusammenhang der Obhutszuteilung im Trennungs- oder Scheidungsfall entwickelt hat, können auf die Anwendung von Art. 301a ZGB übertragen werden (BGE 142 III 498 sowie 142 III 481 E. 2.6.). Das Interesse des Kindes auf den unveränderten Erhalt der Beziehung zum anderen Elternteil, dem schulischen oder beruflichen Fortkommen muss im Falle eines Verbots schwerer wiegen als die berechtigten Bedürfnisse des umzugswilligen Elternteils und/oder ein allenfalls ebenfalls gegebenes Interesse des Kindes am Umzug. Das muss wohl auch für jene Fälle gelten, in welchen man in der Praxis auf einen im Stillen erfolgten Umzug stösst, mit welchem faktisch Tatsachen geschaffen wurden (so etwa die Kündigung der alten Wohnung und der Arbeitsstelle). Die Frage, inwiefern ein solches Verhalten eines Elternteils strafrechtliche Konsequenzen nach sich zieht, ist noch unklar (BGE 141 IV 10).

12.73

12. Elterliche Sorge

12.74 Wird der Wohnort mit der rechtsmissbräuchlichen Intention gewechselt, den Kontakt zum andern Elternteil zu verunmöglichen, ist dieser zu untersagen. Wie weit ein solcher Eingriff dem Kindswohl dient und dem Prinzip der Verhältnismässigkeit entspricht, muss sorgfältig geprüft werden. Insb. ist auf mögliche Alternativen bei einem allfälligen Untersagen zu achten; nicht nur das Verbot, sondern auch die diesbezüglichen Folgen für das Kind müssen mit dem Kindeswohl vereinbar sein.

12.75 Kommt ein Umzug einer Kindeswohlgefährdung gleich (z.B. wenn das Kind auf eine bestimmte medizinische Behandlung angewiesen ist und diese am neuen Wohnort nicht gewährleistet ist), kann der Wechsel des Aufenthaltsortes (auch) gestützt auf Art. 307 Abs. 3 ZGB aus Kindesschutzgründen untersagt werden (BGE 136 III 353 E. 3.3). Zur Absicherung des Verbots kann in solchen Fällen zudem die Hinterlegung des Reisepasses des Kindes angeordnet und mit einer Androhung der Ungehorsamsstrafe verbunden werden (BGer 5A_830/2010 E. 5).

12.6. AHV-Erziehungsgutschriften

12.76 Gemäss der Verordnung über die Alters- und Hinterlassenenversicherung (AHVV) können nicht miteinander verheiratete Eltern vereinbaren, dass die AHV-Erziehungsgutschriften dem hauptbetreuenden Elternteil angerechnet oder gemäss der (mehr oder weniger) halbierten Betreuung hälftig aufgeteilt werden (Art. 52f^{bis} AHVV). Eine andere Aufteilung der Gutschriften, z.B. 30% zu 70%, ist nicht möglich. Die Vereinbarung kann im *Zeitpunkt* der Abgabe der Erklärung zur gemeinsamen elterlichen Sorge vor dem Zivilstandsamt oder der KESB abgeschlossen oder innert drei Monaten nach der Erklärung bei der KESB eingereicht werden. Geschieht das nicht, hat die KESB die Anrechnung der Erziehungsgutschriften von Amtes wegen zu regeln (Art. 52f^{bis} Abs. 3 AHVV).

12.77 Die KESB befindet auch über die Anrechnung der Erziehungsgutschriften, wenn sie die gemeinsame elterliche Sorge, die Obhut oder die Betreuungsanteile geschiedener oder nicht miteinander verheirateter Eltern regelt (Art. 298b und Art. 298d ZGB; Art. 52f^{bis} Abs. 1 AHVV).

12.78 Die KESB hat bei ihrem Entscheid ein sehr eingeschränktes Ermessen. Wird das Kind zum überwiegenden Teil durch einen Elternteil betreut, so ist diesem die ganze Erziehungsgutschrift anzurechnen. Wird es ungefähr zu gleichen Teilen von beiden betreut, so ist die Erziehungsgutschrift hälftig aufzuteilen (Art. 52f^{bis} Abs. 2 AHVV). Solange nichts geregelt ist, werden

12.6. AHV-Erziehungsgutschriften

die Erziehungsgutschriften der Mutter zu 100% angerechnet (Art. 52f^{bis} Abs. 6 AHVV).

12.79 Es erscheint sachgerecht, für den Entscheid betreffend Regelung der AHV-Erziehungsgutschriften die KESB am Wohnsitz der Mutter als *zuständig* zu erachten (vgl. Art. 50 Abs. 2 Bst. a ZStV i.V.m. Art. 50 Abs. 1 Bst. c und c^{bis} ZStV analog).

12.80 Die KOKES hat für die Vereinbarung über die Anrechnung von Erziehungsgutschriften ein *Musterformular* zur Verfügung gestellt (http://www.kokes.ch/de/dokumentation/revision-sorgerecht):

12.81

Convention sur l'attribution de la bonification pour tâches éducatives
Vereinbarung über die Anrechnung von Erziehungsgutschriften
Convenzione concernente l'attribuzione di accrediti per compiti educativi

	Mère/Mutter/Madre	Père/Vater/Padre
Attribution de la bonification pour les tâches éducatives / Anrechnung der Erziehungsgutschrift / Attribuzione di accrediti per compiti educativi	50%	50%
(prise en charge de l'enfant assumée à égalité par la mère et par le père) / (Betreuung des Kindes zu gleichen Teilen durch Mutter und Vater) / (cura del figlio ripartita in ugual misura tra madre e padre) ***		
Attribution de la bonification pour les tâches éducatives / Anrechnung der Erziehungsgutschrift / Attribuzione di accrediti per compiti educativi	100%	0%
(plus grande partie de la prise en charge de l'enfant assumée par la mère) / (Betreuung des Kindes zum überwiegenden Teil durch die Mutter) / (cura del figlio prevalentemente a carico della madre) ***		
Attribution de la bonification pour les tâches éducatives / Anrechnung der Erziehungsgutschrift / Attribuzione di accrediti per compiti educativi	0%	100%
(plus grande partie de la prise en charge de l'enfant assumée par le père) / (Betreuung des Kindes zum überwiegenden Teil durch den Vater) / (cura del figlio prevalentemente a carico del padre) ***		
Pas de convention/Keine Vereinbarung/Nessuna convenzione		
(dès le 1.1.2015: dépôt de la convention dans les 3 mois auprès de l'APEA du domicile de la mère; en cas de non-respect du délai, l'APEA ouvrira une procédure, payante, pour statuer sur l'attribution de la bonification pour tâches éducatives)/ (ab 1.1.2015: Einreichen der Vereinbarung innert 3 Monaten an die KESB am Wohnsitz der Mutter; im Säumnisfall wird die KESB ein kostenpflichtiges Verfahren betreffend Anrechnung der Erziehungsgutschriften eröffnen)/ (dal 1.1.2015: la convenzione deve essere presentata all'APMA del domicilio della madre entro 3 mesi; se tale termine non viene rispettato, l'APMA apre una procedura onerosa per l'attribuzione degli accrediti per compiti educativi)		

Lieu et date Ort und Datum Luogo e data	_____
La mère Die Mutter La madre	_____
Le père Der Vater Il padre	_____

12.82   Vgl. auch *Merkblatt des Bundesamtes für Sozialversicherung* (https://www.ahv-iv.ch/p/1.07.d).

12.7. Elternvereinbarung

12.83   In einer Elternvereinbarung regeln die Eltern die Modalitäten der Eltern-Kind-Beziehung. Je grösser das Konfliktpotenzial zwischen ihnen ist, desto dringender ist die Ausarbeitung einer konkreten Vereinbarung angezeigt, zumal eine Regelung zur Deeskalation von Konflikten beitragen kann. Inhaltlich sollten sich die Eltern v.a. mit folgenden Themen auseinandersetzen:

- *Obhut und Betreuungsanteile/persönlicher Verkehr:* Wo hat das Kind seinen Hauptaufenthaltsort? Wie werden die Betreuungszeiten zwischen den Eltern aufgeteilt? Wird das Kind fremdbetreut und wenn ja, von wem? Mit wem und wo verbringt das Kind seine Ferien? Was gilt, wenn das Kind (mit zunehmendem Alter) eigene Veranstaltungen hat (z.B. Hobbys, Einladungen von Freunden)?
- *Erziehungsgrundsätze:* Wie wird in schulischen und beruflichen Fragen vorgegangen? Wie werden religiöse Entscheidungen getroffen? Wie verhält man sich in grundlegenden Fragen der tatsächlichen Betreuung wie z.B. Erziehungsstil, Fernsehkonsum, Kleidung, Ernährung.
- *Kommunikation:* Wie fällen die Eltern zukünftig wichtige Entscheidungen für die Entwicklung des Kindes? Wie informieren sie sich gegenseitig über besondere Vorkommnisse (z.B. Schule, Krankheit)?
- *Beziehungen zu Drittpersonen:* Wie gestalten die Eltern den Kontakt des Kindes zu beiden Verwandtschaften und wichtigen Bezugspersonen des Kindes? Wie gehen sie mit neuen Partnerschaften seitens der Mutter oder des Vaters um?
- *Konfliktregeln:* Wie ist mit Meinungsverschiedenheiten bzw. im Konfliktfall vorzugehen? An wen haben sich die Eltern zu wenden?

12.7. Elternvereinbarung

Die Elternvereinbarung kann der KESB am Wohnsitz des Kindes zur *Vormerknahme* eingereicht werden. Für den Abschluss einer (zusätzlichen) Unterhaltsvereinbarung wird auf die Ausführungen in Kap. 14.3. verwiesen.

12.84

> **Elternvereinbarung**
>
> NN, geb. *(Datum)*, von *(Bürgerort/Heimatland)*, wohnhaft *(Adresse)*
>
> *(Mutter)*, geb. *(Datum)*, von *(Bürgerort/Heimatland)*, wohnhaft *(Adresse)*
>
> *(Vater)*, geb. *(Datum)*, von *(Bürgerort/Heimatland)*, wohnhaft *(Adresse)*
>
> *(Vater)* hat NN am *(Datum)* beim Zivilstandsamt *(Gemeinde, evtl. Kanton)* im Sinne von Art. 260 ZGB als sein Kind anerkannt.
>
> *(Vater)* und *(Mutter)* haben für NN am *(Datum)* beim *(Zivilstandsamt Gemeinde, evtl. Kanton/bei der Kindes- und Erwachsenenschutzbehörde A)* gemäss Art. 298a Abs. 1 ZGB die Erklärung über die gemeinsame elterliche Sorge abgegeben.
>
> Mit dieser Vereinbarung werden die Belange des Kindes *(erstmalig/neu)* geregelt.
>
> *(Variante: Mit dieser Vereinbarung wird der Unterhaltsvertrag vom [Datum] ergänzt.)*
>
> Die Eltern haben sich über ihre Anteile an der Betreuung des Kindes, die Obhut und das Besuchsrecht, die Aufteilung der Erziehungsgutschriften, die Verteilung von ausserordentlichen Kosten und ihre Erziehungsgrundsätze wie folgt geeinigt:
>
> **1. Betreuung**
>
> <u>Variante 1</u> *mit Obhutszuteilung und Kontaktregelung*
>
> Das Kind lebt mehrheitlich im Haushalt *(der Mutter/des Vaters)*. Die Obhut und damit der gesetzliche Wohnsitz des Kindes ist somit bei *(der Mutter/beim Vater.)*
>
> *(Der Vater/Die Mutter)* ist berechtigt, das Kind wie folgt auf *(seine/ihre)* Kosten zu sich oder mit sich zu nehmen:
>
> - an jedem zweiten Wochenende jeweils ab Freitagabend, von *(Zeit)* Uhr bis Sonntagabend, *(Zeit)* Uhr,
> - an jedem *(Wochentag)* nach Schulschluss mit Übernachtung,
> - jeweils am zweiten Tag der Doppelfeiertage Weihnachten und Neujahr,
> - während *(Zahl)* Wochen Ferien pro Jahr.

12.85

12. Elterliche Sorge

Die Eltern sprechen sich über die Aufteilung der Ferien jeweils rechtzeitig ab. Können sie sich nicht einigen, so kommt in Jahren mit gerader Jahreszahl das Entscheidungsrecht bezüglich der Aufteilung der Ferien dem Vater zu, in Jahren mit ungerader Jahreszahl der Mutter.

Fällt das Betreuungswochenende *(des Vaters/der Mutter)* auf Ostern, beginnt *(seine/ihre)* Betreuungsverantwortung bereits ab Gründonnerstag, *(Zeit)* Uhr, und dauert bis Ostermontag, *(Zeit)* Uhr. Fällt das Betreuungswochenende *(des Vaters/der Mutter)* auf Pfingsten, verlängert sich *(seine/ihre)* Betreuungsverantwortung bis Pfingstmontag, *(Zeit)* Uhr.

Fällt das Betreuungswochenende *(des Vaters/der Mutter)* auf Ostern, beginnt *(seine/ihre)* Betreuungsverantwortung bereits ab Gründonnerstag, *(Zeit)* Uhr, und dauert bis Ostermontag, *(Zeit)* Uhr. Fällt das Betreuungswochenende *(des Vaters/der Mutter)* auf Pfingsten, verlängert sich *(seine/ihre)* Betreuungsverantwortung bis Pfingstmontag, *(Zeit)* Uhr.

In der übrigen Zeit wird das Kind *(von der Mutter/vom Vater)* betreut.

Weitergehende oder abweichende Betreuungsregelungen nach gegenseitiger Absprache bleiben vorbehalten.

Variante 2 mit alternierender Obhut und Betreuungsanteilen

Die Eltern einigen sich, dass das Kind jeweils zu *(Zahl)* % durch die Mutter und zu *(Zahl)* % durch den Vater betreut wird.

(Eventuell): Die aktuelle Betreuungsregelung sieht wie folgt aus:

	Montag	Dienstag	Mittwoch	Donnerstag	Freitag	Samstag	Sonntag
1. Woche							
Vormittag							
Nachmittag							
Abend/Nacht							
Bemerkungen:							

	Montag	Dienstag	Mittwoch	Donnerstag	Freitag	Samstag	Sonntag
2. Woche							
Vormittag							
Nachmittag							
Abend/Nacht							
Bemerkungen:							

M: Mutter
V: Vater
K/H/S: Krippe/Hort/Schule

Die Eltern passen die Betreuungsregelung mit zunehmendem Alter des Kindes dessen Entwicklungsstand und Bedürfnissen an.

Die übrigen Modalitäten der Betreuung sowie die Ferien- und Feiertagsplanung sprechen die Eltern jeweils frühzeitig ab. Können sie sich über die Ferien- und/oder Feiertagsplanung nicht einigen, so kommt in Jahren mit gerader Jahreszahl das Entscheidungsrecht bezüglich der Aufteilung der Ferien und Feiertage dem Vater zu, in Jahren mit ungerader Jahreszahl der Mutter.

Ist ein Elternteil nicht in der Lage, die Betreuung gemäss dem vereinbarten Betreuungsplan selber zu übernehmen, ist er verpflichtet, für eine angemessene Betreuung des Kindes auf eigene Kosten besorgt zu sein. Eine Anfrage an den anderen Elternteil ist möglich; dieser ist jedoch nicht verpflichtet, die Betreuung zu übernehmen.

Falls ein Elternteil wegen Krankheit oder aus anderen Gründen vorübergehend nicht in der Lage ist, die Betreuung des Kindes zu organisieren, ist der andere Elternteil dafür besorgt.

2.   Erziehungsverantwortung

Entscheide über alltägliche Angelegenheiten obliegen dem jeweils betreuenden Elternteil.

Für die Entwicklung des Kindes wichtige Entscheidungen (z.B. schulische und berufliche Laufbahn, medizinische und therapeutische Behandlung, Zahnkorrekturen, längerfristige sportliche und kulturelle Betätigung, religiöse Erziehung) treffen die Eltern gemeinsam.

3.   Unterhalt

Die Eltern haben den Unterhalt für das Kind in einem Unterhaltsvertrag geregelt, den die *Kindes- und Erwachsenenschutzbehörde B* am *(Datum)* genehmigt hat.

(Variante: Die Eltern unterbreiten den Unterhaltsvertrag vom (Datum) der Kindes- und Erwachsenenschutzbehörde B zur Genehmigung.)

4.   Ausserordentliche Auslagen

Bei nicht vorhergesehenen, ausserordentlichen Auslagen für das Kind (z.B. Zahnkorrekturen, Privatschule, teure Musikinstrumente) verständigen sich die Eltern über die Aufteilung der Kosten.

5.   Erziehungsgutschriften

Die Eltern vereinbaren im Sinne von Art. 52^{fbis} Abs. 3 AHVV, dass die Erziehungsgutschriften der AHV-/IV-Renten vollumfänglich *(der Mutter/dem Vater/ je zur Hälfte der Mutter und dem Vater)* angerechnet werden sollen.

6.   Konfliktregelung

Bei Konflikten und unüberbrückbaren Meinungsverschiedenheiten über wichtige Belange des Kindes wenden sich die Eltern an eine geeignete Person oder Fachstelle *(z.B. Kinder- und Jugendhilfezentrum, Psycholog/in, Mediator/in)*. Sie streben eine gemeinsame, im Interesse des Kindes liegende Lösung an.

12. Elterliche Sorge

7. Inkrafttreten

Diese Vereinbarung wird mit der Unterzeichnung durch die Eltern verbindlich. Zur Verstärkung der Verbindlichkeit kann sie der zuständigen KESB zur Vormerknahme unterbreitet werden (die diesbezüglichen Kosten werden von den Eltern je zur Hälfte übernommen). Die Vereinbarung kann von den Eltern jederzeit einvernehmlich geändert werden.

Unterschrift der Mutter   **Unterschrift des Vaters**

_____   _____
(Ort, Datum)   *(Ort, Datum)*

_____   _____
(Vorname Nachname Mutter)   *(Vorname Nachname Vater)*

13. Vertretung des Kindes

Literatur

Gesetzliche Grundlagen: Art. 304–306 ZGB, Art. 17–19c ZGB, Art. 32 OR.

Materialien: Botschaft Elterliche Sorge.

Allgemeine Literatur: BSK ZGB I-Schwenzer/Cottier, Art. 304–306; BSK OR I-Watter, Art. 32; CHK ZGB-Breitschmid, Art. 304–306; CR CC I-Perrin, Art. 304–306; KUKO ZGB-Cantieni/Vetterli, Art. 304–306; Büchler/Vetterli, S. 232 ff.; Häfeli, Rz. 40.64 f.; Hausheer/Geiser/Aebi-Müller, Rz. 17.122 ff.; Hegnauer, Rz. 26.21–32.; Meier/Stettler, N 888–951 und N 424–446; Tuor/Schnyder/Jungo, § 43; Handbuch KES-Vogel, Rz. 1116 ff.

Spezifische Literatur: Büchler Andrea/Hotz Sandra, Medizinische Behandlung, Unterstützung und Begleitung Jugendlicher in Fragen der Sexualität. Ein Beitrag zur Selbstbestimmung Jugendlicher im Medizinrecht, in: AJP 2010, 565 ff.; Fassbind Patrick, Systematik der elterlichen Personensorge in der Schweiz, Diss. Basel 2006; Fountoulakis Christiana, Interzession naher Angehöriger, eine rechtsvergleichende Untersuchung im deutschen und angelsächsischen Rechtskreis, Bern 2005; Gloor Nino, Der Begriff der Obhut, in: FamPra 2015, 331 ff.; Hegnauer Cyril, Kindesrecht – ein weites Feld, in: ZVW 2006, 25 ff.; Hegnauer Cyril, Voraussetzungen der aussergerichtlichen Abstammungsuntersuchung beim urteilsunfähigen Kind, in: ZVW 1994, 16 ff.; Hegnauer Cyril, Kann die Mutter das Kind im Strafverfahren gegen den Vater vertreten?, in: ZVW 1994, 152 ff.; Hegnauer Cyril, Rechtsfragen der aussergerichtlichen Blutgruppenuntersuchung, in: ZVW 1988, 29 ff.; Hegnauer Cyril, Aussergerichtliche Blutgruppenuntersuchung gegen den Willen der Mutter?, in: ZVW 1988, 104 f.; Herzig Christophe, Das Kind in den familienrechtlichen Verfahren, Diss. Zürich 2012; Herzig Christophe, Die Partei- und Prozessfähigkeit von Kindern und Jugendlichen sowie ihr Anspruch auf rechtliches Gehör, in: AJP 2013, 182 ff.; Josi Christian, Rechtsmittel des urteilsfähigen Kindes gegen Entscheide in eherechtlichen Verfahren auch ohne Vertretung?, in: FamPra 2012, 519 ff.; Meier Philppe, Droit de la tutelle et actes immobiliers: questions choisies, in: ZVW 2008, 251 ff.; Michel Margot, Rechte von Kindern in medizinischen Heilbehandlungen, Diss. Basel 2009; Michel Margot, Zwischen Autonomie und fürsorglicher Fremdbestimmung: Partizipationsrechte von Kindern und Jugendlichen im Bereich medizinischer Heilbehandlungen, in: FamPra 2008, 243 ff.; Riemer Hans Michael, Die Vertretung bei der Ausübung von Rechten, die unmündigen oder unter vormundschaftlichen Massnahmen stehenden Personen «um ihrer Persönlichkeit willen» zustehen, in: ZVW 1998, 216 ff.; Schwenzer Ingeborg, Gesetzliche Vertretungsmacht der Eltern für unmündige Kinder – Notwendigkeit oder Relikt patriarchalischer Familienstruktur?, in: FS Schnyder, 1995, 679 ff.; Vogel Urs, Die Vertretung des Kindes bei Verhinderung der Eltern oder aufgrund einer Interessenkollision – Die revidierte Bestimmung von Art. 306 Abs. 2 ZGB, in: Rosch/Wider (Hrsg.), Zwischen Schutz und Selbstbestimmung, Festschrift für Christoph Häfeli, Bern 2013, 177 ff.

13.1. Allgemeines Vertretungsrecht der Eltern

Das Kind ist grundsätzlich handlungsunfähig (Art. 17 f. ZGB, vgl. Kap. 10.1.2.). Seine Eltern vertreten es daher von Gesetzes wegen im Rechtsverkehr mit Dritten, sofern sie *Inhaber der elterlichen Sorge* sind und ihnen die elterliche Sorge nicht mit einer Kindesschutzmassnahme eingeschränkt wurde (Art. 308 ff. ZGB; vgl. Kap. 12.1.1.). Sie handeln dabei *im Namen des Kindes*.

13.1

13. Vertretung des Kindes

13.2   Ihre Vertretungsbefugnis gilt jedoch nicht uneingeschränkt:

- Vorbehalten ist der *selbständige Handlungsbereich des urteilsfähigen Kindes* (Art. 305 ZGB; höchstpersönliche Rechte u.a., vgl. Kap. 13.3.);
- Das Kind kann in *religiösen Angelegenheiten* allein entscheiden, wenn es das 16. Altersjahr vollendet hat (Art. 303 Abs. 3 ZGB);
- Es kann über seinen *Arbeitserwerb* und sein *Berufsvermögen* unabhängig von den Eltern bestimmen (Art. 323 Abs. 1 ZGB);
- Gewisse Rechtsgeschäfte der Eltern zulasten des Kindes sind ausdrücklich verboten, so die Eingehung von *Bürgschaften*, die Vornahme erheblicher *Schenkungen* und die Errichtung von *Stiftungen*, mit Ausnahme der üblichen Gelegenheitsgeschenke (Art. 304 Abs. 3 ZGB);
- Schliesslich bildet das *Kindeswohl* die allgemeine Grenze des elterlichen Handelns. Bei der Ausübung des Vertretungsrechts ist namentlich auf die Meinung des Kindes mit zunehmendem Alter Rücksicht zu nehmen.

13.2. Verhinderung oder Interessenkollision der Eltern

13.3   Sind die *sorgeberechtigten* Eltern am Handeln verhindert oder haben sie in einer Angelegenheit Interessen, die denen des Kindes widersprechen, so ernennt die KESB einen Beistand oder regelt die Angelegenheit selber (Art. 306 Abs. 2 ZGB).

13.4   Gründe für die *Verhinderung* können tatsächliche sein, wie Krankheit oder örtliche Abwesenheit, aber auch subjektive, z.B. wenn sich der Inhaber der elterlichen Sorge weigert, das Kind in der Erbangelegenheit nach dem Tod des geschiedenen Elternteils zu vertreten. Ist bei gemeinsamer elterlicher Sorge nur ein Elternteil verhindert, kann der andere alleine handeln (für Dritte s. Art. 304 Abs. 2 ZGB). Kein Verhinderungsfall liegt vor, wenn die Eltern eine Stellvertretung bestimmt haben (namentlich im Rahmen des Stiefeltern- oder Pflegeverhältnisses), oder wenn sie nicht von sich auch handeln oder ausserstande sind, geeignete Vorkehrungen für die Vertretung zu treffen und dies zu einer Gefährdung des Kindeswohls führt (diesfalls hat die KESB zu prüfen, ob Kindesschutzmassnahmen i.S.v. Art. 307 ff. ZGB anzuordnen sind).

13.5   Eine *Interessenkollision* ist gegeben, wenn sich die Interessen zwischen dem Kind und den/dem sorgeberechtigten Elternteil) unmittelbar widersprechen, so etwa bei einer Selbstkontrahierung, einer Doppelvertretung oder einer Interzession (*direkte* Interessenkollision). Sie liegt aber auch vor, wenn mit einem Dritten ein Geschäft abgeschlossen wird, welcher mit den Eltern so verbunden ist, dass die erforderliche Objektivität bei der Wahrung der Kindesinteressen beeinträchtigt erscheint *(indirekte* Interessenkollision; BGE 107 II 105, E. 4). Dabei genügt bereits eine *abstrakte* Gefahr (BGE 118 II 101 E. 4; 107 II 105, 109, E. 4). Bei Interessenkollision entfallen von Gesetzes wegen die Befugnisse der Eltern in der entsprechenden Angelegenheit (Art. 306 Abs. 3 ZGB). Vgl. zum Ganzen Kap. 2.7.1.

13.6

Beispiele für eine Interessenkollision:

- erbrechtliche Auseinandersetzung, an welcher Eltern und das Kind beteiligt sind (BGE 118 II 101 E. 4);
- Rechtsstreitigkeiten zwischen dem Kind und den Eltern als Prozessgegner, wie z.B. die Anfechtung der Vaterschaft nach Art. 256 ZGB oder die Anfechtung der Vaterschaftsanerkennung nach Art. 260a ZGB;
- die Zustimmung zu einer aussergerichtlichen Abstammungsuntersuchung beim urteilsunfähigen Kind (vgl. Art. 34 Abs. 1 GUMG);
- Vertretung des Kindes im Strafverfahren gegen den sorgeberechtigten Elternteil;
- Namensänderung des urteilsunfähigen Kindes (a.A. BGE 117 II 6 E. 1b).

13.3. Eigenes Handeln des Kindes

Ein rechtsgeschäftliches Handeln des *urteilsfähigen* Kindes ist grundsätzlich immer möglich, es steht jedoch unter dem Vorbehalt der Zustimmung des gesetzlichen Vertreters (Art. 19 Abs. 1 ZGB). Ohne Zustimmung des gesetzlichen Vertreters kann das urteilsfähige Kind unentgeltliche Vorteile erlangen, geringfügige Angelegenheiten des täglichen Lebens besorgen und höchstpersönliche Rechte ausüben (Art. 19 Abs. 2 und 19c ZGB). (Vgl. zum Ganzen Kap. 10.2. und 10.3.). Die Urteilsfähigkeit ist im Einzelfall mit Blick auf das infrage stehende Recht und die Reife des Kindes zu beurteilen und ist nicht von einem bestimmen Alter abhängig.

13.7

Das *urteilsunfähige* Kind ist handlungsunfähig (Art. 17 ZGB, vgl. dazu Kap. 10.4.). Für es entscheiden die Eltern als seine gesetzlichen Vertreter (Art. 304 Abs. 1 ZGB; BGE 117 II 6). Diese sind in ihren Entscheidungen aber nicht völlig frei. Wichtigste Schranke der elterlichen Vertretungsbefugnis bildet auch hier das Wohl des Kindes. Die elterliche Vertretungsbefugnis erstreckt sich zudem nur auf *relativ* höchstpersönliche Rechte. Der Bereich der *absolut* höchstpersönlichen Rechte bleibt der Vertretung entzogen mit der Folge, dass das urteilsunfähige Kind in diesem Bereich rechtsunfähig ist. Eine Zuordnung zur einen oder anderen Gruppe ist nicht

13.8

immer klar und sollte mit Rücksicht auf das Ergebnis vorgenommen werden.

13.9   Das Kind kann auch *seine Eltern vertreten*, wenn es dazu befugt ist. Die Ermächtigung wird regelmässig stillschweigend erteilt, namentlich durch konkludentes Handeln. Wie nach den allgemeinen Stellvertretungsregeln (Art. 32 ff. OR) braucht das Kind als Stellvertreter selbst nicht handlungsfähig zu sein. Es genügt, wenn es *urteilsfähig* ist. Es muss auch nicht ausdrücklich im Namen der Eltern auftreten. Vielmehr reicht es, wenn dies aus den Umständen ersichtlich wird. Sind diese Voraussetzungen erfüllt, treten die *Wirkungen des Geschäfts ausschliesslich bei den Eltern ein*. Das *urteilsunfähige* Kind vermag mit seinen Handlungen dagegen keine Rechtswirkungen herbeizuführen (Art. 17 f. ZGB). Immerhin kann er aber als Bote tätig werden.

13.4. Aufgaben KESB und Beistand

13.10   Sind die *sorgeberechtigten* Eltern am Handeln verhindert oder liegt eine Interessenkollision vor, wird die KESB von Amtes wegen oder auf Anzeige hin tätig (Art. 314 Abs. 1 i.V.m. Art. 446 oder Art. 443 ZGB). Im Rahmen ihrer Abklärung hat sie zu prüfen, ob das Geschäft durch eigenes Handeln erledigt werden kann oder eine Beistandsperson einzusetzen ist (Art. 306 Abs. 2 ZGB). Vertreten wird dabei das *Kind* (und nicht die gesetzlichen Vertreter).

13.11   *Eigenes Handeln der KESB* ist (nur) dann angezeigt, wenn die Angelegenheit infolge Liquidität rasch lösbar oder derart unproblematisch ist, dass die Einsetzung einer Beistandsperson unverhältnismässig wäre. Es muss sich folglich um eine einzelne Vertretungshandlung in einer einfachen Angelegenheit handeln.

13.12
> **Eigenes Handeln der KESB nach Art. 306 Abs. 2 ZGB**
>
> 1. Dem am *(Datum)* unterzeichneten Darlehensvertrag zwischen *(Mutter/Vater)* und NN wird gestützt auf Art. 306 Abs. 2 ZGB für NN zugestimmt.
> 2. XY *(z.B. Mitarbeiterin des Sozial-Juristischen Dienstes der KESB)* wird ermächtigt, im Namen von NN die für das vorgenannte Rechtsgeschäft notwendigen Unterschriften vorzunehmen.

13.13   Andernfalls ist eine *Vertretungsbeistandschaft* nach Art. 306 Abs. 2 ZGB zu errichten. Diese hat sich auf *konkrete Einzelgeschäfte* oder allenfalls *meh-*

13.4. Aufgaben KESB und Beistand

rere in sich zusammenhängende Geschäfte zu beziehen. Die Aufgaben der Beistandsperson sind genau zu umschreiben, wobei deren Schranke der Umfang der elterlichen Vertretungsmacht ist (Art. 304 und 305 ZGB). Zu beachten ist ferner, dass der Abschluss bestimmter Geschäfte unter dem Vorbehalt der Zustimmung der KESB stehen (s. Art. 416 f. ZGB). Zur Führung der Massnahme vgl. Kap. 4.

Für *allgemeine bzw. umfassende, in der Zukunft liegende Angelegenheiten* oder im Falle einer *dauerhaften Verhinderung* der gesetzlichen Vertretung des Kindes müssen entsprechende Kindesschutzmassnahmen ergriffen werden, so etwa eine Beistandschaft mit besonderen Befugnissen (Art. 308 Abs. 2 ZGB, ggf. i.V.m. Art. 308 Abs. 3 ZGB, vgl. Kap. 2.3.3. f.) oder die elterliche Sorge entzogen und eine Vormundschaft errichtet werden (Art. 311, Art. 327a ZGB, vgl. Kap. 2.5. f.). Im Falle der Dringlichkeit sind ggf. vorsorgliche Massnahmen zu ergreifen (vgl. Kap. 5.6.).

13.14

> **Beachte**
>
> Von der Einsetzung eines Vertretungsbeistands nach Art. 306 und 308 ZGB sind die spezialgesetzlichen Bestimmungen zu unterscheiden, wie z.B.:
> - die Kindesvertretung in familienrechtlichen (Art. 299 ZPO) oder kindesschutzrechtlichen Verfahren (Art. 314a^{bis} ZGB, vgl. Kap. 7.2.),
> - den Verfahrensbeistand in internationalen Kindesschutzverfahren (Art. 9 Abs. 3 BG KKE), oder
> - die Vertrauensperson für asylrechtliche Verfahren (Art. 17 Abs. 3 AsylG, vgl. Kap. 20.2.).

13.15

14. Unterhalt

Literatur

Gesetzliche Grundlagen: Art. 276–295 ZGB.

Materialien: Botschaft Kindesunterhalt.

Allgemeine Literatur: BSK ZGB I-BREITSCHMID, Art. 276 ff.; BÜCHLER/VETTERLI, S. 213 ff.; Handbuch KES-HERZIG/CHRISTENER/ROSCH, Rz. 839 ff.; HAUSHEER/GEISER/AEBI-MÜLLER, Rz. 17.35 ff.; KUKO ZPO-GLOOR/UMBRICHT, Art. 198 N 4; MEIER/STETTLER, Rz. 1033 ff.

Spezifische Literatur: ALLEMANN HANS-MARTIN, Betreuungsunterhalt – Grundlagen und Bemessung, in: Jusletter 11. Juli 2016; ARNET LUCAS, Die Vollstreckbarerklärung schweizerischer Kindesunterhaltsverträge auf staatsvertraglicher Basis, Diss. Bern 2013; BÄHLER DANIEL, Unterhaltsberechnungen – von der Methode zu den Franken, Berechnung des Unterhalts für Ehegatten, geschiedene Ehegatten und Kinder in verschiedenen Konstellationen mit Zahlenbeispielen, in: FamPra 2015, 271 ff.; BOHNET FRANCOIS, Le nouveau droit de l'entretien de l'enfant: procédure et mise en œuvre, in: Bohnet/Dupont, le nouveau droit de l'entretien de l'enfant et du partage de la prévoyante, Basel 2016, 29 ff.; BREITSCHMID PETER/VETSCH MICHAEL, Mündigenunterhalt (Art. 277 Abs. 2 ZGB) – Ausnahme oder Regel?, in: FamPra 2005, 471 ff.; CANTIENI LINUS/BIDERBOST YVO, Reform der elterlichen Sorge aus Sicht der KESB – erste Erfahrungen und Klippen, in: FamPra 2015, 771 ff.; DIGGELMANN PETER/ISLER MARTINA, Vertretung und prozessuale Stellung des Kindes im Zivilprozess, in: SJZ 2015, 141 ff.; DOLDER MATTIAS, Betreuungsunterhalt: Verfahren und Übergang, in: FamPra 2016, 917 ff.; FOUNTOULAKIS CHRISTIANA/BASTIEN KHALFI, Quelques réflexions sur la conception de l'entretien en droit de la famille, in: FamPra 2014, 866 ff.; GABATHULER THOMAS, Unterhaltsrecht: Kinderbetreuung und Erwerbstätigkeit, in: Plädoyer 2016/5, 32 ff.; GEISER THOMAS, Familie und Geld, Wie sind die wirtschaftlichen Fragen in einem modernen Familienrecht zu regeln?, in: FamPra 2014, 884 ff.; HÄFELI CHRISTOPH, Das Recht des Kindes auf Feststellung der Vaterschaft und die Regelung des Unterhaltsanspruchs, in: ZKE 2014, 189 ff.; HAUSHEER/SPYCHER, Handbuch des Unterhaltsrechts, 2. Auflage, Bern 2010, Rz. 06.01 ff.; HELLER HEINZ, Betreuungsunterhalt & Co.: Unterhaltsberechnung ab 2017, in: Revue de l'avocat 2016, 463 ff.; HERZIG CHRISTOPHE, Prozessstandschaft im Kindesunterhaltsrecht – quo vadis, in: Eitel Paul/Zeiter Alexandra (Hrsg.), Kaleidoskop des Familien- und Erbrechts, Liber amicorum für Alexandra Rumo-Jungo, Zürich/Basel/Genf 2014, 147 ff.; MAIER PHILIPP, Die konkrete Berechnung von Unterhaltsansprüchen im Familienrecht, dargestellt anhand der Praxis der Zürcher Gerichte seit Inkrafttreten der eidgenössischen ZPO, in: FamPra 2014, 635 ff.; MARANTA LUCA/FASSBIND PATRICK, Interessenkollisionen im Kindesunterhaltsrecht?, in: ZKE 2016, 454 ff.; RAMSEIER THOMAS/CASTELNOVI LAURA, Mündigenunterhalt: Der Fiskus profitiert zu Unrecht, in: FamPra 2014, 138 ff.; RÜETSCHI DAVID/SPYCHER ANNETTE, Revisionsbestrebungen im Unterhaltsrecht, Siebte Schweizer Familienrecht§Tage, Bern 2014, 155 ff.; RUMO-JUNGO ALEXANDRA, Der Vorentwurf zur Revision des Kindesunterhalts: ein erster Schritt, Eine Diskussion von ausgewählten Aspekten des Vorentwurfs zur Änderung des Zivilgesetzbuches betreffend den Kindesunterhalt, in: FamPra 2013, 1 ff.; SPYCHER ANNETTE, Kindesunterhalt: Rechtliche Grundlagen und praktische Herausforderungen – heute und demnächst, in: FamPra 2016, 1 ff.; SPYCHER ANNETTE/BÄHLER DANIEL, Reform des Kindesunterhaltsrechts, in: Achte Schweizer Familienrecht§Tage, Bern 2016, 255 ff.; STOUDMANN PATRICK, Projet de modification du droit de l'entretien de l'enfant: Le point de vue d'un juge de première instance, in: ZKE 2014, 279 ff.; SUMMERMATTER DANIEL, Zur Abänderung von Kinderalimenten, in: FamPra 2012, 38 ff.; UBS-Broschüre, Preise und Löhne 2015 [Download unter www.ubs.com/preiseundloehne].

14.1. Allgemeines

14.1.1. Elterliche vor staatlicher Unterhaltspflicht

Die Unterhaltspflicht der Eltern (Art. 276–295 ZGB) knüpft an das Kindesverhältnis (Art. 252 ff. ZGB) an. Ergänzend tritt neben die elterliche Unterhaltspflicht oder subsidiär an die Stelle derselben jene durch den Staat (Familienzulagen, Prämienverbilligung bei der obligatorischen Krankenversicherung, Subvention von Kinderbetreuungsplätzen, Ausbildungsförderung, Stipendien, Sozialhilfe, Alimentenbevorschussung/-inkasso) oder bei Ausfall der unterhaltspflichtigen Person das Haftpflicht- sowie (Sozial-) Versicherungsrecht (AHV, IV, Berufliche Vorsorge etc.).

14.1

14.1.2. Revision des Unterhaltsrechts

Am 1. Januar 2017 trat das revidierte Kindesunterhaltsrecht in Kraft. Dabei handelte es sich nicht um eine Gesamterneuerung, sondern nur um punktuelle Anpassungen; die wesentlichste war die Gleichstellung der ehelichen und nicht-ehelichen Kinder durch Einführung eines *Betreuungsunterhalts*. Bei getrennt lebenden oder geschiedenen Eltern führte der Betreuungsunterhalt in der Regel lediglich zu einer Verschiebung vom Ehegattenunterhalt zum Kindsunterhalt, während der Unterhalt von Kindern nicht miteinander verheirateter Eltern um dem Betreuungsunterhalt erhöht wurde.

14.2

Die neuen Bestimmungen kommen in allen Verfahren zur Anwendung, welche seit dem 1. Januar 2017 anhängig gemacht wurden oder welche in diesem Zeitpunkt vor den kantonalen Behörden und Gerichten rechtshängig waren (Art. 13c^{bis} Abs. 1 SchlT ZGB).

14.3

Unterhaltsbeiträge an das Kind, welche vor 1. Januar 2017 festgelegt worden sind, werden auf Gesuch des Kindes neu festgelegt. Sind sie jedoch gleichzeitig mit Unterhaltsbeiträgen an einen Elternteil festgelegt worden (z.B. bei Trennung und Scheidung), so ist ihre Anpassung nur bei erheblicher Veränderung der Verhältnisse zulässig (Art. 13c SchlT ZGB).

14.4

Die *Zuständigkeit in strittigen Unterhaltsverfahren* liegt weiterhin bei den Gerichten, wobei das Schlichtungsverfahren entfällt, wenn ein Elternteil vorgängig die KESB im Rahmen von Art. 298b oder 298d ZGB angerufen hat (Art. 198 lit. b^{bis} ZPO).

14.5

14.1.3. Umfang des Unterhalts

14.6 Das Gesetz enthält keine Definition des Begriffs «Unterhalt». Gemäss Art. 276 Abs. 1 ZGB umfasst dieser *alles, was für die körperliche, geistige und sittliche Entwicklung des Kindes notwendig ist*. Dazu gehören die körperlichen Grundbedürfnisse wie Nahrung, Bekleidung, Unterkunft, Körper- und Gesundheitspflege, aber auch psychisch-seelische Belange wie soziale Kontakte und die (schulische, sportliche, musikalische etc.) Ausbildung. Die Eltern haben dem Kind eine angemessene und seinen Fähigkeiten und Neigungen möglichst entsprechende allgemeine und berufliche Ausbildung zu gewährleisten (Art. 302 Abs. 2 ZGB).

14.7 Der Ausbildungs- bzw. *berufliche Lebensplan* des Kindes ist von diesem gemeinsam mit den Eltern festzulegen, wobei seine Eignung, seine Fähigkeiten sowie die bestehenden Ausbildungsmöglichkeiten und die finanziellen Gegebenheiten der Eltern zu berücksichtigen sind. Die Planung setzt oftmals schon gegen Ende der Mittelstufe, jedenfalls aber im Verlauf der Oberstufe ein und ist aufgrund der Entwicklung der schulischen Leistungen sowie der generellen Entwicklung des Kindes fortlaufend bzw. zumindest periodisch zu überprüfen. Verlangt wird, dass die Eltern sich die Frage stellen, welche Veranlagungen ihr Kind mit sich bringt und wie diese gezielt und bestmöglich gefördert werden können.

14.8 Den dazu notwendigen Unterhalt haben die Eltern im Rahmen ihrer wirtschaftlichen Möglichkeiten grundsätzlich bereitzustellen bzw. sich darum zu bemühen, entsprechende Finanzierungsmöglichkeiten zu erschliessen. Bei entsprechender Leistungsfähigkeit kommen über die existenziellen Grundbedürfnisse hinausgehende Bereiche dazu (Hobbys, Freizeit, Ferien etc.). Schliesslich gehören auch die Kosten für *Kindesschutzmassnahmen* sowie für den Rechtsschutz zum Unterhalt. Der Unterhalt ist jedoch nur zum laufenden Verbrauch bestimmt, nicht zur Vermögensbildung.

14.1.4. Unterhaltspflichtige Personen

14.9 Art. 276 Abs. 1 ZGB sieht vor, dass die **Eltern** für den Unterhalt des Kindes aufkommen. Die Unterhaltspflicht trifft Vater und Mutter, welche den Unterhalt grundsätzlich vollumfänglich, persönlich und solidarisch tragen. Der Unterhalt wird durch Pflege, Erziehung und Geldzahlung geleistet (Art. 276 Abs. 2 ZGB). Der *Unterhalt in natura* wird mit dem Unterhalt in Form von *Geldleistungen* ergänzt. Dadurch wird der gesellschaftlichen Entwicklung Rechnung getragen, wonach bei nicht zusammenlebenden Eltern häufig keine strikte Aufteilung zwischen einem die Obhut innehabenden Elternteil, welcher die Unterhaltspflicht in natura erfüllt, und einem nicht obhuts-

14.1. Allgemeines

berechtigten Elternteil, welcher den Unterhalt durch Geldleistung erbringt, mehr besteht. Vielmehr nehmen die Konstellationen zu, in welchen beide Eltern ihrer Unterhaltspflicht in natura und durch Geldleistungen nachkommen. Nicht miteinander verheiratete Eltern mit gemeinsamer elterlicher Sorge haben sich über den Unterhalt ausdrücklich oder stillschweigend zu verständigen (Art. 298a Abs. 2 ZGB; betr. verheiratete Eltern vgl. Art. 278 Abs. 1 mit Verweis auf Art. 163 ZGB). Gelingt dies oder in Fällen von alleiniger elterlicher Sorge eines Elternteils der Abschluss eines Unterhaltsvertrages (vgl. Kap. 14.3.) nicht, ist der Unterhalt im Rahmen einer *Unterhaltsklage* durch ein gerichtliches Urteil festzulegen (Art. 279 ZGB, vgl. Kap. 14.4.). Besteht das Kindsverhältnis nur zu einem Elternteil oder ist der andere Elternteil gänzlich leistungsunfähig, so hat Ersterer den gesamten Unterhalt des Kindes alleine zu tragen. Beim Tod des Unterhaltspflichtigen erlischt der Unterhaltsanspruch ihm gegenüber. An gegenüber einem minderjährigen Kind unterhaltspflichtige Eltern werden *hohe Anforderungen* gestellt. Sie müssen ihre effektive Erwerbsfähigkeit vollständig ausschöpfen und dürfen ihre Lebensumstände nicht frei verändern, falls dies ihre Fähigkeit einschränkt, den Unterhalt der minderjährigen Kinder zu bestreiten. Unternehmen die Eltern nicht alles in ihrer Macht Stehende, um der Unterhaltspflicht nachzukommen, kann ihnen auch ein (höheres) hypothetisches Einkommen angerechnet werden (BGE 137 III 118).

Aus Art. 278 Abs. 2 ZGB ergibt sich eine Beistandspflicht des **Stiefelternteils** gegenüber dem Ehegatten, damit Letzterer seiner Unterhaltspflicht gegenüber einem vorehelichen Kind in angemessener Weise nachkommen kann. Aus der allgemeinen Beistandspflicht unter den Ehegatten gemäss Art. 159 Abs. 3 ZGB – und nicht aus ihrer Konkretisierung in Art. 278 Abs. 2 ZGB für voreheliche Kinder – folgt, dass die Ehegatten einander bei der Erziehung selbst von ausserehelichen Kindern im Grundsatz finanziell aushelfen müssen, wenn auch in erster Linie die Eltern des ausserehelichen Kindes und nicht deren Ehegatten für den Unterhalt verantwortlich sind. Wo die Mittel des einen Ehegatten nicht ausreichen, um neben dem bisherigen Beitrag an den ehelichen Unterhalt seinen Anteil an den Unterhalt des ausserehelichen Kindes zu leisten, ist eine verhältnismässige Veränderung der Anteile an den ehelichen Unterhalt zu Lasten des andern Ehegatten unausweichlich; insoweit besteht für den Stiefelternteil eine *indirekte Beistandspflicht*, die in Ausnahmefällen auch zur Folge haben kann, dass der Ehegatte des Unterhaltspflichtigen eine Erwerbstätigkeit aufnehmen oder eine bestehende Erwerbstätigkeit ausdehnen muss. Die Unterhaltspflicht des leiblichen Elternteils geht auf jeden Fall vor und der Beitrag des Stiefelternteils beschränkt sich auf den Ausgleich der Differenz zwischen dem nicht ausreichenden Beitrag des leiblichen Elternteils und

14.10

14. Unterhalt

dem Bedarf des unterhaltsberechtigten Kindes. Diesem wird kein klagbarer Anspruch gegenüber dem Stiefelternteil eingeräumt. *Eingetragene Partner bzw. eingetragene Partnerinnen* haben in Bezug auf die Kinder des Partners bzw. der Partnerin die gleiche Beistandspflicht wie Stiefeltern (Art. 27 Abs. 1 PartG).

14.11 Die Eltern sind in dem Masse von der Unterhaltspflicht befreit, als es dem **Kind** zugemutet werden kann, seinen Unterhalt aus seinem Arbeitserwerb oder anderen Mitteln (z.b. sozialversicherungsrechtliche Renten, Familienzulagen, Vermögensertrag etc.) zu bestreiten (Art. 276 Abs. 3 ZGB). Es handelt sich hierbei um eine Ausnahme der grundsätzlichen elterlichen Unterhaltspflicht. Die Unterhaltspflicht der Eltern entfällt jedoch nur dann vollständig, wenn das Kind seinen gesamten Unterhalt selber bestreiten kann (zur Verwaltung des Kindesvermögens: vgl. Kap. 16.). *Arbeitserwerb* kann beim minderjährigen Kind bspw. durch Eintritt in eine Berufslehre, Absolvierung eines Praktikums zwischen Abschluss der obligatorischen Schule und Eintritt in eine Lehre, oder Antritt einer Stelle statt Beginn einer beruflichen Ausbildung erzielt werden. Zu berücksichtigen sind aber auch *sämtliche Formen des Einkommensersatzes*, der Ertrag aus dem Kindesvermögen, regelmässige, in der Regel freiwillige Zuwendungen anderer Personen an den Unterhalt (z.B. Grosseltern, Paten etc., nicht aber deren Geschenke zum Geburtstag oder anderen besonderen Anlässen) oder auch Leistungen des Ehegatten eines Elternteils, welche aufgrund der ehelichen Beistandspflicht (Art. 163 ZGB) erbracht werden.

14.12 Sind beide Eltern nicht in der Lage, für den (vollständigen) Unterhalt des Kindes aufzukommen, können **Verwandte** in aufsteigender gerader Linie, insb. Grosseltern, zur Unterstützung des Kindes verpflichtet werden (Art. 328 Abs. 1 ZGB). Kein Anspruch auf Unterstützung besteht, wenn die finanzielle Notlage eines Elternteils auf einer Einschränkung der Erwerbstätigkeit zur Betreuung eigener Kinder beruht (Art. 329 Abs. 1bis ZGB). Die Unterstützungspflicht der Verwandten geht weniger weit als die Unterhaltspflicht der Eltern, geht der Unterstützungspflicht des Gemeinwesens jedoch vor (Art. 293 Abs. 1 ZGB).

14.13 Wenn ein Kind bei **Pflegeeltern** untergebracht ist, wird der Unterhalt im Pflegevertrag geregelt (Art. 294 Abs. 1 ZGB; vgl. Kap. 17.5.). Werden Kinder von nahen Verwandten oder zum Zweck einer späteren Adoption aufgenommen, so wird vermutet, dass der Naturalunterhalt (Pflege und Erziehung) unentgeltlich erfolgt, nicht aber der Barunterhalt (Art. 294 Abs. 2 ZGB).

14.1.5. Unterhaltsberechtigte Person

Unterhaltsberechtigt ist sowohl das minder- als auch das volljährige Kind (Art. 277 ZGB). Art. 277 Abs. 1 ZGB sieht vor, dass die Unterhaltspflicht der Eltern ab Geburt bzw. Beginn des Kindesverhältnisses bis zur Volljährigkeit des Kindes dauert. Ist zu diesem Zeitpunkt eine *angemessene Ausbildung* noch nicht abgeschlossen, so dauert die Unterhaltspflicht grundsätzlich bis zum ordentlichen Ausbildungsabschluss weiter (Art. 277 Abs. 2 ZGB). Es empfiehlt sich, Unterhaltsverträge entsprechend zu formulieren, zumal die wenigsten Kinder im Alter von 18 Jahren über eine angemessene berufliche Ausbildung verfügen.

14.14

Bei der Bemessung der Höhe des Volljährigenunterhalts spielt die Frage der Zumutbarkeit eine Rolle. Die wirtschaftlichen Rahmenbedingungen (Einkommen und Vermögen) von Kind und Eltern sind einander gegenüberzustellen, wobei sozialversicherungsrechtliche Leistungen, Stipendien und Beiträge und/oder Naturalleistungen des andern Elternteils (auch Stiefeltern) und eingetragener Partner zu berücksichtigen sind. Die Unterhaltspflicht muss auch unter dem Gesichtspunkt der persönlichen Beziehungen zumutbar sein, wobei eine harmonische Eltern-Kind-Beziehung nicht vorausgesetzt ist. Kein Anspruch auf Geldunterhalt besteht hingegen, wenn Verpflegung und Unterkunft angeboten werden und zumutbar erscheinen.

14.15

14.1.6. Zuständigkeit der KESB

Die Zuständigkeit der KESB beschränkt sich auf die *Genehmigung von Unterhaltsverträgen* für minderjährige Kinder (Art. 287 Abs. 1 ZGB) von nicht miteinander verheirateten Eltern sowie die *Bestellung eines Beistandes* für das unter gemeinsamer elterlicher Sorge stehende Kind im Hinblick auf das gerichtliche Klageverfahren (Art. 306 ZGB resp. Art. 308 Abs. 2 ZGB; vgl. Kap. 14.1.2.; die Bestellung eines Beistandes wird kontrovers diskutiert). Das Gericht hat bei Uneinigkeit der Eltern betr. den Unterhalt neben diesem auch sämtliche anderen strittigen Kinderbelange zu regeln (elterliche Sorge, Obhut, Betreuung, persönlicher Verkehr etc.; vgl. Art. 298b Abs. 3 und Art. 298d Abs. 3 ZGB).

14.16

Bei gemeinsamer elterlicher Sorge nicht miteinander verheirateter Eltern genügt eine schriftliche Erklärung gegenüber Zivilstandsamt oder KESB, dass sie sich (unter anderem) über den Unterhaltsbeitrag für das Kind verständigt haben (Art. 298a Abs. 2 und 4 ZGB). Die KESB kann jedoch einen allfällig eingereichten Unterhaltsvertrag genehmigen (vgl. Kap. 14.3.).

14.17

14.18 Bei (ehemals) verheirateten bzw. getrenntlebenden verheirateten Eltern ist die KESB zuständig für die Genehmigung über die Abänderung von Urteilen betr. Kindesunterhalt, wenn diese einvernehmlich erfolgen (Art. 134 Abs. 3 ZGB) (vgl. Kap. 14.6.).

14.2. Bemessung

14.19 Der Unterhalt wird durch Pflege, Erziehung und Geldzahlung geleistet (Art. 276 Abs. 1 ZGB), wobei beide Eltern gemeinsam, jeder nach seinen Kräften, für den gebührenden Unterhalt des Kindes sorgen, und insb. die Kosten von Betreuung, Erziehung, Ausbildung und Kindesschutzmassnahmen tragen (Art. 276 Abs. 2 ZGB). Denkbar sind verschiedene Konstellationen: Ein Elternteil kann nur Naturalleistungen und der andere nur Geldleistungen erbringen, es können aber auch beide Elternteile in gleichem oder verschiedenem Umfang Natural- und Geldunterhalt leisten, je nach vereinbarter Aufteilung von Betreuungs- und Hausarbeit sowie Erwerbsarbeit und je nach der finanziellen Leistungsfähigkeit der Eltern.

14.20

Gebührender Unterhalt

Naturalleistungen (Betreuung in Natura)	+	**Geldleistungen**		
		Barunterhalt (inkl. allfällige Fremdbetreuungskosten)	+	**Betreuungsunterhalt**

14.21 Bei mehreren Kindern ist aus Gründen der Transparenz und der Nachvollziehbarkeit für jedes der Bedarf gesondert zu berechnen. Der Betreuungsunterhalt ist gesondert vom Barunterhalt zu berechnen und auszuweisen, insb. auch deshalb, weil beide in der Regel unterschiedlich lang geschuldet sind.

14.22

> **Beachte**
>
> Die Bemessung ist auf verschiedene Arten möglich (vgl. Kap. 14.2.1.). Die Umsetzung der Bemessung sollte in den Kantonen zwischen Gerichten und KESB abgesprochen werden, damit beide Behörden auf die gleichen Grundlagen abstützen.

14.2.1. Methodenvielfalt

Weder Gesetz noch Praxis schreiben für Bar- und Betreuungsunterhalt eine bestimmte Bemessungsmethode vor. Denkbar ist auch, dass die beiden Unterhaltsarten nach verschiedenen Methoden berechnet werden. Zulässig sind die Ermittlung anhand von durchschnittlichen Bedarfszahlen wie die *Zürcher Kinderkosten-Tabelle* (siehe http://www.ajb.zh.ch/internet/bildungsdirektion/ajb/de/kinder_jugendhilfe.html) oder die konkrete Zusammenstellung des *individuellen Bedarfs des unterhaltsberechtigten Kindes* (anhand der konkret vorliegenden Rechnungen) als auch die Verwendung von sog. *Prozentregeln* (Unterhalt des Kindes als bestimmter Prozentsatz des Einkommens der unterhaltsverpflichteten Person). Erforderlich ist lediglich, dass KESB oder Gericht festhalten, welche Methode sie angewandt haben. Es empfiehlt sich, den Unterhalt anhand von verschiedenen Methoden zu berechnen und die Ergebnisse anschliessend zu vergleichen.

14.23

14.2.2. Bedürfnisse des Kindes beim Barunterhalt

Der Unterhaltsbeitrag soll den individuellen Bedürfnissen des Kindes entsprechen (Art. 285 Abs. 1 ZGB). Einige werden in Art. 276 Abs. 1 ZGB aufgeführt, nämlich die Kosten für Erziehung, Ausbildung und Kindesschutzmassnahmen. Die Bedürfnisse des Kindes umfassen weiter seinen Barbedarf für Nahrung und Kleidung, den Wohnkostenanteil, die Betreuung durch Dritte, die Auslagen für Krankenversicherung und weitere Gesundheitskosten (ärztliche, zahnärztliche und Medikamentenkosten), und ab einem gewissen Alter Mobilitätskosten, Auslagen für auswärtige Verpflegung sowie Schulmaterial, (obligatorische) schulische Anlässe und im Bedarfsfalle Schulungskosten (heilpädagogische oder andere Fördermassnahmen etc.), wobei diese Aufzählung nicht abschliessend ist.

14.24

Zur erleichterten Erfassung des individuellen konkreten Bedarfs haben sich in der Praxis verschiedene *tabellarische Systeme* durchgesetzt, deren Zeilen anhand des konkreten Einzelfalles ausgefüllt bzw. ergänzt werden können. Es empfiehlt sich, die Lebenshaltungs- und Ausbildungs- bzw. Erziehungskosten jedes einzelnen Kindes in einer eigenen Tabellen-Spalte zu erfassen (zum Betreuungsunterhalt: vgl. Kap. 14.2.4.).

14.25

14.2.3. Lebensstellung und Leistungsfähigkeit der Eltern

Für die Festlegung des Unterhaltsbeitrags sind auch die Lebensstellung und Leistungsfähigkeit beider Eltern massgebend (Art. 285 Abs. 1 ZGB). Geschuldet ist seitens der Eltern daher *nicht nur der notwendige*, son-

14.26

dern der ihren Verhältnissen angemessene Unterhalt. Dabei ist von der tatsächlich gelebten und nicht von der maximal möglichen Lebensstellung auszugehen. Andererseits darf ein sparsamer Lebensstil der Eltern nicht zulasten des unterhaltsberechtigen Kindes gehen. Die Herausforderung ist, für jedes Elternpaar einen gemeinsamen Massstab für die befürwortete und finanziell tragbare Lebensführung des Kindes zu entwickeln. In der Praxis wird in der Regel auf Fallgruppen normaler, unterdurchschnittlicher (= knapper) und überdurchschnittlicher (= reichlicher) Verhältnisse zurückgegriffen.

14.27 Die Leistungsfähigkeit der Eltern ergibt sich aus der Gegenüberstellung von deren Nettoeinkommen und Eigenbedarf. Als *Einkommen* gelten neben dem Entgelt aus unselbständiger oder selbständiger Erwerbstätigkeit (ggf. auch hypothetisches Einkommen) auch der Erwerbsersatz aus Sozial- bzw. weiteren Versicherungen sowie Vermögenserträge. Demgegenüber muss das Vermögen in seiner Substanz nur ausnahmsweise angegriffen werden. An die Leistungsfähigkeit der Eltern werden höhere Anforderungen gestellt, wenn Unterhaltsbeiträge für minderjährige Kinder festzulegen sind. Der *Eigenbedarf* der Eltern ermittelt sich in einem ersten Schritt durch die Berechnung des kantonal festgelegten betreibungsrechtlichen Existenzminimums, welches in einem zweiten Schritt je nach Gesamtheit der finanziellen Verhältnisse um die direkten Steuern, Versicherungsprämien, Ausgaben für Kultur etc. zu erweitern ist. Zu beachten ist, dass bei der Berechnung des erweiterten Existenzminimums der unterhaltspflichtigen Person der Anspruch des Kindes auf angemessenen Unterhalt nicht aus den Augen verloren geht und den widerstreitenden Interessen von Eltern und Kind Rechnung getragen wird.

14.2.4. Betreuungsbedarf und Betreuungskosten

14.28 Seit 2017 sind Unterhaltspflicht und (fehlende) Obhut entkoppelt. Unterhalt wird durch Pflege, Erziehung und Geldzahlung geleistet (Art. 276 Abs. 1 ZGB) und die Eltern sorgen gemeinsam, jeder Elternteil nach seinen Kräften, für den gebührenden Unterhalt des Kindes (Art. 276 Abs. 2 ZGB). Immer häufiger gehen beide Elternteile zumindest teilweise einer Erwerbstätigkeit nach und teilen sich die Betreuungsaufgaben. Zwar ist die gemeinsame elterliche Sorge an sich nicht unterhaltsrelevant, doch wirken sich die Obhut bzw. die Übernahme von (unterschiedlichen) Betreuungsanteilen auf den Umfang, die Bemessung, die Aufteilung und die Koordination des Kinderunterhalts aus. Die Schwierigkeit liegt darin, zwischen den unterschiedlich betreuenden, in unterschiedlichen Pensen ar-

14.2. Bemessung

beitenden und unterschiedlich viel verdienenden Eltern eine angemessene Aufteilung des Kindesunterhalts vorzunehmen.

14.29 Mit der am 1. Januar 2017 in Kraft getretenen Unterhaltsrechtsrevision wurde durch Hinzufügen des Betreuungsunterhalts zu den Kategorien des Bar- und des Naturalunterhalts sichergestellt, dass dem Kind die bestmögliche Betreuung zuteil wird, unabhängig davon, ob diese durch die Eltern persönlich oder durch zu entschädigende Drittpersonen übernommen wird (Art. 285 Abs. 2 ZGB). Die Betreuung durch Drittpersonen generiert Kosten, welche in der Regel relativ einfach definiert werden können. Entweder sind die Tarife der betreuenden Einrichtung, welche sinnvollerweise in einen Betreuungsvertrag Eingang finden, oder aber der Lohn einer Tagesmutter inkl. Sozialversicherungsabgaben sowie allfällige Versicherungsprämien etc. zu bezahlen. Diese Kosten werden dem Barunterhalt (direkte Kinderkosten) zugerechnet. Schwieriger ist die Quantifizierung der indirekten Kosten, wenn die Betreuung durch einen (oder beide) Elternteile persönlich übernommen wird. Die Absicht des Gesetzgebers besteht darin, dass für den Betreuungsunterhalt nur diejenige Betreuungszeit relevant sein soll, in welcher der betreuende Elternteil ansonsten einer Erwerbstätigkeit nachgehen würde (in der Regel von Montag bis Freitag von 08.00 Uhr bis 18.00 Uhr). Betreuung während der normalerweise erwerbsfreien Zeit, bspw. am Wochenende oder am Abend bzw. in der Nacht, lässt demgegenüber keinen Anspruch auf Betreuungsunterhalt entstehen.

14.30 Zur Berechnung des Betreuungsunterhalts stehen in der Praxis verschiedene Methoden zur Verfügung. Beim *Lebenshaltungskostenmodell* (andere Modelle werden abgelehnt, vgl. unten) gibt es zwei verschiedene Möglichkeiten der Berechnung, nämlich die Vorgehensweise mit dem *objektivierten Betreuungsunterhalt* und jene mit einer *konkreten Berechnung*. Der objektivierte Betreuungsunterhalt geht von einem durchschnittlichen betreibungsrechtlichen Existenzminimum aus, welches durch den Betreuungsunterhalt gedeckt werden soll, welcher vom nicht betreuenden an den betreuenden Elternteil zu leisten ist. Dieser bewegt sich je nach Kanton und Region in der Höhe von monatlich ca. Fr. 2'600.00 bis 3'400.00 (Grundbetrag; durchschnittliche Wohnkosten, durchschnittliche obligatorische Krankenversicherungs-, minimale Kommunikations- und notwendige Sachversicherungskosten etc.). Bei der konkreten Berechnung werden die im konkreten Fall vorliegenden individuellen Kosten addiert, welche den Betreuungsunterhalt ergeben.

14.31 Abgelehnt hat der Bundesrat den *Marktkosten- oder Ersatzkostenansatz* (hier werden durchschnittliche Fremdbetreuungskosten als Massstab genommen und der entsprechende Betrag proportional auf die an der Betreu-

14. Unterhalt

ung beteiligten Personen aufgeteilt) sowie den *Opportunitätskostenansatz* (Betreuungsunterhalt als Lohnausfall infolge Betreuung), da dadurch die Betreuung je nach Erwerbseinkommen des betreuenden Elternteils unterschiedlich bewertet würde.

14.32 Der Betreuungsbetrag ist im Gesamtbetrag nur *einmal pro Haushalt* geschuldet und dementsprechend auf mehrere Kinder aufzuteilen.

14.33 Das Kind hat einen Anspruch auf bestmögliche Betreuung. Die bisher vom Bundesgericht festgelegte Regel *(10/16 Regel)* dazu besagt, dass ab dem Alter des jüngsten Kindes von 10 Jahren der betreuende Elternteil eine 50 %-Erwerbstätigkeit aufnehmen und diese ab dem 16. Altersjahr des jüngsten Kindes auf 100% auszudehnen hat. Erste Tendenzen deuten darauf hin, dass der Betreuungsunterhalt bereits vor dem 10. Altersjahr des Kindes reduziert werden soll.

14.34

> Zu den verschiedenen Berechnungsmodellen des Betreuungsunterhalts: vgl. Berechnungsbeispiele in der Download-Version.

14.2.5. Einkünfte und Vermögen des Kindes

14.35 Art. 285 Abs. 1 ZGB sieht vor, dass die Einkünfte und die Vermögenserträge des Kindes bei der Festlegung des Unterhaltsbeitrags grundsätzlich ebenfalls zu berücksichtigen sind (vgl. Kap. 16.1.). Aufgrund des *Vorrangs der elterlichen Unterhaltspflicht* greift diese Ausnahmebestimmung dort, wo die wirtschaftliche Leistungsfähigkeit des minderjährigen Kindes deutlich besser ist als diejenige der Eltern und diese ihr Existenzminimum nur knapp decken können.

14.2.6. Für den Unterhalt des Kindes bestimmte Sozialleistungen

14.36 Für den Unterhalt des Kindes bestimmte, dem Unterhaltspflichtigen zustehende Leistungen (insb. aus Sozialversicherungen) sind *zusätzlich* zum Unterhaltsbeitrag zu bezahlen (Art. 285a Abs. 2 ZGB), wobei das Gericht von dieser Vorgabe abweichen kann. Sind diese Leistungen im Zeitpunkt der Festsetzung des Unterhaltsbeitrags *bereits bekannt*, so gelten sie als mitgeschuldet und sind im Unterhaltsvertrag oder -urteil ausdrücklich zu spezifizieren. Demgegenüber treten Leistungen, welche der Unterhaltspflichtige aufgrund von Alter oder Invalidität und im Sinne eines Erwerbsersatzes *nachträglich* für den Unterhalt des Kindes erhält, ganz oder teilweise an die Stelle des Unterhaltsbeitrags, was zu dessen Verminderung führt (Art. 285a Abs. 3 ZGB).

14.2.7. Vollstreckung des Unterhaltsbeitrags

Der Unterhaltsbeitrag ist zum Voraus jeweils auf die Termine zu entrichten, welche im Unterhaltsvertrag vereinbart oder durch das Gericht festgesetzt worden sind (Art. 285 Abs. 3 ZGB). *Fälligkeitstermin* ist regelmässig der Monatsbeginn. Die Beitragsforderung entsteht auf diesen Zeitpunkt hin und wird zugleich fällig. Mit der Fälligkeit wird die einzelne Beitragsquote aktiv und passiv vererblich.

14.37

Nicht (rechtzeitig) bezahlte Unterhaltsbeiträge können nach dem Bundesgesetz über Schuldbetreibung und Konkurs vollstreckt werden (Betreibungsverfahren). Darüber hinaus bestehen für Unterhaltsbeiträge *Inkassohilfen* (Art. 290 ZGB, vgl. dazu auch die vom Bundesrat noch zu erlassende Verordnung zur Inkassohilfe) bzw. kantonal geregelte *Bevorschussungsmöglichkeiten* (Art. 293 Abs. 2 ZGB). Wenn die Eltern die Sorge für das Kind vernachlässigen, kann das Gericht ihre Schuldner anweisen, die Zahlungen ganz oder zum Teil an den gesetzlichen Vertreter des Kindes zu leisten (Art. 291 ZGB). Bei beharrlicher Vernachlässigung der Erfüllung der Unterhaltspflicht oder bei Anzeichen zur Flucht oder der Verschleuderung oder des Beiseiteschaffens ihres Vermögens kann das Gericht die Eltern verpflichten, für die künftigen Unterhaltsbeiträge angemessen *Sicherheit zu leisten* (Art. 292 ZGB).

14.38

14.3. Unterhaltsvertrag

Der Unterhaltsvertrag i.S.v. Art. 287 f. ZGB stellt ein *genehmigungspflichtiges* familienrechtliches Rechtsgeschäft dar. Er konkretisiert die zwischen Eltern und Kind bestehende gesetzliche Unterhaltspflicht. Vertragsparteien sind auf der einen Seite das Kind, vertreten durch seinen gesetzlichen Vertreter, und auf der anderen Seite der unterhaltspflichtige Elternteil resp. die unterhaltspflichtigen Elternteile. Damit der Unterhaltsvertrag für das Kind Verbindlichkeit erlangt, bedarf er der Genehmigung der KESB (Art. 287 Abs. 1 ZGB) oder – falls der Unterhaltsvertrag im Rahmen eines gerichtlichen Verfahrens (z.B. Vaterschafts- oder Scheidungsprozess) abgeschlossen wird – des zuständigen Gerichts (Art. 287 Abs. 3 ZGB).

14.39

Die KESB prüft den Unterhaltsvertrag auf seine Angemessenheit und im Sinne des Kindeswohls. Es sind deshalb zwingend die Bedürfnisse des

14.40

14. Unterhalt

Kindes und die Lebensumstände der Eltern zu berücksichtigen. Aus diesem Grund müssen die Eltern alle für die Berechnung des Unterhaltsbetrages relevanten Unterlagen mit dem Genehmigungsbegehren einreichen. Unklare, unvollständige und unangemessene Vereinbarungen muss die KESB zurückweisen.

14.41 Bei der Revision der elterlichen Sorge (in Kraft seit 1. Juli 2014) wurde darauf verzichtet, von den nicht miteinander verheirateten Eltern, die nicht in Hausgemeinschaft leben, einen bezifferten und von der KESB genehmigten Unterhaltsvertrag zu verlangen. Mit Blick auf die hohe Trennungsrate und die regelmässig aussergerichtliche Auflösung bei nicht miteinander verheirateten Eltern kann eine fehlende Unterhaltsvereinbarung mit sehr grossen Nachteilen verbunden sein. Ist der betreuende Elternteil aufgrund der finanziellen Schwierigkeiten genötigt, Sozialhilfe zu beanspruchen, muss ein Unterhaltstitel erwirkt werden, da familienrechtliche Unterhaltspflichten der öffentlichen Sozialhilfe vorgehen. Dem anspruchsberechtigten Elternteil bleiben ohne Rechtstitel auch die Alimentenbevorschussung und die (erleichterte) Schuldbetreibung verwehrt. Die KESB resp. die zuständigen Beratungsstellen sollten den Eltern deshalb *empfehlen, einen Unterhaltsvertrag bereits nach Geburt des Kindes abzuschliessen* und diesen von der Behörde nach Art. 287 Abs. 1 ZGB genehmigen zu lassen.

14.42 Seit der Unterhaltsrevision (in Kraft seit 1. Januar 2017) hat das Kind nicht nur einen Anspruch auf einen Barunterhalt, sondern auch auf einen Betreuungsunterhalt. Ausserdem garantiert Art. 286a ZGB dem Kind eine Nachforderung von Unterhaltsbeträgen der letzten 5 Jahre gegenüber dem unterhaltspflichtigen Elternteil, wenn dieser den gebührenden Unterhalt bis anhin nicht decken konnte und sich seine Verhältnisse unterdessen ausserordentlich verbessert haben (vgl. Kap. 14.5.). Aus diesem Grund soll die Differenz zwischen dem bezahlten und dem gebührenden Unterhalt im Unterhaltsvertrag ausgewiesen werden (Art. 287a ZGB). Weitere aufgrund dieser gesetzlichen Bestimmungen zwingende Angaben sind ausserdem, von welchem *Einkommen* und *Vermögen* jeden Elternteils und des Kindes ausgegangen wird, welcher *Betrag für das Kind* bestimmt ist und *ob und in welchem Ausmass die Unterhaltsbeiträge den Veränderungen der Lebenskosten* angepasst werden (Art. 301a ZPO).

14.43 Lebt der Unterhaltsschuldner im Ausland, so ist das allenfalls tiefere oder höhere Niveau der Lebenshaltungskosten zu berücksichtigen (siehe Broschüre der UBS «Preise und Löhne rund um die Welt» [Download: www.ubs.com/preiseundloehne oder in der Download-Plattform]). Die verschiedenen Lebensstandards werden aufgrund der statistisch erhobenen Ver-

14.3. Unterhaltsvertrag

brauchergeldparitäten oder internationaler Kaufkraftvergleiche ermittelt (BGer 5A_384/2007 E. 4.1).

Wenn es im Interesse des Kindes ist, kann anstelle eines monatlich zu bezahlenden Unterhaltsbetrages eine Abfindung vereinbart werden, welche jedoch von der KESB oder dem Gericht genehmigt werden muss (Art. 288 ZGB).

14.44

Beachte

- Nur ein von der KESB genehmigter Unterhaltsvertrag stellt einen definitiven Rechtsöffnungstitel gemäss Art. 80 SchKG dar.
- Der Unterhaltsvertrag untersteht formellen Voraussetzungen (Art. 287a ZGB).
- Das Kind hat einen Nachforderungsanspruch bei nicht gedecktem gebührendem Unterhalt.

14.45

Unterhaltsvertrag

NN, geb., von, wohnhaft	**Kind**
AY, geb., von, wohnhaft	**Mutter**
LA, geb., von, wohnhaft	**Vater**

LA hat NN am *(Datum)* beim Zivilstandsamt *(Gemeinde, evtl. Kanton)* im Sinne von Art. 260 ZGB als sein Kind anerkannt.

Mit dieser Vereinbarung wird der Unterhalt des Kindes erstmalig geregelt.

1. Der Vater/Die Mutter verpflichtet sich, für das Kind monatliche Unterhaltsbeiträge zu bezahlen, in der Höhe von
   - Fr. *(Betrag)* ab der Geburt bis zum *(Datum)* (Barunterhalt Fr. *[Betrag]* plus Betreuungsunterhalt Fr. *[Betrag]*)
   - Fr. *(Betrag)* vom *(Datum)* bis zum *(Datum)* (Barunterhalt Fr. *[Betrag]* plus Betreuungsunterhalt Fr. *[Betrag]*)
   - Fr. *(Betrag)* vom *(Datum)* bis zum ordentlichen Abschluss einer angemessenen Ausbildung, mindestens aber bis zur Volljährigkeit des Kindes (Barunterhalt Fr. *[Betrag]*).

Variante:

1. *Der Vater/Die Mutter verpflichtet sich, für das Kind monatliche Unterhaltsbeiträge in der Höhe von Fr. (Betrag) (Barunterhalt Fr. [Betrag] plus Betreuungsunterhalt Fr. [Betrag]) zu bezahlen, ab der Geburt bis zum ordentlichen Abschluss einer angemessenen Ausbildung, mindestens aber bis zur Volljährigkeit des Kindes.*

14.46

14. Unterhalt

2. Der Vater/Die Mutter verpflichtet sich weiter zur Geltendmachung und zusätzlicher Bezahlung der gesetzlichen und vertraglichen Kinder-, Ausbildungs- und Familienzulagen, sofern diese nicht durch die Mutter/den Vater oder eine andere bezugsberechtigte Person bezogen werden.
3. Die Unterhaltsbeiträge und Kinder- oder Ausbildungszulagen sind monatlich im Voraus zahlbar an die/den gesetzliche/n Vertreter/in des Kindes, nach Erreichen der Volljährigkeit an das Kind oder an eine von diesem ermächtigte Person.
4. Die Unterhaltsbeiträge basieren auf dem Landesindex der Konsumentenpreise des Bundesamtes für Statistik (BfS) vom *(Monat Jahr)* von *(Anzahl)* Punkten (Basis Dezember 2015 = 100). Sie werden jährlich auf den 1. Januar an den Indexstand per Ende November des Vorjahres angepasst, erstmals per Januar *(Jahr)*.

    Der neue Betrag wird wie folgt berechnet:

    <u>Unterhaltsbeitrag gemäss Ziff. 1 x neuer Indexstand</u>
    Indexstand Ende *(Monat Jahr)* von *(Anzahl)* Punkten

    Der neue Betrag wird jeweils auf den vollen Franken auf- oder abgerundet.
5. Die Unterhaltsbeiträge basieren auf folgenden finanziellen Verhältnissen der Eltern im Zeitpunkt der Vertragsunterzeichnung:
    - *Effektives/Hypothetisches* Einkommen des Vaters (Arbeitspensum von %): Fr. *(Betrag)* / Monat (netto, d.h. nach Sozialabzügen, ohne Familien-/Kinder- /Ausbildungszulagen, inkl. Anteil am 13. Monatslohn)
    - *Effektives/Hypothetisches* Einkommen der Mutter (Arbeitspensum von %): Fr. *(Betrag)* / Monat (netto, d.h. nach Sozialabzügen, ohne Familien-/Kinder- /Ausbildungszulagen, inkl. Anteil am 13. Monatslohn)
    - Für die Unterhaltsberechnung relevanter Bedarf des Vaters: Fr. *(Betrag)*
    - Für die Unterhaltsberechnung relevanter Bedarf der Mutter: Fr. *(Betrag)*
    - Für die Unterhaltsberechnung relevantes Vermögen des Vaters: Fr. *(Betrag)*
    - Für die Unterhaltsberechnung relevantes Vermögen der Mutter: Fr. *(Betrag)*

    Die Eltern haben keine weiteren familienrechtlichen Unterstützungspflichten.

    Variante:
    - *Weitere Unterstützungspflichten des Vaters:*
    - *Weitere Unterstützungspflichten der Mutter:*
6. Der Bar- und Betreuungsunterhalt des Kindes beträgt:
    - Ab Geburt bis zum *(Datum)* Fr. *(Betrag)*. Der Barunterhalt beträgt Fr. *(Betrag)* und ist mit dem Unterhaltsbeitrag gemäss Ziff. 1 gedeckt, resp. im Betrag von Fr. *(Betrag)* besteht ein Manko. Der Betreuungsun-

terhalt beträgt Fr. *(Betrag)* und ist mit dem Unterhaltsbeitrag gemäss Ziff. 1 gedeckt, resp. im Betrag von Fr. *(Betrag)* besteht ein Manko.
- Vom *(Datum)* bis *(Datum)* Fr. *(Betrag)*. Der Barunterhalt beträgt Fr. *(Betrag)* und ist mit dem Unterhaltsbeitrag gemäss Ziff. 1 gedeckt, resp. im Betrag von Fr. *(Betrag)* besteht ein Manko. Der Betreuungsunterhalt beträgt Fr. *(Betrag)* und ist mit dem Unterhaltsbeitrag gemäss Ziff. 1. gedeckt, resp. im Betrag von Fr. *(Betrag)* besteht ein Manko.
- Vom *(Datum)* bis zum ordentlichen Abschluss einer angemessenen Ausbildung, mindestens aber bis zur Volljährigkeit des Kindes Fr. *(Betrag)*. Der Barunterhalt beträgt Fr. *(Betrag)* und ist mit dem Unterhaltsbeitrag gemäss Ziff. 1 gedeckt, resp. im Betrag von Fr. *(Betrag)* besteht ein Manko.

7. Leben die Eltern mit dem Kind zusammen und entrichtet *der Vater/die Mutter* angemessene Beiträge an den gemeinsamen Haushalt, so werden die vereinbarten Unterhaltsbeiträge durch diese Leistungen getilgt.

Unterschrift der Mutter **Unterschrift des Vaters**

Ort, Datum Ort, Datum

Hinweise
- Dieser Vertrag wird für das Kind erst mit der Genehmigung durch die Kindes- und Erwachsenenschutzbehörde verbindlich (Art. 287 Abs. 1 ZGB).
- Er kann bei einer erheblichen und dauerhaften Veränderung der Verhältnisse geändert werden. Eine einvernehmliche Änderung durch die Parteien wird für das Kind erst mit der Genehmigung durch die Kindes- und Erwachsenenschutzbehörde verbindlich. Kommt eine Einigung nicht zustande, kann jede Partei beim Gericht die Neufestsetzung oder Aufhebung des Unterhaltsbeitrags verlangen (Art. 286 Abs. 2 ZGB).
- Art. 286 Abs. 3 ZGB über die Leistung eines besonderen Beitrages bei nicht vorhergesehenen ausserordentlichen Bedürfnissen des Kindes bleibt vorbehalten.

14.4. Unterhaltsklage

Kann kein Unterhaltsvertrag mit dem unterhaltspflichtigen Elternteil vereinbart werden, kann das Kind gegen den Vater oder die Mutter oder gegen beide auf Leistung des Unterhalts für die Zukunft und für ein Jahr vor Klageerhebung klagen (Art. 279 ZGB). Es handelt sich dabei um eine selbstständige Unterhaltsklage des Kindes. Steht das Kindesverhältnis noch nicht fest, kann die Unterhaltsklage mit einer Vaterschaftsklage ver-

14.47

14. Unterhalt

bunden werden (Art. 261 ZGB, Art. 303 Abs. 2 ZPO). Das urteilsunfähige Kind wird durch den gesetzlichen Vertreter vertreten; das urteilsfähige Kind kann die Klage selbst erheben, braucht aber die Zustimmung des gesetzlichen Vertreters, solange es minderjährig ist. Gemäss bundesgerichtlicher Rechtsprechung kann auch der Inhaber der alleinigen elterlichen Sorge persönlich als Partei die Rechte des Kindes auf Unterhalt geltend machen, sofern ihm nicht die Befugnis entzogen worden ist, das Kindesvermögen zu verwalten (vgl. BGE 136 III 365; Prozessstandschaft).

14.48 Die gesetzliche Vertretung des prozessunfähigen Kindes wird durch die Eltern wahrgenommen (Art. 304 Abs. 1 ZGB). Steht ihnen die elterliche Sorge gemeinsam zu, üben sie diese gemeinsam aus. Widersprechen die Interessen des gesetzlichen Vertreters denjenigen des Kindes, entfällt die Vertretungsmacht der Eltern in diesem Bereich von Gesetzes wegen und das Gericht hat eine Beistandschaft gemäss Art. 306 Abs. 2 ZGB anzuordnen und die KESB bei Bedarf mit dem Vollzug zu beauftragen (Ernennung Beistand etc.). Der Beistand tritt nicht im eigenen Namen, sondern als (direkter) Vertreter des Kindes auf.

14.49 Führt ein Elternteil (im Falle alleiniger elterlicher Sorge) für sein minderjähriges Kind einen Prozess, bedarf er hierzu weder einer Vollmacht des (urteilsfähigen) Kindes noch einer Zustimmung der KESB. Unter Vorbehalt der Prozessstandschaft (vgl. unten) wird im Rubrum als Hauptpartei das Kind, gesetzlich vertreten durch den Elternteil, aufgenommen. Unter Vorbehalt von Art. 301 ZPO erfolgt die Mitteilung des Entscheids, wie bei der anwaltlichen Vertretung einer Partei, ausschliesslich an den Vertreter, also an den Elternteil. Unterliegt das Kind, hat es die entstandenen Gerichtskosten aus dem Kindesvermögen zu tragen (Art. 305 Abs. 2 ZGB, vgl. Kap. 16.). Davon kann abgewichen und im Sinne des Verursacherprinzips kann dem Elternteil persönlich diejenigen Kosten auferlegt werden, die er dem Kind durch Einleitung eines aussichtslosen Prozesses verursacht hat (Art. 108 ZPO).

14.50 Die Unterhaltsklage kann entweder am Wohnsitz der klagenden oder der beklagten Partei beim zuständigen Einzelgericht anhängig gemacht werden (Art. 26 ZPO). Dem Entscheidverfahren hat ein Schlichtungsversuch vor einer Schlichtungsbehörde vorauszugehen (Art. 197 ZPO). Ein allenfalls vor der Schlichtungsbehörde abgeschlossener Vergleich bedarf aufgrund der Offizialmaxime stets noch der gerichtlichen Genehmigung. Einzelne Lehrmeinungen tendieren allerdings dazu, dass auch die KESB solche Vergleiche genehmigen kann. Die mit dem Schlichtungsverfahren verbundene Freiheit, auch unangemessene Ergebnisse zu akzeptieren, widerspricht jedoch den auf Unterhaltsklagen anwendbaren Verfahrensgrundsätzen. Deshalb bedürfen die in einem gerichtlichen Verfahren geschlossenen Vereinbarungen zu ihrer Verbindlichkeit der Genehmigung durch den Richter (Art. 287 Abs. 3 ZGB).

14.4. Unterhaltsklage

Beachte

- Das Kind kann gegen den Vater oder die Mutter oder gegen beide klagen auf Leistung des gebührenden Unterhalts für die Zukunft und für ein Jahr vor Klageerhebung.
- Im Verfahren gelten die Untersuchungs- und Offizialmaxime.
- Die im Schlichtungsverfahren geschlossene Unterhaltsvereinbarung muss durch das Gericht genehmigt werden.
- Bei alleiniger elterlicher Sorge kann der Elternteil das Kind vertreten, bei gemeinsamer elterlicher Sorge wird eine Vertretungsbeistandschaft errichtet (wird kontrovers diskutiert).

14.51

Unterhaltsklage

In Sachen

NN, geb. xx, von yy, wohnhaft in zz **Kläger/in**

vertreten durch den Beistand/die Beiständin XY
[Variante: vertreten durch allein sorgeberechtigte Mutter/Vater]

gegen

AB, geb. xx, von yy, wohnhaft in zz, **Beklagte/r**

Betreffend **Unterhalt**

reiche ich **Klage** ein mit dem folgenden

Rechtsbegehren:

1. *Der/Die* Beklagte sei zu verpflichten,
   für *den Kläger/die Klägerin* monatliche Unterhaltsbeiträge zu bezahlen in der Höhe von
   Fr. *(Betrag)* ab der Geburt bis zum *(Datum)*
   (Barunterhalt Fr. *[Betrag]* plus Betreuungsunterhalt Fr. *[Betrag]*)
   Fr. *(Betrag)* vom *(Datum)* bis zum *(Datum)*
   (Barunterhalt Fr. *[Betrag]* plus Betreuungsunterhalt Fr. *[Betrag]*)
   Fr. *(Betrag)* vom *(Datum)* bis zum ordentlichen Abschluss einer angemessenen Ausbildung, mindestens aber bis zur Volljährigkeit des Kindes
   (Barunterhalt Fr. *[Betrag]*;

2. *Der/Die* Beklagte sei weiter zu verpflichten zur Geltendmachung und zusätzliche Bezahlung der gesetzlichen und vertraglichen Kinder-, Ausbildungs- und Familienzulagen, sofern diese nicht durch die *Mutter/den Vater* oder eine andere bezugsberechtigte Person bezogen werden.

14.52

3. Die Unterhaltsbeiträge und Kinder- oder Ausbildungszulagen seien monatlich im Voraus zahlbar an die *gesetzliche Vertreterin/den gesetzlichen Vertreter des Klägers/der Klägerin*, nach Erreichen der Volljährigkeit an den Kläger/die Klägerin oder an eine von diesem/dieser ermächtigten Person.

4. Die Unterhaltsbeiträge beruhen auf dem Landesindex der Konsumentenpreise des Bundesamtes für Statistik (BfS) vom *(Monat Jahr)* von *(Anzahl)* Punkten (Basis Dezember 2015 = 100; vgl. www.mietrecht.ch/deutsch/indices-hypozins/landesindex). Sie seien jährlich auf den 1. Januar an den Indexstand per Ende November des Vorjahres angepasst, erstmals per Januar *(Jahr)*.

$$\frac{\text{Unterhaltsbeitrag gemäss Ziff. 1 x neuer Indexstand}}{\text{Basisindex}}$$

5. *Dem Kläger/Der Klägerin* sei die unentgeltliche Rechtspflege zu gewähren.

6. Alles unter Kosten- und Entschädigungsfolgen zulasten *des Beklagten/ der Beklagten*, wobei die Prozessentschädigung Organisation, bei der Beistandsperson arbeitet, zuzusprechen sei.

Ich ersuche Sie, die Parteien zur Verhandlung vorzuladen, unter vorgängiger Terminabsprache mit mir. *Der Beklagte benötigt eine/n Dolmetscher/in (Sprache).* Die Klagebewilligung liegt bei.

14.5. Veränderte Verhältnisse

14.53 Das Gericht kann festlegen, dass der Unterhaltsbeitrag bei bestimmten Veränderungen *automatisch* angepasst wird (Art. 286 Abs. 1 ZGB). Die Veränderung hat entweder bei den Bedürfnissen des Kindes (Abstufung nach Alter des Kindes, Erhöhung bei Schulein- oder -übertritt, Besuch einer höheren Schule oder Absolvierung einer Zusatzausbildung), bei der Leistungsfähigkeit der Eltern (Wegfall anderweitiger Unterhaltsverpflichtungen, voraussehbarer Mehrverdienst, Eintritt ins ordentliche Rentenalter etc.) oder bei deren Lebenskosten (Indexierung) Platz zu greifen. Diese Aufzählung ist abschliessend.

14.54 Das Gericht kann den Unterhaltsbeitrag auch *auf Antrag* eines Elternteils oder des Kindes neu festsetzen oder hebt ihn auf, sofern sich die Verhältnisse erheblich verändert haben (Art. 286 Abs. 2 ZGB). Die Grundsätze der Unterhaltsklage sind auch auf die Abänderungsklage anwendbar. Vorausgesetzt wird eine erhebliche und voraussichtlich dauernde, nicht bereits im Voraus berücksichtigte Änderung der Verhältnisse. Die Beantwortung der Frage, ob eine Änderung erheblich ist, liegt im richterlichen Ermessen.

14.5. Veränderte Verhältnisse

Als Faustregel gilt, dass die Veränderung bei günstigen wirtschaftlichen Verhältnissen rund 20% oder mehr betragen sollte, während bei knappen finanziellen Verhältnissen bereits eine Veränderung von 5% erheblich sein kann. Die Änderung der Verhältnisse kann beim Unterhaltsschuldner, beim unterhaltsberechtigten Kind oder beim Inhaber der elterlichen Sorge eintreten. Mögliche Gründe können unvorhersehbare (bzw. unvorhergesehene) Ereignisse (bspw. Krankheit oder Invalidität, Veränderung des ursprünglichen Ausbildungsplans), veränderte wirtschaftliche Umstände (bspw. Entlassung oder Einkommensrückgang ohne Beeinflussbarkeit durch die unterhaltspflichtige Person), erhebliches Anwachsen des Kindseinkommens (Lehrlingslohn oder erheblich anwachsender Vermögensertrag) oder veränderte familiäre Konstellationen (Geburt weiterer Kinder, nicht aber Heirat der verpflichteten Partei) sein. Einzelne (kleinere) Veränderungen sind immer im Gesamtkontext zu betrachten; sie können sich kumulieren, aber auch aufheben. Obwohl im Gesetz nicht ausdrücklich vorgesehen, kann gemäss dem Grundsatz «in majore minus» anstelle der Aufhebung des Unterhaltsbeitrags eine *Reduktion* oder eine (vorübergehende) *Sistierung* verfügt werden, sofern die grundsätzlichen Voraussetzungen erfüllt sind. Allerdings sind an die Anforderungen der Dauerhaftigkeit der Veränderung erhöhte Anforderungen zu stellen.

Bei *Einvernehmlichkeit* der Parteien kann die *KESB* den abgeänderten Unterhaltsvertrag resp. das Gerichtsurteil, wenn *nur* eine Änderung der Kinderunterhaltsbeträge vorzunehmen ist, genehmigen.

14.55

Zudem besteht die Möglichkeit, die Eltern oder einen Elternteil bei nicht vorhergesehenen *ausserordentlichen Bedürfnissen* des Kindes zur Zahlung eines besonderen Beitrags zu verpflichten (Art. 286 Abs. 3 ZGB). Auch hier braucht es einen entsprechenden Antrag, damit das Gericht tätig wird. Ausserordentlichkeit ist nicht mit Einmaligkeit gleichzusetzen, sondern bedeutet, dass die Bedürfnisse des Kindes im ordentlichen Unterhalt nicht enthalten sind oder nach einer gewissen Zeit (voraussichtlich) wieder entfallen werden, andernfalls eventuell ein Änderungsgrund nach Art. 286 Abs. 2 ZGB gegeben ist. In Frage kommen bspw. kieferorthopädische Behandlungen, kostspielige Seh- oder Hörhilfen, längere Sprachaufenthalte, Anschaffung von Musikinstrumenten oder Kosten im Zusammenhang mit Prüfungen (für Vorbereitung oder Gebühren).

14.56

In Fällen, in welchen kein Unterhaltsbeitrag hat festgesetzt werden können, welcher den gebührenden Unterhalt des Kindes deckt *(Mankofälle)*, hat das Kind Anspruch darauf, dass der unterhaltspflichtige Elternteil, dessen finanzielle Verhältnisse sich seither ausserordentlich verbessert haben, die fehlenden Beträge der letzten fünf Jahre nachzahlt (Art. 286a

14.57

14. Unterhalt

Abs. 1 ZGB). Der Anspruch muss innerhalb eines Jahres seit Kenntnis der ausserordentlichen Verbesserung geltend gemacht werden (Art. 286a Abs. 2 ZGB). Im Gegensatz zu Art. 286 Abs. 2 ZGB reicht eine erhebliche Veränderung bspw. durch ein besseres Einkommen in der Regel nicht aus, um eine Nachforderung geltend zu machen. Der Verpflichtete muss analog der Rückzahlung von Sozialhilfegeldern zu einem Vermögensanfall gekommen sein, der nicht primär durch eigene Arbeitsleistung entstanden ist z.B. durch Lotteriegewinn, Erbschaft etc.

14.58

> **Beachte**
>
> - Bei veränderten Verhältnissen kann der Unterhaltsbeitrag auf Antrag des Kindes oder der Eltern neu festgesetzt oder aufgehoben werden.
> - Die Verhältnisse müssen sich erheblich und voraussichtlich dauerhaft verändert haben.
> - Anstelle einer Aufhebung des Unterhaltsvertrages kann eine vorübergehende Sistierung verfügt werden.
> - Eine Nachforderung des Mankos ist möglich, wenn sich die finanzielle Situation des Unterhaltsverpflichteten ausserordentlich verbessert hat.

14.6. Aufgaben KESB und Beistand

14.59 Nicht miteinander verheiratete Eltern begründen die gemeinsame elterliche Sorge mit einer gemeinsamen Erklärung (vgl. Kap. 12.3.1.). Aufgrund der Nachteile einer fehlenden Unterhaltsregelung (vgl. Kap. 14.3. sowie 12.3.1.) ist es die Aufgabe der KESB resp. der entsprechend beauftragten Stellen, die Eltern hinsichtlich Unterhalt des Kindes sowie Funktion und Nutzen einer Unterhaltsvereinbarung hinzuweisen, zu beraten und den Abschluss einer solchen zu empfehlen.

14.60 Auch nicht miteinander verheiratete Eltern, welche keine gemeinsame Sorge möchten (und nicht zusammen leben), können grundsätzlich nicht gezwungen werden, den Unterhalt für das Kind zu regeln.

14.61 Wenn jedoch mangels Regelung des Unterhalts eine Kindeswohlgefährdung besteht, ist eine Beistandschaft nach Art. 308 Abs. 2 ZGB zu errichten und die Beistandsperson zu beauftragen, den Unterhaltsanspruch des Kindes (nötigenfalls auf dem Klageweg) herzustellen. Diese Beistandschaft kann für sich alleine oder, falls vorgängig die Herstellung des Kindesverhältnisses erwirkt werden muss, zusammen mit der Beistandschaft nach Art. 308 Abs. 2 ZGB für die Feststellung der Vaterschaft errichtet werden (vgl. Kap. 12.4.).

14.6. Aufgaben KESB und Beistand

Die Beistandsperson wird vorerst versuchen, eine einvernehmliche Unterhaltsregelung zu erwirken. Ist dies nicht möglich, wird sie die Unterhaltsklage bei der Schlichtungsbehörde einreichen und – wenn keine Einigung erzielt werden kann – das Kind im anschliessenden Verfahren vertreten (vgl. Kap. 14.4.). Er/sie ist – je nach Auftrag der KESB – befugt, Vereinbarungen und Vergleiche zu unterschreiben und Rechtsmittel einzulegen.

14.62

Sobald das Urteil in Rechtskraft erwachsen ist, reicht die Beistandsperson den Schluss-Rechenschaftsbericht bei der KESB ein und beantragt dessen Genehmigung sowie die Entlassung aus dem Amt. Stellt sie fest, dass weitere Kindesschutzmassnahmen nötig sind, teilt sie/er dies im genannten Bericht mit und beantragt diesbezügliche Massnahmen.

14.63

Die KESB prüft den Schluss-Rechenschaftsbericht auf seine Angemessenheit und erlässt bei Gutheissung einen förmlichen Aufhebungsbeschluss, um die Beistandschaft zu beenden (Art. 399 Abs. 2 ZGB).

14.64

> **Beistandschaft nach Art. 308 Abs. 2 ZGB**
>
> 1. Für NN wird eine Beistandschaft nach Art. 308 Abs. 2 ZGB angeordnet.
> 2. XY wird zur Beiständin ernannt mit dem Auftrag,
>   a) für die Feststellung der Vaterschaft besorgt zu sein;
>   b) allfällige Nebenpunkte (Unterhalt, persönlicher Verkehr etc.) zu klären, dabei die Interessen von NN soweit nötig zu vertreten und gegebenenfalls Anträge zu stellen (insb. auf Abklärung durch eine Fachstelle);
>   c) falls nötig, Antrag zu stellen, ob weiterführende Kindesschutzmassnahmen anzuordnen sind.
> 3. Für (allfällige) Klagen wird der Beiständin Prozessvollmacht mit Substitutionsrecht gemäss Art. 416 Abs. 1 Ziff. 9 ZGB erteilt.

Vgl. auch die Muster in Rz. 2.62 und 2.67 (Kap. 2.3.3.).

14.65

15. Persönlicher Verkehr

Literatur

Gesetzliche Grundlagen: Art. 273–275a ZGB.

Allgemeine Literatur: BK-Hegnauer, Art. 273 ff. ZGB; BSK ZGB I-Schwenzer/Cottier, Art. 273 ff.; CHK ZGB-Breitschmid, Art. 273 ff.; CR CC I-Leuba, Art. 273 ff.; Famkomm Scheidung-Liatowitsch, Anhang Mediation; Famkomm Scheidung-Schreiner, Anhang Ausgewählte psychologische Aspekte im Zusammenhang mit Trennung und Scheidung; KUKO ZGB-Michel, Art. 273 ff.; OFK ZGB-Achermann-Weber, Art. 273 ff.; Büchler/Vetterli, S. 239 ff.; Handbuch KES-Wider/Pfister, Rz. 723 ff.; Häfeli, Rz. 40.23 ff.; Hausheer/Geiser/Aebi-Müller, Rz. 17.129 ff.; Hegnauer, Rz. 19.02 ff.; Meier/Stettler, Rz. 749 ff.; Tuor/Schnyder/Jungo, § 41 Rz. 31 ff.; Vbk (heute: Kokes) (Hrsg.), Mustersammlung Adoptions- und Kindesrecht, S. 176 ff.

Spezifische Literatur: Alberstötter Uli, Hocheskalierte Elternkonflikte – professionelles Handeln zwischen Hilfe und Kontrolle, in: KindPrax 2004, 90 ff.; Affolter Kurt, Die Besuchsrechtsbeistandschaft oder der Glaube an eine dea ex machina, in: ZKE 2015, 181 ff.; Bacilieri-Schmid Corina, Kinder bei Trennung und Scheidung – Psychologisches Basiswissen für Juristinnen und Juristen, in: ZVW 2005, 199 ff.; Banholzer Karin et al., Angeordnete Beratung – ein neues Instrument zur Beilegung von strittigen Kinderbelangen vor Gericht, in: FamPra 2012, 111 ff.; Banholzer Karin, Beratung hochstrittiger Eltern im familienrechtlichen Kontext, in: FamPra 2010, 546 ff.; Birchler Ursula, Probleme bei der Umsetzung und Durchsetzung des Besuchsrechts, in: ZKE 2010, 379 ff.; Brunner Sabine/Simoni Heidi, Alltags- und Beziehungsgestaltung mit getrennten Eltern – Mitbestimmen und Mitwirken von Kindern aus psychologischer Sicht, in: FamPra 2011, 349 ff.; Büchler Andrea/Michel Margot, Besuchsrecht und häusliche Gewalt – Zivilrechtliche Aspekte des persönlichen Verkehrs nach Auflösung einer von häuslicher Gewalt geprägten Beziehung, in: FamPra 2011, 525 ff.; Dettenborn Harry, Hochkonflikthaftigkeit bei Trennung und Scheidung, in: Zeitschrift für Kindschaftsrecht und Jugendhilfe ZKJ 2013, S. 231–234 (Teil 1), S. 272–276 (Teil 2); Häfeli Christoph, Die entwicklungspsychologische Bedeutung des Kontakts des Kindes zu beiden Elternteilen, in: dRSK vom 31. August 2016; Häfeli Christoph, Kosten für begleitete Besuchstage von unmündigen Kindern mit ihrem nicht obhutsberechtigten Elternteil, in: ZVW 2001, 198 ff.; Hegnauer Cyril, Vormundschaftsbehörde und persönlicher Verkehr, Ein Überblick, in: ZVW 1998, 169 ff.; Kilde Gisela, Der persönliche Verkehr: Eltern – Kind – Dritte, Zivilrechtliche und interdisziplinäre Lösungsansätze, Diss. Freiburg 2015; Peter James Thomas, Gerichtsnahe Mediation, Kommentar zur Mediation in der ZPO, Bern, 2011; Peter Max, Hochstrittige Eltern im Besuchsrechtskonflikt, in: ZVW 2005, 193 ff.; Retz Eliane, Hochstrittige Trennungseltern in Zwangskontexten, Evaluation des Elternkurses Kinder im Blick, Wiesbaden 2015; Simoni Heidi, Beziehung und Entfremdung, in: FamPra 2005, 772 ff.; Salzgeber Joseph/Schreiner Joachim, Kontakt- und Betreuungsmodelle nach Trennung und Scheidung, in: FamPra 2014, 66 ff.; Schreiner Joachim, Besuchsrechtskonflikte und die Perspektive des Kindes [emotionale Brücke], in: SozialAktuell 3/2012, S. 21 ff.; Staub Liselotte, Die Pflichtmediation als scheidungsbezogene Kindschutzmassnahme, in: ZBJV 2009, 404 ff.; Staub Liselotte, Bedeutung des Bindungskonzeptes im interdisziplinären Diskurs, in: ZKE 2013, 235 ff.; Staub Liselotte/Kilde Gisela, Erinnerungskontakte bei urteilsfähigen Kindern aus psychologischer und juristischer Sicht, in: ZBJV 2013, 934 ff.; Vetterli Rolf, Das Recht des Kindes auf Kontakt zu seinen Eltern, in: FamPra 2009, 29 ff.

15.1. Allgemeines

Der Anspruch auf persönlichen Verkehr ermöglicht dem Kind, zu beiden Elternteilen sowie ggf. weiteren Bezugspersonen eine persönliche Beziehung zu pflegen.

Berechtigt sind das Kind und der getrennt lebende Elternteil (Art. 273 Abs. 1 ZGB). Bei besonderen Umständen (z.B. Tod eines Elternteils oder Geschwister leben an verschiedenen Orten) haben auch Dritte (z.B. Grosseltern oder Geschwister) einen Anspruch auf persönlichen Verkehr (Art. 274a ZGB) und das Kind hat – reziprok unter denselben Voraussetzungen – Anspruch auf persönlichen Verkehr mit diesen Dritten.

Der regelmässige Kontakt zu beiden Elternteilen ist von zentraler Bedeutung für die Entwicklung des Kindes (BGE 130 III 585 E. 2.2.2). Es geht um die Unterstützung bei der Identitätsfindung (BGE 131 III 209 E. 5), vereinzelt auch um die Verhinderung einer Idealisierung oder Dämonisierung des getrennt lebenden Elternteils (BGE 120 II 229 E. 4).

Da der *Kindesunterhalt* auch die Betreuung durch die Eltern umfasst (vgl. Kap. 14.2.), wirkt sich der Umfang des Besuchsrechts direkt auf die Kindesunterhaltskosten aus (je umfangreicher das Besuchsrecht, desto tiefer der Unterhaltsanteil). Ein weiterer Zusammenhang zwischen Kontakt und Unterhalt besteht beim *Volljährigenunterhalt* (BGE 129 III 375: Unzumutbarkeit der Unterhaltspflicht bei vollständiger unbegründeter Kontaktverweigerung der 24-jährigen Tochter).

15.1.1. Begriff

Der persönliche Verkehr umfasst *jegliche Art von Kontakt* und kann in *verschiedener Form* erfolgen. Im Vordergrund steht der direkte persönliche Kontakt, das tatsächliche Zusammensein (sog. «Besuchsrecht»). In Frage kommen auch Brief- und Telefonkontakt sowie der Kontakt über elektronische Kommunikationsmittel (Mail, Chat, SMS, MMS, Skype, social media etc.). Diese *Alternativformen* sind insb. dann wichtig, wenn das tatsächliche Zusammensein – aus welchen Gründen auch immer – nicht stattfinden kann. Neben dem direkten Kontakt hat der nicht sorgeberechtigte Elternteil auch die Möglichkeit, sich mittels *Information und Auskunft* (vgl. Kap. 15.5.) über die Entwicklung des Kindes kundig zu machen und am Leben des Kindes resp. an seiner Entwicklung indirekt Anteil zu nehmen.

Der persönliche Verkehr ist die Zeit, die das Kind mit dem Elternteil (mit oder ohne elterliche Sorge) verbringt, mit welchem es *nicht in häuslicher*

Gemeinschaft lebt. Bei gemeinsamer elterlicher Sorge und alternierender oder nicht zugeteilter Obhut wird der persönliche Kontakt über die Betreuungsanteile geregelt (Art. 133 Abs. 1 Ziff. 3, Art. 298a Abs. 2 Ziff. 2 ZGB); bei gemeinsamer elterlicher Sorge und zugeteilter Obhut sowie bei alleiniger elterlicher Sorge wird der persönliche Kontakt gemäss den Art. 273 ff. ZGB geregelt.

15.7 Eltern und Kinder haben – wenn sie nicht im gleichen Haushalt leben – einen *gegenseitigen Anspruch* auf persönlichen Verkehr (Art. 273 Abs. 1 ZGB). Beide Seiten, d.h. Kind und besuchsberechtigter Elternteil, sind gegenseitig berechtigt und verpflichtet (sog. «Pflichtrecht»: BGE 122 III 406 E. 3), wobei das *Elterninteresse* dem Kindesinteresse *untergeordnet* ist (BGE 131 III 209 E. 5). Im Zentrum stehen das Kind und sein Recht und Bedürfnis auf regelmässigen Kontakt zu beiden Elternteilen.

15.1.2. Hochstrittige Eltern

15.8 Wenn sich Eltern trennen, verändert sich vieles, auch für Kinder. Die Familie muss sich neu organisieren. Um den Übergang in den neuen Lebensabschnitt gut zu bewältigen, benötigen Kinder von den Eltern viel Zuwendung und Aufmerksamkeit (Elternebene). Solange die Eltern mit eigenen Gefühlen und Enttäuschungen (Paarebene) konfrontiert sind, ist das sehr anspruchsvoll und gelingt nicht immer.

15.9 Eine Trennung ist meistens mit Konflikten verbunden, das ist normal. Je grösser das Konfliktpotenzial, desto anspruchsvoller der Übergangsprozess. Bei hochstrittigen Eltern geht es um chronische Trennungskonflikte, die *rechtlich* (Anwälte, Beschwerden), *interpersonal* (gegenseitige Beschimpfungen) und *haltungsbezogen* (feindselige Einstellung, keine Akzeptanz als gleichberechtigter Elternteil, Ex-Partner als alleiniger Verursacher der Probleme) ausgetragen werden.

15.10 Hochstrittige Besuchsrechtskonflikte, bei denen die Eltern das Kind bspw. instrumentalisieren, sind mit rechtlichen Mitteln allein nicht zu lösen. Damit eine Kontaktregelung im Alltag des Kindes effektiv umgesetzt werden kann, braucht es die *Mitwirkung von beiden Eltern*. Die Lösung bei hochstrittigen Eltern ist entsprechend nicht in rechtlichen Verfahren, sondern in einem anderen geeigneten Vorgehen zu suchen. Ziel bildet, den Fokus auf das Kind und seine Bedürfnisse zu richten und die Eltern zu befähigen, dem Kind zu liebe von eigenen Befindlichkeiten abzusehen und den Kontakt zum Kind in dessen Interesse zu ermöglichen resp. zu pflegen. Wenn Eltern streiten, leidet das Kind. Damit hochstrittige Eltern von der Paarebene auf die Elternebene gelangen, ist es oft erfolgreicher, Eltern mit

15.1. Allgemeines

kinderorientierten Fragen (z.B. Inwiefern ist das nützlich für das Kind? Woran erkennen Sie das?) zum Nachdenken einzuladen, als ihnen autoritativ zu sagen, was sie tun oder lassen sollen.

Zum Umgang mit hochstrittigen Eltern resp. deren Kindern gibt es verschiedene Beratungskonzepte und -angebote:

15.11

- *«KET – Kinder und Eltern in Trennung»:* Beratungsangebot für Kinder und Eltern in Trennung, angeboten vom Marie Meierhofer Institut für das Kind, Zürich (www.mmi.ch > Dienstleistungen > Bereich 2 Psychologie > ket-beratung);
- *«KIB – Kinder im Blick»:* Kurs für Eltern in Trennung, angeboten vom Verein Kinder im Blick Region Basel (www.kinderimblick.ch) und vom KJPP und der Beratungsstelle Pinocchio in der Region Zürich (www.pukzh.ch/kib);
- *«Kinderorientierte Beratung»:* Kurs für Fachpersonen, angeboten von der Hochschule Luzern (www.hslu.ch/kes > Fachseminar Besuchsrecht);
- *«Angeordnete Mediation»* (vgl. Angaben im Literaturverzeichnis);
- *«Angeordnete Beratung»:* standardisiertes Verfahren der Zivilgerichte Basel und St. Gallen (www.gerichte.sg.ch > Home > Dienstleistungen > Nützliche Informationen > Familienrecht > Angeordnete Beratung).

Bei den verschiedenen Konzepten und Angeboten geht es um Fragen, wie Eltern ihre Elternrolle trotz aufgelöster Paarbeziehung wahrnehmen können, wie sie die Beziehung zum Kind trotz veränderter Verhältnisse positiv gestalten können, etc. Der Fokus ist beim Kind und seinen Bedürfnissen und bei der Elternschaft.

15.12

Im Folgenden werden zwei mögliche Rollenverständnisse dargestellt, die *Fachpersonen* im Umgang mit hochstrittigen Eltern einnehmen können:

15.13

Zwei Rollenverständnisse im Umgang mit hochstrittigen Eltern

	Rollenverständnis I	Rollenverständnis II
Ebene	Erwachsenen-/Paarebene (Ehegatte gegen Ehegatte)	Kinder-/Elternebene (Vater und Mutter für Kind)
Fokus	Recht ist im Zentrum («Recht haben/bekommen»)	Kind ist im Zentrum (für Kind gute Lösung)
Expertentum	Fachleute sind Experten für alles (Inhalt und Prozess)	Eltern sind Experten für ihr Kind (Inhalt) und Fachleute sind Experten für den Umgang mit Problemen (Prozess)
Position	neutral / allparteilich	parteiisch für das Kind
Inhalte	Fachleute definieren zu lösende Themen (innerhalb Vorgaben)	Eltern definieren zu lösende Themen (innerhalb Vorgaben)
Gesprächsschwerpunkte	vergangenheits-, defizit- und problemorientiert	zukunfts-, ressourcen- und lösungsorientiert
Orientierung	erwachsenenorientiert	kinderorientiert
Entscheid/ Kontrolle	Fachleute entscheiden und kontrollieren (Kontrolle der Eltern durch Fachleute)	Eltern entscheiden, kontrollieren und liefern Belege (Eltern müssen sich gegenseitig und die Fachleute mit Fakten überzeugen)
Tätigkeit	Abklärung, Beurteilung und Anordnung	kinderorientierte Gesprächsführung mit Eltern
Ziel	Juristisch fundierte Beurteilung	Lösung des Konflikts durch Eltern zugunsten Kind

> **Beachte**
>
> - Die beiden Rollenverständnisse führen zu *anderen Sichtweisen auf das System*, zu *unterschiedlichen Vorgehensweisen, Fragen* und *Arbeitsbeziehungsangeboten*.
> - Die bei Besuchsrechtsfragen involvierten Fachpersonen sehen sich meistens im Rollenverständnis I. Angesichts der beschränkten Wirksamkeit von autoritativen Vorgaben (eine materiell und formell korrekt ausgearbeitete Besuchsrechtsregelung nützt dem Kind nichts, wenn die Eltern keine Handhabe bieten für die Umsetzung) *ist grundsätzlich bei allen Eltern, auch bei hochstrittigen Eltern, das Rollenverständnis II zu empfehlen*. Es unterstützt die Eltern, von der den Streit verursachenden Paarebene auf die weiterhin verbindende Elternebene zu kommen.
> - In Bezug auf den gesetzlichen Auftrag sind beide Rollenverständnisse möglich. Art. 307 Abs. 1 ZGB verlangt «die geeignete Massnahme zum Schutz des Kindes». Vorgegeben ist einzig das Ziel des regelmässig ausgeübten persönlichen Verkehrs (Art. 273 ZGB). In der Wahl der Mittel oder Methode, wie dieses Ziel erreicht werden soll, sind die KESB, das Gericht sowie die Beiständin und der Beistand frei. Wichtig ist, dass Fachpersonen sich der gewählten Rolle jederzeit bewusst sind und die *Rolle mit Blick auf den effektiven Nutzen des Kindes begründen* können.

15.2. Regelung des persönlichen Verkehrs

Die Gestaltung des persönlichen Verkehrs zwischen Kind und Eltern gehört in den Bereich der elterlichen Verantwortung (vgl. Kap. 15.2.1.). Die KESB (oder das Gericht in eherechtlichen Verfahren, zur Zuständigkeitsabgrenzung: vgl. Kap. 6.2.4.) ist für die Regelung nur dann zuständig, wenn sich die Eltern nicht einigen können (Kap. 15.2.2.). Solange noch keine Anordnung besteht, entscheidet der sorge-/obhutsberechtigte Elternteil (Art. 275 Abs. 3 ZGB).

Der Anspruch auf persönlichen Verkehr zu beiden Elternteilen ist ein Persönlichkeitsrecht des Kindes; ein *Selbstbestimmungsrecht des Kindes* wird aber sowohl vom Gesetz wie vom Bundesgericht abgelehnt. Das Kind soll nicht in die Lage kommen, sich bei uneinigen Eltern für einen Elternteil (und damit gegen den anderen) zu entscheiden. Das Kind ist aber *anzuhören* und *auf seine Meinung ist Rücksicht zu nehmen* (Art. 301 Abs. 2 ZGB [KESB] resp. Art. 133 Abs. 2 ZGB [Gericht]). Das Bundesgericht konkretisiert dies in verschiedenen Urteilen (z.B. BGer 5A_160/2011 E. 4; BGer 5A_719/2013 E. 4.4). Mit zunehmendem Alter hat ein Kind aber *faktisch* ein Selbstbestimmungsrecht (vgl. BGer 5A_459/2015 E. 6.2.2; BGer

5A_528/2015). Einem klar geäusserten Wunsch eines urteilsfähigen Kindes ist Rechnung zu tragen (BGE 126 III 219 E. 2b; anders: BGer 5C.298/2006 E. 2.3); dies gilt auch dann, wenn die Meinung des Kindes vom obhutsberechtigten Elternteil mitbeeinflusst erscheint (vgl. BGer 5C.170/2001).

15.2.1. Regelung durch die Eltern

15.18 Die Eltern und das Kind regeln den persönlichen Verkehr untereinander grundsätzlich selber. Bei Unstimmigkeiten oder Uneinigkeit können sie sich aus dem privaten Umfeld oder durch Fachstellen beraten und unterstützen lassen.

15.19 Im Folgenden wird ein Muster für eine Elternvereinbarung über den persönlichen Verkehr vorgestellt. Die Vereinbarung kann der *KESB* zur *Vormerknahme* eingereicht werden (vgl. Kap. 12.7.). Eine Genehmigung der KESB ist – im Unterschied zum Unterhaltsvertrag (Art. 287 Abs. 1 ZGB) – nicht nötig.

15.20

Elternvereinbarung über den persönlichen Verkehr

Zwischen *(Name Mutter)* und *(Name Vater)* wird zugunsten von NN gestützt auf Art. 273–275a ZGB folgende Vereinbarung getroffen:

1. Die Eltern treffen diese Vereinbarung im Sinne einer Minimalregelung. Einvernehmliche Änderungen und Erweiterungen des nachstehend Vereinbarten sind jederzeit möglich.

2. NN und *(Name besuchsberechtigter Elternteil – im Folgenden der Vater)* sind zu mindestens folgenden Besuchskontakten berechtigt (abgestuft nach Alter und Entwicklungsstand von NN sowie gestützt auf die bisherige Beziehung und Möglichkeiten der Eltern):

   - Säuglingsalter (bis etwa 12 Monate): Kurzbesuche bis zu *(Anzahl)* Stunden im Beisein *(Variante: im Haushalt) (des obhuts-/sorgeberechtigten Elternteils – im Folgenden die Mutter)* nach gegenseitiger Absprache. Die Eltern bemühen sich, dass ein Abstand zwischen den Besuchen von maximal *(Anzahl)* Wochen nicht überschritten wird.
   - Kleinkindalter (etwa 1–4 Jahre): *(Anzahl)* halbe Tage pro Monat bis zum vollendeten 2. Altersjahr sowie *(Anzahl)* ganze Tage pro Monat vom 3. bis zum vollendeten 4. Altersjahr. Die Eltern bemühen sich, dass ein Abstand zwischen den Besuchen *(Anzahl)* Wochen nicht überschritten wird.
   - Vorschulalter (etwa 5–6 Jahre): *(Anzahl)* Wochenenden pro Monat mit Übernachtung und *(Anzahl)* Ferienwochen pro Jahr mit persönlicher Kontaktmöglichkeit zur Mutter.

15.2. Regelung des persönlichen Verkehrs

- Ab Schulalter (spätestens ab dem 7. Altersjahr): *(Anzahl)* Wochenenden pro Monat mit Übernachtung und *(Anzahl)* Ferienwochen pro Jahr.
- Feiertage (Ostern, Pfingsten, Weihnachten und Neujahr): Die Eltern regeln die Besuche während der Feiertage in eigener Kompetenz. Sie sind darauf bedacht, dass der Vater regelmässig auch die Möglichkeit erhalten soll, die Feiertage mit NN zu verbringen.

3. Neben den in Ziffer 2 beschriebenen Besuchskontakten haben NN und der Vater Anspruch auf weiteren Kontakt im Rahmen von Telefongesprächen, Briefe, Skype *(z.B. Einschlafgeschichten per Skype erzählen)* etc. *(ggf. Details regeln)*.

4. Terminvereinbarung: Die Eltern vereinbaren die konkreten Besuchstermine mindestens *(Anzahl)* Monate im Voraus. Die Ferientermine werden jährlich bis Ende Januar abgesprochen.

5. Verhinderungsfall: Die Eltern benachrichtigen sich im Verhinderungsfall mindestens *(Anzahl)* Stunden/Tage im Voraus in geeigneter Weise.

6. (Zurück-)Bringen: Die Mutter bringt das Kind zum Vater und dieser bringt das Kind zur Mutter zurück, solange es noch nicht selber reisen kann. *(Allenfalls Aufführung weiterer Modalitäten)*

7. Kosten: Für die Kosten, die aus der Ausübung des Besuchsrechts erwachsen, kommt der Vater auf. Beim Kindesunterhalt ist berücksichtigt, dass die Mutter das Kind an den Besuchstagen zum Vater bringt.

8. Ausfall bzw. Nachholen der Besuchstage: Bei ernster Erkrankung von NN entfällt das Besuchsrecht. Bei leichter Erkrankung (Schnupfen, Husten, erhöhte Temperatur usw.) bleibt das Besuchsrecht bestehen. Besuchstage, deren Ausfall in der Person der Mutter oder des Kindes begründet sind, werden grundsätzlich nachgeholt. Der Ausfall von Besuchstagen, welche in der Person des Vaters begründet sind, wird nicht kompensiert.

9. Wohlverhaltensgebot: Die Eltern unterlassen alles, was das Verhältnis des Kindes zum anderen Elternteil negativ beeinflussen könnte.

10. Abänderung: Die Parteien sind sich bewusst, dass die vorliegende Vereinbarung keine behördlich angeordnete und daher keine erzwingbare Regelung ist. Diese Vereinbarung kann durch die Eltern – im gegenseitigen Einverständnis – jederzeit abgeändert werden. Bei Uneinigkeit verpflichten sie sich, eine geeignete Beratungsstelle für die Ausarbeitung einer neuen Regelung aufzusuchen. Bei erheblichen Unstimmigkeiten, welche dem Wohl des Kindes schaden, können die Besuchskontakte auf Antrag eines Elternteils durch die KESB festgelegt werden (Art. 275 ZGB).

Ort, Datum, Unterschrift Vater   Ort, Datum, Unterschrift Mutter

....

15. Persönlicher Verkehr

Unterstützung der Eltern durch Fachpersonen

15.21 Falls die Eltern zu keiner einvernehmlichen Lösung kommen, weil ihre Ansichten (noch) zu unterschiedlich sind, können sie zur Lösung der offenen Fragen eine *Mediation* (oder Beratung) in Anspruch nehmen. Die Eltern können die Mediation resp. Beratung aus eigener Initiative organisieren, möglich ist auch eine Weisung, *ggf. auch gegen den Willen eines Elternteils* (zur Mediation: BGer 5A_457/2009 E. 4). Die Verantwortung für die Lösung liegt bei beiden Varianten (eigene Initiative oder Weisung) bei den Eltern.

15.22

> **Weisung nach Art. 273 Abs. 2 ZGB betreffend Inanspruchnahme einer kinderorientierten Mediation zwecks Regelung des persönlichen Verkehrs**
>
> 1. Gestützt auf Art. 273 Abs. 2 ZGB werden die Eltern von NN im Hinblick auf eine funktionierende Regelung des persönlichen Verkehrs angewiesen, bei *(Name und Praxisadresse des Mediators)* eine kinderorientierte Mediation in Anspruch zu nehmen und an der Mediation aktiv und verbindlich teilzunehmen.
> 2. Die Erstsitzung findet am *(Datum)* in *(Adresse)* statt.
> 3. Die Mediation dauert so lange, bis die Eltern in Bezug auf die Regelung des persönlichen Verkehrs (insbesondere bezüglich *[zu regelnde Aspekte]*) eine einvernehmliche Lösung gefunden haben, die den Bedürfnissen und Interessen des Kindes entspricht.
> 4. *(bei bestehender Beistandschaft)* Die Aufgaben der Beiständin XY bezüglich *(Nennung der betroffenen Aufgabenbereiche)* werden während der Dauer der Mediation sistiert (*Variante: Auftrag der Beiständin umformulieren*).
> 5. Die Eltern unterbreiten der KESB bis *(Datum)* ihre kinderorientierte Lösung oder informieren über die Verlängerung der Mediation.
> 6. Für eine erfolgreiche Mediation zugunsten von NN werden die Eltern ersucht, während der Dauer des Mediationsprozesses auf rechtliche Schritte zu verzichten.
> 7. Nach erfolgreichem Abschluss oder im Falle eines Abbruchs der Mediation durch einen Elternteil informieren die Eltern die KESB.
> 8. Es wird davon Vormerk genommen, dass die Kosten der Mediation von den Eltern je zur Hälfte getragen werden.

15.23 Ein Muster zur *angeordneten Mediation (allgemein)* gemäss Art. 307 Abs. 3 ZGB findet sich in Rz. 2.33, ein Muster zur *Aufforderung zum Mediationsversuch* nach Art. 314 Abs. 2 ZGB in Rz. 7.74.

15.2.2. Regelung durch die KESB

Wenn eine einvernehmliche Regelung des persönlichen Verkehrs durch die Eltern nicht gelingt, kommt der behördliche Kindesschutz zum Tragen. Ziel der behördlichen Intervention ist es, einen angemessenen Kontakt zwischen Kind und Eltern (wieder) zu ermöglichen. Zur sachlichen Zuständigkeit des Gerichts in Ehesachen vgl. Art. 275 ZGB sowie Tabelle in Kap. 6.4.2.

15.24

Der *Einbezug des Kindes* erfolgt *direkt* (Gespräch, Anhörung), *stellvertretend* (Verfahrensbeistand) oder *indirekt* (kinderorientierte Gesprächsführung mit Eltern).

15.25

Die behördlichen *Möglichkeiten* zur Regelung des persönlichen Verkehrs sind *beschränkt*. Es stehen zwar verschiedene Massnahmen zur Auswahl (s. unten). Das Recht kann aber nur den äusseren Rahmen schaffen; die innere Ausgestaltung resp. die Umsetzung im Alltag müssen die Eltern zusammen mit dem Kind leisten.

15.26

15.27

Behördliche Massnahmen zur Regelung des persönlichen Verkehrs

- Die Eltern an eine *Beratungsstelle* verweisen («freiwilliger» Kindesschutz, Rz. 1.30),
- Ein familienpsychologisches *Gutachten* in Auftrag geben (während eines Abklärungsverfahrens, Art. 314 Abs. 1 i.V.m. Art. 446 Abs. 2 ZGB; vgl. Kap. 7.4.),
- Die Eltern zu einem *Mediationsversuch* auffordern (während eines Abklärungsverfahrens, Art. 314 Abs. 2 ZGB; vgl. Kap. 7.3.),
- Dem Kind einen *Verfahrensbeistand* ernennen (während eines Abklärungsverfahrens, Art. 314a[bis] Abs. 2 Ziff. 2 ZGB; vgl. Kap. 7.2.),
- Eltern, Stiefeltern oder das Kind *ermahnen* (Art. 273 Abs. 2 ZGB, vgl. Kap. 2.2.1.),
- Eltern, Stiefeltern oder dem Kind eine *Weisung* erteilen (Art. 273 Abs. 2 ZGB, vgl. Kap. 2.2.2., z.B. Weisung an den besuchsberechtigten Elternteil, den Pass zu hinterlegen oder ein Anti-Gewalt-Training zu besuchen; oder: Die Eltern anweisen, zur Konfliktregelung eine *Mediation* in Anspruch zu nehmen, vgl. Muster in Rz. 15.22), *ggf. i.V.m. mit Androhung der Ungehorsamsstrafe nach Art. 292 StGB oder Ordnungsbusse nach Art. 343 ZPO*.
- Eine *Erziehungsaufsicht* anordnen (Art. 307 Abs. 3 ZGB, vgl. Kap. 2.2.3.),
- Den *Umfang* des persönlichen Verkehrs *verbindlich vorgeben* (Art. 275 ZGB, vgl. unten),

- Eine *Besuchsrechtsbeistandschaft* anordnen (Art. 308 Abs. 1 und 2 ZGB, vgl. Kap. 15.3.),
- Die Ausübung des Besuchsrechts mit *Einschränkungen* verbinden (z.B. Besuchsrecht nur in Begleitung einer Drittperson ausüben, Art. 274 Abs. 2 ZGB),
- *Vollstreckung* anordnen (vgl. Rz. 15.45 ff.),
- Den Anspruch auf persönlichen Verkehr *entziehen*, *verweigern* oder *sistieren* (Art. 274 Abs. 2 ZGB, vgl. Rz. 15.42 ff.).

15.28 Die aufgeführten Massnahmen bezwecken stets den Schutz des Kindes und nicht die Sanktion der Eltern. Und: Wie bei allen Kindesschutzmassnahmen sind auch hier die Subsidiarität und Verhältnismässigkeit zu beachten. Eine Massnahme darf nur angeordnet werden, wenn die Eltern nicht von sich aus für Abhilfe sorgen, und die Massnahme muss geeignet erscheinen, das Ziel des regelmässigen Kontakts zu erreichen. Es muss m.a.W. eine minimale Kooperationsbereitschaft der Eltern vorhanden sein.

Behördliche Regelung des persönlichen Verkehrs

15.29 Bei der behördlichen Regelung des persönlichen Verkehrs empfiehlt sich folgende Formulierung:

15.30
Behördliche Regelung des persönlichen Verkehrs (Art. 273 ZGB)

1. Bei Uneinigkeit der Eltern gilt folgende *(Minimal-)*Regelung: *[Besuchstage/ -zeiten/-häufigkeit, weitere Kontaktformen, Übergabemodalitäten, Nachhol-Regeln]*.
2. Die Eltern können von der in Ziff. 1 festgelegten *(Minimal-)*Regelung im Einvernehmen und mit Blick auf das Kindeswohl abweichen *(und ausgedehntere Kontakte vorsehen)*.

15.31 Mit dem (rechtlich nicht notwendigen) Hinweis in Ziff. 2 wird die Subsidiarität der behördlichen Regelung zum Ausdruck gebracht, oder umgekehrt der elterlichen Eigenverantwortung Nachdruck verschafft. Die Regelung nach Art. 273 ZGB kann als *Minimalregelung* bezeichnet werden; ausgedehntere Kontakte sind möglich, wenn zwischen den Eltern eine entsprechende Vertrauensbasis besteht, sie ohne Feindseligkeit kooperieren und kommunizieren können und das Kind zum Elternteil, bei dem es nicht wohnt, eine vertraute Beziehung hat.

15.32 Die von der Behörde zu regelnden Punkte entsprechen grundsätzlich denjenigen der Elternvereinbarung (vgl. Rz. 15.20). Die Differenziertheit ist abhängig von der Kooperationsfähigkeit der Eltern (je konflikthafter, desto detaillierter). Ziel ist die einfache und konfliktarme Abwicklung des Kontakts.

Festzusetzen sind insb. die *Dauer und Häufigkeit* sowie ggf. der Ort der Besuche und die Modalitäten der weiteren Kontaktformen. Bei Kleinkindern ist das kindliche Zeitgefühl zu berücksichtigen (kürzere, aber häufigere Besuche). Die Übernachtung hängt neben dem Alter insb. auch von der Qualität der Beziehung des besuchsberechtigten Elternteils zum Kind ab. Regelmässige Präsenz im Alltag (Kurzbesuche) sind den gekünstelten, aus Sicht des Kindes oft unangemessen formalisierten Wochenendbesuchen nach Möglichkeit vorzuziehen. Telefongespräche und andere Kommunikationsformen ergänzen die persönlichen Besuchskontakte.

15.33

Die *Kosten* während der Besuche sind grundsätzlich vom besuchsberechtigten Elternteil zu tragen; ausserordentliche Kosten (z.B. Begleitung) sind vom verantwortlichen Elternteil oder – wenn beide Elternteile mitverantwortlich sind für die Mehrkosten – nach der Leistungsfähigkeit zu tragen.

15.34

Beim *Abholen resp. (Zurück-)Bringen* empfiehlt sich, dass das Kind jeweils vom Elternteil, bei dem es sich gerade aufhält, zum anderen gebracht wird (damit würde signalisiert, dass beide Elternteile mit den Kontakten einverstanden sind). Die Empfehlung dient als Grundsatz und ist nicht immer sinnvoll oder möglich (wenn bspw. nur ein Elternteil ein Auto hat und der Transport per öffentlichen Verkehr nicht möglich oder unzumutbar ist). In der Praxis wird das Abholen oft anders gelebt (Abholen und Bringen durch besuchsberechtigten Elternteil).

15.35

Bei der Frage des *Nachholens* ist die Anknüpfung an den Risikobereich des Verhinderungsgrunds gängige Praxis (nicht nachholen, wenn der Grund des Ausfalls beim besuchsberechtigten Elternteil liegt; nachholen, wenn der Grund des Ausfalls beim obhutsberechtigten Elternteil oder dem Kind liegt). Mit Blick auf den vorrangigen Anspruch des Kindes empfiehlt sich, die Frage des Nachholens nach dem Interesse des Kindes zu entscheiden (nachholen, wenn es im Interesse des Kindes ist).

15.36

Angemessenheit

Das Gesetz spricht von *«angemessenem»* persönlichem Verkehr (Art. 273 Abs. 1 ZGB). Was angemessen ist, beurteilt sich anhand der Umstände des konkreten Einzelfalls (BGE 136 III 353 E. 3.4). Zu berücksichtigen sind: Alter, Gesundheit, Persönlichkeit, Bedürfnisse und Wünsche des Kindes; Beziehung zwischen Kind und besuchsberechtigtem Elternteil sowie Beziehung zwischen den Eltern; zeitliche Verfügbarkeit; Geschwister; Wohn-

15.37

verhältnisse und örtliche Entfernung; Interessen der Eltern; Kontaktverbote nach Art. 28b ZGB.

15.38 Oberste Richtschnur bei der Ausgestaltung des persönlichen Verkehrs ist das Kindeswohl (BGE 127 III 295 E. 4). Bezug nehmend auf das Rollenverständnis II und den Kontext von hochstrittigen Eltern (vgl. Rz. 15.14) erweist sich folgende Definition des Kindeswohls als hilfreich: Dem Kindeswohl am meisten dienlich ist die (kinderorientiert zustande gekommene) *konfliktärmste Regelung*, die von beiden Elternteilen und dem Kind mitgetragen wird (vorbehalten bleiben Fälle der Kindeswohlgefährdung).

15.39 In erster Linie dient der persönliche Verkehr den Interessen des Kindes; bei dessen Festsetzung geht es daher nicht darum, einen gerechten Interessenausgleich zwischen den Eltern zu finden, sondern den elterlichen Kontakt mit dem Kind in dessen Interesse zu regeln. Allfällige Interessen der Eltern haben zurückzustehen (BGE 130 III 585 E. 2.1).

Schranken

15.40 Die Eltern haben alles zu unterlassen, was das Verhältnis des Kindes zum anderen Elternteil beeinträchtigt oder die Aufgabe der erziehenden Person erschwert (Art. 274 Abs. 1 ZGB). Das Kind soll eine positive Einstellung zur Besuchsrechtsausübung gewinnen können. Die einleitend beschriebene Wohlverhaltenspflicht betrifft – sinngemäss – auch weitere Bezugspersonen (z.B. Pflegeeltern, Angehörige der Eltern) und Dritte (Art. 274a Abs. 2 ZGB).

15.41 Bei Zuwiderhandlung gegen diese Pflicht bestehen *verschiedene behördliche Massnahmen*, die mit dem Ziel des regelmässigen Kontakts angeordnet werden können (vgl. Auflistung in Rz. 15.27).

15.42 Wenn der Gefährdung des Kindeswohls (z.B. durch pflichtwidrige Ausübung, nicht ernsthaftes Kümmern oder häusliche Gewalt) nicht anders begegnet werden kann, kann der Anspruch auf persönlichen Verkehr im vornherein *verweigert* oder nachträglich *entzogen werden* (Art. 274 Abs. 2 ZGB). Diese Massnahme bildet *ultima ratio* und wird restriktiv gehandhabt (BGE 130 III 585 E. 2.2.1). Sie kann dauerhaft ausgesprochen oder auf eine bestimmte Zeit befristet werden *(Sistierung)*. Alternativ zu Entzug/Verweigerung/Sistierung kann das Besuchsrecht eingeschränkt werden (z.B. Auflage, dass das Besuchsrecht *nur in Begleitung einer Drittperson* ausgeübt werden darf, Art. 274 Abs. 2 ZGB).

15.43 Der *Entzug des Sorge- oder Aufenthaltsbestimmungsrechts* wäre bei Problemen mit dem persönlichen Verkehr theoretisch zwar möglich, aber in der Praxis dürfte die als Sanktion daherkommende Massnahme dem Kindeswohl kaum besser entsprechen. Gleiches gilt für die *Neuzuteilung der Obhut* auf den besuchsberechtigten Elternteil, solange das Kind im Alltag gut betreut ist und sich gedeihlich entwickelt.

Strafrechtliche Interventionen (insb. Art. 292 StGB Ungehorsam gegen amtliche Verfügungen, Art. 219 StGB Verletzung der Fürsorge- und Erziehungspflicht und Art. 220 StGB Entziehung von Minderjährigen) machen aus Sicht des Kindeswohls Sinn, wenn damit eine *Verhaltensänderung zu Gunsten des Kindes* bewirkt werden kann.

15.44

Vollstreckung

Die *direkte* Vollstreckung durch polizeiliche Zuführung ist umstritten, darf aber nicht grundsätzlich verneint werden. Sie ist im Einzelfall mit Bezug auf den möglichen Nutzen für das Kind sorgfältig abzuwägen. Bei urteilsfähigen Kindern wird die polizeiliche Zuführung abgelehnt (BGE 107 II 303). Schranke der Vollstreckung ist das Kindeswohl.

15.45

Denkbar ist auch die *indirekte* Vollstreckung durch Strafandrohung nach Art. 292 StGB (Ungehorsam gegen amtliche Verfügungen) oder Ordnungsbusse nach Art. 343 ZPO (Verpflichtung zu einem Tun, Unterlassen oder Dulden) im Widerhandlungsfall. Dies erzeugt einen psychischen und damit indirekten Druck (bei engen finanziellen Verhältnissen auch einen existenziellen Druck).

15.46

Zuständig für die Vollstreckung ist das Gericht oder die KESB, die die zu vollstreckende Regelung erlassen hat. Beide Varianten der Zwangsvollstreckung sind auf Dauer keine geeigneten Lösungen. Sie können aber in einem konkreten Fall einen Prozess in Gang setzen, der anschliessend den Kontakt möglich macht.

15.47

Auf jeden Fall ist das Kind bei einer Zwangsvollstreckung durch die MT oder eine andere Vertrauensperson altersgemäss und sorgfältig zu informieren und einzubeziehen. Junge Kinder sind bei einer direkten Vollstreckung konkret zu begleiten.

15.48

Zur Vollstreckung allgemein (inkl. Vollstreckungsverfügung): Vgl. Kap. 5.13.

15.49

15.3. Besuchsrechtsbeistandschaft

Wenn die KESB mangels Einigung der Eltern den persönlichen Verkehr regelt (vgl. Kap. 15.2.2.), ordnet sie i.d.R. gleichzeitig eine Besuchsrechtsbeistandschaft nach Art. 308 Abs. 1 und 2 ZGB an (vgl. zum Ganzen auch Kap. 2.3.3.c.).

15.50

15. Persönlicher Verkehr

15.51 Die Führung einer Besuchsrechtsbeistandschaft ist sehr anspruchsvoll. Je nach Akteur (Mutter, Vater, Kind, KESB) werden unterschiedliche und z.T. *widersprüchliche Erwartungen* gestellt. Der Beistand muss mit Blick auf den Nutzen für das Kind begründen können, welchen Erwartungen er gerecht wird und welchen nicht.

15.52 Auch bei einer Besuchsrechtsbeistandschaft bleiben primär die Eltern für das Wohl des Kindes verantwortlich. Die Eltern sollen unterstützt werden, ihre gemeinsame Elternverantwortung wahrzunehmen. Dem Beistand können allgemeine Aufgaben (Art. 308 Abs. 1 ZGB «Beratung der Eltern in Erziehungsfragen») oder besondere Befugnisse (Art. 308 Abs. 2 ZGB) übertragen werden. Bei den Aufgaben kann der Fokus auf die Hochkonflikthaftigkeit der Eltern gelegt werden, oder auf die Frage, was die Mutter/der Vater trotz Hochkonflikthaftigkeit tun kann.

15.53 Eine Besuchsrechtsbeistandschaft darf nur angeordnet werden, wenn keine mildere Massnahme möglich ist (vgl. Übersicht in Rz. 15.27, insb. Vermittlung der Eltern an Beratungsstelle oder Anordnung einer Mediation), eine dem Kindeswohl entsprechende Besuchsrechtsregelung zu erreichen. Ausserdem muss die Aussicht bestehen, dass der Beistand nützliche Beiträge zum Erreichen dieses Ziels leisten kann.

15.54 Wenn mit der Beistandschaft *keine Verbesserung* erreicht werden kann, ist die Massnahme nicht geeignet und damit nicht verhältnismässig und muss aufgehoben resp. darf nicht angeordnet werden (vgl. BGer 5A_732/2014 E. 4.3). Diesfalls wäre zu überlegen, ob anstelle der Besuchskontakte andere Kontaktformen möglich wären, zu denen der Beistand nützliche Beiträge leisten kann; in diesem Fall wäre sein Auftrag anzupassen.

15.55

> **Errichtung einer Beistandschaft nach Art. 308 Abs. 1 und 2 ZGB zur Unterstützung des persönlichen Verkehrs**
>
> *[ggf. Regelung des persönlichen Verkehrs gemäss Rz. 15.30]*
>
> 1. Bei Uneinigkeit der Eltern gilt folgende (Minimal-)Regelung: [Besuchstage/-zeiten/-häufigkeit, weitere Kontaktformen, Übergabemodalitäten, Nachhol-Regeln].
> 2. Die Eltern können von der in Ziff. 1 festgelegten (Minimal-)Regelung im Einvernehmen und in Absprache mit dem Beistand mit Blick auf das Kindeswohl abweichen (und ausgedehntere Kontakte vorsehen).
> 3. Zur Unterstützung der Eltern und als Interessenwahrung für das Kind wird eine Beistandschaft nach Art. 308 Abs. 1 und 2 ZGB errichtet.
> 4. *Zum Beistand/zur Beiständin* wird XY ernannt.

15.3. Besuchsrechtsbeistandschaft

5. *Der Beistand/Die Beiständin* hat folgende Aufgaben:
   5.1 Unterstützung der Eltern, die elterliche Verantwortung wahrzunehmen und Lösungen im Rahmen von Ziff. 2 zu finden,
   5.2 Vermittlung zwischen den Eltern mit dem Ziel, den Kontakt des Kindes zu beiden Elternteilen zu wahren,
   5.3 Regelung von Modalitäten, die in der behördlichen Anordnung offenblieben und für die die Eltern keine Einigung finden,
   5.4 Der KESB Bericht zu erstatten, sofern die übertragenen Aufgaben mit den Mitteln der Beistandschaft nicht erreichbar sind.

Weitere mögliche Aufgaben finden sich in den beiden folgenden Absätzen: 15.56

15.57

Im Rahmen von **Art. 308 Abs. 1 ZGB** (Beratung der Eltern in Erziehungsfragen) sind im Bereich des persönlichen Verkehrs folgende weitere Aufgaben denkbar:
- Aufklärung der Eltern hinsichtlich der entwicklungspsychologischen Bedeutung der Kontaktpflege des Kindes zu beiden Eltern,
- Aufklärung der Eltern hinsichtlich der Bedeutung der Elternschaft für das Kind allgemein sowie bei einer Trennung der Eltern,
- Aufklärung der Eltern über die Ursachen und Wirkungen von Loyalitätskonflikten sowie Möglichkeiten, diese aufzulösen,
- Unterstützung der Eltern bei der einvernehmlichen Regelung des persönlichen Verkehrs durch kinderorientierte Beratung.

15.58

Im Rahmen von **Art. 308 Abs. 2 ZGB** (Besondere Befugnisse) sind im Bereich des persönlichen Verkehrs folgende weitere Befugnisse denkbar:
- Vermittlung von Kursen (Elternkurse oder Kurse für Scheidungskinder),
- zwischen den Eltern vermitteln (Spannungen auffangen, Relaisfunktion),
- organisatorische Unterstützung (Mithilfe bei der Durchführung, geeignete Begleitung organisieren, Beratung bezüglich Aktivitäten während Besuchszeit),
- Informationsaustausch (nur vorübergehend; mittel- und langfristig sollte das über die Eltern und das Kind direkt möglich sein),
- Modalitäten regeln (z.B. Nachholbedingungen),
- *(bei Besuchsverweigerung des Kindes):* Aufklärung über den Zusammenhang von Besuchskontakten und Unterhaltszahlungen ab Volljährigkeit (Zumutbarkeit nach Art. 277 Abs. 2 ZGB, vgl. BGE 129 III 375),
- Weitere: Vgl. Rz. 2.72.

15.4. Aufgaben KESB und Beistand

15.59 Die Dauer und Häufigkeit des persönlichen Verkehrs sowie allfällige Einschränkungen (z.B. begleitetes Besuchsrecht) müssen bei Uneinigkeit der Eltern von der *KESB* resp. dem Gericht festgelegt werden (BGE 118 II 241 E. 2).

15.60 *Der Beistand* ist – zusammen mit den Eltern und dem Kind – für die Umsetzung der Anordnung und ggf. die Regelung der Modalitäten zuständig. Die zwangsweise Durchsetzung eines Besuchsrechts, sich gegen einen Elternteil durchsetzen oder die Interessen eines Elternteils wahrzunehmen, gehören nicht zu seinen Aufgaben (ausser das Kindeswohl gebietet es). Er ist vielmehr *parteiisch für das Kind* und setzt sich mittels Beratung, Information, Aufklärung und Vermittlung für die Interessen des Kindes ein. Im Fokus seiner Bemühungen steht die Befähigung der Eltern, ihre Elternverantwortung wieder selbständig wahrzunehmen. Der Beistand kann eine bestehende Regelung gegen den Willen der Eltern weder sistieren, einschränken noch ausdehnen.

15.5. Information und Auskunft (Art. 275a ZGB)

Literatur

AFFOLTER KURT, Informations-, Anhörungs- und Auskunftsrecht des nichtsorgeberechtigten Elters, in: ZVW 2009, 380 ff.; DOLDER MATHIAS, Informations- und Anhörungsrechte des nichtsorgeberechtigten Elternteils nach Art. 275a ZGB, Diss. St. Gallen 2002; GEISER THOMAS, Informations-, Anhörungs- und Auskunftsrecht des nicht sorgeberechtigten Elternteils, in: FamPra 2012, 1 ff.

15.61 Das Recht des nicht sorgeberechtigten Elternteils auf Information und Auskunft (Art. 275a ZGB) ist eine spezifische *(alternative) Form der Anteilnahme* am Wohlergehen und an der Entwicklung des Kindes. Es spielt insb. dann eine zentrale Rolle, wenn der direkte Kontakt (noch) nicht stattfinden kann.

15.62 Es werden drei Teilaspekte unterschieden (vgl. auch Kap. 12.1.4.):

- **Recht auf Benachrichtigung:** Der nicht sorgeberechtigte Elternteil ist über *besondere Ereignisse im Leben des Kindes* zu benachrichtigen (Beispiel: Information über schwere Krankheit, schulische Promotion, wichtiger sportlicher Anlass, etc.). Verpflichtet zur Informationsübermittlung ist der sorge-/obhutsberechtigte Elternteil, mit zunehmendem Alter – soweit zumutbar – auch das Kind. Aus Sicht des Berechtigten ist es eine *Bringschuld*.

15.5. Information und Auskunft

- **Recht auf Anhörung:** Der nicht sorgeberechtigte Elternteil ist vor *Entscheidungen, die für die Entwicklung des Kindes wichtig sind*, anzuhören (Beispiel: Schulwahl, Lehrstelle, besondere medizinische Behandlung etc.). Der sorgeberechtigte Elternteil ist verpflichtet, die Meinung des anderen einzuholen. Aus Sicht des Berechtigten ist es eine *Bringschuld*.
- **Recht auf Auskunft bei Dritten:** Der nicht sorgeberechtigte Elternteil kann bei *Drittpersonen, die an der Betreuung des Kindes beteiligt sind*, Auskünfte über den Zustand und die Entwicklung des Kindes einholen (bspw. bei der Lehrerin). Im Unterschied zum Recht auf Benachrichtigung oder Anhörung geht es hier um eine *Holschuld*, d.h., der nicht sorgeberechtigte Elternteil muss resp. kann sich selber bei den Drittpersonen melden und Auskunft verlangen.

15.63 Das Auskunftsrecht der Eltern (sowohl des sorgeberechtigten wie des nicht sorgeberechtigten Elternteils) findet seine *Schranke im Persönlichkeitsrecht des Kindes* (insb. über medizinische Daten verfügt das urteilsfähige Kind selber und bestimmt, wer welche Informationen erhalten oder nicht erhalten soll, vgl. Art. 19c ZGB sowie BGer 5A_889/2014 E. 3.2.2).

15.64 Bei missbräuchlicher Ausübung können diese Rechte von der KESB resp. vom Gericht gestützt auf Art. 275a Abs. 3 i.V.m. Art. 274 Abs. 2 ZGB *beschränkt oder entzogen* werden (z.B. wenn der berechtigte Elternteil sein Besuchsrecht gar nicht oder nur selten ausübt und sich nicht um das Wohl des Kindes kümmert, vgl. BGE 140 III 343 E. 2.1). Der sorgeberechtigte Elternteil kann hingegen nicht rechtsgültig eine Einschränkung dieser Rechte beschliessen (Art. 275 Abs. 3 ZGB gilt nicht analog).

15.65 Bei gemeinsamer elterlicher Sorge gilt das (gegenseitige) Recht auf Benachrichtigung sowie das Recht auf Auskunft bei Dritten gestützt auf Art. 304 Abs. 1 ZGB, wobei das Auskunftsrecht weiter geht als der Anspruch aus Art. 275a ZGB. Das Anhörungsrecht wird zum Mitentscheidungsrecht, weil die Eltern die Entscheide gemäss Art. 301 Abs. 1 ZGB gemeinsam fällen müssen, resp. wird auf die Fälle des Art. 301 Abs. 1bis ZGB reduziert.

16. Kindesvermögen

Literatur

Gesetzliche Grundlagen: Art. 318–327 ZGB.

Allgemeine Literatur: BSK ZGB I-BREITSCHMID, Art. 318–327; CHK ZGB-BIDERBOST, Art. 318–327; CR CC I-PAPAUX VAN DELDEN MARIE-LAURE, Art. 318–327; HÄFELI, Rz. 42.01–42.26; Handbuch KES-ANDERER, N 921–988; HEGNAUER, Rz. 28.01–28.27; MEIER/STETTLER, Rz. 1387–1405.

Spezifische Literatur: AFFOLTER KURT, Anzehrung des Kindesvermögens von Vollwaisen zur Deckung des Unterhaltsbedarfs?, in: ZVW 2005, 220 ff.; AFFOLTER KURT, Das Ende der Beistandschaft und die Vermögenssorge, in: ZKE 2013, 379 ff.; AFFOLTER KURT, Sicherung der Pflegekosten für fremdplatziertes Kind, in: ZKE 2016, 158 ff.; BREITSCHMID PETER/KAMP ANNASOFIA, Vermögensverwaltung im Bereich des Kindes- und Erwachsenenschutzes, in: Rosch/Wider (Hrsg.), Festschrift Christoph Häfeli, Zwischen Schutz und Selbstbestimmung, 2013, 155 ff.; HEGNAUER CYRIL, Verwaltung der Einkünfte des Kindes durch Erziehungsbeistandschaft (Art. 308) oder Kindesvermögensbeistandschaft (Art. 325) ZGB?, in: ZVW 1995, 47 ff.; MEIER PHILIPPE, Droit de la tutelle et actes immobiliers: questions choisies, in: ZVW 2008, 251 ff.; MOSER JEAN-PIERRE, La protection du patrimoine du mineur soumis à l'autorité parentale, Diss. Lausanne 1977; PAPAUX VAN DELDEN MARIE-LAURE, La gestion des biens de l'enfant: pouvoir parental et dispositions en faveur de l'enfant, in: Margareta Baddeley et al. (Hrsg.), La planification du patrimoine, Journée de droit civil 2008 en l'honneur du professeur Andreas Bucher, 2009, 9 ff.; RIEMER HANS-MICHAEL, Verwaltung von Kindesvermögen durch Dritte gemäss Art. 321 Abs. 2, Art. 322 Abs. 2 ZGB und Beistandschaft gemäss Art. 325, insb. in Gestalt der «mehrfachen Vermögensverwaltung» und der «mehrfachen Beistandschaft», in: ZVW 2001, 84 ff.; ROHDE ALEXANDER W., Die Ernennung von Drittpersonen zur Verwaltung von Vermögen Minderjähriger (Art. 321 und 322 ZGB), in: SSVV – Schweizer Schriften zur Vermögensberatung und zum Vermögensrecht Band/Nr. 7, 65 ff.

16.1. Allgemeines

16.1 Eltern haben, solange ihnen die elterliche Sorge zusteht, das Recht und die Pflicht, das *Kindesvermögen zu verwalten* (Art. 318 Abs. 1 ZGB). Bei gemeinsamer elterlicher Sorge sind beide Elternteile unter solidarischer Haftung für die Erfüllung dieser Aufgabe zuständig. Entsprechend ist bei (anfänglicher oder nachträglicher) Alleinsorge ein Elternteil alleine dafür befugt und verantwortlich. Bei *Interessenkollision* zwischen den Eltern und dem Kind kann die elterliche Vertretungsmacht entfallen (Art. 306 Abs. 3 ZGB), so bspw. bei gemeinsamer Beteiligung an einer Erbschaft. In einem solchen Fall sind die Interessen des Kindes im Rahmen der Optionen von Art. 306 Abs. 2 ZGB (Beistandschaft oder direkte Regelung durch KESB) sicherzustellen (vgl. Kap. 13.2.).

16.2 *Formell* erstreckt sich die elterliche Verwaltung grundsätzlich über das *gesamte Kindesvermögen* (der Begriff erfasst alle dem Kind zustehenden Vermögenswerte: Mobilien, Immobilien, beschränkte dingliche Rechte, Forderungen usw.). Dieses kann aus Einkommen, Schenkungen, Erbgang, aus Unterhalts-, Schadenersatz- sowie aus Versicherungsleistungen und

16.1. Allgemeines

Erträgen gebildet werden. *Nicht* von der elterlichen Verwaltungskompetenz erfasst sind Vermögenswerte, welche als *freies Kindesvermögen* (Art. 321–323 ZGB) zu qualifizieren sind und als Folge davon vom Kind selbst oder von Drittpersonen verwaltet werden. Denkbar sind dabei folgende Konstellationen:

- Das Kind erhält eine *Zuwendung* unter ausdrücklichem Ausschluss der elterlichen Verwaltung (Art. 321 Abs. 2 ZGB).
- In einer Verfügung von Todes wegen wird der *Pflichtteil* des Kindes ausdrücklich von der elterlichen Verwaltung ausgenommen (Art. 322 Abs. 1 ZGB).
- Was das Kind durch *eigene Arbeit* erwirbt, steht unter seiner Verwaltung und Nutzung. Gleiches gilt für Vermögensteile, welche das Kind aus seinem Vermögen von den Eltern zur *Ausübung eines Berufes oder eines eigenen Gewerbes* herausbekommen hat (Art. 323 Abs. 1 ZGB).

Im Normalfall werden die Eltern die Verwaltung des Kindesvermögens *persönlich* wahrnehmen, was von ihnen grundsätzlich auch erwartet werden darf. Es ist ihnen aber nicht verboten, Drittpersonen beizuziehen. So kann der Abschluss eines *Vermögensverwaltungsvertrages* im Einzelfall mit Blick auf die Vorschriften zur Verantwortlichkeit sogar angezeigt sein, wenn die Eltern sich nicht in der Lage sehen, die Aufgabe ohne fremde Hilfe zu erfüllen oder die Struktur des Kindesvermögens qualifizierte Anforderungen stellt. Die elterliche Haftung (Art. 327 Abs. 1 ZGB) bleibt im Falle einer solchen *Drittverwaltung* aber bestehen und erstreckt sich auf die Auswahl, Instruktion und Überwachung der eingesetzten Drittperson. Die Kosten für eine Drittverwaltung können dem Kindesvermögen belastet werden.

16.3

Inhaltlich besteht die Verwaltungsaufgabe der Eltern darin, in allen vermögensrechtlichen Belangen die notwendigen Entscheidungen zu treffen und dabei das Kind – Urteilsfähigkeit vorausgesetzt – nach Möglichkeit mit einzubeziehen. Ihren Auftrag haben sie *sorgfältig*, zudem auch *unentgeltlich* zu erfüllen. Sorgfalt bedeutet zunächst, dass die Eltern auf der organisatorischen Ebene für eine klare *Trennung* zwischen ihrem eigenen und dem Kindesvermögen sorgen, soweit keine Sonderkonstellationen (z.B. eine gemeinsame Beteiligung an einer Erbengemeinschaft, deren Teilung aufgeschoben wird) vorliegen. Sodann ist den Aspekten *Sicherheit* und *Ertrag* die nötige Beachtung zu schenken: Das Kindesvermögen soll in seinem Bestand erhalten und vermehrt werden, soweit dies unter Eingehung vernünftiger Risiken möglich ist. Kindesvermögen darf somit *nicht spekulativ* angelegt werden. Andererseits sind Eltern aber auch nicht den Einschränkungen unterworfen, wie sie die Verordnung über die Vermögens-

16.4

16. Kindesvermögen

verwaltung im Rahmen einer Beistandschaft oder Vormundschaft (VBVV) vorsieht, denn sie sind in ihrer Verwaltung grundsätzlich *selbstständig*. So oder anders haben sie aber bei der Definition der *Vermögensstruktur* immer die objektiven Interessen des Kindes zu berücksichtigen, so etwa hinsichtlich seiner Ausbildungsbedürfnisse.

16.5   Die Vorschriften über die *behördliche Zustimmung* (Art. 416 ZGB) gelten für Eltern nicht; diese sind nur massgebend, wenn die Vermögensverwaltung im Rahmen einer *amtsgebundenen Massnahme* (Beistandschaft für die Vermögensverwaltung nach Art. 325 ZGB oder Vormundschaft nach Art. 327a ZGB) sicherzustellen ist. Zu beachten haben die Eltern dagegen den Grundsatz, wonach sie in Vertretung des Kindes keine Bürgschaften eingehen, keine Stiftungen errichten und keine Schenkungen vornehmen dürfen, soweit es sich dabei nicht um Gelegenheitsgeschenke handelt (Art. 304 Abs. 3 ZGB).

16.6   Die elterliche Verwaltung steht unter dem Grundsatz «Kindesgut ist eisern Gut»: Die *Substanz* des Kindesvermögens darf m.a.W. nicht angegriffen werden, soweit es sich dabei nicht um Vermögenswerte handelt, die im Sinne von Art. 320 Abs. 1 ZGB *für die Bestreitung des Kinderunterhalts bestimmt* sind, oder soweit nicht die KESB gestützt auf Art. 320 Abs. 2 ZGB eine ausdrückliche *Einwilligung* zur *Anzehrung* des (übrigen) Vermögens erteilt hat (vgl. Kap. 16.4.).

16.7   *Zulässig* ist dagegen die *Verwendung der Erträge*, soweit sie, wie im ersten Teilsatz von Art. 319 Abs. 1 ZGB verlangt, zweckgebunden für *Unterhalt, Erziehung* und *Ausbildung* des Kindes eingesetzt werden. Das Prinzip steht im Einklang mit der unterhaltsrechtlichen Bestimmung, wonach die elterliche Unterhaltspflicht im Umfang relativiert ist, als dem Kind zugemutet werden kann, den Unterhalt aus seinem Arbeitserwerb oder *andern Mitteln* zu bestreiten (Art. 276 Abs. 3 ZGB).

16.8   *Ausnahmsweise zulässig* ist es zudem, die Erträge *für die Bedürfnisse des Haushaltes* zu verwenden, «soweit es der Billigkeit entspricht» (Art. 319 Abs. 1 ZGB, zweiter Teilsatz). Zu denken ist hier bspw. an Situationen mit grosser Diskrepanz zwischen der wirtschaftlichen Leistungsfähigkeit des Kindes und derjenigen der Eltern, welche ihrerseits nicht bzw. nicht ausreichend in der Lage sind, die auf das Kind entfallenden Haushaltskosten aus eigener Kraft zu bestreiten. Es muss aber zwingend ein *gemeinsamer* Haushalt gegeben sein.

16.9   Das Recht zur Verwendung der Vermögenserträge steht den Eltern grundsätzlich auch dann zu, wenn ihnen die Verwaltung des Kindesvermögens gestützt auf Art. 325 Abs. 1 ZGB entzogen wurde, denn geschützt werden soll durch diese Massnahme die *Vermögenssubstanz*. Steht allerdings (auch) die bestimmungsgemässe Verwendung der *Vermögenserträge* in Frage, so kann die KESB den Eltern die entsprechende Kompetenz gestützt auf Art. 325 Abs. 3 ZGB *zusätzlich* entziehen (vgl. Kap. 16.6.).

Vermögenserträge, welche von den Eltern *nicht verwendet* werden, fallen grundsätzlich ins *Vermögen des Kindes* (Art. 319 Abs. 2 ZGB), welches dann gestützt auf Art. 320 Abs. 2 ZGB nur noch mit Zustimmung der KESB angezehrt werden darf (vgl. Kap. 16.4.). Es ist allerdings zulässig, nicht eingesetzte Erträge für die Finanzierung späterer Bedürfnisse, wie Freizeitaktivitäten oder Anschaffungen (etwa die Anschaffung von Sportgeräten oder Musikinstrumenten) verfügbar zu halten, indem man entsprechende *Rückstellungen* bildet. Nicht verwendete Erträge sind m.a.W. nicht zwingend der Vermögenssubstanz zuzurechnen, nur weil sie bis zum Monats- oder Jahresende nicht aufgebraucht worden sind.

16.10

Die elterliche Verwaltung endet, sobald das Kind *volljährig* wird. Auf diesen Zeitpunkt hin haben die Eltern das Kindesvermögen aufgrund einer Abrechnung herauszugeben (Art. 326 ZGB). Für die Rückleistung sind sie gleich einem Beauftragten verantwortlich (Art. 327 Abs. 1 ZGB; vgl. Kap. 16.7.). *Vor* der Volljährigkeit des Kindes endet die Verwaltung, falls sie den Eltern gestützt auf Art. 325 Abs. 1 ZGB *entzogen* wird (vgl. Kap. 16.6.) oder wenn die elterliche Sorge im Rahmen von Art. 311 bzw. 312 ZGB gänzlich entfällt.

16.11

16.12

Beachte

- Das Kind erwirbt eigenes Vermögen durch Schenkung, Erbgang, eigene Arbeit, Unterhaltsleistungen, Schadenersatz, Leistungen von Privat- und Sozialversicherungen etc.
- Unter Vorbehalt der Bestimmungen über das freie Kindesvermögen ist die Verwaltung des Kindesvermögens grundsätzlich Sache der Eltern, sofern ihnen die elterliche Sorge zusteht. Sie haben das Kindesvermögen in seinem Bestand zu erhalten und nach Möglichkeit zu mehren.
- Die Eltern dürfen die Erträge des Kindesvermögens für Unterhalt, Erziehung und Ausbildung des Kindes einsetzen. Ausnahmsweise und aus Billigkeitsgründen dürfen sie die Erträge auch für die Bedürfnisse des gemeinsamen Haushaltes verwenden.
- Die Erträgnisse von Geld und andern Mitteln, die dem Kind zum Zweck zinstragender Anlage geschenkt worden sind, dürfen von den Eltern nicht verbraucht werden.
- In die Substanz des Kindesvermögens dürfen die Eltern grundsätzlich nur mit Einwilligung der KESB eingreifen, wenn dies aus besonderen Gründen für den Unterhalt, die Erziehung oder Ausbildung des Kindes notwendig ist. Abfindungen, die für Versorgerschaden, Invalidität oder den Unterhaltsanspruch bezahlt worden sind, dürfen die Eltern aber ohne

> Bewilligung in Teilbeträgen und entsprechend den laufenden Bedürfnissen für den Unterhalt des Kindes verbrauchen.
> - Bei Eintritt der Volljährigkeit des Kindes haben die Eltern diesem das Kindesvermögen aufgrund einer Abrechnung herauszugeben. Für die Rückleistung sind sie gleich einem Beauftragten verantwortlich.

16.2. Inventar bei Tod eines Elternteils (Art. 318 Abs. 2 ZGB)

16.13 Seit der Inkraftsetzung des neuen Kindes- und Erwachsenenschutzrechts ist eine *gesetzliche Inventarpflicht* im Sinne einer präventiven Massnahme zum Schutz des Kindesvermögens nur noch für den Fall vorgesehen, da ein Elternteil stirbt (Art. 318 Abs. 2 ZGB). Für andere Konstellationen bleibt bei Bedarf (und wiederum präventiv) die *behördliche Anordnung* eines Inventars gestützt auf Art. 318 Abs. 3 ZGB vorbehalten (vgl. Kap. 16.3.).

16.14 Eine in der Zivilstandsverordnung verankerte *Mitteilungspflicht* (Art. 50 Abs. 1 lit. d ZStV) stellt sicher, dass die verantwortliche KESB im Hinblick auf die Umsetzung von Art. 318 Abs. 2 ZGB von relevanten Todesfällen Kenntnis erhält und in der Folge den überlebenden, (nunmehr) allein für die Verwaltung zuständigen Elternteil zur Erstellung und Einreichung eines Inventars *auffordern* kann. Sie wird dies mit Rücksicht auf die Situation des hinterbliebenen Elternteils mit Vorteil im Rahmen einer *persönlichen Kontaktnahme* tun und nicht etwa durch Zustellung einer amtlichen Korrespondenz. Das Inventar nach Art. 318 Abs. 2 ZGB ist einzufordern unabhängig von der Frage, ob der verstorbene Elternteil sorgeberechtigt war.

16.15 Das einzureichende Inventar hat über das separate *Kindesvermögen* Auskunft zu geben und darüber hinaus den *Anteil des Kindes am Nachlass des verstorbenen Elternteils* auszuweisen, was grundsätzlich eine vorgängige güterrechtliche Auseinandersetzung erfordert. Die einzureichenden Unterlagen (so namentlich Kontoauszüge und die Steuerklärung per Todestag des verstorbenen Elternteils) sind von der KESB zu *verifizieren*. Wenn nötig, hat sie Zusatzinformationen und Belege einzufordern oder den sorgeberechtigten Elternteil zu befragen. Ohne ersichtliche Zweifel kann die KESB aber grundsätzlich davon ausgehen, dass das Inventar *vollständig und wahrheitsgetreu* erstellt wurde und damit abgenommen werden kann. Vereinzelt ist in der kantonalen Einführungsgesetzgebung lediglich von einer «*Entgegennahme*» die Rede (bspw. in § 45 lit. j EG KESR ZH). Die KESB stellen Formulare zur Verfügung oder geben vor, welche Angaben er-

erforderlich sind. Zwei Muster (einfach und ausführlich) finden sich auch in der Download-Plattform zu diesem Buch.

Bei der *Abnahme* des Inventars sind folgende Konstellationen denkbar:

16.16

- Ist *kein Kindesvermögen vorhanden*, wird eine entsprechende Erklärung zu den Akten genommen und dies dem sorgeberechtigten Elternteil mitgeteilt.
- Ist *Kindesvermögen vorhanden*, liegt aber kein Anlass zur Anordnung einer Vermögenskontrolle vor, nimmt die KESB das Inventar ab und stellt dem sorgeberechtigten Elternteil den entsprechenden Beschluss zu. Dieser präzisiert, ob der Verzicht auf Vermögenskontrolle bei aufgeschobener Erbteilung (vgl. Muster Variante A) oder aber nach Abschluss und Genehmigung eines Erbteilungsvertrages erfolgt (vgl. Muster Variante B).
- Ist *Kindesvermögen vorhanden* und erachtet es die KESB nach dessen Art und Grösse sowie nach den persönlichen Verhältnissen des sorgeberechtigten Elternteils als angezeigt, nimmt sie das Inventar ab und ordnet gestützt auf Art. 318 Abs. 3 ZGB die *periodische Rechnungsstellung und/oder Berichterstattung* an (vgl. Muster in Kap. 16.3.2.).

16.17

Abnahme des Inventars und Verzicht auf Vermögenskontrolle

Am ... *(Datum)* ist in ... *(Ort)* ... Herr/Frau *(Vorname Name, geb. ..., von ..., wohnhaft gewesen ...)* gestorben. Als gesetzliche Erben hat er/sie u.a. das noch minderjährige Kind/die noch minderjährigen Kinder NN *(Vorname Name, geb. ...)* hinterlassen.

Gestützt auf das von ... *(Inhaber/in der elterlichen Sorge)* eingereichte Inventar vom *(Datum)*

beschliesst die KESB:

Variante A: Einstweiliger Verzicht auf eine Erbteilung

1. Das Inventar vom *(Datum)* mit einem Kindesvermögen von Fr. ... und einem mutmasslichen Nachlassvermögen von Fr. ... wird abgenommen.

2. Es wird zur Kenntnis genommen, dass zurzeit auf eine Erbteilung verzichtet wird. Eine Teilung des mütterlichen/väterlichen Nachlasses darf, solange das Kind/die Kinder NN minderjährig ist/sind, gemäss Art. 306 Abs. 2 ZGB nur unter Mitwirkung der KESB vorgenommen werden.

3. Auf die Einführung der periodischen Kindesvermögenskontrolle wird verzichtet. ... *(Inhaber/Inhaberin der elterlichen Sorge)* wird auf die Art. 326 und 327 ZGB hingewiesen und darauf aufmerksam gemacht, dass das Kindesvermögen gemäss Art. 320 Abs. 2 ZGB nur mit Zustimmung der KESB für Unterhalt, Erziehung oder Ausbildung des Kindes/der Kinder NN in Anspruch genommen werden darf.

> **Variante B: Abschluss eines Erbteilungsvertrags**
>
> 1. Das Inventar vom *(Datum)* mit einem Kindesvermögen von Fr. ... wird abgenommen.
> 2. Der Erbteilungsvertrag vom *(Datum)* wird gestützt auf Art. 416 Abs. 1 Ziff. 3 ZGB genehmigt. *(Falls für die Erbteilung eine Beistandschaft nach Art. 306 Abs. 2 ZGB errichtet wurde)*
>
>   *Variante:* Der Erbteilungsvertrag vom *(Datum)* wird gestützt auf Art. 306 Abs. 2 ZGB genehmigt. *(Bei Verzicht auf eine Beistandschaft nach Art. 306 Abs. 2 ZGB und direktem Handeln der KESB)*
> 3. Auf die Einführung der periodischen Kindesvermögenskontrolle wird verzichtet. *(Inhaber/Inhaberin der elterlichen Sorge)* wird auf die Art. 326 und 327 ZGB hingewiesen und darauf aufmerksam gemacht, dass das Kindesvermögen gemäss Art. 320 Abs. 2 ZGB nur mit Zustimmung der KESB für Unterhalt, Erziehung oder Ausbildung des Kindes/der Kinder NN in Anspruch genommen werden darf.

16.3. Massnahmen nach Art. 318 Abs. 3 ZGB

16.18 In Art. 318 Abs. 3 ZGB werden der KESB drei Massnahmen zur Verfügung gestellt, welche dem *präventiven Schutz* des Kindesvermögens dienen. Sie können – auch bei gemeinsamer elterlicher Sorge – einzeln oder kombiniert ausgesprochen werden, *ohne dass dafür eine konkrete Gefährdungssituation vorliegen muss*. Vorausgesetzt ist einzig, dass die KESB die jeweilige Massnahme nach Art und Grösse des Kindesvermögens und nach den persönlichen Verhältnissen der Eltern *für angezeigt erachtet*. Der Gesetzeswortlaut stellt klar, dass die Zusammensetzung des Vermögens für sich allein kein präventives Tätigwerden der KESB zu rechtfertigen vermag. Bei der Entscheidfindung sind vielmehr auch die persönlichen Verhältnisse der Eltern zu berücksichtigen. Zu denken ist etwa an Situationen, in denen Unerfahrenheit, Desinteresse oder finanzielle Bedrängnis der Eltern Anlass für einen präventiven Schutz des Kindesvermögens geben können.

16.3.1. Inventar

16.19 Bei dieser Massnahme geht es darum, das Kindesvermögen im Sinne einer Bestandesaufnahme systematisch zu erfassen. Anlass dazu gibt die Einschätzung der KESB, dass eine solche Bestandesaufnahme *angezeigt* ist. Je nach Situation kann die Inventarisierung die Grundlage für weitere Schutzmassnahmen bilden. Zudem ist denkbar, dass die KESB zu einem späteren Zeitpunkt eine *Ergänzung* des Inventars einfordert, wenn sie von einer veränderten Situation (nicht nur hinsichtlich der Vermögenswerte) erfährt. Der sorgeberechtigte Elternteil ist aber nicht gehalten, sich bei einer erheblichen Veränderung der Verhältnisse bei der KESB zu melden. Die KESB stellen Formulare zur Verfügung oder geben vor, welche Angaben erforderlich sind. Vgl. auch die Muster auf der Download-Plattform.

16.3.2. Periodische Rechnung / Berichterstattung

Diese beiden Massnahmen können *einzeln oder kombiniert* angeordnet werden. Sie erfassen in der Regel das gesamte Kindesvermögen, können aber auch auf einzelne Vermögensteile beschränkt sein. Die KESB verschafft sich mit den beiden Instrumenten einen *kontinuierlichen Einblick* in die Verhältnisse und damit eine Grundlage für die Beurteilung der Frage, ob sie allenfalls strengere Massnahmen ergreifen muss. *Rechnungsstellung* bedeutet, dass der sorgeberechtigte Elternteil die *Vermögensbewegungen mit Belegen auflisten* und bei Bedarf *Auskunft* über einzelne Posten erteilen muss. *Berichterstattung* heisst, dass der sorgeberechtigte Elternteil über den Stand des Vermögens sowie über relevante vermögensbezogene Vorkommnisse Rechenschaft abzulegen hat, ohne eine detaillierte Abrechnung vorlegen zu müssen. Soweit zweckdienlich, kann diese Massnahme mit einer Budgetplanung bzw. Budgetberatung verbunden werden.

16.20

Anordnung einer Kindesvermögenskontrolle

1. Das Kindesvermögensinventar vom *(Datum)* für NN wird abgenommen.
2. Es wird gestützt auf Art. 318 Abs. 3 ZGB die periodische Rechnungsstellung und Berichterstattung angeordnet und *(Inhaber/in der elterlichen Sorge)* eingeladen, auf den *(Datum)* über die Verwaltung des Kindesvermögens Rechnung abzulegen.

16.21

16.4. Anzehrung des Kindesvermögens (Art. 320 Abs. 2 ZGB)

Im Gegensatz zu den *Vermögenserträgen*, welche gemäss Art. 319 Abs. 1 ZGB für Unterhalt, Erziehung und Ausbildung des Kindes und – soweit es der Billigkeit entspricht – auch für die Bedürfnisse des Haushaltes eingesetzt werden können (vgl. Kap. 16.1.), darf die *Substanz des Kindesvermögens* getreu dem Leitspruch «Kindesgut ist eisern Gut» von den Eltern *nicht angezehrt* werden. Der Grundsatz wird in zwei Situationen durchbrochen:

16.22

16. Kindesvermögen

- Es sind Vermögenswerte betroffen, die als *Abfindung* (Art. 288 ZGB), *Schadenersatz* (Art. 41, 45 Abs. 3 und 46 OR) oder als ähnliche Leistungen (bspw. Kinder-/Ausbildungszulagen, Kinderrenten der AHV/IV/BVG, Kapitalauszahlungen von Lebens- und Vorsorgeversicherungen) ihrer Natur nach für den *Unterhaltsverbrauch* bestimmt sind (Art. 320 Abs. 1 ZGB);
- Die KESB erteilt zu einer Anzehrung des (übrigen) Kindesvermögens ihre Zustimmung, weil sich diese für die Bestreitung der Kosten des Unterhalts, der Erziehung oder der Ausbildung des Kindes als *notwendig* erweist (Art. 320 Abs. 2 ZGB).

16.23 Als *kapitalisierter Unterhalt* oder *Unterhaltsersatz* sind die in Art. 320 Abs. 1 ZGB genannten Vermögenswerte grundsätzlich für *Unterhaltszwecke* einsetzbar. Teilbezüge haben sich allerdings auf den *laufenden* Unterhalt zu beschränken. Die Befugnis, die Verbrauchsquote festzulegen, liegt bei den Eltern. Die KESB kann zwar Schutzmassnahmen ergreifen, sollten sie ihr Ermessen nicht pflichtgemäss ausüben und dadurch die Vermögensinteressen des Kindes gefährden. Sie verfügt aber bei Streitigkeiten über die Höhe der Quoten, welche für den Unterhalt verwendet werden, über *keine Befugnis,* diese festzulegen. Im Streitfall ist das *Zivilgericht* anzurufen.

16.24 Steht das Kind unter *Vormundschaft*, liegt die Befugnis zur Festlegung der Verbrauchsquote bei der Vormundin bzw. dem Vormund. Gleiches gilt im Falle einer Massnahme nach Art. 325 Abs. 1 und 2 ZGB für die Beiständin bzw. den Beistand, *sofern sich das Mandat gestützt auf Art. 325 Abs. 3 ZGB auch auf die Verwaltung der Erträge sowie die für den Verbrauch bestimmten oder freigegebenen Beträge des Kindesvermögens erstreckt.* Bei Streitigkeiten ist auch im Falle der amtsgebundenen Vermögensverwaltung das *Zivilgericht* anzurufen.

16.25 Bei einer *Anzehrung* nach Art. 320 Abs. 2 ZGB hat die KESB zu beurteilen, ob der geplante Eingriff in die Vermögenssubstanz überhaupt *notwendig* ist. Ggf. legt sie die Höhe der Entnahme fest. Eine Bewilligung kann erteilt werden, wenn für die Deckung eines aktuellen und konkreten Bedürfnisses laufende Kosten des Unterhalts, der Erziehung oder Ausbildung notwendigerweise, also ohne Alternative zur Anzehrung des Kindesvermögens, bestritten werden müssen. Zudem können wirtschaftliche Verpflichtungen des (urteilsfähigen) Kindes (Art. 305 ZGB), Deliktshaftung (Art. 41 OR) oder eine Verwandtenunterstützungspflicht (Art. 328 ZGB) als Grundlage für die Anzehrung in Frage kommen. *Unzulässig* ist eine Anzehrung zur Finanzierung früherer Unterhaltsaufwendungen der Eltern, falls das Kind *nachträglich* zu Vermögen kommt.

Eine behördliche *Anzehrungsbewilligung* ist auch dann erforderlich, wenn das Kindesvermögen im Rahmen einer Beistandschaft (Art. 325 ZGB) bzw. einer Vormundschaft (Art. 327a ZGB) verwaltet wird.

16.26

> **Bewilligung für die Anzehrung des Kindesvermögens**
>
> *(Personalien der Eltern)* wird gestützt auf Art. 320 Abs. 2 ZGB gestattet, dem Vermögen von NN Fr. ... für ... *(Zweck)* zu entnehmen.

16.27

16.5. Geeignete Massnahmen (Art. 324 ZGB)

Muss ein Kindesvermögen geschützt werden, weil die Eltern keine hinreichende Gewähr für dessen sorgfältige Verwaltung bieten, vermittelt Art. 324 Abs. 1 ZGB der KESB die gesetzliche Grundlage für die Anordnung «geeigneter Massnahmen». Die Konzeption dieser Bestimmung entspricht jener von Art. 307 Abs. 1 ZGB. Ihre Anwendbarkeit setzt das Vorliegen einer Gefährdungslage voraus: Das Kindesvermögen (oder ein Teil davon) muss *konkret gefährdet* sein. Die KESB trifft geeignete Massnahmen, sobald sich solche als notwendig erweisen. Anlass dazu können der KESB Anzeigen von Drittpersonen oder eigene Erkenntnisse aus einer periodischen Rechnungsstellung und Berichterstattung geben.

16.28

Die Sicherstellung einer gesetzeskonformen Vermögensverwaltung kann auch durch das vorgelagerte System der *präventiven Vorkehrungen,* namentlich durch die Inventaraufnahme sowie die periodische Rechnungsstellung oder Berichterstattung (vgl. Kap. 16.3.2.), verfolgt werden. Diese *vorbeugenden* Vorkehrungen nach Art. 318 Abs. 3 ZGB setzen zwar keine konkrete Gefährdung des Kindesvermögens voraus, was aber nicht bedeutet, dass sie bei Vorliegen einer solchen nicht auch als (milde) Kindesvermögensschutzmassnahme *zur Abwehr* einsetzbar wären.

16.29

Interventionen nach Art. 324 ZGB richten sich an die verwaltungsverantwortlichen Personen, damit im Regelfall an die *Eltern* bzw. an einen Elternteil. Soweit *Dritte* nicht bloss als Beauftragte der Eltern mit der Verwaltung betraut sind, können die Massnahmen ausnahmsweise auch in deren Tätigkeit eingreifen, was für den Fall der *Entziehung der Verwaltung* in Art. 325 Abs. 2 ZGB ausdrücklich festgehalten ist, aber auch für weniger eingreifende Massnahmen gelten muss. Auch das *Kind* kann Adressat behördlicher Schutzmassnahmen sein, wenn es sein Vermögen selbst verwaltet.

Bei der Anordnung von Vermögensschutzmassnahmen sind die gleichen Verfahrens- und Zuständigkeitsregeln wie im Kindesschutz zu beachten. Der entsprechende Verweis in Art. 324 Abs. 3 ZGB bezieht sich auf die

16.30

16. Kindesvermögen

eigentlichen Verfahrensbestimmungen von Art. 314 ff. ZGB, aber auch auf Art. 313 und Art. 317 ZGB. Es sind die allgemeinen Prinzipien des Kindesschutzes (namentlich die Offizialmaxime und der Verhältnismässigkeitsgrundsatz) zu beachten. Die nachstehend erläuterten Massnahmen (inkl. Kap. 16.6.) sind insgesamt als *Stufenfolge* zu verstehen.

16.5.1. Weisung

16.31   Diese Massnahme besteht in einem *Gebot oder Verbot eines bestimmten Verhaltens* im Rahmen der Verwaltungstätigkeit. Zu denken ist etwa an Vorgaben für eine zinstragende Anlage, Kriterien der Kreditgewährung oder konkrete Verwaltungstätigkeiten in einem bestimmten Teilbereich des Kindesvermögens.

16.32
> **Weisung**
>
> *(Personalien der Eltern)* wird gestützt auf Art. 324 Abs. 2 ZGB die Weisung erteilt ... *(möglichst präzise, ggf. auch zeitliche Umschreibung des Tuns oder des Unterlassens)* und bis *(Datum)* der KESB über ihre Ausführung zu berichten.

16.5.2. Hinterlegung oder Sicherheitsleistung

16.33   Durch die *Hinterlegung* des Kindesvermögens selbst (oder Teilen davon) soll dieses direkt und «handfest» geschützt werden. Die Massnahme kommt daher primär bei Sachwerten in Frage. Für Bankguthaben dürfte es praktikabler sein, den notwendigen Schutz über einen (Teil-)Entzug der Verwaltung zu realisieren. *Sicherheitsleistungen* sind aus dem Vermögen der Sorgeberechtigten zu erbringen und setzen damit voraus, dass diese finanziell dazu in der Lage sind.

16.34
> **Hinterlegung**
>
> *(Personalien der Eltern)* wird/werden gestützt auf Art. 324 Abs. 2 ZGB verpflichtet, das Kindesvermögen *(ggf. Gegenstände des Kindesvermögens nennen)* von NN unter Aufsicht der KESB zu hinterlegen.

16.35
> **Sicherheitsleistung**
>
> *(Personalien der Eltern)* wird/werden gestützt auf Art. 324 Abs. 2 ZGB verpflichtet, für das Kindesvermögen *(ggf. Gegenstände des Kindesvermögens nennen)* von NN bis *(Datum)* folgende Sicherheiten bei der ... zu leisten: ...

16.5.3. Andere geeignete Massnahmen

Die KESB kann im Rahmen von Art. 324 Abs. 1 ZGB anordnen, was im Einzelfall *erforderlich* und *zweckmässig* ist. So kann sie – abgesehen von den Möglichkeiten nach Art. 318 Abs. 3 ZGB und allen in Art. 324 und 325 ZGB explizit genannten Massnahmen – bspw. eine der Erziehungsaufsicht (vgl. Kap. 2.1.3.) entsprechende *Vermögensaufsicht* installieren, welcher Einblick und Auskunft zu gewähren ist, und welche dann die Berichterstattung an die KESB übernimmt.

16.36

16.6. Beistandschaft zur Verwaltung des Kindesvermögens (Art. 325 ZGB)

Wenn sich einer Gefährdung des Kindesvermögens *nicht anders begegnen lässt*, ist den Eltern die Verwaltung des Kindesvermögens *ganz oder teilweise* zu entziehen. Im Zuge dieser strengsten aller Interventionen ist die Verwaltung einer Beiständin oder einem Beistand zu übertragen (Art. 325 Abs. 1 ZGB). Die eingesetzte Person ist fortan von Gesetzes wegen *alleine vertretungsbefugt*. Eine Beschränkung der elterlichen Sorge, wie sie etwa zur Vermeidung einer ungünstigen parallelen Vertretungskompetenz bei den Beistandschaften im Kindesschutzrecht angeordnet werden muss (Art. 308 Abs. 3 ZGB), ist hier *nicht erforderlich*.

16.37

Da die Verwaltung des Kindesvermögens fortan im Rahmen einer *amtsgebundenen Massnahme* sichergestellt wird, sind die einschlägigen Vorschriften über die Führung der Beistandschaft (Art. 405 ff. ZGB) anwendbar. So unterstehen Beiständin und Beistand der Pflicht zur Berichts- und Rechnungsablage. Sie haben sich zudem an den Vorschriften der VBVV zu orientieren (Art. 408 Abs. 3 ZGB) sowie die Regeln über die behördliche Mitwirkung der KESB (Art. 415 ff. ZGB) zu beachten. Ihre Befugnisse sind von der KESB im Entscheiddispositiv zu umschreiben (Art. 314 Abs. 3 ZGB). Die Mandatsentschädigung wird dem Kindesvermögen belastet.

16.38

Es gilt zu beachten, dass mit den Massnahmen nach Art. 325 ZGB der eingesetzten Person *Verwaltungsaufgaben* übertragen werden. *Vertretungsbefugnisse* lassen sich grundsätzlich nur für diesen Grundauftrag herleiten. Sollten im Einzelfall weiter gehende Vertretungshandlungen notwendig sein (zu denken ist im Kontext namentlich an die Geltendmachung von Unterhaltsansprüchen oder Kinderrenten), ist in Kombination mit Art. 325 ZGB *zusätzlich* eine Beistandschaft nach Art. 308 Abs. 2 ZGB zu errichten.

16.39

Entzogen wird bei einer Massnahme nach Art. 325 Abs. 1 oder Abs. 2 ZGB grundsätzlich die Kompetenz zur Verwaltung der *Vermögenssubstanz*.

16.40

16. Kindesvermögen

Die Eltern bleiben deshalb unter Verständigung mit der Beiständin bzw. dem Beistand befugt, die *Erträge* des Kindesvermögens zu verwenden. Sollte sich allerdings zeigen, dass die Regeln von Art. 319 ZGB für die korrekte Verwendung der Erträge nicht eingehalten werden, oder dass der Verbrauch von Vermögensbestandteilen bei Vorliegen einer Anzehrungsbewilligung (Art. 320 ZGB) nicht bestimmungsgemäss erfolgt, kann die KESB die Beistandschaft gestützt auf Art. 325 Abs. 3 ZGB *auch auf diese Bereiche ausdehnen*. Sie kann eine entsprechende Verfügung von Beginn weg oder nachträglich erlassen.

16.41 Alle genannten Optionen können von der KESB zur Abwendung einer Gefährdung auch im Falle einer Verwaltung durch Dritte genutzt werden (Art. 325 Abs. 2 ZGB).

16.42

> **Entziehung der Verwaltung des Kindesvermögens**
>
> 1. *(Personalien der Eltern)* wird gestützt auf Art. 325 Abs. 1 ZGB die Verwaltung des Kindesvermögens von NN entzogen.
> 2. Als Beiständin/Beistand wird XY ernannt mit dem Auftrag
>   a. Das Kindesvermögen zu verwalten;
>   b. die Erträgnisse den Eltern zu überlassen, soweit sie hierauf gemäss Art. 319 Abs. 1 ZGB Anspruch haben;
>   c. über die Verwaltung per *(Datum)* Rechnung abzulegen.

16.7. Ende der Verwaltung des Kindesvermögens und Verantwortlichkeit

16.43 Art. 326 und 327 ZGB regeln die Beendigung der Verwaltung des Kindesvermögens. Auch wenn deren Anwendbarkeit aufgrund des Wortlautes auf die Konstellation der *elterlichen* Verwaltung beschränkt zu sein scheint, sind die beiden Bestimmungen für Situationen der *Drittverwaltung* doch analog anwendbar. Dagegen sind sie nicht relevant, wenn es um die Beendigung einer *amtsgebundenen Vermögensverwaltung* (Beistandschaft nach Art. 325 ZGB bzw. Vormundschaft nach Art. 327a ff. ZGB) geht, denn hier kommen die einschlägigen Vorschriften (Art. 421 ff. ZGB) zum Tragen.

16.44 Sobald ihre Verwaltungskompetenz entfällt, ist es die gesetzliche Pflicht der Eltern, das Kindesvermögen – ohne besondere Aufforderung – *unter Abrechnung herauszugeben* (Art. 326 ZGB), wozu auch die Herausgabe aller Unterlagen gehört, die Rückschlüsse auf das Vermögen und dessen Entwicklung erlauben (Bankbelege, Kaufverträge usw.). Bei Entfallen der

16.7. Ende der Verwaltung und Verantwortlichkeit

Verwaltungskompetenz ist zunächst an das automatische *Ende* der elterlichen Sorge als Folge der Volljährigkeit des Kindes zu denken. Dann aber auch an alle Fälle, in denen die *elterliche Sorge entfällt* (Tod, umfassende Beistandschaft) oder *entzogen* wird. Schliesslich entfällt die Verwaltungskompetenz auch im Zuge einer Massnahme nach Art. 325 ZGB (vgl. Kap. 16.6.).

Die Herausgabe des Vermögens hat an das Kind selbst oder an dessen gesetzliche Vertretung, somit – je nach Sachverhalt – an eine *Beistands- oder Vormundsperson* zu erfolgen. Denkbar ist auch die Konstellation, bei der das Vermögen dem *andern Elternteil* herauszugeben ist, weil nur die Sorge des einen Elternteils entfällt. Die Herausgabe hat auf den *Zeitpunkt der Beendigung der Verwaltung* zu erfolgen und wird durch effektive Übergabe der Werte und Sachen vollzogen. Die Vermögenswerte sind *in natura* herauszugeben, soweit als Folge einer in guten Treuen vollzogenen Veräusserung nicht der *Erlös* zu erstatten ist (Art. 327 Abs. 2 ZGB). Für Beträge, welche in Anwendung von Art. 319 Abs. 1 und Art. 320 ZGB befugtermassen (vgl. Kap. 16.1. sowie Kap. 16.4.) für das Kind oder den gemeinsamen Haushalt verwendet wurden, ist *kein Ersatz geschuldet* (Art. 327 Abs. 3 ZGB). Dieser Grundsatz gilt auch dann, wenn die Eltern *nachträglich und unvorhergesehen* in eine bessere und damit einer Anzehrung des Kindesvermögens entgegenstehende finanzielle Situation gelangt sein sollten.

16.45

Auszugehen ist von einer *getreuen und sorgfältigen* Vermögensverwaltung. Erweist sich bei der Herausgabe des Kindesvermögens, dass zwischen den vorhandenen Aktiven und dem bei pflichtgemässer Verwaltung zu erwartenden Vermögensbestand eine Differenz besteht, so kann das Kind für diese Differenz *Schadenersatz* geltend machen. Hinsichtlich der *Verantwortlichkeit* verweist Art. 327 Abs. 1 ZGB auf die Bestimmungen des *Auftragsrechts*. Für das Mass der Sorgfaltspflicht bei der Vermögensverwaltung wird damit insb. an Art. 398 und Art. 399 OR angeknüpft, welche ihrerseits teilweise auf das Arbeitsrecht verweisen, was im Ergebnis ermöglicht, bei der Verantwortlichkeitsfrage im Eltern-Kind-Verhältnis die unterschiedlichen elterlichen Fähigkeiten sowie auch die jeweiligen Anforderungen des Einzelfalls angemessen zu berücksichtigen. Eltern mit gemeinsamer elterlicher Sorge haften solidarisch.

16.46

Wird von den Eltern eine *Drittverwaltung* installiert (vgl. Kap. 16.1.), bleibt ihre Haftung bestehen und erstreckt sich auf die Auswahl, Instruktion und Überwachung der eingesetzten Drittperson.

16.47

Teil IV: Weitere Themen

17. Ausserfamiliäre Platzierung

Literatur

Gesetzliche Grundlagen: Art. 294, 300, 307 Abs. 2, 310 und 316 ZGB; PAVO; kantonale Bestimmungen.

Materialien: Erläuterungen BJ Pflegekinderverordnung.

Allgemeine Literatur: BSK ZGB I [BREITSCHMID, Art. 294; SCHWENZER/COTTIER, Art. 300; BREITSCHMID, Art. 316]; CHK ZGB [ROELLI/MEULI-LEHNI, Art. 294; BIDERBOST, Art. 316]; CR CC I-PERRIN, Art. 294 und Art. 316; HAEFELI, Rz. 41.01 ff.; MEIER/STETTLER, N 1347–1386; Handbuch KES-ROSCH/HAURI, Rz. 1086 ff.

Spezifische Literatur: AFFOLTER KURT, Sicherung der Pflegekosten für fremdplatziertes Kind, in: ZKE 2016, 158 ff.; ANDERER KARIN, Das Pflegegeld in der Dauerfamilienpflege und die sozialversicherungsrechtliche Rechtsstellung der Pflegeeltern, Schriften zum Sozialversicherungsrecht, Diss. Zürich 2012; ANDERER KARIN, Die revidierte Pflegekinderverordnung – wird der präventive Kinderschutz verbessert? in: FamPra 2014, 616 ff.; BLÜLLE STEFAN, Kinder und Jugendliche platzieren – ein Handlungsleitfaden für platzierungsbegleitende Fachpersonen, in: Leitfaden Fremdplatzierung, Integras, Zürich 2013, 10 ff.; HOTZ SANDRA/GASSNER SIBYLLE, Less Lost in Care: Die neue Pflegekinderverordnung, in: FamPra 2013, 286 ff.; GASSNER SIBYLLE, Das Vertretungsrecht der Pflegeeltern, in: Kaleidoskop des Familien- und Erbrechts: Liber amicarum für Alexandra Rumo-Jungo, Zürich 2014, 89 ff.; GÖTZÖ MONIKA/SCHÖNE MANDY/WIGGER ANNEGRET, Spannungsfelder organisierter Lebensräume: Forschungsbeiträge zu Pflegefamiliensettings und Vergemeinschaftungsprozessen in stationären Einrichtungen, St. Gallen 2014; INTEGRAS (Hrsg.), Leitfaden Fremdplatzierung, Zürich 2013; KINDLER et al., Rückführung und Verselbständigung, in: Kindler et al. (Hrsg.) Handbuch Pflegekinderhilfe, München 2010, 615–665; MAZENAUER LUCIE/GASSNER SIBYLLE, Der Pflegevertrag, in: FamPra 2014, 274 ff.; PFLEGEKINDER-AKTION SCHWEIZ (Hrsg.), Handbuch Pflegekinder, Aspekte und Perspektiven, Zürich 2016; ROSCH DANIEL, Verbleib oder Rückkehr des Pflegekindes? – Rechtliche und sozialarbeiterische Würdigung von Rückplatzierungsbegehren, in: FamPra 2014, 26 ff.; FICE (Fédération Internationale des Communautés Éducatives), IFCO (International Foster Care Organisation) & SOS-KINDERDORF, Quality4Children, Standards in der ausserfamiliären Betreuung in Europa, Download auf www.qualtiy4children.ch; BUNDESAMT FÜR JUSTIZ, Ausserfamiliäre Betreuung von Kindern [Themenseite], Dokumentation auf www.bj.admin.ch/bj/de/home/gesellschaft/gesetz-gebung/archiv/kinderbetreuung.html.

17.1. Allgemeines

17.1 Im Kindesschutz gehört die ausserfamiliäre Platzierung zu den *schwerwiegendsten Ereignissen* für Kinder und deren Familien. Auch wenn es unzählige Beispiele gibt, in denen dieser Übergang sanft, gut vorbereitet und einvernehmlich geschieht, markiert das Ereignis immer eine tiefgreifende Veränderung für die betroffenen Individuen und deren Beziehungsgestaltung in ihrer sozialen Umwelt.

17.1. Allgemeines

Es ist der Übergang von einem Ort, der sich üblicherweise in der Sphäre der Privatheit befindet, zu einem Ort mit öffentlichem Charakter. Öffentlich deshalb, weil Instanzen und professionelle Akteure mit bestimmten Aufgaben involviert sind (z.B. bei der Finanzierung, dem Eingriff in die Rechte von Eltern oder bei der Begleitung während des Aufenthalts).

17.2

Mitunter steht die Platzierung am Ende eines langen Weges und gescheiterten Versuchen als letztmögliche «Lösung» im Raum. Die *Entstehungsgeschichte*, an deren Ende die Herauslösung des Kindes aus dem gewachsenen Beziehungsgefüge steht, ist ein wesentlicher Aspekt von Platzierungen. Die Gründe für eine ausserfamiliäre Platzierung zeichnen sich gerade dadurch aus, dass sie aus Sicht der Kinder, der Familien, der involvierten Akteure und Entscheidungsinstanzen unterschiedlich formuliert werden. Dazu kommt, dass das Betreutsein ausserhalb der eigenen Familie gesellschaftlich ambivalent bewertet wird. Deshalb kommt der Indikationsstellung und der Gestaltung des partizipativen Prozesses eine erhebliche Bedeutung zu.

17.3

Dabei ist wesentlich, dass eine gemeinsame Sichtweise auf Probleme, Schwierigkeiten und Belastungen und deren Einfluss auf das Kind gewonnen werden kann. Eine von Eltern, dem Kind und Fachpersonen gemeinsam getragene Analyse von Kinderbedürfnissen und Elternkapazitäten unter der jeweiligen Berücksichtigung des individuellen entwicklungspsychologischen Zustandes ist sehr entscheidend. Wegleitend dazu sind die im Rahmen von **«Quality4Children»** entwickelten Standards der ausserfamiliären Betreuung in den *drei Kernprozessen* Entscheidfindung und Aufnahme (Entscheidphase für einen neuen Lebensort), Betreuung (Lebensphase an neuem Ort) und Austritt (Abschiedsphase).

17.4

Eine ausserfamiliäre Platzierung kann vereinbart oder angeordnet sein. Eine *vereinbarte Platzierung* liegt vor, wenn die Eltern im Rahmen ihres Aufenthaltsbestimmungsrechts das Kind in eine Pflegefamilie oder in ein Heim geben (sog. freiwillige Platzierung). Eine *angeordnete Platzierung* liegt vor, wenn den Eltern das Aufenthaltsbestimmungsrecht nach Art. 310 ZGB entzogen wurde und die Behörde (KESB oder Gericht) das Kind platziert (vgl. dazu Kap. 2.4.). Bei einer vereinbarten wie auch angeordneten Platzierung wird häufig eine Beistandschaft nach Art. 308 ZGB errichtet, welche die Eltern und das Kind in den obgenannten Kernprozessen unterstützt und begleitet.

17.5

17.6

> **Beachte**
>
> - Reichen die zur Verfügung stehenden Möglichkeiten und Fähigkeiten der Eltern, des sozialen Umfeldes sowie der Schule nicht aus, um dem Kind ein verantwortbares Entwicklungsumfeld zu gewährleisten, ist eine ausserfamiliäre Platzierung angezeigt.
>
> - Eine Platzierung weist drei Kernprozesse auf:
>
>   **Aufnahmephase** 〉 **Betreuungsphase** 〉 **Austrittsphase**

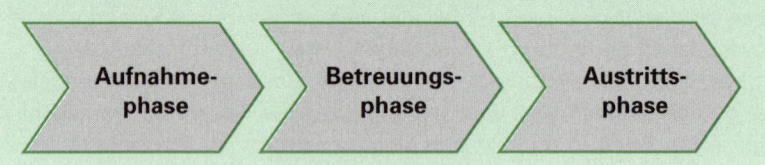

17.2. Bewilligungspflicht

17.7 Wer Pflegekinder aufnimmt, bedarf einer Bewilligung der KESB oder einer anderen vom kantonalen Recht bezeichneten Stelle seines Wohnsitzes (im Folgenden «Behörde») und steht unter deren Aufsicht (Art. 316 Abs. 1 ZGB). Konkretisiert wird die Bewilligungspflicht in der PAVO, die *Minimalanforderungen* festlegt. Die Kantone können weitergehende Bestimmungen erlassen (vgl. Art. 3 PAVO).

17.8 Bewilligungspflichtig ist die Aufnahme von Kindern in der Familien- oder Heimpflege (Art. 4 und 13 PAVO). Die Bewilligung muss vor der Aufnahme des Kindes eingeholt werden (Art. 8 und 13 PAVO). Nachfolgend werden die Voraussetzungen betreffend Familienpflege erläutert.

17.9 Die bewilligungspflichtige *Familienpflege* umfasst Pflegeverhältnisse, die *länger als einen Monat gegen Entgelt* oder *länger als drei Monate* dauern (Art. 4 Abs. 1 PAVO). Die Aufnahme von Kindern im Rahmen von *Kriseninterventionen* (kurzfristige und zeitlich beschränkte Notfall- und Timeout-Platzierungen) benötigen unabhängig von ihrer Dauer eine Bewilligung (Art. 4 Abs. 2 PAVO). Eine behördliche Unterbringung oder die Rückkehr in die Herkunftsfamilie während der Wochenenden entbindet nicht von der Bewilligungspflicht (Art. 4 Abs. 3 PAVO).

17.10 Vor der Unterbringung hat die Behörde die Verhältnisse in geeigneter Weise zu untersuchen, u.a. durch Hausbesuche oder durch Beizug von Sachverständigen (Art. 7 PAVO). Allgemein wird vorausgesetzt, dass die Pflegeeltern nach Persönlichkeit, Gesundheit und erzieherischer Eignung sowie nach den Wohnverhältnissen für gute Pflege, Erziehung und Ausbildung des Kindes Gewähr bieten. Auch darf das Wohl anderer in der Pflegefamilie lebender Kinder nicht gefährdet werden (Art. 5 PAVO). Im Einzelfall müssen diese allgemein gehaltenen Voraussetzungen im Lichte der jeweils besonderen Bedürfnisse des Pflegekindes konkretisiert werden *(Passung)*.

Die Bewilligung wird für ein bestimmtes Kind erteilt und kann befristet und mit Auflagen und Bedingungen verbunden werden (Art. 8 PAVO). Bei einem *ausländischen Kind*, das vor der Aufnahme im Ausland lebte, sind weitergehende Voraussetzungen zu beachten (vgl. Art. 6, Art. 8 Abs. 4, Art. 8a sowie Art. 8b PAVO). Die Bewilligung kann bei Mängeln oder Schwierigkeiten in der Zusammenarbeit widerrufen werden. Bei Gefahr in Verzug kann das Kind – unter Benachrichtigung der KESB – vorläufig an einem anderen Ort untergebracht werden (Art. 11 PAVO).

17.11

Bewilligung zur Aufnahme eines Pflegekindes nach Art. 4 und 5 PAVO

1. Das Gesuch von *(Pflegeeltern/-mutter/-vater)* vom *(Datum)* um Aufnahme von NN als Pflegekind wird gutgeheissen und den *(Pflegeeltern/-mutter/-vater)* wird gestützt auf Art. 4 und 5 PAVO eine unbefristete Pflegeplatzbewilligung für NN erteilt.

2. Es wird davon Vormerk genommen, dass XY als Vertrauensperson für NN bezeichnet ist.
   (Variante: Der Beistand wird beauftragt, zusammen mit NN eine Vertrauensperson zu bezeichnen und sie der KESB zu melden.)

3. *(Pflegeeltern/-mutter/-vater)* werden/wird dazu angehalten, der *(Name der Pflegekinderaufsicht)* alle wichtigen Veränderungen der Verhältnisse unverzüglich zu melden.

4. Die von *(Name der zuständigen KESB)* beauftragte *(Name der Pflegekinderaufsicht)* wird mit bestem Dank für die getätigten Abklärungen, gebeten:
   - die Pflegefamilie sooft als nötig, jährlich aber wenigstens einmal, zu besuchen und über diese Besuche Protokoll zu führen;
   - den Pflegeeltern und dem Kind bei Bedarf beratend zur Seite stehen;
   - der *(Name der zuständigen KESB)* bei Bedarf oder jeweils nach den jährlichen Aufsichtsbesuchen, erstmals spätestens per *(Datum)*, einen kurzen Bericht über die Platzierung – allenfalls mit Empfehlungen – einzureichen.

17.12

Ist die KESB mit der Bewilligung und Aufsicht betraut, unterliegen deren *Entscheide* der Beschwerde gemäss Art. 450 ZGB. Sind andere Stellen damit beauftragt, so richtet sich das Rechtsmittel nach kantonalem Recht (Art. 27 PAVO). Die behördliche Aufsichtstätigkeit im Bereich der Familienpflege erfolgt i.d.R. unentgeltlich (vgl. Art. 25 PAVO).

17.13

17.3. Familienpflege – Tagespflege – Heimpflege

17.14 Bei der ausserfamiliären Platzierung ist zwischen Familien-, Tages- und Heimpflege zu unterscheiden:

17.15 *Familienpflege* bedeutet die Aufnahme eines Kindes in einer Pflegefamilie (Art. 4 PAVO). Das Kind hält sich sowohl tags- als auch nachtsüber bei der Pflegefamilie auf. Die Familienpflege ist i.d.R. *bewilligungspflichtig* (vgl. Kap. 17.2.).

17.16 *Tagespflege* umfasst die entgeltliche Betreuung von Kindern unter 12 Jahren tagsüber in einem Haushalt (Art. 12 PAVO). Man spricht hier von sog. Tagesfamilien oder Tagesmüttern. Es wird jeweils vereinbart, an welchen Tagen und wie viele Stunden das Kind betreut wird. Die Tätigkeit ist *meldepflichtig*.

17.17 *Heimpflege* umfasst einerseits Einrichtungen, welche mehrere Kinder zur Erziehung, Betreuung, Ausbildung, Beobachtung oder Behandlung tags- und nachtsüber aufnehmen (Art. 13 Abs. 1 lit. a PAVO). Zu unterscheiden sind das Kinderheim, bei welchem das Kind die öffentliche Schule vor Ort besucht, und das Schul- oder Lehrlingsheim, in welchem das Kind in die heiminterne Schule geht oder eine heiminterne Berufsbildung (Vorlehre, Attestlehre, Lehre) macht. Ferner fallen unter den Begriff auch Kinderhorte oder Kinderkrippen, also Einrichtungen, die Kinder unter 12 Jahren tagsüber regelmässig betreuen (Art. 13 Abs. 1 lit. b PAVO). Die Heimpflege ist *bewilligungspflichtig*.

17.18 In den letzten Jahren haben sich Angebote entwickelt, welche die starre Unterscheidung zwischen Tages- und Heim- resp. Familienpflege aufweichen. Diese *teilstationären* Angebote beinhalten individuell auf den Bedarf des jeweiligen Kindes und dessen Familie zugeschnittene Betreuungs- und Wohnformen. Da diese teilstationären Angebote eine Mischung aus ambulanten und stationären Hilfen beinhalten und dem jeweiligen Bedarf der Betroffenen relativ flexibel angepasst werden können, stellen diese Angebote höhere Anforderungen an die Zusammenarbeit zwischen der Einrichtung, des MT, der KESB, dem Kind und dessen Eltern.

17.3.1. Zuständigkeiten und Verfahrensrechte

17.19 Die Kantone bestimmen, ob für die Bewilligung und Aufsicht von Familien-, Heim- und Tagespflege die *KESB* oder eine *andere Behörde* zuständig ist (Art. 2 PAVO). Die flexible Zuständigkeitsregelung führt zu einer Zersplitterung der örtlichen und sachlichen Zuständigkeit. Die KESB ist in 13 Kantonen für die Bewilligung der Familienpflege zuständig (AI, AR, BE, BL, GL, JU, NE, SH, SZ, TI, UR, ZG, ZH).

Die KESB ist für die Umsetzung von folgenden *Informations- und Partizipationsrechten des Kindes* besorgt (Art. 1a Abs. 2 PAVO): Das Kind ist über *seine Rechte*, insb. Verfahrensrechte, entsprechend seinem Alter aufzuklären. Zudem soll es eine *Vertrauensperson* zugewiesen erhalten, an die es sich bei Fragen oder Problemen wenden kann (vgl. dazu Kap. 17.6.7.). An den Entscheidungen, die einen wesentlichen Einfluss auf sein Leben haben, ist es entsprechend seinem Alter zu beteiligen. Da die KESB von den vereinbarten Platzierungen nicht immer Kenntnis erhält, ist der Anwendungsbereich faktisch auf die behördlichen Platzierungen beschränkt.

17.20

17.3.2. Indikation für ambulante, teilstationäre und stationäre Hilfen

Die *Ermittlung des Hilfebedarfs* ist zentral für die weitergehenden Entscheidungen und setzt eine sorgfältige Beschreibung und Bewertung der Lebenslage, zu der die Unterstützung in Bezug gesetzt wird, voraus. Die Anstrengungen sind in erster Linie darauf ausgerichtet, dass das Kind bei seinen Eltern oder anderer naher Familienangehöriger bleiben oder zu diesen zurückkehren kann (vgl. dazu Art. 9 KRK sowie Leitlinien für alternative Formen der Betreuung von Kindern vom 24. Februar 2010, Resolution der Generalversammlung der Vereinten Nationen 64/142). Es ist deshalb stets sorgfältig zu prüfen, ob sich ein *Hilfepaket* aufbauen lässt, mit dem der Verbleib des Kindes in der Familie möglich ist.

17.21

Indikation für ambulante und teilstationäre Hilfen

Zur Indikation von ergänzenden Hilfen sind folgende Aspekte zu berücksichtigen:
- Welche minimalen Anforderungen müssen für eine dem Kindeswohl entsprechende Entwicklung des Kindes gewährleistet bzw. wiederhergestellt werden?
- Wie schätzen die Eltern und das Kind die Probleme ein und welche Lösungsvorstellungen haben sie?
- Wie sieht die Kooperationsfähigkeit und -möglichkeit der Eltern aus?
- Welche Fachpersonen sind beteiligt und wie schätzen sie die Situation ein? Welche Lösungsideen haben sie und welche Beträge können sie leisten?

17.22

17. Ausserfamiliäre Platzierung

- Welche Hilfen sind verfügbar und welche kommen in Frage? Welche erwünschten Wirkungen werden von diesen Hilfen erwartet und welche Nachteile oder unerwünschte Nebenwirkungen könnten diese hervorrufen?
- Können die Hilfen mit den Eltern in Absprache getroffen werden oder müssen sie zur Sicherstellung angeordnet werden?

17.23 Für die familienergänzende Betreuung und die sozialpädagogische Familienbegleitung ergeben sich entsprechend folgende Überlegungen:

17.24

	Institutionen	Indikation	Möglichkeiten
Familienergänzende Betreuung	• Tagesheim • Tagesfamilien • Kinderkrippen • Kinderhorte	• Kind bekommt zu Hause wenig emotionale Zuwendung und kognitive Stimulierung	• Anregendes Umfeld erschliessen • Eltern haben zusätzliche Ansprechpersonen • Problematik: Betreuungsangebot sollte sozialpädagogisch für Kinder mit besonderen Bedürfnissen ausgerichtet sein
Sozialpädagogische Familienbegleitung	• Diverse Anbieter	• Kind weist ein hohes Belastungsniveau auf, es zeigt jedoch wenig Auffälligkeiten	• Teilweise Kompensation der Versorgungslage • Abklärung, ob innert nützlicher Frist genügend Erziehungs- und Betreuungskompetenz aufgebaut werden kann

Indikation für eine ausserfamiliäre (stationäre) Platzierung

17.25 Eine ausserfamiliäre Platzierung ist angezeigt, wenn das Kindeswohl durch ambulante oder teilstationäre Hilfestellungen nicht genügend sichergestellt werden kann. Das Subsidiaritäts- und Verhältnismässigkeitsprinzip ist zu beachten.

17.3. Familienpflege – Tagespflege – Heimpflege

Indikation für stationäre Hilfen

Die Platzierungsindikationen lassen sich in vier Gruppen unterteilen, wobei einzelne Merkmale auch kumuliert vorkommen können:

- *Mangellage in der Familie:* die verfügbaren Erziehungsmöglichkeiten und -fähigkeiten der Eltern bzw. Obhutsinhabenden reichen nicht aus, um die Erziehungsaufgabe zu bewältigen. Dieser Zustand kann vorübergehend oder dauernd sein.
- *Misshandlung des Kindes in der Familie:* Das Kind wird durch die Eltern oder Obhutsinhabende oder andere Personen im unmittelbaren familiären Umfeld körperlich, psychisch oder sexuell misshandelt und/oder vernachlässigt.
- *Ablösungskrise mit Verlust der elterlichen Autorität:* Die Adoleszenzkonflikte verlaufen in einem Masse destruktiv, dass die Entwicklung des/der Jugendlichen gefährdet oder blockiert wird.
- *Besondere Förder- und Bildungsbedarf bei fehlendem Angebot am Wohnort der Familie:* Die regulären Bildungsmöglichkeiten können dem Kind kein Beschulungsangebot anbieten. Das Kind benötigt eine spezifische Förderung.

17.26

Indikationen für die Wahl der Platzierungsform (Passung)

Die Auswahl einer Platzierungsform sollte gründlich durchdacht und begründet sein. Die folgenden Indikationen sind als Orientierung zu verstehen. Sie sollen nicht starr angewendet werden. Für jedes Kind muss die *Indikationsstellung individuell* unter Berücksichtigung seines Alters, seiner Persönlichkeit, seiner Beziehungen zur Herkunftsfamilie, der Distanz zum Wohnort der Herkunftsfamilie und der erwarteten Entwicklung für die Zukunft erfolgen. Geschwister sind in der Regel gemeinsam unterzubringen.

17.27

Indikation für die Wahl der Platzierungsform

17.28

	Besonderheiten
Pflegefamilien	• Bietet familiäres Umfeld, in welchem das Kind zusammen mit den Pflegeeltern und deren leiblichen Kindern aufwächst und einen Familienalltag erlebt; • Kind kann Bindung zu den Pflegefamilienmitgliedern aufbauen; • Säugling / Kleinkinder: sind auf positive Bindungen angewiesen; • Ältere Kinder: sind diese nicht in der Lage, Beziehungen einzugehen, kann die Platzierung in der Pflegefamilie zur Überforderung für alle Beteiligten führen; • Werthaltungen der Pflegefamilie (inkl. religiösen Vorstellungen) und diejenigen der Herkunftsfamilie sollten in den Grundzügen kompatibel sein;

17. Ausserfamiliäre Platzierung

	• Der familiäre Charakter kann zur Konkurrenz zur Herkunftsfamilie werden, der bei den leiblichen Eltern zu Widerständen oder emotionalen Rückzug führen kann; • Loyalitätskonflikte beim Kind möglich.
Heim	• Je nach Institution können die Bindungsbedürfnisse des Kindes nur bedingt befriedigt werden, weshalb eine beziehungsmässige Verankerung des Kindes nicht im Vordergrund stehen sollte. • Es besteht eine hohe Transparenz bezüglich Werte und Normen, da diese konzeptionell festgehalten sind; • Heime gewähren strukturierte Tagesabläufe, regelmässige Schulbesuche, Unterstützung bei Hausaufgaben, weshalb sie eine Entlastung der Eltern durch alltägliche Erziehungs- und Alltagsgestaltung darstellen können; • Die Institutionen weisen hohe Professionalität wie auch interne und externe Kontrollmechanismen aus; • Ein Heim ist geeignet für Kinder, welche anspruchsvolles Verhalten und eine eingeschränkte Beziehungsfähigkeit aufweisen.
Heilpädagogische Grossfamilien	• Vereint durch den familiären Charakter und pädagogisch qualifizierte Führung die Vorteile der Pflegefamilie und eines Heimes; • Zeithorizont der Platzierung sollte mittel- bis längerfristig sein; • Kind sollte in der Lage sein, engere Beziehung eingehen zu können.

17.4. Zusammenarbeit mit Familienplatzierungs-Organisationen

Literatur

KELLER ANDREA, Familienplatzierungs-Organisationen, in: Leitfaden Fremdplatzierung, Integras, Zürich 2013, 113 ff.; MAZENAUER LUCIE/GASSNER SIBYLLE, der Pflegevertrag, in: FamPra 2014, 274 ff.; VALERO LAURA, qualitative Aufsicht über Platzierungsorganisationen, in: SozialAktuell, Nr. 4 2015, 36 ff.; BÜHLER JUDITH, Bestandesaufnahme kantonale Aufsicht, Dienstleistungsangebote Familienpflege und Bedarf Kompetenzzentrum FPO Integras, Bericht vom 8. Dezember 2015, und INTEGRAS, Merkblatt für einweisende Stellen, 2012 [beide Dokumente sowie weitere Dokumente zum Thema FPO zum Download: www.integras.ch > Aktuelles > Sozial-/Sonderpädagogik > Familienplatzierungsorganisationen].

17.29 Familienplatzierungs-Organisationen (nachfolgend FPO) sind private Organisationen, die im Auftrag von staatlichen Stellen Kinder in Pflegefamilien platzieren. Je nachdem erbringen FPO weitere Dienstleistungen im Rahmen der Platzierung, bspw. die Begleitung des Pflegeverhältnisses, die Abklärung und Ausbildung von Pflegefamilien, 24 h-Erreichbarkeit bei Notfällen etc. Der *Kern der Aufgaben* von FPO liegt in der Kooperation mit den Kindern sowie allen Beteiligten, die einen Einfluss auf die Entwicklung der platzierten Kinder nehmen. Die FPO haben eine wesentliche Scharnierfunktion bei der Platzierung. Als Dienstleistungsanbietern in der Familienpflege sind sie gegenüber einer zentralen kantonalen Behörde meldepflichtig und unterstehen deren Aufsicht (Art. 20a Abs. 1 PAVO).

Die Kantone erhalten somit Kenntnisse, welche FPO welche Dienstleistungen anbietet (vgl. Art. 20e PAVO). Einheitliche *qualitative Aufsichtskriterien* sind in der PAVO nicht definiert, obwohl der Wortlaut solche zulässt (vgl. Art. 20e Abs. 2 PAVO). Die FPO handeln in einem sehr sensiblen Bereich. Staatliche Auftraggeber delegieren weitreichende Kompetenzen im Rahmen einer Platzierung an FPO. *Integras* bietet ein Zertifizierungsverfahren für FPO an. Das Verfahren überprüft die Fachlichkeit, die Orientierung an den Kinderrechten sowie die Organisationsstruktur und Finanzen. Bis Oktober 2016 haben sich 8 FPO zertifizieren lassen (von total 58 FPO in der Schweiz). FPO sind gleichzeitig in einem «Markt», in welchem Nachfrage und Preis spielt, was Risiken bergen kann. Hilfreich erweist sich das Merkblatt von Integras für zuweisende Stellen (auf www.integras.ch oder in der Download-Plattform).

17.30

Beachte

- Die Quality4Children-Standards sollten in allen Phasen der Zusammenarbeit handlungsweisend sein (Aufnahme-, Betreuungs-, Austrittsprozess).
- Die Zusammenarbeit und Finanzierung ist vor der Platzierung vertraglich zu regeln, mit etwa folgenden Inhalten: Angaben der Vertragspartner, gesetzliche Grundlage der Platzierung, Kostenübernahme und Betrag, Versicherungen, Auftragsumschreibung, geplante Dauer der Platzierung, Zielsetzung, evtl. Besuchsregelung, Beschwerdewege (Eltern, Kinder). Die FPO ihrerseits hat i.d.R. Verträge mit den Pflegeeltern geschlossen und rechnet i.d.R. den Lohn und die Sozialversicherungen ab.
- FPO verrechnen i.d.R. höhere Tagespauschalen als jene, die in kantonalen Richtlinien vorgesehen sind. Eine erhöhte Tagespauschale, die einzig in der Beratung und Unterstützung der Pflegeeltern gründet, ist gemäss Bundesgericht nicht vom unterhaltspflichtigen Elternteil zu tragen; diese Mehrkosten sind infolge einer Kompetenzauslagerung staatlicher Aufgaben vom Gemeinwesen zu tragen (BGE 141 III 401, im Bereich der Ergänzungsleistung vgl. BGer 9C_44/2016).

17.31

17.5. Pflegevertrag

Literatur

Allgemeine Literatur: BSK ZGB I-Schwenzer/Cottier, Art. 300 N 2 ff.; Häfeli, Rz. 41.29 ff.

Spezifische Literatur: Anderer Karin, Das Pflegegeld in der Dauerfamilienpflege und die sozialversicherungsrechtliche Rechtsstellung der Pflegeeltern, Schriften zum Sozialversicherungsrecht, Diss. Zürich 2012; Anderer Karin, die revidierte Pflegekinderverordnung – wird der präventive Kinderschutz verbessert? in: FamPra 2014, 616 ff.; Mazenauer Lucie/Gassner Sibylle, der Pflegevertrag, in: FamPra 2014, 274 ff.

17. Ausserfamiliäre Platzierung

17.32 Pflegeverträge sind Vereinbarungen, die die ausserfamiliäre Betreuung eines Kindes zum Gegenstand haben. Erfasst sind neben Familien- und Heimpflege auch die Tagespflege. Pflegeverträge sind *Innominatkontrakte* (Verträge, die nicht explizit im Gesetz geregelt werden). Sie enthalten familien- und auftragsrechtliche Elemente und sind als *unechte Verträge zugunsten Dritter* ausgestaltet (Art. 112 OR), d.h. die Betreuungsleistung soll dem Kind zukommen, das nicht Vertragspartei ist (Dritter). Dem Kind steht aber kein eigenständiges Forderungsrecht zu. Entstehung und Rechtswirkungen des Pflegevertrages richten sich nach *Privatrecht*, selbst wenn das Kind behördlich – durch die KESB oder das Gericht – platziert wird. Pflegeverträge können formlos geschlossen werden, d.h. auch mündlich oder konkludent. Es empfiehlt sich jedoch, Pflegeverträge schriftlich abzufassen.

17.33
> **Pflegevertrag**
>
> Inhaltlich sollten die Vertragsparteien folgende Bereiche regeln:
> - Art des Pflegeverhältnisses (Tages-, Wochen-, Dauerpflege);
> - allfällig bestehende Beistandschaft und deren Aufgaben sowie Angaben über eine allfällige Vertrauensperson;
> - Erziehungsauftrag (nähere Umschreibung der Vertretungsbefugnisse, insb. in den Bereichen religiöse Erziehung, Freizeit- und Sportaktivitäten, Verhalten bei Krankheit und Unfall);
> - Formen der Kooperation und Information sowie besondere Vereinbarungen (z.B. Therapien, Besprechungen mit Fachpersonen);
> - Versicherungen des Kindes (Krankheit und Unfall), Haftpflichtversicherungen der Eltern (evtl. Haftpflichtversicherung Pflegeeltern);
> - Höhe des Pflegegeldes (vgl. dazu Art. 294 ZGB sowie ggf. kantonale Richtlinien) und welche Leistungen damit abgegolten werden sowie andere Auslagen (insb. auch die Abgeltung der Sozialversicherungsbeiträge bei unselbstständiger Erwerbstätigkeit);
> - Ferienregelungen sowie Besuchs- und Wochenendregelungen;
> - Eintrittsmodalitäten sowie beim Eintritt übergebene Dokumente (z.B. Identitätskarte, Impfausweis etc.) sowie allfällige Meldepflichten gegenüber der Einwohnerkontrolle (v.a. bei Familienpflege);
> - allfällige Probezeit, in welcher das Vertragsverhältnis unter einer verkürzten Kündigungsfrist aufgelöst werden kann;
> - Auflösungsmodalitäten, wobei eine jederzeitige Auflösung im Sinne von Art. 404 Abs. 1 OR nicht wegbedungen werden kann.

17.34 Die *Pflegeeltern* sind die eine *Vertragspartei*, wobei der Begriff weit zu verstehen ist. Erfasst sind alle Personen, die die Obhut über das Kind ausüben. Das können Verwandte, Institutionen (Heime, Internate), Privatpersonen, aber auch ein Elternteil ohne elterliche Sorge sein. Die andere Vertragspartei ist der/die Inhaber/in des *Aufenthaltsbestimmungsrechts* über das Kind. Dabei ist nicht von Belang, wer als gesetzlicher Vertreter des Kindes agiert: bei einer *angeordneten Platzierung* wird den Eltern das Aufenthaltsbestimmungsrecht (Teilgehalt der elterlichen Sorge) im Sinne von Art. 310 ZGB entzogen. Eltern sind zwar weiter Inhaber des Restgehalts der elterlichen Sorge und können das Kind grundsätzlich auch weiterhin als gesetzliche Vertreter vertreten. Sie sind aber nicht mehr berechtigt, über den Aufenthalt und uneingeschränkt über Pflege und Erziehung des Kindes zu entscheiden. Bei einer angeordneten Platzierung ist somit die *KESB* Vertragspartei. Bei einer *vereinbarten Platzierung* sind die *Eltern* Vertragspartei. Eine vereinbarte Platzierung liegt auch vor, wenn das Kind durch den Vormund platziert wird (Einschränkung Art. 327c Abs. 3 ZGB sowie Zustimmungspflicht im Sinne von Art. 327c Abs. 2 i.V.m. Art. 416 Abs. 1 Ziff. 2 ZGB), Vertragspartei ist diesfalls der Vormund.

17.6. Rollen und Aufgaben

Literatur

Gesetzliche Grundlagen: Art. 293 und 310 ZGB.

Allgemeine Literatur: Handbuch KES (ESTERMANN/HAURI/VOGEL, Rz. 398 ff.; ROSCH/HAURI, Rz. 1000 ff.).

Spezifische Literatur: KOKES, Der Einbezug von Sozialhilfebehörden in die Entscheidfindung der Kindesschutzorgane, Empfehlungen vom 24. April 2014, in: ZKE 2014, 263 ff.; HELMING ELISABETH et al., Begleitung und Beratung von Pflegefamilien, in: Kindler et al. (Hrsg.), Handbuch Pflegekinderhilfe, München 2011, 448–478; KINDLER HEINZ et al., Pflegekinder: Situation, Bindungen, Bedürfnisse und Entwicklungsverläufe, in: Kindler et al. (Hrsg.), Handbuch Pflegekinderhilfe, München 2011, 129–223; ARNOLD C. et al., Pflegefamilien- und Heimplatzierungen: eine empirische Studie über den Hilfeprozess und die Partizipation von Eltern und Kindern, Zürich/Chur 2008; Quality4Children Standards [Download: www.quality4children.ch].

17.6.1. KESB

Im Rahmen der drei Kernprozesse (Entscheidphase, Betreuungsphase und Austrittsphase) ist die erste Phase zentral für die KESB. Sie hat infolge der Untersuchungsmaxime alle erforderlichen Informationen und Entscheidgrundlagen zu beschaffen, damit der konkrete Hilfsbedarf ermittelt werden kann (zum Abklärungsverfahren allgemein vgl. Kap. 3.). Daraus leiten sich exemplarisch folgende Aufgaben ab:

- Die Klärung, ob mit der Platzierung ein langfristiges Arrangement oder die Rückkehr in die Herkunftsfamilie angestrebt wird, ist wichtig. Sollte

17.35

17. Ausserfamiliäre Platzierung

sich im Platzierungsprozess eine langfristige Unterbringung abzeichnen, ist das gegenüber dem betreffenden Kind, Herkunftsfamilie und Platzierungsort zu deklarieren.
- Bei Entzug des Aufenthaltsbestimmungsrechts sollten minimale Anforderungen, die bei der Rückkehr des Kindes in seine Herkunftsfamilie gegeben sein müssen, formuliert werden. Das eröffnet Perspektiven.
- Es sollte den Eltern möglichst konkret aufgezeigt werden, welche Rechte und Kompetenzen sie im Leben des Kindes weiterhin haben, welche Erwartungen durch die verschiedenen Akteure an sie bestehen, und wie sie das Kind auf den Übergang vorbereiten können.
- Die Rahmenbedingungen der Platzierung (Ferien, Besuche, Wochenende) sollten gestaltet und müssen allenfalls angeordnet werden. Dabei sind die Zielsetzungen der Platzierung angemessen zu berücksichtigen.
- Die Eltern sollten über die Finanzierung der Platzierung informiert werden und wer für sie Ansprechperson ist bei Fragen (z.B. Beistandsperson mit spezifischer Aufgabe).

Exkurs: Finanzierung von Platzierungen

17.36   Die Kosten einer indizierten Platzierung sind Unterhaltskosten i.S. von Art. 276 Abs. 1 ZGB. Das öffentliche Recht bestimmt, wer die Kosten des Unterhalts zu tragen hat, wenn weder die Eltern noch das Kind sie bestreiten können (Art. 293 Abs. 1 ZGB). Kann die Platzierung weder durch die Eltern noch durch Staatsbeiträge finanziert werden, muss die Sozialbehörde am Unterstützungswohnsitz Kostengutsprache leisten.

17.37   Im Rahmen von *vereinbarten Platzierungen* sind die Eltern Vertragspartei des Pflegevertrages. Sie sind Schuldner des Pflegegeldes und unterhaltspflichtig (vgl. Kap. 17.5.). Übersteigen die Kosten die finanziellen Möglichkeiten der Eltern, so ist im Vorfeld mit dem zuständigen unterstützungspflichtigen Gemeinwesen die Finanzierung zu klären. Das entscheidet nach den massgeblichen kantonalen Grundlagen.

17.38   Wird demgegenüber die *Platzierung von der KESB angeordnet*, so ist die KESB Vertragspartei des Pflegevertrages (vgl. Kap. 17.5.). Sie wird demgemäss zur Schuldnerin des Pflegegeldes; sie ist aber nicht unterhaltspflichtig. Unterhalt schulden weiterhin die Eltern. Insofern besteht eine Vorleistungspflicht. In der Regel verfügt eine KESB nicht über ein eigenes Budget für die Finanzierung von Platzierungen. Sie ist deshalb gehalten, diese durch Kostengutsprache des unterstützungspflichtigen Gemeinwesens sicherzustellen. Das unterstützungspflichtige Gemeinwesen ist in diesem Fall an den Entscheid der KESB gebunden (vgl. BGE 135 V 134). Der gesetzliche Unterhaltsanspruch des Kindes geht in diesem Fall durch

Subrogation auf das unterstützungspflichtige Gemeinwesen über (Art. 289 Abs. 2 ZGB). Das prüft im Nachgang, inwieweit die Eltern Beiträge leisten können oder gemäss kantonalem Recht Staatsbeiträge die Platzierung finanzieren (vgl. Art. 293 Abs. 1 ZGB). Diese Besonderheit ist im Rahmen des Anordnungsentscheids Rechnung zu tragen (z.B. zusätzliche Ziffer im Muster in Rz. 2.97: «Die Sozialbehörde *(Ort)* wird eingeladen, die Finanzierung der Platzierung von NN sicherzustellen und subsidiär Kostengutsprache zu leisten»). Vgl. zum Ganzen auch Kap. 6.3.

17.6.2. Beistand/Beiständin resp. Vormundin/Vormund

Der Vormundin oder dem Vormund stehen die gleichen Rechte wie den Eltern zu (u.a. Abschluss des Pflegevertrages, Platzierung des Kindes etc.) (vgl. Kap. 17.5., 2.6. und 4.1.2.).

17.39

Demgegenüber steht die Beiständin oder der Beistand in direkten Bezug zu Eltern und Kind. Die Aufgaben sind massgeschneidert zu umschreiben (vgl. Art. 314 Abs. 3 ZGB sowie Kap. 2.3.5. und 4.1.2.). Bei einer Platzierung können folgende Aufgaben von Bedeutung sein:

17.40

Aufgaben des Beistands nach Art. 308 Abs. 2 ZGB bei einer *vereinbarten* Platzierung

- die Eltern unter Berücksichtigung der Kindesinteressen bei einer angemessenen Unterbringung und Betreuung von NN zu unterstützen und zu begleiten;
- die Eltern bei der Sicherstellung der Finanzierung zu unterstützen, insbesondere beim Antrag auf sozialhilferechtliche Finanzierung der Platzierung;
- mit NN in regelmässigen Kontakt zu stehen und sich über *dessen/deren* Situation, Bedürfnisse und Wünsche ins Bild zu setzen;
- die Entwicklung von NN zu begleiten, insbesondere durch regelmässigen Kontakt zu den involvierten Fachpersonen.

17.41

Aufgaben des Beistands nach Art. 308 Abs. 2 ZGB bei einer *angeordneten* Platzierung

- unter Berücksichtigung der Kindesinteressen stets für eine angemessene Unterbringung und Betreuung besorgt zu sein, die Platzierung zu begleiten und der KESB Antrag zu stellen, falls eine Veränderung der Lebenssituation von NN angezeigt ist;

> - in Absprache mit der KESB mit *(Name Pflegefamilie oder Institution)* die Einzelheiten des Pflegevertrags auszuarbeiten und den Pflegevertrag zur Unterzeichnung umgehend der KESB einzureichen;
> - mit NN in regelmässigen Kontakt zu stehen und sich über *dessen/deren* Situation, Bedürfnisse und Wünsche ins Bild zu setzen;
> - die Entwicklung von NN zu begleiten, insbesondere durch regelmässigen Kontakt zu den involvierten Fachpersonen.

17.42 Bei einer angeordneten Platzierung ist die KESB Vertragspartei, der Pflegevertrag ist entsprechend von der KESB zu unterzeichnen. Der Abschluss, die Definition des Inhalts sowie die Kündigung des konkreten Betreuungsauftrags ist Sache der KESB. Dem Beistand oder der Beiständin kommt unterstützende Funktion zu, wenn er mit der Ausarbeitung der Einzelheiten des Inhalts des Pflegevertrags beauftragt wird.

17.6.3. Eltern

17.43 Im *Übergang von der Herkunftsfamilie zum Heim resp. zur Pflegefamilie* stehen Eltern u.U. unter enormem Druck. Die Belastung rührt einerseits von den sich zuspitzenden Problemlagen, die schliesslich zur Platzierung führen. Verbunden damit sind intensive Bemühungen, die Situation zu verbessern. Aus der zerschlagenen Hoffnung resultiert ein Spektrum von Gefühlen von Trauer bis Wut und der Suche nach Schuldigen. Auf der anderen Seite sind Eltern aufgefordert, den Übergang von Zuhause zum fremden Ort für das Kind möglichst gut zu gestalten. Sie sollen ihnen Sicherheit und Vertrauen geben, ihren Weg zu machen. Schliesslich sind Eltern auch in ihrem sozialen Umfeld mit der Platzierung ihres Kindes konfrontiert. Geschwister, Verwandte, Nachbarn, Lehrpersonen und andere stellen Fragen. Die Eltern und das platzierte Kind brauchen eine Begründung, die in diesem Umfeld einleuchtet (eine Platzierungsgeschichte, die möglicherweise anderes tönt als die fachliche Begründung).

17.44 Während der *Platzierung* bleiben die Eltern Inhaber der elterlichen Sorge und sie entscheiden über alle wesentlichen Aspekte, die das Kind betreffen, bspw. die schulische Förderung, Therapien, medizinische Massnahmen, einen Auslandaufenthalt usw. Das gilt grundsätzlich auch bei einer behördlichen Platzierung. Ist eine kooperative Zusammenarbeit nicht möglich, sind allenfalls weitergehende Massnahmen zu treffen, welche die elterliche Sorge einschränken (Art. 308 Abs. 3 ZGB, vgl. Kap. 2.3.4.).

17.6.4. Pflegeeltern/Heim

Ganz allgemein ist es die Aufgabe von Pflegeeltern oder dem Heim, die Betreuung der platzierten Kinder zu gewährleisten. Erst eine qualitativ gute Betreuung führt zur Erreichung der erwünschten Entwicklungsziele. Die Betreuungsqualität lässt sich anhand folgender Standards bestimmen (Quality4Children):

17.45

- Die Betreuung des Kindes entspricht seinen Bedürfnissen, seiner Lebenssituation und berücksichtigt sein ursprüngliches soziales Umfeld;
- Das Kind hält zu seiner Herkunftsfamilie Kontakt;
- Die Betreuer/innen sind qualifiziert und haben adäquate Arbeitsbedingungen;
- Die Beziehung des/der Betreuer(s)/in zu dem Kind basiert auf Verständnis und Respekt;
- Das Kind wird befähigt, Entscheidungen aktiv mitzutreffen, die direkten Einfluss auf sein Leben haben;
- Das Kind wird in angemessenen Lebensverhältnissen betreut;
- Kinder mit speziellen Bedürfnissen werden adäquat betreut;
- Das Kind/der/die junge Erwachsene wird kontinuierlich auf ein selbstständiges Leben vorbereitet.

Heime und Platzierungsorganisationen, die Pflegefamilien vermitteln und begleiten, verfügen ihrerseits über Leitbilder oder anderweitig verschriftlichte Leistungskataloge. Die oben aufgeführten Standards sind als Mindestanforderung zu verstehen.

17.46

17.6.5. Platzierungsorganisation

Im Rahmen der Zusammenarbeit mit FPO (vgl. Kap. 17.4.) sind die vertraglich vereinbarten Aufgaben massgeblich. Dabei ist zu beachten:

17.47

- Es besteht ein Unterschied im *Rollenverständnis* der FPO je nachdem, ob sie das Pflegeverhältnis, die Pflegeeltern oder das Pflegekind begleitet. Das Rollenverständnis sollte geklärt sein.
- Bei einer angeordneten Platzierung bleibt die *Verantwortung* bei der KESB, auch wenn die Auswahl und Begleitung der Pflegefamilie an eine FPO delegiert wurde. Bei einer vereinbarten Platzierung bleibt die Verantwortung bei den Eltern.
- Ist eine Beistandschaft nach Art. 308 Abs. 1 und/oder Abs. 2 ZGB mit spezifischen Aufgaben für die Begleitung der Platzierung angeordnet, so bleibt die Beistandsperson für die *Fallführung* weiterhin verantwortlich.

Sie hat die Standortsitzungen zu koordinieren und für das Kind zeitnah erreichbar zu sein und den Kontakt zu pflegen. Die Rollen und Funktionen der Beteiligten müssen für das Kind transparent und nachvollziehbar sein.

- Für die *Eltern* ist es wichtig zu wissen, welche Aufgaben die FPO im Rahmen der Elternarbeit übernimmt. Die FPO hat eine beratende und begleitende Funktion. Sie kann keine Anordnungen gegenüber Eltern treffen.
- Die FPO nehmen eine *implizite Kontrollfunktion* gegenüber Pflegeeltern ein. Sie haben sicherzustellen, dass die Pflegeeltern ihre Betreuungs- und Beziehungsaufgaben adäquat wahrnehmen.

17.6.6. Aufsicht/Bewilligungsorgan

17.48 Die *Aufsichtstätigkeit* umfasst ein eigentliches Monitoring. Einerseits besteht dies aus aufsuchend abklärenden Elementen wie Augenscheine vor Ort, Erkundigungen, Gespräche führen usw. Diese müssen periodisch vorgenommen werden (vgl. dazu Art. 10, 19 und 20 PAVO). Damit soll ein Zustandsbild erfasst werden. Für die Situationsanalyse wird besondere Fachkunde psychosozialer Art vorausgesetzt. Im Bereich der Dienstleistungsangebote sind die Überprüfungen jährlich zu machen (Art. 20e PAVO). Demgegenüber werden bei den Betreuungsformen Maximalfristen bezeichnet (wenigstens jährlich bei Familien- und Tagespflegen, wenigstens alle zwei Jahre bei Heimpflege oder sooft wie nötig). Anderseits wird untersucht, ob gewisse Standards eingehalten werden, um sich über die Tätigkeit ein Urteil bilden zu können. Die Kontrolltätigkeit ist zu protokollieren.

17.49 Im Bereich Familien- und Tagespflege umfasst die Aufsichtstätigkeit auch die Aufgabe der Beratung. Dieser doppelte Auftrag, Kontrolle und Beratung, steht in einem Spannungsverhältnis. Entsprechend ist professionelles, methodisch geschicktes Verhalten der mit der Aufsicht betrauten Person vorausgesetzt, damit das Spannungsfeld reduziert oder überwunden wird.

17.50 Im Rahmen der *bewilligungspflichtigen Betreuungsangebote* geht es um die Klärung, ob die Voraussetzungen für die Aufnahme von Kindern gegeben sind. Im Bereich der Familienpflege sind diese persönlich und infrastrukturell geprägt. Demgegenüber stehen in der Heimpflege fachliche, konzeptionelle und finanzielle Kriterien unter Berücksichtigung der entsprechenden Infrastruktur im Vordergrund (Art. 5 und 15 PAVO). Die Abklärung setzt Fach- und Sachkunde voraus.

17.6.7. Vertrauensperson

Dem platzierten Kind ist eine *Vertrauensperson* zuzuweisen, an die es sich bei Fragen oder Problemen wenden kann (Art. 1a Abs. 2 lit. b PAVO). Die Vertrauensperson kann eine Person sein, die mit dem Kinde verwandt oder bekannt ist. Sie muss handlungsfähig sein. Das Kind hat sich zur Wahl der Vertrauensperson zu äussern und kann Vorschläge machen. Entscheidend ist, dass zwischen dem platzierten Kind und dieser Person ein Vertrauensverhältnis besteht oder Anzeichen dafür sprechen, dass ein solches im Entstehen begriffen ist.

17.51

Wird keine Vertrauensperson bezeichnet, muss das Kind wissen, wie es den MT oder die KESB erreichen kann. Besteht ein ausgewiesenes Vertrauensverhältnis zur MT, so kann sie – im Wissen, dass die Personalunion auch Interessenkollisionen bergen kann – auch die Funktion der Vertrauensperson wahrnehmen.

17.52

17.7. Beendigung der Platzierung und Anschlusslösungen

Die *Beendigung der Platzierung* ist ein gleich kritischer Vorgang wie der Eintritt in ein Heim oder eine Pflegefamilie. Das Kind verlässt einen vertraut gewordenen Ort und die dort gewachsenen Beziehungen treten in den Hintergrund.

17.53

Für eine *positive Prognose* bei der Rückkehr in die Herkunftsfamilie sind verschiedene Aspekte relevant:

17.54

- Es soll eingeschätzt werden, wie hoch die vom Kind gestellten Anforderungen an die Pflege- und Erziehungskompetenz der Bezugspersonen sind. Die Eltern müssen diesen Anforderungen genügen, damit die Rückplatzierung gelingt.
- Die Problembelastung der Eltern und die verfügbaren und zugänglichen Ressourcen in der Herkunftsfamilie sind dabei wesentliche Faktoren.
- Die Einschätzung der Optionen Rückkehr in die Herkunftsfamilie oder Suche einer Anschlusslösung ist der erste Schritt in der sorgfältigen Planung des Austritts. Kinder sind bei der Abwägung verschiedener Möglichkeiten miteinzubeziehen. Sie werden befähigt, sich zu verschiedenen Varianten zu äussern und ihre Gründe für oder gegen einen Ort auszusprechen.
- Die involvierten Fachpersonen achten auf eine verständliche und angemessene Kommunikation. Das heisst bspw., dass die Gründe gegen

eine Rückkehr zu den Eltern deutlich gemacht und auf eine wertschätzende und empathische Weise mitgeteilt werden. Gleiches gilt für die Anforderungen, die das Kind an das Pflege- und Erziehungsverhalten stellt.
- Die Gespräche über die Beendigung der Platzierung und über Anschlusslösungen bilden den Rahmen, in dem (erneut) über Problemzuschreibungen verhandelt wird. Es bietet Anlass, die Platzierungsgeschichte, wie sie sich die einzelnen Involvierten zurechtgelegt haben, auszusprechen und die Diskrepanzen zu würdigen.

17.55

> **Beachte**
>
> - Übergänge stellen für Kinder eine Hürde dar, die sie mit dem Kontakt zu einer vertrauten Person besser überwinden (vgl. Quality4Children).
> - Zentral ist, dass eine Nachbetreuung durch die Bezugspersonen der vorhergehenden Einrichtung gewährleistet ist.
> - Bei zeitlich begrenzten Platzierungen, zum Beispiel in geschlossenen Einrichtungen oder Beobachtungsstationen, ist eine solche Nachbetreuung besonders wichtig.
> - Die regionale Palette an Einrichtungen in der Kinder- und Jugendhilfe sollte idealerweise verschiedene institutionelle Anschlusslösungen bieten.

17.8. Fallstricke

17.56

Platzierungen sind *schwerwiegende Ereignisse* für Kinder und deren Familien. Sie ist immer mit tiefgreifenden Veränderungen für die betroffenen Individuen und deren Beziehungsgestaltung in ihrer sozialen Umwelt verbunden. Deshalb sollten folgende Aspekte berücksichtigt werden:

- *Die Bedürfnisse des Kindes ins Zentrum stellen.* Das mag simpel klingen, gerät aber bei einer Vielzahl von Involvierten und unterschiedlichen Interessen oft aus dem Blickfeld. Bei der Perspektivenplanung ist das Bedürfnis nach Kontinuität zu betonen.
- *Über die Platzierung sprechen – niemals mit Platzierung drohen.* Platzierungen sollten nicht als unvermeidliche, schlechteste Wahlmöglichkeit konnotiert werden. So wird die Chance vergeben, eine Platzierung als Ressource, als erwägungswerte Alternative oder als neue Chance erkennbar werden zu lassen.
- *Grösstmögliche Offenheit und Bezug zur Normalität:* Ist eine Platzierung erforderlich, so sollten die damit verbundenen Eingriffe auf das unbedingt Erforderliche begrenzt bleiben.

- *Während der Platzierung sind die Veränderungsschritte in der Familie zu evaluieren:* Im Gespräch mit den Eltern, dem Kind und dem Platzierungsort darf nicht vergessen werden, die Veränderungsbemühungen in der Herkunftsfamilie wertschätzend zu beurteilen. Der positiv bewertete Wunsch nach Rückkehr soll auf seine Realisierbarkeit hin geprüft werden. Möglicherweise stehen dem Wunsch andere wichtige Aufgaben im Wege, bspw., dass die Mutter zuerst gesund werden muss.
- *Zielmanipulationsfalle:* Es ist stets zu unterscheiden zwischen Zielen der Kinder und den Forderungen, Grenzen, Erwartungen und Wünschen der Erwachsenen.
- *Die negativen Kindheitserfahrungen der Eltern durchbrechen und Verlustängste abbauen.* Eltern von platzierten Kindern haben u.U. eigene negative Kindheitserfahrungen von Beziehungsabbrüchen, Wohnortwechseln und überforderten Bezugspersonen. Mit den Eltern kann besprochen werden, wie wichtig es ist, eine Wiederholung zu verhindern. Gleichzeitig sollen die Verlustängste der Eltern, die durch die Trennung aufkommen, thematisiert werden.
- *Standortsitzungen:* Eine Teilnahme an Standortgesprächen ist keineswegs eine Garantie für wirkliche Teilhabe. Standortgespräche sind eine mögliche, aber nicht die einzige Form der Kooperation. Für konfrontative Interventionen sind Standortgespräche nicht geeignet. Auch für das Treffen von wichtigen Entscheidungen ist dieser Rahmen problematisch. Es ist schwierig abzuschätzen, inwieweit sich die Betroffenen unter Druck gesetzt und in ihrer Wahl nicht mehr frei fühlen.

17.9. Begleitung des Kindes

Literatur

MAHRER MONIKA et al., Kindesschutz in der frühen Kindheit 0–3 Jahre, Interdisziplinäre Regionalgruppe Zürich der Gesellschaft für die seelische Gesundheit in der frühen Kindheit (GAIMH), 2007; KINDER- UND JUGENDPSYCHIATRISCHE DIENSTE KJPD ST. GALLEN, Was brauchen Kinder in Übergängen? Zentrales Ambulatorium, 2010; KÜFNER MARION et al., Umgangskontakte und die Gestaltung von Beziehungen zur Herkunftsfamilie, in: Kindler et al. (Hrsg.) Handbuch Pflegekinderhilfe, München 2011, 562–612; SANDMEIR et al., Begleitung von Pflegekindern, in: Kindler et al. (Hrsg.) Handbuch Pflegekinderhilfe, München 2011, 487 ff.; PERMIEN H., Erziehung zur Freiheit durch Freiheitsentzug? zentrale Ergebnisse der DJI-Studie «Effekte freiheitsentziehender Maßnahmen in der Jugendhilfe», München 2010; RESILIENCE RESEARCH CENTER, The Pathways to Resilience Project (Summary Report), Nova Scotia, Halifax 2014, Dalhousie University, Canada, abgerufen von http://www.resilienceresearch.org/files/ICURA%20-%20Pathways%20Summary%20Report.pdf

In den drei Phasen der Platzierung muss das Kind begleitet werden. I.d.R. erfolgt die Begleitung durch eine MT, ggf. sind Dritte damit zu beauftragen.

17.57

17.9.1. Begleitung des Kindes beim Übergang von der Herkunftsfamilie ins Heim/in die Pflegefamilie

17.58 Der Übergang von der Herkunftsfamilie ins Heim oder in die Pflegefamilie kann für ein Kind traumatisierend sein. Schilderungen von Kindern über diesen Übergang tönen teilweise eher nach einer Entführung als nach einer Kindesschutzmassnahme. Es ist wichtig, dass der Übergang wenn möglich sorgfältig *geplant* wird. Wer die Begleitung des Kindes leistet und wie seine Aufgabenteilung aussieht, wird unterschiedlich gehandhabt, sollte aber immer geklärt werden. In Frage kommen die Verfahrensleitung der KESB, die abklärende Fachperson oder die MT. Wurde für das Kind zusätzlich eine Verfahrensbeistandschaft errichtet, so kann der Verfahrensbeistand dem Kind weitergehende Information bezüglich seiner Rechte und der Entscheidgründe aufzeigen.

17.59
> **Zu beachten beim Übergang ins Heim/in die Pflegefamilie**
>
> - Den Übergang ins Heim/in die Pflegefamilie wenn möglich sorgfältig planen.
> - Das Kind über den Entscheid, die Gründe und seine Rechte informieren.
> - Dem Kind so viel Sicherheit wie möglich vermitteln.
> - Dem Kind beim Platzierungsübergang eine vertraute Person zur Seite geben.
> - Eltern und das Kind sollen Abschiedsgefühle ausdrücken können, wenn sie nicht destruktiv sind.
> - Wenn das Kind heftige Trauerreaktionen zeigt, kann das darauf hindeuten, dass es tragfähige Beziehungen zu den Eltern hat. Wichtig ist, dass die neuen Betreuungspersonen diese Trauer respektieren.
> - Dem Kind vertraute Gegenstände mitgeben (z.B. Fotos der Eltern und anderer vertrauter Personen, Kissen, Decke, Bettwäsche, evtl. das Kinderbett, Spielsachen, Trinkflasche, Plüschtier etc.).
> - Sicherstellen, dass die neuen Betreuungspersonen über die Gewohnheiten des Kindes, allfällige Krankheiten, Allergien und Medikamente informiert sind.
> - Kontaktadressen und Telefonnummern bekannt geben.

17.9.2. Begleitung des Kindes während der Platzierung

17.60 Bei der Begleitung der laufenden Platzierung ist zwischen Heimaufenthalt und Aufwachsen in einer Pflegefamilie zu unterscheiden. *Beim Heimaufenthalt* beinhaltet die Begleitung hauptsächlich die Teilnahmen an Standortgesprächen. Ferner ist die MT Ansprechperson bei Veränderungen oder Krisen. Die regelmässigen Standortgespräche bieten daher eine rare Gelegenheit, dem Kind ein tatsächliches Gefühl des Begleitet-Seins zu vermitteln. Es sollte deshalb die Chance genutzt werden, mit dem Kind vor oder nach dem Standortgespräch alleine zu sprechen. Das kann im Sitzungszimmer der Einrichtung, auf der Wohngruppe oder dem Areal passieren. Dabei ist zu beachten, dass Vertrauen über die Erfahrung von Verlässlichkeit, Anerkennung und Zugewandtheit entsteht, was sich nur mit einer eigenständigen Beziehungspflege aufrechterhalten lässt.

Auch bei der Begleitung von Kindern, die in *Pflegefamilien* leben, bieten die Standortgespräche die stärkste Einflussmöglichkeit. Es ist wichtig, dass die Abhängigkeitsverhältnisse, in der sich diese Betreuungsart abspielt, dem Kind verständlich dargelegt werden. So soll aufgezeigt werden, welche Instanzen mit dem Pflegeverhältnis in Zusammenhang stehen (KESB, Aufsicht, Finanzierung, MT, evtl. Fachmitarbeitende einer FPO) und welche Aufgaben sie haben. Auch das Thema der Zugehörigkeit sollte gegenüber dem Kind angesprochen werden. Wo fühlt es sich verbunden? Wo darf es sich verbunden fühlen? Es geht hier nicht um einen therapeutischen Zugang, sondern um das Aufzeigen verschiedener Welten.

17.61

Zu beachten während der Platzierung

- Kinder in Heim- oder Familienpflege haben «verschiedene Welten» (Herkunftsfamilie, derzeitiger Lebensort).
- Die MT steht mit beiden Welten in Austausch und kann dem Kind das Gefühl geben, dass beide Welten ihre Vorder- und Hintergründe haben.
- Eng verknüpft damit ist die Problemzuschreibung, die das Kind im Heim wie in der Pflegefamilie erfährt.
- Der Entwicklung des Kindes entsprechend sind die Platzierungsgründe von der MT wiederholt darzulegen. Möglicherweise stehen diese im Widerspruch zu dem, was das Kind in der Herkunftsfamilie oder der Pflegefamilie hört. Die Auseinandersetzung hilft dem Kind bei der Identitätsentwicklung.

17.62

17.9.3. Begleitung des Kindes bei Platzierungsabbrüchen

Platzierungsabbrüche sind für die Betroffenen ein Krisenmoment. Selbst wenn es so aussieht, als würde das Kind resp. der Jugendliche mit viel Energie auf das Scheitern der Platzierung hinarbeiten oder die Eltern sich bestätigt fühlen, dass es andere mit ihrem Kind auch nicht schaffen, ist der Abbruch mit Verlust und Ungewissheit verknüpft. Die Begleitung der

17.63

17. Ausserfamiliäre Platzierung

Betroffenen stellt hohe Anforderungen an die involvierten Fachpersonen. Sich abzeichnende und tatsächliche Platzierungsabbrüche sind zeitintensiv und erfordern zahlreiche Gespräche in unterschiedlichen Zusammensetzungen. Der Koordinationsaufwand ist hoch. Erschwerend kommt hinzu, dass die Gründe für das Scheitern zusätzlich zur Platzierungsindikation hinzutreten und ebenfalls zu verhandeln sind. Eingeschlossen ist damit die Frage über die Angemessenheit der Unterbringungsform und das gewählte Angebot. Unter den beteiligten Fachpersonen mit ihren spezifischen Aufgaben und Rollen führt dies mitunter zu belastenden Schuldzuweisungen oder Konflikten. Der Platzierungsabbruch löst aber auch die Suche nach einer Anschlusslösung aus oder es wird entschieden, dass das Kind in die Herkunftsfamilie zurückkehrt. Der Begleitung des Kindes kommt in dieser Phase eine besonders hohe Bedeutung zu.

17.64   Der MT kann gerade bei *Jugendlichen* in komplexen Notlagen Kontinuität auf der Beziehungsebene herstellen. Folgende Punkte sind wichtig:

- *Mit dem/der Jugendlichen in Kontakt bleiben.* Das muss nicht das stündige Gespräch im Büro des MT sein. Es können telefonische Kontakte, kurze Vorgespräche anlässlich einer Auswertungssitzung u.a. sein. Es geht darum, dass der/die Jugendliche erfährt, dass die Beistandsperson mit ihm/ihr in Verbindung steht.
- *Einen respektvollen Umgang mit dem/der Jugendlichen pflegen.* Dazu gehört, dass beim Eruieren der Abbruchgründe nicht einseitig auf das Problemverhalten der Jugendlichen fokussiert wird. Es können gruppendynamische Prozesse, personelle Engpässe oder das Fehlen einer geeigneten Einrichtung sein, die genauso zum Ausschluss beigetragen haben. Eine sorgfältige Analyse der Gründe, die zum Platzierungsabbruch geführt haben, erhöht die Chance auf eine gelingende Weiterplatzierung.
- *Dem/der Jugendlichen Auswahlmöglichkeiten geben.* Ein Platzierungsabbruch kann eine Chance sein, neue Unterstützungsarrangements zu finden. In komplexen Notlagen ist unter Umständen mehr als eine Intervention notwendig. Das kann heissen, dass der/die Jugendliche zum Elternteil zurückkehrt und intensive Unterstützung durch eine Familienbegleitung bekommt. Er kann in einer Privatschule die schulischen Defizite aufarbeiten. Die Eltern werden dabei unterstützt, den Antrag auf Sozialhilfe zu stellen. Zentral ist in jeder Konstellation, dass der/die Jugendliche Wahlmöglichkeiten hinsichtlich des Unterstützungsangebots hat.

18. Orientierung am Kind – Angewandte Entwicklungspsychologie

Literatur

BENGEL JÜRGEN/STRITTMATTER REGINE/WILLMANN HILDEGARD, Was erhält Menschen gesund?, Antonovskys Modell der Salutogenese – Diskussionsstand und Stellenwert, Köln 2001 BZgA; BISCHOF-KÖHLER DORIS, Soziale Entwicklung in Kindheit und Jugend, Bindung, Empathie, Theory of Mind, Stuttgart 2011; BRUNNER SABINE, Früherkennung von Gewalt an kleinen Kindern, in: Leitfaden für Fachpersonen im Frühbereich, Stiftung Kinderschutz Schweiz (Hrsg.), Bern 2013; BRUNNER SABINE/SIMONI HEIDI, Alltags- und Beziehungsgestaltung mit getrennten Eltern, Mitbestimmen und Mitwirken von Kindern aus psychologischer Sicht, in: FamPra 2011, 349 ff.; DETTENBORN HARRY, Kindeswohl und Kindeswille, Psychologische und rechtliche Aspekte, 4. Aufl., München 2014; DETTENBORN HARRY, Familienrechtspsychologie, 3. Aufl., München 2016; MAYWALD JÖRG, Zum Begriff des Kindeswohls, Impulse aus der UN-Kinderrechtskonvention, in: IzKK-Nachrichten, 2001, 16–20; MÖGEL MARIA, Wer bin ich und zu wem gehöre ich? Entwicklungsprozesse von Zugehörigkeit und Identität bei Pflegekindern im Vorschulalter, in: Fernanda Pedrina/Susanne Hauser (Hrsg.), Babys und Kleinkinder: Praxis und Forschung im Dialog, Jahrbuch der Kinder- und Jugendlichen-Psychoanalyse, Frankfurt a.M. 2013, 246–275; PFLEGE- UND ADOPTIVKINDER SCHWEIZ (Hrsg.), Handbuch Pflegekinder, Zürich 2016; SCHREINER JOACHIM, Einbezug von Kindern und Jugendlichen in die Regelung von (gerichtlichen) Trennungs- und Scheidungsangelegenheiten: Überlegungen aus der Praxis; in: Andrea Büchler/Heidi Simoni (Hrsg.), Kinder und Scheidung – Der Einfluss der Rechtspraxis auf familiale Übergänge, Zürich 2009, S. 363 ff.; FamKomm Scheidung-SCHREINER, Anhang Ausgewählte psychologische Aspekte.

18.1. Kindeswohl – Wohl des einzelnen Kindes

Die Situation eines Kindes ist zum einen bestimmt durch seine Angewiesenheit auf verbindliche Beziehungen und seinem Wunsch nach Zugehörigkeit sowie zum andern durch seinen rechtlichen Subjektstatus und seine sich ab Geburt differenzierende Persönlichkeit. Damit verbunden ist das Spannungsfeld zwischen der Verantwortung der Gesellschaft gegenüber der Integrität eines jeden Kindes und der dafür – ausser bei existentiellem Schutzbedarf – unabdingbaren Mitwirkung der Eltern. 18.1

Mit dem Konzept des Kindeswohls ist eine ausgesprochen wichtige, gesellschaftlich anerkannte Ausrichtung für Erwägungen und Entscheide, die Kinder betreffen, gegeben. Wie in Kap. 1. dargelegt, sind damit jedoch entscheidende Punkte noch nicht geklärt: Die Orientierung am Kindeswohl kann je nach Anwendungskontext unterschiedliche Funktionen erfüllen und mit verschiedenen Anspruchsniveaus verknüpft werden. Sie kann ferner auf unterschiedlichen Bezugssystemen basieren. Das Kindeswohl ist also in mancherlei Hinsicht unbestimmt und gerade auch deshalb ein anspruchsvolles Konzept. Mit einer konsequent am Kind selbst ausgerichteten Anwendung wird es trotzdem zu einem zentralen Instrument zur Wahrung von Kindesinteressen. Eine entsprechende Auslegung muss 18.2

fallunabhängig präzise und gleichzeitig im Einzelfall angemessen flexibel sein. Die Berücksichtigung der folgenden vier Anforderungen hilft, diesem doppelten Anspruch zu genügen: Die Orientierung an Grundrechten und an Grundbedürfnissen von Kindern sowie das sorgfältige Abwägen unterschiedlicher Faktoren und die Prozessorientierung (Entwicklungsorientierung) im Einzelfall.

18.3 Die Würdigung der (bisherigen und künftigen) Biografie des individuellen Kindes hilft, massgeschneiderte Lösungen zu finden. Die Wirkung von Massnahmen sollte weder über- noch unterschätzt und in ihren verschiedenen Konsequenzen wohl bedacht werden. So ist etwa eine Fremdplatzierung zwar einschneidend wirksam, aber nie ein Allheilmittel. Um sekundäre Gefährdungen möglichst gering zu halten, braucht jedes betroffene Kind eine aufmerksame Begleitung, um Herkunfts- und Pflegekontext vereinbaren und innerlich integrieren zu können.

18.2. Verbindlichkeit, Entwicklung und Kontinuität

18.4 Kinder benötigen in jedem Alter liebevoll präsente erwachsene Personen, die ihre Bedürfnisse im Auge haben, ihre Lebensräume sichern und Entwicklungsmöglichkeiten eröffnen. Sie sollen ferner die kindlichen Entwicklungsschritte begleiten und die Bewältigung sich verändernder Lebensumstände erleichtern. Nicht immer kann eine Person (Mutter, Vater) genügend verbindliche Beziehungsangebote machen und kontinuierlich die Fürsorge des Kindes bis ins Erwachsenenalter übernehmen. Im Sinne der Sicherung des Kindeswohls ist es sogar von Vorteil, wenn mehrere Erwachsene sich dem Kind als Bezugspersonen anbieten. Kinder sind diesbezüglich glücklicherweise flexibel und können ihre Bindungsbedürfnisse auf mehr als eine Person gleichzeitig oder nacheinander übertragen.

18.5 Inwiefern dies gelingt, hängt von interpersonellen Dynamiken ab, die grob mit den Stichworten Passung und Beziehungsaufbau umschrieben werden könnten. Die damit verbundenen Prozesse erfolgen nicht automatisch und oft nicht linear. Sie sind seitens des Kindes abhängig von seiner Persönlichkeit, seiner Entwicklungsphase und seiner Lebensgeschichte. Seitens der Erwachsenen bedingt ein Beziehungsaufbau Geduld und Fingerspitzengefühl, damit es dem Kind möglich wird, eine neue Bezugsperson zu akzeptieren und ihr zu vertrauen. Der Wechsel von Bezugspersonen sollte nicht abrupt und nicht häufig erfolgen. Sowohl ein normativer Übergang im Alltag des Kindes wie der Eintritt in den Kindergarten als auch ein definitiver Übergang zu einer neuen Obhutsperson muss mit Bedacht gestaltet und vorsichtig vollzogen werden. Dabei geht es insb. auch um die emotionale Begleitung des Kindes und, insb. bei Platzierungen, um die fachliche Unterstützung der neu im Alltag für das Kind verantwortlichen Personen.

Junge Kinder sind darauf angewiesen, überhaupt erste verlässliche Bindungen zu erwachsenen Personen aufbauen zu können. Selbstverständlich sind auch ältere Kinder auf vertraute und verbindliche Beziehungen zu erwachsenen Personen angewiesen. Sie vollziehen in ihren Bindungen ohne Not keinen Wechsel mehr. Wenn Wechsel unabdingbar unumgänglich sind, spielen ihre bisherigen Erfahrungen mit den für sie verantwortlichen Personen eine wichtige Rolle. Manchmal (bspw. bei Notfallplatzierungen) kann sich eine erwachsene Person nur für kurze Zeit und übergangsweise als Bezugsperson anbieten. Zentral ist in jedem Fall, dass die Erwachsenen dem Kind im Hier und Jetzt ihre liebevolle Aufmerksamkeit schenken und sich verlässlich zeigen. Dies auch dann, wenn sie wissen und darauf hinarbeiten müssen, dass dem Kind bald wieder ein Wechsel zuzumuten ist.

18.6

Zum Wohl des Kindes ist bei Einschätzungen und Entscheidungen jede aktuelle und frühere Bezugsperson des Kindes zu würdigen und zu bedenken. Brüche im Beziehungsleben eines Kindes sind nicht immer zu vermeiden und als Wendungen des Lebens zu akzeptieren. Für die Kinder geht es denn auch nicht darum, Schwieriges zu negieren. Sie brauchen keine (scheinbar) heile Welt, sondern im Gegenteil Unterstützung dabei, ihre Biographie mitsamt Brüchen und Belastungen als Kontinuum zu verstehen und anzunehmen. Dazu müssen die Erwachsenen die ganze Lebensspanne des Kindes (inklusive der Entstehungsgeschichte des Kindes) und ganz besonders alle seine verschiedenen Bezugspersonen vor Augen haben. Nur so können die Kinder selbst ihre höchst persönlichen Erfahrungen durchgängig und in stärkender Weise zur Verfügung haben.

18.7

18.3. Die Perspektive des Kindes einnehmen und verstehen

Die Erfahrung, selbst etwas bewirken zu können, ist für das Wohlbefinden, die Gesundheit und die gelingende Entwicklung von zentraler Bedeutung. Dies gilt ganz besonders unter belastenden Lebensumständen. Selbstwirksamkeit trägt dazu bei, dass ein Mensch sich widrigen Umständen nicht ohnmächtig und ausgeliefert fühlt, sondern psychische Widerstandskraft (Resilienz) mobilisieren kann. Auch Partizipationsrechte von Kindern rücken exakt das, nämlich deren Beteiligung als Subjekte gegenüber einer Behandlung als Objekte, in den Vordergrund.

18.8

Eine sinnvolle Umsetzung von kindlichen Partizipationsrechten erfordert eine kritische Reflexion darüber, ob ein Kind unbegründet fremdbestimmt und ausgeschlossen oder durch eine bestimmte Form des Einbezugs überfordert oder gar für Eigeninteressen von Erwachsenen benutzt wird. Aus dem Entwicklungsstand des Kindes ergeben sich Hinweise, wie weit sein Horizont des Mitwirkens abgesteckt werden kann. Für das Kind sind diesbezüglich Möglichkeiten bedeutsam, die es konkret mit sich und seinen Lebensumständen in Beziehung setzen kann. Entsprechend seiner sozialen und kognitiven Fähigkeiten kann es Problemlagen und die Tragweite möglicher Lösungen mehr oder weniger umfassend verstehen. Damit es seine altersgemässen Kompetenzen tatsächlich nutzen kann, ist jedoch stets eine zur Situation und zu seinen Fragen passende Information unabdingbar. Eine zentrale Aufgabe der involvierten Erwachsenen ist es, eine ausreichende Informiertheit, die die Basis jeglicher Beteiligung ist, zu schaffen.

18.9   Gerade im Kindesschutz ist es wichtig, die Perspektive eines Kindes im doppelten Sinne des Wortes einzunehmen: Erstens gilt es die persönliche Sichtweise des Kindes zu ergründen und gebührend zu würdigen. Zweitens sind zukünftige Entwicklungen, also die Zukunftsaussichten des Kindes in Erwägung zu ziehen.

18.10   Zu bedenken gilt es, dass Willensäusserungen unabhängig vom Alter nicht weniger bedeutsam sind, wenn sie eher emotionalen als rationalen Motiven entspringen. Für ein junges Kind haben Angst, Traurigkeit oder Sehnsucht zusätzlich deshalb ein so grosses Gewicht, weil es ihnen nicht mit seinem Verstand die Spitze nehmen kann. Kleine Kinder leben unmittelbar und intensiv in der Gegenwart. Sie können sich ihre Zukunft erst ganz beschränkt vorstellen, lernen erst allmählich zu planen, aufzuschieben, abzuwägen. Die Befriedigung von Bedürfnissen erträgt noch wenig Aufschub. Trennungen können erst kurze Zeit und nur mit entsprechender Begleitung gut ertragen werden. Bereits Kleinstkinder können sich jedoch äussern und haben ein basales Bedürfnis, ihre bisher erworbenen Fähigkeiten einzusetzen und zu erweitern. Sie sind dafür noch weitgehend auf ein vertrautes und liebevolles Gegenüber angewiesen. Kinder ab dem Vorschulalter und Primarschulalter können bereits formulieren, was ihnen in schwierigen Situationen Erleichterung verschaffen kann oder im Gegenteil Kummer bereitet. Sie haben viele Fragen und Ideen. Ihre Meinungen und Vorschläge passen oft sehr gut zur aktuellen Lebenssituation und zu ihren künftigen Bedürfnissen.

18.11   Die Anliegen eines Kindes sollten mehrmals im Verlauf von Abklärungen oder Massnahmen und entsprechend dem Zeithorizont, den ein Kind erfassen kann, gehört und beantwortet werden. Ohne einen sorgfältigen Einbezug des betroffenen Kindes kann Kindesschutz nicht gelingen. Schutzmassnahmen über seinen Kopf und sein Herz hinweg bergen – trotz evtl. guter Absichten – die Gefahr, dem Kind zusätzlichen Schaden zuzufügen. Die Meinung des Kindes ist für die Behörde und ggf. für den Beistand/ die Beiständin zur Wahrung des Kindeswohls unabdingbar. Sie kann auch helfen, eventuell abweichende Einschätzungen der Erwachsenen, die oft nur einen Ausschnitt der Situation des Kindes wahrnehmen, einzuordnen und zwischen abweichenden Positionen zu vermitteln. Falls Entscheidungen gegen die Wünsche und den Willen eines Kindes nötig sind, sollte es zumindest erleben können, dass seine Meinung trotzdem wichtig ist und gewürdigt wird. In manchen Fällen kann es deshalb ausgesprochen hilfreich sein, wenn ein Vertretungsbeistand «einfach» den Willen des Kindes in ein Verfahren einbringt und diesem damit einen gebührenden Platz verschafft. Er kann dem Kind trotzdem erklären, inwiefern dessen Wünsche ggf. dem Anspruch, sein Wohl umfassend und langfristig zu schützen, widersprechen und deshalb nicht oder nur beschränkt berücksichtigt werden können.

(Auch) Kinder sind beeinflussbar. Die Empfänglichkeit oder Anfälligkeit für Einflussnahmen hängt von der Persönlichkeit, vom Kontext und von Faktoren ab, die sich – wie etwa die Art von Beziehungen – mit dem Entwicklungsstand verändern. Entsprechend der Unmittelbarkeit seines Erlebens kann ein Kind – auch ohne existentielle Not – mit grosser Energie etwas wollen oder nicht wollen und dies beharrlich zum Ausdruck bringen. Sind Kinder mit hoch belastenden Situationen und Dilemmas konfrontiert, drückt sich in einem vehementen Wollen oft eine Notlösung aus, eine Wahl der «besten aller schlechten Möglichkeiten». Dies zeigt sich besonders bei Kindern im Grundschulalter. Bei der Bewertung radikaler kindlicher Willensäusserungen gilt es zwei Risiken zu beachten: 18.12

Risiko 1 = Die Abwertung des kindlichen Willens als Ergebnis einer Manipulation durch Erwachsene (bspw. durch einen Elternteil) führt zum Übersehen und Zerstören von Bewältigungsprozessen des Kindes. 18.13

Risiko 2 = Die isolierte Gewichtung der (Not-)Lösung des Kindes führt zur Unterschätzung der psychischen Gefährdung des Kindes durch eine erzwungene Anpassung. 18.14

Allgemein formuliert besteht Risiko 1 darin, auf die Not des Kindes zu fokussieren und seine Notlösung zu entwerten. Risiko 2 hingegen besteht darin, auf die Notlösung des Kindes zu setzen und seine Not zu ignorieren. 18.15

18.16 Bei Anhörungen oder Befragungen, also in Verfahrenskontexten, scheinen sich besonders die folgenden Faktoren auf die Beeinflussbarkeit eines Kindes auszuwirken:

- das aktuelle psychische Befinden des Kindes,
- die sozialen Rahmenbedingungen,
- die Gesprächsführung und der Gesprächsverlauf,
- die Voreingenommenheit bzw. Offenheit der befragenden/anhörenden Person.

18.4. Innere Konflikte und Bewältigung im Kontext von Beziehungen

18.17 Es ist wichtig, sich zu vergegenwärtigen, dass Kinder verschiedene Konflikte plagen können. Loyalitätskonflikte sind «nur» eine Möglichkeit unter vielen anderen. Ein Kind kann sich schuldig fühlen für die Schwierigkeiten seiner Eltern oder seiner Familie(n). Die Schuldgefühle verschaffen ihm immerhin die Illusion, die missliche Lage durch ein eigenes «richtiges» Verhalten doch noch verändern zu können. Ein Kind kann zwischen seinen Autonomiewünschen und seiner Fürsorglichkeit gegenüber einem Elternteil oder einem Geschwister hin und her gerissen sein. Gerade für Umbruchsituationen sind widersprüchliche Gefühle, Überlegungen und Wünsche typisch. Kinder entwickeln erst nach und nach die Fähigkeit, diese anzunehmen und einen Umgang damit zu finden. Sie sind deshalb auf Erwachsene angewiesen, die sie dabei unterstützen. Kinder geraten durch Überforderung, durch übermässige Verantwortung und unangemessene Entscheidungsmacht ebenso in Not wie durch die Erfahrung von Ohnmacht und durch die Schwierigkeit, einen eigenen Standpunkt zu finden (oder haben zu dürfen).

18.18 Hilfreich für die Bewältigung von grossen Belastungen sind:

- aufmerksame, wohlwollende Erwachsene, die nicht in die Situation verstrickt sind,
- die emotionale Distanzierung, z.B. durch Humor,
- eine altersgemässe Abgrenzung von den Problemen und der Last, diese lösen zu müssen,
- ausreichend Raum für Aktivitäten, die dem Alter und der persönlichen Neigungen entsprechen,
- Beziehungen zu anderen Kindern und zur Gruppe von Gleichaltrigen (Peers).

18.4. Innere Konflikte und Bewältigung

Die Befürchtung, Partizipationsangebote könnten ein Kind erst recht überfordern und bspw. zwischen die Fronten sich streitender Erwachsenen treiben, ist meistens unbegründet. Im Gegenteil spricht Vieles dafür, ein Kind durch fachgerechte Angebote am Klärungs- und Lösungsprozess zu beteiligen und es damit zu stärken. Der behördliche Ausschluss des Kindes bietet keinen Schutz vor Instrumentalisierung, sondern lässt das Kind erst recht als Subjekt im Stich. Schädlich ist, wenn Kinder in überfordernden Situationen kein aufmerksames Gegenüber finden und mit ihrer Not allein gelassen werden. Die wichtige Rolle von Fachpersonen und Behördenmitgliedern besteht nicht zuletzt darin, dem Kind zu helfen, Erlebtes einzuordnen und es im Rahmen allseits realistischer Möglichkeiten handlungsfähig zu werden. Die Beteiligung von Kindern darf jedoch nicht auf die Problemsicht der Erwachsenen eingeschränkt und für deren Lösungsbedarf missbraucht werden. Das Umsetzen von Partizipationsrechten muss vielmehr beinhalten, dass Kinder bei beidem eigene Prioritäten und Akzente setzen können.

18.19

In Kindesschutzfällen ist die Beiständin/der Beistand prädestiniert, dem Kind mittel- und ggf. langfristig zur Seite zu stehen und es trotz allfälliger Veränderungen im Alltag beim Finden eines roten Fadens in seiner Biografie zu unterstützen. Dies bedingt seitens der Behörden und der Fachdienste eine entsprechende Einsatzplanung sowie das Bewusstsein, dass eine Beistandschaft dem Kindeswohl dienen soll.

18.20

Beachte

- Bei einer konsequent am Kind ausgerichteten Anwendung wird das Konzept des Kindeswohls zu einem zentralen Instrument zur Wahrung seiner Interessen.
- Kinder benötigen zu jedem Zeitpunkt erwachsene Personen, die sich ihnen als verbindliche Bezugspersonen anerbieten. Dies beinhaltet insb. die liebevolle Aufmerksamkeit dem Kind gegenüber im Hier und Jetzt.
- Ebenso ist es notwendig, dass Kinder passend zu ihrem Alter ausreichend Erfahrungen machen können und Freiräume für die Entwicklung ihrer Persönlichkeit erhalten.
- Übergänge im Leben eines Kindes sollen begleitet, Brüche überbrückt werden. Das Erkennen der Kontinuität in der eigenen Biographie und dabei insb. die Würdigung aller vergangenen und jetziger wichtiger Bezugspersonen helfen dem Kind, Beziehungserfahrungen als Ressource zur Verfügung zu haben.
- Der Aufbau neuer Beziehungen braucht Zeit und verläuft oft nicht linear. Der Wechsel von Bezugspersonen sollte nicht abrupt und nicht häufig erfolgen.

18.21

18. Orientierung am Kind – Angewandte Entwicklungspsychologie

- Das Erleben von familialen Schwierigkeiten kann bei Kindern eine Vielzahl von inneren Konflikten erzeugen, die längst nicht nur mit Loyalitäten zu tun haben.
- Der Umgang mit den Äusserungen von Kindern zu ihrer Situation beinhaltet zwei Risiken: Einerseits ein nicht Ernstnehmen, weil die Bewältigungsstrategien des Kindes zu wenig gewichtet und abgewertet werden, oder eine einseitige Gewichtung des Eigenbeitrages des Kindes und damit einhergehend eine Unterschätzung von eventuellen psychischen Gefährdungen des Kindes.
- Auch wenn Beeinflussungen von Meinungen immer stattfinden (bei Kindern wie bei Erwachsenen), so besteht doch nicht automatisch die Gefahr einer «Gehirnwäsche». Kinder sind gerade aufgrund ihrer kindlichen Funktionsweise nicht speziell anfällig für Beeinflussungen.
- Die Perspektive eines Kindes soll sowohl bezüglich seiner Sichtweise und seines aktuellen Erlebens als auch im Sinne seiner Zukunftsaussichten eingenommen werden.
- Der Einbezug im Kindesschutz hilft Kindern, ihre Situation nach und nach tatsächlich besser zu verstehen, eigene Anliegen einzubringen und einen Umgang mit den Schwierigkeiten zu finden.
- Das Mitgestalten von familialen Umbruchsituationen birgt wertvolle Möglichkeiten, Kinder zu beteiligen.
- Dem Subjektstatus des Kindes muss auch insofern Rechnung getragen werden, dass das Kind tatsächlich seine eigenen Anliegen einbringen (oder sich auch abgrenzen) kann und es nicht für Anliegen von erwachsenen Personen instrumentalisiert wird. Die Verweigerung von Partizipationsrechten ist gegen Letzteres keine geeignete Massnahme.

19. Statistik

Literatur

Gesetzliche Grundlagen: Art. 441 Abs. 2 ZGB.

Allgemeine Literatur: ESR Komm-WIDER, Art. 441, N 11b; BSK ZGB I-REUSSER, Vor Art. 360–456, N 3.

Spezifische Literatur: FELLMANN LUKAS/SCHNURR STEFAN, Koordinierte kantonale Kinder- und Jugendhilfestatistiken, in: ZKE 2016, 278 ff.; MEIER PHILIPPE, Revision des Vormundschaftsrechts – Versuch einer statistischen Untersuchung, in: ZVW 1992, 183 ff., ESTERMANN JOSEF/FUCHS WALTER, Zu Häufigkeit und Determinanten rechtlicher Betreuung – Eine vergleichende Analyse von Daten aus Deutschland, Österreich und der Schweiz, in: Zeitschrift für Rechtssoziologie 2016, 154 ff.; ESTERMANN JOSEF, Reanalyse der Fallzahlen im Erwachsenenschutzrecht, in: ZKE 2013, 71 ff.; JUD ANDREAS, Fallzahlen im Kindes- und Erwachsenenschutz in den Jahren 2002–2011: Eine ständige Zunahme?, in: ZKE 2014, 373 ff.; KOKES-Statistik 2015, in: ZKE 2016, 313 ff.; KOKES-Statistik 2012, in: ZKE 2014, 83 ff.; STREMLOW JÜRGEN et al., Weiterentwicklung der schweizerischen Vormundschaftsstatistik, Schlussbericht der Hochschule für Soziale Arbeit Luzern, Luzern 2002 (unveröffentlicht); STREMLOW JÜRGEN, Grosse statistische Unterschiede in der Vormundschaftspraxis der Kantone, in: ZVW 2001, 267 ff.

19.1. Erhebung

Art. 441 Abs. 2 ZGB sieht vor, dass der *Bundesrat* Bestimmungen über die Aufsicht erlassen kann. Über diese gesetzliche Grundlage könnte der Bundesrat verbindliche Vorgaben zur Erhebung von statistischen Zahlen im Kindes- und Erwachsenenschutz machen. Bisher hat der Bundesrat davon *keinen Gebrauch* gemacht. Er verweist bei Anfragen jeweils darauf, dass die KOKES entsprechende Daten erhebe und deshalb beim Bund kein Handlungsbedarf bestehe. Der Bundesrat delegiert damit die Erhebung der Statistik faktisch an die KOKES.

19.1

Die *KOKES* (früher VBK) erhebt seit 1996 *in Absprache mit und im Auftrag* von den *26 kantonalen Aufsichtsbehörden* jährlich die Anzahl Kindesschutzmassnahmen. Bis 2012 wurden die Anzahl der per Stichtag (31.12.xxxx) bestehenden Massnahmen sowie die Anzahl der zwischen 1.1.–31.12.xxxx neu errichteten Massnahmen (jeweils differenziert nach Kanton sowie Massnahmenart und Geschlecht) erhoben.

19.2

Per 2013 hat die KOKES die Erhebungsgrundlagen *angepasst*, um dem seit längerer Zeit bestehenden Anliegen nach aussagekräftigeren Daten nachzukommen. Die Anpassungen betrafen sowohl den Erhebungsweg wie die Erhebungsvariablen.

19.3

Seit 2013 erfolgen die Datenlieferungen elektronisch von den Fallführungssystemen der 146 KESB *direkt auf eine zentrale Datenbank der KOKES* (bis 2012 erfolgten die Datenlieferungen per Sammelmeldung pro Kanton: von den 1415 Vormundschaftsbehörden mittels Papierformular an

19.4

19. Statistik

die kantonale(n) Aufsichtsbehörde(n), und von dort weiter an die KOKES). Angesichts der anforderungsreichen Umsetzung wurde mit einer Einführungszeit von 2–3 Jahren gerechnet, um zu verlässlichen Zahlen zu gelangen.

19.5 Seit 2013 werden *gesamtschweizerisch* folgende Daten erhoben:
- *Geschlecht* und *Jahrgang* des betroffenen Kindes.
- *Meldeinstanz* (Gefährdungsmeldung durch: betroffenes Kind, Vater/Mutter, Privatperson/Verwandte, Schule, Pflegeeltern/Heim/Kindertagesstätte, Arzt/Klinik/ Spital, Sozialdienst/Fachberatungsstelle, weitere Amtsstellen, Polizei/Gericht, andere, keine [KESB von Amtes wegen]).
- *Indikation* (physische/psychische/sexuelle Misshandlung/Vernachlässigung, Autonomie-/Ablösungskonflikte, Besuchsrechtsprobleme, ungeklärter Unterhalt, Erziehungsprobleme durch mangelnde Erziehungsfähigkeit oder psychisch kranke/suchtkranke Eltern usw., Verhaltensauffälligkeit/dissoziales Verhalten des Kindes, andere Gründe).
- *Mandatsträger/in* (Privatperson, Fachbeistand oder Berufsbeistand).
- *Art der Massnahme(n)* (Vertretungsbeistandschaft oder eigenes Handeln der KESB nach Art. 306 Abs. 2 ZGB, geeignete Massnahme nach Art. 307 Abs. 1 ZGB, Weisung/Ermahnung nach Art. 307 Abs. 3 ZGB, Person/Stelle mit Einblick nach Art. 307 Abs. 3 ZGB, Erziehungsbeistandschaft nach Art. 308 Abs. 1 ZGB, Beistandschaft mit besonderen Befugnissen nach Art. 308 Abs. 2 ZGB (Feststellung Vaterschaft, Unterhalt, persönlicher Verkehr, medizinische Behandlung/Betreuung, Schule/Berufslehre, anderes), Beschränkung der elterlichen Sorge nach Art. 308 Abs. 3 ZGB (s. oben), Entziehung des Aufenthaltsbestimmungsrechts nach Art. 310 ZGB, Entziehung der elterlichen Sorge nach Art. 311/312 ZGB, Verfahrensvertretung nach Art. 314a[bis] ZGB, Aufgaben im Zusammenhang mit der Verwaltung von Kindesvermögen nach Art. 318 Abs. 3 ZGB (Berichterstattung usw.) oder Art. 324 ZGB (Weisung) oder Art. 325 ZGB (Beistandschaft), Vormundschaft nach Art. 327a ZGB, Beistandschaft für ungeborenes Kind nach Art. 544 Abs. 1bis ZGB, Beistandschaft nach Art. 17 BG-HAÜ, Vormundschaft nach Art. 18 BG-HAÜ).
- *Nicht massnahmengebundene Geschäfte* und *weitere Massnahmen* (Neuregelung elterliche Sorge/Obhut/Betreuungsanteile/persönlicher Verkehr/Unterhalt bei geschiedenen Eltern [Art. 134 Abs. 3 oder 4 ZGB], Adoption [Art. 265–269c ZGB], persönlicher Verkehr [Art. 273–275a ZGB], Unterhalt [Art. 287–288 ZGB], Regelung der elterlichen Sorge bei nicht verheirateten Eltern [Art. 296–298d ZGB/Art. 52f[bis] AHVV], neuer Aufenthaltsort des Kindes [Art. 301a ZGB], Aufforderung der Eltern zu einem Mediationsversuch [Art. 314 Abs. 2 ZGB], Kindesvermögen

[Art. 318–320 ZGB], Beschwerde gegen MT [Art. 419 ZGB], Vernehmlassung [Art. 450d Abs. 1 ZGB] oder Wiedererwägung [Art. 450d Abs. 2 ZGB] bei Verfahren vor gerichtlicher Beschwerdeinstanz).

- *Fallaufnahme* (Errichtung neue Massnahme, Vollzug eherechtliches Urteil oder Übernahme zur Weiterführung).
- *Änderung der Massnahme* (betreffend Massnahmenart, Aufgabenbereich und/oder Mandatsträger/in).
- *Aufhebungsgrund* (Volljährigkeit, Wegfall Errichtungsgrund, Tod, Massnahme ungeeignet, Übertragung zur Weiterführung, anderes).

Den *Kantonen* steht es frei, für ihr Einzugsgebiet weitere Parameter zu erheben und auszuwerten. Solche zusätzlichen Datenauswertungen und deren Publikation werden ausdrücklich begrüsst und tragen ihrerseits zur Qualitätsentwicklung bei (z.B. SG, wo auch die Platzierungen [Heime und Pflegefamilien] sowie die Kosten [für Unterbringungen und sozialpädagogische Familienbegleitungen] erhoben werden).

19.6

19.2. Ziele

Ziel der KOKES-Statistik ist, schweizweite Kennzahlen zu installieren, die aktuelle Entwicklungen abbilden und interkantonale Vergleiche ermöglichen und damit Impulse für qualitative Leistungsbeobachtung und -entwicklung setzen. Es können drei Unterziele abgeleitet werden:

19.7

- *Kantonales Informationsinstrument:* Den Behörden (KESB und kantonale Aufsichtsbehörden) sowie den politischen Verantwortungsträger/innen soll ein Informationsinstrument zur Verfügung gestellt werden, das Informationen zu den Entwicklungen im Kindes- und Erwachsenenschutz im Kanton bereitstellt: Entwicklung der Massnahmenzahlen/-quoten/-arten, Dauer der Massnahmen, Geschlecht und Alter der betroffenen Kinder, Häufigkeit der verschiedenen Indikationen usw.).
- *Monitoring:* In Form eines schweizerischen Monitorings für den Kindes- und Erwachsenenschutz sollen relevante Kennzahlen installiert werden, die aktuelle Entwicklungen abbilden und interkantonale Vergleiche ermöglichen. Die Informationen sind dieselben wie beim kantonalen Informationsinstrument (evtl. Auswahl davon).
- *Qualitätsentwicklung:* Die Statistik soll Impulse und Grundlagen für eine Qualitätsentwicklung im Kindes- und Erwachsenenschutz schaffen. Das kantonale Informationsinstrument und die interkantonalen Vergleiche enthalten Anregungen für qualitative Leistungsbeobachtung und -entwicklung. Eigentliche Qualitätssicherungsmassnahmen i.e.S. sind in

19. Statistik

diesem Rahmen selbstverständlich nicht möglich; die gewonnenen Informationen ermöglichen aber den Einstieg in eine Qualitätspflege (z.B. durch die differenzierte Erfassung der Aufgabenbereiche und der Indikation, die Anzahl der Beschwerdeverfahren usw.).

19.3. Zahlen

19.8 Die Zahlen der Jahre 1996–2012 finden sich auf der Website der KOKES (www.kokes.ch > Dokumentation > Statistik > frühere Jahre). Die Zahlen 2013 und 2014 waren infolge organisatorischer und erhebungstechnischer Umstellung unvollständig und gesamtschweizerisch nicht vergleichbar.

19.9 Die ersten gesamtschweizerischen Zahlen nach neuem System bestehen für das Jahr 2015. Per Ende 2015 bestanden schweizweit für 40'629 Kinder eine Schutzmassnahme. Oder anders ausgedrückt: 27 von 1'000 Kindern haben eine Schutzmassnahme. Details vgl. Tabelle auf der nächsten Seite. Die aktuellen Zahlen sind auf der Website der KOKES aufgeschaltet (www.kokes.ch > Dokumentation > Statistik > aktuelle Zahlen).

19.10 In der Tabelle ausgewiesen wird die Anzahl Kinder, die per 31.12.2015 eine Schutzmassnahme haben, jeweils auf verschiedenen Ebenen: Pro Massnahme*art* (z.B. «Art. 307.3 Weisung»), pro Massnahmen*gruppe* (z.B. «Beistandschaften nach Art. 308 ZGB») und als *Total* («Kinder»). Da für das gleiche Kind mehrere Massnahmenarten bestehen können (z.B. Art. 308.1/308.2 i.V.m. Art. 310.1 ZGB), können die in der Tabelle ausgewiesenen Detailzahlen nicht ohne Weiteres addiert werden, sondern pro Massnahmengruppe resp. beim Total werden Mehrfachnennungen pro Person ausgeschlossen und die betreffende Person nur einmal gezählt. Wenn z.B. für ein Kind die Massnahmenarten Art. 308.1/308.2 und 310.1 ZGB bestehen, erscheint der Fall im Zwischentotal bei allen drei Massnahmenarten (308.1, 308.2 und 310.1), im Total wird der Fall aber nur als 1 Kind gezählt.

19.11 Sobald sich die Erhebung der übrigen Parameter (vgl. Kap. 19.1.) konsolidiert hat, werden künftig auch weitere Eckdaten abgebildet werden können.

KOKES-Statistik 2015 – Anzahl Kinder mit Schutzmassnahmen per 31.12.2015[1]

Massnahmenarten (Details)	AG[2]	AI	AR[3]	BE	BL	BS	FR	GE[4]	GL	GR	JU	LU	NE	NW	OW	SG	SH	SO	SZ	TG	TI[5]	UR	VD	VS[6]	ZG	ZH	Total[7]
Verhinderung/Interessenkollision Eltern (Art. 306 ZGB)	3			608	125	138	216		15	77	84	83	28	14	18	123	37	68	75	137	117	10	694	103	90	632	3495
• Art. 306.2 Vertretungsbeistandschaft	3			544	117	138	203		15	77	74	82	7	12	18	115	26	66	75	136		10	694	100	90	600	3202
• Art. 306.2 Eigenes Handeln KESB	0			67	8	0	13		0	0	10	4	21	2	0	10	12	2	0	0		0	0	3	0	32	187
Massnahmen nach Art. 307 ZGB	4			626	211	41	202		12	75	20	52	28	17	1	217	21	113	75	134	368	12	364	121	51	481	3246
• Art. 307.3 Weisung/Ermahnung	1			496	184	38	14		9	68	5	38	0	15	1	156	18	65	75	120		6	364	9	41	349	2071
• Art. 307.3 Person/Stelle mit Einblick	1			158	94	1	148		3	6	17	19	16	2	0	57	4	54	0	0		8	0	95	10	110	821
• Art. 307.1 geeignete Massnahme	4			4	0	0	52		1	7	0	9	12	0	0	63	0	0	0	0		0	0	17	2	71	249
Beistandschaften (Art. 308 ZGB)	23			4876	935	603	1429		178	586	480	1575	899	117	75	2454	272	1520	376	1040	728	72	899	748	330	6575	26790
• Art. 308.1 Beratung	23			3755	798	318	1064		165	393	322	1248	565	92	50	1897	216	846	35	882		48	648	542	264	4882	19053
• Art. 308.3 Feststellung Vaterschaft (inkl. aArt. 309)	0			79	21	91	60		5	10	9	71	557	5	1	78	16	24	11	30		1	68	51	0	374	1563
• Art. 308.2 Unterhalt	18			250	17	46	62		5	14	7	253	0	1	8	179	57	91	331	95		4	0	81	133	1538	3066
• AR: Aufgrund personeller Schwierigkeiten	2			2288	496	98	843		131	386	389	673	0	45	39	1219	78	383	0	478		10	0	357	0	3365	11413
• Art. 308.2 persönlicher Verkehr	0			135	9	30	12		5	46	1	112	0	3	5	57	0	19	0	85		13	0	4	0	1650	2192
• Art. 308.2 medizinische Behandlung	0			747	86	6	6		24	94	0	564	0	23	5	145	16	59	0	177		12	0	7	18	908	2894
• Art. 308.2 Anderes	0			11071	227	338	66		26	74	3	861	0	7	17	381	45	726	0	311		4	392	28	136	2019	6732
• Art. 308.3 Feststellung Vaterschaft	0			2	5	3	1		0	0	0	1	10	0	0	0	0	2	0	1		0	0	2	1	2	28
• Art. 308.3 Unterhalt	0			9	0	0	5		1	1	0	7	4	0	0	7	4	2	11	5		16	0	0	2	19	96
• Art. 308.3 persönlicher Verkehr	1			47	3	0	20		20	1	3	15	0	1	0	46	2	4	0	25		1	0	0	2	34	222
• Art. 308.3 medizinische Behandlung	0			72	10	0	17		1	1	4	5	0	0	0	33	2	4	0	25		0	0	14	1	35	212
• Art. 308.3 Schule, Berufslehre, etc.	0			35	5	0	8		4	1	1	0	13	0	2	36	3	3	0	16		0	0	2	0	24	152
• Art. 308.3 Anderes	1			54	17	1	56		2	1	56	28	0	0	2	52	5	78	0	29		2	0	0	15	48	447
Entziehung Aufenthaltsbestimmungsrecht (Art. 310 ZGB)	1			516	126	96	146		12	62	23	133	202	18	7	288	36	163	48	119	175	12	297	121	45	803	3449
• Art. 310.1 Unterbringung von Amtes wegen (ggf. i.V.m. Art. 314a)	1			486	110	90	134		8	54	23	128	168	17	7	261	37	156	48	107		11	297	108	42	779	3072
• Art. 310.2 Unterbringung auf Antrag (ggf. i.V.m. Art. 314a)	0			40	25	6	14		3	6	0	14	36	1	0	33	1	8	0	12		1	0	14	4	42	261
• Art. 310.3 Verbot Rücknahme (ggf. i.V.m. Art. 314a)	0			5	2	2	1		3	3	0	1	0	3	0	5	1	4	3	1		0	0	2	0	1	37
Entziehung elterliche Sorge (Art. 311/312 ZGB)	0			20	3	0	15		2	4	1	3	1	3	0	16	2	0	3	4	27	0	50	18	0	15	187
• Art. 311.1 Eltern aussterstände/nicht gekümmert/Pflichtverletzt	0			18	1	0	13		0	3	1	2	0	3	0	15	2	0	3	2		0	24	17	0	11	116
• Art. 312.1 Antrag der Eltern	0			1	1	0	1		1	0	0	0	0	0	0	0	0	0	0	1		0	23	0	0	4	37
• Art. 312.2 Einwilligung in Adoption	0			2	1	0	1		1	1	0	1	1	0	0	1	0	0	0	1		0	3	1	0	0	11
Kindesvermögen (Art. 318 ff. ZGB)	0			97	53	19	37		0	18	9	65	45	10	2	50	9	32	45	52	158	7	128	84	21	206	1147
• Art. 318.3 Inventar od. period. Rechnung/Bericht	0			16	11	2	3		0	8	0	23	7	7	0	10	1	1	38	12		1	106	14	4	125	389
• Art. 324 Weisung	0			11	11	0	1		1	0	0	6	2	3	0	11	4	0	5	8		3	1	8	0	38	108
• Art. 325 Entziehung Verwaltung/Beistandschaft	0			76	40	17	34		0	11	9	40	36	3	2	29	4	31	3	36		3	21	62	17	45	519
Vormundschaft (Art. 327a ZGB)	5			137	34	28	87		9	38	20	43	112	4	2	87	5	48	26	46	86	5	291	172	14	177	1476
Beistandschaft für ungeborenes Kind (Art. 544.1[bis] ZGB)	0			0	0	0	0		0	0	0	0	0	0	0	0	0	1	0	0	0	0	0	0	0	0	2
internationale Adoption (BG HAÜ)	0			9	0	0	10		0	0	0	4	2	0	0	0	0	1	3	4	3	1	24	5	0	28	96
• Art. 17 BG HAÜ Beistandschaft	0			5	0	0	2		0	0	0	2	0	0	0	0	0	0	2	1		1	5	2	0	4	25
• Art. 18 BG HAÜ Vormundschaft	0			4	0	0	2		0	0	0	2	2	0	0	0	0	1	1	3		1	19	3	0	24	68
Verfahrensvertretung (Art. 314a[bis] ZGB)	0			19	15	6	5		5	10	2	7	8	3	0	12	0	9	6	3	1	0	27	13	9	133	293

Massnahmen (gesamt)	AG	AI	AR[3]	BE	BL	BS	FR	GE	GL	GR	JU	LU	NE	NW	OW	SG	SH	SO	SZ	TG	TI	UR	VD	VS	ZG	ZH	Total[8]
Total Anzahl Kinder mit Schutzmassnahmen per 31.12.2015	3'861	31		5'001	1'164	771	1'864	2'471	203	719	594	1'747	1'096	149	96	2'722	317	1'645	520	1'249	1'663	91	2'724	1'150	429	7'552	40'629
Wohnbevölkerung Kinder (<18 Jahre) per 31.12.2015	118'938	3'080	9'765	172'913	48'486	29'061	62'717	91'469	6'842	31'967	13'975	72'838	33'920	7'013	6'823	92'056	13'300	45'425	27'360	49'016	57'760	6'552	151'135	59'424	22'233	259'840	1'493'908
Anzahl Fälle pro 1000 Kinder	32.46	10.06		33.55	24.01	26.53	29.72	27.01	29.67	22.49	42.50	23.98	32.31	21.25	14.07	29.57	23.83	36.21	19.01	25.48	28.79	13.89	18.02	19.35	19.30	29.06	27.20

[1] Aufgrund unterschiedlicher Zählweisen können die Zahlen der KOKES-Statistik von einzelnen kantonsinternen Erhebungen abweichen.
[2] AG: Eigene Erhebung (Detailangaben bei Massnahmenarten nur für neu errichtete Massnahmen).
[3] AR: Aufgrund von technischen Schwierigkeiten waren für 2015 keine Angaben möglich.
[4] GE: Ohne Detailangaben zu den Massnahmenarten.
[5] TI: Eigene Erhebung, ohne Mehrfachnennungen, Detailangaben nur zu Massnahmengruppen.
[6] VS: APEA Vallée d'Illiez mit eigener Erhebung; KESB Raron ohne Angaben.
[7] 23 Kantone (ohne AG, AR, GE), TI nur bei Massnahmengruppen.
[8] ohne AR.

19. Statistik

19.13 Die Quoten der Massnahmen (Anzahl Fälle pro 1'000 Kinder) zeigen beträchtliche Unterschiede zwischen den Kantonen: In einigen Kantonen bestehen bis viermal mehr Schutzmassnahmen als in anderen Kantonen. Die quantitativen Unterschiede zwischen den Kantonen lassen sich durch verschiedene Faktoren erklären: Demografische und soziokulturelle Zusammensetzung der Wohnbevölkerung, unterschiedliche Praxis bei der Anwendung des materiellen Bundesrechts, strukturelle resp. prozedurale Besonderheiten (z.B. Finanzierung der Massnahmen) sowie die Ausgestaltung der vorgelagerten Dienste (freiwillige Beratungsstellen).

19.14 Zwischen 1996–2012 haben die Zahlen um durchschnittlich 4 % pro Jahr zugenommen. Zwischen 2013–2015 sind die Zahlen um durchschnittlich 1,3 % pro Jahr gesunken. Die künftigen Zahlen werden zeigen, ob sich der Trend der Abnahme fortsetzt.

20. Internationale Aspekte

20.1. Allgemeines

Literatur

Gesetzliche Grundlagen: Art. 20 IPRG, Art. 85 IPRG.

Allgemeine Literatur: BSK IPRG-Schwander, Art. 85; CHK IPR-Prager, Art. 85; CR LDIP-Bucher, Art. 85; Handbuch KES-Fountoulakis/Rosch, Rz. 50–66; FamKomm ESR-Guillaume, Art. 85 IPRG; FamKomm ESR-Guillaume, Haager Kindesschutzübereinkommen; Hausheer/Geiser/Aebi-Müller, § 24.

Spezifische Literatur: Bucher Andreas, L'enfant en droit international privé, Basel 2003; Kren Kostkiewicz Jolanta/Rodriguez Rodrigo, Internationale Rechtshilfe in Strafsachen einschliesslich der Übereinkommen zum internationalen Kindesschutz, Bern 2013; Schwander Ivo, Das Haager Kindesschutzübereinkommen von 1996, in: ZVW 2009, 1 ff.; Schwander Ivo, Kindes- und Erwachsenenschutz im internationalen Verhältnis, in: AJP 2014, 1351 ff.; Rodriguez Rodrigo, Die Durchsetzung ausländischer Unterhaltstitel in der Schweiz, in: Alexandra Rumo-Jungo/Christiana Fountoulakis, Familien in Zeiten grenzüberschreitender Beziehungen, S. 151 ff.

Bei *internationalen Sachverhalten* sind dem ZGB vorgelagerte Bestimmungen des Völker- und Landesrechts zu beachten. Es kann sich auf beiden Ebenen um materiell-, verfahrens- oder kollisionsrechtliche Bestimmungen handeln. Ein internationaler Sachverhalt liegt vor, wenn ein rechtlich relevantes Element der zu beurteilenden Verhältnisse einen relevanten Auslandsbezug hat. 20.1

Auszugehen ist von den Grundsätzen, dass *Bundesrecht und Völkerrecht* für rechtsanwendende Behörden gleichermassen verbindlich sind (Art. 190 BV), dass Landesrecht völkerrechtskonform auszulegen ist und dass bei Konflikten das Völkerrecht dem Landesrecht vorgeht. Staatsverträge werden nach schweizerischem Recht mit ihrer Ratifizierung im Landesrecht verbindlich, ohne dass es zusätzlich eines Einführungsgesetzes bedarf (Grundsatz des Monismus). Für die Praxis wird dies wichtig, wenn ein Staatsvertrag direkt anwendbare Bestimmungen enthält. Als *direkt anwendbar* gelten Bestimmungen, die inhaltlich hinreichend bestimmt und klar sind, um im Einzelfall Grundlage eines Entscheids zu bilden (BGE 124 III 91). 20.2

20. Internationale Aspekte

20.3

Wichtige materiell-rechtliche Abkommen im Kindesschutz

- *Kinderrechtskonvention* (KRK; SR 0.107). Die KRK ist der menschenrechtlich zentrale Bezugspunkt für die Anwendung der Rechtsordnung mit Bezug auf Minderjährige. Allerdings gelten nur wenige Bestimmungen als direkt anwendbar. Art. 12 KRK als eine der bedeutsamsten direkt anwendbaren Bestimmungen ist in den Art. 314a und 314a^{bis} ZGB spezifisch umgesetzt.
- *Europäische Menschenrechtskonvention* (EMRK; SR 0.101), insb. Art. 8, 12, 14.

20.4 Viele Staatsverträge koordinieren die Anwendung des nationalen Rechts unter den Vertragsstaaten. Sie regeln *die Zuständigkeit, das anwendbare Recht, die Anerkennung und Vollstreckung* von Entscheiden. Diese Staatsverträge können sich in ihrer sachlichen, räumlichen oder zeitlichen Geltung überschneiden. Teilweise enthalten sie ausdrückliche Bestimmungen über ihr Verhältnis zu anderen Abkommen. Im Übrigen gilt der Grundsatz, wonach unter Vertragsstaaten das jüngere Abkommen dem älteren vorgeht. Kollisionsrechtliche Staatsverträge haben Vorrang vor den Kollisionsnormen des IPRG (Art. 1 Abs. 2 IPRG).

20.5

Wichtige kollisionsrechtliche Abkommen im Kindesschutz

- *Haager Kindesschutzübereinkommen* (HKsÜ, SR 0.211.231.011). Das HKsÜ ist das praktisch wichtigste Abkommen im Bereich des Kindesschutzes. Es gilt unter rund 40 Staaten und nach schweizerischem Recht auch im Verhältnis zu Nichtvertragsstaaten (Art. 85 Abs. 1 IPRG).
- *Minderjährigenschutzabkommen* (MSA; SR 0.211.231.01). Das MSA ist das Vorgängerabkommen des HKsÜ und gilt noch im Verhältnis zur Türkei.
- *Haager Kindesentführungsabkommen* (HKÜ, SR 0.211.230.02). Das HKÜ gilt unter 87 Staaten und geht dem HKsÜ grundsätzlich vor (Art. 34 HKÜ).
- *Europäisches Sorgerechtsübereinkommen* (ESÜ, SR 0.211.230.01). Das ESÜ gilt unter 37 Staaten und regelt ähnliche Sachverhalte wie das HKÜ. Beide Abkommen gelten nebeneinander, wobei des ESÜ seine praktische Bedeutung zugunsten des HKÜ eingebüsst hat.
- *Haager Adoptionsübereinkommen* (HAÜ; SR 0.211.221.311). Das HAÜ ist das massgebende Rechtshilfeabkommen für internationale Adoptionen und gilt unter 93 Vertragsstaaten.
- Übereinkommen über die Geltendmachung von Unterhaltsansprüchen im Ausland *(New Yorker Unterhaltsübereinkommen;* SR 0.274.15). Das Übereinkommen unterstützt die Amts- und Rechtshilfe bei der Vollstreckung von Unterhaltstiteln in grenzüberschreitenden Verhältnissen. Es übernimmt für die Alimentenhilfe die Funktion der Regeln über die Zusammenarbeit von Behörden, wie sie etwa das HKsÜ in Art. 29ff. kennt.

- Übereinkommen über das auf Unterhaltspflichten anzuwendende Recht (HGU; SR 0.211.213.01); Übereinkommen über die Anerkennung und Vollstreckung von Unterhaltsentscheidungen (HÜA; SR 0.211.213.02); Übereinkommen über die gerichtliche Zuständigkeit und die Anerkennung und Vollstreckung von En*tscheidungen in Zivil- und Handelssachen* (LugÜ; SR 0.275.12). Diese Abkommen ergänzen sich teilweise oder bestehen nebeneinander. Bei der grenzüberschreitenden Vollstreckung von Unterhaltsforderungen bietet die Anwendung des LugÜ Gläubiger(inne)n Vorteile gegenüber dem HÜA.

Wichtige Bundesgesetze für den internationalen Kindesschutz

20.6

- *Bundesgesetz über das internationale Privatrecht* (IPRG; SR 291). Gemäss Art. 85 Abs. 1 IPRG gilt für den Schutz von Kindern in Bezug auf die Zuständigkeit der schweizerischen Gerichte oder Behörden, auf das anwendbare Recht sowie auf die Anerkennung und Vollstreckung ausländischer Entscheidungen oder Massnahmen das Haager Kindesschutzübereinkommen HKsÜ. Im Verhältnis zu anderen Vertragsstaaten des HKsÜ hat diese Bestimmung nur deklaratorische Bedeutung. Für schweizerische Gerichte und Behörden erweitert sie aber die Anwendbarkeit des HKsÜ auch auf internationale Sachverhalte mit Bezug zu Nichtvertragsstaaten. Diese Erweiterung betrifft praktisch nur die Bestimmungen über die Zuständigkeit. Von der einseitigen Anwendung des HKsÜ als nationales Recht ausgenommen sind dessen Bestimmungen über die Behördenzusammenarbeit. Aufgrund von Art. 85 Abs. 4 IPRG anerkennen schweizerische Gerichte und Behörden am ausländischen gewöhnlichen Aufenthalt des Kindes entschiedene Schutzmassnahmen nach Massgabe der Art. 25 ff. IPRG.
- *Bundesgesetz über internationale Kindesentführung* und die *Haager Übereinkommen zum Schutz von Kindern und Erwachsenen* (BG-KKE; SR 211.222.32). Das Gesetz regelt die Organisation der zentralen Behörden und enthält besondere Bestimmungen für das Verfahren bei Sachverhalten mit internationaler Kindesentführung.
- *Bundesgesetz zum Haager Adoptionsübereinkommen und über Massnahmen zum Schutz des Kindes bei internationalen Adoptionen* (BG-HAÜ; SR 211.221.31). Das Gesetz regelt insb. die Organisation der zentralen Behörden und das Verfahren bei internationalen Adoptionen nach HAÜ.

20. Internationale Aspekte

20.7

> **Örtliche Zuständigkeit bei internationalen Sachverhalten im Kindesschutz**
>
> - Örtlich zuständig ist primär der *Staat des gewöhnlichen Aufenthaltes* des Kindes (Art. 5 HKsÜ), bei Flüchtlingskindern und in Notsituationen am Ort des schlichten Aufenthaltes (Art. 6, 11–12 HKsÜ).
> - Wechselt das betroffene Kind seinen gewöhnlichen Aufenthalt, wechselt auch die Zuständigkeit *(keine perpetuatio fori,* Art. 5 Abs. 2 HKsÜ unter Vorbehalt von Art. 7 HKsÜ bei internationaler Kindesentführung).
> - Der örtlich zuständige Staat wendet sein eigenes Recht an (Art. 15 Abs. 1 HKsÜ).
> - Die örtliche Zuständigkeit der KESB richtet sich nach Art. 20 IPRG.
> - Kindesschutzrechtliche Entscheide und Massnahmen werden (nur) unter Vertragsstaaten des HKsÜ automatisch anerkannt (Art. 23–28 HKsÜ).
> - Zur Förderung der grenzüberschreitenden Zusammenarbeit haben die Vertragsstaaten des HKsÜ, HKÜ und HAÜ *zentrale Behörden* aufgebaut, die im Bereich der zugewiesenen Aufgaben direkt kommunizieren dürfen. Die KESB kann Sozialberichte im Sinne von Art. 34 HKsÜ direkt bei den zuständigen Behörden anderer Vertragsstaaten einholen. Dennoch empfiehlt es sich, den Kontakt zur ausländischen Behörde über die kantonale Zentralbehörde zu suchen.

20.8 Rechtsverbindliche *Zustellungen an Personen im Ausland* müssen auf dem Rechtshilfeweg erfolgen. Der Rechtshilfeweg muss kantonalem Recht entsprechend initiiert und der Entscheid je nach anwendbarem internationalem Rechtshilferecht übermittelt werden. Informationen, die keine Rechtswirkungen entfalten, können direkt und formlos ins Ausland versandt werden. Personen im Ausland können angehalten werden, ein *Zustelldomizil* in der Schweiz zu bezeichnen (Art. 140 ZPO).

Zur örtlichen Zuständigkeit vgl. auch Kap. 6.4.1.

20.2. Besonderheiten im Asylbereich

Literatur

Gesetzliche Grundlagen: Art. 17 AsylG, Art. 7 AsylV 1.

Spezifische Literatur: Affolter Kurt, Vertretung unbegleiteter minderjähriger Asylsuchender, in: ZKE 2016, 485 ff.; Caroni et al., Migrationsrecht, 3. Auflage, Bern 2014, § 7.6; Committee on the Rights of the Child, General Comment Nr. 6 (2005): Treatment of unaccompanied and separated children outside their country of origin; OFK Migrationsrecht-Hruschka; AsylG Art. 17; Cottier Michelle, Der zivilrechtliche Kindesschutz im Migrationskontext, in: ZVW 2007, 132 ff.; Fondation Suisse du Service International, Manuel de prise en charge des enfants séparés en Suisse, Guide pratique à l'usage des professionnels, Genf 2014; Gerber Jenni Regula, Kindesschutzmassnahmen bei Kindern einer Mutter, deren Asylgesuch abgewiesen wurde und deren Wegweisung rechtskräftig geworden ist, in: ZKE 2010, 108 ff.; UEBERSAX et al., Ausländerrecht, 2. Aufl., Basel 2009; SCHWEIZERISCHE FLÜCHTLINGSHILFE SFH (Hrsg.), Handbuch zum Asyl- und Wegweisungsverfahren.

Bei Kindern, die ausländerrechtlich dem Asylbereich zuzurechnen sind (unbegleitete und begleitete minderjährige Asylsuchende; begleitete und unbegleitete Kinder nach Abweisung des Asylgesuchs ohne Wegweisungsvollzug, begleitete und unbegleitete Kinder bei der Ausschaffung), ist jede befasste Behörde und Stelle (Migrationsbehörden, Schule, Polizei) in ihrem Zuständigkeitsbereich selber für die *Achtung des Kindeswohls* und Einhaltung der Kinderrechte verantwortlich. Teilweise machen bundes- oder kantonalrechtliche Bestimmungen minimale Vorgaben. Gemäss Art. 17 Abs. 2 AsylG erlässt der Bund ergänzende Bestimmungen für die Situation von Minderjährigen im Asylverfahren. Wird das Asylgesuch eines Kindes abgewiesen, prüft das SEM, ob der Vollzug der Wegweisung möglich, zulässig und zumutbar ist (Art. 44 Satz 2 AsylG; Art. 83 AuG). Beim *Vollzug einer Wegweisung* dürfen Kinder nur in einer Weise transportiert werden, die ihrem Alter, ihren Bedürfnissen und den gesamten Umständen angemessen ist (Art. 24 Abs. 1 ZAV). Kantonales Sozialhilferecht kann für Asylsuchende mit besonderen Bedürfnissen Ausnahmen von der eingeschränkten Asylsozialhilfe vorsehen.

20.9

Kinder leben im Asylbereich teilweise in strukturellen Verhältnissen, die als *Belastungsfaktoren* für das Kindeswohl gelten. Dazu gehören beengende Wohnverhältnisse, knappe Finanzen, unsichere aufenthaltsrechtliche Aussichten, Verständigungsprobleme oder unter hoher Belastung stehende Eltern. Strukturelle Risiken dieser Art können nicht mit angeordneten Kindesschutzmassnahmen ausgeräumt werden. Eine Meldung ist möglich, wenn das Kindeswohl gefährdet erscheint und sich die Eltern nicht für kooperative Massnahmen gewinnen lassen. Ordnet die KESB Massnahmen an, muss sie in einem späteren Wegweisungsverfahren mitwirken und die Anpassung an veränderte Verhältnisse prüfen (Art. 313 ZGB). Dabei kann sie sich an der Praxis des Bundesverwaltungsgerichts zur Zumutbarkeit des Wegweisungsvollzugs bei Kindern orientieren. Danach können in einer gesamtheitlichen Beurteilung namentlich folgende Kriterien massgebend sein (BVGE 2009/28 E. 9.3.2.): «Alter, Reife, Abhängigkeiten, Art (Nähe, Intensität, Tragfähigkeit) seiner Beziehungen, Eigenschaften seiner Bezugspersonen (insb. Unterstützungsbereitschaft und -fähigkeit), Stand und Prognose bezüglich Entwicklung/Ausbildung, sowie der Grad der erfolgten Integration bei einem längeren Aufenthalt in der Schweiz».

20.10

Als *unbegleitete minderjährige Asylsuchende* (UMA) gelten asylsuchende Kinder ohne Elternteil oder erwachsene Person, welche die mit der elterlichen Sorge verbundenen Rechte ausüben kann. Für die Belange

20.11

20. Internationale Aspekte

des Asylverfahrens müssen die Kantone umgehend eine *asylrechtliche Vertrauensperson* einsetzen (Art. 17 Abs. 3 AsylG), die längstens bis zur rechtskräftigen Erledigung des Asylverfahrens tätig sein kann (Art. 7 Abs. 2 AsylV 1). Damit bleibt die kindesrechtliche Vertretung der minderjährigen Asylsuchenden noch offen. Die KESB errichtet zu diesem Zweck eine *Vertretungsbeistandschaft nach Art. 306 Abs. 2 ZGB* oder – falls die Eltern verstorben sind – eine *Vormundschaft nach Art. 327a ZGB*. Für das Mandat kann die bereits amtierende asylrechtliche Vertrauensperson oder eine Drittperson eingesetzt werden. Die KESB muss tätig werden, wenn sie nach der Zuweisung eines unbegleiteten minderjährigen Asylsuchenden an den Kanton eine entsprechende Meldung erhält (Art. 443 Abs. 2 ZGB). Solche Meldungen werden in der Praxis mitunter unterlassen, wenn der oder die urteilsfähige Jugendliche über 17 Jahre alt ist. Dies in der Annahme, der oder die Jugendliche könne sich bei Bedarf von einer privat bevollmächtigten Person ihres Betreuungssystems vertreten lassen. In diesem Fall trägt die asylrechtliche Vertrauensperson eine umfassendere Verantwortung für die Betreuung der minderjährigen Person im Asylverfahren (Art. 7 Abs. 3 AsylV 1). Bei unbegleiteten minderjährigen Asylsuchenden muss die zuständige Behörde vor dem *Vollzug einer Wegweisung* sicherstellen, dass das Kind im Rückkehrstaat einem Familienmitglied, einem Vormund oder einer Aufnahmeeinrichtung übergeben wird, welche den Schutz des Kindes gewährleisten (Art. 69 Abs. 4 AuslG).

20.12

> **SODK-Empfehlungen zu UMA**
>
> Zwecks Koordination von praktischen Umsetzungsfragen in den Kantonen (insb. Unterbringung, Betreuung und Vertretung) hat die SODK im Mai 2016 die *«Empfehlungen zu unbegleiteten minderjährigen Kindern und Jugendlichen aus dem Asylbereich»* erlassen (zu finden auf: www.sodk.ch > Aktuell > Empfehlungen oder in der Download-Plattform).

21. Adressatengerechte Kommunikation

21.1. Allgemeines

Literatur

Allgemeine Literatur: BERNER FACHHOCHSCHULE (Hrsg.), Richtig kommunizieren – bloss wie?, Ein Leitfaden zur Kommunikation für Sozialdienste und Sozialbehörden, Bern 2016 [Download: www.soziale-arbeit.bfh.ch]; KAUFMANN CLAUDIA, adressatengerechte Kommunikation in der Verwaltung, in: Jahresbericht 2014 als Ombudsfrau der Stadt Zürich, S. 4 ff. m.w.H.

Spezifische Literatur: ROGERS CARL R., Der neue Mensch, Stuttgart 1981 [Grundlagen eines personenzentrierten Ansatzes: S. 65–71]; SCHULZ VON THUN FRIEDEMANN, Miteinander reden 1, Störungen und Klärungen, Allgemeine Psychologie der Kommunikation, 44. Aufl., Reinbek bei Hamburg, 2006 [vier-Ohren-Modell: S. 25–81]; WATZLAWICK PAUL/BEAVIN JANET H./JACKSON DON D., Menschliche Kommunikation, Formen, Störungen, Paradoxien, 11. Aufl., Bern 2007 [fünf Axiome der Kommunikation: S. 50–113].

Die *direkte und adressatengerechte* Information und Kommunikation ist sowohl für die KESB als auch für die MT sowie Abklärer/innen von zentraler Bedeutung. Eine adressatengerechte Kommunikation kann sich positiv auf die Kooperation und das Vertrauen in die Arbeit der Behörden und Fachpersonen auswirken. *Information* ist einseitig, es geht um die Vermittlung von Wissen, Tatbeständen und Sachverhalten. *Kommunikation* ist dagegen dialogorientiert, es geht darum, sich zu vergewissern, ob und wie die Botschaft beim Gegenüber ankommt. Im Kindesschutz geht es für die KESB, MT und Abklärer/innen selten um reine Information, sondern meistens um eine dialogorientierte Kommunikation. Hauptfunktionen der Kommunikation sind die Wahrheitsermittlung, die Partizipation, die Konsensfindung und die Legitimationswirkung. Eine sorgfältige und sensible Kommunikation ist wichtig, insb. bei Schutzmassnahmen, die im Zwangskontext erfolgen und für deren Gelingen die Kooperation massgeblich ist.

21.1

Transparenz, *Offenheit* und *Klarheit* sind wichtige Bestandteile der Zusammenarbeit zwischen MT/KESB und der betroffenen Familie, aber auch zwischen der KESB und der Öffentlichkeit. Im zweiten Fall selbstredend nicht mit Details eines Einzelfalls (Persönlichkeitsschutz), sondern mit allgemeinen Informationen zu den gesetzlichen Rahmenbedingungen oder Verfahrensabläufen im Kindesschutz. Angaben zu Personen und deren Verhalten und Verhältnisse unterliegen der Schweigepflicht. Eine Ausnahme besteht, wenn die betroffene Person ausdrücklich die Zustimmung zur Bekanntgabe gegeben hat; aber auch hier ist im Einzelfall abzuwägen, welche Information aus welchem Grund bekannt gemacht wird. Unrichtige Angaben oder Unterstellungen gegenüber der Behörde dürfen unter Wahrung der Datenschutzbestimmungen korrigiert und richtiggestellt werden.

21.2

21. Adressatengerechte Kommunikation

21.3 Die Möglichkeiten und Grenzen der Kommunikation von Behörden und Diensten können in diesem Buch nicht umfassend abgehandelt werden. Im Folgenden wird versucht, für das Thema zu sensibilisieren. Kommunikation spielt sich auf *verschiedenen Ebenen* ab: *Intern* (Mitarbeiter/innen), *halbintern* (Betroffene, aber auch Partnerorganisationen) und *extern* (Politik, Medien und Öffentlichkeit). Im Fokus der folgenden Ausführungen stehen die Kommunikation mit den Betroffenen sowie die externe Kommunikation.

21.4 Bei der Kommunikation mit den Betroffenen ist wichtig, dass die Sprache *verständlich* und die Vorgehensweise *nachvollziehbar* ist. Es soll so viel wie möglich mit den Betroffenen im Dialog besprochen werden. Vor allem stark in die Persönlichkeitsrechte eingreifende Inhalte sollen sorgfältig kommuniziert werden. Dabei ist darauf zu achten, dass den Betroffenen Respekt gezollt wird und sie als Person nicht verurteilt werden. Verschiedene Konzepte erweisen sich dabei als hilfreich. Beispielhaft zu erwähnen sind die Grundhaltung der *personenzentrierten Gesprächsführung nach Rogers* (Kongruenz, Akzeptanz, Empathie), die *fünf Axiome der Kommunikation nach Watzlawick* (man kann nicht nicht kommunizieren u.a.) sowie das *vier-Ohren-Modell nach Schulz von Thun* (Sachinhalt, Selbstoffenbarung, Beziehung und Apell), vgl. dazu die Angaben im Literaturverzeichnis sowie Kap. 21.2.2.

21.5 Neben der Kommunikation mit den Betroffenen spielt auch die Information der Öffentlichkeit eine wichtige Rolle. In den Kantonen sind in letzter Zeit *Kommunikationskonzepte* entstanden, die regeln, wer wann was in welcher Form kommuniziert, sowohl im Krisenfall wie auch im normalen Arbeitsalltag. Es empfiehlt sich eine aktive Kommunikation analog zur Öffentlichkeitsarbeit bspw. der Polizei. Je aktiver und transparenter auch bei schwierigen Themen orientiert wird, desto glaubwürdiger wird die Organisation wahrgenommen.

21.6
Beachte

- Eine sorgfältige Kommunikation kann sich positiv auf die Kooperation und das Vertrauen in die Arbeit der Behörden und Dienste auswirken.
- Die Kommunikation ist dialogorientiert. Beim Kommunizieren soll von den Empfänger/innen her gedacht werden (wie kommt eine Nachricht an?).
- Neben der Kommunikation mit den Eltern ist die Kommunikation mit dem Kind nicht zu vernachlässigen.
- Kommunikationskonzepte, die festhalten, wer wann was wie kommuniziert, sind hilfreich.

21.7 Im Folgenden werden Hinweise zur Formulierung von verständlichen KESB-Entscheiden sowie zum Konzept der «Leichten Sprache» gemacht.

21.2. KESB-Entscheid

21.2.1. Formale Anforderungen (Struktur)

Literatur

Gesetzliche Grundlagen: Art. 314 Abs. 3 ZGB, kantonale Verwaltungsrechtspflege- oder Verfahrensgesetze, die sich weitgehend an Art. 34–36 VwVG orientieren, sowie Art. 236 ff. ZPO.

Spezifische Literatur: KOKES, Praxisanleitung Erwachsenenschutzrecht, Rz. 1.151 ff. (mit ausführlichem Literaturverzeichnis), MARTIN JÜRG/SELTMANN JAN/LOHER SILVAN, Die Verfügung in der Praxis, Ein Leitfaden für Behörden, Adressaten und Anwälte, 2. Aufl., Zürich 2016.

Ein KESB-Entscheid ist eine *Verfügung*, die mittels Beschwerde bei der kantonalen gerichtlichen Beschwerdeinstanz (Art. 450 ZGB) und nachfolgend beim Bundesgericht (Art. 72 Abs. 2 lit. b Ziff. 6 BGG) angefochten werden kann. Es ist eine konkrete Anordnung einer Behörde oder eines Gerichts im Einzelfall. Die Verfahrensbestimmungen des ZGB enthalten nur vereinzelt Vorgaben zu Struktur und Aufbau einer Verfügung (z.B. Art. 314 Abs. 3 ZGB, wonach die KESB die Aufgaben des Beistandes und allfällige Beschränkungen der elterlichen Sorge im Entscheiddispositiv festhält). Ergänzend sind die Vorgaben in der ZPO und/oder den kantonalen Verfahrensbestimmungen zu beachten.

21.8

Ein KESB-Entscheid gliedert sich i.d.R. in fünf Teile:

21.9

- *Rubrum* (Absender, Datum, Angaben zum betroffenen Kind, Titel des Entscheids)
- *Sachverhalt* (Fakten)
- *Erwägungen* (Überlegungen der KESB, Begründung des Entscheids)
- *Entscheid* (konkrete Anordnung) mit *Eröffnungsformel*
- *Unterschriften*

KESB-Entscheid (neutrale Vorlage)

Absender (verfügende KESB *[Name, Sitz]*, Zusammensetzung *[Namen, Funktion]*)

Datum (Entscheid vom *[xx. Monat Jahr]*)

Angaben zum betroffenen Kind: Name, Vorname und Geburtsdatum des Kindes; Name, Vorname, Zivilstand und Geburtsdatum der Eltern; Bürgerort, ggf. Beruf, Wohnsitz, Aufenthalt (Heim, Klinik) der Eltern; Familienbeziehungen, Sorgerechts- und Obhutssituation, Stiefeltern- oder Pflegeverhältnisse, Beruf/Schule, Wohnadresse(n), allfälliger Aufenthaltsort, Bürgerort, Vorliegen internationalprivatrechtlicher Verhältnisse *[nur die relevanten Aspekte nennen]*

21.10

21. Adressatengerechte Kommunikation

Titel des Entscheids («Betreffnis», Bezeichnung des Verfahrens)

[z.B. Anordnung einer Beistandschaft nach Art. 308 Absätze 1 und 2 ZGB]

Sachverhalt (Darstellung der zusammengetragenen Informationen *[wie bekam die KESB Kenntnis vom Fall, was wurde bisher unternommen, welche Abklärungen wurden mit welchem Ergebnis gemacht]*)

Erwägungen (Begründung des Entscheids)

[z.B.

1. ggf. örtliche, sachliche und funktionelle Zuständigkeitsprüfung.
2. Schlussfolgerungen aus dem Sachverhalt (Begründung der Gefährdungssituation resp. des Unterstützungs- und Förderungsbedarfs. Überlegungen zu den Lösungsoptionen. Prüfung der Subsidiarität, Komplementarität und Verhältnismässigkeit. Begründung der beabsichtigten Massnahmen. Verknüpfung der beabsichtigten Massnahmen mit den Rechtsgrundlagen.)
3. ggf. Begründung eines allfälligen Kostenentscheides.
4. ggf. Begründung einer allfälligen Entziehung der aufschiebenden Wirkung, wenn Gefahr im Verzug (Art. 450c ZGB i.V.m. Art. 314 Abs. 1 ZGB).

Entscheid (Dispositiv, Umschreibung der Rechtswirkung)

1. Anordnung der Massnahme bzw. materieller Verfügungsinhalt.
2. Allenfalls Ernennung einer Beistandsperson und deren Auftrag.
3. Die Gebühren für diesen Entscheid betragen Fr. *(Betrag)*.
4. Gegen diesen Entscheid kann innert 30 Tagen nach dessen Mitteilung Beschwerde bei der gerichtlichen Beschwerdeinstanz *(Name, Adresse)* erhoben werden (Art. 450 ZGB i.V.m. Art. 314 Abs. 1 ZGB). [Rechtsmittelbelehrung]
5. *(ggf.) Einer allfälligen Beschwerde wird in Anwendung von Art. 450c ZGB i.V.m. Art. 314 Abs. 1 ZGB die aufschiebende Wirkung entzogen.*
6. Eröffnung *[mittels eingeschriebenen Briefs mit Rückschein oder Gerichtsurkunde oder direkte Aushändigung gegen Empfangsbestätigung oder ggf. mittels gewöhnlicher Post]* an:
   - betroffenes Kind *[sofern urteilsfähig, i.d.R. ab 14 Jahren]*
   - Eltern
   - ggf. Beistandsperson XY
   - ggf. weitere Verfahrensbeteiligte (z.B. Pflegeeltern, beauftragter Mediator).
7. *(ggf.)* Mitteilung [mittels Brief oder Auszug aus dem Entscheid] an:
   - ggf. Schule, Heim, etc.

8. *(ggf.)* Amtliche Mitteilung an:
   - Betreibungsamt, Zivilstandsamt, etc.

Unterschriften der KESB

21.2.2. Verständlichkeit

Literatur

Allgemeine Literatur: BSK ZPO-STECK, Art. 239 N 10 und 13; KUKO ZPO-NAEGELI/MAYHALL, Art. 239 N 5–7 und 20 [zur Begründungspflicht].

Spezifische Literatur: ALBRECHT URS/RAST VINZENZ, Schreiben wie ein Bauer, in: plädoyer 3/2004, S. 25–27; BUNDESKANZLEI, Zentrale Sprachdienste, Merkblatt Behördenbriefe [Download: https://www.bk.admin.ch/dokumentation/sprachen/04915/05317/index.html?lang=de]; LANGER INGHARD/SCHULZ VON THUN FRIEDEMANN/TAUSCH REINHARD, Sich verständlich ausdrücken, 10. Aufl., München 2015; MOSIMANN HANS-JAKOB, Entscheidbegründung, Begründung und Redaktion von Gerichtsurteilen und Verfügungen, Zürich 2013; SOZIALDEPARTEMENT STADT ZÜRICH, Soziale Dienste, verständlich und wertschätzend, Leitfaden fürs Schreiben in leichter Sprache, 2016 (unveröffentlicht).

KESB-Entscheide sollen (gut) verständlich sein, und zwar für alle Adressatengruppen, auch jene aus tiefen Bildungsschichten oder mit wenig Deutschkenntnissen. Eine gut verständliche *Begründung* ist wichtig, damit die betroffenen Personen den Entscheid nachvollziehen, im Idealfall akzeptieren und mittragen oder ggf. sachgerecht anfechten können. Die Begründung ist auch ein Mittel zur Selbstkontrolle (Stringenz und Konsistenz) und stellt sich der Fremdkontrolle (Beschwerdemöglichkeit). 21.11

Ein KESB-Entscheid ist eine Art *Visitenkarte der KESB*. Die Herausforderung besteht darin, im Spannungsfeld zwischen formal-juristischen Anforderungen und Verständlichkeit die richtigen Prioritäten zu setzen. Für Betroffene soll nicht nur rechtlich, sondern auch *inhaltlich nachvollziehbar* sein, wo das Problem liegt und weshalb aus Sicht der KESB eine Massnahme angeordnet wurde. 21.12

Merkmale von verständlichen Texten 21.13

Gut verständliche Texte zeichnen sich durch folgende Merkmale aus:
- **Einfachheit** (kurze Sätze, pro Satz 1 Aussage/1 Gedanke, geläufige Wörter, Fachbegriffe werden erklärt)
- **Gliederung/Ordnung** (übersichtlich, roter Faden ist sichtbar, das Wichtigste zuerst)

- **Kürze/Prägnanz** (aufs Wesentliche beschränkt, stringent, konkret, klare Botschaft)
- **ggf. anregende Zusätze** (Beteiligung hervorrufen durch Persönliches)

21.14 Diese Merkmale sind grundsätzlich auch auf KESB-Entscheide anwendbar. Ein 10-seitiger Entscheid, vollgestopft mit rechtlichen Ausführungen und Auszügen aus Gesetzeskommentaren, wird von den Adressaten oft nicht gelesen und zielt an der Sache vorbei. Verständliche Entscheide sind einfach und in kurzen Sätzen geschrieben, übersichtlich gegliedert und auf das Wesentliche beschränkt. Wichtig ist, dass die betroffene Person sich und ihre Überlegungen im Entscheid wiederfindet (als Ausdruck davon, dass sie gehört wurde, aber u.U. anders entschieden wurde).

21.15 Bei unbestrittenen Angelegenheiten (z.B. eine Verfahrenseinstellung oder ein Wechsel des MT infolge Kündigung des bisherigen MT) sind auch *Kurzentscheide* (1–2 Seiten) oder *Entscheide in Brieform* denkbar, das wirkt für die Betroffenen weniger bürokratisch und kann den rechtlichen Anforderungen auch genügen (inkl. Rechtsmittelbelehrung). Als Faustregel gilt: Je einschneidender und umstrittener eine Massnahme ist, desto ausführlicher muss die Begründung sein.

21.16 Im Entscheid erwähnt werden nur die *wichtigsten* Überlegungen, die zum Entscheid geführt haben (vgl. BGer 5A_27/2011 E. 3). Es ist nicht erforderlich, dass im Entscheid alle Parteistandpunkte und Vorbringen explizit abgehandelt werden. Im Rahmen einer Checkliste ist an alles zu denken, aber *nicht alles, was abgeklärt oder überlegt wurde, ist im Entscheid abzuhandeln*. Wenn ein Umstand unbestritten ist, muss das im Entscheid nicht ausgeführt werden (z.B. Zuständigkeitsprüfung), ein Vermerk in den Akten genügt. Auch komplexe Subsumtionsüberlegungen können – statt im Entscheid ausgeführt zu werden – im Rahmen von Aktennotizen gemacht werden.

21.17 Bei der Prüfung der Frage, ob ein Umstand in den *Erwägungen* abgehandelt werden soll, erweist sich die Frage hilfreich, ob diese Information für die Eltern oder das Kind wichtig sein könnte. Zum einen geht es um Begründungen von Eingriffen in die Rechtsstellung der Betroffenen (vgl. dazu BGer 5A_694/2014 E. 3.1). Zum anderen können in den Erwägungen aber auch Sachverhalte festgehalten werden, die rechtlich ohnehin gelten und selbstverständlich sind, aber bei den Eltern und dem Kind eine positive Grundstimmung und Vertrauen schaffen können und der MT auf einer guten Grundlage in das Mandat einsteigen kann (z.B. dass die Eltern trotz Beistandschaft die primären Ansprechpersonen für das Kind sind o.ä.). In den Erwägungen können und sollen m.a.W. auch ressourcenorientierte

21.2. KESB-Entscheid

Aspekte berücksichtigt werden (das Dispositiv ist demgegenüber eher defizitorientiert formuliert, was in der Natur der Sache liegt). Bei Textbausteinen ist insofern Vorsicht geboten, dass der konkrete Fall nicht dem Muster angepasst wird, sondern umgekehrt das Muster dem Fall angepasst wird.

Im Folgenden ein paar Regeln, die bei der Formulierung von gut verständlichen Entscheiden hilfreich sein können.

21.18

21.19

Beachte

- Je verständlicher ein Entscheid begründet ist, desto nachvollziehbarer ist er, und desto besser stehen die Chancen, dass die Betroffenen den Entscheid akzeptieren und mittragen.
- Im Entscheid abgehandelt werden nur die wesentlichen Überlegungen, auf die sich der Entscheid abstützt. Unbestrittene und für den Entscheid nicht massgebliche Tatbestände sind im Entscheid nicht zu erwähnen.
- So viel Umgangssprache wie möglich, so viel Fachjargon wie nötig: Fachbegriffe sind sparsam und gezielt zu verwenden und werden im Entscheid erklärt, z.B. durch die Wiederholung mit anderen, allgemein verständlichen Ausdrücken.
- Im Entscheid werden die Überlegungen festgehalten, die für das Kind und die Eltern wichtig sein könnten (um den Entscheid nachvollziehen zu können, um sich gehört oder verstanden zu fühlen etc.).
- Ein Entscheid bildet ein rechtsstaatliches Verfahren ab, Primäradressaten sind aber die Betroffenen. Als Folge der Mehrfachadressierung empfiehlt sich folgende Faustregel: Ein Entscheid wird zu 50% für die Betroffenen und zu 50% für Fachpersonen/Anwälte/Beschwerdeinstanzen geschrieben.

21.2.3. Mündliche Gespräche als Ergänzung

Grundsätzlich gilt im Kindesschutz das Prinzip der Schriftlichkeit des Verfahrens. Je nach Situation können sich – als Ergänzung – auch mündliche Verfahrensschritte aufdrängen, insb. wenn damit Missverständnisse geklärt oder Eskalationen vermieden werden können (vgl. dazu Rz. 5.14 ff.).

21.20

Die KESB wägt im Einzelfall ab, ob ein Entscheid mündlich mitgeteilt resp. zu eröffnen ist (vgl. auch Ausführungen in Kap. 3.4.4., insb. Rz. 3.83). Dabei spielen weniger rechtliche Überlegungen eine Rolle (das Gesetz verlangt keine zwingende mündliche Eröffnung), sondern psychosoziale Aspekte: Im mündlichen Gespräch können die Überlegungen der KESB besser erklärt werden als in einem schriftlichen Entscheid, die Betroffenen können Rückfragen stellen, falls sie etwas nicht verstanden haben etc. Einschnei-

21.21

dende Entscheide wie bspw. ein Entzug des Aufenthaltsbestimmungsrechts gegen den Willen eines Beteiligten sind i.d.R. mündlich zu eröffnen.

21.22

> **Beachte**
>
> Bei der mündlichen Eröffnung des Entscheids (oder allgemein im Austausch mit den Betroffenen, z.B. bei der Anhörung oder bei einem Abklärungsgespräch) können folgende Hinweise hilfreich sein:
> - Das gemeinsame Ziel, die gesunde Entwicklung und den Schutz des Kindes, betonen.
> - Den Eltern und dem Kind aufzeigen, welche Rechte sie behalten, d.h. Fokus auf die Wichtigkeit der Eltern und deren Beziehung zum Kind.
> - Den Eltern und dem Kind verständlich erklären, weshalb welche Massnahme beschlossen wurde (und ggf. was es braucht, damit die Massnahme aufgehoben werden kann).
> - Aufzeigen, welche Erwartungen an die Eltern bestehen.
> - Aufzeigen, welche Aufgaben und Möglichkeiten der MT hat (und welche nicht).
> - Den Eltern und dem Kind im abgesteckten Rahmen Entscheidungsmöglichkeiten und Handlungsspielräume aufzeigen (z.B. Präferenzen für MT, Vorschlag einer Vertrauensperson bei Platzierung, einvernehmliche Regelung des Besuchsrechts etc.).
> - Verständnis zeigen für die Sorgen, Ängste und Widerstände der Eltern und des Kindes.
> - Evtl. grafische Darstellungen und Bilder/Fotos verwenden.

21.23 Bei Hinweisen, dass eine betroffene Person während oder nach dem Gespräch psychisch oder physisch zusammenbrechen könnte, sollten Überlegungen gemacht werden, wie den Betroffenen angemessene Hilfe zukommen kann (z.B. neutrale Begleitung durch eine Beratungs-/Anlaufstelle oder einen Psychiater etc.).

21.24 Bei Hinweisen auf eine Bedrohung von Mitarbeitenden der KESB während des Gesprächs sind entsprechende Vorsichtsmassnahmen zu treffen: ein Gespräch nicht alleine durchführen, weitere Personen sind im Büro anwesend, allenfalls Vorinformation der Polizei und Absprache mit dieser über Sicherheitsvorkehrungen (vgl. Rz. 3.69).

21.3. Die Leichte Sprache

Literatur

DUDEN-Ratgeber Leichte Sprache, Bredel Ursula/Maass Christiane, Berlin 2016; BREDEL URSULA/MAASS CHRISTIANE, Leichte Sprache, Theoretische Grundlagen, Duden-Reihe, Berlin 2016; INCLUSION EUROPE (Hrsg.), Informationen für alle Europäische Regeln, wie man Informationen leicht lesbar und verständlich macht, Brüssel 2009; PRO INFIRMIS, Büro für Leichte Sprache (www.buero-leichte-sprache.ch), Netzwerk Leichte Sprache (www.leichtesprache.org).

Informationen zielgerichtet zu verbreiten ist wichtig. Briefe der MT und KESB-Entscheide sollen auch von Menschen mit Leseschwierigkeiten, älteren Menschen, Fremdsprachigen oder Kindern verstanden werden können. Die Forderung nach einer leicht verständlichen Sprache wurde bereits ab den 1960er-Jahren von Menschen mit Lernbehinderungen gestellt; mit der Ratifizierung der UN-Behindertenrechtskonvention im Jahr 2014 und dem zentralen Postulat sozialer Teilhabe hat das Konzept der Leichten Sprache in der Schweiz an Bedeutung gewonnen.

Eine *klare und einfache Sprache* geht bei amtlichen Schriftstücken gerne vergessen. Warum kompliziert, wenn es auch einfach geht? Leichte Sprache ist das Stichwort, damit Informationen für alle verständlich werden. Nur wer informiert ist, kann mitreden und sich einbringen. Leichte Sprache ist ein wichtiges Instrument der *Inklusion*.

Es ist nicht die Meinung, dass die KESB und MT sämtliche Texte in Leichter Sprache verfassen. Das vorliegende Kapitel soll KESB, MT und Abklärer/innen für die Leichte Sprache *sensibilisieren* und dazu anregen, bei Eltern oder Kindern mit geringer Lesekompetenz zu *überlegen, ob bestimmte Briefe oder Mails* zwecks besserer Verständlichkeit einfacher formuliert werden können.

Im Folgenden wird auf die Sprachregeln der Leichten Sprache eingegangen sowie ein Merkblatt zum Kindesschutz vorgestellt, das in Leichter Sprache geschrieben ist und den Eltern oder Kindern bei Bedarf abgegeben werden kann.

21.3.1. Regeln der Leichten Sprache

Die Leichte Sprache ist eine speziell geregelte sprachliche Ausdrucksweise. Sie umfasst neben Sprachregeln auch Rechtschreibregeln sowie Empfehlungen zu Typografie.

Leichte Sprache bedeutet, so zu sprechen und zu schreiben, dass die Information von der angesprochenen Zielgruppe möglichst gut verstanden wird (auch von Menschen mit Lernschwierigkeiten, Menschen, die nicht so gut lesen können, ältere Menschen sowie Menschen, für die Deutsch nicht ihre Muttersprache ist). Je einfacher eine Botschaft vermittelt wird, desto klarer nimmt man sie wahr.

21.31 Für die Leichte Sprache gibt es verschiedene *Niveau-Stufen*. Die Stufen richten sich nach dem europäischen Referenzrahmen für Sprachen:
- A1: Leichteste Verständlichkeit
  (die Information wird auf den wichtigsten Kern zusammengefasst)
- A2: Leichte Verständlichkeit
  (die Information erklärt die wesentlichen Inhalte)
- B1: Mittlere Verständlichkeit
  (informative Texte für Nicht-Fachleute)

21.32
> **Ein paar wichtige Regeln der Leichten Sprache**
>
> - Einfache und bekannte Wörter: *Antwort* statt Gegenbericht.
> - Keine Fremdwörter: *Arbeitsgruppe* statt Workshop.
> - Keine Abkürzungen: das heisst statt d.h.
> - *Verben* statt Hauptwörter: prüfen statt Prüfung.
> - *aktiv* statt passiv: beschliessen statt wurde beschlossen.
> - Zahlen: *Ziffern* statt Worte: 5 statt fünf.
> - Sätze: *kurze Sätze,* einfacher Satzbau.
> - Ergänzende *Fotos* und *Bilder* sind gut, weil sie den Text erklären.

21.33 Zur *Typografie* bestehen folgende Empfehlungen:
- Verwenden Sie eine Schriftart ohne Serifen, z.B. Arial
- Verwenden Sie eine Schriftgrösse von mindestens 14 Pt. (evtl. 12 Pt. bei Niveau B1)
- Verwenden Sie einen Zeilenabstand von mehrfach 1.5 (evtl. 1.3 bei Niveau B1)
- Vermeiden Sie GROSSBUCHSTABEN
- Vermeiden Sie *Kursivschrift*
- Unterdrücken Sie die automatische Silbentrennung
- Trennen Sie bei einem Seitenumbruch keine Sätze oder Abschnitte
- Alle Texte sind linksbündig

21.34 Texte in **Leichter Sprache** sind von spezialisierten Übersetzer/innen einerseits und Prüfer/innen aus der jeweiligen Zielgruppe (z.B. Menschen mit kognitiven Beeinträchtigungen) andererseits bezüglich Verständlichkeit geprüft. Das Gütesiegel wird durch spezifische Institutionen vergeben oder kann bei Erfüllung der Auflagen im Sinn einer Selbstverpflichtung verwendet werden. Diese Textform kommt für *Broschüren, Merkblätter, Webseiten, gewisse Briefvorlagen* etc. in Frage. Bei KESB-Entscheiden ist die Leichte Sprache aufgrund der formalen Anforderungen (Kap. 21.2.1.) und der beschränkten zeitlichen Ressourcen kaum praktikabel.

Vom Konzept der Leichten Sprache zu unterscheiden ist das Konzept der **einfachen Sprache.** Die einfache Sprache ist weniger strikt geregelt und geht in der Vereinfachung weniger weit. Die einfache Sprache orientiert sich dennoch punktuell an den Regeln der Leichten Sprache. Texte in einfacher Sprache sind nicht von einem spezialisierten Büro übersetzt und haben kein Gütesiegel. Diese Textform kommt für *Briefe und Mails* im direkten Kontakt mit betroffenen Personen in Frage, ggf. auch für *KESB-Entscheide.* Vgl. auch Kap. 21.2.2.

21.35

21.3.2. «Merkblatt zum Kindesschutz» in Leichter Sprache

Im Folgenden wird ein Merkblatt zum Kindesschutz in Leichter Sprache (konkret: Niveaustufe B1) vorgestellt.

21.36

Das Merkblatt steht auf der Download-Plattform zur Verfügung (als PDF mit dem Gütesiegel sowie als Word-Version zum Weiterbearbeiten). Die Version in normaler Sprache findet sich ebenfalls auf der Download-Plattform.

21.37

21.38

Informationen zum Kindesschutz

Die Eltern erziehen ihr Kind normalerweise selber.

Wenn sie sich aber zu wenig um das Kind kümmern, geht es dem Kind manchmal nicht gut.

Die Aufgabe der Kindes- und Erwachsenenschutzbehörde (KESB) ist, das **Kind zu beschützen**.

Dieses Merkblatt erklärt, was die KESB für die Eltern und für das Kind tun kann.

Was müssen die Eltern tun?

Die Eltern **dürfen** und **sollen** ihr Kind **selbst erziehen**, so gut sie das können.

Sie müssen dafür sorgen, dass es ihrem Kind **gut geht**.

Die Eltern können vieles selber entscheiden.

Sie müssen sich an folgende Regeln halten:

- Die Eltern müssen ihr Kind beschützen.
- Die Eltern müssen dafür sorgen, dass sich ihr Kind körperlich und geistig entwickeln kann.
- Die Eltern müssen ihrem Kind beibringen, wie es sich in der Gesellschaft verhalten soll.
- Die Eltern müssen ihrem Kind Freiheiten geben. Diese Freiheiten sollen zum Alter ihres Kindes passen.
- Die Eltern müssen bei wichtigen Entscheidungen auch das Kind nach seiner Meinung fragen.

Das **Wichtigste** bei der Erziehung ist immer, dass es **dem Kind gut geht**. Das ist das **Kindeswohl**.

Was gehört zum Kindeswohl?

Zum Kindeswohl gehört alles, was für eine gesunde Entwicklung des Kindes nötig ist.

Zum Beispiel:
- genug zu essen und zu trinken
- dem Wetter angemessene Kleider
- ein Bett und ein Zuhause
- Schutz vor körperlicher Gewalt
- Schutz vor seelischen Verletzungen
- Schutz vor dauerndem Streit der Eltern
- liebevolle Aufmerksamkeit
- jemand hört dem Kind zu
- Lob und Anerkennung
- Geborgenheit
- eine stabile Beziehung zu mindestens einer Vertrauensperson
- klare Regeln und Abmachungen

Das Kindeswohl ist immer das **Wichtigste** bei der Betreuung, bei der Erziehung und bei der Bildung eines Kindes.

Wann ist das Kindeswohl in Gefahr?

Nicht immer können die Eltern das Wohl ihres Kindes schützen. Das Kindeswohl ist dann in Gefahr, wenn einem Kind eine **körperliche oder seelische Gefahr** droht. Zum Beispiel, wenn die Eltern das Kind schlagen.

Oder wenn die Eltern das Kind ständig anschreien.

Ob eine körperliche oder seelische Gefahr droht, muss man in jedem Fall einzeln beurteilen.

Wann greift die KESB ein?

Wenn das Kindeswohl in Gefahr ist, muss die KESB eingreifen. Das steht im Gesetz.

Wenn das Kindeswohl **nicht** in Gefahr ist, greift die KESB **nicht** ein.

Die KESB greift auch nur dann ein, wenn die Eltern **nicht von sich aus etwas ändern.**

Die KESB muss das Kind **beschützen.** Die KESB will die Eltern nicht bestrafen.

Wenn die Eltern merken, dass sie Unterstützung bei der Erziehung brauchen, sollen sie zuerst zu einer **anderen Beratungsstelle** gehen.

Zum Beispiel:
- die Mütter- und Väterberatung
- die Jugend- und Familienberatung
- der Sozialdienst
- die Erziehungsberatung
- der Kinder- und Jugendpsychiatrische Dienst

Die Eltern können auch bei **Verwandten** und **Bekannten** Unterstützung holen.

Erst wenn die Eltern so **nicht genug Hilfe** bekommen, greift die KESB mit einer **Kindesschutz-Massnahme** ein.

Was ist eine Kindesschutz-Massnahme?

Bei einer Kindesschutz-Massnahme **entscheidet die KESB,** wie das Kindeswohl geschützt werden kann.

Eine Kindesschutz-Massnahme ist dazu da, dem Kind zu **helfen.** Eine Kindesschutz-Massnahme ist **nicht** dazu da, die Eltern zu bestrafen. Es ist auch **nicht** wichtig, wer Schuld hat.

Eine Kindesschutz-Massnahme soll die Erziehung der Eltern **nicht ersetzen,** sondern so weit wie nötig **ergänzen.** Deshalb muss die KESB manchmal genau **untersuchen,** wie die Eltern ihr Kind erziehen.

Die Kindesschutz-Massnahme soll die Eltern **begleiten, fördern** und **unterstützen.**

Eine Kindesschutz-Massnahme soll also das Kindeswohl schützen, aber sie soll die Rechte und Pflichten der Eltern so gut wie möglich bestehen lassen.

Die **Meinung der Eltern und des Kindes** ist wichtig. Die KESB muss ihnen zuhören. Die Eltern und das Kind können aber nicht alleine entscheiden, ob sie Hilfe bekommen. Sie können auch nicht alleine entscheiden, welche Hilfe sie bekommen. Es kann sein, dass die KESB eine andere Meinung hat als die Familie. Es kann sein, dass die KESB anders entscheidet, als die Familie es sich wünscht.

Welche Arten von Kindesschutz-Massnahmen gibt es?

Es gibt **4 verschiedene** Kindesschutz-Massnahmen.

Die Kindesschutz-Massnahmen haben einen unterschiedlich grossen Einfluss auf den Familien-Alltag.

1. Ermahnung, Weisung und Aufsicht

Das ist die **mildeste** Kindesschutz-Massnahme.

Die KESB kann die Eltern oder das Kind **ermahnen.** Das heisst, die KESB kann den Eltern oder dem Kind sagen, dass sie etwas tun sollen. Oder dass sie etwas nicht tun sollen.

Die KESB kann auch eine **Weisung** erteilen. Zum Beispiel kann die KESB bestimmen, dass die Familie zu einer Beratungsstelle gehen muss.

Die KESB kann aber auch entscheiden, dass diese Beratungsstelle die Eltern **kontrolliert.**

2. Beistandsperson

Das ist die **häufigste** Kindesschutz-Massnahme.

Die KESB kann entscheiden, dass ein Kind eine **Beistandsperson** bekommt. Diese Beistandsperson **unterstützt** die Eltern bei der **Erziehung.** Falls nötig, arbeitet die Beistandsperson auch mit **anderen Beratungsstellen** zusammen. Manchmal organisiert sie eine Beratung bei der Familie zu Hause.

Die KESB kann einer Beistandsperson auch **eine Aufgabe** übertragen.

Zum Beispiel:
- Die Beistandsperson sorgt dafür, dass der Vater Unterhalt zahlt.
- Die Beistandsperson sorgt dafür, dass das Kind den Vater besuchen kann.

Wenn die Eltern die Arbeit der Beistandsperson **behindern,** kann die KESB bestimmen, dass die Eltern weniger mitentscheiden dürfen.

3. Anderer Ort

Wenn die ersten beiden Kindesschutz-Massnahmen **nicht helfen**, kann die KESB das Kind **an einem anderen Ort** unterbringen.

Zum Beispiel in einer **Pflegefamilie** oder in einem **Heim.**

Diese Kindesschutz-Massnahme kommt **selten** vor. Es gibt **sehr strenge Regeln** für diese Kindesschutz-Massnahme.

Diese Kindesschutz-Massnahme ist zum Beispiel dann nötig, wenn das Kind **misshandelt** wird oder wenn die Eltern das Kind **stark vernachlässigen.**

Das Kind ist manchmal am Wochenende bei den Eltern. Oder die Eltern können das Kind besuchen.

4. Vormund

Ganz selten kommt es vor, dass alle anderen Kindesschutz-Massnahmen **nicht helfen.** Dann kann die KESB den Eltern das **Sorgerecht** für das Kind **wegnehmen.**

Das Kind bekommt dann einen **Vormund.** Der Vormund ist für das Kind zuständig und sein **gesetzlicher Vertreter.**

Die KESB kann diese Kindesschutz-Massnahme zum Beispiel dann beschliessen, wenn die Eltern nie da sind und sich nicht um das Kind kümmern. Diese Kindesschutz-Massnahme ist die **strengste** Massnahme und kommt nur **sehr selten** vor.

Was ist der Unterschied zwischen der KESB und der Beistandsperson?

Die **KESB** und die **Beistandsperson** haben **unterschiedliche Aufgaben.**

Die **KESB:**
- **klärt** die Lage **ab,**
- **entscheidet** ob es eine Kindesschutz-Massnahme braucht,
- **bestimmt** eine Beistandsperson,
- **entscheidet,** worum sich die Beistandsperson kümmern soll,
- **überwacht** die Beistandsperson im Hintergrund.

Die **Beistandsperson:**
- **arbeitet mit dem Kind und den Eltern** zusammen,
- liefert der KESB regelmässig einen **Bericht** über ihre Arbeit. Meistens erstellt sie diesen Bericht alle zwei Jahre.

Was muss ich tun, wenn ich mit einem Entscheid der KESB nicht einverstanden bin?

Wenn Sie mit einem Entscheid der **KESB nicht einverstanden** sind, können Sie dem Gericht eine **Beschwerde** schreiben. Im Entscheid der KESB steht, welches Gericht zuständig ist.

Für eine Beschwerde brauchen Sie **keinen** Anwalt.

Die Beschwerde muss:

- **schriftlich** verfasst werden,
- eine **Begründung** enthalten, warum Sie mit dem Entscheid nicht einverstanden sind,
- innerhalb einer **Frist** eingereicht werden. Meistens beträgt die Frist **30 Tage**.

Wie muss ich vorgehen, wenn ich mit der Arbeit der Beistandsperson nicht einverstanden bin?

Wenn Sie mit der Arbeit der **Beistandsperson nicht einverstanden** sind, können Sie sich bei der **KESB** melden.

Abkürzungsverzeichnis

aArt. ZGB	alter Artikel ZGB = am 1.1.2017 nicht mehr in Kraft *Revision Unterhaltsrecht: aArt. ZGB (gültig bis 31.12.2016)* *Revision Elterliche Sorge: aArt. ZGB (gültig bis 30.06.2014)* *Revision Erwachsenenschutz: aArt. ZGB (gültig bis 31.12.2012)*
nArt. ZGB	neuer Artikel ZGB = am 1.1.2017 noch nicht in Kraft *Revision Adoptionsrecht (am 1.1.2017 Inkrafttreten noch nicht festgelegt)*
E-ZGB	Entwurf ZGB = am 1.1.2017 im Gesetzgebungsprozess *Revision Meldepflichten (am 1.1.2017 im Parlament hängig)*
Abs.	Absatz, Absätze
AdoV	Verordnung über die Adoption vom 29. Juni 2011, SR 211.221.36
AJP	Aktuelle Juristische Praxis (Zeitschrift)
a.E.	am Ende
a.M.	anderer Meinung
Art.	Artikel
Aufl.	Auflage
BBl	Schweizerisches Bundesblatt
betr.	betreffend
bezgl.	bezüglich
BJM	Basler Juristische Mitteilungen (Zeitschrift)
BGE	Entscheidungen des Schweizerischen Bundesgerichts, in der Datenbank der *Leitentscheide* publiziert
BGer	Urteile des Schweizerischen Bundesgerichts, in der Datenbank der *weiteren Urteile ab 2000* publiziert
BGG	Bundesgesetz vom 17. Juni 2005 über das Bundesgericht, SR 173.110
BG-HAÜ	Bundesgesetz vom 22. Juni 2001 zum Haager Adoptionsübereinkommen und über Massnahmen zum Schutz des Kindes bei internationalen Adoptionen, SR 211.221.31
BK	Berner Kommentar, vgl. Literaturverzeichnis
Bsp.	Beispiel
bspw.	beispielsweise
BSK	Basler Kommentar, vgl. Literaturverzeichnis
BV	Bundesverfassung der Schweizerischen Eidgenossenschaft vom 18. April 1999, SR 101
bzw.	beziehungsweise
ca.	circa
CHK	Handkommentar zum Schweizer Privatrecht, vgl. Literaturverzeichnis
CR	Commentaire Romand, vgl. Literaturverzeichnis
Diss.	Dissertation
d.h.	das heisst

DSG	Bundesgesetz über den Datenschutz vom 19. Juni 1992, SR 235.1
dRSK	digitaler Rechtsprechungs-Kommentar (www.weblaw.ch)
E.	Erwägung
EG ZGB	Einführungsgesetz zum Zivilgesetzbuch (kantonales Gesetz)
et al.	et alteri (und andere)
evtl.	eventuell
f.	und folgende (Seite, Note)
ff.	und folgende (Seiten, Noten)
FamKomm	Kommentare zum Familienrecht, vgl. Literaturverzeichnis
FU	fürsorgerische Unterbringung
FamPra	Die Praxis des Familienrechts (Zeitschrift)
FmedG	Bundesgesetz über die medizinisch unterstützte Fortpflanzung vom 18. Dezember 1998, SR 810.11
geb.	geboren
GUMG	Bundesgesetz über genetische Untersuchungen beim Menschen vom 8. Oktober 2004, SR 810.12
ggf.	gegebenenfalls
HEsÜ	Haager Übereinkommen vom 13. Januar 2000 über den internationalen Schutz von Erwachsenen (Haager Erwachsenenschutzübereinkommen), SR 0.211.232.1
HKsÜ	Haager Übereinkommen vom 19. Oktober 1996 über die Zuständigkeit, das anzuwendende Recht, die Anerkennung, Vollstreckung und Zusammenarbeit auf dem Gebiet der elterlichen Verantwortung und der Massnahmen zum Schutz von Kindern, SR 0.211.231.011
HKÜ	Übereinkommen über die zivilrechtlichen Aspekte internationaler Kindesentführung vom 25. Oktober 1980, SR 0.211.230.02
Hrsg.	Herausgeber
i.e.S.	im engeren Sinn
i.w.S.	im weiteren Sinn
insb.	insbesondere
IPRG	Bundesgesetz über das internationale Privatrecht vom 18. Dezember 1987, SR 291
i.S.	im Sinn
i.V.m.	in Verbindung mit
IVSE	Interkantonale Vereinbarung für soziale Einrichtungen vom 13. Dezember 2002 (abrufbar unter www.sodk.ch)
JStG	Bundesgesetz über das Jugendstrafrecht vom 20. Juni 2003, SR 311.1
JStPO	Schweizerische Jugendstrafprozessordnung vom 20. März 2009, SR 312.1
Jusletter	Online-Zeitschrift (www.weblaw.ch)
kant.	kantonal
Kap.	Kapitel
KESB	Kindes- und Erwachsenenschutzbehörde

KOKES	Konferenz für Kindes- und Erwachsenenschutz (www.kokes.ch) (bis 31.12.2009: Konferenz der kantonalen Vormundschaftsbehörden VBK)
KUKO	Kurzkommentar, vgl. Literaturverzeichnis
KRK	UNO-Konvention über die Rechte des Kindes vom 20. November 1989, SR 0.107
lit.	litera (Buchstabe)
m.a.W.	mit anderen Worten
mind.	mindestens
m.w.H.	mit weiteren Hinweisen
MSA	Übereinkommen über die Zuständigkeit der Behörden und das anzuwendende Recht auf dem Gebiet des Schutzes von Minderjährigen vom 5. Oktober 1961, SR 0.211.231.01
MT	Mandatsträger/in
N	Note, (Rand-)Nummer(n)
Nr.	Nummer
OFK	Orell Füssli Kommentar, vgl. Literaturverzeichnis
OHG	Bundesgesetz über die Hilfe an Opfer von Straftaten vom 23. März 2007, SR 312.5
OR	Bundesgesetz über das Obligationenrecht vom 30. März 1911/18. Dezember 1936, SR 220
PartG	Bundesgesetz über die eingetragene Partnerschaft gleichgeschlechtlicher Paare vom 18. Juni 2004, SR 211.231
PAVO	Verordnung über die Aufnahme von Pflegekindern vom 19. Oktober 1977, SR 211.222.338
plädoyer	Plädoyer, Magazin für Recht und Politik (Zeitschrift)
Pra	Die Praxis (Zeitschrift)
PriMa	private Mandatsträger/in
resp.	respektive
Rz.	Randziffer(n)
S.	Seite(n)
s.	siehe
SchlT ZGB	Schlusstitel des ZGB
sog.	sogenannt
SR	Systematische Sammlung des Bundesrechts (systematische Rechtssammlung)
SJZ	Schweizerische Juristen-Zeitung (Zeitschrift)
StGB	Schweizerisches Strafgesetzbuch vom 21. Dezember 1937, SR 311.0
SVBB	Schweizerische Vereinigung der Berufsbeiständinnen und Berufsbeistände (www.svbb-ascp.ch)
usw.	und so weiter
u.U.	unter Umständen
v.a.	viele andere

Abkürzungsverzeichnis

VBK	Konferenz der kantonalen Vormundschaftsbehörden (seit 1.1.2010: Konferenz für Kindes- und Erwachsenenschutz KOKES)
vgl.	vergleiche
Vorbem.	Vorbemerkung(en)
VRG, VRPG	Verwaltungsrechtspflegegesetz (kantonales Gesetz)
z.B.	zum Beispiel
ZBJV	Zeitschrift des Bernischen Juristenvereins
ZGB	Schweizerisches Zivilgesetzbuch vom 10. Dezember 1907, SR 210
Ziff.	Ziffer(n)
ZKE	Zeitschrift für Kindes- und Erwachsenenschutz (bis 31.12.2009: Zeitschrift für Vormundschaftswesen ZVW)
ZPO	Schweizerische Zivilprozessordnung vom 19. Dezember 2008, SR 272
z.T.	zum Teil
ZStV	Zivilstandsverordnung vom 28. April 2004, SR 211.112.2
ZSR	Zeitschrift für Schweizerisches Recht
ZVW	Zeitschrift für Vormundschaftswesen (seit 1.1.2010: Zeitschrift für Kindes- und Erwachsenenschutz ZKE)
ZUG	Bundesgesetz über die Zuständigkeit für die Unterstützung Bedürftiger vom 24. Juni 1977, SR 851.1

Literaturverzeichnis

Gesetzeskommentare

(Bei den Kapiteln unter «Allgemeine Literatur» aufgeführt)

BK-HEGNAUER, Berner Kommentar zum Schweizerischen Privatrecht
- Art. 252–269c ZGB, Entstehung Kindesverhältnis, Bern 1984
- Art. 270–295 ZGB, Gemeinschaft Eltern und Kinder, Unterhaltspflicht, Bern 1997

BSK ZGB I-AUTOR/IN, Basler Kommentar zum Zivilgesetzbuch I (Art. 1–456 ZGB), Honsell Heinrich/Vogt Nedim Peter/Geiser Thomas (Hrsg.), 5. Auflage, Basel 2014

BSK ZPO-AUTORIN, Basler Kommentar zur Zivilprozessordnung, Spühler Karl/Tenchio Luca/Infanger Dominik (Hrsg.), 2. Auflage, Basel 2013

CHK ZGB-AUTOR/IN, Handkommentar zum Schweizer Privatrecht, Breitschmid Peter/ Jungo Alexandra (Hrsg.), Personen- und Familienrecht, 3. Auflage, Zürich 2016

CR CC I-AUTOR/IN, Commentaire Romand, Code Civil I (Art. 1–359 CC), Pichonnaz Pascal/Foëx Bénédict (Hrsg.), Basel 2010

FamKomm ESR-AUTOR/IN, Kommentare zum Familienrecht, Erwachsenenschutz, Büchler Andrea/Häfeli Christoph/Leuba Audrey/Stettler Martin (Hrsg.), Bern 2013

FamKomm Scheidung-AUTOR/IN, Kommentare zum Familienrecht, Scheidung, Schwenzer Ingeborg (Hrsg.), Band I: ZGB, Band II: Anhänge, 2. Auflage, Bern 2011

KUKO ZGB-AUTOR/IN, Kurzkommentar ZGB, Büchler Andrea/Jakob Dominique (Hrsg.), Basel 2012

OFK ZGB-AUTOR/IN, Orell Füssli Kommentar zum Schweizerischen Zivilgesetzbuch, Kren Kostkiewicz Jolanta/Nobel Peter/Schwander Yvo/Wolf Stefan (Hrsg.), 3. Auflage, Zürich 2016

ZPO Kommentar-AUTOR/IN, Kommentar zur Zivilprozessordnung, Sutter-Somm Thomas/Hasenböhler Franz/Leuenberger Christoph (Hrsg.), 3. Auflage, Zürich 2016

Juristische Lehrbücher

(Bei den Kapiteln unter «Allgemeine Literatur» aufgeführt)

BÜCHLER ANDREA/VETTERLI ROLF, Ehe, Partnerschaft, Kinder. Eine Einführung in das Familienrecht der Schweiz, 2. Auflage, Basel 2011

ESR Komm-AUTOR/IN, Erwachsenenschutzrecht, Einführung und Kommentar zu Art. 360 ff. ZGB und VBVV, Rosch Daniel/Büchler Andrea/Jakob Dominique (Hrsg.), 2. Auflage, Basel 2015

HÄFELI CHRISTOPH, Grundriss zum Kindes- und Erwachsenenschutzrecht, 2. Auflage, Bern 2016

HAUSHEER HEINZ/GEISER THOMAS/AEBI-MÜLLER REGINA, Das Familienrecht des Schweizerischen Zivilgesetzbuches, 5. Auflage, Bern 2014

HEGNAUER CYRIL, Grundriss Kindesrecht, 5. Auflage, Bern 1999

HEGNAUER CYRIL/MEIER PHILIPPE, Droit suisse de la filiation et de la famille, 4ème éd., Bern 1998

Handbuch KES-AUTOR/IN, Handbuch Kindes- und Erwachsenenschutz, Recht und Methodik für Fachleute, Rosch Daniel/Fountoulakis Christiana/Heck Christoph (Hrsg.), Bern 2016

KOKES, Praxisanleitung Erwachsenenschutzrecht (mit Mustern), Zürich 2012

MEIER PHILIPPE, Droit de la protection de l'adulte, 2. Auflage, Zürich 2016

MEIER PHILIPPE/STETTLER MARTIN, Droit de la filiation, 5. Auflage, Zürich 2014

MEIER PHILIPPE/DE LUZE ESTELLE, Droit des personnes, Zürich 2014

TUOR/SCHNYDER/JUNGO, Das Schweizerische Zivilgesetzbuch, Tuor Peter/Schnyder Bernhard/Schmid Jörg/Jungo Alexandra (Hrsg.), 14. Auflage, Zürich 2015 [§§ 18–61]

VBK (Hrsg.), Mustersammlung zum Adoptions- und Kindesrecht, 4. Auflage, Zürich 2005

Weitere Kommentare und Lehrbücher

(Die folgenden Werke erscheinen nach Manuskriptabgabe des vorliegenden Buchs)

Berner Kommentar-AFFOLTER KURT/VOGEL URS, Art. 296–327c ZGB, Bern 2016

Fachhandbuch Kindes- und Erwachsenenschutzrecht, FOUNTOULAKIS CHRISTIANA/ AFFOLTER KURT/BIDERBOST YVO/STECK DANIEL (Hrsg.), Zürich 2016

Weitere Grundlagen-Literatur

(Bei den Kapiteln unter «Spezifische Literatur» aufgeführt)

Brazelton T. Berry/Greenspan Stanley I., Die sieben Grundbedürfnisse von Kindern. Was jedes Kind braucht, um gesund aufzuwachsen, gut zu lernen und glücklich zu sein, Weinheim, 2002

Büchler Andrea/Simoni Heidi (Hrsg.), Kinder und Scheidung, Der Einfluss der Rechtspraxis auf familiale Übergänge, Zürich 2009

Dettenborn Harry/Walter Eginhard, Familienrechtspsychologie, 2. Auflage, München 2015

Dettenborn Harry, Kindeswohl und Kindeswille, Psychologische und rechtliche Aspekte, 4. Auflage, München 2014

Intergas (Hrsg.), Leitfaden Fremdplatzierung, 2013

Kaufmann Claudia/Ziegler Franz (Hrsg.), Kindeswohl. Eine interdisziplinäre Sicht, Zürich 2003

Klug Wolfgang/Zobrist Patrick, Motivierte Klienten trotz Zwangskontext, München 2013

Kindler Heinz et al. (éd.), Handbuch Kindeswohlgefährdung nach § 1666 BGB und Allgemeiner Sozialdienst, http://db.dji.de/asd/ASD_Inhalt.htm.

Opp Günther/Fingerle Michael, Was Kinder stärkt, Erziehung zwischen Risiko und Resilienz, 2. Auflage, München 2007 Pflegekinder-Aktion Schweiz (Hrsg.), Handbuch Pflegekinder, Zürich 2016

Schneider Wolfgang/Lindenberger Ulman (Hrsg.) [vormals Oerter Rolf/Montada Leo], Entwicklungspsychologie, 7. Auflage, Weinheim 2012

Voll Peter et al. (Hrsg.), Zivilrechtlicher Kindesschutz: Akteure, Prozesse, Strukturen. Eine empirische Studie mit Kommentaren aus der Praxis, Luzern 2008

Materialien

(Auf der Download-Plattform verfügbar)

Berichte des Bundesrats

Bericht Verletzliche Familien [vertrauliche Geburt u.a.], Bericht des Bundesrats, 2016

Bericht Modernisierung Familienrecht, Bericht des Bundesrats, 2015

Bericht Gewalt und Vernachlässigung in der Familie, Bericht des Bundesrats, 2012

Bericht Kindesmisshandlung, Stellungnahme des Bundesrats, 1995

Expertenberichte

Expertenbericht Kindeswohl, Familie, Elternschaft, Sozialwissenschaftliche Grundlagen zu den Konzepten «Kindeswohl, Familie und Elternschaft» im Fortpflanzungsmedizingesetz, SIMONI Heidi (im Auftrag des Bundesamtes für Gesundheit), 2012

Expertenbericht Pflegekinderwesen, Das Pflegekinderwesen in der Schweiz. Analyse, Qualitätsentwicklung und Professionalisierung, ZATTI Kathrin Barbara (im Auftrag des Bundesamtes für Justiz), 2005

Botschaften des Bundesrats zu Gesetzesrevisionen

Botschaft Meldepflichten, Botschaft des Bundesrats zur Änderung des Schweizerischen Zivilgesetzbuches (Kindesschutz) vom 15. April 2015, BBl 2015, S. 3431 ff.

Botschaft Adoption, Botschaft des Bundesrats zur Änderung des Schweizerischen Zivilgesetzbuches (Adoption) vom 28. November 2014, BBl 2015, S. 877 ff.

Botschaft Unterhalt, Botschaft des Bundesrats zur Änderung des Schweizerischen Zivilgesetzbuches (Kindesunterhalt) vom 29. November 2013, BBl 2014, S. 529 ff.

Botschaft Elterliche Sorge, Botschaft des Bundesrats zur Änderung des Schweizerischen Zivilgesetzbuches (Elterliche Sorge) vom 16. November 2011, BBl 2011, S. 9077 ff.

Botschaft BG-KKE, Botschaft zur Umsetzung der Übereinkommen über internationale Kindesentführung sowie zur Genehmigung und Umsetzung der Haager Übereinkommen über den Schutz von Kindern und Erwachsenen vom 28. Februar 2007, BBl 2007, 2595 ff.

Botschaft Erwachsenenschutz, Botschaft des Bundesrats zur Änderung des Schweizerischen Zivilgesetzbuches (Erwachsenenschutz, Personenrecht und Kindesrecht) vom 28. Juni 2006, BBl 2006, S. 7001 ff.

Botschaft Kindesrecht, Botschaft des Bundesrats zur Änderung des Schweizerischen Zivilgesetzbuches (Kindesverhältnis) vom 5. Juni 1974, BBl 1974 II, S. 1 ff.

International

Leitlinien des Ministerkomitees des Europarates für eine kindergerechte Justiz vom 17. November 2010

Spezifische Literatur

(Bei den Kapiteln unter «Spezifische Literatur» aufgeführt)

ABT DANIEL, Vormundschaftliche Liquidationspflichten versus erbrechtliche Grundprinzipien – Banken zwischen Scylla und Charybdis, in: successio 2008, 257 ff.

AEBI THOMAS et al., Psychologische Begutachtung von Kindern und Jugendlichen. Ein Handbuch für die Praxis, Bern 2007

AEBI-MÜLLER REGINA/HERZIG CHRISTOPHE, Kindesrecht und Elternkonflikt – Länderbericht Schweiz, in: Löhnig Martin et al. (Hrsg.), Kindesrecht und Elternkonflikt, Bielefeld 2013, 73 ff.

AEBI-MÜLLER REGINA, Der urteilsunfähige Patient – eine zivilrechtliche Auslegeordnung, in: Jusletter 22. September 2014

AFFOLTER KATHRIN, Anzeige- und Meldepflicht (Art. 443 Abs. 2 ZGB) – Gesetzliche Ausgestaltung in den Kantonen, in: ZKE 2013, 47 ff.

AFFOLTER KURT, Anzehrung des Kindesvermögens von Vollwaisen zur Deckung des Unterhaltsbedarfs?, in: ZVW 2005, 220 ff.

AFFOLTER KURT, Biologische Wahrheit, rechtliche Vaterschaft und anwaltliche Verstrickungstaktik, in: ZVW 2007, 182 ff.

AFFOLTER KURT, Ende der Beistandschaft und Vermögenssorge, in: ZKE 2013, 379 ff.

AFFOLTER KURT, Die Besuchsrechtsbeistandschaft oder der Glaube an eine dea ex machina, in: ZKE 2015, 181 ff.

AFFOLTER KURT, Doppelunterstellung von professionellen vormundschaftlichen Mandatsträger(inne)n in öffentlichen Verwaltungen am Beispiel der Stadt Luzern, in: ZVW 2006, 232 ff.

AFFOLTER KURT, Entschädigung der Kindesvertreterin, in: dRSK 21. März 2016

AFFOLTER KURT, Informations-, Anhörungs- und Auskunftsrecht des nichtsorgeberechtigten Eltern, in: ZVW 2009, 380 ff.

AFFOLTER KURT, Kindesvertretung im behördlichen Kindesschutzverfahren, in: Rosch Daniel/Wider Diana (Hrsg.), Zwischen Schutz und Selbstbestimmung, Festschrift für Professor Christoph Häfeli, Bern 2013, 191 ff.

AFFOLTER KURT, Mit der Totalrevision des Vormundschaftsrechts zu einer neuen Qualität des Erwachsenenschutzes?, in: ZVW 2003, 393 ff.

AFFOLTER KURT, Örtliche Zuständigkeit zur Anordnung der Vormundschaft nach Art. 368 ZGB nach Entmündigung der Inhaberin der elterlichen Sorge, in: ZVW 2006, 250 ff.

AFFOLTER KURT, Sicherung der Pflegekosten für fremdplatziertes Kind, in: ZKE 2016, 158 ff.

AFFOLTER KURT, Zuständigkeit zur Führung der Vormundschaft für Minderjährige nach scheidungsrichterlichem Sorgerechtsentzug. Kommentar zu Urteil 5C.196/2006 vom 14.11.2008, PushService Weblaw, 18. Dezember 2008

Literaturverzeichnis

AHNERT LIESELOTTE (Hrsg.), Frühe Bindung, Entstehung und Entwicklung, München 2004

ALBERSTÖTTER ULI, Hocheskalierte Elternkonflikte – professionelles Handeln zwischen Hilfe und Kontrolle, in: KindPrax 2004, 90 ff.

ALBRECHT URS/RAST VINZENZ, Schreiben wie ein Bauer, in: plädoyer 3/2004, S. 25 ff.

ALLEMANN HANS-MARTIN, Betreuungsunterhalt – Grundlagen und Bemessung, in: Jusletter 11. Juli 2016

AMEY LAURA/CHRISTINAT RACHEL, Le placement à des fins d'assistance, in: Guillod Olivier/Bohnet François (Hrsg.), Le nouveau droit de la protection de l'adulte, Basel 2012, 283 ff.

AMT FÜR JUGEND UND BERUFSBERATUNG KANTON ZÜRICH, Muster für Elternvereinbarung

ANDERER KARIN, Pflegegeld in der Dauerfamilienpflege und sozialversicherungsrechtliche Rechtsstellung der Pflegeeltern, Diss. Luzern 2012

ANDERER KARIN, Revidierte Pflegekinderverordnung – wird der präventive Kinderschutz verbessert? in: FamPra 2014, 616 ff.

ARMENTI STEFAN, Fürsorgerische Unterbringung als komplexe interdisziplinäre Leistung, in: AJP 2015, 1659 ff.

ARNET LUCAS, Die Vollstreckbarerklärung Schweizerischer Kindesunterhaltsverträge auf staatsvertraglicher Basis, Diss. Bern 2013

ARNOLD C. et al., Pflegefamilien- und Heimplatzierungen: eine empirische Studie über den Hilfeprozess und die Partizipation von Eltern und Kindern, Zürich 2008

AUER CHRISTOPH/MÜLLER MARKUS/SCHINDLER BENJAMIN (Hrsg.), Kommentar zum Bundesgesetz über das Verwaltungsverfahren, Zürich 2008

AUER CHRISTOPH, Zwischen Zivilrecht und öffentlichem Recht, in: ZBl 2013, 1 ff.

AUSSCHUSS FÜR DIE RECHTE DES KINDES, Allgemeine Bemerkung Nr. 14 (2013), Recht des Kindes, dass das Wohl des Kindes vorrangig zu berücksichtigen ist, und Allgemeine Bemerkung Nr. 12 (2009), Recht des Kindes, gehört zu werden (www.humanrights.ch)

BACILIERI-SCHMID CORINA, Kinder bei Trennung und Scheidung – Psychologisches Basiswissen für Juristinnen und Juristen, in: ZVW 2005, 199 ff.

BÄHLER DANIEL, Unterhaltsberechnungen – von der Methode zu den Franken, Berechnung des Unterhalts für Ehegatten, geschiedene Ehegatten und Kinder in verschiedenen Konstellationen mit Zahlenbeispielen, in: FamPra 2015, 271 ff.

BALLHOFF RAINER/KORITZ NIKOLA, Praxishandbuch für Verfahrensbeistände, 2. Auflage, Stuttgart 2016

BANHOLZER KARIN et al., Angeordnete Beratung – ein neues Instrument zur Beilegung von strittigen Kinderbelangen vor Gericht, in: FamPra 2012, 111 ff.

BANHOLZER KARIN, Beratung hochstrittiger Eltern im familienrechtlichen Kontext, in: FamPra 2010, 546 ff.

BENGEL JÜRGEN/STRITTMATTER REGINE/WILLMANN HILDEGARD, Was erhält Menschen gesund?, Antonovskys Modell der Salutogenese, Köln 2001

BERG INSOO KIM/KELLY SUSAN, Kinderschutz und Lösungsorientierung, Dortmund, 2001

BERNHART CHRISTOF, Handbuch der fürsorgerischen Unterbringung, Basel 2011

BESSENICH BALTHASAR, Der noch nicht gezeugte Nacherbe bei Anfechtung der Nacherbeneinsetzung durch den Vorerben – BGE 140 III 145, in: successio 2015, 238 ff.

BIDERBOST YVO, Die Erziehungsbeistandschaft (Art. 308 ZGB), Diss Freiburg 1996

BIDERBOST YVO, Findelkinder, Gedanken zum Thema aus juristischer Sicht, in: ZVW 1999, 49 ff.

BIDERBOST YVO, Rechtsverhältnisse zwischen Eltern und Kind, in: Jusletter 10. Februar 2003

BIDERBOST YVO, Anhörung um der Anhörung willen? – Bemerkungen zu BGE 133 III 553, in: Jusletter 31. März 2008

BIDERBOST YVO/CANTIENI LINUS, Erste Erfahrungen mit dem neuen Recht der elterlichen Sorge, in: Schwenzer/Büchler/Fankhauser, Achte Schweizer Familienrecht§Tage, Bern 2016, 137 ff.

BIESEL KAY/SCHNURR STEFAN, Abklärungen im Kindesschutz: Chancen und Risiken in der Anwendung von Verfahren und Instrumenten zur Erfassung von Kindeswohlgefährdung, in: ZKE 2014, 63 ff.

BILDUNGSDIREKTION/KESB-PRÄSIDIENVEREINIGUNG KANTON ZÜRICH, Grundlagendokument zur Zusammenarbeit Mandatszentren AJB und KESB – Standards und Abläufe, August 2016 [Download: www.kesb-zh.ch > Service > Merkblätter]

BIRCHLER URSULA, Fürsorgerische Unterbringung Minderjähriger, in: ZKE 2013, 141 ff.

BIRCHLER URSULA, Probleme bei der Umsetzung und Durchsetzung des Besuchsrechts, in: ZKE 2010, 379 ff.

BISCHOF-KÖHLER DORIS, Soziale Entwicklung in Kindheit und Jugend, Bindung, Empathie, Theory of Mind, Stuttgart 2011

BLÜLLE STEFAN, Kinder und Jugendliche platzieren – ein Handlungsleitfaden für platzierungsbegleitende Fachpersonen, in: Leitfaden Fremdplatzierung, Integras, Zürich 2013, 10 ff.

BLUM STEFAN/WEBER KHAN CHRISTINA, «Anwalt des Kindes» – eine Standortbestimmung, in: ZKE 2012, 32 ff.

BODENMANN GUY/RUMO-JUNGO ALEXANDRA, Die Anhörung aus rechtlicher und psychologischer Sicht, in: Fampra 2003, 22 ff.

BOHREN ULRICH/WEGENKE MARKUS, Abklärung und Beratung bei Verdacht auf Kindeswohlgefährdung, in: ZKE 2014, 72 ff.

BRACK RUTH/GEISER KASPAR, Aktenführung in der Sozialarbeit, 4. Auflage, Bern 2009

BRAUCHLI ANDREAS, Kindeswohl als Maxime des Rechts, Zürich 1982

BRAUCHLI SILVIA, Vollstreckung familienrechtlicher Entscheide, unter besonderer Berücksichtigung der Unterhaltsansprüche, der elterlichen Sorge und des persönlichen Verkehrs, Diss. Luzern 2009

BRAZELTON T. BERRY/GREENSPAN STANLEY I., Die sieben Grundbedürfnisse von Kindern. Was jedes Kind braucht, um gesund aufzuwachsen, gut zu lernen und glücklich zu sein, Weinheim, 2002

BREITSCHMID PETER/KAMP ANNASOFIA, Vermögensverwaltung im Kindes- und Erwachsenenschutz, in: Rosch Daniel/Wider Diana (Hrsg.), Zwischen Schutz und Selbstbestimmung, Festschrift für Professor Christoph Häfeli zum 70. Geburtstag, Bern 2013, 155 ff.

BREITSCHMID PETER, Zuständigkeit zur Anordnung von Kindesschutzmassnahmen im zivilprozessualen Vollstreckungsverfahren?, in: ZVW 1991, 139 ff.

BREITSCHMID PETER/VETSCH MICHAEL, Mündigenunterhalt – Ausnahme oder Regel?, in: FamPra 2005, 471 ff.

BRUNNER SABINE, Früherkennung von Gewalt an kleinen Kindern, in: Leitfaden für Fachpersonen im Frühbereich, Stiftung Kinderschutz Schweiz (Hrsg.), Bern 2013

BRUNNER SABINE/SIMONI HEIDI, Alltags- und Beziehungsgestaltung mit getrennten Eltern, Mitbestimmen und Mitwirken von Kindern aus psychologischer Sicht, in: FamPra 2011, 349 ff.

BUCHER ANDREAS, Der abhängige Wohnsitz nicht selbständiger Personen, in: ZVW 1977, 41 ff.

BUCHER ANDREAS, Elterliche Sorge im schweizerischen und internationalen Kontext, in: Rumo-Jungo/Fountoulakis, Familien in Zeiten grenzüberschreitender Beziehungen, 7. Symposium zum Familienrecht, Freiburg 2013, N 148 ff.

BUCHER ANDREAS, L'enfant en droit international privé, Basel 2003

BÜCHLER ANDREA /HOTZ SANDRA, Medizinische Behandlung, Unterstützung und Begleitung Jugendlicher in Fragen der Sexualität. Ein Beitrag zur Selbstbestimmung Jugendlicher im Medizinrecht, in: AJP 2010, 565 ff.

BÜCHLER ANDREA/BERTSCHI NORA, Gewünschtes Kind, geliehene Mutter, zurückgewiesene Eltern?, in: FamPra 2013, 33 ff.

BÜCHLER ANDREA/CANTIENI LINUS/SIMONI HEIDI, Die Regelung der elterlichen Sorge nach Scheidung de lege ferenda – ein Vorschlag, in: FamPra 2007, 207 ff.

BÜCHLER ANDREA/MARANTA LUCA, Das neue Recht der elterlichen Sorge, in: Jusletter 11. August 2014

BÜCHLER ANDREA/MICHEL MARGOT, Besuchsrecht und häusliche Gewalt – Zivilrechtliche Aspekte des persönlichen Verkehrs nach Auflösung einer von häuslicher Gewalt geprägten Beziehung, in: FamPra 2011, 525 ff.

BÜCHLER ANDREA/SIMONI HEIDI (Hrsg.), Kinder und Scheidung, Der Einfluss der Rechtspraxis auf familiale Übergänge, Zürich 2009

BUNDESAMT FÜR JUSTIZ, Ausserfamiliäre Betreuung von Kindern [Themenseite: www.bj.admin.ch/bj/de/home/gesellschaft/gesetz-gebung/archiv/kinderbetreuung.html]

BUNDESKANZLEI, Zentrale Sprachdienste, Merkblatt Behördenbriefe [Download: https://www.bk.admin.ch/dokumentation/sprachen/04915/05317/index.html?lang=de]

CANTIENI LINUS et al., Aktuelle Reform des Rechts der elterlichen Sorge und des Unterhalts nach Trennung und Scheidung, Podiumsdiskussion vom 16. Februar 2012 in Basel, in: FamPra 2012, 627 ff.

CANTIENI LINUS, Gemeinsame elterliche Sorge nach Scheidung, Diss. Zürich 2007

CANTIENI LINUS/BIDERBOST YVO, Reform der elterlichen Sorge aus Sicht der KESB – erste Erfahrungen und Klippen, in: FamPra 2015, 771 ff.

CARONI MARTINA et al., Migrationsrecht, 3. Auflage, Bern 2014

COESTER MICHAEL, Kindeswohl als Rechtsbegriff, Frankfurt 1983

COMMITTEE ON THE RIGHTS OF THE CHILD, General Comment Nr. 6 (2005)

CONEN MARIE LUISE/CECCHIN GIANFRANCO, Wie kann ich Ihnen helfen, mich wieder loszuwerden? Therapie und Beratung in Zwangskontexten, 2. Auflage, Heidelberg 2009

COTTIER MICHELLE, Zivilrechtlicher Kindesschutz im Migrationskontext, in: ZVW 2007, 132 ff.

COTTIER MICHELLE, Subjekt oder Objekt? Partizipation von Kindern in Jugendstraf- und zivilrechtlichen Kindesschutzverfahren, Diss. Basel 2006

COTTIER MICHELLE/HÄFELI CHRISTOPH, Kind als Rechtssubjekt im zivilrechtlichen Kindesschutz, in: 4. Familienrecht§Tage, Bern 2008, 109 ff.

DAVET SUZANNE, Meldepflichten von Behörden bei illegalem Aufenthalt, in: BJM 2010, 57 ff.

DE LUZE ESTELLE, Le bien de l'enfant, in: Eleanor Cashin-Ritaine/Elodie Maître Arnaud E. (Hrsg.), Notions-cadre, concepts indéterminés et standards juridiques en droits interne, international et comparé, Zürich 2008, 579 ff.

DETTENBORN HARRY/WALTER EGINHARD, Familienrechtspsychologie, 2. Auflage, München 2015

DETTENBORN HARRY, Kindeswohl und Kindeswille, Psychologische und rechtliche Aspekte, 4. Auflage, München 2014

DETTENBORN HARRY, Hochkonflikthaftigkeit bei Trennung und Scheidung, in: Zeitschrift für Kindschaftsrecht und Jugendhilfe ZKJ 2013, S. 231–234 und S. 272–276

DEUTSCHES INSTITUT FÜR JUGENDHILFE UND FAMILIENRECHT-DIJuF, Rechtsgutachten vom 12.10.2011, in: JAmt-Das Jugendamt – Zeitschrift für Jugendhilfe und Familienrecht 2011, 648 f.

DIGGELMANN PETER/ISLER MARTINA, Vertretung und prozessuale Stellung des Kindes im Zivilprozess, in: SJZ 2015, 141 ff.

DOLDER MATHIAS, Informations- und Anhörungsrechte des nichtsorgeberechtigten Elternteils nach Art. 275a ZGB, Diss. St. Gallen 2002

DÖRFLINGER PETER, «Der Berg wird steiler, wenn du näher kommst», in: ZKE 2011, 447 ff.

DÖRFLINGER PETER, Interdisziplinarität gestalten, in: ZKE 2010, 177 ff.

EBERHARD CHRISTOPH, Zustimmung des Vormundes zu Rechtsgeschäften des urteilsfähigen Mündels, Diss. Bern 1990

ESTERMANN JOSEF/FUCHS WALTER, Zu Häufigkeit und Determinanten rechtlicher Betreuung – Eine vergleichende Analyse von Daten aus Deutschland, Österreich und der Schweiz, in: Zeitschrift für Rechtssoziologie 2016, 154 ff.

ESTERMANN JOSEF, Reanalyse der Fallzahlen im Erwachsenenschutz, in: ZKE 2013, 71 ff.

ETZENSBERGER MARIO, «Fürsorgerische Unterbringung» und «Behandlung einer psychischen Störung» aus der Sicht eines praktischen Psychiaters, in: ZSR 2003 I, 361 ff.

EUROPARAT, Leitlinien des Ministerkomitees des Europarates für eine kindgerechte Justiz vom 17. November 2010 [Download: www.kinderanwaltschaft.ch > Behörden & Gerichte > Child-friendly Justice]

FANKHAUSER & SCHÜRMANN, Geringfügige Überlegungen zu geringfügigen Angelegenheiten des täglichen Lebens, in: Jusletter 9. Dezember 2013

FASSBIND PATRICK, Belassung, Erhalt und Erteilung der gemeinsamen Sorge als Regelfall, in: ZKE 2014, 95 ff.

FASSBIND PATRICK, Inhalt des gemeinsamen Sorgerechts, der Obhut und des Aufenthaltsbestimmungsrechts im Lichte des neuen gemeinsamen Sorgerechts als Regelfall, in: AJP 2014, 692 ff.

FASSBIND PATRICK, Systematik der elterlichen Personensorge in der Schweiz, Diss. Basel 2006

FELDER WILHELM et al., Gemeinsame elterliche Sorge und Kindeswohl, in: ZBJV 2014, 892 ff.

FELLMANN LUKAS/MÜLLER BRIGITTE/SCHNURR STEFAN, Kindesschutz auf Augenhöhe. Praxis und Wissenschaft entwickeln gemeinsam ein Prozessmanual zur Kindeswohlabklärung, in: Netz 3/2015, 9 ff.

FELLMANN LUKAS/SCHNURR STEFAN, Koordinierte kantonale Kinder- und Jugendhilfestatistiken, in: ZKE 2016, 278 ff.

FERCSIK SCHNYDER ORSOLYA /CLAUSEN SANDRO, Menschenwürde und Selbstbestimmung im zivilrechtlichen Kindesschutzrecht, unter besonderer Berücksichtigung der Entziehung der elterlichen Sorge, in: Roberto Andorno/Markus Thier, Menschenwürde und Selbstbestimmung, Zürich 2014, 181 ff.

FICE (Fédération Internationale des Communautés Éducatives)/IFCO (International Foster Care Organisation)/SOS-KINDERDORF, Quality4Children, Standards in der ausserfamiliären Betreuung in Europa [www.qualtiy4children.ch]

FONDATION SUISSE DU SERVICE INTERNATIONAL, Manuel de prise en charge des enfants séparés en Suisse, Guide pratique à l'usage des professionnels, Genf 2014

FOUNTOULAKIS CHRISTIANA, Interzession naher Angehöriger, eine rechtsvergleichende Untersuchung im deutschen und angelsächsischen Rechtskreis, Bern 2005

FOUNTOULAKIS CHRISTIANA, L'impact de la procréation médicalement assistée sur l'établissement et la destruction du lien de filiation, in: FamPra 2011, 247 ff.

FOUNTOULAKIS CHRISTIANA/BASTIEN KHALFI, Quelques réflexions sur la conception de l'entretien en droit de la famille, in: FamPra 2014, 866 ff.

FREIBURGHAUS DIETER, Auswirkungen der Scheidungsrechtsrevision auf die Kinderbelange und die vormundschaftlichen Organe, in: ZVW 1999, 133 ff.

FÜLLEMANN DANIEL, Haager Erwachsenenschutzübereinkommen von 2000, in: ZVW 2009, 30 ff.

GASSNER SIBYLLE, Vertretungsrecht der Pflegeeltern, in: Kaleidoskop des Familien- und Erbrechts: Liber amicarum für Alexandra Rumo-Jungo, Zürich 2014, 89 ff.

GEISER THOMAS, Die Aufsicht im Vormundschaftswesen, in: ZVW 1993, 201 ff.

GEISER THOMAS, Familie und Geld, Wie sind die wirtschaftlichen Fragen in einem modernen Familienrecht zu regeln?, in: FamPra 2014, 884 ff.

GEISER THOMAS, Informations-, Anhörungs- und Auskunftsrecht des nicht sorgeberechtigten Elternteils, in: FamPra 2012, 1 ff.

GEISER THOMAS, Wann ist Alleinsorge anzuordnen und wie ist diese zu regeln?, in: ZKE 2015, 226 ff.

GERBER JENNI REGULA et al., Kinder im Gerichtsverfahren, in: FamPra 2009, 60 ff.

GERBER JENNI REGULA, Gedanken zum «Anwalt des Kindes» – insb. zur Vertretung des Kindes von psychisch belasteten Eltern, in: ZKE 2016, 95 ff.

GERBER JENNI REGULA, Kindesschutzmassnahmen bei Kindern einer Mutter, deren Asylgesuch abgewiesen wurde und deren Wegweisung rechtskräftig geworden ist, in: ZKE 2010, 108 ff.

GERBER JENNI REGULA, Kindesvertretung in familienrechtlichen Verfahren – Streiflichter aus Praxis und Theorie, in: Kaleidoskop des Familien- und Erbrechts Liber amicarum für Alexandra Rumo-Jungo, Zürich 2014, 107 ff.

GERBER REGULA/HAUSAMMANN CHRISTINA (Hrsg.), Kinderrechte – Kinderschutz, Rechtsstellung und Gewaltbetroffenheit von Kindern und Jugendlichen, Basel 2002

GLOOR NINO, Der Begriff der Obhut, in: FamPra 2015, 331 ff.

GLOOR URS, Der Einbezug von Kindern in die Trennungs- und Scheidungsmediation, in: Büchler Andrea/Simoni Heidi (Hrsg.), Kinder und Scheidung, Der Einfluss der Rechtspraxis auf familiale Übergänge, Zürich 2009

GLOOR URS/SCHWEIGHAUSER JONAS, Die Reform des Rechts der elterlichen Sorge – eine Würdigung aus praktischer Sicht, in: FamPra 2014, 1 ff.

GLOSE BERNARD et al. (Hrsg.), Le développement affectif et cognitif de l'enfant, 5. Auflage, Paris 2015

GOOD MARTIN, Das Ende des Amtes des Vormundes, Diss. Freiburg 1992

GÖTZÖ MONIKA/SCHÖNE MANDY/WIGGER ANNEGRET, Spannungsfelder organisierter Lebensräume: Forschungsbeiträge zu Pflegefamiliensettings und Vergemeinschaftungsprozessen in stationären Einrichtungen, St. Gallen 2014

GUILLOD OLIVIER/BURGAT SABRINA, Droit des familles, 4. Auflage, Neuchâtel 2016

HÄFELI CHRISTOPH, Das Recht des Kindes auf Feststellung der Vaterschaft und die Regelung des Unterhaltsanspruchs, in: ZKE 2014, 189 ff.

HÄFELI CHRISTOPH, Die entwicklungspsychologische Bedeutung des Kontakts des Kindes zu beiden Elternteilen, in: dRSK 31. August 2016

HÄFELI CHRISTOPH, Kosten für begleitete Besuchstage von unmündigen Kindern mit ihrem nicht obhutsberechtigten Elternteil, in: ZVW 2001, 198 ff.

HÄFELI CHRISTOPH, Wohnsitzwechsel der betreuten Person und Zuständigkeit der KESB, in: AJP 2016, 335 ff.

HÄFELI CHRISTOPH, Zur Abgrenzung der Zuständigkeiten von Gerichten und vormundschaftlichen Behörden zur Regelung von Kinderbelangen, in: ZVW 1999, 224 ff.

HÄFELIN ULRICH/MÜLLER GEORG/UHLMANN FELIX. Allgemeines Verwaltungsrecht, 7. Auflage, Zürich 2016

HAURI ANDREA/ZINGARO MARCO, Leitfaden Kindesschutz – Kindeswohlgefährdung erkennen in der sozialarbeiterischen Praxis, Bern 2013

HAURI ANDREA et al., Ankerbeispiele zum Berner und Luzerner Abklärungsinstrument zum Kindesschutz, Bern und Luzern, 2015 (unveröffentlicht)

HAURI ANDREA et al., Das Berner und Luzerner Abklärungsinstrument zum Kindesschutz, in: Handbuch Kindes- und Erwachsenenschutz, Rosch/Fountoulakis/Heck (Hrsg.), Bern 2016, Anhang I

HAUSHEER HEINZ/SPYCHER ANNETTE, Handbuch des Unterhaltsrechts, 2. Aufl., Bern 2010

HAUSHEER HEINZ/AEBI-MÜLLER REGINA, Personenrecht, 4. Auflage, Bern 2016

HECK CHRISTOPH, Wirkungsvolle Zusammenarbeit – der Beitrag der Sozialarbeit in der Fachbehörde, in: ZKE 2011, 17 ff.

HEGNAUER CYRIL, Anfechtung der Anerkennung der Vaterschaft und Feststellung der Nichtvaterschaft, in: ZVW 2002, 49 ff.

HEGNAUER CYRIL, Aussergerichtliche Blutgruppenuntersuchung gegen den Willen der Mutter?, in: ZVW 1988, 104 f.

HEGNAUER CYRIL, Wohl des Mündels als Maxime der Vormundschaft, in: ZVW 1984, 81 ff.

HEGNAUER CYRIL, Sitz der Vormundschaftsbehörde und der Wohnsitz bevormundeter Personen, in: ZVW 1981, 67 ff.

HEGNAUER CYRIL, Entziehung der elterlichen Gewalt gegenüber später geborenen Kindern, in: ZVW 1978, 137 ff.

HEGNAUER CYRIL, Entziehung der elterlichen Gewalt gegenüber später geborenen ausserehelichen Kindern einer geschiedenen Mutter, in: ZVW 1992, 21 ff.

HEGNAUER CYRIL, Interesse des Kindes an der Anfechtung eines unwahren Kindesverhältnisses, in: ZVW 2009, 377 ff.

HEGNAUER CYRIL, Kann die Mutter das Kind im Strafverfahren gegen den Vater vertreten?, in: ZVW 1994, 152 ff.

HEGNAUER CYRIL, Kindesrecht – ein weites Feld, in: ZVW 2006, 25 ff.

HEGNAUER CYRIL, Künstliche Fortpflanzung und Grundrechte, in: Festschrift für Ulrich Häfelin, Zürich 1989, 127 ff.

HEGNAUER CYRIL, Rechtsfragen der aussergerichtlichen Blutgruppenuntersuchung, in: ZVW 1988, 29 ff.

HEGNAUER CYRIL, Verwaltung der Einkünfte des Kindes durch Erziehungsbeistandschaft (Art. 308) oder Kindesvermögensbeistandschaft (Art. 325) ZGB?, in: ZVW 1995, 47 ff.

HEGNAUER CYRIL, Voraussetzungen der aussergerichtlichen Abstammungsuntersuchung beim urteilsunfähigen Kind, in: ZVW 1994, 16 ff.

HEGNAUER CYRIL, Vormundschaftsbehörde und persönlicher Verkehr. Ein Überblick, in: ZVW 1998, 169 ff.

HEGNAUER CYRIL, Wohnsitz des Kindes unter elterlicher Gewalt: Art. 25 Abs. 1 ZGB, in: ZVW 1988, 150 ff.

HEISS HANS/CASTELLANOS HELEN A., Gemeinsame Sorge und Kindeswohl nach neuem Recht, Baden-Baden 2013

HELLER HEINZ, Betreuungsunterhalt & Co.: Unterhaltsberechnung ab 2017, in: Revue de l'avocat 2016, 463 ff.

UNTERHALTSBERECHNUNG AB 2017, IN: REVUE DE L'AVOCAT 2016, 463 FF.:

UNTERHALTSBERECHNUNG AB 2017, IN: REVUE DE L'AVOCAT 2016, 463 FF.

HELMING ELISABETH et al., Begleitung und Beratung von Pflegefamilien, in: Kindler et al. (Hrsg.), Handbuch Pflegekinderhilfe, München 2011, 448–478

HENKEL HELMUT, Die Anordnung von Kindesschutzmassnahmen gemäss Art. 307 ZGB, Diss. Zürich 1977

HERZIG CHRISTOPHE, Das Kind in den familienrechtlichen Verfahren, Diss. Fribourg 2012

HERZIG CHRISTOPHE, Die Partei- und Prozessfähigkeit von Kindern und Jugendlichen sowie ihr Anspruch auf rechtliches Gehör, in: AJP 2013, 182 ff.

HERZIG CHRISTOPHE, Prozessstandschaft im Kindesunterhaltsrecht – quo vadis, in: Eitel Paul/Zeiter Alexandra (Hrsg.), Kaleidoskop des Familien- und Erbrechts, Liber amicarum für Alexandra Rumo-Jungo, Zürich 2014, 147 ff.

HOCHHEUSER CHRISTIN, Grundrechtsaspekte der zivilrechtlichen Kindesschutzmassnahmen und der kommenden jugendstrafrechtlichen Sanktionen, St. Gallen 1997

HOTZ SANDRA/GASSNER SIBYLLE, Less Lost in Care: Die neue Pflegekinderverordnung, in: FamPra 2013, 286 ff.

Literaturverzeichnis

INTERGAS (Hrsg.), Leitfaden Fremdplatzierung, 2013

INTEGRAS, Bestandesaufnahme kantonale Aufsicht, Dienstleistungsangebote Familienpflege und Bedarf Kompetenzzentrum FPO, Bericht von BÜHLER JUDITH vom 8. Dezember 2015

INTEGRAS, Kompetenzzentrum FPO, Merkblatt für einweisende Stellen

INVERSINI MARTIN, Kindesschutz interdisziplinär – Beiträge von Pädagogik und Psychologie, in: ZKE 2011, 47 ff.

JAQUIERY VIRGINIE, La protection de l'enfant en cas de maltraitance, in: Christine Chappuis et al. (éd.), L'harmonisation internationale du droit, Zürich 2007, 147 ff.

JAVAUX VENA MARYSE/SCHICKEL-KÜNG JOËLLE, Liens de filiation étrangers et leur réception en droit suisse, in: La famille dans les relations transfrontalières, Fountoulakis Ch./Rumo-Jungo A. (Hrsg.), Genf/Zürich 2013, S. 131 ff.

JOSI CHRISTIAN, Rechtsmittel des urteilsfähigen Kindes gegen Entscheide in eherechtlichen Verfahren auch ohne Vertretung?, in: FamPra 2012, 519 ff.

JUD ANDREAS, Fallzahlen im Kindes- und Erwachsenenschutz in den Jahren 2002-2011: Eine ständige Zunahme?, in: ZKE 2014, 373 ff.

JUD ANDREAS, Überlegungen zur Definition und Erfassung von Gefährdungssituationen im Kindesschutz, in: Daniel Rosch/Diana Wider (Hrsg.), Zwischen Schutz und Selbstbestimmung, Festschrift für Professor Christoph Häfeli, Bern 2013, 49 ff.

JUD ANDREAS/FEGERT JÖRG/SCHLUP MIRJAM (Hrsg.), Kinder- und Jugendhilfe im Trend, Veränderungen im Umfeld der Kinder- und Jugendhilfe am Beispiel der Stadt Zürich, Luzern 2014

KÄHLER HARRO /ZOBRIST PATRICK, Soziale Arbeit in Zwangskontexten, Wie unerwünschte Hilfe erfolgreich sein kann, 2. Auflage, München 2013

KAUFMANN CLAUDIA/ZIEGLER FRANZ (Hrsg.), Kindeswohl. Eine interdisziplinäre Sicht, Zürich 2003

KELLER ANDREA, Familienplatzierungs-Organisationen, in: Leitfaden Fremdplatzierung, Integras, Zürich 2013, 113 ff.

KILDE GISELA, Der persönliche Verkehr: Eltern – Kind – Dritte, Diss. Fribourg 2015

KINDER- UND JUGENDPSYCHIATRISCHE DIENSTE KJPD ST. GALLEN, Was brauchen Kinder in Übergängen? Zentrales Ambulatorium, 2010

KINDERANWALTSCHAFT SCHWEIZ, Standards für Rechtsvertretung von Kindern [Download: www.kinderanwaltschaft.ch > Kinderanwältinnen > Qualitätssicherung]

KINDLER HEINZ et al., Rückführung und Verselbständigung, in: Kindler et al. (Hrsg.) Handbuch Pflegekinderhilfe, München 2010, 615–665

KINDLER HEINZ et al. (Hrsg.), Handbuch Kindeswohlgefährdung nach § 1666 BGB und Allgemeiner Sozialdienst, http://db.dji.de/asd/ASD_Inhalt.htm.

KINDLER HEINZ et al., Pflegekinder: Situation, Bindungen, Bedürfnisse und Entwicklungsverläufe, in: Kindler et al. (Hrsg.), Handbuch Pflegekinderhilfe, München 2011, 129–223

KLUG WOLFGANG/ZOBRIST PATRICK, Motivierte Klienten trotz Zwangskontext, München 2013

KOKES, Der Einbezug von Sozialhilfebehörden in die Entscheidfindung der Kindesschutzorgane, Empfehlungen April 2014, in: ZKE 2014, 263 ff.

KOKES, Empfehlungen des SBVg und der KOKES zur Vermögensverwaltung, Juni 2013

KOKES, Übernahme der Kosten für Entschädigung und Spesen der Führung der Beistandschaft durch das Gemeinwesen, in: ZKE 2016, 152 ff.

KOKES, Übernahme einer Massnahme des Kindes- und Erwachsenenschutzrechts nach Wohnsitzwechsel, Empfehlungen März 2015, in: ZKE 2016, 167 ff.

KOKES, Umsetzung gemeinsame elterliche Sorge als Regelfall, Empfehlungen Juni 2014

KOKES-STATISTIK 2012, in: ZKE 2014, 83 ff.

KOKES-STATISTIK 2015, in: ZKE 2016, 313 ff.

KOLLER THOMAS, Das Bundesgericht und die Sieben-Tage-Regel zum Zweiten..., in: Jusletter 17. Mai 2010

KÖLZ ALFRED/HÄNER ISABELLE/BERTSCHI MARTIN, Verwaltungsverfahren und Verwaltungsrechtspflege des Bundes, 3. Auflage, Zürich 2013

KOSTKA KERIMA, Im Interesse des Kindes? Elterntrennung und Sorgerechtsmodelle in Deutschland, Grossbritannien und den USA, Frankfurt a.M. 2004

KREN KOSTKIEWICZ JOLANTA/RODRIGUEZ RODRIGO, Internationale Rechtshilfe in Strafsachen, Einschliesslich der Übereinkommen zum internationalen Kindesschutz, Bern 2013

KÜFNER, MARION et al., Umgangskontakte und die Gestaltung von Beziehungen zur Herkunftsfamilie, in: Kindler et al. (Hrsg.) Handbuch Pflegekinderhilfe, München 2011, 562–612

KUHN MATHIAS, Das Verfahren vor der KESB, in: recht 2014, 218 ff.

LANGENEGGER ERNST, Gemeinsame elterliche Sorge, in: ZVW 2000, 223 ff.

LANGER INGHARD/SCHULZ VON THUN FRIEDEMANN/TAUSCH REINHARD, Sich verständlich ausdrücken, 10. Auflage, München 2015

LÄTSCH DAVID et al., Ein Instrument zur Abklärung des Kindeswohls – spezifisch für die deutschsprachige Schweiz, in: ZKE, 2015, 1 ff.

LEUBA AUDREY/TRITTEN CÉLINE, La protection de la personne incapable de discernement séjournant en institution, in: ZVW 2003, 284 ff.

LEUENBERGER CHRISTOPH, Rechtsprechung des Bundesgerichts zum Zivilprozessrecht im Jahre 2006, in: ZBJV 2008, 185 ff.

LEUTHOLD URSULA/SCHWEIGHAUSER JONAS, Beistandschaft und Kindesvertretung im Kindesschutz – Rolle, Aufgaben und Herausforderungen in der Zusammenarbeit, in: ZKE 2016, 463 ff.

Literaturverzeichnis

Levante Marco, Wohnsitz und gewöhnlicher Aufenthalt im internationalen Privat- und Zivilprozessrecht der Schweiz, Diss. St. Gallen 1998

Levante Patrizia, Die Wahrung der Kindesinteressen im Scheidungsverfahren – die Vertretung des Kindes im Besonderen, Diss. St. Gallen 2000

Ludewig Revital et al., Richterliche und behördliche Entscheidungsfindung zwischen Kindeswohl und Elternwohl, Erziehungsfähigkeit bei Familien mit einem psychisch kranken Elternteil, in: FamPra 2015, 562 ff.

Lustenbrger Markus, Die fürsorgerische Freiheitsentziehung bei Unmündigen unter elterlicher Gewalt, Diss. Freiburg 1987

Mahrer Monika et al., Kindesschutz in der frühen Kindheit 0–3 Jahre, Zürich 2007

Maier Philipp, Die konkrete Berechnung von Unterhaltsansprüchen im Familienrecht, dargestellt anhand der Praxis der Zürcher Gerichte seit Inkrafttreten der eidgenössischen ZPO, in: FamPra 2014, 635 ff.

Martin Jürg/Seltmann Jan/Loher Silvan, Die Verfügung in der Praxis, Ein Leitfaden für Behörden, Adressaten und Anwälte, 2. Auflage, Zürich 2016

Maywald Jörg, Zum Begriff des Kindeswohls, Impulse aus der UN-Kinderrechtskonvention, in: IzKK-Nachrichten 1-2009, S. 16 ff.

Mazenauer Lucie/Gassner Sibylle, Der Pflegevertrag, in: FamPra 2014, 274 ff.

Meier Philippe, Bemerkungen zu BGE 5A_52/2015, in: ZKE 2016, Résumé de jurisprudence RJ 51-16, 200 f.

Meier Philippe, Compétences matérielles du juge matrimonial et des autorités de tutelle – Considérations théoriques et quelques cas partiques, in: ZVW 2007, 109 ff.

Meier Philippe, Droit de la tutelle et actes immobiliers: questions choisies, in: ZVW 2008, 251 ff.

Meier Philippe, La gestion du patrimoine des personnes sous curatelle, in: ZKE 2014, 394 ff.

Meier Philippe, La position des personnes concernées dans les procédures de protection des mineurs et des adultes. Quelques enseignements de la jurisprudence fédérale récente, in: ZVW 2008, 399 ff.

Meier Philippe, Le consentement des autorités de tutelle aux actes du tuteur, Diss. Fribourg 1994

Meier Philippe, Revision des Vormundschaftsrechts – Versuch einer statistischen Untersuchung, in: ZVW 1992, 183 ff.

Meier Susanne, Kindesvertretung: Eine Bestandesaufnahme mit Plädoyer für die Willensvertretung, in: ZKE 2015, 341 ff.

Merz René, Nicht zustimmungsberechtigte Beteiligte im Adoptionsverfahren und Zeitpunkt ihres Einbezugs ins Verfahren, in: ZKE 2012, 79 ff.

Mey Eva, Die Zusammenarbeit im Dreieck Eltern – Behörden – Mandatsträger, in: Peter Voll et al. (Hrsg.), Zivilrechtlicher Kindesschutz: Akteure, Prozesse, Strukturen: eine empirische Studie mit Kommentaren aus der Praxis, S. 143–169, Luzern 2008

Meyer Löhrer Beda, Massnahmen nach Jugendstrafgesetz und Massnahmen der KESB – Wechselbeziehungen und Einzelfragen, in: AJP 2014, 11 ff.

Michel Margot, Rechte von Kindern in medizinischen Heilbehandlungen, Diss. Zürich 2009

Michel Margot, Zwischen Autonomie und fürsorglicher Fremdbestimmung: Partizipationsrechte von Kindern und Jugendlichen im Bereich medizinischer Heilbehandlungen, in: FamPra 2008, 243 ff.

Marie Meierhofer Institut für das Kind/Unicef, Informationsbroschüren zur Anhörung des Kindes [Download: www.mmi.ch > Shop > Kindesanhörung]

Mögel Maria, Wer bin ich und zu wem gehöre ich? Entwicklungsprozesse von Zugehörigkeit und Identität bei Pflegekindern im Vorschulalter, in: Fernanda Pedrina/Susanne Hauser (Hrsg.), Babys und Kleinkinder, Frankfurt a.M. 2013, 246-275

Mosimann Hans-Jakob, Entscheidbegründung, Begründung und Redaktion von Gerichtsurteilen und Verfügungen, Zürich 2013

Mottiez Paul, Die Rechtspflichten von vormundschaftlichen Mandatsträger(inn)en nach dem Tod der betreuten Person, in: ZVW 2006, 267 ff.

Navas Navarro Susana, Le bien-être de l'enfant, in: FamPra 2004, 265 f.

Opp Günther/Fingerle Michael, Was Kinder stärkt, Erziehung zwischen Risiko und Resilienz, 2. Auflage, München 2007

Papaux van Delden Marie-Laure, La gestion des biens de l'enfant: pouvoir parental et dispositions en faveur de l'enfant, in: Margareta Baddeley et al. (Hrsg.), La planfication du patrimoine, 2009, 9 ff.

Pavillon E., Die Struktur des Vormundschaftsamtes des Kantons Neuchâtel, Bewertungssystem der Arbeitsbelastung der Mitarbeiter, in: ZfJ-Zentralblatt für Jugendrecht, 1997, 76 ff.

Pereira Diana, Les «boîtes à bébé» face au droit de l'enfant de connaître ses origines, in: Jusletter 24. Juni 2013

Permien, H. Erziehung zur Freiheit durch Freiheitsentzug? zentrale Ergebnisse der DJI-Studie «Effekte freiheitsentziehender Maßnahmen in der Jugendhilfe», München 2010

Peter James Thomas, Gerichtsnahe Mediation, Kommentar zur Mediation in der ZPO, Bern, 2011

Peter Max, Hochstrittige Eltern im Besuchsrechtskonflikt, in: ZVW 2005, 193 ff.

Pfaffinger Monika, Polyvalentes Kindeswohl – methodische Reflexionen über das Wohl des (adoptierten) Kindes, in: ZVW 2011, 417 ff.

Pflegekinder-Aktion Schweiz (Hrsg.), Handbuch Pflegekinder, Zürich 2016

RAMSEIER THOMAS/CASTELNOVI LAURA, Mündigenunterhalt: Der Fiskus profitiert zu Unrecht, in: FamPra 2014, 138 ff.

REICH JOHANNES, «Schutz der Kinder und Jugendlichen» als rechtsnormatives und expressives Verfassungsrecht, in: ZSR 2012, 363 ff.

RESILIENCE RESEARCH CENTER, The Pathways to Resilience Project (Summary Report), Nova Scotia, Halifax 2014, Dalhousie University, Canada, www.resilienceresearch.org/files/ICURA%20-%20Pathways%20Summary%20Report.pdf

RETZ ELIANE, Hochstrittige Trennungseltern in Zwangskontexten, Evaluation des Elternkurses Kinder im Blick, Wiesbaden 2015

REUSSER RUTH/LÜSCHER KURT, Art. 11 BV, in: Bernhard Ehrenzeller et al., Die schweizerische Bundesverfassung, 3. Auflage, Zürich 2014, 309 ff.

RIEDO CHRISTOF, Jugendstrafrecht und Jugendstrafprozessrecht, N 850 ff.

RIEMER HANS MICHAEL, Die Vertretung bei der Ausübung von Rechten, die unmündigen oder unter vormundschaftlichen Massnahmen stehenden Personen «um ihrer Persönlichkeit willen» zustehen, in: ZVW 1998, 216 ff.

RIEMER HANS MICHAEL, Verwaltung von Kindesvermögen durch Dritte gemäss Art. 321 Abs. 2, Art. 322 Abs. 2 ZGB und Beistandschaft gemäss Art. 325, in: ZVW 2001, 84 ff.

RIEMER-KAFKA GABRIELA, Soziale Sicherheit von Kindern und Jugendlichen, Ihre Rechte insb. gegenüber Arbeitgeber, Schule, Eltern, Sozialversicherungen, Sozialhilfe und Opferhilfe, Bern 2011

RODRIGUEZ RODRIGO, Die Durchsetzung ausländischer Unterhaltstitel in der Schweiz, in: Rumo-Jungo/Fountoulakis (Hrsg.), Familien in Zeiten grenzüberschreitender Beziehungen, Zürich 2013, 151 ff.

ROGERS CARL R., Der neue Mensch, Stuttgart 1981

ROHDE ALEXANDER W., Die Ernennung von Drittpersonen zur Verwaltung von Vermögen Minderjähriger (Art. 321 und 322 ZGB), in: SSVV – Schweizer Schriften zur Vermögensberatung und zum Vermögensrecht Band/Nr. 7, 65 ff.

ROSCH DANIEL, Auflösung der organisationsrechtlichen Grundlagen und Ende des vormundschaftlichen Mandates, in: ZVW 2009, 357 ff.

ROSCH DANIEL, Bedeutung und Standards von sozialarbeiterischen Gutachten bzw. gutachterlichen Stellungnahmen in kindes(schutz)rechtlichen Verfahren, in: AJP 2/2012, 173 ff.

ROSCH DANIEL, Fürsorgerische Unterbringung im revidierten Kindes- und Erwachsenenschutzrecht, in: AJP 2011, 505

ROSCH DANIEL, Melderechte, Melde- und Mitwirkungspflichten, Amtshilfe: die Zusammenarbeit mit der KESB, in: FamPra 2012, 1020 ff.

ROSCH DANIEL, Menschenrechte und Datenschutz in der Sozialen Arbeit, in: Menschenrechte und Digitalisierung des Alltags, Internationales Menschenrechtsforum Luzern, Band VIII, Bern 2011, 231 ff.

ROSCH DANIEL, Neue Aufgaben, Rollen, Disziplinen, Schnitt- und Nahtstellen: Herausforderungen des neuen Kindes- und Erwachsenenschutzrechts, in: ZKE 2011, 31 ff.

ROSCH DANIEL, Verbleib oder Rückkehr des Pflegekindes? – Rechtliche und sozialarbeiterische Würdigung von Rückplatzierungsbegehren, in: FamPra 2014, 26 ff.

ROSCH DANIEL/GARIBALDI MANUELO/PREISCH STEPHAN, Kindes- und Erwachsenenschutzbehörde – Hoffnungsträgerin oder Hemmschuh?, in: ZKE 2012, 416 ff.

RÜETSCHI DAVID/SPYCHER ANNETTE, Revisionsbestrebungen im Unterhaltsrecht, Siebte Schweizer Familienrecht§Tage, 155 ff.

RUMO JUNGO ALEXANDRA/BODENMANN GUY, Die Anhörung des Kindes aus rechtlicher und psychologischer Sicht, in: FamPra.ch 2003, 22 ff.

RUMO-JUNGO ALEXANDRA, Der Vorentwurf zur Revision des Kindesunterhalts: ein erster Schritt, Eine Diskussion von ausgewählten Aspekten, in: FamPra 2013, 1 ff.

SALZGEBER JOSEPH, Familienpsychologische Gutachten: Rechtliche Vorgaben und sachverständiges Vorgehen, 6. Auflage, München 2015

SALZGEBER JOSEPH/SCHREINER JOACHIM, Kontakt- und Betreuungsmodelle nach Trennung und Scheidung, in: FamPra 2014, 66 ff.

SANDMEIR GUNDA, et al., Begleitung von Pflegekindern, in: Kindler et al. (Hrsg.) Handbuch Pflegekinderhilfe, München 2011, 487 ff.

SANDOZ SUZETTE, Quelques problèmes de filiation en relation avec la procréation médicalement assistée, in: ZVW 2001, 90 ff.

SCHMID HERMANN, Ende der Beistandschaft und Ende des Amtes des Beistandes, in: ZSR 2003 I, 331 ff.

SCHNEIDER WOLFGANG/LINDENBERGER ULMAN (Hrsg.) [vormals Oerter Rolf und Montada Leo], Entwicklungspsychologie, 7. Auflage, Weinheim 2012

SCHNELLER LENA/BERNARDON ANGELO, Stationäre Kinder- und Jugendpsychiatrie: Umsetzung des neuen Kindes- und Erwachsenenschutzrechts, in: Schweizerische Ärztezeitung, 19.10.2016, 1463 ff.

SCHNYDER BERNHARD, «… jedermann, der ein Interesse hat», in: FS Hegnauer, Bern 1986, 453 ff.

SCHNYDER BERNHARD, Zur Vormundschaftsbeschwerde nach Art. 420 ZGB, in: ZVW 2002, 75 ff.

SCHÖBI FELIX, Stiefkindadoption und Konkubinat: Bemerkungen zum Urteil des EGMR vom 13. Dezember 2007 i. S. Emonet u.a. gegen die Schweiz, in: recht 2008, 99 ff.

SCHREINER JOACHIM, Ausgewählte psychologische Aspekte im Zusammenhang mit Trennung und Scheidung, in: FamKomm Scheidung, Band II: Anhänge, 2. Auflage, Bern 2011, S. 782 ff.

SCHREINER JOACHIM, Besuchsrechtskonflikte und die Perspektive des Kindes, in: SozialAktuell 3/2012, S. 21 ff.

Schreiner Joachim, Einbezug von Kindern und Jugendlichen in die Regelung von (gerichtlichen) Trennungs- und Scheidungsangelegenheiten: Überlegungen aus der Praxis; in: Andrea Büchler & Heidi Simoni (Hrsg.), Kinder und Scheidung – Der Einfluss der Rechtspraxis auf familiale Übergänge, Zürich 2009, 363 ff.

Schulz von Thun Friedemann, Miteinander reden 1, Störungen und Klärungen, Allgemeine Psychologie der Kommunikation, 44. Auflage, Reinbek bei Hamburg, 2006

Schulze Heike, Das advokatische Dilemma der Kindesvertretung – ein dreidimensionales Handlungsmodell, in: Blum/Cottier/Migliazza (Hrsg.), Anwalt des Kindes, ein europäischer Vergleich zum Recht des Kindes auf eigene Vertretung in behördlichen und gerichtlichen Verfahren, Bern 2008, 85 ff.

Schürmann Frank, Adoption im Konkubinatsverhältnis: zum Urteil des Europäischen Gerichtshofs für Menschenrechte i.S. Emonet u.a. gegen die Schweiz vom 13. Dezember 2007, in: ZBJV 2008, 262 ff.

Schwander Ivo, Das Haager Kindesschutzübereinkommen von 1996, in: ZVW 2009, 1 ff.

Schwander Ivo, Kindes- und Erwachsenenschutz im internationalen Verhältnis, in: AJP 2014, 1351 ff.

Schwander Marianne, Geheimhaltungspflichten und Datenaustausch in der Sozialen Arbeit, in: ZKE 2015, 95 ff.

Schwarz Andreas, Die Vormundschaftsbeschwerde nach Art. 420 ZGB, Zürich 1968

Schwarzloos Christian, Familienrat – um im erweiterten Kreis familiäre Entscheidungen zu treffen, in: Früchtel Frank et al. (Hrsg.), Relationale Sozialarbeit: versammelnde, vernetzende und kooperative Hilfeformen, Weinheim 2016, 142 ff.

Schweighauser Jonas, Das Kind und sein Anwalt: Grundlagen aus rechtlicher und entwicklungspsychologischer Sicht, in: Schriftenreihe Anwalt des Kindes No. 2, 2011, 12 ff.

Schweighauser Jonas, Inhalte der Kindesvertretung, in: dRSK 12. August 2016

Schweizerische Flüchtlingshilfe (Hrsg.), Handbuch zum Asyl- und Wegweisungsverfahren

Schwenzer Ingeborg (Hrsg.), Internationale Adoption, Bern 2009

Schwenzer Ingeborg, Gesetzliche Vertretungsmacht der Eltern für unmündige Kinder – Notwendigkeit oder Relikt patriarchalischer Familienstruktur?, in: Festschrift Schnyder, 1995, 679 ff.

Seifert Brigitte et al., Leitfaden zur Erstellung psychologisch-psychiatrischer Gutachten, in: FamPra 2015, 118 ff.

Simoni Heidi, Beziehung und Entfremdung, in: FamPra 2005, 772 ff.

Simoni Heidi, Kinder anhören und hören, in: ZVW 2009, 333 ff.

Simoni Heidi/Diez Grieser Maria Teresa, Mit statt über Kinder und Jugendliche reden. 20 Fragen rund um die Gesprächsführung mit Kindern und Jugendlichen, Eidgenössische Kommission für Kinder- und Jugendfragen, Bern 2012, 1 ff.

SODK, Empfehlungen für die Weiterentwicklung der Kinder- und Jugendpolitik in den Kantonen, 2016 [Download: www.sodk.ch > Aktuell > Empfehlungen]

SODK, Empfehlungen zu unbegleiteten minderjährigen Asylsuchenden, 2016 [Download: www.sodk.ch > Aktuell > Empfehlungen]

SOZIALDEPARTEMENT STADT ZÜRICH, Soziale Dienste, verständlich und wertschätzend, Leitfaden fürs Schreiben in leichter Sprache, 2016 (unveröffentlicht)

SPRECHER FRANZISKA/SUTTER PATRICK (Hrsg.), Das behinderte Kind im schweizerischen Recht, Zürich 2006

SPYCHER ANNETTE, Kindesunterhalt: Rechtliche Grundlagen und praktische Herausforderungen – heute und demnächst, in: FamPra 2016, 1 ff.

STAUB LISELOTTE, Bedeutung des Bindungskonzeptes im interdisziplinären Diskurs, in: ZKE 2013, 235 ff.

STAUB LISELOTTE, Die Pflichtmediation als scheidungsbezogene Kindschutzmassnahme, in: ZBJV 2009, 404 ff.

STAUB LISELOTTE, Interventionsorientierte Gutachten als Handlungsalternative bei hochkonfliktigen Trennungs-/Scheidungsfamilien, in: ZKE 2010, 34 ff.

STAUB LISELOTTE, Pflichtmediation: Mythos und Wirklichkeit, in: ZVW 2006, 121 ff.

STAUB LISELOTTE/KILDE GISELA, Erinnerungskontakte bei urteilsfähigen Kindern aus psychologischer und juristischer Sicht, in: ZBJV 2013, 934 ff.

STECK DANIEL, Die Regelung des Verfahrens im neuen Kindes- und Erwachsenenschutzrecht, in: ZBl 2013, 26 ff.

STEINER THERESE/BERG INSOO KIM, Handbuch lösungsorientiertes Arbeiten mit Kindern, Heidelberg 2016

STETTLER MARTIN, Das Kindesrecht, Schweizerisches Privatrecht III/2, Basel 1992

STETTLER MARTIN, La répartition des compétences entre le juge et les autorités de tutelle dans le domaine des effets de la filiation, in: ZVW 1999, 218 ff.

STOUDMANN PATRICK, Projet de modification du droit de l'entretien de l'enfant: Le point de vue d'un juge de première instance, in: ZKE 2014, 279 ff.

STREMLOW JÜRGEN et al., Weiterentwicklung der schweizerischen Vormundschaftsstatistik, Schlussbericht der Hochschule für Soziale Arbeit Luzern, Luzern 2002 (unveröffentlicht)

STREMLOW JÜRGEN, Grosse statistische Unterschiede in der Vormundschaftspraxis der Kantone, in: ZVW 2001, 267 ff.

STREULI JÜRG, Normative Implikationen des Kindeswohlbegriffs, Medizinische Sichtweise, Expertenbericht der Nationalen Ethikkommission, 2011 (unveröffentlicht)

SUMMERMATTER DANIEL, Zur Abänderung von Kinderalimenten, in: FamPra 2012, 38 ff.

SÜNDERHAUF HILDEGUND, Fallzahlenbingo: 30, 40 oder 50? Für wie viele Mündel kann eine Amtsvormundin in persönlicher Verantwortung die Pflege und Erziehung fördern und gewährleisten? in: JAmt-Das Jugendamt – Zeitschrift für Jugendhilfe und Familienrecht 2011, 293 ff.

THOMA LARS, Bundesgesetz zum Haager Adoptionsübereinkommen zum Schutz des Kindes bei internationalen Adoptionen, in: ZVW 2003, 28 ff.

THOMET WERNER, Kommentar zum Bundesgesetz über die Zuständigkeit für die Unterstützung Bedürftiger, Zürich 1994

UBS, Preise und Löhne 2015 [www.ubs.com/preiseundloehne]

UEBERSAX PETER et al., Ausländerrecht, 2. Auflage, Basel 2009

UNGAR MICHAEL, Working with children and youth with complex needs: 20 skills to build resilience, New York 2015

UNICEF/MARIE MEIERHOFER INSTITUT FÜR DAS KIND, Informationsbroschüren zur Anhörung des Kindes [Download: www.mmi.ch > Shop > Kindesanhörung]

URWYLER DAVID, Das Verfahren bei internationalen Adoptionen nach dem HAÜ, in: ZVW 2003, 6 ff.

VALERO LAURA, qualitative Aufsicht über Platzierungsorganisationen, in: SozialAktuell, Nr. 4 2015, 36 ff.

VBK (heute: KOKES), Das Ende des vormundschaftlichen Amtes bei Auflösung des privat- oder öffentlich-rechtlichen Anstellungsverhältnisses von professionellen Mandatsträgerinnen und Mandatsträgern, in: ZVW 2006, 224 ff.

VBK (heute: KOKES), Neues Scheidungsrecht: Auswirkungen auf die Tätigkeit vormundschaftlicher Organe, 4. Auflage, Luzern 2010

VERBAND GEMEINDEPRÄSIDENTEN KANTON ZÜRICH/KESB-PRÄSIDIENVEREINIGUNG KANTON ZÜRICH/ SOZIALKONFERENZ KANTON ZÜRICH (Hrsg.), Empfehlungen zur Zusammenarbeit zwischen den Gemeinden und den KESB im Kanton Zürich, Januar 2016

VETTERLI ROLF, Recht des Kindes auf Kontakt zu seinen Eltern, in: FamPra 2009, 29 ff.

VOGEL URS, Vertretung des Kindes bei Verhinderung der Eltern oder aufgrund einer Interessenkollision (Art. 306 Abs. 2 ZGB), in: Rosch Daniel/Wider Diana (Hrsg.), Zwischen Schutz und Selbstbestimmung, Festschrift Christoph Häfeli, Bern 2013, 177 ff.

VOGEL URS, Verhältnis der Schweigepflicht nach Art. 413 ZGB und 451 ZGB zum Amtsgeheimnis nach Art. 320 StGB, in: ZKE 2014, 250 ff.

VOGEL URS/WIDER DIANA, Kindes- und Erwachsenenschutzbehörde als Fachbehörde – Personelle Ressourcen, Ausstattung und Trägerschaftsformen, in: ZKE 2010, 8 ff.

VOGEL-ETIENNE UELI/LAUTENBACH-KOCH ANNEGRET, Kindesvertreter können nicht gleichzeitig Gutachter sein, in: Plädoyer 4/2016, 34 ff.

VOLL PETER ET AL. (Hrsg.), Zivilrechtlicher Kindesschutz: Akteure, Prozesse, Strukturen. Eine empirische Studie mit Kommentaren aus der Praxis, Luzern 2008

WATZLAWICK PAUL/BEAWIN JANET/JACKSON DON, Menschliche Kommunikation, Formen, Störungen, Paradoxien, 11. Auflage, Bern 2007

WELLENHOFER MARINA, Die Samenspende und ihre (späten) Rechtsfolgen, in: FamRZ 2013, 825 ff.

WIDER DIANA, Zuständigkeit zur Finanzierung der vom Gericht angeordneten Unterbringung eines Kindes in einem kantonalen Kinderheim, in: ZKE 2010, 54 ff.

WIESNER-BERG STEPHANIE, Anonyme Kindesabgabe in Deutschland und der Schweiz, Diss. Zürich 2009

WIGGER ANNEGRET, Der Aufbau eines Arbeitsbündnisses in Zwangskontexten – professionstheoretische Überlegungen im Licht verschiedener Fallstudien, in: Roland Becker-Lenz et al. (Hrsg.), Professionalität in der Sozialen Arbeit: Standpunkte, Kontroversen, Perspektiven, Bd. 2, S. 149–165, Wiesbaden 2013

WOPMANN MARKUS, Kindsmisshandlung: Zahlen schweizweit: Melderecht- oder Meldepflicht für Ärzte, in: Christian Schwarzenegger/Rolf Nägeli (Hrsg.), 7. Zürcher Präventionsforum, Zürich 2015, 227 ff.

WYTTENBACH JUDITH, Grund- und Menschenrechtskonflikte zwischen Eltern, Kind und Staat. Schutzpflichten des Staates gegenüber Kindern und Jugendlichen aus dem internationalen Menschenrechtsschutz und der Bundesverfassung (Art. 11 BV), Basel 2006

ZEITER ALEXANDRA, Neues Erwachsenenschutzrecht – Die neuen Bestimmungen im Erbrecht, successio 2011, 254 ff.

ZENDER HANNES, Zuständigkeit für Kinderbelange bei und nach Ehescheidung, in: AJP 1997, 1312 ff.

ZERMATTEN JEAN, Grandir en 2010: entre protection et participation. Regards croisés sur la Convention des droits de l'enfant, in: RJJ 2010, 93 ff.

ZERMATTEN JEAN, Schutz versus Mitsprache des Kindes, in: ZVW 2009, 315 ff.

ZOBRIST PATRICK, Psychosoziale Dimension der vormundschaftlichen Arbeit im Zwangskontext, in: ZVW 2008, 465 ff.

ZOBRIST PATRICK, Zehn Basisstrategien zur Förderung der Veränderungsmotivation und zum Umgang mit Widerstand im Kindes- und Erwachsenenschutz, in: ZVW 2010, 431 ff.

Links

Organisationen im Kindesschutz

www.curaviva.ch (Verband Heime und Institutionen Schweiz)

www.integras.ch (Fachverband für Sozial- und Sonderpädagogik)

www.kokes.ch (Konferenz für Kindes- und Erwachsenenschutz)

www.kinderschutz.ch (Stiftung Kinderschutz Schweiz)

www.kinderanwaltschaft.ch (Kinderanwaltschaft Schweiz)

www.kinderjugendpolitik.ch (Plattform BSV/SODK)

www.humanrights.ch (Schweizer Menschenrechtsportal)

www.netzwerk-kinderrechte.ch (Netzwerk Kinderrechte Schweiz)

www.ssiss.ch (Internationaler Sozialdienst)

www.svbb-ascp.ch (Schweizerische Vereinigung der Berufsbeistände)

www.pa-ch.ch (Pflege- und Adoptivkinder Schweiz)

Gesetzliche Grundlagen

Bund: www.admin.ch > Bundesrecht > Systematische Rechtssammlung

Kanton: www.lexfind.ch oder Website Kanton > Rechtliche Grundlagen [o.ä.]

Rechtsprechung

Bundesgericht: www.bger.ch > Rechtsprechung

Kanton (Website der entsprechenden Obergerichte/Kantonsgerichte)

Hilfsmittel/Broschüren

- Handbuch Kindeswohlgefährdung, Heinz Kindler et al. (Hrsg.) http://db.dji.de/asd/ASD_Inhalt.htm
- Handbuch Abklärungen, Kt. Aargau https://www.ag.ch/de/gerichte/kesb/gemeinden_3/handbuch_abklaerungen/handbuch_abklaerungen_1.jsp
- Qualitätsstandards für die Betreuung von fremd untergebrachten Kindern http://www.quality4children.ch
- Allgemeine Bemerkungen zur UN-Kinderrechtskonvention http://www.humanrights.ch [dort: > UNO: Menschenrechts-Organe > Kinderrechts-Ausschuss > General Comments]
- Terminologie-Datenbank der Bundesverwaltung: https://www.termdat.bk.admin.ch

Stichwortverzeichnis

Die Angaben verweisen auf die Randziffer(n).

A

Abänderung 12.42, 12.63
Abberufung 7.64
Abfindung 14.44
Abklärung der Verhältnisse
– Ablauf (4-Phasen-Modell) 3.45 ff.
– allgemein 3.1, 3.10 ff., 3.22, 3.25 ff., 3.50, 3.71
– Auftrag 3.23
– Bericht 3.72
– Einbezug Dritter 3.63 ff.
– mehrere Kinder 3.66
– Planung 3.58 ff.
– Stellen/Dienste 3.1
– Verfahren 3.19 ff., 3.44, 3.46a ff.
absolut höchstpersönlich 10.29, 13.8
abstrakte Gefahr 13.5
Abstufung 1.94
Abweisung Entlassungsgesuch 5.60
Abwendung Gefährdung 2.6
Adoption
– Ablauf 11.91 ff.
– Adoptionsgeheimnis 11.87 ff.
– Adoptionsgesuch 11.93
– allgemein 2.59, 11.3
– minderjährige Kinder 11.55
– Nicht-HAÜ-Staat 11.105
– Zustimmung 4.40
AHV-Erziehungsgutschrift 12.76 ff.
Akten 4.16, 4.22
Aktennotiz 7.37
Akteur 4.10
Alter 7.11
alternierende Obhut 6.7, 12.8, 12.39, 12.53
ambulant 2.42, 2.84
amtliche Tätigkeit 9.6
Amtsende 4.67
Amtsführung 7.56
Amtshilfe 9.14, 9.15

Analyse 3.64, 3.74 ff.
Änderung der Verhältnisse 14.54
Anerkennung 11.26 ff.
Anfechtung
– Adoption 11.100 ff.
– Ehelichkeitsvermutung 11.17, 11.33
Anhörung
– Abgrenzung Gutachten 7.28
– Ablauf 7.26
– allgemein 7.1 ff., 15.62, 3.26
– anhörende Person 7.13 ff.
– Anhörungspflicht 7.8 ff.
– Einladung 7.23
– Eltern 3.31, 3.59 ff., 7.1
– Fragen 7.30
– im FU-Verfahren 5.68 ff.
– Kind 3.26, 3.31, 3.35, 3.50, 3.60 ff., 7.1 ff., 8.19
– Protokollierung 7.34 ff.
– Urteilsfähigkeit 7.27, 7.5, 7.8
– Zweck 7.4 ff.
Anlagevorschrift 4.36
anonyme Geburt 11.5
Anpassung/Aufhebung Massnahme 4.47
Anschlusslösung 17.54
Anspruch auf rechtlichen Vater 11.46
Anwaltsmonopol 5.8
anwendbares Recht 5.1 ff.
Arbeitserwerb 13.2
Arbeitsorganisation 4.6
Asylbereich 20.9
asylrechtliche Vertrauensperson 20.11
asylrechtliche Wegweisung 20.9 f.
Aufenthaltsbestimmungsrecht 2.79, 2.84 ff.
Aufenthaltsort 6.15, 6.22, 12.2, 12.67
Aufgaben Beistand 2.81
Aufhebung gemeinsamer Haushalt 12.32
Aufhebung Massnahme 4.2

aufschiebende Wirkung 2.78, 3.84, 5.66 ff., 5.76, 5.97, 21.10
Aufsicht allgemein 5.48, 19.1, 19.2
Aufsicht Bundesrat 19.1
Auftrag an Abklärungsdienst 3.24
Auftrag an Beistand 2.54
Augenschein 3.14
Ausbildung, beruflicher Lebensplan 14.7, 14.14
Auskunft 3.50, 15.62
Ausschlagung und Erbteilung 4.36
ausserfamiliäre Platzierung 17.1 ff.
ausserordentliche Bedürfnisse 14.56
Ausstand 3.53, 5.24 ff.
Auswertung 3.46a, 3.74 ff.
Autonomie 1.5

B

Babyklappe 11.4, 11.7
Barunterhalt 14.29
Bedarf des Kindes 14.23
Bedrohung 21.24
Bedürfnisse des Haushaltes 16.8
Bedürfnisse des Kindes 4.30, 4.74, 7.1, 7.5, 7.26, 7.42, 7.80, 14.24, 15.37, 16.12, 17.56, 18.4, 18.10, 20.9
beeinflussbar 18.12
Beendigung Arbeitsverhältnis Berufsbeistand 4.70
Begleitung 15.42, 17.60
Begründung 5.65, 21.11
Behandlung einer psychischen Störung 5.61
Beistandschaft
– besondere Befugnisse 2.53 ff.
– Erziehungsbeistandschaft 2.42 ff.
– Interessenkollision 2.137 f.
– Kindesvermögen 16.37 ff.
– Verfahrensbeistandschaft 7.11
Beklagte 11.20, 11.35, 11.44
Bemessungsmethode 14.23
Beratung 4.2, 12.57 ff., 15.11
Bericht Abklärung 3.50, 3.68 ff.

Bericht Mandatsführung 4.33, 4.43, 4.46, 16.20 ff.
beruflicher Lebensplan 14.7, 14.14
beruflicher MT 8.9
Berufsgeheimnis 3.50, 9.5
Berufsvermögen 13.2
Beschleunigungsgebot 5.70 ff.
beschränkte Handlungsunfähigkeit 2.124, 10.18
Beschränkung elterliche Sorge 2.47, 2.76 ff., 2.82
Beschwerde
– Abgrenzung Unmutsäusserung 4.64
– allgemein 5.46 ff.
– aufschiebende Wirkung 5.76
– Beschwerdebefugnis 5.79
– Frist 4.61, 5.75
– gegen beauftragte Dritte 5.48 ff.
– gegen KESB-Entscheid 5.73 ff.
– gegen MT 5.48 ff.
– Legitimation 5.79
– Objekt 5.78
Beschwerdeinstanz bei Handlungen oder Unterlassungen Beistand 4.2
Beschwerden gegen FU 5.57 ff.
besondere Befugnisse 2.53 ff., 4.37
besondere Vertretungsbeistandschaften 2.123 ff.
Besuchsrecht 15.1 ff.
Besuchsrechtsbeistandschaft 2.68, 15.50 ff.
Betreibungsfähigkeit 10.5
betreibungsrechtliches Existenzminimum 14.27
Betreuung durch Drittpersonen 14.29
Betreuungsanteile 12.9
Betreuungsleistung 17.32
Betreuungsunterhalt 14.29
Betreuungszeit 14.29
bevormundet 6.9
bevormundetes Kind einweisen 4.40
Bevorschussung 14.38
Bewegungsfreiheit, Einschränkung 5.62, 8.18, 8.24

470

Beweiserhebung 3.16
Beweisführung 3.25
Beweismassnahmen 3.26
Beweismittel 5.22 ff.
Bewilligung Platzierung 17.11
Beziehungsaufbau 18.5
Beziehungsgestaltung 17.56
bien de l'enfant 1.8, 1.9
Bigamie 11.13
Bindung 18.6
Biografie 18.3
Budget- und Liquiditätsplanung 4.51

C

Controlling 4.34 ff.

D

Datenschutz/Schweigepflicht 9.3
Deliktsfähigkeit 10.6, 10.17
Devolutiv-Effekt 5.77
Diagnose 3.72, 3.75 ff.
dialogorientiert 21.1
differenzierte Begründung 7.51
Dispositionsmaxime 5.3
Dolmetscher 3.83
Download-Plattform siehe Lesehinweise Seite VIII
drei-Sphären-Theorie 3.19
dringlicher Handlungsbedarf 3.49
Dringlichkeitseinschätzung 3.29, 3.32
Dritte 11.23
Drittverwaltung 4.50, 16.3, 16.47
Durchsetzung 3.14

E

Ecomap 4.27
eherechtliches Verfahren 6.10, 6.36
eigener Unterstützungswohnsitz 6.57
eigenes Bild machen 7.5
eigenes Handeln der KESB 13.11, 5.18
Eigenkompetenz 2.131
Eignung 3.23, 4.75
Eilzuständigkeit 6.15
Einbezug des Kindes 15.25
Einbezug des urteilsfähigen Kindes 4.3
eingetragene Partnerschaft 11.56
einig 6.42
Einkommen 14.27
Einkommenssicherung 3.6
Einkünfte 14.35 ff.
Einladung Anhörung 7.19
Einschätzung Bewältigungsstrategie 4.27
Einschätzung Gefährdungssituation 3.72
Einschätzungsaufgaben 3.29 ff.
Einschränkung Bewegungsfreiheit 8.24
Einsicht 7.38
Einstiegsphase 3.32, 3.46a, 3.49 ff.
Einwilligung 9.3
Einzeladoption 11.55
Eizellenspende 11.115
elektronische Abfragen 9.15
elterliche Sorge
– allgemein 1.108, 7.50, 12.2, 13.1
– alltägliche Entscheide 12.22
– Aufhebung bzw. Nichteinräumung gemeinsame elterliche Sorge 12.42
– Entscheide von erheblicher Bedeutung 12.22
– gemeinsame Erklärung 6.31
Eltern 3.50, 6.28
Elternebene 15.8
Elternvereinbarung
– gemeinsame Sorge 12.83 ff.
– persönlicher Verkehr 15.20
EMRK 20.3
Ende des Amtes 4.66 ff.
Ende der Massnahme 4.81 ff.
Entbindung von Beistandspflichten 4.49
Entlassung MT 4.76
Entschädigung
– MT 4.54
– Verfahrensbeistandschaft 5.37, 7.66

471

Entschädigungskriterien 5.37
Entscheid
- Entscheidbefugnisse 12.17
- Entscheidfindung 3.46a, 3.81 ff.
- Entscheidgrundlagen 17.35
- Entscheidpauschalen 5.34
- Entscheidungsrecht 12.18
- Eröffnung an Dritte 5.30
- formale Vorgaben 21.8 ff.
- verständliche Entscheide 21.11 ff.
Entwicklungschancen 7.62
Entwicklungspsychologie 18.1 ff.
Entzug Aufenthaltsbestimmungsrecht 2.84 ff.
Entzug aufschiebende Wirkung 3.84 ff., 7.65
Entzug elterliche Sorge 2.98 ff.
Entzug Verwaltung Kindesvermögen 2.79
Erbteilung 3.6
Erforderlichkeit
- in sachlicher Hinsicht 1.89
- in zeitlicher Hinsicht 1.89
Erklärung über die gemeinsame elterliche Sorge 12.43
Erklärungspflichten 1.96
Erkundigung 3.50
Ermächtigung 10.20
Ermahnung 2.21, 2.23 ff.
Ermessen 1.101
Ermittlung des Hilfebedarfs 17.21
Ermittlung des Willens 7.61
Ernennung von MT 8.6
Eröffnung 3.83 ff., 5.30, 5.85, 7.44 f.
Ersatzbeistand 2.132
Erstgespräch 4.15 ff., 7.3
Erwägungen 21.17
Erziehung 1.55, 12.2
Erziehungsaufsicht 2.21, 2.35 ff., 2.44, 2.49, 4.8
Erziehungsbeistandschaft 2.46, 2.81, 3.17 ff.
Erziehungsfähigkeit (Gutachten) 7.79
Erziehungsprimat 2.45

F

Fachdisziplinen 1.20
faires Verfahren 5.2
Fallführung 17.47
Fallzahlen Mandatsführung 8.7 f.
Familie 1.2
familienergänzende Betreuung 17.23
Familienpflege 17.9
Familienrat 4.8
Feststellung Vaterschaft 2.57 ff.
Feststellungsklage 11.16
Finanzierung 17.40
Findelkind 6.16, 11.4, 11.7, 11.9
Flexibilität 1.97
Form 15.5
formelle Richtigkeit 4.52
Formerfordernisse 5.64 ff.
FPO 17.29
Fragen
- Abklärung 3.41
- Anhörung 7.30
- Gutachten 7.82 f.
Freibeweis 3.50, 3.52, 5.23
freies Kindesvermögen 16.2
Freigabe zur Adoption 2.105
«freiwilliger» Schutz 1.30
Fremdplatzierung 2.84, 17.1 ff.
Fristen 11.43
Fortdauer des Arbeitsverhältnisses 4.79
funktionalisierte Betrachtungsweise 6.11
fürsorgerische Unterbringung 2.94

G

Gebühren 5.33 ff.
geeignete Beistandsperson 3.77, 8.7
geeignete Massnahmen 2.21, 16.28 ff.
geeigneter Platzierungsort 3.77
Gefährdungsmeldung siehe Meldung
gegenseitiger Anspruch 15.7
Gegenstand behördlicher Verfahren 3.6

Geheimbereich 3.19
gemeinschaftliche Adoption 11.55
Genehmigung Handlung 10.20
Genehmigung Unterhaltsvertrag 14.16
Genogramm 4.27
Gericht bei strittigem Unterhalt 6.32
Gericht der hängiger Vaterschaftsklage 11.30
Gericht in Ehesachen 6.28, 6.36, 6.44
Gericht in Vaterschaftssachen 6.32
geringfügige Angelegenheit 10.26, 2.118
Gesamteinschätzung 3.65 ff.
Geschäftsfähigkeit 10.6
geschiedene Eltern 12.62
geschlossene Einrichtung 2.94
Geschwister 7.25, 17.27
Gesellschaft 1.2
gesetzliche Grundlage 9.3
gesetzliche Vertretung 2.51, 12.2
Gespräch mit Kind 7.3
Gestaltungsurteil 11.39
Gesuch 3.45
Glaubhaftigkeit 3.49
Gleichheitsgrundsatz 5.2
Gleichstellung 14.2
Grad der Gefährdung 3.49
Grenzen 1.103 ff.
Grosseltern 12.11
Gutachten 7.76 ff., 3.17 ff., 3.22, 3.26, 3.50, 5.67, 7.11

H

Haager Übereinkommen 20.5
Handeln von Amtes wegen 3.45
Handlung/Unterlassung MT 4.59
Handlungsbedarf 3.30, 3.32
Handlungsfähigkeit 10.6
Handlungspflicht der KESB 1.90
Handlungsunfähigkeit 10.10, 10.34, 13.8
Hausbesuch 3.62 ff.

Hausgemeinschaft 11.66
Heim 17.17, 17.45, 17.60
Helferkonferenz 9.24
Herkunftsfamilie 17.45
Hilfe zur Selbsthilfe 2.49
Hilfen 3.32
Hilfspersonen 9.2
Hinterlegung 16.33
höchstpersönliche Rechte 10.27 ff., 2.118, 11.21, 13.2
hochstrittige Eltern 15.8 ff., 3.6
höherrangige Rechtsgüter 9.3
hypothetisches Einkommen 14.9

I

Indikationsstellung 17.27
indirekte Beistandspflicht 14.10
Information 21.1
Information der Öffentlichkeit 21.5
Informationsbeschaffung 3.24, 3.25, 3.56, 5.1 ff., 5.96
Informationsgrundlage 3.19
Informationsrecht des Kindes 17.20
Inhalt der Anhörung 7.28 ff.
Inhalt der elterlichen Sorge 12.2 ff.
Inkassohilfe 14.38
Inklusion 21.26
Innominatskontrakt 17.32
Instruktion 3.10, 3.18, 3.49, 4.2
instrumentalisiert 1.80, 15.10
interdisziplinär 1.11, 3.47, 3.6, 3.81, 7.55
Interessenkollision 2.79, 2.127 ff., 4.37, 10.33, 11.34, 13.5, 16.1
Interessenwahrung 3.6
internationale Aspekte 20.1 ff., 2.136, 6.22, 1.102, 11.102 ff.
internationales Privatrecht 20.6
Interventionsgrund 3.25
Inventar 16.19 ff., 4.49
– Abnahme des Inventars 16.16
– bei Tod eines Elternteils 16.13 ff.
iura novit curia 5.2

473

J

Jugendliche 17.64
Jugendstrafrecht 1.35, 9.22

K

kantonal 3.3, 3.51, 5.1, 19.6
Kenntnis der Abstammung 2.59
Kernprozesse der Platzierung 17.35
KESB direkt 4.37
Kinderanwalt siehe Verfahrensbeistand
Kinderhort 17.17
Kinderkrippe 17.17
Kinderorientierung 18.1 ff., 2.60, 2.12
Kinderrechte 1.48 ff.
Kinderrechtskonvention 20.3, 1.3, 1.5
Kindesinteresse 3.37, 15.7
Kindesschutzmassnahmen 2.20
Kindesschutzmassnahmen Ende 4.81
Kindesunterhalt siehe Unterhalt
Kindesvermögen 16.1 ff.
Kindesvermögen Beistandschaft 4.37, 16.36 ff.
Kindesvertreter siehe Verfahrensbeistand
Kindeswille 7.61
Kindeswohl
– allgemein 1.7 ff., 2.1, 2.119, 3.32, 3.65, 7.61, 11.58, 12.33, 12.51, 12.60, 15.38, 18.2
– Dimensionen 1.13
– gut genug-Variante 1.15
– Kindeswohl – Kindeswille – Kindesinteresse 1.75 ff.
– Kindeswohl Einschätzung 3.56
– Kindeswohlgefährdung 2.3, 3.19
– Kindeswohl und persönlicher Verkehr 15.38
– kindliche Bedürfnisse 1.61 f.
– Prinzip für die Interpretation 1.25
– Risiko- und Schutzfaktoren 1.64 ff.
kindgerechte Sprache 7.17
Kindheitserfahrungen 17.56
Klagefrist 11.37
Klagerecht 11.18, 11.34

Klärung des Auftrags 4.21
Kombination 1.100
Kommunikation
– adressatengerecht 21.1 ff.
– allgemein 21.1
– Kommunikations- und Kooperationsfähigkeit 12.23
– Kommunikationsprobleme 3.39
– mit Betroffenen 21.4
Kompetenzattraktion 6.44
Kompetenzauslagerung 17.31
Kompetenzprofil 3.23
Komplementarität 1.85 ff., 1.89, 2.9, 2.42, 3.21
Konflikte 17.63
Konkubinat 11.56
Kontinuität 18.4 ff.
Kooperation 3.14, 17.44
Kooperationsbereitschaft 3.38 ff.
Kosten
– allgemein 7.66, 15.34, 17.36
– Beweisführung 5.34
– Kindesschutzmassnahmen 1.102, 6.52
Kostenentscheid 4.58
Kostengutsprache 6.53, 17.38
kostenlose Prozessführung siehe unentgeltliche Rechtspflege
Kostenvorschuss 5.36
Krisenmoment 17.63
Kurzentscheid 21.15

L

lebend geborenes Kind 11.61
Lebenshaltungskosten 14.30
Lebensstellung 14.26
Legalität 3.21
Legalzession 2.109
Legitimation 5.53
Leichte Sprache 21.25 ff.
Leihmutterschaft 11.111 ff.
Leistungsfähigkeit 14.26, 14.27
Leistungspflicht 3.23

leistungsunfähig 14.9
Leitprinzipien
– Abwendung einer Gefährdung 2.6
– Kinderorientierung 2.12, 3.34 ff., 18.1 ff.
– Komplementarität 1.85 ff., 1.89, 2.42, 2.9, 3.21
– Subsidiarität 1.85 ff., 1.89, 2.7, 3.21, 15.28
– Verhältnismässigkeit 1.85 ff., 2.10 f., 2.80, 3.21, 15.28
– Verschuldensunabhängig 2.8
– weitere Grundsätze 1.95 ff.
Leseschwierigkeit 21.25
Liegenschaftsgeschäft 3.6
Lösungsfindung mit Familie 3.67 ff., 4.8
Lösungsoptionen 3.72, 3.76 ff.
Loyalitätskonflikt 1.24, 7.11, 7.14, 12.57, 17.28, 18.17

M

Mandatsführung
– allgemein 4.3 ff., 4.15 ff., 8.10
– Berichterstattung 4.42 ff.
– Beschwerde gegen MT 4.59 ff.
– Entschädigung und Spesen 4.54 ff.
– Rechnungslegung 4.49 ff.
– Vorgaben 4.2
Mankofälle 14.57
massgeschneiderte Aufträge 4.2
Massnahmen
– Einschränkung Bewegungsfreiheit 5.62, 8.18, 8.24
– Massnahmensystem 2.20 ff.
– Massschneiderung 2.15, 2.48, 2.80, 2.83, 4.34, 4.67
– Stufenfolge 2.16, 2.20
Massschneiderung 2.15, 2.42, 2.48, 2.80 ff.
Mater semper certa est 11.2
Materielle Angemessenheit 4.52
Materielles Entscheidkriterium 1.25
Mediation 2.32, 3.53, 15.21, 15.22, 15.27
Mediationsversuch 7.69 ff., 2.32, 3.49

mediative Elemente 7.54
medizinisch unterstützte Fortpflanzung 11.15, 11.48
medizinische Massnahmen bei psychischer Störung 8.17
Meilensteine Abklärungsverfahren 3.15, 3.47
Meinungsaustausch 6.38
Melderechte/-pflichten 9.4 ff.
Meldung an KESB (Gefährdungsmeldung) 1.47, 1.70, 3.29, 3.45, 9.12, 19.5
Merkmale eines Gutachtens 7.81
minderjährig 6.11
Minderjährigenschutzabkommen 20.5
Minimalregelung persönlicher Verkehr 15.31
Minimalstandards Verfahren 3.3
Mitsprache- und Auskunftsrecht 12.29
Mitteilungspflichten der KESB 9.18
Mitteilungspflichten der MT 9.19
Mitwirkung 4.38, 10.20
Mitwirkungsbedarf der Strafjustiz 3.49
Mitwirkungsrecht 7.6
Monismus 20.2
Monitoring 19.7
mündliche Verfahrensschritte 3.83, 5.15, 7.77, 21.20 ff.

N

Nachbetreuung 17.55
Nachforderung 14.42
Nachholen Besuchsrecht 15.36
nahestehende Personen 4.62
Nasciturus 2.133, 10.4
Nicht-ohne-Not-Intervention 4.2
nondum conceptus 2.134, 3.6
nötige Zeit Mandatsführung 8.7
numerus clausus 1.97

O

Obhut 6.5, 12.6
Objekt 1.5
objektives Wohl 1.76
Öffentlichkeit 21.2
Offizial-/Untersuchungsmaxime 3.46a, 5.2
Offizialmaxime 1.102, 3.10, 5.3, 5.7
Opferhilfegesetz 1.35
Opportunitätskostenansatz 14.31
ordre public 11.106
Organisationshoheit 3.4
organisatorische Modelle 3.1 ff., 3.4, 3.7
örtliche Zuständigkeit
– allgemein 6.1 ff., 8.14
– bei der Behörde, die den Sorgerechtsentzug anordnete 6.12
– der bisherigen KESB 6.19
– örtliche Beziehung des Kindes mit einem anderen Ort 6.15

P

Paarebene 15.8
Parteientschädigung 5.34
Parteifähigkeit 10.5
Partizipation
– allgemein 5.26 ff.
– bei Berichterstattung MT 4.53
– Formen 7.2
– Partizipationsinstrument 7.61
– Partizipationsrecht 7.1, 7.59
Passung 18.5
Paternitätsbeistandschaft 2.57, 2.58, 3.6
PAVO 17.7
periodische Berichterstattung 4.42, 4.75
periodische Rechnungslegung 4.51, 16.20 ff.
periodische Überprüfung Massnahme 4.7, 8.15
perpetuatio fori 3.46, 6.24
Person des Vertrauens 5.69

Personalunion 17.52
persönlicher Verkehr
– allgemein 15.1 ff., 2.68 ff., 2.110, 7.50
– Bedeutung für Entwicklung 15.3
– behördliche Massnahmen 15.27
– behördliche Regelung 15.30
– Besuchsrechtsbeistandschaft 15.50 ff.
– Dauer und Häufigkeit 15.33
– Elternvereinbarung 15.20
Perspektiven 17.35
Pflege 12.2
Pflegeaufsicht 11.92
Pflegeeltern 6.15, 12.11, 12.14, 17.34, 17.45
Pflegefamilie 17.10, 17.61
Pflegekind 17.7
Pflegekinderbewilligung 11.91
Pflegevertrag 11.7, 17.32, 4.36
Pflicht einzugreifen 1.57
Pflichtmediation 2.32, 7.70
Platzierung
– allgemein 17.1 ff., 2.93
– angeordnete Platzierung 17.5, 17.34
– Anschlusslösung 17.54
– Aufsicht 17.48
– Beendigung der Platzierung 17.53
– drei Kernprozesse 17.6
– Platzierungsabbruch 17.63
– Platzierungsform 17.27
– Platzierungsgeschichte 17.43
– Platzierungsübergang 17.59
– vereinbarte Platzierung 17.5, 17.34
polizeiliche Zuführung 3.14, 15.45
postnatal 11.74
präventiv 1.101
präventiver Vermögensschutz 4.50
Preise und Löhne weltweit 14.43
Privatbereich 3.19
privater MT 8.9
Probezeit 11.59
Problembelastung 17.54
Problemerklärung 3.75
Problemlösungsqualität 5.1 ff.

Problemzuschreibung 17.62
Prognose 1.101
Protokollierung 5.16, 7.27, 7.34 ff.
Prozentregeln 14.23
Prozessfähigkeit 3.26
Prozessführungsbefugnis 4.36
Prozessmaximen 1.102
prozessorientierte Begutachtung 7.80
Prozessrechtsverhältnis 3.46
Prüfungspflicht 7.49
psychiatrische Klinik 2.94
psychiatrisches Gutachten 3.50
psychisch belastete Jugendliche 3.6

Q

qualitative Aufsichtskriterien 17.30
Qualitätsentwicklung 3.15, 19.7
Quality4Children 17.4

R

rechtliches Gehör
– allgemein 3.78 ff., 5.2, 5.26 ff.
– Einschränkung 5.27
rechtliches Kindesverhältnis 2.59
Rechtsanspruch auf Entlassung 4.72
Rechtsanwendung 5.2
Rechtsfähigkeit 10.2
Rechtsgeschäft in der Schwebe 4.39
Rechtshängigkeit 3.45, 5.11, 5.18
Rechtshilfe 9.14
Rechtskraft 5.73
Rechtsmittel 5.46 ff., 8.20, 17.13
Rechtsnatur Kindesschutzverfahren 3.3
Reduktion 14.54
Reform der elterlichen Sorge 12.1
reformatio in peius 5.3
relativ höchstpersönliche Rechte 10.30, 13.8
religiöse Erziehung 12.2, 13.2
Resilienz 18.8, 1.104
Ressourcen 3.42, 3.65, 3.67 ff., 3.72

Risiko- und Schutzfaktoren 1.64 ff., 3.31, 3.65
Rolle der KESB 3.17 ff.
Rollen 4.1, 4.4, 4.5, 3.1 ff.
Rollenklärung 7.64, 17.47
Rücknahmeverbot 2.97
Rückplatzierung 17.54
Rückstellung 16.10
Rückwirkung 11.45

S

sachliche Zuständigkeit 1.41, 6.26, 6.38
Sachverhaltsabklärung 7.61
Sachverständige (Gutachter) 5.67
Samenspende 11.115
Schlichtungsverfahren 12.56
Schlüsselmoment 4.15
Schranken 15.40 ff.
schriftlich 7.77
schriftliche Eröffnung 3.83
Schriftlichkeit des Verfahrens 5.14
Schuldzuweisungen 17.63
Schule 12.5
Schutz der Person 1.33
Schutz- und kein Sanktionszweck 1.95
Schutz Neugeborener 3.6
Schutz von älteren Menschen 3.6
Schutz vor Willkür 1.98
Schutzbedürfnisse 1.1
Schutzfaktoren 1.64 ff., 1.69
Schutzmassnahmen 1.35, 2.1 ff., 2.20
Schweigepflicht 9.1 ff., 9.3, 4.18
schwere Verwahrlosung 5.67
selbständige Unterhaltsklage 14.47
Selbstbestimmung 4.3, 15.17
Selbstwirksamkeit 18.8
Sicherheitsleistung 16.33
Sicherung der Lebenshaltungskosten 4.57
Sicht des Kindes 18.1 ff., 3.34 ff.
sinngemässe Anwendung 3.3, 8.1

Sistierung 14.54, 15.42
sorgeberechtigt 13.3
Sozialbericht 3.23, 3.73
Sozialhilfebehörde ist an KESB-Entscheidung gebunden 6.53
Sozialleistungen 14.36 ff.
sozialpädagogische Familienbegleitung 17.23
Spezialkompetenzen 3.23
spezifisches Fachwissen 7.76
Standards 3.72
Standortgespräche 17.56
Statistik 19.1 ff.
Stiefeltern 12.15, 14.10
Stiefkindadoption 11.55
Strafrecht 1.35 ff., 15.44
Stufenfolge 2.16
Subjekt 1.5, 18.1
subjektiver Wille 1.76
Subsidiarität 1.85 ff., 1.89, 2.7, 3.21, 15.28
Substitution 4.8
superprovisorisch 3.29, 5.19
System Kindesschutz
– Akteure 1.37 ff., 4.10 ff.
– Interventionsebenen (freiwillig, behördlich, strafrechtlich) 1.27 ff.
systematisches Vorgehen 3.28

T

Tagespflege 17.16
teilstationäre Angebote 17.18, 17.25
testamentarische Anerkennung 11.31
Textbaustein 21.17
Tod des Ehemannes 11.13
Tod des Minderjährigen 4.82
Tod eines Elternteils 6.29, 6.43
Transparenz 3.11, 3.56, 3.69, 21.2

U

Übergang in die Volljährigkeit 4.88
Übergang ins Heim 17.58

Übernahme einer Massnahme 6.19 f.
Überprüfung der Massnahme 4.2
Übersetzerinnen 4.18
Übersetzungskosten 5.34
Übertragung einer Massnahme 6.19 f., 4.69, 4.76
umfassende Beistandschaft 6.29
Umplatzierung 2.87
Umzug 12.70
Unabhängigkeit 7.56, 7.77
unbegleitete minderjährige Asylsuchende 20.11
unbestimmter Rechtsbegriff 1.11
unentgeltliche Rechtspflege
– allgemein 3.49, 5.39 ff.
– Prozessarmut 5.44
– unentgeltliche Prozessführung 3.53
– unentgeltlicher Rechtsbeistand 5.2, 5.41
– Unentgeltlichkeit 10.23
– vorprozessuale Bemühungen 5.43
unentgeltliche Vorteile 2.118
Ungehorsam gegen amtliche Verfügungen 2.30, 15.46
unkooperatives Verhalten 3.13
Unterbringung 2.93, 7.50, 17.40
Unterbringung, ärztlich angeordnet 5.58
Unterhalt des Kindes
– 10/16 Regel 14.33
– allgemein 1.102, 12.54, 15.4
– Aufgaben der KESB 14.59
– Bemessungsmethode 14.23
– Unterhalt in natura 14.9
– Unterhaltsanspruch 2.66 ff.
– Unterhaltstitel 14.41
– Unterhaltsvertrag 12.48
– Zürcher Tabellen 14.23
Unterstützungs- und Förderungsbedarf 3.72
Unterstützungsangebot 3.42
Unterstützungsarrangements 17.64
Unterstützungswohnsitz 6.55 ff., 17.36
Untersuchungsgrundsatz 1.102, 3.2, 3.10, 3.20, 3.50, 5.4
unverhältnismässiger Aufwand 7.66

unverheiratete Eltern 6.27
Urkunden 3.51
Urteilsfähigkeit 10.11 ff., 4.53, 4.62, 7.27, 7.40, 7.43, 7.52, 13.2, 13.7, 13.9
Urteilsunfähigkeit 7.52, 13.8, 13.9

V

Vaterschaftsklage 2.59, 11.41, 12.64 ff., 14.47
VBVV 16.4, 16.38
Veränderung der Verhältnisse 4.86
Veränderungsbemühungen 17.56
Veränderungsfähigkeit 3.41
Verantwortlichkeit 3.16, 16.43 ff., 16.46
Verantwortung 12.3
Verbeiständung 5.69
Verbindlichkeit 14.39
vereinbarte Platzierung 17.5, 17.34
Verfahren
– allgemein 5.1 ff., 8.1
– Beschwerdeverfahren 4.63
– mündliche Verfahrensschritte 5.14
– Verfahrensablauf 3.48
– Verfahrensbeteiligte 5.6 ff.
– Verfahrensgrundsätze 1.25, 3.46, 5.1 ff.
– Verfahrensinstruktion 3.10 ff., 3.16, 3.18, 5.11
– Verfahrenskosten 5.33 ff.
– verfahrensleitende Verfügung 3.18, 3.53, 5.12
– Verfahrensleitung 5.11 ff.
– Verfahrensordnung 3.27, 3.44, 5.1 ff.
– Verfahrenspartizipation 7.46
– Verfahrensschritte 5.14 ff.
– Verfahrensvertreter, Verfahrensvertretung, Verfahrensvertretungsbeistandschaft: siehe Verfahrensbeistand
Verfahrensbeistand 7.46 ff., 3.17, 3.53, 4.8, 5.2, 5.8, 5.34, 10.33, 15.27
verfassungsmässiger Richter 5.24
Verfügung 21.8 ff.
Verhältnisse ändern 4.83

Verhältnismässigkeit
– allgemein 1.85, 3.21, 2.80, 15.28
– Verhältnismässigkeitsprinzip 2.10, 5.5, 5.22
– vorsorgliche Massnahmen 5.20
– zwingend Notwendiges 4.78
Verhandlungsmaxime 5.4
verheiratet 6.28
Verhinderung 2.125, 13.4
Vermögen
– Anzehrung 16.22 ff.
– Interessenwahrung 3.6
– VBVV 4.37
– Vermögenserträge 16.9
– Vermögensschutz 1.33
– Vermögenssorge 12.2
– Vermögensverwaltung 3.6
Verschollenerklärung 11.13
Verschuldensunabhängigkeit 2.8
Vertragspartner bei Platzierung 4.8
Vertrauensperson 4.8, 8.16, 17.20, 17.51
vertrauliche Angaben 7.37
vertrauliche Geburt 11.5
Vertretung des Kindes 2.54, 3.49
Vertretung im FU-Verfahren 5.68 ff.
Vertretungsbefugnis 12.2, 13.2
Verwaltung des Vermögens 12.2
Verzicht 5.68, 7.10, 7.51
volljährig 4.81, 11.65
Volljährigenunterhalt 15.4
Vollstreckung 2.73, 3.85 ff., 5.96 ff., 15.45 ff.
Vollzug 6.10, 6.40
von Amtes wegen 4.85, 5.2
vor der Geburt 1.110, 10.4, 11.26,
Vorakten 3.50
Voraussetzungen der Kindesschutzmassnahmen 1.108 ff.
Vorgaben Berufsbeistandschaft 4.11
Vorgehen bei der Abklärung 3.1
Vorleistungspflicht 17.38
Vormundschaft 1.109, 2.113 ff., 2.139, 4.37, 4.4, 6.29, 10.8
Vorname 12.2

479

vorprozessual 5.43
Vorschlagsrecht 2.37, 2.130
vorsorgliche Massnahmen 3.18, 3.29, 3.54, 3.80, 5.18 ff.
Vulnerabilität 1.1

W

Waffengleichheit 5.39
Wechselmodell 12.53
Wegweisung 20.9 f.
Wegzug des Kindes 6.24
Weisung 2.21, 2.26 ff., 2.74, 15.22, 16.31 ff.
Weisungsbefugnis 4.6, 7.64
Weiterführungspflicht 4.78, 4.79
Weiterleitungspflicht 5.72
wesentliche Veränderung 12.40
wichtige Gründe 4.73, 4.76
wichtigste Überlegungen 21.16
widerrechtliches Verbringen des Kindes 6.24
Wiedererwägung 5.77
Wohl des Kindes siehe Kindeswohl
wohlverstandenes Interesse des Kindes 4.74
Wohnsitz
– des Kindes 6.3
– Wohnsitzwechsel während eines hängigen Verfahrens 6.18, 6.24

Z

zentrale Behörden 20.6, 20.7
Zeugnis 3.51
Zeugung 11.2
Ziele 4.28, 19.7 ff.
zivilrechtlicher Kindesschutz 1.32, 2.4
Zivilstand 6.26
Zivilstandesamt 6.32, 11.29, 12.47
Zurückbehaltung 5.58, 8.13
(Zurück-)Bringen 15.35
Zusammenarbeit
– allgemein 1.46, 9.20

– zwischen KESB und Gemeinde 6.54
– zwischen KESB und Sozialhilfebehörde 6.53
Zuständigkeit
– Abgrenzung KESB/Gericht 6.29 ff.
– allgemein 6.1 ff., 15.16, 20.6, 20.7
– finanzielle Zuständigkeit 6.52 ff., 17.36 ff.
– örtliche Zuständigkeit: 6.2 ff.
– sachliche Zuständigkeit 6.25 ff., 6.50 f.
– Zuständigkeitsprinzip 3.46
– Zuständigkeitsprüfung 3.49
Zuständigkeitsgesetz 6.55
Zustellung
– allgemein 20.8
– Zustelldomizil 20.8
– Zustellfiktion 5.88
– Zustellungsnachweis 5.87
Zustimmung
– allgemein 10.20, 11.62, 11.71
– bei Adoption 11.77, 11.68
– Sterilisation 4.40
zustimmungsbedürftige Geschäfte 4.36, 10.32
Zwangskontext 4.10
Zweck 1.103 ff., 7.4
zweistufiges Beschwerdeverfahren 5.65
Zwischenentscheid 3.53

Schweizerisches Zivilgesetzbuch

vom 10. Dezember 1907 (Stand am 1. Januar 2017)

auf den folgenden Seiten finden sich die für die vorliegende Publikation massgeblichen **Art. 252 - 327c ZGB**

(weitere Gesetzestexte finden sich auf der Download-Plattform)

Zweite Abteilung: Die Verwandtschaft
Siebenter Titel: Die Entstehung des Kindesverhältnisses[198]
Erster Abschnitt: Allgemeine Bestimmungen[199]

Art. 252[200]

A. Entstehung des Kindesverhältnisses im Allgemeinen

¹ Das Kindesverhältnis entsteht zwischen dem Kind und der Mutter mit der Geburt.

² Zwischen dem Kind und dem Vater wird es kraft der Ehe der Mutter begründet oder durch Anerkennung oder durch das Gericht festgestellt.

³ Ausserdem entsteht das Kindesverhältnis durch Adoption.

Art. 253[201]

B. ...

Art. 254[202]

Zweiter Abschnitt: Die Vaterschaft des Ehemannes[203]

Art. 255[204]

A. Vermutung

¹ Ist ein Kind während der Ehe geboren, so gilt der Ehemann als Vater.

² Stirbt der Ehemann, so gilt er als Vater, wenn das Kind innert 300 Tagen nach seinem Tod geboren wird oder bei späterer Geburt nachgewiesenermassen vor dem Tod des Ehemannes gezeugt worden ist.

³ Wird der Ehemann für verschollen erklärt, so gilt er als Vater, wenn das Kind vor Ablauf von 300 Tagen seit dem Zeitpunkt der Todesgefahr oder der letzten Nachricht geboren worden ist.

---

[198] Fassung gemäss Ziff. I 1 des BG vom 25. Juni 1976, in Kraft seit 1. Jan. 1978 (AS **1977** 237; BBl **1974** II 1).
[199] Fassung gemäss Ziff. I 1 des BG vom 25. Juni 1976, in Kraft seit 1. Jan. 1978 (AS **1977** 237; BBl **1974** II 1).
[200] Fassung gemäss Ziff. I 1 des BG vom 25. Juni 1976, in Kraft seit 1. Jan. 1978 (AS **1977** 237; BBl **1974** II 1).
[201] Aufgehoben durch Anhang Ziff. 2 des Gerichtsstandsgesetzes vom 24. März 2000, mit Wirkung seit 1. Jan. 2001 (AS **2000** 2355; BBl **1999** 2829).
[202] Aufgehoben durch Anhang 1 Ziff. II 3 der Zivilprozessordnung vom 19. Dez. 2008, mit Wirkung seit 1. Jan. 2011 (AS **2010** 1739; BBl **2006** 7221).
[203] Fassung gemäss Ziff. I 1 des BG vom 25. Juni 1976, in Kraft seit 1. Jan. 1978 (AS **1977** 237; BBl **1974** II 1).
[204] Fassung gemäss Ziff. I 4 des BG vom 26. Juni 1998, in Kraft seit 1. Jan. 2000 (AS **1999** 1118; BBl **1996** I 1).

Art. 256[205]

B. Anfechtung
I. Klagerecht

¹ Die Vermutung der Vaterschaft kann beim Gericht angefochten werden:

1. vom Ehemann;
2.[206] vom Kind, wenn während seiner Minderjährigkeit der gemeinsame Haushalt der Ehegatten aufgehört hat.

² Die Klage des Ehemannes richtet sich gegen das Kind und die Mutter, die Klage des Kindes gegen den Ehemann und die Mutter.

³ Der Ehemann hat keine Klage, wenn er der Zeugung durch einen Dritten zugestimmt hat. Für das Anfechtungsrecht des Kindes bleibt das Fortpflanzungsmedizingesetz vom 18. Dezember 1998[207] vorbehalten.[208]

Art. 256a[209]

II. Klagegrund
1. Bei Zeugung während der Ehe

¹ Ist ein Kind während der Ehe gezeugt worden, so hat der Kläger nachzuweisen, dass der Ehemann nicht der Vater ist.

² Ist das Kind frühestens 180 Tage nach Abschluss und spätestens 300 Tage nach Auflösung der Ehe durch Tod geboren, so wird vermutet, dass es während der Ehe gezeugt worden ist.[210]

Art. 256b[211]

2. Bei Zeugung vor der Ehe oder während Aufhebung des Haushaltes

¹ Ist ein Kind vor Abschluss der Ehe oder zu einer Zeit gezeugt worden, da der gemeinsame Haushalt aufgehoben war, so ist die Anfechtung nicht weiter zu begründen.

² Die Vaterschaft des Ehemannes wird jedoch auch in diesem Fall vermutet, wenn glaubhaft gemacht wird, dass er um die Zeit der Empfängnis der Mutter beigewohnt hat.

---

[205] Fassung gemäss Ziff. I 1 des BG vom 25. Juni 1976, in Kraft seit 1. Jan. 1978 (AS **1977** 237; BBl **1974** II 1).
[206] Fassung gemäss Ziff. I 2 des BG vom 19. Dez. 2008 (Erwachsenenschutz, Personenrecht und Kindesrecht), in Kraft seit 1. Jan. 2013 (AS **2011** 725; BBl **2006** 7001).
[207] SR **810.11**
[208] Fassung gemäss Art. 39 des Fortpflanzungsmedizingesetzes vom 18. Dez. 1998, in Kraft seit 1. Jan. 2001 (AS **2000** 3055; BBl **1996** III 205).
[209] Eingefügt durch Ziff. I 1 des BG vom 25. Juni 1976, in Kraft seit 1. Jan. 1978 (AS **1977** 237; BBl **1974** II 1).
[210] Fassung gemäss Ziff. I 4 des BG vom 26. Juni 1998, in Kraft seit 1. Jan. 2000 (AS **1999** 1118; BBl **1996** I 1).
[211] Eingefügt durch Ziff. I 1 des BG vom 25. Juni 1976, in Kraft seit 1. Jan. 1978 (AS **1977** 237; BBl **1974** II 1).

Art. 256c[212]

III. Klagefrist

¹ Der Ehemann hat die Klage binnen Jahresfrist einzureichen, seitdem er die Geburt und die Tatsache erfahren hat, dass er nicht der Vater ist oder dass ein Dritter der Mutter um die Zeit der Empfängnis beigewohnt hat, in jedem Fall aber vor Ablauf von fünf Jahren seit der Geburt.

² Die Klage des Kindes ist spätestens ein Jahr nach Erreichen der Volljährigkeit zu erheben.[213]

³ Nach Ablauf der Frist wird eine Anfechtung zugelassen, wenn die Verspätung mit wichtigen Gründen entschuldigt wird.

Art. 257[214]

C. Zusammentreffen zweier Vermutungen

¹ Ist ein Kind vor Ablauf von 300 Tagen seit der Auflösung der Ehe durch Tod geboren und hat die Mutter inzwischen eine neue Ehe geschlossen, so gilt der zweite Ehemann als Vater.[215]

² Wird diese Vermutung beseitigt, so gilt der erste Ehemann als Vater.

Art. 258[216]

D. Klage der Eltern

¹ Ist der Ehemann vor Ablauf der Klagefrist gestorben oder urteilsunfähig geworden, so kann die Anfechtungsklage von seinem Vater oder seiner Mutter erhoben werden.

² Die Bestimmungen über die Anfechtung durch den Ehemann finden entsprechende Anwendung.

³ Die einjährige Klagefrist beginnt frühestens mit der Kenntnis des Todes oder der Urteilsunfähigkeit des Ehemannes.

Art. 259[217]

E. Heirat der Eltern

¹ Heiraten die Eltern einander, so finden auf das vorher geborene Kind die Bestimmungen über das während der Ehe geborene entsprechende Anwendung, sobald die Vaterschaft des Ehemannes durch Anerkennung oder Urteil festgestellt ist.

---

[212] Eingefügt durch Ziff. I 1 des BG vom 25. Juni 1976, in Kraft seit 1. Jan. 1978 (AS **1977** 237; BBl **1974** II 1).
[213] Fassung gemäss Ziff. I 2 des BG vom 19. Dez. 2008 (Erwachsenenschutz, Personenrecht und Kindesrecht), in Kraft seit 1. Jan. 2013 (AS **2011** 725; BBl **2006** 7001).
[214] Fassung gemäss Ziff. I 1 des BG vom 25. Juni 1976, in Kraft seit 1. Jan. 1978 (AS **1977** 237; BBl **1974** II 1).
[215] Fassung gemäss Ziff. I 4 des BG vom 26. Juni 1998, in Kraft seit 1. Jan. 2000 (AS **1999** 1118; BBl **1996** I 1).
[216] Fassung gemäss Ziff. I 1 des BG vom 25. Juni 1976, in Kraft seit 1. Jan. 1978 (AS **1977** 237; BBl **1974** II 1).
[217] Fassung gemäss Ziff. I 1 des BG vom 25. Juni 1976, in Kraft seit 1. Jan. 1978 (AS **1977** 237; BBl **1974** II 1).

² Die Anerkennung kann angefochten werden:
1. von der Mutter;
2.²¹⁸ vom Kind, oder nach seinem Tode von den Nachkommen, wenn während seiner Minderjährigkeit der gemeinsame Haushalt der Ehegatten aufgehört hat oder die Anerkennung erst nach Vollendung seines zwölften Altersjahres ausgesprochen worden ist;
3. von der Heimat- oder Wohnsitzgemeinde des Ehemannes;
4. vom Ehemann.

³ Die Vorschriften über die Anfechtung der Anerkennung finden entsprechende Anwendung.

Dritter Abschnitt: Anerkennung und Vaterschaftsurteil²¹⁹

Art. 260²²⁰

A. Anerkennung
I. Zulässigkeit und Form

¹ Besteht das Kindesverhältnis nur zur Mutter, so kann der Vater das Kind anerkennen.

² Ist der Anerkennende minderjährig, steht er unter umfassender Beistandschaft oder hat die Erwachsenenschutzbehörde eine entsprechende Anordnung getroffen, so ist die Zustimmung seines gesetzlichen Vertreters notwendig.²²¹

³ Die Anerkennung erfolgt durch Erklärung vor dem Zivilstandsbeamten oder durch letztwillige Verfügung oder, wenn eine Klage auf Feststellung der Vaterschaft hängig ist, vor dem Gericht.

Art. 260a²²²

II. Anfechtung
1. Klagerecht

¹ Die Anerkennung kann von jedermann, der ein Interesse hat, beim Gericht angefochten werden, namentlich von der Mutter, vom Kind und nach seinem Tode von den Nachkommen sowie von der Heimat- oder Wohnsitzgemeinde des Anerkennenden.

² Dem Anerkennenden steht diese Klage nur zu, wenn er das Kind unter dem Einfluss einer Drohung mit einer nahen und erheblichen

---

[218] Fassung gemäss Ziff. I 2 des BG vom 19. Dez. 2008 (Erwachsenenschutz, Personenrecht und Kindesrecht), in Kraft seit 1. Jan. 2013 (AS **2011** 725; BBl **2006** 7001).
[219] Fassung gemäss Ziff. I 1 des BG vom 25. Juni 1976, in Kraft seit 1. Jan. 1978 (AS **1977** 237; BBl **1974** II 1).
[220] Fassung gemäss Ziff. I 1 des BG vom 25. Juni 1976, in Kraft seit 1. Jan. 1978 (AS **1977** 237; BBl **1974** II 1).
[221] Fassung gemäss Ziff. I 2 des BG vom 19. Dez. 2008 (Erwachsenenschutz, Personenrecht und Kindesrecht), in Kraft seit 1. Jan. 2013 (AS **2011** 725; BBl **2006** 7001).
[222] Eingefügt durch Ziff. I 1 des BG vom 25. Juni 1976, in Kraft seit 1. Jan. 1978 (AS **1977** 237; BBl **1974** II 1).

Gefahr für das Leben, die Gesundheit, die Ehre oder das Vermögen seiner selbst oder einer ihm nahe stehenden Person oder in einem Irrtum über seine Vaterschaft anerkannt hat.

³ Die Klage richtet sich gegen den Anerkennenden und das Kind, soweit diese nicht selber klagen.

Art. 260*b*[223]

2. Klagegrund

¹ Der Kläger hat zu beweisen, dass der Anerkennende nicht der Vater des Kindes ist.

² Mutter und Kind haben diesen Beweis jedoch nur zu erbringen, wenn der Anerkennende glaubhaft macht, dass er der Mutter um die Zeit der Empfängnis beigewohnt habe.

Art. 260*c*[224]

3. Klagefrist

¹ Die Klage ist binnen Jahresfrist einzureichen, seitdem der Kläger von der Anerkennung und von der Tatsache Kenntnis erhielt, dass der Anerkennende nicht der Vater ist oder dass ein Dritter der Mutter um die Zeit der Empfängnis beigewohnt hat, oder seitdem er den Irrtum entdeckte oder seitdem die Drohung wegfiel, in jedem Fall aber vor Ablauf von fünf Jahren seit der Anerkennung.

² Die Klage des Kindes kann in jedem Fall bis zum Ablauf eines Jahres nach Erreichen der Volljährigkeit erhoben werden.[225]

³ Nach Ablauf der Frist wird eine Anfechtung zugelassen, wenn die Verspätung mit wichtigen Gründen entschuldigt wird.

Art. 261[226]

B. Vaterschaftsklage
I. Klagerecht

¹ Sowohl die Mutter als das Kind können auf Feststellung des Kindesverhältnisses zwischen dem Kind und dem Vater klagen.

² Die Klage richtet sich gegen den Vater oder, wenn er gestorben ist, nacheinander gegen seine Nachkommen, Eltern oder Geschwister oder, wenn solche fehlen, gegen die zuständige Behörde seines letzten Wohnsitzes.

³ Ist der Vater gestorben, so wird seiner Ehefrau zur Wahrung ihrer Interessen die Einreichung der Klage vom Gericht mitgeteilt.

---

[223] Eingefügt durch Ziff. I 1 des BG vom 25. Juni 1976, in Kraft seit 1. Jan. 1978 (AS **1977** 237; BBl **1974** II 1).
[224] Eingefügt durch Ziff. I 1 des BG vom 25. Juni 1976, in Kraft seit 1. Jan. 1978 (AS **1977** 237; BBl **1974** II 1).
[225] Fassung gemäss Ziff. I 2 des BG vom 19. Dez. 2008 (Erwachsenenschutz, Personenrecht und Kindesrecht), in Kraft seit 1. Jan. 2013 (AS **2011** 725; BBl **2006** 7001).
[226] Fassung gemäss Ziff. I 1 des BG vom 25. Juni 1976, in Kraft seit 1. Jan. 1978 (AS **1977** 237; BBl **1974** II 1).

Art. 262[227]

II. Vermutung

¹ Hat der Beklagte in der Zeit vom 300. bis zum 180. Tag vor der Geburt des Kindes der Mutter beigewohnt, so wird seine Vaterschaft vermutet.

² Diese Vermutung gilt auch, wenn das Kind vor dem 300. oder nach dem 180. Tag vor der Geburt gezeugt worden ist und der Beklagte der Mutter um die Zeit der Empfängnis beigewohnt hat.

³ Die Vermutung fällt weg, wenn der Beklagte nachweist, dass seine Vaterschaft ausgeschlossen oder weniger wahrscheinlich ist als die eines Dritten.

Art. 263[228]

III. Klagefrist

¹ Die Klage kann vor oder nach der Niederkunft angebracht werden, ist aber einzureichen:

1. von der Mutter vor Ablauf eines Jahres seit der Geburt;
2.[229] vom Kind vor Ablauf eines Jahres nach Erreichen der Volljährigkeit.

² Besteht schon ein Kindesverhältnis zu einem andern Mann, so kann die Klage in jedem Fall innerhalb eines Jahres seit dem Tag, da es beseitigt ist, angebracht werden.

³ Nach Ablauf der Frist wird eine Klage zugelassen, wenn die Verspätung mit wichtigen Gründen entschuldigt wird.

Vierter Abschnitt[230]: **Die Adoption**

Art. 264[231]

A. Adoption Minderjähriger
I. Allgemeine Voraussetzungen[232]

Ein Kind darf adoptiert werden, wenn ihm die künftigen Adoptiveltern während wenigstens eines Jahres Pflege und Erziehung erwiesen haben und nach den gesamten Umständen zu erwarten ist, die Begründung eines Kindesverhältnisses diene seinem Wohl, ohne andere Kinder der Adoptiveltern in unbilliger Weise zurückzusetzen.

---

[227] Fassung gemäss Ziff. I 1 des BG vom 25. Juni 1976, in Kraft seit 1. Jan. 1978 (AS **1977** 237; BBl **1974** II 1).
[228] Fassung gemäss Ziff. I 1 des BG vom 25. Juni 1976, in Kraft seit 1. Jan. 1978 (AS **1977** 237; BBl **1974** II 1).
[229] Fassung gemäss Ziff. I 2 des BG vom 19. Dez. 2008 (Erwachsenenschutz, Personenrecht und Kindesrecht), in Kraft seit 1. Jan. 2013 (AS **2011** 725; BBl **2006** 7001).
[230] Ursprünglich Dritter Abschnitt.
[231] Fassung gemäss Anhang Ziff. 2 des BG vom 22. Juni 2001 zum Haager Adoptionsübereinkommen und über Massnahmen zum Schutz des Kindes bei internationalen Adoptionen, in Kraft seit 1. Jan. 2003 (AS **2002** 3988; BBl **1999** 5795).
[232] Fassung gemäss Ziff. I 2 des BG vom 19. Dez. 2008 (Erwachsenenschutz, Personenrecht und Kindesrecht), in Kraft seit 1. Jan. 2013 (AS **2011** 725; BBl **2006** 7001).

Art. 264a[233]

II. Gemeinschaftliche Adoption

¹ Ehegatten können nur gemeinschaftlich adoptieren; anderen Personen ist die gemeinschaftliche Adoption nicht gestattet.

² Die Ehegatten müssen 5 Jahre verheiratet sein oder das 35. Altersjahr zurückgelegt haben.

³ Eine Person darf das Kind ihres Ehegatten adoptieren, wenn die Ehegatten seit mindestens fünf Jahren verheiratet sind.[234]

Art. 264b[235]

III. Einzeladoption

¹ Eine unverheiratete Person darf allein adoptieren, wenn sie das 35. Altersjahr zurückgelegt hat.

² Eine verheiratete Person, die das 35. Altersjahr zurückgelegt hat, darf allein adoptieren, wenn sich die gemeinschaftliche Adoption als unmöglich erweist, weil der Ehegatte dauernd urteilsunfähig oder seit mehr als 2 Jahren mit unbekanntem Aufenthalt abwesend, oder wenn die Ehe seit mehr als 3 Jahren gerichtlich getrennt ist.

Art. 265[236]

IV. Alter und Zustimmung des Kindes

¹ Das Kind muss wenigstens 16 Jahre jünger sein als die Adoptiveltern.

² Ist das Kind urteilsfähig, so ist zur Adoption seine Zustimmung notwendig.

³ Ist es bevormundet, so kann, auch wenn es urteilsfähig ist, die Adoption nur mit Zustimmung der Kindesschutzbehörde erfolgen.

Art. 265a[237]

V. Zustimmung der Eltern
1. Form

¹ Die Adoption bedarf der Zustimmung des Vaters und der Mutter des Kindes.

² Die Zustimmung ist bei der Kindesschutzbehörde am Wohnsitz oder Aufenthaltsort der Eltern oder des Kindes mündlich oder schriftlich zu erklären und im Protokoll vorzumerken.

³ Sie ist gültig, selbst wenn die künftigen Adoptiveltern nicht genannt oder noch nicht bestimmt sind.

---

[233] Eingefügt durch Ziff. I 1 des BG vom 30. Juni 1972, in Kraft seit 1. April 1973 (AS **1972** 2819; BBl **1971** I 1200).

[234] Fassung gemäss Ziff. I 4 des BG vom 26. Juni 1998, in Kraft seit 1. Jan. 2000 (AS **1999** 1118; BBl **1996** I 1).

[235] Eingefügt durch Ziff. I 1 des BG vom 30. Juni 1972, in Kraft seit 1. April 1973 (AS **1972** 2819; BBl **1971** I 1200).

[236] Fassung gemäss Ziff. I 1 des BG vom 30. Juni 1972, in Kraft seit 1. April 1973 (AS **1972** 2819; BBl **1971** I 1200).

[237] Eingefügt durch Ziff. I 1 des BG vom 30. Juni 1972, in Kraft seit 1. April 1973 (AS **1972** 2819; BBl **1971** I 1200).

Art. 265b[238]

2. Zeitpunkt

¹ Die Zustimmung darf nicht vor Ablauf von sechs Wochen seit der Geburt des Kindes erteilt werden.

² Sie kann binnen sechs Wochen seit ihrer Entgegennahme widerrufen werden.

³ Wird sie nach einem Widerruf erneuert, so ist sie endgültig.

Art. 265c[239]

3. Absehen von der Zustimmung
a. Voraussetzungen

Von der Zustimmung eines Elternteils kann abgesehen werden,

1. wenn er unbekannt, mit unbekanntem Aufenthalt länger abwesend oder dauernd urteilsunfähig ist,
2. wenn er sich um das Kind nicht ernstlich gekümmert hat.

Art. 265d[240]

b. Entscheid

¹ Wird das Kind zum Zwecke späterer Adoption untergebracht und fehlt die Zustimmung eines Elternteils, so entscheidet die Kindesschutzbehörde am Wohnsitz des Kindes, auf Gesuch einer Vermittlungsstelle oder der Adoptiveltern und in der Regel vor Beginn der Unterbringung, ob von dieser Zustimmung abzusehen sei.

² In den andern Fällen ist hierüber anlässlich der Adoption zu entscheiden.

³ Wird von der Zustimmung eines Elternteils abgesehen, weil er sich um das Kind nicht ernstlich gekümmert hat, so ist ihm der Entscheid schriftlich mitzuteilen.

Art. 266[241]

B. Adoption einer volljährigen Person[242]

¹ Fehlen Nachkommen, so darf eine volljährige Person adoptiert werden:[243]

1. wenn sie infolge körperlicher oder geistiger Gebrechen dauernd hilfsbedürftig ist und die Adoptiveltern ihr während wenigstens fünf Jahren Pflege erwiesen haben,

---

[238] Eingefügt durch Ziff. I 1 des BG vom 30. Juni 1972, in Kraft seit 1. April 1973 (AS **1972** 2819; BBl **1971** I 1200).
[239] Eingefügt durch Ziff. I 1 des BG vom 30. Juni 1972, in Kraft seit 1. April 1973 (AS **1972** 2819; BBl **1971** I 1200).
[240] Eingefügt durch Ziff. I 1 des BG vom 30. Juni 1972, in Kraft seit 1. April 1973 (AS **1972** 2819; BBl **1971** I 1200).
[241] Fassung gemäss Ziff. I 1 des BG vom 30. Juni 1972, in Kraft seit 1. April 1973 (AS **1972** 2819; BBl **1971** I 1200).
[242] Fassung gemäss Ziff. I 2 des BG vom 19. Dez. 2008 (Erwachsenenschutz, Personenrecht und Kindesrecht), in Kraft seit 1. Jan. 2013 (AS **2011** 725; BBl **2006** 7001).
[243] Fassung gemäss Ziff. I 2 des BG vom 19. Dez. 2008 (Erwachsenenschutz, Personenrecht und Kindesrecht), in Kraft seit 1. Jan. 2013 (AS **2011** 725; BBl **2006** 7001).

2.[244] wenn ihr während ihrer Minderjährigkeit die Adoptiveltern wenigstens fünf Jahre lang Pflege und Erziehung erwiesen haben,

3. wenn andere wichtige Gründe vorliegen und die zu adoptierende Person während wenigstens fünf Jahren mit den Adoptiveltern in Hausgemeinschaft gelebt hat.

2 Eine verheiratete Person kann nur mit Zustimmung ihres Ehegatten adoptiert werden.

3 Im Übrigen sind die Bestimmungen über die Adoption Minderjähriger sinngemäss anwendbar.[245]

Art. 267[246]

C. Wirkung
I. Im Allgemeinen

1 Das Adoptivkind erhält die Rechtsstellung eines Kindes der Adoptiveltern.

2 Das bisherige Kindesverhältnis erlischt; vorbehalten bleibt es zum Elternteil, der mit dem Adoptierenden verheiratet ist.

3 Bei der Adoption kann dem Kind ein neuer Vorname gegeben werden.

Art. 267a[247]

II. Bürgerrecht

1 Das minderjährige Kind erhält anstelle seines bisherigen Kantons- und Gemeindebürgerrechts dasjenige des Adoptivelternteils, dessen Namen es trägt.

2 Adoptiert ein Ehegatte das minderjährige Kind des andern, so hat dieses das Kantons- und Gemeindebürgerrecht des Elternteils, dessen Namen es trägt.

Art. 268[248]

D. Verfahren
I. Im Allgemeinen

1 Die Adoption wird von der zuständigen kantonalen Behörde am Wohnsitz der Adoptiveltern ausgesprochen.

---

[244] Fassung gemäss Ziff. I 2 des BG vom 19. Dez. 2008 (Erwachsenenschutz, Personenrecht und Kindesrecht), in Kraft seit 1. Jan. 2013 (AS **2011** 725; BBl **2006** 7001).

[245] Fassung gemäss Ziff. I 2 des BG vom 19. Dez. 2008 (Erwachsenenschutz, Personenrecht und Kindesrecht), in Kraft seit 1. Jan. 2013 (AS **2011** 725; BBl **2006** 7001).

[246] Fassung gemäss Ziff. I 1 des BG vom 25. Juni 1976, in Kraft seit 1. Jan. 1978 (AS **1977** 237; BBl **1974** II 1).

[247] Eingefügt durch Ziff. I 1 des BG vom 30. Juni 1972 (AS **1972** 2819; BBl **1971** I 1200). Fassung gemäss Ziff. I des BG vom 30. Sept. 2011 (Name und Bürgerrecht), in Kraft seit 1. Jan. 2013 (AS **2012** 2569; BBl **2009** 7573 7581).

[248] Fassung gemäss Ziff. I 1 des BG vom 30. Juni 1972, in Kraft seit 1. April 1973 (AS **1972** 2819; BBl **1971** I 1200).

² Ist das Adoptionsgesuch eingereicht, so hindert Tod oder Eintritt der Urteilsunfähigkeit des Adoptierenden die Adoption nicht, sofern deren Voraussetzungen im Übrigen nicht berührt werden.

³ Wird das Kind nach Einreichung des Gesuches volljährig, so bleiben die Bestimmungen über die Adoption Minderjähriger anwendbar, wenn deren Voraussetzungen vorher erfüllt waren.[249]

Art. 268a[250]

II. Untersuchung

¹ Die Adoption darf erst nach umfassender Untersuchung aller wesentlichen Umstände, nötigenfalls unter Beizug von Sachverständigen, ausgesprochen werden.

² Namentlich sind die Persönlichkeit und die Gesundheit der Adoptiveltern und des Adoptivkindes, ihre gegenseitige Beziehung, die erzieherische Eignung, die wirtschaftliche Lage, die Beweggründe und die Familienverhältnisse der Adoptiveltern sowie die Entwicklung des Pflegeverhältnisses abzuklären.

³ Haben die Adoptiveltern Nachkommen, so ist deren Einstellung zur Adoption zu würdigen.

Art. 268b[251]

Dbis. Adoptionsgeheimnis[252]

Die Adoptiveltern dürfen ohne ihre Zustimmung den Eltern des Kindes nicht bekannt gegeben werden.

Art. 268c[253]

Dter. Auskunft über die Personalien der leiblichen Eltern

¹ Hat das Kind das 18. Lebensjahr vollendet, so kann es jederzeit Auskunft über die Personalien seiner leiblichen Eltern verlangen; vorher kann es Auskunft verlangen, wenn es ein schutzwürdiges Interesse hat.

² Bevor die Behörde oder Stelle, welche über die gewünschten Angaben verfügt, Auskunft erteilt, informiert sie wenn möglich die leiblichen Eltern. Lehnen diese den persönlichen Kontakt ab, so ist das Kind darüber zu informieren und auf die Persönlichkeitsrechte der leiblichen Eltern aufmerksam zu machen.

---

[249] Fassung gemäss Ziff. I 2 des BG vom 19. Dez. 2008 (Erwachsenenschutz, Personenrecht und Kindesrecht), in Kraft seit 1. Jan. 2013 (AS **2011** 725; BBl **2006** 7001).
[250] Eingefügt durch Ziff. I 1 des BG vom 30. Juni 1972, in Kraft seit 1. April 1973 (AS **1972** 2819; BBl **1971** I 1200).
[251] Eingefügt durch Ziff. I 1 des BG vom 30. Juni 1972, in Kraft seit 1. April 1973 (AS **1972** 2819; BBl **1971** I 1200).
[252] Fassung gemäss Anhang Ziff. 2 des BG vom 22. Juni 2001 zum Haager Adoptionsübereinkommen und über Massnahmen zum Schutz des Kindes bei internationalen Adoptionen, in Kraft seit 1. Jan. 2003 (AS **2002** 3988; BBl **1999** 5795).
[253] Eingefügt durch Anhang Ziff. 2 des BG vom 22. Juni 2001 zum Haager Adoptionsübereinkommen und über Massnahmen zum Schutz des Kindes bei internationalen Adoptionen, in Kraft seit 1. Jan. 2003 (AS **2002** 3988; BBl **1999** 5795).

³ Die Kantone bezeichnen eine geeignete Stelle, welche das Kind auf Wunsch beratend unterstützt.

Art. 269[254]

E. Anfechtung
I. Gründe
1. Fehlen der Zustimmung

¹ Ist eine Zustimmung ohne gesetzlichen Grund nicht eingeholt worden, so können die Zustimmungsberechtigten die Adoption beim Gericht anfechten, sofern dadurch das Wohl des Kindes nicht ernstlich beeinträchtigt wird.

² Den Eltern steht diese Klage jedoch nicht zu, wenn sie den Entscheid ans Bundesgericht weiterziehen können.

Art. 269a[255]

2. Andere Mängel

¹ Leidet die Adoption an anderen schwerwiegenden Mängeln, so kann jedermann, der ein Interesse hat, namentlich auch die Heimat- oder Wohnsitzgemeinde, sie anfechten.

² Die Anfechtung ist jedoch ausgeschlossen, wenn der Mangel inzwischen behoben ist oder ausschliesslich Verfahrensvorschriften betrifft.

Art. 269b[256]

II. Klagefrist

Die Klage ist binnen sechs Monaten seit Entdeckung des Anfechtungsgrundes und in jedem Falle binnen zwei Jahren seit der Adoption zu erheben.

Art. 269c[257]

F. Adoptivkindervermittlung

¹ Der Bund übt die Aufsicht über die Vermittlung von Kindern zur Adoption aus.

² Wer diese Vermittlung berufsmässig oder im Zusammenhang mit seinem Beruf betreibt, bedarf einer Bewilligung; die Vermittlung durch die Kindesschutzbehörde bleibt vorbehalten.[258]

³ Der Bundesrat erlässt die Ausführungsbestimmungen und regelt die Mitwirkung der für die Aufnahme von Kindern zum Zweck späterer

---

[254] Fassung gemäss Ziff. I 1 des BG vom 30. Juni 1972, in Kraft seit 1. April 1973 (AS **1972** 2819; BBl **1971** I 1200).
[255] Eingefügt durch Ziff. I 1 des BG vom 30. Juni 1972, in Kraft seit 1. April 1973 (AS **1972** 2819; BBl **1971** I 1200).
[256] Eingefügt durch Ziff. I 1 des BG vom 30. Juni 1972, in Kraft seit 1. April 1973 (AS **1972** 2819; BBl **1971** I 1200).
[257] Eingefügt durch Ziff. I 3 des BG vom 30. Juni 1972 (AS **1972** 2819; BBl **1971** I 1200). Fassung gemäss Anhang Ziff. 2 des BG vom 22. Juni 2001 zum Haager Adoptionsübereinkommen und über Massnahmen zum Schutz des Kindes bei internationalen Adoptionen, in Kraft seit 1. Jan. 2003 (AS **2002** 3988; BBl **1999** 5795).
[258] Fassung gemäss Ziff. I 2 des BG vom 19. Dez. 2008 (Erwachsenenschutz, Personenrecht und Kindesrecht), in Kraft seit 1. Jan. 2013 (AS **2011** 725; BBl **2006** 7001).

Adoption zuständigen kantonalen Behörde bei der Abklärung der Bewilligungsvoraussetzungen und bei der Aufsicht.

4 ...[259]

Achter Titel: Die Wirkungen des Kindesverhältnisses[260]
Erster Abschnitt:
Die Gemeinschaft der Eltern und Kinder[261]

Art. 270[262]

A. Name
I. Kind verheirateter Eltern

¹ Sind die Eltern miteinander verheiratet und tragen sie verschiedene Namen, so erhält das Kind denjenigen ihrer Ledignamen, den sie bei der Eheschliessung zum Namen ihrer gemeinsamen Kinder bestimmt haben.

² Die Eltern können innerhalb eines Jahres seit der Geburt des ersten Kindes gemeinsam verlangen, dass das Kind den Ledignamen des andern Elternteils trägt.

³ Tragen die Eltern einen gemeinsamen Familiennamen, so erhält das Kind diesen Namen.

Art. 270a[263]

II. Kind unverheirateter Eltern

¹ Steht die elterliche Sorge einem Elternteil zu, so erhält das Kind dessen Ledignamen. Steht die elterliche Sorge den Eltern gemeinsam zu, so bestimmen sie, welchen ihrer Ledignamen ihre Kinder tragen sollen.

² Wird die gemeinsame elterliche Sorge nach der Geburt des ersten Kindes begründet, so können die Eltern innerhalb eines Jahres seit deren Begründung gegenüber der Zivilstandsbeamtin oder dem Zivilstandsbeamten erklären, dass das Kind den Ledignamen des anderen Elternteils trägt. Diese Erklärung gilt für alle gemeinsamen Kinder, unabhängig von der Zuteilung der elterlichen Sorge.

³ Steht die elterliche Sorge keinem Elternteil zu, so erhält das Kind den Ledignamen der Mutter.

---

[259] Aufgehoben durch Anhang Ziff. 15 des Verwaltungsgerichtsgesetzes vom 17. Juni 2005, mit Wirkung seit 1. Jan. 2007 (AS **2006** 2197; BBl **2001** 4202).
[260] Fassung gemäss Ziff. I 1 des BG vom 25. Juni 1976, in Kraft seit 1. Jan. 1978 (AS **1977** 237; BBl **1974** II 1).
[261] Eingefügt durch Ziff. I 1 des BG vom 25. Juni 1976, in Kraft seit 1. Jan. 1978 (AS **1977** 237; BBl **1974** II 1).
[262] Fassung gemäss Ziff. I des BG vom 30. Sept. 2011 (Name und Bürgerrecht), in Kraft seit 1. Jan. 2013 (AS **2012** 2569; BBl **2009** 7573 7581).
[263] Eingefügt durch Ziff. I des BG vom 30. Sept. 2011 (Name und Bürgerrecht) (AS **2012** 2569; BBl **2009** 7573 7581). Fassung gemäss Ziff. I des BG vom 21. Juni 2013 (Elterliche Sorge), in Kraft seit 1. Juli 2014 (AS **2014** 357; BBl **2011** 9077).

⁴ Änderungen bei der Zuteilung der elterlichen Sorge bleiben ohne Auswirkungen auf den Namen. Vorbehalten bleiben die Bestimmungen über die Namensänderung.

Art. 270*b*[264]

III. Zustimmung des Kindes

Hat das Kind das zwölfte Altersjahr vollendet, so kann sein Name nur geändert werden, wenn es zustimmt.

Art. 271[265]

B. Bürgerrecht

¹ Das Kind erhält das Kantons- und Gemeindebürgerrecht des Elternteils, dessen Namen es trägt.

² Erwirbt das Kind während der Minderjährigkeit den Namen des anderen Elternteils, so erhält es dessen Kantons- und Gemeindebürgerrecht anstelle des bisherigen.

Art. 272[266]

C. Beistand und Gemeinschaft

Eltern und Kinder sind einander allen Beistand, alle Rücksicht und Achtung schuldig, die das Wohl der Gemeinschaft erfordert.

Art. 273[267]

D. Persönlicher Verkehr
I. Eltern und Kinder
1. Grundsatz

¹ Eltern, denen die elterliche Sorge oder Obhut nicht zusteht, und das minderjährige Kind haben gegenseitig Anspruch auf angemessenen persönlichen Verkehr.[268]

² Die Kindesschutzbehörde kann Eltern, Pflegeeltern oder das Kind ermahnen und ihnen Weisungen erteilen, wenn sich die Ausübung oder Nichtausübung des persönlichen Verkehrs für das Kind nachteilig auswirkt oder wenn eine Ermahnung oder eine Weisung aus anderen Gründen geboten ist.

³ Der Vater oder die Mutter können verlangen, dass ihr Anspruch auf persönlichen Verkehr geregelt wird.

---

[264] Eingefügt durch Ziff. I des BG vom 30. Sept. 2011 (Name und Bürgerrecht), in Kraft seit 1. Jan. 2013 (AS **2012** 2569; BBl **2009** 7573 7581).
[265] Fassung gemäss Ziff. I des BG vom 30. Sept. 2011 (Name und Bürgerrecht), in Kraft seit 1. Jan. 2013 (AS **2012** 2569; BBl **2009** 7573 7581).
[266] Fassung gemäss Ziff. I 1 des BG vom 25. Juni 1976, in Kraft seit 1. Jan. 1978 (AS **1977** 237; BBl **1974** II 1).
[267] Fassung gemäss Ziff. I 4 des BG vom 26. Juni 1998, in Kraft seit 1. Jan. 2000 (AS **1999** 1118; BBl **1996** I 1).
[268] Fassung gemäss Ziff. I 2 des BG vom 19. Dez. 2008 (Erwachsenenschutz, Personenrecht und Kindesrecht), in Kraft seit 1. Jan. 2013 (AS **2011** 725; BBl **2006** 7001).

Art. 274[269]

2. Schranken

¹ Der Vater und die Mutter haben alles zu unterlassen, was das Verhältnis des Kindes zum anderen Elternteil beeinträchtigt oder die Aufgabe der erziehenden Person erschwert.[270]

² Wird das Wohl des Kindes durch den persönlichen Verkehr gefährdet, üben die Eltern ihn pflichtwidrig aus, haben sie sich nicht ernsthaft um das Kind gekümmert oder liegen andere wichtige Gründe vor, so kann ihnen das Recht auf persönlichen Verkehr verweigert oder entzogen werden.

³ Haben die Eltern der Adoption ihres Kindes zugestimmt oder kann von ihrer Zustimmung abgesehen werden, so erlischt das Recht auf persönlichen Verkehr, sobald das Kind zum Zwecke künftiger Adoption untergebracht wird.

Art. 274a[271]

II. Dritte

¹ Liegen ausserordentliche Umstände vor, so kann der Anspruch auf persönlichen Verkehr auch andern Personen, insbesondere Verwandten, eingeräumt werden, sofern dies dem Wohle des Kindes dient.

² Die für die Eltern aufgestellten Schranken des Besuchsrechtes gelten sinngemäss.

Art. 275[272]

III. Zuständigkeit

¹ Für Anordnungen über den persönlichen Verkehr ist die Kindesschutzbehörde am Wohnsitz des Kindes zuständig und, sofern sie Kindesschutzmassnahmen getroffen hat oder trifft, diejenige an seinem Aufenthaltsort.

² Regelt das Gericht nach den Bestimmungen über die Ehescheidung und den Schutz der ehelichen Gemeinschaft die elterliche Sorge, die Obhut oder den Unterhaltsbeitrag, so regelt es auch den persönlichen Verkehr.[273]

³ Bestehen noch keine Anordnungen über den Anspruch von Vater und Mutter, so kann der persönliche Verkehr nicht gegen den Willen der Person ausgeübt werden, welcher die elterliche Sorge oder Obhut zusteht.

---

[269] Fassung gemäss Ziff. I 1 des BG vom 25. Juni 1976, in Kraft seit 1. Jan. 1978 (AS **1977** 237; BBl **1974** II 1).
[270] Fassung gemäss Ziff. I 4 des BG vom 26. Juni 1998, in Kraft seit 1. Jan. 2000 (AS **1999** 1118; BBl **1996** I 1).
[271] Eingefügt durch Ziff. I 1 des BG vom 25. Juni 1976, in Kraft seit 1. Jan. 1978 (AS **1977** 237; BBl **1974** II 1).
[272] Fassung gemäss Ziff. I 4 des BG vom 26. Juni 1998, in Kraft seit 1. Jan. 2000 (AS **1999** 1118; BBl **1996** I 1).
[273] Fassung gemäss Ziff. I des BG vom 21. Juni 2013 (Elterliche Sorge), in Kraft seit 1. Juli 2014 (AS **2014** 357; BBl **2011** 9077).

Art. 275a[274]

E. Information und Auskunft

¹ Eltern ohne elterliche Sorge sollen über besondere Ereignisse im Leben des Kindes benachrichtigt und vor Entscheidungen, die für die Entwicklung des Kindes wichtig sind, angehört werden.

² Sie können bei Drittpersonen, die an der Betreuung des Kindes beteiligt sind, wie namentlich bei Lehrkräften, Ärztinnen und Ärzten, in gleicher Weise wie der Inhaber der elterlichen Sorge Auskünfte über den Zustand und die Entwicklung des Kindes einholen.

³ Die Bestimmungen über die Schranken des persönlichen Verkehrs und die Zuständigkeit gelten sinngemäss.

Zweiter Abschnitt: Die Unterhaltspflicht der Eltern[275]

Art. 276[276]

A. Allgemeines
I. Gegenstand und Umfang[277]

¹ Der Unterhalt wird durch Pflege, Erziehung und Geldzahlung geleistet.[278]

² Die Eltern sorgen gemeinsam, ein jeder Elternteil nach seinen Kräften, für den gebührenden Unterhalt des Kindes und tragen insbesondere die Kosten von Betreuung, Erziehung, Ausbildung und Kindesschutzmassnahmen.[279]

³ Die Eltern sind von der Unterhaltspflicht in dem Mass befreit, als dem Kinde zugemutet werden kann, den Unterhalt aus seinem Arbeitserwerb oder andern Mitteln zu bestreiten.

Art. 276a[280]

II. Vorrang der Unterhaltspflicht gegenüber einem minderjährigen Kind

¹ Die Unterhaltspflicht gegenüber dem minderjährigen Kind geht den anderen familienrechtlichen Unterhaltspflichten vor.

² In begründeten Fällen kann das Gericht von dieser Regel absehen, insbesondere um eine Benachteiligung des unterhaltsberechtigten volljährigen Kindes zu vermeiden.

---

[274] Eingefügt durch Ziff. I 4 des BG vom 26. Juni 1998, in Kraft seit 1. Jan. 2000 (AS **1999** 1118; BBl **1996** I 1).
[275] Fassung gemäss Ziff. I 1 des BG vom 25. Juni 1976, in Kraft seit 1. Jan. 1978 (AS **1977** 237; BBl **1974** II 1).
[276] Fassung gemäss Ziff. I 1 des BG vom 25. Juni 1976, in Kraft seit 1. Jan. 1978 (AS **1977** 237; BBl **1974** II 1).
[277] Eingefügt durch Ziff. I des BG vom 20. März 2015 (Kindesunterhalt), in Kraft seit 1. Jan. 2017 (AS **2015** 4299; BBl **2014** 529).
[278] Fassung gemäss Ziff. I des BG vom 20. März 2015 (Kindesunterhalt), in Kraft seit 1. Jan. 2017 (AS **2015** 4299; BBl **2014** 529).
[279] Fassung gemäss Ziff. I des BG vom 20. März 2015 (Kindesunterhalt), in Kraft seit 1. Jan. 2017 (AS **2015** 4299; BBl **2014** 529).
[280] Eingefügt durch Ziff. I des BG vom 20. März 2015 (Kindesunterhalt), in Kraft seit 1. Jan. 2017 (AS **2015** 4299; BBl **2014** 529).

Art. 277[281]

B. Dauer

¹ Die Unterhaltspflicht der Eltern dauert bis zur Volljährigkeit des Kindes.[282]

² Hat es dann noch keine angemessene Ausbildung, so haben die Eltern, soweit es ihnen nach den gesamten Umständen zugemutet werden darf, für seinen Unterhalt aufzukommen, bis eine entsprechende Ausbildung ordentlicherweise abgeschlossen werden kann.[283]

Art. 278[284]

C. Verheiratete Eltern

¹ Während der Ehe tragen die Eltern die Kosten des Unterhaltes nach den Bestimmungen des Eherechts.

² Jeder Ehegatte hat dem andern in der Erfüllung der Unterhaltspflicht gegenüber vorehelichen Kindern in angemessener Weise beizustehen.

Art. 279[285]

D. Klage
I. Klagerecht[286]

¹ Das Kind kann gegen den Vater oder die Mutter oder gegen beide klagen auf Leistung des Unterhalts für die Zukunft und für ein Jahr vor Klageerhebung.

2–3 ...[287]

Art. 280–284[288]

II. und III. ...

Art. 285[289]

IV. Bemessung des Unterhaltsbeitrages
1. Beitrag der Eltern

¹ Der Unterhaltsbeitrag soll den Bedürfnissen des Kindes sowie der Lebensstellung und Leistungsfähigkeit der Eltern entsprechen; dabei sind das Vermögen und die Einkünfte des Kindes zu berücksichtigen.

---

[281] Fassung gemäss Ziff. I 1 des BG vom 25. Juni 1976, in Kraft seit 1. Jan. 1978 (AS **1977** 237; BBl **1974** II 1).
[282] Fassung gemäss Ziff. I 2 des BG vom 19. Dez. 2008 (Erwachsenenschutz, Personenrecht und Kindesrecht), in Kraft seit 1. Jan. 2013 (AS **2011** 725; BBl **2006** 7001).
[283] Fassung gemäss Ziff. I des BG vom 7. Okt. 1994, in Kraft seit 1. Jan. 1996 (AS **1995** 1126; BBl **1993** I 1169).
[284] Fassung gemäss Ziff. I 1 des BG vom 25. Juni 1976, in Kraft seit 1. Jan. 1978 (AS **1977** 237; BBl **1974** II 1).
[285] Fassung gemäss Ziff. I 1 des BG vom 25. Juni 1976, in Kraft seit 1. Jan. 1978 (AS **1977** 237; BBl **1974** II 1).
[286] Fassung gemäss Anhang Ziff. 2 des Gerichtsstandsgesetzes vom 24. März 2000, in Kraft seit 1. Jan. 2001 (AS **2000** 2355; BBl **1999** 2829).
[287] Aufgehoben durch Anhang Ziff. 2 des Gerichtsstandsgesetzes vom 24. März 2000, mit Wirkung seit 1. Jan. 2001 (AS **2000** 2355; BBl **1999** 2829).
[288] Aufgehoben durch Anhang 1 Ziff. II 3 der Zivilprozessordnung vom 19. Dez. 2008, mit Wirkung seit 1. Jan. 2011 (AS **2010** 1739; BBl **2006** 7221).
[289] Fassung gemäss Ziff. I des BG vom 20. März 2015 (Kindesunterhalt), in Kraft seit 1. Jan. 2017 (AS **2015** 4299; BBl **2014** 529).

² Der Unterhaltsbeitrag dient auch der Gewährleistung der Betreuung des Kindes durch die Eltern oder Dritte.

³ Er ist zum Voraus zu entrichten. Das Gericht setzt die Zahlungstermine fest.

Art. 285a[290]

2. Andere für den Unterhalt des Kindes bestimmte Leistungen

¹ Familienzulagen, die dem unterhaltspflichtigen Elternteil ausgerichtet werden, sind zusätzlich zum Unterhaltsbeitrag zu zahlen.

² Sozialversicherungsrenten und ähnliche für den Unterhalt des Kindes bestimmte Leistungen, die dem unterhaltspflichtigen Elternteil zustehen, sind zusätzlich zum Unterhaltsbeitrag zu zahlen, soweit das Gericht es nicht anders bestimmt.

³ Erhält der unterhaltspflichtige Elternteil infolge Alter oder Invalidität nachträglich Sozialversicherungsrenten oder ähnliche für den Unterhalt des Kindes bestimmte Leistungen, die Erwerbseinkommen ersetzen, so hat er diese Beträge an das Kind zu zahlen; der bisherige Unterhaltsbeitrag vermindert sich von Gesetzes wegen im Umfang dieser neuen Leistungen.

Art. 286[291]

V. Veränderung der Verhältnisse
1. Im Allgemeinen[292]

¹ Das Gericht kann anordnen, dass der Unterhaltsbeitrag sich bei bestimmten Veränderungen der Bedürfnisse des Kindes oder der Leistungsfähigkeit der Eltern oder der Lebenskosten ohne weiteres erhöht oder vermindert.

² Bei erheblicher Veränderung der Verhältnisse setzt das Gericht den Unterhaltsbeitrag auf Antrag eines Elternteils oder des Kindes neu fest oder hebt ihn auf.

³ Bei nicht vorhergesehenen ausserordentlichen Bedürfnissen des Kindes kann das Gericht die Eltern zur Leistung eines besonderen Beitrags verpflichten.[293]

Art. 286a[294]

2. Mankofälle

¹ Wurde in einem genehmigten Unterhaltsvertrag oder in einem Entscheid festgestellt, dass kein Unterhaltsbeitrag festgelegt werden

---

[290] Eingefügt durch Ziff. I des BG vom 20. März 2015 (Kindesunterhalt), in Kraft seit 1. Jan. 2017 (AS **2015** 4299; BBl **2014** 529).
[291] Fassung gemäss Ziff. I 1 des BG vom 25. Juni 1976, in Kraft seit 1. Jan. 1978 (AS **1977** 237; BBl **1974** II 1).
[292] Eingefügt durch Ziff. I des BG vom 20. März 2015 (Kindesunterhalt), in Kraft seit 1. Jan. 2017 (AS **2015** 4299; BBl **2014** 529).
[293] Eingefügt durch Ziff. I 4 des BG vom 26. Juni 1998, in Kraft seit 1. Jan. 2000 (AS **1999** 1118; BBl **1996** I 1).
[294] Eingefügt durch Ziff. I des BG vom 20. März 2015 (Kindesunterhalt), in Kraft seit 1. Jan. 2017 (AS **2015** 4299; BBl **2014** 529).

konnte, der den gebührenden Unterhalt des Kindes deckt, und haben sich seither die Verhältnisse des unterhaltspflichtigen Elternteils ausserordentlich verbessert, so hat das Kind Anspruch darauf, dass dieser Elternteil diejenigen Beträge zahlt, die während der letzten fünf Jahre, in denen der Unterhaltsbeitrag geschuldet war, zur Deckung des gebührenden Unterhalts fehlten.

2 Der Anspruch muss innerhalb eines Jahres seit Kenntnis der ausserordentlichen Verbesserung geltend gemacht werden.

3 Dieser Anspruch geht mit allen Rechten auf den anderen Elternteil oder auf das Gemeinwesen über, soweit dieser Elternteil oder das Gemeinwesen für den fehlenden Anteil des gebührenden Unterhalts aufgekommen ist.

Art. 287[295]

E. Verträge über die Unterhaltspflicht
I. Periodische Leistungen

1 Unterhaltsverträge werden für das Kind erst mit der Genehmigung durch die Kindesschutzbehörde verbindlich.

2 Vertraglich festgelegte Unterhaltsbeiträge können geändert werden, soweit dies nicht mit Genehmigung der Kindesschutzbehörde ausgeschlossen worden ist.

3 Wird der Vertrag in einem gerichtlichen Verfahren geschlossen, so ist für die Genehmigung das Gericht zuständig.

Art. 287a[296]

II. Inhalt des Unterhaltsvertrages

Werden im Unterhaltsvertrag Unterhaltsbeiträge festgelegt, so ist darin anzugeben:

    a. von welchem Einkommen und Vermögen jedes Elternteils und jedes Kindes ausgegangen wird;

    b. welcher Betrag für jedes Kind bestimmt ist;

    c. welcher Betrag zur Deckung des gebührenden Unterhalts jedes Kindes fehlt;

    d. ob und in welchem Ausmass die Unterhaltsbeiträge den Veränderungen der Lebenskosten angepasst werden.

---

[295] Fassung gemäss Ziff. I 1 des BG vom 25. Juni 1976, in Kraft seit 1. Jan. 1978 (AS **1977** 237; BBl **1974** II 1).
[296] Eingefügt durch Ziff. I des BG vom 20. März 2015 (Kindesunterhalt), in Kraft seit 1. Jan. 2017 (AS **2015** 4299; BBl **2014** 529).

Art. 288[297]

III. Abfindung[298]

¹ Die Abfindung des Kindes für seinen Unterhaltsanspruch kann vereinbart werden, wenn sein Interesse es rechtfertigt.

² Die Vereinbarung wird für das Kind erst verbindlich:

1. wenn die Kindesschutzbehörde, oder bei Abschluss in einem gerichtlichen Verfahren, das Gericht die Genehmigung erteilt hat, und
2. wenn die Abfindungssumme an die dabei bezeichnete Stelle entrichtet worden ist.

Art. 289[299]

F. Erfüllung
I. Gläubiger

¹ Der Anspruch auf Unterhaltsbeiträge steht dem Kind zu und wird, solange das Kind minderjährig ist, durch Leistung an dessen gesetzlichen Vertreter oder den Inhaber der Obhut erfüllt, soweit das Gericht es nicht anders bestimmt.[300]

² Kommt jedoch das Gemeinwesen für den Unterhalt auf, so geht der Unterhaltsanspruch mit allen Rechten auf das Gemeinwesen über.

Art. 290[301]

II. Vollstreckung
1. Inkassohilfe

¹ Erfüllt der Vater oder die Mutter die Unterhaltspflicht nicht, so hilft eine vom kantonalen Recht bezeichnete Fachstelle auf Gesuch hin dem Kind sowie dem anderen Elternteil bei der Vollstreckung des Unterhaltsanspruches in geeigneter Weise und unentgeltlich.

² Der Bundesrat legt die Leistungen der Inkassohilfe fest.

Art. 291[302]

2. Anweisungen an die Schuldner

Wenn die Eltern die Sorge für das Kind vernachlässigen, kann das Gericht ihre Schuldner anweisen, die Zahlungen ganz oder zum Teil an den gesetzlichen Vertreter des Kindes zu leisten.

---

[297] Fassung gemäss Ziff. I 1 des BG vom 25. Juni 1976, in Kraft seit 1. Jan. 1978 (AS **1977** 237; BBl **1974** II 1).
[298] Ursprünglich Ziff. II.
[299] Fassung gemäss Ziff. I 1 des BG vom 25. Juni 1976, in Kraft seit 1. Jan. 1978 (AS **1977** 237; BBl **1974** II 1).
[300] Fassung gemäss Ziff. I des BG vom 20. März 2015 (Kindesunterhalt), in Kraft seit 1. Jan. 2017 (AS **2015** 4299; BBl **2014** 529).
[301] Fassung gemäss Ziff. I des BG vom 20. März 2015 (Kindesunterhalt), in Kraft seit 1. Jan. 2017 (AS **2015** 4299; BBl **2014** 529).
[302] Fassung gemäss Ziff. I 1 des BG vom 25. Juni 1976, in Kraft seit 1. Jan. 1978 (AS **1977** 237; BBl **1974** II 1).

Art. 292[303]

III. Sicherstellung

Vernachlässigen die Eltern beharrlich die Erfüllung ihrer Unterhaltspflicht, oder ist anzunehmen, dass sie Anstalten zur Flucht treffen oder ihr Vermögen verschleudern oder beiseite schaffen, so kann das Gericht sie verpflichten, für die künftigen Unterhaltsbeiträge angemessene Sicherheit zu leisten.

Art. 293[304]

G. Öffentliches Recht

[1] Das öffentliche Recht bestimmt, unter Vorbehalt der Unterstützungspflicht der Verwandten, wer die Kosten des Unterhaltes zu tragen hat, wenn weder die Eltern noch das Kind sie bestreiten können.

[2] Ausserdem regelt das öffentliche Recht die Ausrichtung von Vorschüssen für den Unterhalt des Kindes, wenn die Eltern ihrer Unterhaltspflicht nicht nachkommen.

Art. 294[305]

H. Pflegeeltern

[1] Pflegeeltern haben Anspruch auf ein angemessenes Pflegegeld, sofern nichts Abweichendes vereinbart ist oder sich eindeutig aus den Umständen ergibt.

[2] Unentgeltlichkeit ist zu vermuten, wenn Kinder von nahen Verwandten oder zum Zweck späterer Adoption aufgenommen werden.

Art. 295[306]

J. Ansprüche der unverheirateten Mutter

[1] Die Mutter kann spätestens bis ein Jahr nach der Geburt gegen den Vater oder dessen Erben auf Ersatz klagen:[307]

1. für die Entbindungskosten;
2. für die Kosten des Unterhaltes während mindestens vier Wochen vor und mindestens acht Wochen nach der Geburt;
3. für andere infolge der Schwangerschaft oder der Entbindung notwendig gewordene Auslagen unter Einschluss der ersten Ausstattung des Kindes.

---

[303] Fassung gemäss Ziff. I 1 des BG vom 25. Juni 1976, in Kraft seit 1. Jan. 1978 (AS **1977** 237; BBl **1974** II 1).
[304] Fassung gemäss Ziff. I 1 des BG vom 25. Juni 1976, in Kraft seit 1. Jan. 1978 (AS **1977** 237; BBl **1974** II 1).
[305] Fassung gemäss Ziff. I 1 des BG vom 25. Juni 1976, in Kraft seit 1. Jan. 1978 (AS **1977** 237; BBl **1974** II 1).
[306] Fassung gemäss Ziff. I 1 des BG vom 25. Juni 1976, in Kraft seit 1. Jan. 1978 (AS **1977** 237; BBl **1974** II 1).
[307] Fassung gemäss Anhang 1 Ziff. II 3 der Zivilprozessordnung vom 19. Dez. 2008, in Kraft seit 1. Jan. 2011 (AS **2010** 1739; BBl **2006** 7221).

² Aus Billigkeit kann das Gericht teilweisen oder vollständigen Ersatz der entsprechenden Kosten zusprechen, wenn die Schwangerschaft vorzeitig beendigt wird.

³ Leistungen Dritter, auf welche die Mutter nach Gesetz oder Vertrag Anspruch hat, sind anzurechnen, soweit es die Umstände rechtfertigen.

Dritter Abschnitt: Die elterliche Sorge[308]

Art. 296[309]

A. Grundsätze

¹ Die elterliche Sorge dient dem Wohl des Kindes.

² Die Kinder stehen, solange sie minderjährig sind, unter der gemeinsamen elterlichen Sorge von Vater und Mutter.

³ Minderjährigen Eltern sowie Eltern unter umfassender Beistandschaft steht keine elterliche Sorge zu. Werden die Eltern volljährig, so kommt ihnen die elterliche Sorge zu. Wird die umfassende Beistandschaft aufgehoben, so entscheidet die Kindesschutzbehörde entsprechend dem Kindeswohl über die Zuteilung der elterlichen Sorge.

Art. 297[310]

A[bis]. Tod eines Elternteils

¹ Üben die Eltern die elterliche Sorge gemeinsam aus und stirbt ein Elternteil, so steht die elterliche Sorge dem überlebenden Elternteil zu.

² Stirbt der Elternteil, dem die elterliche Sorge allein zustand, so überträgt die Kindesschutzbehörde die elterliche Sorge auf den überlebenden Elternteil oder bestellt dem Kind einen Vormund, je nachdem, was zur Wahrung des Kindeswohls besser geeignet ist.

Art. 298[311]

A[ter]. Scheidung und andere eherechtliche Verfahren

¹ In einem Scheidungs- oder Eheschutzverfahren überträgt das Gericht einem Elternteil die alleinige elterliche Sorge, wenn dies zur Wahrung des Kindeswohls nötig ist.

---

[308] Eingefügt durch Ziff. I 1 des BG vom 25. Juni 1976 (AS **1977** 237; BBl **1974** II 1). Fassung gemäss Ziff. I 4 des BG vom 26. Juni 1998, in Kraft seit 1. Jan. 2000 (AS **1999** 1118; BBl **1996** I 1).
[309] Fassung gemäss Ziff. I des BG vom 21. Juni 2013 (Elterliche Sorge), in Kraft seit 1. Juli 2014 (AS **2014** 357; BBl **2011** 9077).
[310] Fassung gemäss Ziff. I des BG vom 21. Juni 2013 (Elterliche Sorge), in Kraft seit 1. Juli 2014 (AS **2014** 357; BBl **2011** 9077).
[311] Fassung gemäss Ziff. I des BG vom 21. Juni 2013 (Elterliche Sorge), in Kraft seit 1. Juli 2014 (AS **2014** 357; BBl **2011** 9077).

² Es kann sich auch auf eine Regelung der Obhut, des persönlichen Verkehrs oder der Betreuungsanteile beschränken, wenn keine Aussicht besteht, dass sich die Eltern diesbezüglich einigen.

²bis Es berücksichtigt beim Entscheid über die Obhut, den persönlichen Verkehr oder die Betreuungsanteile das Recht des Kindes, regelmässige persönliche Beziehungen zu beiden Elternteilen zu pflegen.[312]

²ter Bei gemeinsamer elterlicher Sorge prüft es im Sinne des Kindeswohls die Möglichkeit einer alternierenden Obhut, wenn ein Elternteil oder das Kind dies verlangt.[313]

³ Es fordert die Kindesschutzbehörde auf, dem Kind einen Vormund zu bestellen, wenn weder die Mutter noch der Vater für die Übernahme der elterlichen Sorge in Frage kommt.

Art. 298a[314]

Aquater. Anerkennung und Vaterschaftsurteil
I. Gemeinsame Erklärung der Eltern

¹ Sind die Eltern nicht miteinander verheiratet und anerkennt der Vater das Kind oder wird das Kindesverhältnis durch Urteil festgestellt und die gemeinsame elterliche Sorge nicht bereits im Zeitpunkt des Urteils verfügt, so kommt die gemeinsame elterliche Sorge aufgrund einer gemeinsamen Erklärung der Eltern zustande.

² In der Erklärung bestätigen die Eltern, dass sie:

1. bereit sind, gemeinsam die Verantwortung für das Kind zu übernehmen; und
2. sich über die Obhut und den persönlichen Verkehr oder die Betreuungsanteile sowie über den Unterhaltsbeitrag für das Kind verständigt haben.

³ Vor der Abgabe der Erklärung können sich die Eltern von der Kindesschutzbehörde beraten lassen.

⁴ Geben die Eltern die Erklärung zusammen mit der Anerkennung ab, so richten sie sie an das Zivilstandsamt. Eine spätere Erklärung haben sie an die Kindesschutzbehörde am Wohnsitz des Kindes zu richten.

⁵ Bis die Erklärung vorliegt, steht die elterliche Sorge allein der Mutter zu.

---

312 Eingefügt durch Ziff. I des BG vom 20. März 2015 (Kindesunterhalt), in Kraft seit 1. Jan. 2017 (AS **2015** 4299; BBl **2014** 529).
313 Eingefügt durch Ziff. I des BG vom 20. März 2015 (Kindesunterhalt), in Kraft seit 1. Jan. 2017 (AS **2015** 4299; BBl **2014** 529).
314 Eingefügt durch Ziff. I 4 des BG vom 26. Juni 1998 (AS **1999** 1118; BBl **1996** I 1). Fassung gemäss Ziff. I des BG vom 21. Juni 2013 (Elterliche Sorge), in Kraft seit 1. Juli 2014 (AS **2014** 357; BBl **2011** 9077).

Art. 298*b*[315]

II. Entscheid der Kindesschutzbehörde

¹ Weigert sich ein Elternteil, die Erklärung über die gemeinsame elterliche Sorge abzugeben, so kann der andere Elternteil die Kindesschutzbehörde am Wohnsitz des Kindes anrufen.

² Die Kindesschutzbehörde verfügt die gemeinsame elterliche Sorge, sofern nicht zur Wahrung des Kindeswohls an der alleinigen elterlichen Sorge der Mutter festzuhalten oder die alleinige elterliche Sorge dem Vater zu übertragen ist.

³ Zusammen mit dem Entscheid über die elterliche Sorge regelt die Kindesschutzbehörde die übrigen strittigen Punkte. Vorbehalten bleibt die Klage auf Leistung des Unterhalts an das zuständige Gericht; in diesem Fall entscheidet das Gericht auch über die elterliche Sorge sowie die weiteren Kinderbelange.[316]

³bis Die Kindesschutzbehörde berücksichtigt beim Entscheid über die Obhut, den persönlichen Verkehr oder die Betreuungsanteile das Recht des Kindes, regelmässige persönliche Beziehungen zu beiden Elternteilen zu pflegen.[317]

³ter Bei gemeinsamer elterlicher Sorge prüft sie im Sinne des Kindeswohls die Möglichkeit einer alternierenden Obhut, wenn ein Elternteil oder das Kind dies verlangt.[318]

⁴ Ist die Mutter minderjährig oder steht sie unter umfassender Beistandschaft, so weist die Kindesschutzbehörde die elterliche Sorge dem Vater zu oder bestellt dem Kind einen Vormund, je nachdem, was zur Wahrung des Kindeswohls besser geeignet ist.

Art. 298*c*[319]

III. Vaterschaftsklage

Heisst das Gericht eine Vaterschaftsklage gut, so verfügt es die gemeinsame elterliche Sorge, sofern nicht zur Wahrung des Kindeswohls an der alleinigen elterlichen Sorge der Mutter festzuhalten oder die alleinige elterliche Sorge dem Vater zu übertragen ist.

---

[315] Eingefügt durch Ziff. I des BG vom 21. Juni 2013 (Elterliche Sorge), in Kraft seit 1. Juli 2014 (AS **2014** 357; BBl **2011** 9077).
[316] Fassung des zweiten Satzes gemäss Ziff. I des BG vom 20. März 2015 (Kindesunterhalt), in Kraft seit 1. Jan. 2017 (AS **2015** 4299; BBl **2014** 529).
[317] Eingefügt durch Ziff. I des BG vom 20. März 2015 (Kindesunterhalt), in Kraft seit 1. Jan. 2017 (AS **2015** 4299; BBl **2014** 529).
[318] Eingefügt durch Ziff. I des BG vom 20. März 2015 (Kindesunterhalt), in Kraft seit 1. Jan. 2017 (AS **2015** 4299; BBl **2014** 529).
[319] Eingefügt durch Ziff. I des BG vom 21. Juni 2013 (Elterliche Sorge), in Kraft seit 1. Juli 2014 (AS **2014** 357; BBl **2011** 9077).

Art. 298d[320]

IV. Veränderung der Verhältnisse

¹ Auf Begehren eines Elternteils, des Kindes oder von Amtes wegen regelt die Kindesschutzbehörde die Zuteilung der elterlichen Sorge neu, wenn dies wegen wesentlicher Änderung der Verhältnisse zur Wahrung des Kindeswohls nötig ist.

² Sie kann sich auf die Regelung der Obhut, des persönlichen Verkehrs oder der Betreuungsanteile beschränken.

³ Vorbehalten bleibt die Klage auf Änderung des Unterhaltsbeitrags an das zuständige Gericht; in diesem Fall regelt das Gericht nötigenfalls die elterliche Sorge sowie die weiteren Kinderbelange neu.[321]

Art. 299[322]

A quinquies. Stiefeltern[323]

Jeder Ehegatte hat dem andern in der Ausübung der elterlichen Sorge gegenüber dessen Kindern in angemessener Weise beizustehen und ihn zu vertreten, wenn es die Umstände erfordern.

Art. 300[324]

A sexies. Pflegeeltern[325]

¹ Wird ein Kind Dritten zur Pflege anvertraut, so vertreten sie, unter Vorbehalt abweichender Anordnungen, die Eltern in der Ausübung der elterlichen Sorge, soweit es zur gehörigen Erfüllung ihrer Aufgabe angezeigt ist.

² Vor wichtigen Entscheidungen sollen die Pflegeeltern angehört werden.

Art. 301[326]

B. Inhalt
I. Im Allgemeinen

¹ Die Eltern leiten im Blick auf das Wohl des Kindes seine Pflege und Erziehung und treffen unter Vorbehalt seiner eigenen Handlungsfähigkeit die nötigen Entscheidungen.

¹bis Der Elternteil, der das Kind betreut, kann allein entscheiden, wenn:

---

[320] Eingefügt durch Ziff. I des BG vom 21. Juni 2013 (Elterliche Sorge), in Kraft seit 1. Juli 2014 (AS **2014** 357; BBl **2011** 9077).
[321] Eingefügt durch Ziff. I des BG vom 20. März 2015 (Kindesunterhalt), in Kraft seit 1. Jan. 2017 (AS **2015** 4299; BBl **2014** 529).
[322] Fassung gemäss Ziff. I 1 des BG vom 25. Juni 1976, in Kraft seit 1. Jan. 1978 (AS **1977** 237; BBl **1974** II 1).
[323] Fassung gemäss Ziff. I des BG vom 21. Juni 2013 (Elterliche Sorge), in Kraft seit 1. Juli 2014 (AS **2014** 357; BBl **2011** 9077).
[324] Fassung gemäss Ziff. I 1 des BG vom 25. Juni 1976, in Kraft seit 1. Jan. 1978 (AS **1977** 237; BBl **1974** II 1).
[325] Fassung gemäss Ziff. I des BG vom 21. Juni 2013 (Elterliche Sorge), in Kraft seit 1. Juli 2014 (AS **2014** 357; BBl **2011** 9077).
[326] Fassung gemäss Ziff. I 1 des BG vom 25. Juni 1976, in Kraft seit 1. Jan. 1978 (AS **1977** 237; BBl **1974** II 1).

1. die Angelegenheit alltäglich oder dringlich ist;
2. der andere Elternteil nicht mit vernünftigem Aufwand zu erreichen ist.[327]

² Das Kind schuldet den Eltern Gehorsam; die Eltern gewähren dem Kind die seiner Reife entsprechende Freiheit der Lebensgestaltung und nehmen in wichtigen Angelegenheiten, soweit tunlich, auf seine Meinung Rücksicht.

³ Das Kind darf ohne Einwilligung der Eltern die häusliche Gemeinschaft nicht verlassen; es darf ihnen auch nicht widerrechtlich entzogen werden.

⁴ Die Eltern geben dem Kind den Vornamen.

Art. 301a[328]

II. Bestimmung des Aufenthaltsortes

¹ Die elterliche Sorge schliesst das Recht ein, den Aufenthaltsort des Kindes zu bestimmen.

² Üben die Eltern die elterliche Sorge gemeinsam aus und will ein Elternteil den Aufenthaltsort des Kindes wechseln, so bedarf dies der Zustimmung des andern Elternteils oder der Entscheidung des Gerichts oder der Kindesschutzbehörde, wenn:

a. der neue Aufenthaltsort im Ausland liegt; oder
b. der Wechsel des Aufenthaltsortes erhebliche Auswirkungen auf die Ausübung der elterlichen Sorge und den persönlichen Verkehr durch den andern Elternteil hat.

³ Übt ein Elternteil die elterliche Sorge allein aus und will er den Aufenthaltsort des Kindes wechseln, so muss er den anderen Elternteil rechtzeitig darüber informieren.

⁴ Dieselbe Informationspflicht hat ein Elternteil, der seinen eigenen Wohnsitz wechseln will.

⁵ Soweit dies erforderlich ist, verständigen sich die Eltern unter Wahrung des Kindeswohls über eine Anpassung der Regelung der elterlichen Sorge, der Obhut, des persönlichen Verkehrs und des Unterhaltsbeitrages. Können sie sich nicht einigen, entscheidet das Gericht oder die Kindesschutzbehörde.

---

[327] Eingefügt durch Ziff. I des BG vom 21. Juni 2013 (Elterliche Sorge), in Kraft seit 1. Juli 2014 (AS **2014** 357; BBl **2011** 9077).
[328] Eingefügt durch Ziff. I des BG vom 21. Juni 2013 (Elterliche Sorge), in Kraft seit 1. Juli 2014 (AS **2014** 357; BBl **2011** 9077).

Art. 302[329]

III. Erziehung[330]

¹ Die Eltern haben das Kind ihren Verhältnissen entsprechend zu erziehen und seine körperliche, geistige und sittliche Entfaltung zu fördern und zu schützen.

² Sie haben dem Kind, insbesondere auch dem körperlich oder geistig gebrechlichen, eine angemessene, seinen Fähigkeiten und Neigungen soweit möglich entsprechende allgemeine und berufliche Ausbildung zu verschaffen.

³ Zu diesem Zweck sollen sie in geeigneter Weise mit der Schule und, wo es die Umstände erfordern, mit der öffentlichen und gemeinnützigen Jugendhilfe zusammenarbeiten.

Art. 303[331]

IV. Religiöse Erziehung[332]

¹ Über die religiöse Erziehung verfügen die Eltern.

² Ein Vertrag, der diese Befugnis beschränkt, ist ungültig.

³ Hat ein Kind das 16. Altersjahr zurückgelegt, so entscheidet es selbständig über sein religiöses Bekenntnis.

Art. 304[333]

V. Vertretung
1. Dritten gegenüber
a. Im Allgemeinen[334]

¹ Die Eltern haben von Gesetzes wegen die Vertretung des Kindes gegenüber Drittpersonen im Umfang der ihnen zustehenden elterlichen Sorge.[335]

² Sind beide Eltern Inhaber der elterlichen Sorge, so dürfen gutgläubige Drittpersonen voraussetzen, dass jeder Elternteil im Einvernehmen mit dem andern handelt.[336]

---

[329] Fassung gemäss Ziff. I 1 des BG vom 25. Juni 1976, in Kraft seit 1. Jan. 1978 (AS **1977** 237; BBl **1974** II 1).
[330] Fassung gemäss Ziff. I des BG vom 21. Juni 2013 (Elterliche Sorge), in Kraft seit 1. Juli 2014 (AS **2014** 357; BBl **2011** 9077).
[331] Fassung gemäss Ziff. I 1 des BG vom 25. Juni 1976, in Kraft seit 1. Jan. 1978 (AS **1977** 237; BBl **1974** II 1).
[332] Fassung gemäss Ziff. I des BG vom 21. Juni 2013 (Elterliche Sorge), in Kraft seit 1. Juli 2014 (AS **2014** 357; BBl **2011** 9077).
[333] Fassung gemäss Ziff. I 1 des BG vom 25. Juni 1976, in Kraft seit 1. Jan. 1978 (AS **1977** 237; BBl **1974** II 1).
[334] Fassung gemäss Ziff. I des BG vom 21. Juni 2013 (Elterliche Sorge), in Kraft seit 1. Juli 2014 (AS **2014** 357; BBl **2011** 9077).
[335] Fassung gemäss Ziff. I 4 des BG vom 26. Juni 1998, in Kraft seit 1. Jan. 2000 (AS **1999** 1118; BBl **1996** I 1).
[336] Fassung gemäss Ziff. I 4 des BG vom 26. Juni 1998, in Kraft seit 1. Jan. 2000 (AS **1999** 1118; BBl **1996** I 1).

³ Die Eltern dürfen in Vertretung des Kindes keine Bürgschaften eingehen, keine Stiftungen errichten und keine Schenkungen vornehmen, mit Ausnahme der üblichen Gelegenheitsgeschenke.[337]

Art. 305[338]

b. Rechtsstellung des Kindes[339]

¹ Das urteilsfähige Kind unter elterlicher Sorge kann im Rahmen des Personenrechts durch eigenes Handeln Rechte und Pflichten begründen und höchstpersönliche Rechte ausüben.[340]

² Für Verpflichtungen des Kindes haftet sein Vermögen ohne Rücksicht auf die elterlichen Vermögensrechte.

Art. 306[341]

2. Innerhalb der Gemeinschaft

¹ Urteilsfähige Kinder, die unter elterlicher Sorge stehen, können mit Zustimmung der Eltern für die Gemeinschaft handeln, verpflichten damit aber nicht sich selbst, sondern die Eltern.[342]

² Sind die Eltern am Handeln verhindert oder haben sie in einer Angelegenheit Interessen, die denen des Kindes widersprechen, so ernennt die Kindesschutzbehörde einen Beistand oder regelt diese Angelegenheit selber.[343]

³ Bei Interessenkollision entfallen von Gesetzes wegen die Befugnisse der Eltern in der entsprechenden Angelegenheit.[344]

Art. 307[345]

C. Kindesschutz
I. Geeignete Massnahmen

¹ Ist das Wohl des Kindes gefährdet und sorgen die Eltern nicht von sich aus für Abhilfe oder sind sie dazu ausserstande, so trifft die Kindesschutzbehörde die geeigneten Massnahmen zum Schutz des Kindes.

---

[337] Fassung gemäss Ziff. I 2 des BG vom 19. Dez. 2008 (Erwachsenenschutz, Personenrecht und Kindesrecht), in Kraft seit 1. Jan. 2013 (AS **2011** 725; BBl **2006** 7001).
[338] Fassung gemäss Ziff. I 1 des BG vom 25. Juni 1976, in Kraft seit 1. Jan. 1978 (AS **1977** 237; BBl **1974** II 1).
[339] Fassung gemäss Ziff. I 2 des BG vom 19. Dez. 2008 (Erwachsenenschutz, Personenrecht und Kindesrecht), in Kraft seit 1. Jan. 2013 (AS **2011** 725; BBl **2006** 7001).
[340] Fassung gemäss Ziff. I 2 des BG vom 19. Dez. 2008 (Erwachsenenschutz, Personenrecht und Kindesrecht), in Kraft seit 1. Jan. 2013 (AS **2011** 725; BBl **2006** 7001).
[341] Fassung gemäss Ziff. I 1 des BG vom 25. Juni 1976, in Kraft seit 1. Jan. 1978 (AS **1977** 237; BBl **1974** II 1).
[342] Fassung gemäss Ziff. I 4 des BG vom 26. Juni 1998, in Kraft seit 1. Jan. 2000 (AS **1999** 1118; BBl **1996** I 1).
[343] Fassung gemäss Ziff. I 2 des BG vom 19. Dez. 2008 (Erwachsenenschutz, Personenrecht und Kindesrecht), in Kraft seit 1. Jan. 2013 (AS **2011** 725; BBl **2006** 7001).
[344] Eingefügt durch Ziff. I 2 des BG vom 19. Dez. 2008 (Erwachsenenschutz, Personenrecht und Kindesrecht), in Kraft seit 1. Jan. 2013 (AS **2011** 725; BBl **2006** 7001).
[345] Fassung gemäss Ziff. I 1 des BG vom 25. Juni 1976, in Kraft seit 1. Jan. 1978 (AS **1977** 237; BBl **1974** II 1).

² Die Kindesschutzbehörde ist dazu auch gegenüber Kindern verpflichtet, die bei Pflegeeltern untergebracht sind oder sonst ausserhalb der häuslichen Gemeinschaft der Eltern leben.

³ Sie kann insbesondere die Eltern, die Pflegeeltern oder das Kind ermahnen, ihnen bestimmte Weisungen für die Pflege, Erziehung oder Ausbildung erteilen und eine geeignete Person oder Stelle bestimmen, der Einblick und Auskunft zu geben ist.

Art. 308[346]

II. Beistandschaft[347]

¹ Erfordern es die Verhältnisse, so ernennt die Kindesschutzbehörde dem Kind einen Beistand, der die Eltern in ihrer Sorge um das Kind mit Rat und Tat unterstützt.

² Sie kann dem Beistand besondere Befugnisse übertragen, namentlich die Vertretung des Kindes bei der Feststellung der Vaterschaft, bei der Wahrung seines Unterhaltsanspruches und anderer Rechte und die Überwachung des persönlichen Verkehrs.[348]

³ Die elterliche Sorge kann entsprechend beschränkt werden.

Art. 309[349]

Art. 310[350]

III. Aufhebung des Aufenthaltsbestimmungsrechts[351]

¹ Kann der Gefährdung des Kindes nicht anders begegnet werden, so hat die Kindesschutzbehörde es den Eltern oder, wenn es sich bei Dritten befindet, diesen wegzunehmen und in angemessener Weise unterzubringen.

² Die gleiche Anordnung trifft die Kindesschutzbehörde auf Begehren der Eltern oder des Kindes, wenn das Verhältnis so schwer gestört ist, dass das Verbleiben des Kindes im gemeinsamen Haushalt unzumutbar geworden ist und nach den Umständen nicht anders geholfen werden kann.

³ Hat ein Kind längere Zeit bei Pflegeeltern gelebt, so kann die Kindesschutzbehörde den Eltern seine Rücknahme untersagen, wenn diese die Entwicklung des Kindes ernstlich zu gefährden droht.

---

[346] Fassung gemäss Ziff. I 1 des BG vom 25. Juni 1976, in Kraft seit 1. Jan. 1978 (AS **1977** 237; BBl **1974** II 1).
[347] Fassung gemäss Ziff. I des BG vom 21. Juni 2013 (Elterliche Sorge), in Kraft seit 1. Juli 2014 (AS **2014** 357; BBl **2011** 9077).
[348] Fassung gemäss Ziff. I des BG vom 21. Juni 2013 (Elterliche Sorge), in Kraft seit 1. Juli 2014 (AS **2014** 357; BBl **2011** 9077).
[349] Aufgehoben durch Ziff. I des BG vom 21. Juni 2013 (Elterliche Sorge), mit Wirkung seit 1. Juli 2014 (AS **2014** 357; BBl **2011** 9077).
[350] Fassung gemäss Ziff. I 1 des BG vom 25. Juni 1976, in Kraft seit 1. Jan. 1978 (AS **1977** 237; BBl **1974** II 1).
[351] Fassung gemäss Ziff. I des BG vom 21. Juni 2013 (Elterliche Sorge), in Kraft seit 1. Juli 2014 (AS **2014** 357; BBl **2011** 9077).

Art. 311[352]

IV. Entziehung der elterlichen Sorge
1. Von Amtes wegen[353]

¹ Sind andere Kindesschutzmassnahmen erfolglos geblieben oder erscheinen sie von vornherein als ungenügend, so entzieht die Kindesschutzbehörde die elterliche Sorge:[354]

1.[355] wenn die Eltern wegen Unerfahrenheit, Krankheit, Gebrechen, Abwesenheit, Gewalttätigkeit oder ähnlichen Gründen ausserstande sind, die elterliche Sorge pflichtgemäss auszuüben;

2. wenn die Eltern sich um das Kind nicht ernstlich gekümmert oder ihre Pflichten gegenüber dem Kinde gröblich verletzt haben.

² Wird beiden Eltern die Sorge entzogen, so erhalten die Kinder einen Vormund.

³ Die Entziehung ist, wenn nicht ausdrücklich das Gegenteil angeordnet wird, gegenüber allen, auch den später geborenen Kindern wirksam.

Art. 312[356]

2. Mit Einverständnis der Eltern[357]

Die Kindesschutzbehörde entzieht die elterliche Sorge:[358]

1. wenn die Eltern aus wichtigen Gründen darum nachsuchen;

2. wenn sie in eine künftige Adoption des Kindes durch ungenannte Dritte eingewilligt haben.

Art. 313[359]

V. Änderung der Verhältnisse

¹ Verändern sich die Verhältnisse, so sind die Massnahmen zum Schutz des Kindes der neuen Lage anzupassen.

² Die elterliche Sorge darf in keinem Fall vor Ablauf eines Jahres nach ihrer Entziehung wiederhergestellt werden.

---

[352] Fassung gemäss Ziff. I 1 des BG vom 25. Juni 1976, in Kraft seit 1. Jan. 1978 (AS **1977** 237; BBl **1974** II 1).

[353] Fassung gemäss Ziff. I 2 des BG vom 19. Dez. 2008 (Erwachsenenschutz, Personenrecht und Kindesrecht), in Kraft seit 1. Jan. 2013 (AS **2011** 725; BBl **2006** 7001).

[354] Fassung gemäss Ziff. I 2 des BG vom 19. Dez. 2008 (Erwachsenenschutz, Personenrecht und Kindesrecht), in Kraft seit 1. Jan. 2013 (AS **2011** 725; BBl **2006** 7001).

[355] Fassung gemäss Ziff. I des BG vom 21. Juni 2013 (Elterliche Sorge), in Kraft seit 1. Juli 2014 (AS **2014** 357; BBl **2011** 9077).

[356] Fassung gemäss Ziff. I 1 des BG vom 25. Juni 1976, in Kraft seit 1. Jan. 1978 (AS **1977** 237; BBl **1974** II 1).

[357] Fassung gemäss Ziff. I 2 des BG vom 19. Dez. 2008 (Erwachsenenschutz, Personenrecht und Kindesrecht), in Kraft seit 1. Jan. 2013 (AS **2011** 725; BBl **2006** 7001).

[358] Fassung gemäss Ziff. I 2 des BG vom 19. Dez. 2008 (Erwachsenenschutz, Personenrecht und Kindesrecht), in Kraft seit 1. Jan. 2013 (AS **2011** 725; BBl **2006** 7001).

[359] Fassung gemäss Ziff. I 1 des BG vom 25. Juni 1976, in Kraft seit 1. Jan. 1978 (AS **1977** 237; BBl **1974** II 1).

Art. 314[360]

VI. Verfahren
1. Im Allgemeinen

¹ Die Bestimmungen über das Verfahren vor der Erwachsenenschutzbehörde sind sinngemäss anwendbar.

² Die Kindesschutzbehörde kann in geeigneten Fällen die Eltern zu einem Mediationsversuch auffordern.

³ Errichtet die Kindesschutzbehörde eine Beistandschaft, so hält sie im Entscheiddispositiv die Aufgaben des Beistandes und allfällige Beschränkungen der elterlichen Sorge fest.

Art. 314a[361]

2. Anhörung des Kindes

¹ Das Kind wird durch die Kindesschutzbehörde oder durch eine beauftragte Drittperson in geeigneter Weise persönlich angehört, soweit nicht sein Alter oder andere wichtige Gründe dagegen sprechen.

² Im Protokoll der Anhörung werden nur die für den Entscheid wesentlichen Ergebnisse festgehalten. Die Eltern werden über diese Ergebnisse informiert.

³ Das urteilsfähige Kind kann die Verweigerung der Anhörung mit Beschwerde anfechten.

Art. 314a^{bis} [362]

3. Vertretung des Kindes

¹ Die Kindesschutzbehörde ordnet wenn nötig die Vertretung des Kindes an und bezeichnet als Beistand eine in fürsorgerischen und rechtlichen Fragen erfahrene Person.

² Die Kindesschutzbehörde prüft die Anordnung der Vertretung insbesondere, wenn:

1. die Unterbringung des Kindes Gegenstand des Verfahrens ist;
2. die Beteiligten bezüglich der Regelung der elterlichen Sorge oder bezüglich wichtiger Fragen des persönlichen Verkehrs unterschiedliche Anträge stellen.

³ Der Beistand des Kindes kann Anträge stellen und Rechtsmittel einlegen.

---

[360] Fassung gemäss Ziff. I 2 des BG vom 19. Dez. 2008 (Erwachsenenschutz, Personenrecht und Kindesrecht), in Kraft seit 1. Jan. 2013 (AS **2011** 725; BBl **2006** 7001).

[361] Eingefügt durch Ziff. II des BG vom 6. Okt. 1978 (AS **1980** 31; BBl **1977** III 1). Fassung gemäss Ziff. I 2 des BG vom 19. Dez. 2008 (Erwachsenenschutz, Personenrecht und Kindesrecht), in Kraft seit 1. Jan. 2013 (AS **2011** 725; BBl **2006** 7001).

[362] Eingefügt durch Ziff. I 2 des BG vom 19. Dez. 2008 (Erwachsenenschutz, Personenrecht und Kindesrecht), in Kraft seit 1. Jan. 2013 (AS **2011** 725; BBl **2006** 7001).

Art. 314b[363]

4. Unterbringung in einer geschlossenen Einrichtung oder psychiatrischen Klinik

¹ Muss das Kind in einer geschlossenen Einrichtung oder in einer psychiatrischen Klinik untergebracht werden, so sind die Bestimmungen des Erwachsenenschutzes über die fürsorgerische Unterbringung sinngemäss anwendbar.

² Ist das Kind urteilsfähig, so kann es selber das Gericht anrufen.

Art. 315[364]

VII. Zuständigkeit
1. Im Allgemeinen[365]

¹ Die Kindesschutzmassnahmen werden von der Kindesschutzbehörde am Wohnsitz des Kindes angeordnet.[366]

² Lebt das Kind bei Pflegeeltern oder sonst ausserhalb der häuslichen Gemeinschaft der Eltern oder liegt Gefahr im Verzug, so sind auch die Behörden am Ort zuständig, wo sich das Kind aufhält.

³ Trifft die Behörde am Aufenthaltsort eine Kindesschutzmassnahme, so benachrichtigt sie die Wohnsitzbehörde.

Art. 315a[367]

2. In eherechtlichen Verfahren
a. Zuständigkeit des Gerichts

¹ Hat das Gericht, das für die Ehescheidung oder den Schutz der ehelichen Gemeinschaft zuständig ist, die Beziehungen der Eltern zu den Kindern zu gestalten, so trifft es auch die nötigen Kindesschutzmassnahmen und betraut die Kindesschutzbehörde mit dem Vollzug.[368]

² Bestehende Kindesschutzmassnahmen können auch vom Gericht den neuen Verhältnissen angepasst werden.

³ Die Kindesschutzbehörde bleibt jedoch befugt:[369]

    1. ein vor dem gerichtlichen Verfahren eingeleitetes Kindesschutzverfahren weiterzuführen;

---

[363] Eingefügt durch Ziff. I 2 des BG vom 19. Dez. 2008 (Erwachsenenschutz, Personenrecht und Kindesrecht), in Kraft seit 1. Jan. 2013 (AS **2011** 725; BBl **2006** 7001).
[364] Fassung gemäss Ziff. I 1 des BG vom 25. Juni 1976, in Kraft seit 1. Jan. 1978 (AS **1977** 237; BBl **1974** II 1).
[365] Fassung gemäss Ziff. I 4 des BG vom 26. Juni 1998, in Kraft seit 1. Jan. 2000 (AS **1999** 1118; BBl **1996** I 1).
[366] Fassung gemäss Ziff. I 2 des BG vom 19. Dez. 2008 (Erwachsenenschutz, Personenrecht und Kindesrecht), in Kraft seit 1. Jan. 2013 (AS **2011** 725; BBl **2006** 7001).
[367] Eingefügt durch Ziff. I 1 des BG vom 25. Juni 1976 (AS **1977** 237; BBl **1974** II 1). Fassung gemäss Ziff. I 4 des BG vom 26. Juni 1998, in Kraft seit 1. Jan. 2000 (AS **1999** 1118; BBl **1996** I 1).
[368] Fassung gemäss Ziff. I 2 des BG vom 19. Dez. 2008 (Erwachsenenschutz, Personenrecht und Kindesrecht), in Kraft seit 1. Jan. 2013 (AS **2011** 725; BBl **2006** 7001).
[369] Fassung gemäss Ziff. I 2 des BG vom 19. Dez. 2008 (Erwachsenenschutz, Personenrecht und Kindesrecht), in Kraft seit 1. Jan. 2013 (AS **2011** 725; BBl **2006** 7001).

2. die zum Schutz des Kindes sofort notwendigen Massnahmen anzuordnen, wenn sie das Gericht voraussichtlich nicht rechtzeitig treffen kann.

Art. 315b[370]

b. Abänderung gerichtlicher Anordnungen

1 Zur Abänderung gerichtlicher Anordnungen über die Kindeszuteilung und den Kindesschutz ist das Gericht zuständig:

1. während des Scheidungsverfahrens;
2. im Verfahren zur Abänderung des Scheidungsurteils gemäss den Vorschriften über die Ehescheidung;
3. im Verfahren zur Änderung von Eheschutzmassnahmen; die Vorschriften über die Ehescheidung sind sinngemäss anwendbar.

2 In den übrigen Fällen ist die Kindesschutzbehörde zuständig.[371]

Art. 316[372]

VIII. Pflegekinderaufsicht

1 Wer Pflegekinder aufnimmt, bedarf einer Bewilligung der Kindesschutzbehörde oder einer andern vom kantonalen Recht bezeichneten Stelle seines Wohnsitzes und steht unter deren Aufsicht.

1bis Wird ein Pflegekind zum Zweck der späteren Adoption aufgenommen, so ist eine einzige kantonale Behörde zuständig.[373]

2 Der Bundesrat erlässt Ausführungsvorschriften.

Art. 317[374]

IX. Zusammenarbeit in der Jugendhilfe

Die Kantone sichern durch geeignete Vorschriften die zweckmässige Zusammenarbeit der Behörden und Stellen auf dem Gebiet des zivilrechtlichen Kindesschutzes, des Jugendstrafrechts und der übrigen Jugendhilfe.

---

[370] Eingefügt durch Ziff. I 4 des BG vom 26. Juni 1998, in Kraft seit 1. Jan. 2000 (AS **1999** 1118; BBl **1996** I 1).
[371] Fassung gemäss Ziff. I 2 des BG vom 19. Dez. 2008 (Erwachsenenschutz, Personenrecht und Kindesrecht), in Kraft seit 1. Jan. 2013 (AS **2011** 725; BBl **2006** 7001).
[372] Fassung gemäss Ziff. I 1 des BG vom 25. Juni 1976, in Kraft seit 1. Jan. 1978 (AS **1977** 237; BBl **1974** II 1).
[373] Eingefügt durch Anhang Ziff. 2 des BG vom 22. Juni 2001 zum Haager Adoptionsübereinkommen und über Massnahmen zum Schutz des Kindes bei internationalen Adoptionen, in Kraft seit 1. Jan. 2003 (AS **2002** 3988; BBl **1999** 5795).
[374] Fassung gemäss Ziff. I 1 des BG vom 25. Juni 1976, in Kraft seit 1. Jan. 1978 (AS **1977** 237; BBl **1974** II 1).

Vierter Abschnitt: Das Kindesvermögen[375]

Art. 318[376]

A. Verwaltung

¹ Die Eltern haben, solange ihnen die elterliche Sorge zusteht, das Recht und die Pflicht, das Kindesvermögen zu verwalten.

² Stirbt ein Elternteil, so hat der überlebende Elternteil der Kindesschutzbehörde ein Inventar über das Kindesvermögen einzureichen.[377]

³ Erachtet es die Kindesschutzbehörde nach Art und Grösse des Kindesvermögens und nach den persönlichen Verhältnissen der Eltern für angezeigt, so ordnet sie die Inventaraufnahme oder die periodische Rechnungsstellung und Berichterstattung an.[378]

Art. 319[379]

B. Verwendung der Erträge

¹ Die Eltern dürfen die Erträge des Kindesvermögens für Unterhalt, Erziehung und Ausbildung des Kindes und, soweit es der Billigkeit entspricht, auch für die Bedürfnisse des Haushaltes verwenden.

² Ein Überschuss fällt ins Kindesvermögen.

Art. 320[380]

C. Anzehrung des Kindesvermögens

¹ Abfindungen, Schadenersatz und ähnliche Leistungen dürfen in Teilbeträgen entsprechend den laufenden Bedürfnissen für den Unterhalt des Kindes verbraucht werden.

² Erweist es sich für die Bestreitung der Kosten des Unterhalts, der Erziehung oder der Ausbildung als notwendig, so kann die Kindesschutzbehörde den Eltern gestatten, auch das übrige Kindesvermögen in bestimmten Beträgen anzugreifen.

Art. 321[381]

D. Freies Kindesvermögen
I. Zuwendungen

¹ Die Eltern dürfen Erträge des Kindesvermögens nicht verbrauchen, wenn es dem Kind mit dieser ausdrücklichen Auflage oder unter der

---

[375] Eingefügt durch Ziff. I 1 des BG vom 25. Juni 1976, in Kraft seit 1. Jan. 1978 (AS **1977** 237; BBl **1974** II 1).
[376] Fassung gemäss Ziff. I 1 des BG vom 25. Juni 1976, in Kraft seit 1. Jan. 1978 (AS **1977** 237; BBl **1974** II 1).
[377] Fassung gemäss Ziff. I 2 des BG vom 19. Dez. 2008 (Erwachsenenschutz, Personenrecht und Kindesrecht), in Kraft seit 1. Jan. 2013 (AS **2011** 725; BBl **2006** 7001).
[378] Fassung gemäss Ziff. I 2 des BG vom 19. Dez. 2008 (Erwachsenenschutz, Personenrecht und Kindesrecht), in Kraft seit 1. Jan. 2013 (AS **2011** 725; BBl **2006** 7001).
[379] Fassung gemäss Ziff. I 1 des BG vom 25. Juni 1976, in Kraft seit 1. Jan. 1978 (AS **1977** 237; BBl **1974** II 1).
[380] Fassung gemäss Ziff. I 1 des BG vom 25. Juni 1976, in Kraft seit 1. Jan. 1978 (AS **1977** 237; BBl **1974** II 1).
[381] Fassung gemäss Ziff. I 1 des BG vom 25. Juni 1976, in Kraft seit 1. Jan. 1978 (AS **1977** 237; BBl **1974** II 1).

Bestimmung zinstragender Anlage oder als Spargeld zugewendet worden ist.

² Die Verwaltung durch die Eltern ist nur dann ausgeschlossen, wenn dies bei der Zuwendung ausdrücklich bestimmt wird.

Art. 322[382]

II. Pflichtteil

¹ Durch Verfügung von Todes wegen kann auch der Pflichtteil des Kindes von der elterlichen Verwaltung ausgenommen werden.

² Überträgt der Erblasser die Verwaltung einem Dritten, so kann die Kindesschutzbehörde diesen zur periodischen Rechnungsstellung und Berichterstattung anhalten.

Art. 323[383]

III. Arbeitserwerb, Berufs- und Gewerbevermögen

¹ Was das Kind durch eigene Arbeit erwirbt und was es von den Eltern aus seinem Vermögen zur Ausübung eines Berufes oder eines eigenen Gewerbes herausbekommt, steht unter seiner Verwaltung und Nutzung.

² Lebt das Kind mit den Eltern in häuslicher Gemeinschaft, so können sie verlangen, dass es einen angemessenen Beitrag an seinen Unterhalt leistet.

Art. 324[384]

E. Schutz des Kindesvermögens
I. Geeignete Massnahmen

¹ Ist die sorgfältige Verwaltung nicht hinreichend gewährleistet, so trifft die Kindesschutzbehörde die geeigneten Massnahmen zum Schutz des Kindesvermögens.

² Sie kann namentlich Weisungen für die Verwaltung erteilen und, wenn die periodische Rechnungsstellung und Berichterstattung nicht ausreichen, die Hinterlegung oder Sicherheitsleistung anordnen.

³ Auf das Verfahren und die Zuständigkeit finden die Bestimmungen über den Kindesschutz entsprechende Anwendung.

Art. 325[385]

II. Entziehung der Verwaltung

¹ Kann der Gefährdung des Kindesvermögens auf andere Weise nicht begegnet werden, so überträgt die Kindesschutzbehörde die Verwaltung einem Beistand.

---

[382] Fassung gemäss Ziff. I 1 des BG vom 25. Juni 1976, in Kraft seit 1. Jan. 1978 (AS **1977** 237; BBl **1974** II 1).
[383] Fassung gemäss Ziff. I 1 des BG vom 25. Juni 1976, in Kraft seit 1. Jan. 1978 (AS **1977** 237; BBl **1974** II 1).
[384] Fassung gemäss Ziff. I 1 des BG vom 25. Juni 1976, in Kraft seit 1. Jan. 1978 (AS **1977** 237; BBl **1974** II 1).
[385] Fassung gemäss Ziff. I 1 des BG vom 25. Juni 1976, in Kraft seit 1. Jan. 1978 (AS **1977** 237; BBl **1974** II 1).

² Die Kindesschutzbehörde trifft die gleiche Anordnung, wenn Kindesvermögen, das nicht von den Eltern verwaltet wird, gefährdet ist.

³ Ist zu befürchten, dass die Erträge oder die für den Verbrauch bestimmten oder freigegebenen Beträge des Kindesvermögens nicht bestimmungsgemäss verwendet werden, so kann die Kindesschutzbehörde auch deren Verwaltung einem Beistand übertragen.

Art. 326[386]

F. Ende der Verwaltung
I. Rückerstattung

Endet die elterliche Sorge oder Verwaltung, so haben die Eltern das Kindesvermögen aufgrund einer Abrechnung dem volljährigen Kind oder seinem gesetzlichen Vertreter herauszugeben.

Art. 327[387]

II. Verantwortlichkeit

¹ Für die Rückleistung sind die Eltern gleich einem Beauftragten verantwortlich.

² Für das, was sie in guten Treuen veräussert haben, ist der Erlös zu erstatten.

³ Für die Beträge, die sie befugtermassen für das Kind oder den Haushalt verwendet haben, schulden sie keinen Ersatz.

Fünfter Abschnitt:[388] Minderjährige unter Vormundschaft

Art. 327a

A. Grundsatz

Steht ein Kind nicht unter elterlicher Sorge, so ernennt ihm die Kindesschutzbehörde einen Vormund.

Art. 327b

B. Rechtsstellung
I. Des Kindes

Das Kind unter Vormundschaft hat die gleiche Rechtsstellung wie das Kind unter elterlicher Sorge.

Art. 327c

II. Des Vormunds

¹ Dem Vormund stehen die gleichen Rechte zu wie den Eltern.

² Die Bestimmungen des Erwachsenenschutzes, namentlich über die Ernennung des Beistands, die Führung der Beistandschaft und

---

[386] Fassung gemäss Ziff. I 2 des BG vom 19. Dez. 2008 (Erwachsenenschutz, Personenrecht und Kindesrecht), in Kraft seit 1. Jan. 2013 (AS **2011** 725; BBl **2006** 7001).
[387] Fassung gemäss Ziff. I 1 des BG vom 25. Juni 1976, in Kraft seit 1. Jan. 1978 (AS **1977** 237; BBl **1974** II 1).
[388] Eingefügt durch Ziff. I 2 des BG vom 19. Dez. 2008 (Erwachsenenschutz, Personenrecht und Kindesrecht), in Kraft seit 1. Jan. 2013 (AS **2011** 725; BBl **2006** 7001).

die Mitwirkung der Erwachsenenschutzbehörde, sind sinngemäss anwendbar.

[3] Muss das Kind in einer geschlossenen Einrichtung oder in einer psychiatrischen Klinik untergebracht werden, so sind die Bestimmungen des Erwachsenenschutzes über die fürsorgerische Unterbringung sinngemäss anwendbar.